中国政法大学
CHINA UNIVERSITY OF POLITICAL SCIENCE AND LAW

法大法考

2025年国家法律职业资格考试

通用教材

民法

（第二册）

刘家安 ◎ 编著

中国政法大学出版社

2025·北京

图书在版编目（CIP）数据

2025年国家法律职业资格考试通用教材. 第二册，民法 / 刘家安编著. -- 北京 ： 中国政法大学出版社，2025. 1. -- ISBN 978-7-5764-1919-1

Ⅰ. D920.4

中国国家版本馆 CIP 数据核字第 2025XX9025 号

出　版　者　　中国政法大学出版社

地　　　址　　北京市海淀区西土城路 25 号

邮寄地址　　北京 100088 信箱 8034 分箱　邮编 100088

网　　　址　　http://www.cuplpress.com（网络实名：中国政法大学出版社）

电　　　话　　010-58908285(总编室) 58908433 （编辑部） 58908334(邮购部)

承　　　印　　固安华明印业有限公司

开　　　本　　787mm×1092mm　1/16

印　　　张　　23.75

字　　　数　　560 千字

版　　　次　　2025 年 1 月第 1 版

印　　　次　　2025 年 1 月第 1 次印刷

定　　　价　　79.00 元

前 言
Preface

2001 年《中华人民共和国法官法》《中华人民共和国检察官法》《中华人民共和国律师法》修正案相继通过。其中规定，国家对初任法官、检察官和取得律师资格实行统一的司法考试制度，这标志着我国正式确立了统一的司法考试制度，这是我国司法改革的一项重大举措。党的十八大以来，党中央和习近平总书记高度重视司法考试工作。2015 年 6 月 5 日，习近平总书记主持召开中央深化改革领导小组第十三次会议，审议通过了《关于完善国家统一法律职业资格制度的意见》，明确要将现行司法考试制度调整为国家统一法律职业资格考试制度。2017 年 9 月 1 日《全国人民代表大会常务委员会关于修改〈中华人民共和国法官法〉等八部法律的决定》审议通过，明确法律职业人员考试的范围，规定取得法律职业资格的条件等内容，定于 2018 年开始实施国家统一法律职业资格考试制度。这一改革对提高人才培养质量，提供依法治国保障，对全面推进依法治国，建设社会主义法治国家具有重大而深远的意义。

中国政法大学作为国家的双一流重点大学，以拥有作为国家一级重点学科的法学学科见长，其法学师资队伍汇集了一大批国内外知名法学家。他们不仅是法学教育园地的出色耕耘者，也是国家立法和司法战线的积极参与者。他们积累了法学教育和法律实践的丰富经验，取得了大量有影响的科研成果。

国家统一司法考试实施以来，我校专家学者在参与司法考试的制度建设和题库建设中做出了许多贡献，在此期间我校不仅有一批长期参加国家司法考试题库建设和考题命制的权威专家，也涌现出众多在国家司法考试培训中经验丰富和业绩突出的名师。伴随着司法考试改革，我校对法律职业资格考试进行更深入的分析研究，承继司法考试形成了强大的法律职业资格考试研究阵容和师资团队。

2005 年我校成立了中国高校首家司法考试学院。该院本着教学、科研和培训一体化的宗旨，承担着在校学生和社会考生司法考试培训任务。司法考试学院成立后，选拔了一批在司法考试方面的权威专家和名师，精心编写了中国政法大学《国家司法考试通用教材》作为校内学生司法考试课程教学及社会考生培训的通用教材。伴随着 2018 年司法考试改革，我院根据法律职业资格考试内容及大纲对本书进行了全面修订，本书更名为《国家法律职业资格考试通用教材》。

法律职业资格考试中心（原司法考试学院）组织编写的此教材紧扣国家法律职业资格考试大纲，体系完整、重点突出、表述精准，伴随着司法考试的改革，本书以大纲为依托，增加实战案例，更加符合法律职业资格考试要求。全书渗透着编写教师多年的教学经验，体现着国家法律职业资格考试的规律，帮助考生精准把握考试内容。该套教材将会对广大备考人员学习、理解和掌握国家法律职业资格考试的知识内容和应试方法具有积极的引导与促进作用，为考生提高考场实战能力以及未来的从业能力提供有力的支持和帮助。最后，对编写本套教材的各位老师的辛勤付出表示感谢！编委会成员（按姓氏笔画排序）：方鹏、兰燕卓、叶晓川、刘家安、李文涛、邹龙妹、宋亚伟、肖沛权、贾若山、蔡辉。

在此预祝各位考生在国家法律职业资格考试中一举通过。

中国政法大学法律职业资格考试中心

（原中国政法大学司法考试学院）

教材编写说明

1. 本教材系为 2025 年国家法律职业资格考试（以下简称"法考"）的备考而编写。编写者认为，对学习者而言，掌握一个完备的民法知识体系及架构仍是非常必要的，因此，本教材不按照跳跃式的专题方式展开，而是按照考试大纲的脉络展开重点知识点。《民法典》颁行后，总体上看，考试大纲基本按照《民法典》的架构铺开。当然，由于民法知识体系庞大，而本教材也定位于法考辅导教材，故本教材会在一个相对完整的架构中，根据考试的规律，主要针对重点问题确定基本内容（考试相关度低的章节仅设"说明"）。

2. 民法学的知识及法考民法科目的考点，基本均有法律规范的支撑，对法律规范的准确理解，是备考的关键所在。作者建议，在法考备考过程中，即便是以重点专题的方法加以学习，以应养成围绕法律规范学习的习惯。民事规范的核心当然是《民法典》。此外，考试大纲附录部分所列其他法律及司法解释也应关注，尤其是《担保制度解释》《合同编通则解释》《物权编解释（一）》等。需要注意的是，2024 年 9 月 27 日，《最高人民法院关于适用〈中华人民共和国民法典〉侵权责任编的解释（一）》（法释〔2024〕12 号，以下简称《侵权责任编解释（一）》）正式施行。此司法解释是 2025 年法考新增的一项司法解释，对于侵权责任编一些相关考点具有比较重要的意义，应引起一定关注。

3. 民法科目的考试强调对相关知识的理解，单纯背诵、记忆的东西很少，故本课程重在讲清法理，不以记忆口诀之类的方式进行课程授课，在教材编排原则上也不强调以图表等方式呈现相关知识。由于客观题考试也需要建立在对考点知识的真正理解基础之上，因此建议考生以主客观一体的方法备考，本通用教材也不特别区分客观题与主观题（对于比较重要的主观题考点，可能略加提示），而围绕考点知识本身展开。

4. 为让大家对知识点重要程度有直观的认知，各知识点会有一个大致的重点程度评价，以 * 级评定。

5. 教材中少量编入一些司考、法考的真题。此种处理的主要目的，并非要指导解题（因此也未做精细的解析），而是要利用题目所设计的案情，来强化读者对相关考点背后法理的理解。职是之故，题目的选择并不限于近几年的题目。

6. 《民法典》有七编内容，基础、重点、难点基本在前三编（尤其是第 595 条之前），故教材编排主要以总则编、物权编及合同编"通则"重要的内容解读为主。对于合同编通则以外的内容以及人格权编、婚姻家庭编、继承编及侵权责任编部分的内容，由于整体上理解难度低，本教材主要以列明重点考点为主。

目 录
Contents

第四编 人格权

第五编 婚姻家庭

第六编 继承

第七编 侵权责任

绪论：方法篇

一、民法的知识体系

2020 年《民法典》出台后，法考大纲所列民法知识体系几乎完全与《民法典》的规范一致。民法的整体性强，牵一发动全身，且主观题考试还要求考生具有一定规范定位能力，因此，建议从初学民法时，就注重对由《民法典》塑造的知识体系的整体把握。以下根据《民法典》七编的基本结构列出主要的知识点，同时指明各编对应的主要司法解释及单行法。

《民法典》各编	主要制度	《民法典》之外的重要规范
总则（1-204）	基本规定；民事主体（自然人、法人、非法人组织）、民事权利、民事法律行为与代理、民事责任、诉讼时效	《总则编解释》 《诉讼时效解释》
物权编（205-462）	通则（物权的变动、物权的保护）；所有权、用益物权、担保物权、占有	《物权编解释（一）》 《担保制度解释》
合同编（463-988）	通则（合同的订立、履行、保全、权利义务转让、终止、违约责任）；典型合同（由买卖到合伙，19 种合同）；准合同（无因管理、不当得利）	《合同编通则解释》 《买卖合同司法解释》 《建设施工合同解释（一）》 《房屋租赁合同解释》
人格权编（989-1039）	一般规定；生命权、身体权和健康权；姓名权与名称权；肖像权；名誉权和荣誉权；隐私权和个人信息保护	《个人信息保护法》
婚姻家庭编（1040-1118）	结婚；家庭关系（夫妻财产关系）；离婚；收养	《婚姻家庭编解释（一）》 《婚姻家庭编解释（二）》
继承编（1119-1163）	一般规定、法定继承、遗嘱继承与遗赠、遗产的处理（遗产债务清偿等）	《继承编解释（一）》
侵权责任编（1164-1258）	一般规定、损害赔偿、关于责任主体的特别规定、特殊侵权（产品责任、机动车交通事故责任、医疗损害责任、饲养动物损害责任、物件损害责任等）	《侵权责任编解释（一）》 《精神损害赔偿解释》 《人身损害赔偿解释》 《道路交通事故损害赔偿解释》

小提示：手头可准备一本袖珍《民法典》，养成随时翻阅习惯。

二、学习与备考的方法

学习或者说掌握知识的方法，因人而异。学习者应根据自己的法学基础，依自己长期学习中形成的有效学习习惯，确立适用于自己的法考备考方法。但是，考虑到法考民法科目所具有的特点，以下几点复习策略应具有一般性的参考价值。

（一）理解比记忆更加重要，需要具备将法条和抽象规则实例化的能力

人人皆知，重点法条很重要。但是，这并不意味着考生需要对相关法条烂熟于心。就客观题备考而言，考生仅须理解重点法条所蕴含的规则，而无需熟记其文字表达。考生须知：一味背诵而不求甚解，对于解题可能完全无意义；而只要能够很好地理解，对于具体表述等记不太清也无碍大局。当然，在理解的基础上熟悉法条且具备一定复述能力，对于主观题解题会有很大帮助。

面对抽象法条，考生应将其具体化、实例化，将其转化成自编小案例来理解，这是一种由抽象到具体的能力。当然，这要求所举之事例相当精准反映法条的精神。此种将抽象规范转化成初学者可理解的事例，着重阐明其蕴含的道理，也是本教材的基本方法之一。

（二）培养从试题中抽象考点的能力

民法科目基本都考实例题，这使不少考生养成了从案例到案例（如总结案例的类型，或单纯大量"刷题"）的备考习惯。在作者看来，这一策略并不合理。几乎每一道实例题的背后，都包含着一个（或数个）民法原理或一项（或数项）抽象的规则。读完一道题，考生需要首先判断出题人透过这道题想考查什么民法知识。如果总是凭直觉选出答案却不知该题到底考了什么，则备考也就失去了意义，而且对于多选题、不定项题这种难度大的题型，答对的几率会很低。在面对主观题考试时，则可能完全读不懂题，更无法做出有效的作答。

面对各种真题、练习题等，考生需要从案例事实中抽象出法律问题，并找到解决该问题的规范或理论依据。这是一种从具体到抽象的能力。

（三）重点突破法，但不能丢了知识体系

民法科目考试内容极其庞杂，全面复习掌握实属不易。考虑到法考中重点考点相对清晰且分值占比较高的特点，尤其对于没有足够时间精力全面复习以及基础相对薄弱的考生而言，可选择重点突破方法。这一方法实际包括两个方面：（1）对于重点法条、重点考点，务必要重点复习、精益求精，努力穷尽所有要点，提高答题正确率；（2）要勇于放弃那些相对特别不重要的考点，即便这样做意味着一定的风险。

但是，重点突破，系在对整体知识体系有所把握的基础上进行。不能通过所谓抓重点，将民法变成一堆支离破碎考点的简单堆积。按知识体系学习，反而能事半而功倍。

第一编 总 则

第一章 民法概述

【复习提要】

本章涉及民法的基础知识，其部分内容具有铺垫性，出现直接考点的可能性相对较小。本章相对的重点是第三节"民事法律关系"，尤其是关于民事权利的分类，掌握相关基本原理有助于后续重要考点的理解。另外，第四节中关于物的一些分类也可能成为出题点，考生需要理解并记忆这些知识点。

第一节 民法的概念和调整对象

【说明】*

民法的概念往往通过其调整对象加以界定。由调整对象方面界定民法，对于《中华人民共和国民法典》（以下简称"《民法典》"）第2条之规定（"民法调整平等主体的自然人、法人和非法人组织之间的人身关系和财产关系"），简要说明以下四点：

1. 民法调整平等主体之间的法律关系，非平等主体间法律关系不属于民法的调整范围，而受行政法等法律部分调整。例如，为国资管理的目的，县长代表政府与县属酒厂厂长订立利税与工资增长挂钩协议，该协议不属于民事合同，不受民法调整（2002年单项选择题）。行政法上界定的"行政合同"虽然与民法上的合同具有一定的相似性，但其涉及行政权力的运用，不属于民事合同。

2. 受民法调整的法律关系包括人身关系与财产关系。自权利角度看，主要涉及人格权、身份权、物权、债权、知识产权等。

3. 民法调整民事主体间的权利义务关系，属于民事实体法规范。民事主体之间纠纷的解决，其依据的就是民法规范，但若涉及通过民事诉讼的方式解决纠纷，则需要适用民事诉讼法。

4. 公司法、证券法、破产法、保险法等法律属于所谓"商事法"（或称"商法"），它们调整的其实也是平等主体之间的法律关系。我国实行"民商合一"的立法模式，《民法典》外不存在《商法典》，而《民法典》本身并未包含这些商事法的内容，故前述商事规范其实都是民事特别法。就法考而言，"商法"与"民法"相对独立，但是，民法是商法的基础，学好民法原理有利于理解商法的知识。

本节无直接考点，故不展开。以下章节中，凡属无特别考点或虽有可能涉及考点但无须展开的章节，均仅设"【说明】"，简要阐明。

第二节 民法的基本原则

【说明】 ＊＊

《民法典》总则编第一章为"基本规定"。该章规定了<u>平等、自愿、公平、诚实信用、不得违反法律或违背公序良俗、"绿色"</u>等基本原则。基本原则体现民法的精神，可通过掌握基本原则，加深对民法具体规则、具体制度的理解。

基本原则具有理论性，而法考主观题考试也是以综合案例方式考查，并不要求考生具备阐述基本原则的能力。对基本原则的考查，只有一种方式，即在客观题考试中要求考生从特定事实中判断当事人违反何种基本原则或者判决体现了何种基本原则。由于几个基本原则所对应的价值差异非常明显，所以此类题目难度比较低，容易判断。

平等原则，强调当事人法律地位的平等，从而使民法调整的民事关系与行政法等调整的不平等主体间的公法关系相区分。

自愿原则，也称私法自治原则，强调民法对民事主体自治的尊重，具体表现为合同自由、婚姻自由、遗嘱自由等。

公平原则，强调权利义务的均衡。需注意的是，民事主体须对自己的自由决定负责，不得动辄以"不公平"为由推卸责任。因此，民法上的公平原则其实并非漫无边际。实际上，它仅主要体现在以下几个方面：（1）民事法律行为因乘人之危等显失公平，从而可被撤销（《民法典》第151条）；（2）合同当事人因情势变更而可提出变更或解除合同（《民法典》第533条）；（3）当事人约定的违约金过分高于实际损失的，违约方可以要求酌情降低（《民法典》第585条）。

相对而言，诚信原则与公序良俗原则比较重要。诚实信用与公序良俗有时不太容易识别。<u>诚实信用多表现在：（1）权利行使的限制，要求民事主体不得以滥用权利的方式行使权利（《民法典》第132条）；（2）义务的履行须遵循诚信原则，顾及权利人的基本利益，如即便没有特别约定，债务人也须履行通知、协助、保密等义务（《民法典》第509条）。</u>

公序良俗原则确定了民事主体行为的底线，主要用于限制当事人的"自治"，其直接表现<u>为违背公序良俗的民事法律行为无效（《民法典》第153条第2款）。</u>

【注意】

《民法典》第132条规定："民事主体不得滥用民事权利损害国家利益、社会公共利益或者他人合法权益"。该条规定实际上具有民法基本原则的意义，可称为"禁止权利滥用原则"。权利行使，如果以损害国家、集体、他人合法权益为主要目的，则应判定为权利滥用行为。因权利滥用，造成他人损失的，行为人仍应负侵权责任。禁止权利滥用构成诚信原则的一项子原则。

【真题解读】

1.（2017年单选）甲、乙二人同村，宅基地毗邻。甲的宅基地倚山、地势较低，乙的宅基地在上将其环绕。乙因琐事与甲多次争吵而郁闷难解，便沿二人宅基地的边界线靠己方一侧，建起高5米围墙，使甲在自家院内都有身处监牢之感。乙的行为违背民法的下列哪一基本原则？[1]

---

[1]【解析】正确选项为D。本题所体现的价值明显与自愿、平等无关。诚信原则要求民事主体不得滥用权利，乙以行使宅基地使用权的名义追求损害他人的后果，构成权利滥用行为，违反了诚信原则。

A. 自愿原则　　　　B. 公平原则　　　　C. 平等原则　　　　D. 诚信原则

2. （2019 年单选）甲男与乙女在离婚协议中约定：为了婚生女小萍的健康成长，乙女若再婚也不可再生育子女。该约定违反民法哪一基本原则？[1]

A. 公序良俗原则　　　　　　　　　　B. 平等原则

C. 自愿原则　　　　　　　　　　　　D. 诚信原则

第三节　民事法律关系

一、民事法律关系概述 **

关于民事法律关系的概念与内容，考生须掌握以下几个方面：

1. 民事法律关系是民法规范调整的以权利义务为内容的社会关系。

2. 民事法律关系的典型主体为自然人和法人，另外，非法人组织也被《民法典》明确纳入了民事主体的范畴（见第二、三章）。

3. 民事法律关系的客体依不同法律关系而有所不同，重要者如下：物权关系的客体原则上为物，例外情形下亦可为权利（如权利质权）；债权关系的客体为行为，包括作为与不作为；知识产权的客体为智慧成果；人格权的客体为人格利益。

4. 民事法律关系的内容就是民事权利与民事义务。民法以权利为本位，故多从权利视角建构民事法律关系。

5. 引起民事法律关系发生、变更与消灭的是法律事实，法律事实包括行为（包括当事人自主设立法律关系的法律行为）和事件（见第四章）。

【真题解读】

（2008 年单选）关于民事法律关系，下列哪一选项是正确的？[2]

A. 民事法律关系只能由当事人自主设立　　B. 民事法律关系的主体即自然人和法人

C. 民事法律关系的客体包括不作为　　　　D. 民事法律关系的内容均由法律规定

二、权利的分类 **

依其效力或作用方式	依义务人范围	相互关系
• 支配权 • 请求权（债权请求权、物权请求权） • 抗辩权（时效期间届满抗辩、先诉抗辩权、双务合同履行抗辩权） • 形成权（撤销权、解除权等）	• 绝对权 　• 物权 　• 人格权 　• 知识产权 • 相对权 　• 债权	• 主权利 • 从权利，如： 　• 保证债权 　• 定金债权 　• 担保物权 　• 地役权

---

〔1〕【解析】正确选项为 A。该离婚协议约定限制乙女的生育权，该约定因违反公序良俗而无效。

〔2〕【解析】正确选项为 C。民事法律关系既可由当事人通过法律行为设立，也可依法律规定直接发生；非法人组织亦可充当民事主体；民事法律关系的客体可能是行为，如债权关系，而行为包含作为与不作为。

(一)《民法典》上的权利类型

《民法典》总则编第五章设"民事权利"一章，系统地对民法上的实体权利作出列举。这些民事权利系以其保护之利益为其分类标准，包括：

1. 人身权及相关利益。《民法典》第 109 条规定一般人格权，第 110 条规定具体人格权，第 111 条规定受法律保护的自然人个人信息，第 112 条规定因婚姻家庭关系等产生的人身权利（身份权）。

2. 财产权。《民法典》第五章分别就**物权、债权、知识产权、继承权、股权**等投资性权利做出规定。第 127 条还表达了对数据、网络虚拟财产的保护立场。

【真题解读】

（2020 年单选）甲精通某网络平台开发的网络游戏，并获得该款游戏装备"开天辟地斧"（市场价值 1 万元）。另一玩家乙欲花 1.2 万元购买该装备，约定先付款后交货。不料付款后尚未交付，甲突发脑溢血死亡，甲只有近亲属小甲。对此，下列哪一说法是正确的？[1]

A. 如账号无法登录，网络平台无义务协助

B. 小甲继承 1.2 万元财产，无需履行给付装备义务

C. 甲死亡，甲乙约定无效

D. 1.2 万元为网络虚拟财产，小甲有权继承

(二) 支配权、请求权、形成权、抗辩权

这是根据权利的效力所作的分类。

1. 支配权

支配权是权利主体直接支配客体而享有其利益的权利。在类型上，支配权主要包括物权、人格权和知识产权。

2. 请求权

请求权是民法的一个核心概念，请求权基础思维是民法的基本思维方法。所谓请求权基础思维，可以归结为"谁可以向谁依据什么规范提出什么权利主张"。形成这一思维习惯，对于民法问题的解决，具有重要意义。关于请求权，至少需掌握以下几点：

（1）请求权不具有支配效力，仅表现为向他人要求作为或不作为的权利。

（2）典型的请求权是债权请求权，债权的主要效力即表现为请求权。

（3）请求权不限于债权请求权，还包括物权请求权、人格权请求权等其他类型（关于物权请求权及其与债权请求权的识别，请参考本书第 7 章）。

（4）仅有请求权才涉及诉讼时效期间问题。

3. 抗辩权

抗辩权的知识要点包括：

（1）抗辩权系针对请求权的权利，其功效在于阻止请求权的效力，无请求无抗辩。在对方当事人主张请求权时，抗辩权人以抗辩权对抗之，法院不得主动适用抗辩权条款。

（2）应区分诉讼上的抗辩与民法上的抗辩权，后者不包括权利不发生或已消灭等事实抗辩。如前所述，抗辩权以对方享有请求权为前提，而权利不发生或已消灭的抗辩则旨在表明请求权本身不存在。

---

〔1〕【解析】正确选项为 D。网络游戏中的装备具有财产价值，根据《民法典》第 127 条，民事主体对网络虚拟财产的权利受法律保护。据此，网络虚拟财产可作为遗产，选项 D 正确。根据诚实信用原则，合同当事人间具有协助义务（《民法典》第 509 条），选项 A 错误。小甲在继承了合同权利的同时，也须继承合同债务，故须负给付装备的义务，选项 B 错误。合同的效力不受一方当事人死亡的影响，选项 C 错误。

（3）应熟记我国民法上几项重要的抗辩权（均见后文）：双务合同的三项履行抗辩权（同时履行抗辩权、顺序履行抗辩权、不安抗辩权）；一般保证人的先诉抗辩权；时效期间届满的抗辩权。

（4）行使抗辩权的结果是：永久性地阻却请求权的效力（如时效期间届满抗辩）；或一时性地阻止对方行使请求权（先诉抗辩权），对方采取一定行动后，可消除抗辩权的效力。

4. 形成权

形成权是法考的一个比较重要的考点，以下要点须掌握：

（1）形成权是权利人单方面的意思表示即可导致法律关系发生、变更或消灭的权利，形成权主要是将某种决定权赋予特定法律关系中的一方当事人，以使其能够根据自己的判断决定法律关系的未来发展。

（2）其类型主要包括追认权、撤销权、解除权、抵销权、选择权等（以下章节中所涉及的每一种具有形成权性质的权利，均是法考的考点，须认真掌握）。

（3）形成权的行使行为属于单方法律行为，通常以通知相对人的方式进行，而且其意思表示不限于明示，默示乃至于特殊情况下的沉默亦可。

（4）某些类型的形成权需要依诉讼行使，如可撤销民事法律行为的撤销权。

（5）形成权的行使不得附条件或附期限。

（6）形成权行使不适用诉讼时效期间，而是适用除斥期间，法律规定的形成权行使的除斥期间以1年最为常见。形成权人未在除斥期间内行使权利的，形成权消灭（参见《民法典》第199条，注意其与诉讼时效期间届满效果的区别）

【相关法条】

《民法典》第199条　法律规定或者当事人约定的撤销权、解除权等权利的存续期间，除法律另有规定外，自权利人知道或者应当知道权利产生之日起计算，不适用有关诉讼时效中止、中断和延长的规定。存续期间届满，撤销权、解除权等权利消灭。

（三）绝对权与相对权

以义务主体是否特定，可将权利区分为绝对权与相对权。

1. 绝对权

绝对权的要点如下：（1）绝对权的义务主体不确定，权利人以外之人均为义务主体；（2）义务均表现为不作为；（3）绝对权的类型主要包括物权、知识产权、人格权。

2. 相对权

相对权的知识要点包括：（1）权利指向特定的主体，原则上，权利人仅能向该特定主体行使权利；（2）债权是相对权的典型类型（债权的相对性原理，是法考的重要考点，见后）。

（四）主权利、从权利

依两种权利之间的依附关系，可区分出主权利与从权利。

关于此分类，须掌握的知识要点如下：

1. 从权利依附于主权利，不能脱离主权利而独立存在。例如，缺乏被担保的债权，就没有保证债权、担保物权等从权利存在的余地。

2. 从权利的类型主要包括基于担保目的而产生的权利，如保证债权、定金债权以及抵押权、质权、留置权等担保物权。另外，尤其需掌握的是，用益物权中的地役权也属于从权利（详见后）。

3. "主权利转移的，从权利随之转移"，这是该知识点的一个重要考查方式，考生可结合《民法典》第547条等条文理解领会。

（2009 年单选） 甲被乙家的狗咬伤，要求乙赔偿医药费，乙认为甲被狗咬与自己无关拒绝赔偿。下列哪一选项是正确的？[1]

    A. 甲乙之间的赔偿关系属于民法所调整的人身关系

    B. 甲请求乙赔偿的权利属于绝对权

    C. 甲请求乙赔偿的权利适用诉讼时效

    D. 乙拒绝赔偿是行使抗辩权

三、自力救济 ＊＊＊

民事权利的保护原则上应采公力救济，典型的手段就是向人民法院提起诉讼。只有在例外的情形，才允许自力救济。就法考而言，公力救济没有考点，自力救济则相对比较重要。

自力救济，往往意味着一方民事主体向另一方使用暴力。如果没有法律的特许，这种暴力的使用将构成不法行为，对于由此引起的损害，行为人将负侵权损害赔偿责任。相反，在法律允许自力救济的情形，行为即便造成了损害，行为的违法性也被排除，其行为不构成侵权行为，行为人无须承担侵权责任。

法律允许的自力救济主要包括正当防卫、紧急避险与自助行为。

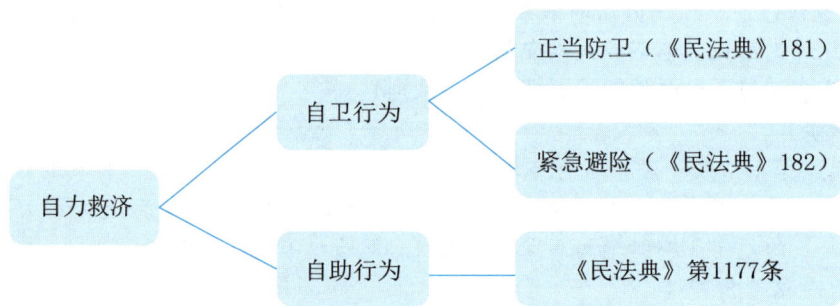

```
                                  ┌─── 正当防卫（《民法典》181）
                      ┌─ 自卫行为 ─┤
                      │           └─── 紧急避险（《民法典》182）
           自力救济 ───┤
                      └─ 自助行为 ──── 《民法典》第1177条
```

（一）正当防卫与见义勇为

《民法典》总则编第八章"民事责任"之下的第 181 条规定了正当防卫条款，该条规定："因正当防卫造成损害的，不承担民事责任。正当防卫超过必要的限度，造成不应有的损害的，正当防卫人应当承担适当的民事责任"。

正当防卫由受害人或第三人实施，指向先前实施不法加害的侵害人。在由第三人实施正当防卫时，往往也成立所谓"见义勇为"。相对于纯粹的正当防卫，法考考查见义勇为及紧急救助的可能性略高。关于紧急救助，主要关注其免责后果。见义勇为的补偿责任及紧急救助的免责规定，参见《民法典》第 183 条、第 184 条。

【相关法条】

《民法典》第 183 条　因保护他人民事权益使自己受到损害的，由侵权人承担民事责任，受益人可以给予适当补偿。没有侵权人、侵权人逃逸或者无力承担民事责任，受害人请求补偿的，受益人应当给予适当补偿。

《民法典》第 184 条　因自愿实施紧急救助行为造成受助人损害的，救助人不承担民事责任。

---

[1]【解析】正确选项为 C。健康权固然属于人格权，但侵害健康权所产生的损害赔偿关系属于债权关系，债权属于相对权，且适用诉讼时效期间。

（二）紧急避险

【重点法条】

《民法典》第182条　因紧急避险造成损害的，由引起险情发生的人承担民事责任。

危险由自然原因引起的，紧急避险人不承担民事责任，可以给予适当补偿。

紧急避险采取措施不当或者超过必要的限度，造成不应有的损害的，紧急避险人应当承担适当的民事责任。

关于紧急避险，考生需掌握以下几个知识要点：

1. 紧急避险导致无辜之人受损，这一点可与正当防卫等相区分。

2. 如果险情系人为原因引起，则由引起险情之人承担赔偿责任。

3. 如果险情由自然原因引起，则由受益人（可能是行为人本人）对受害人加以适当补偿。

【真题解读】

（2007年单选）甲公司铺设管道，在路中挖一深坑，设置了路障和警示标志。乙驾车撞倒全部标志，致丙骑摩托车路经该地时避让不及而驶向人行道，造成丁轻伤。对丁的损失，下列哪一选项是正确的？[1]

A. 应由乙承担赔偿责任　　　　　　B. 应由甲和乙共同承担赔偿责任

C. 应由乙和丙共同承担赔偿责任　　D. 应由甲、乙和丙共同承担赔偿责任

（三）自助行为

我国民法过去未明确规定自助行为，但法理均承认自助行为，而且之前司法考试也多次考查过这个考点。《民法典》在侵权责任编中，从侵权责任免责事由角度首次对自助行为做出规定，值得注意。

【重点法条】

《民法典》第1177条　合法权益受到侵害，情况紧迫且不能及时获得国家机关保护，不立即采取措施将使其合法权益受到难以弥补的损害的，受害人可以在保护自己合法权益的必要范围内采取扣留侵权人的财物等合理措施；但是，应当立即请求有关国家机关处理。受害人采取的措施不当造成他人损害的，应当承担侵权责任。

自助行为的要点包括：

1. 自助行为是为保护合法权益，同时又来不及请求公力救济情况下实施的，如果不存在急迫情况，则不得实施。

2. 自助行为本身表现为对他人人身自由的约束或对他人财产的扣押等强制行为，因为自助行为被法律所允许，所以排除了自助行为的违法性，从而不构成侵权。

3. 自助行为具有临时性，行为人在采取为维护其权利所必要的扣留财物等措施后，应立即请求有关国家机关处理。如不立即寻求公力救济，行为人先前正当的自助行为将转化为不法行为。

4. 典型的自助行为例示：顾客在餐馆、酒店消费后不付款即欲离去，经营者或其工作人员扯住其不让离去，或夺取顾客手中的包，要求其支付餐费、住宿费等。

5. 须注意的是，留置权等权利的行使行为不构成自助行为。在留置权的情形，留置物已经在留置权人手中，其权利行使行为仅表现为维持物的占有状态而拒绝返还。换言之，留置权的行使不涉及暴力行为。

---

[1]【解析】正确选项为A。本题可自紧急避险角度作答。甲作为施工人，已设置明显标志和采取安全措施，根据《民法典》第1258条，甲无须承担责任。乙的行为制造了险情，对于丙的避险行为所造成的损害，应由引起险情的乙承担赔偿责任。

（2002 年单选）一住店客人未付房钱即离开旅馆去车站，旅馆服务员见状揪住他不让走，并打报警电话。客人说"你不让我走还限制我自由，我要告你们旅馆，耽误了乘火车要你们赔偿"。旅馆这样做的性质应如何认定？[1]

A. 属于侵权，系侵害人身自由权   B. 属于侵权，系积极侵害债权

C. 不属于侵权，是行使抗辩权之行为   D. 不属于侵权，是自助行为

第四节　民事权利客体

关于民事权利（民事法律关系）的客体，前文已简要说明。本节的考点主要在物的分类。有价证券及其他民事权利的客体无考点，考生可忽略。

一、动产与不动产 *

民法上的物指有体物。《民法典》规定，<u>网络虚拟财产和数据也受法律保护</u>，但该法未将其视为"物"。

不动产与动产的区分是民法对物的基本区分。不动产指不可移动的物，包括土地、海域及土地之上的建筑物、树木等定着物、附着物。不动产以外的有体物，皆为动产，后者具有可移动性。机动车、船舶、航空器等交通工具的基本性质是动产，但由于在其上存在登记制度，故其在物权变动规则方面具有特殊性（主要可参照后文对《民法典》第 225 条的解读）。

不动产与动产的区分在物权法上具有极其重要的意义，尤其是在物权变动规则方面，可参考本书第七章内容。

二、主物与从物 * *

【重点法条】

《民法典》第 320 条　主物转让的，从物随主物转让，但是当事人另有约定的除外。

1. 涉及两个独立的物，从物也必须是一个独立的物，而非主物的构成部分。因此，安装在车体上的轮胎不是汽车的从物，而汽车上配备的备胎则构成从物。

2. 功能上或经济用途上存在着经常性的主从（服务、装饰、功能完善等）关系，例如，备胎构成汽车的从物，马鞍构成马的从物，农具、肥料等构成农场的从物。

3. 法考最有可能结合《民法典》第 320 条考查这个考点。**例如**，甲、乙订立机动车买卖合同而未就备胎是否包括在交易之内达成一致，则在存在疑问时，出卖人应交付备胎，因其构成机动车的从物。同理，出售马匹者，在无相反约定情况下，应将马鞍连同马匹一并交付给买受人。

三、原物与孳息 * *

【重点法条】

《民法典》第 321 条　天然孳息，由所有权人取得；既有所有权人又有用益物权人的，由用益物权人取得。当事人另有约定的，按照约定。

法定孳息，当事人有约定的，按照约定取得；没有约定或者约定不明确的，按照交易习惯

---

[1]【解析】正确选项为 D。此为典型的自助行为，自助行为排除违法性，不构成侵权。

取得。

1. 孳息包括天然孳息与法定孳息。

2. 天然孳息是依原物的自然属性而获得的出产物，如植物的果实或动物的幼崽或鸡蛋、牛奶等出产物。须特别注意的是，天然孳息须已与原物分离，在分离之前（如果树上未采摘的果实，动物腹中的胎儿），不构成孳息，而仅是原物的构成部分。

3. 天然孳息的法定归属是一个考点，考生须掌握《民法典》第321条的规定。根据该条，天然孳息原则上归属于原物所有人，原物之上有用益物权人的（如承包经营权人），由后者取得天然孳息。须特别注意的是，质权人并不取得质押期间质物所产生天然孳息，而仅是在收取后将其也作为质物（详见后）。

4. 法定孳息的典型事例包括利息与租金。

【真题解读】

1. （2005年多选）下列各选项中，哪些属于民法上的孳息？[1]

A. 出租柜台所得租金　　　　　　　B. 果树上已成熟的果实

C. 动物腹中的胎儿　　　　　　　　D. 彩票中奖所得奖金

2. （2018年单选）2018年3月2日，苏某为了庆祝自己的新书大卖，邀请朋友前往海河大饭店聚餐。苏某途中在海鲜市场张某处购买了一只大海螺，交给海河大饭店加工，厨师何某剥开后，发现海螺里有一颗橙色的椭圆形珍珠。珍珠应归下列哪一人所有？[2]

A. 苏某　　　　　　　　　　　　　B. 张某

C. 海河大饭店　　　　　　　　　　D. 何某

第五节　民事责任

【说明】＊

沿袭《民法通则》的传统，《民法典》总则编仍设"民事责任"一章，但其主要内容已非如前者那样主要规定违约责任与侵权责任。考生可适当关注《民法典》总则编第八章"民事责任"中的新规范，尤其是第183、第184（见前）及第185条。第185条系关于英烈保护的特别条款，规定如下："侵害英雄烈士等的姓名、肖像、名誉、荣誉，损害社会公共利益的，应当承担民事责任"。另外，原《合同法》第122条有关侵权责任与违约责任竞合的规范被《民法典》规定在了"民事责任"章之下的第186条。对该条的具体解读请参看本教材违约责任部分。

【相关法条】

《民法典》第186条　因当事人一方的违约行为，损害对方人身权益、财产权益的，受损害方有权选择请求其承担违约责任或者侵权责任。

---

[1]【解析】正确选项为AD。租金与彩票奖金均为法定孳息。果实在采摘之前，动物幼崽在产生之前，均为原物的成分，尚不构成天然孳息。

[2]【解析】正确选项为A。该题的出题逻辑应为：珍珠系海螺的天然孳息，应由海螺的所有人取得天然孳息。苏某因购买行为取得海螺所有权，委托饭店加工不导致所有权转移，故应由苏某取得珍珠所有权。

第二章　自然人

▶【复习提要】

根据考试大纲，本章共设5节，客观题的主要考点集中在两个方面：（1）有关监护的规则；（2）宣告死亡及其撤销。主观题基本无考点，可适当关注《民法典》第16条有关胎儿利益保护之规则。

本章重点知识结构可做图示如下：

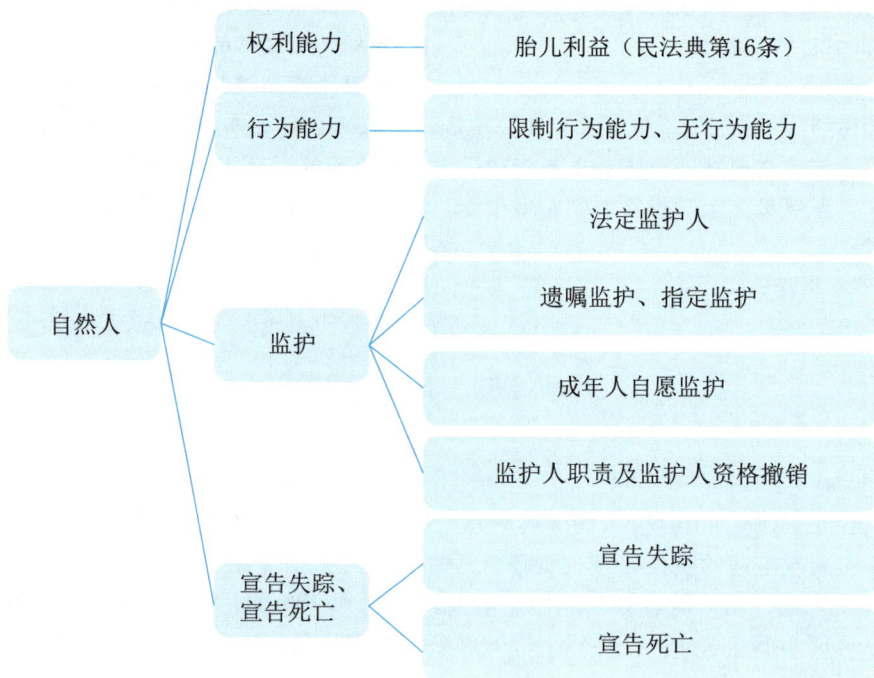

```
                    权利能力 ──── 胎儿利益（民法典第16条）

                    行为能力 ──── 限制行为能力、无行为能力

                                   法定监护人

                                   遗嘱监护、指定监护
    自然人
                    监护           成年人自愿监护

                                   监护人职责及监护人资格撤销

                    宣告失踪、      宣告失踪
                    宣告死亡
                                   宣告死亡
```

第一节　自然人的民事权利能力

【说明】＊＊

本节无重要考点，考生了解以下几点即可：

1. 自然人的民事权利能力，指的是自然人作为权利义务关系承载者的法律资格。自然人是最为典型的法律主体，任何自然人皆拥有权利能力。

2. 自然人的行为能力存在差异，而权利能力则完全平等。

3. 自然人的权利能力始于出生，终于死亡。出生与死亡均属法律事实中的事件。关于出生的认定，《民法典》第15条设有以下规定："自然人的出生时间和死亡时间，以出生证明、死亡证明记载的时间为准；没有出生证明、死亡证明的，以户籍登记或者其他有效身份登记记载的时间为准。有其他证据足以推翻以上记载时间的，以该证据证明的时间为准。"

4. 出生前的胎儿虽未取得权利能力，但也受法律保护，这主要体现在两个方面：（1）《民法典》出台前，《继承法》设有胎儿继承利益保护规范，《民法典》第1155条沿用了该规定，该条规定："遗产分割时，应当保留胎儿的继承份额。胎儿娩出时是死体的，保留的份额按照法定继承办理"；（2）就胎儿利益保护的问题，<u>《民法典》第16条设置了概括式条款如下："涉及遗产继承、接受赠与等胎儿利益的保护，胎儿视为具有民事权利能力。但是，胎儿出生时为死体的，其民事权利能力自始不存在"。</u>胎儿"视为"具有民事权利能力，其目的在于解决其取得权利或法律利益的主体资格问题。<u>除该条明确列举的遗产继承及接受赠与两种情形外，胎儿在母体中受到侵害的，亦可根据该条在出生后要求侵害人承担侵权责任。涉及继承及接受赠与，胎儿娩出前，父母以法定代理人身份代为主张权利的，人民法院应予支持。</u>

【相关法条】

《总则编解释》第4条 涉及遗产继承、接受赠与等胎儿利益保护，父母在胎儿娩出前作为法定代理人主张相应权利的，人民法院依法予以支持。

【主观题点睛】

胎儿利益保护问题，可以成为主观案例题的出题点。案情凡涉及遗腹子的继承问题或出生前损害的，均应以《民法典》第16条为依据作答。

【真题解读】

（2020年单选）甲怀孕期间因身体不适就医，因医生用药错误，致甲险些流产，虽保住了胎儿，但造成了胎儿乙残疾，甲也受到了身体伤害，甲因此向医院主张侵权赔偿。对此，下列哪一说法是正确的？[1]

A. 甲、乙均有损害赔偿请求权　　　　　B. 只有甲有损害赔偿请求权

C. 甲、乙均无损害赔偿请求权　　　　　D. 只有乙有损害赔偿请求权

第二节　自然人的民事行为能力

一、行为能力的适用领域与判断标准 *

1. 行为能力要求针对的是民事法律行为，事实行为（如先占无主物、建造房屋）发生法律规定的法律效果并不要求行为人具有相应的行为能力。

2. 影响行为能力的因素有两个：年龄与精神状态（是否有辨认能力）。关于年龄，法律采整齐划一的处理：一方面，智力超群并不使未成年人具备完全行为能力；另一方面，只要不属于欠缺辨认能力的情形，成年人也不因智商不高或欠缺经验等发生行为能力缺陷问题。

---

[1]【解析】正确选项为A。甲遭遇医疗事故，医院有过错，甲可主张侵权损害赔偿；乙出生前遭遇损害，依《民法典》第16条，视为在遭受损害时其已具备权利能力，故也可主张损害赔偿。

二、行为能力的类型 * *

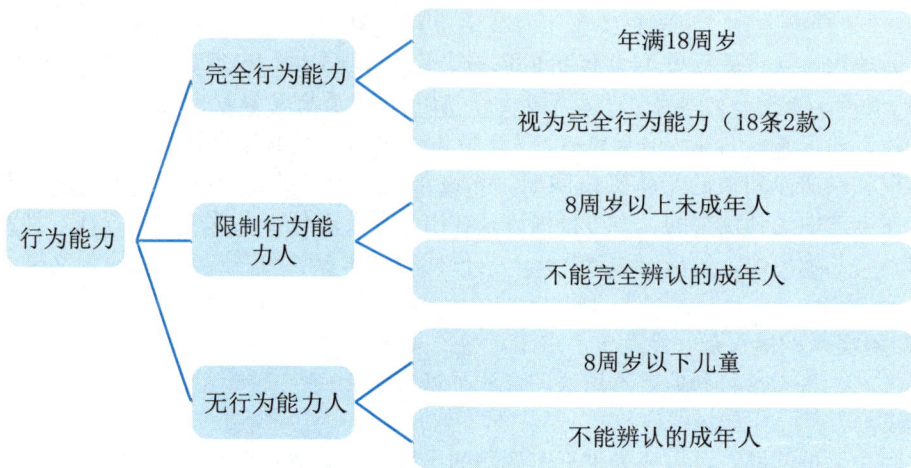

```
                            ┌─────────────────────────┐
              ┌─ 完全行为能力 ─┤  年满18周岁              │
              │             └─────────────────────────┘
              │             ┌─────────────────────────┐
              │             │ 视为完全行为能力（18条2款）│
              │             └─────────────────────────┘
              │             ┌─────────────────────────┐
  行为能力 ─── ├─ 限制行为能 ──┤  8周岁以上未成年人        │
              │   力人       └─────────────────────────┘
              │             ┌─────────────────────────┐
              │             │ 不能完全辨认的成年人      │
              │             └─────────────────────────┘
              │             ┌─────────────────────────┐
              └─ 无行为能力人 ┤  8周岁以下儿童           │
                            └─────────────────────────┘
                            ┌─────────────────────────┐
                            │ 不能辨认的成年人         │
                            └─────────────────────────┘
```

1. 完全行为能力人：健全的成年人。
2. 限制行为能力人：（1）年满八周岁的未成年人；（2）不能完全辨认自己行为的成年人。
3. 无行为能力人：不满八周岁的未成年人；不能辨认自己行为的成年人。
4. 注意《民法典》第18条第2款关于"视为完全民事行为能力人"的规定如下规定："十六周岁以上的未成年人，以自己的劳动收入为主要生活来源的，视为完全民事行为能力人"。

【提示】

法考不会单独考查行为能力，而会结合民事法律行为的效力（具体见《民法典》第144条、第145条）来考查。

第三节　自然人的住所与监护

一、自然人住所 *

住所是自然人所构建的法律关系的中心场所，对于确定诉讼管辖、合同履行地等具有一定意义。

住所不是重点考点。考生对《民法典》第25条略加记忆即可。

【相关法条】

《民法典》第25条　自然人以户籍登记或者其他有效身份登记记载的居所为住所；经常居所与住所不一致的，经常居所视为住所。

二、监护 * * * *

有关监护人的确定、监护职责等，规定在《民法典》第27条至39条。另外，《总则编解释》也做出了补充。关于监护，需掌握的知识要点如下：

1. 行为能力缺陷者（无行为能力人和限制行为能力人）需要监护。从被监护人方面看，监护分为未成年人监护与成年人监护（无民事行为能力或限制民事行为能力的成年人）监护；

从监护人确定方面看，分为法定监护、协议监护和指定监护等。

2. 父母是未成年子女当然的法定监护人。父母健在且具有行为能力的，不存在确定监护人的问题；父母与他人订立监护协议，约定免除自己的监护职责的，无效。未成年人父母离婚后，双方仍是子女当然的监护人（不与子女共同生活的一方也是法定监护人）。

3. 关于遗嘱监护。未成年人的父母可以通过遗嘱指定未成年人的监护人（注意：仅有父母能够通过遗嘱为其未成年子女指定监护人）；父或母一方通过遗嘱指定监护人，遗嘱生效时，另一方仍有监护能力的，不应认定遗嘱监护的效力。遗嘱指定具有单方性，遗嘱生效时，被指定的人不同意担任监护人的，人民法院应根据法定监护的一般规则确定监护人（《总则编解释》第7条）。

4. 监护人可以由协议确定。具有监护资格的人之间协议确定监护人的，应当尊重被监护人的意愿。

5. 关于指定监护，《民法通则》曾规定，对担任监护人有争议的，须先由基层群众组织（居委会或村委会）指定监护人，对该指定不服的，才能向法院提起诉讼。《民法典》第31条改变了上述规定，有关当事人既可向基层群众组织要求指定并在对此指定不服时要求人民法院重新指定，亦可直接向人民法院申请，要求法院在具有监护资格的人中指定。指定监护人的原则：（1）尊重被监护人的意愿；（2）有利于被监护人原则。指定监护人前，被监护人的人身权利、财产权利以及其他合法权益处于无人保护状态的，由被监护人住所地的居民委员会、村民委员会、法律规定的有关组织或者民政部门担任临时监护人。

6. 近亲属以外的人担任监护人的，需经居委会、村委会或者民政部门同意。

7. 单位可担任监护人。没有依法具有监护资格的人的，监护人由民政部门担任（所谓"政府兜底"），也可以由具备履行监护职责条件的被监护人住所地的居民委员会、村民委员会担任（《民法典》第32条）。

8. 成年人意定监护。具有完全民事行为能力的成年人，可与他人事先协商，以书面形式确定监护人。该成年人丧失或部分丧失行为能力时，协商确定的监护人开始承担监护职责（《民法典》第33条）。在一方实际丧失行为能力之前，任何一方均可解除此监护协议（《总则编解释》第11条）。

9. 监护人的职责主要表现在保护被监护人的人身、财产与其他合法权利。非为被监护人利益，不得处分被监护人的财产；在作出与被监护人权益有关的决定时，应尊重被监护人的意愿。

10. 监护人实施严重损害被监护人身心健康等行为的，人民法院有权应有关组织和个人的请求撤销监护人的监护资格，并根据最有利于监护人原则指定监护人（第36条）。被监护人的父母或者子女被人民法院撤销监护人资格后，除对被监护人实施故意犯罪的外，确有悔改表现的，经其申请，人民法院可以在尊重被监护人真实意愿的前提下，视情况恢复其监护人资格（《民法典》第38条）。

【真题解读】

1.（2018年多选）2015年2月，家住陕西省W县的孙某（男，51周岁，有配偶）依法收养了孤儿小丽（女，11周岁）为养女，后孙某多次对小丽实施性侵害，致其先后产下两名女婴。2017年5月，当地群众向公安机关匿名举报，媒体也纷纷曝光此事。2017年8月，当地法院判决孙某构成强奸罪，判决有期徒刑 3 年。关于本案，下列哪些说法是错误的？[1]

    A. W 县民政部门可以直接撤销孙某的监护人资格

    B. 孙某被撤销监护资格后可以不再给付小丽抚养费

    C. 孙某出狱后，如确有悔改表现的，经其申请，人民法院可以恢复其监护人资格

    D. 小丽对孙某的损害赔偿请求权的诉讼时效期间自孙某法定代理权终止之日起计算

    2.（2020 年单选）陆某因抢劫罪被判处刑罚，其妻孟某与之离婚，双方协议约定儿子小勇由陆某抚养，实际由陆某父母看管。关于小勇的监护人，下列哪一说法是正确的？[2]

    A. 陆某是其唯一监护人   B. 孟某是其唯一监护人

    C. 孟某和陆某父亲母亲是其监护人   D. 陆某和孟某是其监护人

【提示】

    监护是本章最重要的考点之一，不过基本上会在客观题考试中出现，主观题涉及可能性不大。该部分知识点比较细碎，考生应注意结合《民法典》的规定加以掌握。以上所列有关监护的各个要点均须掌握，而且相关知识点的掌握必须细致，例如，仅有父母有权通过遗嘱设定监护人；仅有人民法院可以撤销和恢复监护资格等。相关知识点与法条的关系，可列表如下：

知识要点	《民法典》法条
未成年人的监护人	第 27 条
行为能力缺陷之成年人的监护人	第 28 条
父母通过遗嘱指定监护人	第 29 条、《总则编解释》第 7 条
协议监护	第 30 条、《总则编解释》第 8 条
指定监护	第 31 条、《总则编解释》第 10 条
无法定监护人之处理（单位监护人）	第 32 条
成年人意定监护	第 33 条、《总则编解释》第 11 条
监护人的职责	第 34、35 条
监护人资格的撤销与恢复	第 36、37、38 条

第四节　宣告失踪与宣告死亡

一、宣告失踪＊＊

宣告失踪不是重要考点，注意以下几点即可：

（1）宣告失踪的目的是**确定财产代管人**；

---

    〔1〕【解析】正确选项为 ABCD。监护资格的撤销仅法院有权做出，A 选项错误；根据《民法典》第 37 条，撤销监护资格，并不免除抚养义务人的抚养义务，B 选项错误；孙某系故意犯罪，不能恢复监护资格，C 选项错误。根据《民法典》第 191 条，未成年人遭受性侵害的损害赔偿请求权自成年时起算，D 选项错误。

    〔2〕【解析】正确选项为 D。尽管陆某与孟某离婚，但双方仍是法定监护人，协议抚养不影响法定监护人身份。陆某被判刑，也不影响其法定监护人身份。

（2）条件是下落不明满两年；

（3）财产代管人从代管的财产中支付失踪人所欠税款、债务；

（4）在相关诉讼中，<u>财产代管人直接具有原、被告资格（而非作为失踪人的代理人）</u>；

（5）<u>财产代管人虽在一定范围内具有相当于代理人的权限，但他对代管的财产并无处分权。除为清偿债务、税款的目的外，财产代管人擅自处分其代管财产的，构成无权处分。</u>

【真题解读】

（2016年单选）甲被法院宣告失踪，其妻乙被指定为甲的财产代管人。3个月后，乙将登记在自己名下的夫妻共有房屋出售给丙，交付并办理了过户登记。在此过程中，乙向丙出示了甲被宣告失踪的判决书，并将房屋属于夫妻二人共有的事实告知丙。1年后，甲重新出现，并经法院撤销了失踪宣告。现甲要求丙返还房屋。对此，下列哪一说法是正确的？[1]

A. 丙善意取得房屋所有权，甲无权请求返还

B. 丙不能善意取得房屋所有权，甲有权请求返还

C. 乙出售夫妻共有房屋构成家事代理，丙继受取得房屋所有权

D. 乙出售夫妻共有房屋属于有权处分，丙继受取得房屋所有权

二、宣告死亡 * * *

（一）申请资格和程序安排

具有申请宣告死亡资格的利害关系人，包括：①被申请人的配偶、父母、子女；②能够获得遗产的其他近亲属；③债权人、所在单位等有民法上权利义务关系者，不申请宣告死亡则无法保护其民事权益的，也可作为申请人。

【注意】

《民法通则》曾规定，申请死亡有顺序要求，如失踪人配偶不愿意申请死亡的，其他亲属不得申请死亡。《民法典》取消了这一规定。但这并不意味着近亲属均有申请死亡资格。例如，通常情况下，失踪人的兄弟姐妹不符合申请资格，因为他们在继承法上仅是第二顺序继承人，只要存在第一顺序继承人，兄弟姐妹并不能因死亡宣告获得遗产，故他们不符合"利害关系人"的要求。对此，可关注《总则编解释》第16条之规定。

【重点法条】

《总则编解释》第十六条　人民法院审理宣告死亡案件时，被申请人的配偶、父母、子女，以及依据民法典第一千一百二十九条规定对被申请人有继承权的亲属应当认定为民法典第四十六条规定的利害关系人。

符合下列情形之一的，被申请人的其他近亲属，以及依据民法典第一千一百二十八条规定对被申请人有继承权的亲属应当认定为民法典第四十六条规定的利害关系人：

（一）被申请人的配偶、父母、子女均已死亡或者下落不明的；

（二）不申请宣告死亡不能保护其相应合法权益的。

被申请人的债权人、债务人、合伙人等民事主体不能认定为民法典第四十六条规定的利害关系人，但是不申请宣告死亡不能保护其相应合法权益的除外。

<u>宣告失踪不是宣告死亡的必经程序</u>，符合宣告死亡条件的，可以直接申请宣告死亡。有人申请宣告失踪，有人申请宣告死亡的，只要申请死亡者具有申请资格，法院应按宣告死亡案件处理。

---

　　[1]【解析】正确选项为B。本题解题关键在于，财产代管人对于代管的财产并无处分权。据此，乙处分共有房产时，并不因其代管人的身份而取得对甲之财产的处分权，而受让人丙事实上又知晓房产为甲乙共同共有，故不成立善意取得。

【真题解读】

（2018 年单选）2014 年 6 月 1 日，北京市民韩某乘坐 MH360 航班从马来西亚飞回北京。飞机中途失事，至今（2018 年 10 月）下落不明。韩妻何某欲将儿子小韩（未满 6 岁）送人抚养以便自己再嫁，但与韩某的父母产生分歧，遂一起咨询刘律师，刘律师建议通过宣告死亡制度处理并告知相关事项。关于宣告死亡，下列哪一说法是正确的？[1]

A. 韩某的利害关系人申请宣告韩某死亡有顺序先后的限制

B. 韩某的父母申请宣告韩某失踪，何某申请宣告死亡，法院应当根据何某的申请宣告韩某死亡

C. 如法院宣告韩某死亡，则判决作出之日视为韩某死亡的日期

D. 如法院宣告韩某死亡但是韩某并未死亡的，在被宣告死亡期间韩某所实施的民事法律行为效力待定

（二）失踪时间要件

通常为 4 年，意外事故满 2 年；因意外事故下落不明，有关方面证明不可能生还的，不受 2 年时间限制。通常不会直接考查时间要求，考生仅须判断试题中出现的时间是否满足了宣告死亡的要求。

（三）死亡日期认定

被宣告死亡的人，人民法院宣告死亡的判决作出之日视为其死亡的日期；因意外事件下落不明宣告死亡的，意外事件发生之日视为其死亡的日期。

【重点法条】

《民法典》第 48 条　被宣告死亡的人，人民法院宣告死亡的判决作出之日视为其死亡的日期；因意外事件下落不明宣告死亡的，意外事件发生之日视为其死亡的日期。

【提示】

死亡日期的认定问题，既可作为客观题的一个独立选项，也可与继承问题结合考核（相互具有继承关系的人之间何人先死的问题，最终涉及代位继承或转继承问题）。例如，甲 2016 年 10 月因意外下落不明，甲父 2019 年死亡；经甲妻申请，法院于 2020 年 12 月宣告甲死亡。此种情形，应判定甲先于甲父死亡，甲的子女可代位继承甲父的遗产。

（四）死亡宣告的效力

死亡宣告具有终结被宣告者权利能力的效力，据此，婚姻关系消灭、继承开始。当然，在宣告死亡期间，如被宣告人实际未死亡，则其仍具有权利能力与行为能力，其所实施的民事法律行为的效力并不因为宣告死亡而受到影响。

（五）撤销宣告死亡的法律后果

1. "继承人"的返还责任

死亡宣告被撤销的，因死亡宣告而获得"遗产"之人应返还原物；不能返还的，应适当补偿。第三人合法取得的，不予返还。利害关系人隐瞒真实情况使他人被宣告死亡而取得其财产的，除应返还原物及孳息外，还应对造成的损失予以赔偿。

2. 撤销死亡宣告对先前婚姻的影响

婚姻关系自死亡宣告之日起消灭。死亡宣告被撤销的，夫妻关系自撤销死亡宣告之日起自动恢复，但其配偶再婚或向婚姻登记机关书面声明不愿意恢复的除外。

---

　[1]【解析】正确选项为 B。申请宣告死亡，没有利害关系人资格顺序要求，A 选项错误；同时提出宣告失踪与宣告死亡申请的，法院应接受宣告死亡申请，选项 B 正确；韩某系因意外事故下落不明，应以意外发生之日为死亡日，C 选项错误；宣告死亡期间实施的法律行为有效，D 选项错误。

3. 子女被收养问题

被宣告死亡的人在被宣告死亡期间，其子女被他人依法收养，被宣告死亡的人在死亡宣告被撤销后，不得以未经本人同意而主张收养关系无效。

【真题解读】

（2017年单选）甲出境经商下落不明，2015年9月经其妻乙请求被K县法院宣告死亡，其后乙未再婚，乙是甲唯一的继承人。2016年3月，乙将家里的一辆轿车赠送给了弟弟丙，交付并办理了过户登记。2016年10月，经商失败的甲返回K县，为还债将登记于自己名下的一套夫妻共有住房私自卖给知情的丁；同年12月，甲的死亡宣告被撤销。下列哪些选项是正确的？[1]

A. 甲、乙的婚姻关系自撤销死亡宣告之日起自行恢复

B. 乙有权赠与该轿车

C. 丙可不返还该轿车

D. 甲出卖房屋的行为无效

【提示】

宣告死亡是本章最为重要的考点之一。为方便考生识记相关考点，可设问答如下：

问题	解答
申请人有无顺序要求？	无（但需注意《总则编解释》第16条）
宣告死亡如何确定死亡日期？	通常为判决作出之日，意外事件情形为意外事件发生日
实际生存的，法律行为效力是否受死亡宣告影响？	不受影响（《民法典》第49条）
死亡宣告撤销对婚姻关系产生哪些影响？	自动恢复，但配偶再婚或书面声明不愿恢复的除外
死亡撤销是否使之前的收养无效？	收养不因未经失踪人同意而无效
死亡撤销的财产后果有哪些？	返还、适当补偿、恶意者负赔偿之责

第五节　个体工商户、农村承包经营户

【说明】 *

1. 《民法典》保留了《民法通则》中的"个体工商户"与"农村承包经营户"，但"两户"基本无考点。

2. 考生仅需略为关注两户的责任承担问题即可。

【相关法条】

《民法典》第56条　个体工商户的债务，个人经营的，以个人财产承担；家庭经营的，以家庭财产承担；无法区分的，以家庭财产承担。农村承包经营户的债务，以从事农村土地承包经营的农户财产承担；事实上由农户部分成员经营的，以该部分成员的财产承担。

---

〔1〕【解析】正确选项为ABC。甲妻乙未婚，婚姻关系自动恢复（严格来说，A选项不严谨，因存在例外，即如乙向婚姻登记机关声明不恢复的除外）。作为继承人，乙已取得轿车所有权，故有权赠与此车。丙善意接受赠与，可确认其终局性地取得所有权，不负返还之责。即使构成无权处分，买卖合同仍有效。

第三章　法人和非法人组织

【复习提要】

在理解"法人"概念的基础上，考生在本章中应着重掌握法人独立责任、法人分类、法人组织机构、法人分支机构法律地位及非法人组织等几个考点。

本章有关法人的主要知识结构，可图示如下：

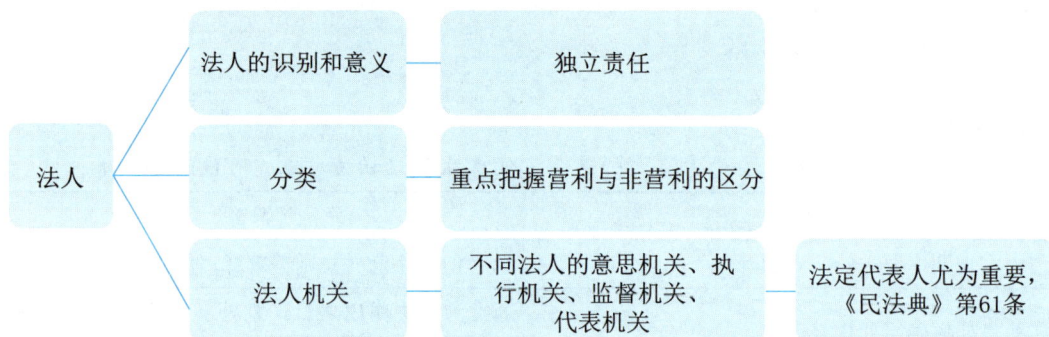

第一节　法人概述

一、法人特征 * *

法人，是法律创造的"人"（法律主体）。法人当然不是自然人，而是法律承认其具有独立权利能力和责任能力的组织体。

（一）法人与非法人组织的判断

1. 主要涉及营利法人与不具有法人资格的企业的判断。

2. 法人的判断标准：（1）属于我国法律所认可的法人类型；（2）依法成立。具体可见于《民法典》关于营利法人、非营利法人、特别法人的规定。考试一般会以营利法人的识别为主，根据《公司法》组建的公司，包括一人公司、全资子公司等，均具有法人资格。

3. 不具备独立法人资格的企业组织：合伙企业、个人独资企业、分公司。其中，前两者为《民法典》第四章规定的"非法人组织"。非法人组织不独立承担责任。

（二）法人最重要的特征：独立责任

法人对外承担独立责任。原则上，法人的出资人、创办人不对法人债务负责，对后者而言，其责任为有限责任（以认缴的出资额为限承担责任）。

法人独立责任这一考点通常以公司法人为考核对象。公司法人，即使是一人公司（包括独资子公司），均由公司独立承担责任，股东（包括母公司）对公司债务不承担责任。相反，不具有独立法人资格的组织不由该组织承担独立责任，而在该类组织的财产不足以清偿债务时由其出资人、创办人等承担无限责任。

【提示】

法人自身承担的并非"有限责任",而是以全部资产承担责任。有限责任系针对法人的出资人而言。

【重点法条】

《民法典》第 60 条　法人以其全部财产独立承担民事责任。

【法人格否认】须注意的是,《公司法》第 23 条设有否定法人人格的制度,在公司法人人格(因股东滥用)被否定时,股东须对公司债务负连带责任。《民法典》则将这一制度上升到"营利法人"层面。《民法典》第 83 条第 2 款规定:"营利法人的出资人不得滥用法人独立地位和出资人有限责任损害法人的债权人的利益;滥用法人独立地位和出资人有限责任,逃避债务,严重损害法人债权人利益的,应当对法人债务承担连带责任。"最高人民法院于 2019 年 11 月 14 日印发的《全国法院民商事审判工作会议纪要》(以下简称"《九民纪要》")也对公司人格否认的法律适用做出解释。有关法人人格否认的这个考点,法考主要在商法模块中考查,故在此不作为重点问题展开,考生仅需略加关注以上《民法典》的规定即可。

【主观题点睛】

法人独立责任与非法人组织的非独立责任是法考主观题考试比较重要的考点。考生需首先能识别相关组织(主要是企业)的性质,依其是法人还是非法人组织,来决定责任的归属。

【真题解读】

(2008 年单选)德胜公司注册地在萨摩国并在该国设有总部和分支机构,但主要营业机构位于中国深圳,是一家由台湾地区凯旋集团公司全资设立的法人企业。由于决策失误,德胜公司在中国欠下 700 万元债务。对此,下列哪一选项是正确的?[1]

A. 该债务应以深圳主营机构的全部财产清偿

B. 该债务应以深圳主营机构和萨摩国总部及分支机构的全部财产清偿

C. 无论德胜公司的全部财产能否清偿,凯旋公司都应承担连带责任

D. 当德胜公司的全部财产不足清偿时,由凯旋公司承担补充责任

二、法人的分类 * *

法人的分类是法考比较重要的考点,考生需要掌握几种法人分类的组合。除《民法典》确立的营利法人与非营利法人的分类外,还需掌握理论上关于社团法人与财团法人的分类。

(一)社团法人、财团法人

1. 根据法人的成立基础是人的集合抑或是财产的集合,可分为社团法人与财团法人。

2. 社团法人由自然人作为成员而成立,根据《公司法》成立的有限责任公司与股份有限公司是典型的社团法人。非营利法人,如社会团体法人,若由多个自然人作为成员而设立,则也属于社团法人。

3. 财团法人也称"捐助法人"。财团法人无成员,是财产的集合体。基金会法人是典型的财团法人。

4. 须特别注意,"社团法人"与"社会团体法人"系不同概念,系不同分类标准的产物,不可混淆。《民法典》上规定的社会团体法人未必由多个自然人成员构成。

5. 社团法人与财团法人,其法人治理的机制存在相当大的差异。"法人组织机构"(法人

---

〔1〕【解析】正确选项为 B。本题的解题关键是确定承担独立责任的法人组织体。德胜公司系凯旋集团的全资子公司,具有独立法人人格,凯旋集团作为出资人不对德胜公司的债务负责。作为企业法人,德胜公司须以其全部资产,包括总部及各分支机构的全部资产对外承担责任。

机关）因社团法人与财团法人的性质而有较大差异，典型者如，财团法人由于无成员，故不存在类似股东会这样的意思机构。

（二）《民法典》上法人的类型

营利法人	非营利法人	特别法人
• 有限责任公司 • 股份有限公司 • 其他企业法人	• 事业单位法人 • 社会团体法人 • 捐助法人（基金会、社会服务机构）	• 机关法人 • 农村集体经济组织法人 • 城镇、农村的合作经济组织法人 • 基层群众性自治组织法人

1. 以是否以营利（是否向出资人或设立人分配利润）为目的为标准，可将法人分为营利法人和非营利法人。《民法典》以营利法人与非营利法人的分类作为法人的基本分类。

2. 公司法人是典型的营利法人。

3. 《民法典》将事业单位法人、社会团体法人、捐助法人（基金会、社会服务机构）列为非营利法人。非营利法人包括虽不以营利为目的但也不以公益为目的的所谓"中间法人"（如某些社会团体法人），其概念大于公益法人。捐助法人必须为公益而设立。

4. 为公益目的的设立的非营利法人终止时，剩余财产不得分配给设立人、出资人；剩余财产应按章程或决议用于公益目的；不能按章程或决议处理时，由主管机构转给宗旨相同或相近的以公益为目的的法人（《民法典》第95条）。

5. 特别法人主要为公法人及准公法人，无所谓营利与非营利问题。对其基本类型，考生略加了解即可。

【真题解读】

1.（2012年单选）关于法人，下列哪一表述是正确的？[1]

A. 社团法人均属营利法人
B. 基金会法人均属公益法人
C. 社团法人均属公益法人
D. 民办非企业单位法人均属营利法人

2.（2015年单选）甲以自己的名义，用家庭共有财产捐资设立以资助治疗麻风病为目的的基金会法人，由乙任理事长。后因对该病的防治工作卓有成效使其几乎绝迹，为实现基金会的公益性，现欲改变宗旨和目的。下列哪一选项是正确的？[2]

A. 甲作出决定即可，因甲是创始人和出资人
B. 乙作出决定即可，因乙是法定代表人
C. 应由甲的家庭成员共同决定，因甲是用家庭共有财产捐资的
D. 应由基金会法人按照程序申请，经过上级主管部门批准

---

〔1〕【解析】正确选项为B。社团法人可为营利法人，也可为公益法人；基金会法人只能具有公益目的；既然属于"民办非企业单位"，不应具有营利性。

〔2〕【解析】正确选项为D。基金会法人属于公益法人，其设立及终止均需经政府主管部门批准，剩余财产也应用于类似的公益事业。

第二节　法人的能力

一、法人的民事权利能力 *

1. 法人具有权利能力。但是，与自然人相比，法人的权利能力受到其自身性质、目的事业及法律的一定限制。

2. 就法考而言，关于法人权利能力问题，仅需适当注意企业法人超越经营范围订立合同的效力问题即可。当事人超越经营范围订立合同的，合同并不因此而无效（《民法典》第505条）。

【相关法条】

《民法典》第505条　当事人超越经营范围订立的合同的效力，应当依照本法第一编第六章第三节和本编的有关规定确定，不得仅以超越经营范围确认合同无效。

二、法人的行为能力 *

1. 依我国法律规定，法人具有行为能力（参见《民法典》第57条）。
2. 法人行为能力与权利能力同时取得（法人设立时）。
3. 法人行为能力通过法人机关（代表机关，即法定代表人）表现，或者通过职务代理（参见《民法典》第170条）经由代理机制实现。

第三节　法人的法定代表人与组织机构

【概念说明】

2017年之前，司法考试大纲均以民法学上常用的"法人机关"这一术语指称包括法定代表人在内的法人组织机构。由于《民法总则》和《民法典》并未采用"法人机关"这一表达，2017年后的考试大纲以"法人的法定代表人与组织机构"取代了先前的"法人机关"。考虑到民法学上"法人机关"这一表达反而更加约定俗成，本书仍使用这一表达。如试题紧跟考试大纲措辞，考生须知，其所使用的"组织机构"与"法人机关"同义。

一、"法人机关"的概念 *

要想理解何为"法人机关"，可以先提出以下这个问题：法人非生物体，其意志如何生成、如何表达、如何执行？实际上，"法人机关"即是产生、执行、表达法人意志的组织机构。

在法人机关中，负责生成意志的，为"意思机关"（《民法典》称"权力机关"）；负责执行意志的，为"执行机关"；负责对外为意思表示的，为"代表机关"，即法定代表人；负责监督的，为"监督机关"。

二、法人机关的类型 * *

1. 社团法人的机关通常包括：意思机关（会员大会、股东会等）、执行机关（理事会或董事会）、代表机关（法定代表人）和监督机关（如监事会）。其中，监督机关并非社团法人必备的机关。

2. <u>财团法人无成员，故无意思机关。</u>财团法人有理事会、监事会等执行机关、监督机关。

3. 法人内部的管理组织（如经理、科、室等）及法人分支机构不属于法人机关。

【提示】

法人的机关，按照社团法人与财团法人的分类标准，比较容易说清，图示如下：

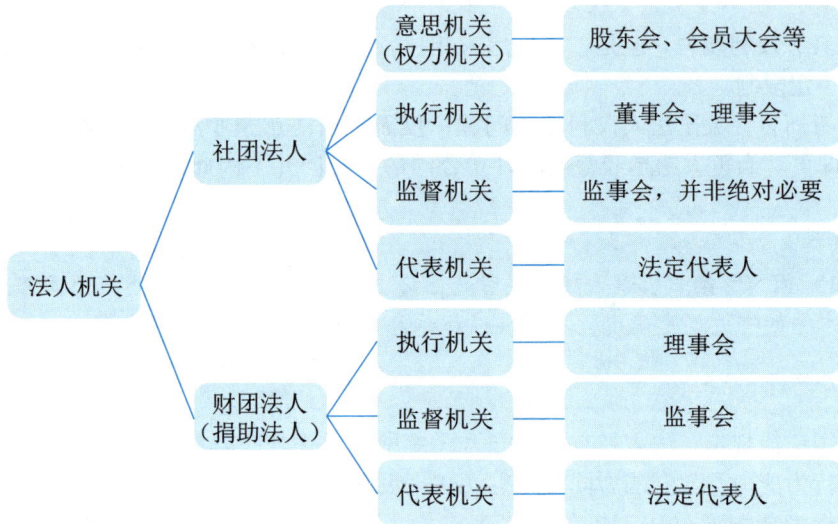

```
                                意思机关
                               （权力机关）————股东会、会员大会等

                      社团法人    执行机关  ————董事会、理事会

                                监督机关  ————监事会，并非绝对必要
          法人机关
                                代表机关  ————法定代表人

                                执行机关  ————理事会

                      财团法人    监督机关  ————监事会
                     （捐助法人）
                                代表机关  ————法定代表人
```

【真题解读】

（2005 年多选）下列关于法人机关的表述哪些是正确的?[1]

A. 法人机关无独立人格

B. 财团法人没有自己的意思机关

C. 法人的分支机构为法人机关的一种

D. 监督机关不是法人的必设机关

三、法定代表人 ＊＊

【重点法条】

《民法典》第 61 条　依照法律或者法人章程的规定，代表法人从事民事活动的负责人，为法人的法定代表人。

法定代表人以法人名义从事的民事活动，其法律后果由法人承受。

法人章程或者法人权力机构对法定代表人代表权的限制，不得对抗善意相对人。

法定代表人，也称"法人代表"，是代表法人从事民事活动的负责人。在公司法人，法定代表人或为公司董事或经理，具体由公司章程决定（参见《公司法》第 10 条）；在其他法人，法定代表人一般为行政负责人。

法定代表人以法人名义实施的民事法律行为，<u>直接视为法人的行为</u>（与代理人不同），其法律后果由法人承受。

法定代表人的代表权可以被法人章程或法人权力机关的决议所限制，但是，法人不得以此种限制对抗善意相对人。例如，甲公司股东会做出决议，法定代表人不得直接以公司名义对外订立金额在 20 万以上的采购合同，需提交董事会决议后方可订立；后甲公司法定代表人张某

---

〔1〕【解析】正确选项为 ABD。法人有独立人格，股东会等组织机构当然不具有独立法人人格。财团法人无成员，故无意思机关。法人分支机构不属于法人的机关。即使仅就公司法人而言，监督机关也不是必设的机关。

未经董事会决议与乙公司订立了 30 万元的采购合同。此种情形，除非甲公司方面举证证明乙公司对张某的代表权限制知情，否则应视为张某未越权，合同的效力不受影响。

【专题 1：盖章问题】

《民法典》第 61 条第 2 款明确规定，法定代表人以法人名义从事的行为，由法人承受法律后果。这一点对于理解合同盖章问题具有重要的意义：对于法人而言，使合同生效的并非是在合同文本上盖章的事实，而是法定代表人以法人名义订立合同；因此，<u>只要法定代表人在合同文本上签字，则即使未加盖法人印章或加盖了伪造的印章，合同仍约束法人</u>。这一规则被通俗地称为"认人不认章"，其原理实际上蕴含于《民法典》第 61 条第 2 款之中，具体的规则则见于《合同编通则解释》第 22 条（应注意的是，该规则也完全适用于《民法典》第 170 规定的职务代理人）。

【重点法条】

《合同编通则解释》第 22 条 法定代表人、负责人或者工作人员以法人、非法人组织的名义订立合同且未超越权限，法人、非法人组织仅以合同加盖的印章不是备案印章或者系伪造的印章为由主张该合同对其不发生效力的，人民法院不予支持。

合同系以法人、非法人组织的名义订立，但是仅有法定代表人、负责人或者工作人员签名或者按指印而未加盖法人、非法人组织的印章，相对人能够证明法定代表人、负责人或者工作人员在订立合同时未超越权限的，人民法院应当认定合同对法人、非法人组织发生效力。但是，当事人约定以加盖印章作为合同成立条件的除外。

合同仅加盖法人、非法人组织的印章而无人员签名或者按指印，相对人能够证明合同系法定代表人、负责人或者工作人员在其权限范围内订立的，人民法院应当认定该合同对法人、非法人组织发生效力。

在前三款规定的情形下，法定代表人、负责人或者工作人员在订立合同时虽然超越代表或者代理权限，但是依据民法典第五百零四条的规定构成表见代表，或者依据民法典第一百七十二条的规定构成表见代理的，人民法院应当认定合同对法人、非法人组织发生效力。

【专题 2：代表人越权的类型区分】

《民法典》第 61 条第 3 款规范的是法人内部对法定代表人作出权限限制的问题。如果法定代表人在以法人名义实施法律行为时，超越的是法律、行政法规对其权限的限制，那么相应的规则会有所不同。例如（该例也是考试最可能出现的情形），根据《公司法》第 15 条之规定，公司对外提供担保的，须根据公司章程由股东会或董事会做出决议，法定代表人在此事项上无代表权限，其仅在股东会或董事会作出决议后方可以公司名义与他人订立担保合同。如果法定代表人未经股东会或董事会授权即以公司名义对外订立担保合同，则该合同原则上不约束公司，除非相对方可证明其就对外担保是否经公司股东会或董事会决议作出了必要的审查而有理由相信法定代表人已经授权（如法定代表人提供了伪造的股东会决议，而相对人经审查无法发现决议为伪造），则代表行为无效。《合同编通则解释》第 20 条区分了法定代表人超越法律、行政法规的权限以及超越法人内部对代表权的限制，而明确了不同的规则。严格来说，《民法典》第 61 条第 3 款的情形并不构成"表见代表"，而只有法定代表人超越法定权限而相对方有理由相信其有代表权的情形（《民法典》第 504 条应作此解读），才构成表见代理。

【重点法条】

《民法典》第 504 条 法人的法定代表人或者非法人组织的负责人超越权限订立的合同，除相对人知道或者应当知道其超越权限外，该代表行为有效，订立的合同对法人或者非法人组织发生效力。

《合同编通则解释》第 20 条 <u>法律、行政法规为限制法人的法定代表人或者非法人组织的</u>

负责人的代表权，规定合同所涉事项应当由法人、非法人组织的权力机构或者决策机构决议，或者应当由法人、非法人组织的执行机构决定，法定代表人、负责人未取得授权而以法人、非法人组织的名义订立合同，未尽到合理审查义务的相对人主张该合同对法人、非法人组织发生效力并由其承担违约责任的，人民法院不予支持，但是法人、非法人组织有过错的，可以参照民法典第一百五十七条的规定判决其承担相应的赔偿责任。相对人已尽到合理审查义务，<u>构成表见代表的，人民法院应当依据民法典第五百零四条的规定处理。</u>

合同所涉事项未超越法律、行政法规规定的法定代表人或者负责人的代表权限，但是超越法人、非法人组织的<u>章程或者权力机构等对代表权的限制</u>，相对人主张该合同对法人、非法人组织发生效力并由其承担违约责任的，人民法院依法予以支持。但是，法人、非法人组织举证证明相对人知道或者应当知道该限制的除外。

法人、非法人组织承担民事责任后，向有过错的法定代表人、负责人追偿因越权代表行为造成的损失的，人民法院依法予以支持。法律、司法解释对法定代表人、负责人的民事责任另有规定的，依照其规定。

【主观题点睛】

无论是前述盖章问题，还是法定代表人越权问题，都适合作为主观题的出题点。若涉及这些考点，应围绕《民法典》第61条、第504条及《合同编通则解释》第20条、第22条，根据代表及表见代表等的法律机理作答。

四、法人分支机构的地位

1. 分支机构不具有法人资格，同时也不构成法人机关。

2. 因此，分支机构的责任不独立。分支机构所负债务，以法人所有资产负责清偿。

3. 分支机构虽无法人资格，但我国法律承认其具有缔约资格和诉讼资格。

4. 法人分支机构与《民法典》总则编第四章规定的"非法人组织"有所不同，后者构成独立的民事主体，而法人分支机构并不构成独立的民事主体。在责任承担方面，以作为非法人组织的合伙企业为例，合伙企业资产不足以清偿债务时，合伙人须承担无限清偿责任；而对于<u>法人分支机构而言，不存在债权人必须首先向分支机构主张之问题。对债权人而言，分支机构并不具有独立意义。</u>

【相关法条】

《民法典》第74条 法人可以依法设立分支机构。法律、行政法规规定分支机构应当登记的，依照其规定。

分支机构以自己的名义从事民事活动，产生的民事责任由法人承担；也可以先以该分支机构管理的财产承担，不足以承担的，由法人承担。

【真题解读】

（2003年单选）住所地在长春的四海公司在北京设立了一家分公司。该分公司以自己的名义与北京实达公司签订了一份房屋租赁合同，租赁实达公司的楼房一层，年租金为30万元。现分公司因拖欠租金而与实达公司发生纠纷。下列判断哪一个是正确的？[1]

A. 房屋租赁合同有效，法津责任由合同的当事人独立承担

B. 该分公司不具有民事主体资格，又无四海公司的授权，租赁合同无效

C. 合同有效，依该合同产生的法津责任由四海公司承担

D. 合同有效，依该合同产生的法津责任由四海公司及其分公司承担连带责任

---

［1］**【解析】**正确选项为C。分公司具有缔约能力，以其名义订立的合同主体适格，但责任须由公司承担。

第四节 法人的成立、变更和终止

一、法人成立中的登记问题 **

法人成立是否需要登记，因法人类型的不同，应区分对待。就《民法通则》规定的四种法人而言：（1）企业法人均须登记；（2）机关法人均无须登记；（3）事业单位法人、社会团体法人有些需要登记，有些不需要登记。《民法典》虽采用不同的分类标准，但在上述登记问题上沿用了《民法通则》的规定。另外，依《民法典》，捐助法人亦须经依法登记成立。

以上知识点，为方便记忆，可列表如下：

法人类型	是否须登记
营利法人	必须登记
事业单位法人	登记为原则，不登记为例外
社会团体法人	登记为原则，不登记为例外
捐助法人	必须登记
机关法人	不登记

【真题解读】

（2018 单选题）根据我国法律规定，关于法人成立，下列哪一说法是正确的？[1]

A. 事业单位法人均从登记之日起具有法人资格

B. 社会团体法人均从成立之日起具有法人资格

C. 捐助法人均从登记之日起取得法人资格

D. 有独立经费的机关法人从登记之日起具有法人资格。

二、设立中的法人 ***

【重点法条】

《民法典》第 75 条 设立人为设立法人从事的民事活动，其法律后果由法人承受；法人未成立的，其后果由设立人承受，设立人为二人以上的，享有连带债权，承担连带责任。

设立人为设立法人<u>以自己的名义</u>从事民事活动产生的民事责任，第三人<u>有权选择请求法人或者设立人承担</u>。

严格来说，设立中的法人尚未取得法人资格。但为设立法人的需要，时常需要以未来设立之法人的名义实施法律行为，此类法律行为的效果应如何承受？在法人未能够成功设立时，设立行为所产生的债务或责任应如何配置？《民法典》第 75 条明确回答了这些问题。对该法条的理解，需注意，该条第 1 款针对的是以拟设立法人名义行事的情形，而第 2 款则属于设立人以自己名义（但以设立法人为目的）行事的情形。

【真题解读】

（2017 年多选）黄逢、黄现和金耘共同出资，拟设立名为"黄金黄研究会"的社会团体法

---

〔1〕【解析】正确选项是 C。事业单位法人与社会团体法人原则上自登记时设立，但均有例外。机关法人无须登记。

人。设立过程中，黄逢等3人以黄金黄研究会名义与某科技园签署了为期3年的商铺租赁协议，月租金5万元，押3付1。此外，金耘为设立黄金黄研究会，以个人名义向某印刷厂租赁了一台高级印刷机。关于某科技园和某印刷厂的债权，下列哪些选项是正确的?[1]

A. 如黄金黄研究会未成立，则某科技园的租赁债权消灭

B. 即便黄金黄研究会未成立，某科技园就租赁债权，仍可向黄逢等3人主张

C. 如黄金黄研究会未成立，则就某科技园的租赁债务，由黄逢等3人承担连带责任

D. 黄金黄研究会成立后，某印刷厂就租赁债权，既可向黄金黄研究会主张，也可向金耘主张

【主观题点睛】

"设立中法人"也可能成为主观题考试的考点，考生应围绕《民法典》第75条的规定，对相关责任承担问题作出准确判断，并可直接援引该条规范作为说理依据。另外，《公司法》也对设立中的公司做出了类似《民法典》第75条的规定，可一体把握。

三、法人的合并与分立*

1. 法人合并与分立，主要发生在企业法人，尤其是公司法人。因此，法考通常会在商法模块的公司法部分考查这个考点，考生应掌握《公司法》的相关规定。

2. 注意法人分立后的债务承担问题（分立后的法人承担连带责任）。

【重点法条】

《民法典》第67条 法人合并的，其权利和义务由合并后的法人享有和承担。

法人分立的，其权利和义务由分立后的法人享有连带债权，承担连带债务，但是债权人和债务人另有约定的除外。

四、法人的解散与清算*

1. 与合并、分立相同，主要在《公司法》部分掌握解散、清算的相关知识点。

2. 法人须先解散，然后进行清算，并进而消灭法律人格。

3. 法人在清算期间的法律地位：法人主体资格不丧失；但只能在清算目的范围内行为。

第五节　非法人组织

一、非法人组织的概念与类型＊＊

《民法通则》在民事主体制度上分设"自然人"（第二章）与"法人"（第三章）两章规定，而《民法典》增设了"非法人组织"一章，从而明确承认了自然人、法人之外的第三类民事主体。

非法人组织须经登记而设立，虽没有法人资格，但能够以自己的名义从事民事活动。具体而言，非法人组织主要包括个人独资企业、合伙企业等。

需注意，并非一切不具有法人资格的组织均具有"非法人组织"的地位。《民法典》上的"非法人组织"需满足依法设立的前提，其仅包含第102条所列举的几种具体类型。

---

〔1〕**【解析】** 正确选项为BCD。本题完全根据《民法典》第75条出题。对照该条，可直接确定正确的选项。

【重点法条】

《民法典》第 102 条 非法人组织是不具有法人资格，但是能够依法以自己的名义从事民事活动的组织。非法人组织包括个人独资企业、合伙企业、不具有法人资格的专业服务机构等。

二、非法人组织的责任 ＊ ＊ ＊

【重点法条】

《民法典》第 104 条 非法人组织的<u>财产不足以清偿债务的</u>，其出资人或者设立人<u>承担无限责任</u>。法律另有规定的，依照其规定。

根据《民法典》第 104 条之规定，债权人应首先向非法人组织主张债权（此点体现了非法人组织的主体性），若非法人组织的财产充裕，则债权人不得向创办人等主张清偿。如非法人组织的财产不足以清偿债务，债权人可向出资人或设立人要求承担补充清偿的无限责任（可对比公司股东的有限责任）

【真题解读】

（2016 年单选）甲企业是由自然人安琪与乙企业（个人独资）各出资 50% 设立的普通合伙企业，欠丙企业货款 50 万元，由于经营不善，甲企业全部资产仅剩 20 万元。现所欠货款到期，相关各方因货款清偿发生纠纷。对此，下列哪一表述是正确的？[1]

A. 丙企业只能要求安琪与乙企业各自承担 15 万元的清偿责任

B. 丙企业只能要求甲企业承担清偿责任

C. 欠款应先以甲企业的财产偿还，不足部分由安琪与乙企业承担无限连带责任

D. 就乙企业对丙企业的应偿债务，乙企业投资人不承担责任

【与民诉法的衔接】

1. 当事人。作为非法人组织的合伙企业可直接作为诉讼当事人。但是，对于未登记的合伙（民事合伙，合伙合同关系），只能将合伙人列为诉讼当事人。

2. 追加被执行人。被执行人为个人独资企业、合伙企业的，可追加投资人、合伙人为被执行人（参照《变更、追加当事人规定》）。

【主观题点睛】

非法人组织，也是主观题考试的一个相对重要的考点。考生可主要依《民法典》第 104 条作答有关责任的问题。

---

[1] **【解析】** 正确选项为 C。本题可简单依据《民法典》第 104 条作答。

第四章　民事法律行为

> ▶【复习提要】

本章属于"民法总论"模块（考试大纲第一至第六章内容）中最重要的一章。尤其应注意的是，《民法典》总则编对《民法通则》《合同法》中有关民事法律行为和合同的相关制度做出了较大的修改。考生应以《民法典》的规定为重点，结合《总则编解释》《合同编通则解释》等相关司法解释的规定，掌握民事法律行为的基本概念，识别其与事实行为、情谊行为等概念的区别。特别需要重点把握无效民事法律行为、可撤销民事法律行为、效力待定民事法律行为的类型及效果，并能够识别附条件、附期限民事法律行为的类型。

本章知识结构可图示如下：

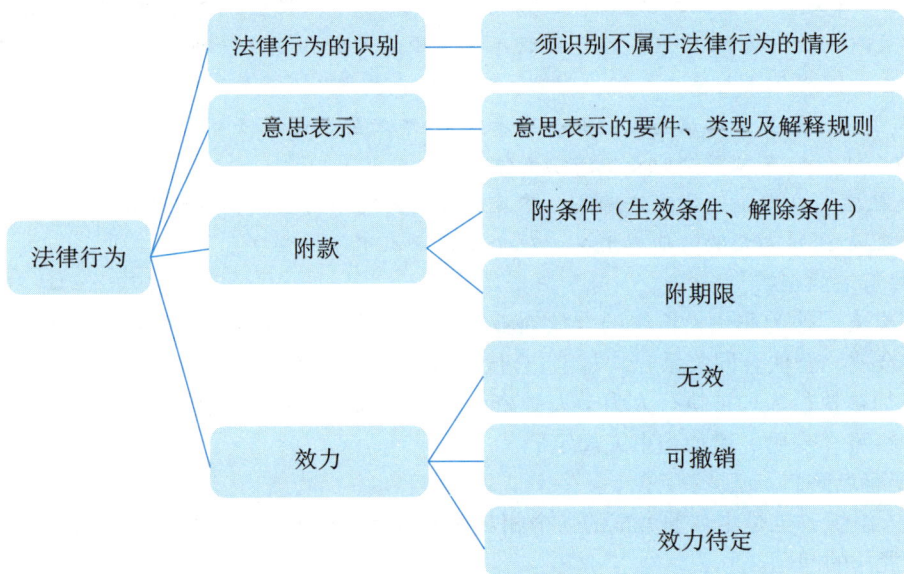

第一节　民事法律行为概述

一、概念导出＊＊

民事法律行为是民法学上一个相当抽象的概念。单纯给定一个概念，未必能够使人理解其内涵。若能从体系中导出该概念，则有助于我们的理解。

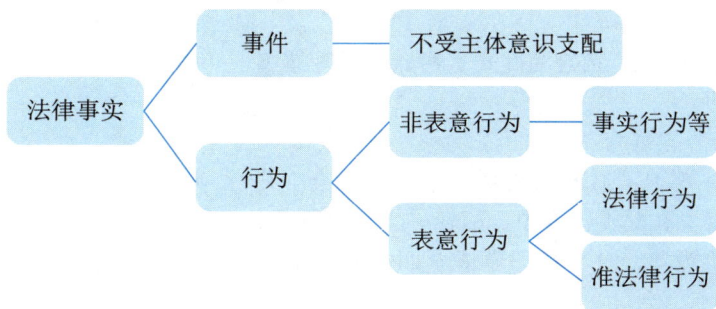

【重点法条】

《民法典》第133条　民事法律行为是民事主体通过**意思表示**设立、变更、终止民事法律关系的行为。

【相关法条】

《民法典》第129条　民事权利可以依据民事法律行为、事实行为、法律规定的事件或者法律规定的其他方式取得。

民事法律行为是民事主体通过意思表示设立、变更、终止民事权利义务关系的行为。掌握"民事法律行为"的概念，核心在于理解"意思表示"。没有意思表示，则无法律行为。事件、事实行为皆欠缺意思表示，不属于法律行为。

法律行为发生的法律效果是民事主体（行为人）在意思表示中设定并被法秩序认可的。判断一个法律事实是否属于民事法律行为，有一个思维上的技巧：仅有法律行为，才涉及是否有效的问题；换言之，一个不涉及效力判断的法律事实，不属于法律行为。例如，对于建造房屋或者吃掉一块巧克力这样的事实，不产生有效无效之问题，它们属于所谓事实行为的范畴。

与《民法通则》所使用的概念相比，《民法典》虽继续沿用"民事法律行为"这一概念，但是，《民法典》已不再将民事法律行为定义为"合法行为"，相应地，《民法典》放弃了《民法通则》中所使用的"民事行为"概念，而一律使用"民事法律行为"。

二、不属于民事法律行为的几种主要情形 ＊＊＊

对于"民事法律行为"这一概念，不仅需要围绕"意思表示"（具体可见于本章第二节）概念从正面加以理解，还有必要从"非法律行为"的角度加以辨识。让考生辨识出不属于法律行为的行为，从而不以法律行为的效果（如违约责任等）界定其行为后果，这也属于法考在法律行为这一部分的一种常规考法。

（一）事实行为

1. 所谓事实行为，指无意思表示，直接依法律规定产生法律效果的行为。事实行为概念系为反射法律行为的概念而设，其自身并未（也无需）被准确界定。就广义的事实行为概念而言，无论其为合法行为（如先占无主物而取得其所有权），还是不法行为（如毁损他人之物而产生损害赔偿责任），当事人均未作出任何意思表示，这些行为产生的相应法律效果均是由法律直接规定的。

2. 事实行为无所谓有效、无效问题，从而也无须考虑行为人的行为能力问题，例如，无行为能力的儿童也可因创作作品而取得著作权，因为完成创作属于事实行为。

3. 注意《民法典》物权编第二章第三节"其他规定"的意义，即在非依法律行为发生物权变动时，动产无须交付，不动产无须登记，即可发生物权变动的效果，尤其是第231条有关依事实行为引起物权变动的规定（具体见本书第七章）。

《民法典》第231条 因合法建造、拆除房屋等<u>事实行为</u>设立或者消灭物权的，自事实行为成就时发生效力。

（二）情谊行为（好意施惠行为）

1. 指当事人主观上不追求"法律效果"的社会交往行为，如请客吃饭、搭便车、答应在火车上叫醒他人等。在此类行为中，尽管一方往往给予对方一定利益，但当事人并没有受法律约束的意识。很难想象，对于张三邀请李四去家里吃饭这样的社交行为，双方会有"订立合同"的意识。

2. 由于不成立合同关系，事实行为不存在违约责任问题，但有时受侵权关系的调整。例如，在好意搭乘的情形，如果因司机过失驾驶导致搭车人受伤，搭车人不能以违约为由要求赔偿（因不存在合同关系），但可要求司机依侵权责任相关规范承担责任（因司机好意提供无偿帮助，通常可适当减轻其侵权损害赔偿责任）。

【相关法条】

《民法典》第1217条 非营运机动车发生交通事故造成无偿搭乘人损害，属于该机动车一方责任的，应当减轻其赔偿责任，但是机动车使用人有故意或者重大过失的除外。

【真题解读】

1.（2005年单选）甲、乙在火车上相识，甲怕自己到站时未醒，请求乙在A站唤醒自己下车，乙欣然同意。火车到达A站时，甲沉睡，乙也未醒。甲未能在A站及时下车，为此支出了额外费用。甲要求乙赔偿损失。对此，应如何处理？[1]

    A. 由乙承担违约责任　　　　　　　　B. 由乙承担侵权责任

    C. 由乙承担缔约过失责任　　　　　　D. 由甲自己承担损失

2.（2010年单选）下列哪一情形下，乙的请求依法应得支持？[2]

    A. 甲应允乙同看演出，但迟到半小时。乙要求甲赔偿损失

    B. 甲听说某公司股票可能大涨，便告诉乙，乙信以为真大量购进，事后该只股票大跌。乙要求甲赔偿损失

    C. 甲与其妻乙约定，如因甲出轨导致离婚，甲应补偿乙50万元，后二人果然因此离婚。乙要求甲依约赔偿

    D. 甲对乙承诺，如乙比赛夺冠，乙出国旅游时甲将陪同，后乙果然夺冠，甲失约。乙要求甲承担赔偿责任

3.（2016年单选）甲单独邀请朋友乙到家中吃饭，乙爽快答应并表示一定赴约。甲为此精心准备，还因炒菜被热油烫伤。但当日乙因其他应酬而未赴约，也未及时告知甲，致使甲准备的饭菜浪费。关于乙对甲的责任，下列哪一说法是正确的？[3]

    A. 无须承担法律责任　　　　　　　　B. 应承担违约责任

    C. 应承担侵权责任　　　　　　　　　D. 应承担缔约过失责任

（三）戏谑表示

当事人做出表示，表示中貌似包含一定私法上效果，但是，如果表意人的表示明显具有戏

---

[1] 【解析】正确选项为D。旅途中答应唤醒他人，此为社交场合典型的情谊行为，不构成合同，也不具有法律上的意义。

[2] 【解析】正确选项为C。C以外选项均属情谊行为，不具有法律意义，不产生损害赔偿问题。C选项的协议被称为"忠诚协议"，体现当事人双方受约束的意思，具有法律上的效力。

[3] 【解析】正确选项为A。甲邀乙来家中吃饭的行为属于典型的社交行为，不具有法律意义，故不发生损害赔偿问题。

谑的成分，正常理性之人根本不会将其视为具有法律约束力的意思表示，则该戏谑表示不构成意思表示，该表示行为不是法律行为。也有学术观点认为，戏谑表示也属于意思表示，只不过其属于无效的法律行为。观点不同，但总体不影响结论，即戏谑表示不产生表示内容意义上的法律效果。

【真题解读】

（2018 年单选复原题）某大师带着自己设计的三层镂空作品参加某电视台节目，声称没人能做出更高的镂空作品。主持人问："如果有人做出来呢？"大师说："如果有人做出来，我就把这个三层作品赠送给他"。大师与主持人击掌为誓，并邀请观众做见证。节目播出后，王某做出了五层镂空作品。关于某大师行为的性质及其效力，下列哪一说法是正确的？[1]

A. 显失公平行为，大师可据此撤销

B. 戏谑行为，不成立法律行为

C. 赠与合同，大师可随时撤销

D. 悬赏广告，大师应向王某交付三层镂空作品

三、法律行为的分类 *

法律行为，依不同的标准可分为不同类型。考虑到法律行为的分类与合同（双方法律行为）的分类存在重叠，在本部分不讨论的一些分类，可留待合同的分类部分讨论。

（一）单方行为、双方行为、决议行为

1. 单方行为。指由一个意思表示构成的法律行为，包括遗嘱、动产抛弃、单方允诺（悬赏广告）、设立财团时的捐赠行为、形成权行使行为等。

2. 双方行为。即所谓"合同"，因两个意思表示一致而成立的法律行为。

3. 决议行为。《民法典》第134条规定："法人、非法人组织依照法律或者章程规定的议事方式和表决程序作出决议的，该决议行为成立。"由此可见，民法典将决议也作为多方法律行为处理。决议行为通常不要求全体意思表示的一致，而采多数决。

【真题解读】

（2012年单选）甲与同学打赌，故意将一台旧电脑遗留在某出租车上，看是否有人送还。与此同时，甲通过电台广播悬赏，称捡到电脑并归还者，付给奖金500元。该出租汽车司机乙很快将该电脑送回，主张奖金时遭拒。下列哪一表述是正确的？[2]

A. 甲的悬赏属于要约   B. 甲的悬赏属于单方允诺

C. 乙归还电脑的行为是承诺   D. 乙送还电脑是义务，不能获得奖金

（二）其他分类概说

1. 关于"财产行为与身份行为"，是依法律行为所指向的法律效果所做的区分。凡引起财产权利义务的为财产行为，而引起身份关系变化的为身份行为。无论是民法典抽象意义上的法律行为，还是合同编所规范的合同，基本都以财产行为为其规范要点；结婚、收养等身份行为多由特别法规范（可参见《民法典》第464条）。

2. 要式法律行为与不要式法律行为的分类，是依法律行为的成立或生效是否需要具备特定形式为标准所做区分。我国法律承认法律行为的形式自由，只有在法律有特别要求时，法律

---

〔1〕【解析】正确选项为D。本题解题的关键在于，应将大师的表示作为戏谑表示，抑或是识别为有受法律约束意思的表示。根据题意，没有理由将该表示作为戏谑表示加以对待，其表示应构成对完成特定工作者的悬赏广告。

〔2〕【解析】正确选项为B。此题中涉及的意思表示为悬赏广告。关于悬赏广告，存在单方行为说和合同说两种学说。本题显然采取了单方行为说。如采合同说，则A、C选项均对，因此应选B。

行为才需具备特定的形式。要式法律行为欠缺相关形式的，法律行为不成立；就要式债权合同而言，如果一方实际履行主要义务而另一方接受的，合同的形式缺陷被"治愈"，合同成立并生效（参见《民法典》第490条）。考生可适当关注遗嘱的形式、法律关于某些合同（如保证合同）须采书面形式的要求等。

3. 负担行为与处分行为。这一对财产行为的分类虽具有相当的理论性，且我国法律上是否存在这一区分也存在争议。不过，在作者看来，这一区分对于理解我国现行民法基本财产权制度具有重要意义。例如，在回答"无权处分行为效力如何？"的问题时，应将"无权处分"界定为"处分行为"之下的概念，并以"效力待定"界定其效力，切不可将负担行为（如以他人之物为标的物的买卖合同）认定为效力待定的行为。简言之，负担行为，指仅使债务人负担给付义务而不直接引起财产归属关系发生变化的行为，例如，作为负担行为，买卖合同的生效仅意味着在买卖双方之间产生了互负债务的效果。处分行为，指直接引起财产权归属关系发生变化的行为。二者区分的意义可参见下文"效力待定民事法律行为"部分对"无权处分行为"效力的讨论。

4. 有偿行为与无偿行为、诺成性行为与实践性行为的分类基本仅对债权合同有意义，可在本书"合同的分类"知识点下学习。

第二节　意思表示

一、意思表示的构成 ＊＊

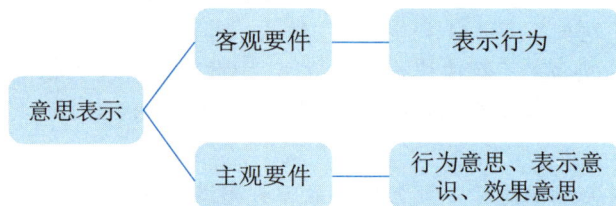

意思表示是法律行为最基本的构成要件，无意思表示则无法律行为。作为一个高度抽象的法学术语，"意思表示"本身的构成也具有相当的理论性。就法考而言，考生还是应该尝试理解意思表示的主、客观构成要件，如此，方可对诸如"不构成意思表示"与"意思表示不真实"这样的区分有所理解。民法理论一般认为，意思表示需具备客观要件与主观要件。

1. 客观要件，即有外在的表示行为。内心意思不表示在外（所谓"内心保留"），不具有法律上的意义。

2. 主观要件。意思表示的主观要件比较复杂，理论上也有分歧。一般认为，从行为人的主观方面看，主观要件包括：（1）行为的意思，即人的有意识行动，梦游者并未实施行为，同理，若利用他人在睡梦中完成扫脸或指纹验证，该睡梦中之人并未实施任何行为。（2）表示的意识，即必须有进行意思表示的意识，在街边与朋友挥手告别可能会被出租车司机解读为打车的意思，但这里显然没有表示的意识。（3）主观上追求特定的法律效果，并有受此特定效果拘束的意思。

3. 意思表示构成的问题具有相当的理论性，而且，晚近以来，国内外的学说也对传统理论做出了修正。对法考而言，考生不必对前述主观要件有精确的理解。不过，从应试的角度看，应能够对不构成意思表示从而不成立法律行为的以下典型情形有所了解：梦游或其他无意识状态下的"表示";在拍卖场中举手招呼朋友（而被误认为是报价）；在睡梦中或以暴力手段在事先准备好的合同书上摁下指印等。凡遇类似情形，应做出法律行为（或合同）不成立（而非无效或可撤销）的判断。

【真题解读】

（2005 年单选）教授甲举办学术讲座时，在礼堂外的张贴栏中公告其一部新著的书名及价格，告知有意购买者在门口的签字簿上签名。学生乙未留意该公告，以为签字簿是为签到而设，遂在上面签名。对乙的行为应如何认定？[1]

A. 乙的行为可推定为购买甲新著的意思表示

B. 乙的行为构成重大误解，在此基础上成立的买卖合同可撤销

C. 甲的行为属于要约，乙的行为属于附条件承诺，二者之间成立买卖合同，但需乙最后确认

D. 乙的行为并非意思表示，在甲乙之间并未成立买卖合同

二、意思表示的类型 * *

（一）有相对人的意思表示、无相对人的意思表示

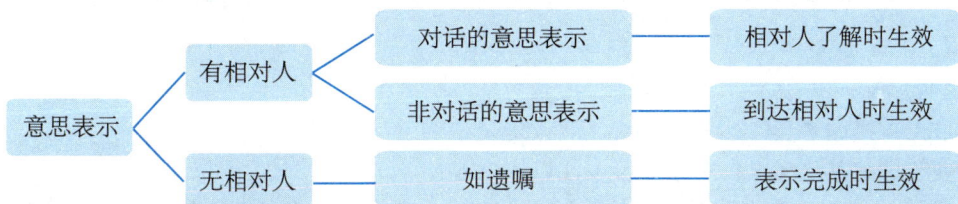

1. 意思表示需要相对人受领的，为有相对人的意思表示。有相对人意思表示又可分为相对人特定的意思表示和相对人不特定的意思表示。意思表示如果有特定相对人，则仅在向该特定人作出意思表示且由后者受领的，才能发生效力。例如，债务免除的意思表示，必须由债权人向债务人作出，债权人向第三人作出表示的，当然不发生债务消灭的效力。《民法典》第137 条进一步将有相对人意思表示区分为"对话的意思表示"与"非对话的意思表示"，在前者，相对人了解内容时，意思表示发生效力；在后者，则于到达相对人时生效。

2. 无相对人意思表示，指无须受领的意思表示，因意思表示的完成而直接发生效力。例如遗嘱行为（当然，由于遗嘱属于所谓"死因行为"，尚需等待立遗嘱人死亡时才发生效力）、抛弃动产的意思表示等。

意思表示有无相对人，将影响意思表示的解释规则。根据《民法典》第142 条的规定，意思表示有相对人时，其解释需要考虑相对人的合理信赖，注重表示所具有的客观意义（"按照所使用的语句"）；而无相对人的意思表示之解释（如遗嘱内容的解释）则无此问题，故在解释无相对人的意思表示时，不能拘泥于所使用的语句。

【相关法条】

《民法典》第142 条 有相对人的意思表示的解释，应当按照所使用的词句，结合相关条款、行为的性质和目的、习惯以及诚信原则，确定意思表示的含义。

无相对人的意思表示的解释，不能完全拘泥于所使用的词句，而应当结合相关条款、行为

---

[1] 【解析】正确选项为 D。公告构成售书的要约，但学生乙并未作出承诺。承诺必须是意思表示，而意思表示需要有表示意识，乙缺乏表示意识，因此合同不成立。本题的主要难点在于 B 选项。切忌将缺乏意思表示的情形与基于重大误解作出的意思表示相混淆。学生乙显然没有订立合同的意识，这种情形不属于意思表示不真实。

的性质和目的、习惯以及诚信原则，确定行为人的真实意思。

（二）明示与默示

1. 明示，指以语言（口头、书面、肢体）方式明确表示。

2. 默示通常以行为来表现，即从行为推知当事人的意思，如将车辆停放于收费停车场，表示愿意按收费标准订立停车管理合同。

3. 沉默也称"不作为的沉默"。沉默只有在例外情况下（法律规定、当事人事先的约定或习惯）才能作为意思表示。

【相关法条】

《民法典》第140条　行为人可以明示或者默示作出意思表示。沉默只有在有法律规定、当事人约定或者符合当事人之间的交易习惯时，方可以视为意思表示。

《民法典》第1124条　继承开始后，继承人放弃继承的，应当在遗产处理前，以书面形式作出放弃继承的表示；没有表示的，视为接受继承。受遗赠人应当在知道受遗赠后六十日内，作出接受或者放弃受遗赠的表示。到期没有表示的，视为放弃受遗赠。

第三节　民事法律行为的成立与生效

【说明】 ＊＊＊

本节无直接的考点。

为便于理解其他考点，对本节可关注以下内容：

1. 民事法律行为首先涉及成立的问题，只有成立才涉及效力判断。据此，《民法典》合同编首先需要通过要约、承诺等规则解决"合同的成立"问题，然后再规定"合同的效力"。民法典生效后，合同编第一分编仍保留了"合同的订立"与"合同的效力"的立法框架。不过，有关合同效力的问题，基本上已经不由合同编第三章而由总则编第六章第三节加以规范了。

2. 民事法律行为通常的成立要件就是前述"意思表示"。对合同而言，不仅要求有两个意思表示，而且它们还需合一。为此，合同编创设了要约、承诺等规则，借此可判断合同是否成立。

3. 影响民事法律行为效力的主要因素有三：①行为能力是否有缺陷；②意思表示是否有瑕疵；③是否违反效力性强制性规范或违反公序良俗。

法律行为一经成立，即推定其具有效力。因此，行为人并无需从正面去证明其实施的法律行为满足了这三项要件。法律行为的效力瑕疵，应直接根据《民法典》第144条至154条的规范具体加以判断。另外，《民法典》第143条所规定的有效要件仅是对一般法律行为而言的，对一些特殊的法律行为而言，除该三项要件外，尚需具备特别生效要件。例如，遗嘱这种死因行为，还须以立遗嘱人的死亡为其生效要件。

尽管不少学者认为，从正面规定民事法律行为的生效要件实无必要，但《民法典》第143条不仅做出了生效要件的规定，而且还以该条统领第144～154条的效力瑕疵规范群，甚至依第143条规定的生效要件的顺序依次规定各种效力瑕疵状态。可通过此点，加强对法律行为效力瑕疵状态的识记。

【相关法条】

《民法典》第143条　具备下列条件的民事法律行为有效：

（一）行为人具有相应的民事行为能力；

（二）意思表示真实；

（三）不违反法律、行政法规的强制性规定，不违背公序良俗。

以上知识，可做图示如下：

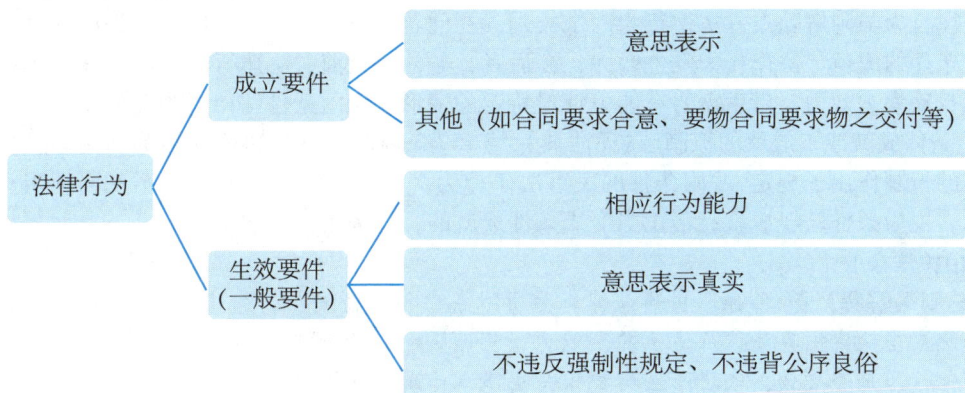

法律行为
- 成立要件
  - 意思表示
  - 其他（如合同要求合意、要物合同要求物之交付等）
- 生效要件（一般要件）
  - 相应行为能力
  - 意思表示真实
  - 不违反强制性规定、不违背公序良俗

第四节　附条件与附期限的民事法律行为

一、法律行为的附款＊＊

为充分贯彻意思自治，行为人可以为法律行为附款，即附加条件或期限，并以此来控制法律行为的效力。关于法律行为的附款，可做图示如下：

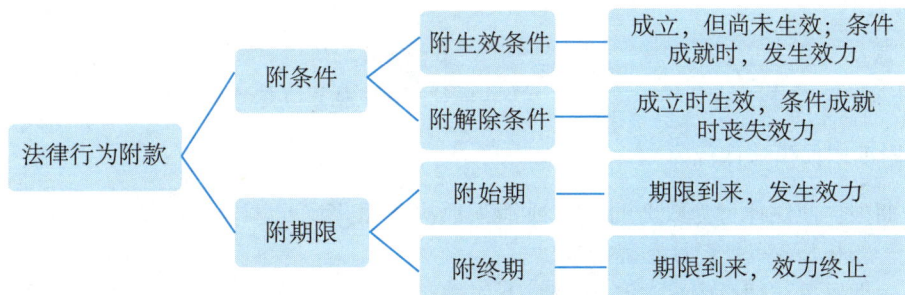

法律行为附款
- 附条件
  - 附生效条件——成立，但尚未生效；条件成就时，发生效力
  - 附解除条件——成立时生效，条件成就时丧失效力
- 附期限
  - 附始期——期限到来，发生效力
  - 附终期——期限到来，效力终止

二、附条件民事法律行为＊＊

【重点法条】

《民法典》第158条　民事法律行为可以附条件，但是根据其性质不得附条件的除外。附生效条件的民事法律行为，自条件成就时生效。附解除条件的民事法律行为，自条件成就时失效。

《民法典》第159条　附条件的民事法律行为，当事人为自己的利益不正当地阻止条件成就的，视为条件已经成就；不正当地促成条件成就的，视为条件不成就。

1. 法律行为所附条件须具备的基本要件：（1）条件须具有不确定性，条件成就与否必须具有不确定性，如果以未来确定发生的事项为法律行为附款，则为附期限的法律行为，而非附条件法律行为；当事人约定以不可能发生的事实为条件的，其效力应依《总则编解释》第24条处理。（2）条件须具有合法性。当事人将违法或违背公序良俗的事项约定为生效要件的，民事法律行为无效。

2. 附条件法律行为依据条件对法律行为效力的控制机理，可分为附生效（延缓、停止）条件法律行为与附解除条件法律行为两个类别：在前者，条件成就前，法律行为已成立但未生效，因条件的成就，法律行为发生效力；在后者，条件成就前，法律行为已经生效，因条件的成就而自动失去效力。考生需要有能力针对特定的情形识别附条件法律行为的类型。

3. 条件成就或不成就的拟制。《民法典》第159条就附条件民事法律行为所附条件成就或不成就的拟制作出了规定："附条件的民事法律行为，当事人为自己的利益不正当地阻止条件成就的，视为条件已经成就；不正当促成条件成就的，视为条件不成就"。

【相关法条】

《总则编解释》第24条 民事法律行为所附条件不可能发生，当事人约定为生效条件的，人民法院应当认定民事法律行为不发生效力；当事人约定为解除条件的，应当认定未附条件，民事法律行为是否失效，依照民法典和相关法律、行政法规的规定认定。

【真题解读】

1.（2000年多选）甲与乙签订了一份租赁合同，合同约定，如果甲父死亡，则甲将房屋租给乙居住。这一合同的性质应如何认定?[1]

    A. 既未成立，也未生效　　　　　　　B. 已成立，但未生效

    C. 是附条件的合同　　　　　　　　　D. 是附期限的合同

2.（2008年单选）甲打算卖房，问乙是否愿买，乙一向迷信，就跟甲说："如果明天早上7点你家屋顶上来了喜鹊，我就出10万块钱买你的房子。"甲同意。乙回家后非常后悔。第二天早上7点差几分时，恰有一群喜鹊停在甲家的屋顶上，乙正要将喜鹊赶走，甲不知情的儿子拿起弹弓把喜鹊打跑了，至7点再无喜鹊飞来。关于甲乙之间的房屋买卖合同，下列哪一选项是正确的?[2]

    A. 合同尚未成立　　　　　　　　　　B. 合同无效

    C. 乙有权拒绝履行该合同　　　　　　D. 乙应当履行该合同

三、附期限民事法律行为 *

1. 附期限：使法律行为效力的发生或消灭取决于将来确定事实的附款。其与附条件的主要区别在于：未来事实是否具有确定性。

2. 附始期民事法律行为：法律行为暂不生效，而于期限到来（所设定事实实现）时发生效力。

3. 附终期民事法律行为：法律行为即刻发生效力，而于期限到来时终止其效力。

【重点法条】

《民法典》第160条 民事法律行为可以附期限，但是根据其性质不得附期限的除外。附生效期限的民事法律行为，自期限届至时生效。附终止期限的民事法律行为，自期限届满时失效。

---

[1]【解析】正确选项为BD。"如果甲父死亡"看似条件，但因人皆有死，该附款具有确定性，实际构成附始期的法律行为。

[2]【解析】正确选项为C。本题中出现的合同属于附延缓条件的合同，在条件成就前，合同虽成立但尚未发生效力。本题也涉及条件成就与不成就的拟制问题，由于乙并未不正当阻止条件的成就，在条件最终未成就的情况下，合同不生效，故乙有权拒绝履行合同。

第五节　无效民事法律行为

法考考试大纲在本章第五、六、七节分别规定法律行为的无效、可撤销与效力待定。本书作者认为，在就无效民事行为展开讲述前，应先解决规范依据问题，并对法律行为的效力体系有总体的把握。

一、法律行为效力的规范依据 *

法考对"法律行为的效力"这个知识点的考核，通常都限于对"合同效力"的考核。《民法典》出台前，《民法通则》《合同法》与《民法总则》均调整合同的效力，其规范冲突主要依"后法优于先法"的规则加以解决。随着《民法典》的生效，《民法总则》《合同法》等民事单行法均失去效力。因此，问题变得简单了：包括合同效力在内的法律行为效力判断问题均以《民法典》为准。但是，仍有两点需要说明：

第一，《民法典》主要在其总则编第六章第三节对法律行为的效力做出规定，这也是我们学习该重要知识点应重点关注的一节。但是，就合同效力而言，《民法典》合同编第三章仍确立了几条对总则编第六章第三节加以补充的规范，尤其是《民法典》第502条第2款关于待批准合同效力的规定应引起足够重视。

第二，关于对《民法典》上有关无效、可撤销的相关规范的解释适用，2023年12月最高人民法院出台的《合同编通则解释》的一些规定值得特别关注。另外，《总则编解释》也就重大误解、欺诈、胁迫等的认定确立了解释规则。

二、民事法律行为效力的系统观察 * * *

《民法典》所确立的有效、可撤销、效力待定、无效四种具体效力样态，须采一个系统的观察，方可准确理解。尤其重要的是，所谓法律行为的效力问题，实际上就是法秩序对于民事主体追求特定权利义务效果的认可与否的问题。"可撤销"与"效力待定"都不是法律行为的最终效力样态，视是否撤销、追认等具体情形会落入"终局生效"与"终局不生效"两个大类。以此视角观察，也可将前文所述附条件法律行为的效力纳入其中。据此，可对法律行为的效力做整理如下图：

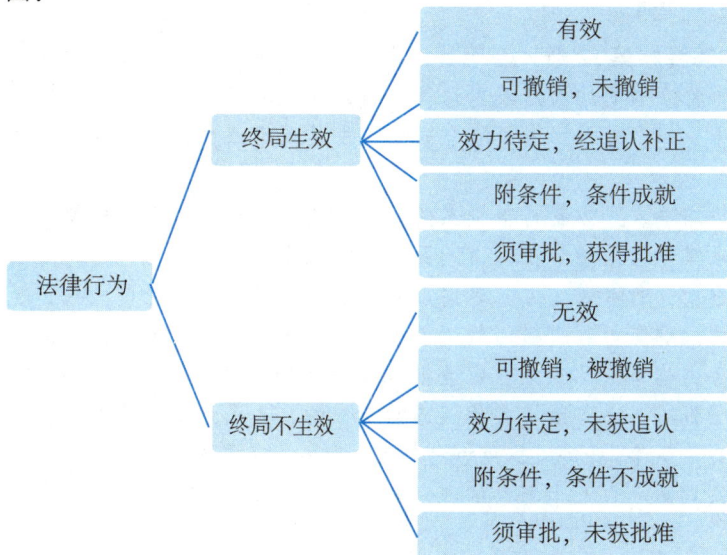

```
                          ┌── 有效
                          ├── 可撤销，未撤销
             ┌─ 终局生效 ─┼── 效力待定，经追认补正
             │            ├── 附条件，条件成就
             │            └── 须审批，获得批准
法律行为 ─────┤
             │            ┌── 无效
             │            ├── 可撤销，被撤销
             └─ 终局不生效┼── 效力待定，未获追认
                          ├── 附条件，条件不成就
                          └── 须审批，未获批准
```

对上图可做补充说明如下：

1. 民事法律行为的具体效力包括有效、可撤销、效力待定与无效几种状态。

2. 有效和无效是两种确定的、最终的效力状态；可撤销与效力待定是临时效力状态，最终将会确定为生效或不生效。

3. 可撤销民事法律行为是已经生效的民事法律行为：如果撤销权人行使撤销权，已生效的民事法律行为溯及既往地丧失效力；如果撤销权消灭，则可撤销法律行为确定地发生效力。

4. 效力待定的民事法律行为是尚未生效的民事法律行为：如得到追认或因其他原因得到补正，则转化为生效行为；如果得不到补正，则效力待定行为最终确定不生效力。

5. 严格来说，"无效"与"不生效"（或"未生效"、"待生效"）应加以区分。无效是因存在法律规定的无效事由（如双方虚假、违背公序良俗等）的结果。无效固然属于"不生效"，但以下几种不生效并非狭义上的"无效"：可撤销行为被撤销；效力待定行为未被补正；附停止条件的行为条件未成就；应审批而尚未获得批准。

【专题】待审批合同的效力

法律、行政法规规定某类合同应当办理批准手续生效的（如采矿权转让须经矿业主管部门批准），在获得批准之前，合同尚未发生效力；在获得批准后，合同生效。此为待批准合同效力的基本方面。但是，对该问题的把握尚需注意以下两点：

1. 待批准合同，在获得批准之前，属于尚未生效的合同，而非无效合同。对此类合同而言，批准是合同的特别生效要件。在合同的其他生效要件具备的情况下，待批准合同实际上已经对合同当事人产生拘束力，当事人不得任意撤回、变更合同。此原理类似附生效条件的合同：合同成立后，是否生效，取决于具有不确定性的条件是否成就，当事人不得在条件成就与否尚未确定前任意撤回意思表示。

2. 待批准合同约定一方当事人负有报批义务的，**该条款独立发生效力**，负有报批义务的一方应履行向有关部门申请批准的手续。该当事人不履行此报批义务的，对方可主张其承担违反该义务的责任。至于具体的责任逻辑，可参见《合同编通则解释》第12条的规定。

【重点法条】

《民法典》第502条第2款　依照法律、行政法规的规定，合同应当办理批准等手续的，依照其规定。未办理批准等手续影响合同生效的，不影响合同中履行报批等义务条款以及相关条款的效力。应当办理申请批准等手续的当事人未履行义务的，对方可以请求其承担违反该义务的责任。

《合同编通则解释》第12条　合同依法成立后，负有报批义务的当事人不履行报批义务或者履行报批义务不符合合同的约定或者法律、行政法规的规定，对方请求其继续履行报批义务的，人民法院应予支持；对方主张解除合同并请求其承担违反报批义务的赔偿责任的，人民法院应予支持。

人民法院判决当事人一方履行报批义务后，其仍不履行，对方主张解除合同并参照违反合同的违约责任请求其承担赔偿责任的，人民法院应予支持。

合同获得批准前，当事人一方起诉请求对方履行合同约定的主要义务，经释明后拒绝变更诉讼请求的，人民法院应当判决驳回其诉讼请求，但是不影响其另行提起诉讼。

负有报批义务的当事人已经办理申请批准等手续或者已经履行生效判决确定的报批义务，批准机关决定不予批准，对方请求其承担赔偿责任的，人民法院不予支持。但是，因迟延履行报批义务等可归责于当事人的原因导致合同未获批准，对方请求赔偿因此受到的损失的，人民法院应当依据民法典第一百五十七条的规定处理。

三、民事法律行为无效的原因 ＊＊＊＊

在《民法典》颁布之前，民事行为无效的规范依据主要是《民法通则》第58条以及《合同法》第52条。《民法典》不再以一个单一的条款规定民事法律行为无效，而是用多个法条系统地对各种民事法律行为无效的事由作出了规定，所涉法条为第144条、第146条、第153条、第154条。

（一）无民事行为能力人实施的民事法律行为无效

【重点法条】

《民法典》第144条　无民事行为能力人实施的民事法律行为无效。

需注意的是，根据《民通意见》的规定，无民事行为能力人实施的纯获利益的行为也属于有效的行为。而根据《民法典》第145条的规定，只有限制民事行为能力人才能独立实施纯获利益的行为。也就是说，在现行法上，无民事行为能力人自己实施的纯获利益行为也属于无效的法律行为。例如，7岁的甲未经由法定代理人而直接同意乙的赠与，尽管甲纯获利益，但该赠与合同仍无效。

（二）双方虚假通谋的法律行为无效

【重点法条】

《民法典》第146条　行为人与相对人以虚假的意思表示实施的民事法律行为无效。以虚假的意思表示隐藏的民事法律行为的效力，依照有关法律规定处理。

行为人与相对人通谋（双方虚假），以虚假意思表示实施的民事法律行为无效。须注意的是，《民法典》是在保留了"恶意串通"规定的情况下增设双方虚假无效之规定的，由此可见，第146条规定的双方虚假行为并不需要恶意或不法要件，只要意思表示人与相对人均知表示的虚假，法律行为就当然地不发生效力。双方虚假行为的无效，其理由并非"不法"，而是因为双方实际上均不想使虚假的意思表示发生效力，既如此，法秩序当然没有必要承认其效力。

如果当事人用虚假通谋的意思表示隐藏了另一个民事法律行为，则隐藏行为在符合法律规定的生效要件时，可发生效力。例如，甲欲赠与其幼子乙房产一套，但担心长子说其偏心，遂假意与乙达成以100万元买卖房屋的协议，实则甲根本无意收取价款，二人之间存在关于赠与的合意。此种情形，应根据《民法典》第146条认定买卖无效，但赠与有效。须注意的是，隐藏行为虽体现当事人的真实意思，但如存在对效力性强制性规范的违反或者违背公序良俗等情形，亦不能发生效力。

须注意的是，在担保领域，担保人在形式上将财产权转让给债权人（包括通过回购的方式）供担保之用的，尽管其转让的仅是形式上的财产权（实际上系在被转让的财产上构建担保权利），但此种情形并不构成《民法典》第146条规范的双方虚假行为，而是应该根据《担保制度解释》第68条的规定界定该担保的效力。如果当事人虚构让与担保财产，则构成双方虚假行为，应从当事人隐藏的真实交易入手界定他们之间的法律关系（可参见《担保制度解释》第68条第3款）。

《民法典》第146条规定双方虚假行为无效的同时，并未一般性地规定当事人不得以此无效规定对抗善意第三人。但是，在法律规定的特定情形，为第三人利益计，当事人不得主张双方虚假无效。对此，可关注《民法典》第763条、《合同编通则解释》第49条第2款等。

此外，由于行政管制等方面的原因，在某些领域中的双方虚假通谋适用特别规范，而不适用《民法典》第146条的规则。例如，根据《最高人民法院关于审理建设工程施工合同纠纷案件适用法律问题的解释（一）》（以下简称"《建设工程施工合同解释（一）》"）第2条的规定，即使中标合同不是真实意思表示，仍以该中标合同确认合同的效力；与中标备案合同不一致的其他约定，即使是当事人双方真实的意思，亦不具有效力。

【相关法条】

《合同编通则解释》第14条第1款　当事人之间就同一交易订立多份合同，人民法院应当认定其中以虚假意思表示订立的合同无效。当事人为规避法律、行政法规的强制性规定，以虚假意思表示隐藏真实意思表示的，人民法院应当依据民法典第一百五十三条第一款的规定认定被隐藏合同的效力；当事人为规避法律、行政法规关于合同应当办理批准等手续的规定，以虚假意思表示隐藏真实意思表示的，人民法院应当依据民法典第五百零二条第二款的规定认定被隐藏合同的效力。

《担保制度解释》第68条第3款　债务人与债权人约定将财产转移至债权人名下，在一定期间后再由债务人或者其指定的第三人以交易本金加上溢价款回购，债务人到期不履行回购义务，财产归债权人所有的，人民法院应当参照第二款规定处理。回购对象自始不存在的，人民法院应当依照民法典第一百四十六条第二款的规定，按照其实际构成的法律关系处理。

《民法典》第763条　应收账款债权人与债务人虚构应收账款作为转让标的，与保理人订立保理合同的，应收账款债权人不得以应收账款不存在为由对抗保理人，但是保理人明知虚构的除外。

【主观题点睛】

依近年来法考的出题风格，双方虚假行为的效力是一个相当重要的考点。若试题出现合同当事人双方以虚假的合同掩盖真实交易的案情，则应判断系考查双方虚假行为效力这个考点，并以《民法典》第146条及前述相关规范为依据作答。

（三）因违反效力性强制性规范或者违背公序良俗而无效

【重点法条】

《民法典》第153条　违反法律、行政法规的强制性规定的民事法律行为无效。但是，该强制性规定不导致该民事法律行为无效的除外。

违背公序良俗的民事法律行为无效。

1. 因违反强制性规范而无效

民事法律行为违反强行性法律规范的，未必无效。过往司法实践及法理，习惯于将强制性规范区分为"效力性强制性规范"与"管理型强制性规范"，并主张仅在违反前一种强制性规范的情形，才发生无效的后果。不过，由于这两种规范性质的识别本身缺乏可操作的标准。《民法典》及《合同编通则》不再按此标准确定违法合同的效力。

根据《合同编通则解释》第16条的规定，在涉及违反强制性规范之合同的效力判断时，应由该强制性规范的立法目的出发，分析是否仅在否认合同效力时才能实现其立法目的，或者说，认可其合同效力是否不影响该强制性规范目的的实现（如通过给予行为人刑事制裁或行政处罚等方式）。总体上看，民事法律行为是否因违反强制性规范而无效的问题十分复杂（即使是解释第16条所例示的几种情形也不容易甄别），需要针对个案仔细斟酌，法考一般不会针对此点出题，故不必针对此问题做重点准备。

2. 因违背公序良俗而无效

《民法典》第153条第2款直接采用"公序良俗"的表达。法律行为违背公序良俗的，无效，其意义可简要分解如下：（1）法律行为违背善良风俗的，无效。例如，以维持婚外性关系为条件的赠与合同无效。（2）法律行为违反公共秩序的，无效。公共秩序可表现为本身不构成法律的行政措施（如金融监管当局做出的具有部门规章性质的金融管制规定）。《合同编通则解释》第17条对列举了违反公序良俗的几种情形，可做一般了解。

《合同编通则解释》第 16 条 合同违反法律、行政法规的强制性规定，有下列情形之一，<u>由行为人承担行政责任或者刑事责任能够实现强制性规定的立法目的的</u>，人民法院可以依据民法典第一百五十三条第一款关于"该强制性规定不导致该民事法律行为无效的除外"的规定认定该合同不因违反强制性规定无效：

（一）强制性规定虽然旨在维护社会公共秩序，但是合同的实际履行对社会公共秩序造成的影响显著轻微，认定合同无效将导致案件处理结果有失公平公正；

（二）强制性规定旨在维护政府的税收、土地出让金等国家利益或者其他民事主体的合法利益而非合同当事人的民事权益，认定合同有效不会影响该规范目的的实现；

（三）强制性规定旨在要求当事人一方加强风险控制、内部管理等，对方无能力或者无义务审查合同是否违反强制性规定，认定合同无效将使其承担不利后果；

（四）当事人一方虽然在订立合同时违反强制性规定，但是在合同订立后其已经具备补正违反强制性规定的条件却违背诚信原则不予补正；

（五）法律、司法解释规定的其他情形。

法律、行政法规的强制性规定旨在规制合同订立后的履行行为，当事人以合同违反强制性规定为由请求认定合同无效的，人民法院不予支持。但是，合同履行必然导致违反强制性规定或者法律、司法解释另有规定的除外。

依据前两款认定合同有效，但是当事人的违法行为未经处理的，人民法院应当向有关行政管理部门提出司法建议。当事人的行为涉嫌犯罪的，应当将案件线索移送刑事侦查机关；属于刑事自诉案件的，应当告知当事人可以向有管辖权的人民法院另行提起诉讼。

《合同编通则解释》第 17 条 合同虽然不违反法律、行政法规的强制性规定，但是有下列情形之一，人民法院应当依据民法典第一百五十三条第二款的规定认定合同无效：

（一）合同影响政治安全、经济安全、军事安全等国家安全的；

（二）合同影响社会稳定、公平竞争秩序或者损害社会公共利益等违背社会公共秩序的；

（三）合同背离社会公德、家庭伦理或者有损人格尊严等违背善良风俗的。

人民法院在认定合同是否违背公序良俗时，应当以社会主义核心价值观为导向，综合考虑当事人的主观动机和交易目的、政府部门的监管强度、一定期限内当事人从事类似交易的频次、行为的社会后果等因素，并在裁判文书中充分说理。当事人确因生活需要进行交易，未给社会公共秩序造成重大影响，且不影响国家安全，也不违背善良风俗的，人民法院不应当认定合同无效。

（四）因行为人与相对人恶意串通损害他人合法权益而无效

【重点法条】

《民法典》第 154 条 行为人与相对人恶意串通，损害他人合法权益的民事法律行为无效。

恶意串通行为无效，其根本原因在于此种串通行为以损害他人为目的，构成实质性违法。为避免他人合法权益受损，法秩序必须认定此种法律行为无效。

【真题解读】

1.（2017 年单选）肖特有音乐天赋，16 岁便不再上学，以演出收入为主要生活来源。肖特成长过程中，多有长辈馈赠：7 岁时受赠口琴 1 个，9 岁时受赠钢琴 1 架，15 岁时受赠名贵小提琴 1 把。对肖特行为能力及其受赠行为效力的判断，根据《民法总则》相关规定，下列哪

    A. 肖特尚不具备完全的民事行为能力

    B. 受赠口琴的行为无效,应由其法定代理人代理实施

    C. 受赠钢琴的行为无效,因与其当时的年龄智力不相当

    D. 受赠小提琴的行为无效,因与其当时的年龄智力不相当

    2. (2021年多选) 甲与乙就甲名下的某处房产签订房屋买卖合同,乙支付了100万购房款。双方又约定甲租用该房,每月向乙支付10万租金,租期1年,丙为甲的租金债务承担连带保证责任。后发现该房为虚构物,甲和乙对此知情,但丙对此不知情。对此,下列哪些说法是正确的?[2]

A. 名为租赁合同,实为借款合同	B. 借款合同有效,担保合同可撤销
C. 借款合同有效,担保合同无效	D. 租赁合同无效,担保合同无效

四、民事法律行为无效的效果 ***

【重点法条】

《民法典》第157条 民事法律行为无效、被撤销或者确定不发生效力后,行为人因该行为取得的财产,应当予以返还;不能返还或者没有必要返还的,应当折价补偿。有过错的一方应当赔偿对方由此所受到的损失;各方都有过错的,应当各自承担相应的责任。法律另有规定的,依照其规定。

民事行为无效的效果可以归结为:(1) 自始无效,无效的效果溯及民事行为成立之时。(2) 当然无效,无效效果无须像可撤销法律行为那样经由撤销权的行使才失去效力,当事人主张无效也无需受除斥期间的限制。

民事行为无效后,发生返还财产、折价补偿和赔偿损失的后果。其中的赔偿损失,其性质可界定为缔约过失赔偿。就合同不成立、无效、被撤销后的返还义务,《合同编通则解释》明确了以下几项重要规则:(1) 对于金钱返还而言,返还权利人可要求义务人支付资金占用费。该资金占有费按一年期 LPR 计算;如返还义务人无过错,则按照同期同类存款基准利率计算。(2) 就双务合同而言,当事人双方互负返还义务的,构成对待给付,有同时履行抗辩权行使之余地。(3) 返还之前,一方因使用标的物获得使用利益,而另一方占用资金获得相应利益的,双方可将物之使用利益与金钱的利息相抵销,互不返还。

可撤销民事法律行为被撤销的,效力待定行为因未获追认等确定不发生效力的,与无效发生相同的效力。实际上,就合同而言,合同如果被判定为不成立,其法律后果也可准用《民法典》第157条的规定。

另外,针对合同订立中第三人实施欺诈或胁迫行为给合同一方当事人造成损失的情形,《合同编通则解释》还就第三人的赔偿责任做出了规定,应予关注。

---

    [1] 【解析】正确选项为 B。年满16周岁、以自己的劳动收入作为主要生活来源的未成年人视为完全民事行为能力人。肖特7岁时为无行为能力人,其行为应由法定代理人实施。肖特9岁和15岁时是限制民事行为能力人,可以独立实施纯获利益的行为。

    [2] 【解析】正确选项为 ACD。甲乙之间就不存在的房屋订立售后回租合同,构成双方虚假通谋,买卖与租赁合同均无效。双方的真实意思应为乙向甲提供100万元借款,而甲每月归还10万元,此为借款合同,该隐藏的合同应为有效。丙系为租金债务提供保证,既然作为主合同的租赁合同无效,则借款合同也应无效。综上,选项 ACD 正确,B 错误。

【相关法条】

《合同编通则解释》第24条 合同不成立、无效、被撤销或者确定不发生效力，当事人请求返还财产，经审查财产能够返还的，人民法院应当根据案件具体情况，单独或者合并适用返还占有的标的物、更正登记簿册记载等方式；经审查财产不能返还或者没有必要返还的，人民法院应当以认定合同不成立、无效、被撤销或者确定不发生效力之日该财产的市场价值或者以其他合理方式计算的价值为基准判决折价补偿。

除前款规定的情形外，当事人还请求赔偿损失的，人民法院应当结合财产返还或者折价补偿的情况，综合考虑财产增值收益和贬值损失、交易成本的支出等事实，按照双方当事人的过错程度及原因力大小，根据诚信原则和公平原则，合理确定损失赔偿额。

合同不成立、无效、被撤销或者确定不发生效力，当事人的行为涉嫌违法且未经处理，可能导致一方或者双方通过违法行为获得不当利益的，人民法院应当向有关行政管理部门发出司法建议。当事人的行为涉嫌犯罪的，应当将案件线索移送刑事侦查机关；属于刑事自诉案件的，应当告知当事人可以向有管辖权的人民法院另行提起诉讼。

《合同编通则解释》第25条 合同不成立、无效、被撤销或者确定不发生效力，有权请求返还价款或者报酬的当事人一方请求对方支付资金占用费的，人民法院应当在当事人请求的范围内按照中国人民银行授权全国银行间同业拆借中心公布的一年期贷款市场报价利率（LPR）计算。但是，占用资金的当事人对于合同不成立、无效、被撤销或者确定不发生效力没有过错的，应当以中国人民银行公布的同期同类存款基准利率计算。

双方互负返还义务，当事人主张同时履行的，人民法院应予支持；占有标的物的一方对标的物存在使用或者依法可以使用的情形，对方请求将其应支付的资金占用费与应收取的标的物使用费相互抵销的，人民法院应予支持。但是，法律另有规定的除外。

《合同编通则解释》第5条 第三人实施欺诈、胁迫行为，使当事人在违背真实意思的情况下订立合同，受到损失的当事人请求第三人承担赔偿责任的，人民法院依法予以支持；当事人亦有违背诚信原则的行为的，人民法院应当根据各自的过错确定相应的责任。但是，法律、司法解释对当事人与第三人的民事责任另有规定的，依照其规定。

【真题解读】

（2016多选）甲隐瞒了其所购别墅内曾发生恶性刑事案件的事实，以明显低于市场价的价格将其转卖给乙；乙在不知情的情况下，放弃他人以市场价出售的别墅，购买了甲的别墅。几个月后乙获悉实情，向法院申请撤销合同。关于本案，下列哪些说法是正确的？[1]

A. 乙须在得知实情后一年内申请法院撤销合同

B. 如合同被撤销，甲须赔偿乙在订立及履行合同过程当中支付的各种必要费用

C. 如合同被撤销，乙有权要求甲赔偿主张撤销时别墅价格与此前订立合同时别墅价格的差价损失

D. 合同撤销后乙须向甲支付合同撤销前别墅的使用费

五、部分无效 ＊

1. 我国民法关于部分无效的基本规则是：部分无效，不影响其他部分效力的，其他部分

---

[1]【解析】正确选项为ABCD。甲隐瞒影响乙作出购买决定的重要信息，构成对乙的欺诈，买卖合同可撤销。撤销权行使的除斥期间为知道或应知道撤销事由之日起的一年，故A正确。撤销合同后，乙可向甲主张缔约过失的损害赔偿，包括实际支出的成本与机会成本，故B、C均正确。合同撤销后，双方负恢复原状的义务，乙因使用别墅而获得的利益也在返还之列，故选项D也正确。

仍然有效（《民法典》第 156 条）。

2. 部分无效的典型情形：部分免责条款的无效（《民法典》第 506 条）、定金超过 20% 的部分无效（《民法典》第 586 条）、租期超过 20 年的部分无效（《民法典》第 705 条）等。

【相关法条】

《民法典》第 506 条 合同中的下列免责条款无效：（一）造成对方人身损害的；（二）因故意或者重大过失造成对方财产损失的。

第六节　可撤销的民事法律行为

《民法通则》与《合同法》均使用"可变更、可撤销"的表述，赋予相关当事人变更或撤销的权利。实际上，"变更权"欠缺确定的标准，《民法典》最终取消了"可变更"的效力，仅保留了"可撤销"的效果。

一、民事法律行为可撤销的原因 ＊＊＊＊

《民法典》出台前，调整可撤销民事法律行为的主要规范是《合同法》第 54 条。《民法典》在大体沿用《合同法》规定的情况下，也对后者作出了一些修改和补充完善。总体而言，因意思表示瑕疵所作出的民事法律行为，原则上为可撤销民事法律行为。在《民法典》的框架下，民事法律行为可撤销的事由主要有：

（一）因重大误解而撤销

重大误解来自行为人本身的认知或表示错误。当事人须基于重大的错误而实施民事法律行为，方可作为可撤销的理由。理论上，对可引起撤销效果的重大误解有限定性要求（如动机错误原则上不能撤销等）。对法考而言，基本不会涉及这些理论争点。一般来说，意思表示内容（当事人、标的、法律行为的性质）的重要错误及表示本身的错误（口误、笔误）可以撤销。关于"重大误解"的认定，可关注《总则编解释》第 19 条、20 条的规定。根据该司法解释，传达错误也适用重大误解的规定。应注意的是，在某些交易领域（如古玩字画），根据交易习惯，认识错误属于风险自担事项，不得以其为理由主张撤销。当然，如果出卖方明知交易物为赝品而作真品出售，买方可以受欺诈为由主张撤销。

【重点法条】

《民法典》第 147 条 基于重大误解实施的民事法律行为，行为人有权请求人民法院或者仲裁机构予以撤销。

《总则编解释》第 19 条 行为人对行为的性质、对方当事人或者标的物的品种、质量、规格、价格、数量等产生错误认识，按照通常理解如果不发生该错误认识行为人就不会作出相应意思表示的，人民法院可以认定为民法典第一百四十七条规定的重大误解。

行为人能够证明自己实施民事法律行为时存在重大误解，并请求撤销该民事法律行为的，人民法院依法予以支持；但是，根据交易习惯等认定行为人无权请求撤销的除外。

《总则编解释》第 20 条 行为人以其意思表示存在第三人转达错误为由请求撤销民事法律行为的，适用本解释第十九条的规定。

（二）因受欺诈而撤销

故意告知虚假情况（积极欺诈），或者依照法律规定、诚信原则、交易习惯等负有告知义务的人故意隐瞒真实情况（消极欺诈），诱使当事人作出错误意思表示的，构成《民法典》第 148 条、第 149 条所称"欺诈"。

《民法典》区分欺诈行为的实施人而确定了不同的撤销权构成要件：（1）在双方当事人间，一方以欺诈手段使对方在违背真实意思情况下实施民事法律行为的，受欺诈方一律有权请求撤销；（2）如系第三人实施欺诈行为，使当事人一方作出了不真实的意思表示，则只有在对方知道或应当知道该欺诈行为时，受欺诈方才可请求撤销。如此规定的原因在于，若不管相对方是否知情，受欺诈方均可撤销，则此种结果对相对方不公平。

【重点法条】

《民法典》第148条 <u>一方</u>以欺诈手段，使<u>对方</u>在违背真实意思的情况下实施的民事法律行为，受欺诈方有权请求人民法院或者仲裁机构予以撤销。

《民法典》第149条 <u>第三人</u>实施欺诈行为，使一方在违背真实意思的情况下实施的民事法律行为，<u>对方知道或者应当知道该欺诈行为的</u>，受欺诈方有权请求人民法院或者仲裁机构予以撤销。

《总则编解释》第21条 故意告知虚假情况，或者负有告知义务的人故意隐瞒真实情况，致使当事人基于错误认识作出意思表示的，人民法院可以认定为民法典第一百四十八条、第一百四十九条规定的欺诈。

（三）因受胁迫而撤销

以给自然人及其近亲属等的人身、财产权益造成损害或者以给法人、非法人组织的名誉、荣誉、财产等造成损害为要挟，迫使其作出不真实的意思表示的，可以认定为民法典第150条规定的胁迫。

无论胁迫来自相对方，还是来自第三方，在后者，无论相对人是否知道或应当知道，受胁迫人均可请求撤销。即使对方当事人完全不知情，一方因第三方的胁迫行为而实施法律行为的，一律可以撤销。法律之所以如此规定，其原因在于，受胁迫者受到的心理强制很大，其受法律保护的需求也显著高于受欺诈者。

【重点法条】

《民法典》第150条 <u>一方或者第三人</u>以胁迫手段，使对方在违背真实意思的情况下实施的民事法律行为，受胁迫方有权请求人民法院或者仲裁机构予以撤销。

《总则编解释》第22条 以给自然人及其近亲属等的人身权利、财产权利以及其他合法权益造成损害或者以给法人、非法人组织的名誉、荣誉、财产权益等造成损害为要挟，迫使其基于恐惧心理作出意思表示的，人民法院可以认定为民法典第一百五十条规定的胁迫。

> **【特别提示】** 考生须能够识别可撤销事由究竟是受欺诈还是受胁迫。受欺诈而作出意思表示的，系行为人因他人欺诈而陷入判断错误，从而作出表示；而受胁迫系行为人在他人威胁之下陷入恐慌，因担心遭到不利后果而作出表示。无论胁迫之事项是否为真，只要使受胁迫人陷入恐慌而实施表意行为，均构成胁迫。
>
> 另须指出的是，在意思表示不真实方面，法律虽使用了"欺诈"、"胁迫"的表达，但是，法律行为效力可撤销，系因当事人受到欺诈或者胁迫而做出不自由、不真实的意思表示。因此，在理解时，应将该两项撤销事由，理解为"受欺诈"和"受胁迫"。

（四）因乘人之危而导致显失公平的撤销

当事人不能仅以"显失公平"为由主张撤销合同。只有在显失公平的结果系因他方乘人之危或一方陷入缺乏判断能力之情形引起，且在法律行为成立时即已表现为显失公平时，受损害方才能主张撤销。乘人之危的情形容易识别，而"缺乏判断能力"的标准则须进一步澄清，《合同编通则解释》第11条对此做出了回应。举例来说，金融机构向刚满18周岁的顾客推销高风险且复杂的理财产品，而后者在根本不理解交易产品的情况下订立了合同，即可根据《民法典》第151条主张撤销合同。

【重点法条】

《民法典》第151条 一方利用对方处于危困状态、缺乏判断能力等情形，致使民事法律行为成立时显失公平的，受损害方有权请求人民法院或者仲裁机构予以撤销。

《合同编通则解释》第11条 当事人一方是自然人，根据该当事人的年龄、智力、知识、经验并结合交易的复杂程度，能够认定其对合同的性质、合同订立的法律后果或者交易中存在的特定风险缺乏应有的认知能力，人民法院可以认定该情形构成民法典第一百五十一条规定的"缺乏判断能力"。

对于前述可撤销事由，为方便理解与记忆，可做图示如下：

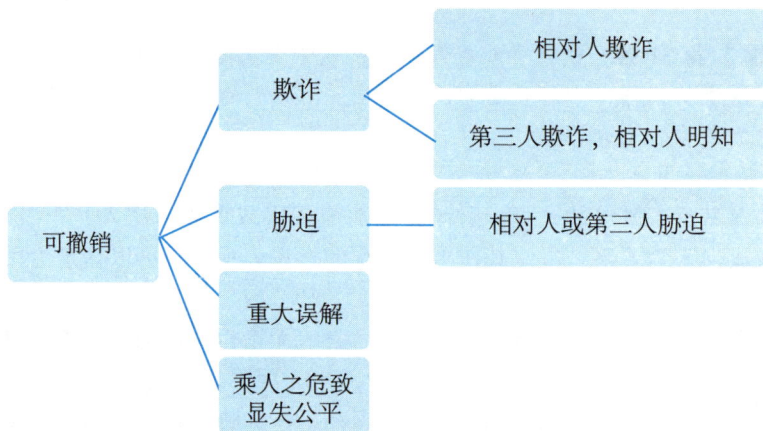

【真题解读】

1.（2010年单选）某校长甲欲将一套住房以50万元出售。某报记者乙找到甲，出价40万元，甲拒绝。乙对甲说："我有你贪污的材料，不答应我就举报你。"甲信以为真，以40万元将该房卖给乙。乙实际并无甲贪污的材料。关于该房屋买卖合同的效力，下列哪一说法是正确的？[1]

A. 存在欺诈行为，属可撤销合同　　　　B. 存在胁迫行为，属可撤销合同

C. 存在乘人之危的行为，属可撤销合同　　D. 存在重大误解，属可撤销合同

2.（2012年单选）下列哪一情形构成重大误解，属于可变更、可撤销的民事行为？[2]

A. 甲立下遗嘱，误将乙的字画分配给继承人

B. 甲装修房屋，误以为乙的地砖为自家所有，并予以使用

C. 甲入住乙宾馆，误以为乙宾馆提供的茶叶是无偿的，并予以使用

D. 甲要购买电动车，误以为精神病人乙是完全民事行为能力人，并与之签订买卖合同

3.（2016年单选）潘某去某地旅游，当地玉石资源丰富，且盛行"赌石"活动，买者购买原石后自行剖切，损益自负。潘某花5000元向某商家买了两块原石，切开后发现其中一块

---

〔1〕【解析】正确选项为B。本题解题关键在于识别欺诈与胁迫。乙对甲虚构了有贪污材料的信息，貌似欺诈，但是，甲之所以做出低价卖房的表示，是因为担心有牢狱之灾，故应认定为受胁迫而订立合同。

〔2〕【解析】正确选项为C。A选项实际构成无权处分，其法律效果并非可撤销；B选项非法律行为，而且根据物权法上添附的规则，甲无论如何均取得添附物所有权，不存在撤销问题；D选项属于行为能力缺陷情形，不适用表意瑕疵的规则；C选项属于对交易性质的认知错误，符合重大误解可撤销的要求。

为极品玉石，市场估价上百万元。商家深觉不公，要求潘某退还该玉石或补交价款。对此，下列哪一选项是正确的？[1]

    A. 商家无权要求潘某退货   B. 商家可基于公平原则要求潘某适当补偿

    C. 商家可基于重大误解而主张撤销交易   D. 商家可基于显失公平而主张撤销交易

4.（2017年单选）齐某扮成建筑工人模样，在工地旁摆放一尊廉价购得的旧蟾蜍石雕，冒充新挖出文物等待买主。甲曾以5000元从齐某处买过一尊同款石雕，发现被骗后正在和齐某交涉时，乙过来询问。甲有意让乙也上当，以便要回被骗款项，未等齐某开口便对乙说："我之前从他这买了一个貔貅，转手就赚了，这个你不要我就要了。"乙信以为真，以5000元买下石雕。关于所涉民事法律行为的效力，下列哪一说法是正确的？[2]

    A. 乙可向甲主张撤销其购买行为

    B. 乙可向齐某主张撤销其购买行为

    C. 甲不得向齐某主张撤销其购买行为

    D. 乙的撤销权自购买行为发生之日起2年内不行使则消灭

二、撤销权 ＊＊＊＊

1. 可撤销法律行为的直接效果就是产生撤销权。

2. 撤销权的享有者：发生重大误解者、受欺诈者、受胁迫者、因显失公平而遭受损失者。

3. 撤销权必须依诉行使，即撤销权人只有通过向法院起诉或向仲裁机构提出才能发生撤销的效果。撤销权人在诉讼外的撤销通知或其他交涉，并不能产生撤销的法律效果。

4. 撤销权性质上属于形成权，其行使须受除斥期间的限制。《民法典》设计了比较复杂的撤销权行使期间，即在下列情形下，撤销权消灭：（1）当事人自知道或应当知道撤销事由之日起1年内、重大误解的当事人自知道或应当知道撤销事由之日起九十日内未行使；（2）当事人受胁迫的，自胁迫行为终止之日起的一年内未行使；（3）当事人自民事法律行为发生之日起五年内没有行使撤销权。理解《民法典》第152条两款时间架构的关键在于：第1款规定的1年或90日，其起算点在于知道或应当知道撤销权之日（受胁迫情形，自胁迫行为终止之日），而第2款规定的5年则系撤销权行使的最长期间，即无论撤销权人是否知道撤销事由，自行为实施之日起经5年撤销权绝对消灭。

【重点法条】

《民法典》第152条 有下列情形之一的，撤销权消灭：

（一）当事人自知道或者应当知道撤销事由之日起一年内、重大误解的当事人自知道或者应当知道撤销事由之日起九十日内没有行使撤销权；

（二）当事人受胁迫，自胁迫行为终止之日起一年内没有行使撤销权；

（三）当事人知道撤销事由后明确表示或者以自己的行为表明放弃撤销权。

当事人自民事法律行为发生之日起五年内没有行使撤销权的，撤销权消灭。

5. 可撤销行为自成立时起已经发生效力，但因撤销权的有效行使而溯及既往地失去效力。可撤销民事法律行为一经撤销，其法律后果与无效相一致，即，自始不具有法律拘束力。

---

    [1]【解析】正确选项为A。本题难度较低。考生应可判断，"赌石"系玉石交易领域的一种交易惯例，自愿的交易如无欺诈、一方恶意利用对方处于困境或欠缺交易经验等情形，则不可因单纯的结果不均衡主张可撤销。

    [2]【解析】正确选项为B。本题考查第三人欺诈对合同效力的影响。甲对乙实施欺诈，而出卖人齐某在场，当然知晓该欺诈，故该买卖合同可撤销。齐某而非甲系缔约第三人，乙应向齐某主张撤销。

【特别提示】民法上的撤销权有许多具体类型，考生不能混淆。除此处讨论的可撤销法律行为中的撤销权外，其他主要类型的撤销权还有：（1）效力待定行为中善意相对人的撤销权（《民法典》第 145 条、第 171 条），该撤销权无须依诉讼行使；（2）合同的保全中的债权人撤销权（《民法典》第 538、539 条），该撤销权针对的是债务人减少责任财产的行为，须依诉讼行使；（3）赠与人的任意撤销权与法定撤销权（《民法典》第 658 条、第 663 条），该两项撤销权无须依诉讼行使。

【真题解读】

1. （2002 年单选）甲向首饰店购买钻石戒指二枚，标签标明该钻石为天然钻石，买回后即被人告知实为人造钻石。甲遂多次与首饰店交涉，历时一年零六个月，未果。现甲欲以欺诈为由诉请法院撤销该买卖关系，其主张能否得到支持？[1]

A. 不可以，因已超过行使撤销权的一年期间

B. 可以，因首饰店主观上存在欺诈故意

C. 可以，因未过两年诉讼时效

D. 可以，因双方系因重大误解订立合同

2. （2015 年单选）甲以 23 万元的价格将一辆机动车卖给乙。该车因里程表故障显示行驶里程为 4 万公里，但实际行驶了 8 万公里，市值为 16 万元。甲明知有误，却未向乙说明，乙误以为真。乙的下列哪一请求是错误的？[2]

A. 以甲欺诈为由请求法院变更合同，在此情况下法院不得判令撤销合同

B. 请求甲减少价款至 16 万元

C. 以重大误解为由，致函甲请求撤销合同，合同自该函到达甲时即被撤销

D. 请求甲承担缔约过失责任

3. （2018 年单选）金某祖上为清朝八旗贵胄，家中有一块祖传清代玉佩。当地恶霸孟某甚是喜爱，多次上门求购，均被金某拒绝。2015 年 2 月 1 日，孟某手下曹某带着多名小弟来到金某家中，扬言"三日内不将玉佩卖给孟某，小心金某在某高中上学的女儿"。金某心生恐惧，次日主动上门向孟某提出以 5 万元价格出售玉佩，孟某不明就里，但价格也合适，答应买下。2017 年 3 月 2 日，金某女儿留学德国，金某再无后顾之忧，于 3 月 10 日向法院起诉要求撤销玉佩买卖合同。经法院调查，玉佩实为赝品，市值仅 300 元，金某对此不知情。关于本案，下列哪一说法是正确的？[3]

A. 因孟某不知曹某胁迫金某一事，金某无权请求撤销与孟某的玉佩买卖合同

B. 孟某若以金某欺诈为由撤销玉佩买卖合同，法院应予支持

C. 金某基于受胁迫撤销玉佩买卖合同的权利因超过 1 年除斥期间而消灭

D. 孟某基于重大误解撤销玉佩买卖合同的权利至 2017 年 6 月 10 日消灭

4. （2020 年多选）甲、乙双方签订买卖合同，甲向乙出售机器设备一台，价格为 1000 万

---

〔1〕【解析】正确选项为 A。首饰店知假卖假，构成欺诈，买卖合同可撤销，甲享有撤销权。撤销权的行使必须依诉行使，甲的交涉并不具有行使撤销权的意义。撤销权的除斥期间（1 年）已过，甲丧失了撤销权。

〔2〕【解析】正确选项为 C。甲构成欺诈，合同为可变更、可撤销合同。撤销权属于形成诉权，须依诉行使。一经撤销，合同失去效力，乙可请求甲承担缔约过失责任。如乙不行使撤销权，则可根据《民法典》第 582 条主张减价。

〔3〕【解析】正确选项为 D。因受第三人胁迫而为意思表示的，受胁迫人的撤销权不以相对人知情为必要，选项 A 错误。金某对玉佩为赝品不知情，不构成欺诈，选项 B 错误。因受胁迫产生的撤销权，除斥期间自胁迫行为终止之日起计算，选项 C 错误。孟某对标的物重要性质发生认知错误，因重大误解而享有撤销权（因玉佩系古玩，能否因重大误解撤销实际上有一定争议），该撤销权自知道或应当知道之日起 90 日行使，选项 D 正确。

元，合同约定：交付后3个月为质量检验期，验收后付款。甲交付后满3个月，乙主动支付合同价款。后该合同因甲的欺诈被依法撤销。据此，下列哪些说法是正确的？[1]

A. 乙可要求甲承担机器设备的质量瑕疵责任

B. 甲因缔约过失责任而负有赔偿义务

C. 合同撤销后双方的返还请求可适用同时履行抗辩权

D. 设备返还之前毁损灭失的风险由乙承担

5. （2021年多选）甲在某著名手机品牌的官网上购买了一个手机，使用一月后，感觉手机有问题，遂到维修店进行检修，检修结果显示该手机为二手手机。对此，甲能够主张下列哪些请求？[2]

A. 以存在欺诈为由，撤销买卖合同　　　B. 要求退还旧手机，换一台新手机

C. 主张三倍的惩罚性赔偿　　　　　　　D. 保留该手机并主张补偿差价

【主观题点睛】 ＊＊＊＊

撤销权与违约责任之间的关系（以出卖人欺诈买受人，销售有质量瑕疵商品为例）

主观题考试常以合同为考核对象，并且经常聚焦到合同救济。在合同因存在意思表示瑕疵而可撤销的情形，当事人可寻求的法律救济其实至少包括以下两个方面：

1. 买受人可以行使撤销权：一经撤销，法律行为溯及既往丧失效力；买受人不必再支付价款，已支付价款可要求返还；买受人已受领交付的，也须负返还标的物的责任；买受人可就缔约中的损失，要求出卖人承担损害赔偿责任。

2. 买受人不行使撤销权（主动），或在撤销权因除斥期间届满而消灭时（被动），买卖合同为确定生效合同，但绝不意味着买受人不能再获得救济！事实上，在合同有效的逻辑下，买受人能主张的救济手段更多：（1）可要求补正给付（修理、更换），并对相关损失要求赔偿；（2）可主张减价；（3）可退货（即解除合同），"退货"将产生与撤销相似的效力，但当事人能主张履行利益的损害赔偿（违约责任）。

另外，本章关于无效、可撤销的其他知识点也均是主观题考试的重点，需围绕《民法典》相关规范认真把握。

第七节　效力未定的民事法律行为

一、效力未定民事法律行为的类型 ＊＊

1. 效力未定民事行为主要有三种类型：（1）限制行为能力人实施的超越其行为能力的民事法律行为；（2）无权代理行为（《民法典》第171条）；（3）无权处分行为。其中，无权代理行为的效力在下一章中讨论。

2. 效力未定行为的共同特点：民事法律行为成立后，尚不发生效力；得到补正（如追认）后，确定生效；如果得不到补正，则确定地不生效。

---

[1]【解析】正确选项为BC。质量瑕疵担保责任具有违约责任的性质，合同被撤销后，当事人不得主张违约责任性质的救济，而只能主张缔约过失赔偿，A错误，B正确。撤销后双方互负的返还义务构成对待给付，可适用同时履行抗辩，C正确。根据《民法典》第610条，风险应由甲承担，D错误。

[2]【解析】正确选项为ABCD。出卖人售卖二手手机，构成欺诈，甲有权撤销买卖合同，选项A正确。若甲选择不行使撤销权，则可以主张《民法典》第582条的救济，包括更换与减价，选项B和D正确。根据《消费者权益保护法》，甲有权要求三陪赔偿，选项C正确。

二、限制行为能力人超越行为能力的行为 **

【重点法条】

《民法典》第 145 条 限制民事行为能力人实施的纯获利益的民事法律行为或者与其年龄、智力、精神健康状况相适应的民事法律行为有效；实施的其他民事法律行为经法定代理人同意或者追认后有效。

相对人可以催告法定代理人自收到通知之日起三十日内予以追认。法定代理人未作表示的，视为拒绝追认。民事法律行为被追认前，善意相对人有撤销的权利。撤销应当以通知的方式作出。

1. 限制行为能力人实施的与其能力相当的民事行为确定有效。

2. 限制行为能力人实施的纯获利益行为确定有效，如作为受赠人订立赠与合同。需注意，所谓"纯获利益"指的是，限制行为能力人实施的法律行为，在效果上必须不能使其负担任何债务。哪怕为获得 1 万元利益而承担 1 元的给付义务，也不构成"纯获利益"。

3. 效力待定包含三层设计：法定代理人的追认权；相对人的催告；善意相对人的撤销权。其中，追认权与撤销权属于形成权。

4. 经法定代理人追认转化为确定生效；经善意相对人撤销，确定不生效；经催告后三十日内不追认，追认权消灭，民事法律行为确定不生效。

【真题解读】

（2021 年单选）舞蹈家甲将 100 万元赠与 10 岁儿童乙，但约定该款项只能用于乙的舞蹈培训，乙表示接受，但乙的父母不同意。关于该赠与的效力，下列哪一说法是正确的？[1]

A. 因乙的父母不同意，赠与无效　　　　B. 因该赠与是纯获利益的，因此有效

C. 因该赠与有利于乙，乙的父母应当同意　D. 因赠与得到了乙的同意，因此有效

三、无权处分行为 ***

原《合同法》第 51 条规定："无处分权的人处分他人财产，经权利人追认或者无处分权的人订立合同后取得处分权的，该合同有效"。该条文一度被解释为：以他人所有之物为标的物的买卖合同效力待定。此种理解混淆了负担行为与处分行为，随着《买卖合同司法解释》第 3 条的出台，对《合同法》第 51 条需要重新解释。最终，《民法典》删去了有关无权处分的规范，并在买卖合同部分增设了**第 597 条**的如下规定："因出卖人未取得处分权致使标的物所有权不能转移的，买受人可以解除合同并请求出卖人承担违约责任。法律、行政法规禁止或者限制转让的标的物，依照其规定。"

在出卖他人之物的情形，<u>产生债权债务效果的买卖合同确定地发生效力，不存在效力待定的问题</u>。"效力待定"的是当事人间移转标的物所有权的效果，即，即使买卖合同有效，且已经践行不动产登记或动产交付的公示要求，若处分权人不追认或处分人事后不取得处分权，则买受人仍不能依法律行为的效力取得所有权。当然，若符合《民法典》第 311 条的构成要件，买受人可以主张善意取得标的物所有权。

将《民法典》第 597 条与《合同编通则解释》第 19 条的规定相结合，有助于理解该问题。

【相关法条】

《民法典》第 597 条第 1 款 因出卖人未取得处分权致使标的物所有权不能转移的，买受

---

[1]【解析】正确选项为 B。本题涉及的赠与，对于限制行为能力人乙而言，属于纯获利益的行为。赠与人限制赠与金钱的用途，并不构成受赠人的义务或负担，故不影响纯获利益的判断。

人可以解除合同并请求出卖人承担违约责任。

《合同编通则解释》第19条　以转让或者设定财产权利为目的订立的合同，当事人或者真正权利人仅以让与人在订立合同时对标的物没有所有权或者处分权为由主张合同无效的，人民法院不予支持；因未取得真正权利人事后同意或者让与人事后未取得处分权导致合同不能履行，受让人主张解除合同并请求让与人承担违反合同的赔偿责任的，人民法院依法予以支持。

前款规定的合同被认定有效，且让与人已经将财产交付或者移转登记至受让人，真正权利人请求认定财产权利未发生变动或者请求返还财产的，人民法院应予支持，但是受让人依据民法典第三百一十一条的规定善意取得财产权利的除外。

在民法理论层面，是否需要一个"处分行为"实际上存在争议。不过，提出这个旨在引起财产权直接变动的处分行为概念，并区分负担行为（仅引起债权债务关系的发生）与处分行为，确实对解释我国法上既定的一些规则有所助益。

以上关于负担行为与处分行为区分的法律原理，可图示如下：

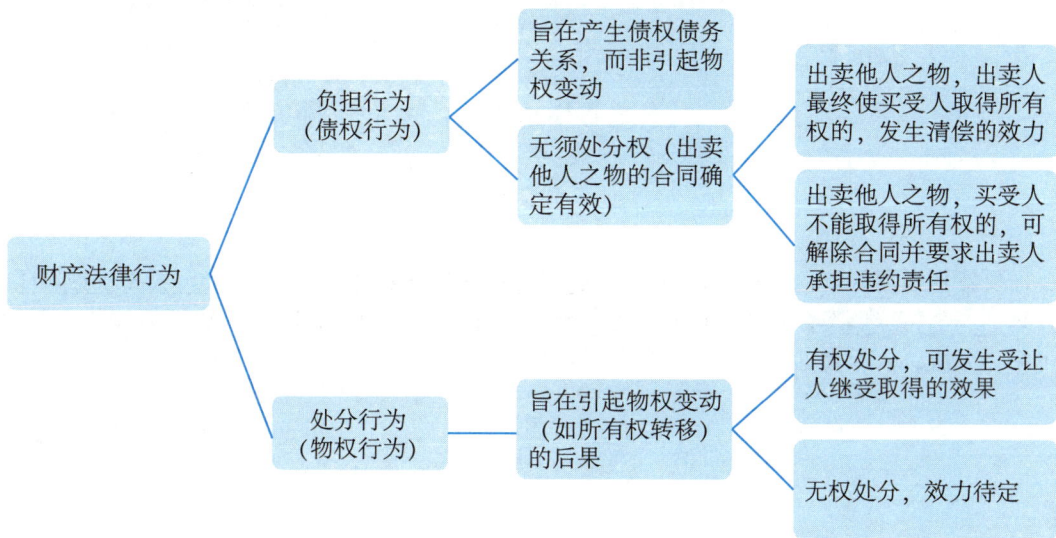

【真题解读】

（2018年单选）2015年10月1日，甲将自己的房屋以350万元卖给乙，双方约定2016年1月1日办理过户登记手续。同时，为了在办理房屋登记时避税，将实际成交价写为150万元。2015年11月1日，乙将该房屋以400万元卖给丙，双方签订了书面房屋买卖合同，约定2016年2月1日办理过户登记手续。2015年12月1日，甲乙签订的房屋买卖合同被认定为无效。关于本案，下列哪一说法是错误的？[1]

A. 丙以乙在缔约时对房屋没有所有权为由主张房屋买卖合同无效，法院不予支持

B. 乙丙的房屋买卖合同有效

C. 丙可以要求乙继续履行合同

D. 丙可以解除与乙的房屋买卖合同并主张损害赔偿

---

〔1〕【解析】正确选项为C。根据负担行为与处分行为相区分的原理及《民法典》第597条，即使乙、丙订立合同时乙没有处分权，买卖合同本身仍确定地发生效力。不过，因法院判决甲乙之间的合同无效，房屋所有权保留在甲的手中，丙若要求"继续履行"，会因存在《民法典》第580条"不能履行"的障碍，因此C选项错误。因出卖人乙方面的原因导致买受人丙的合同目的不能实现，后者可以解除合同。

第五章 代 理

【复习提要】

代理的主要考点体现在：代理（包括无权代理）的识别；狭义无权代理的效力；表见代理的构成及效力。

本章主要知识结构，可图示如下：

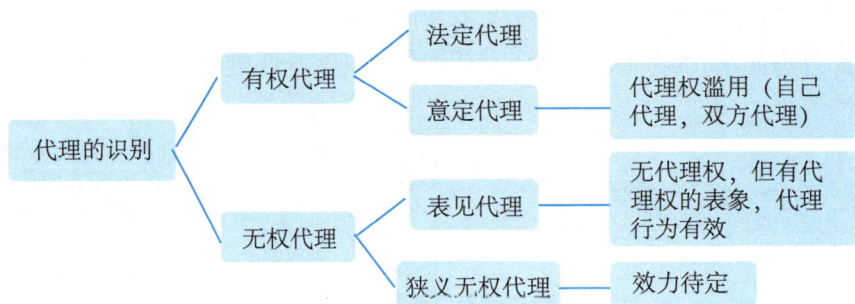

需要特别强调的是，从基本架构上，<u>代理分为有权代理和无权代理两支，表见代理属于无权代理的一个特殊形态</u>，并使不构成表见代理的一般无权代理被表述为"狭义无权代理"。切不可采三分法，认为表见代理是与无权代理系平行的概念。

第一节 代理的概念与类型

一、代理的概念（代理的识别） ＊＊＊

【重点法条】

《民法典》第161条 民事主体可以通过代理人实施民事法律行为。依照法律规定、当事人约定或者民事法律行为的性质，应当由本人亲自实施的民事法律行为，不得代理。

《民法典》第162条 代理人在代理权限内，以被代理人名义实施的民事法律行为，对被代理人发生效力。

1. <u>代理行为属于民事法律行为</u>，受托实施事实行为不属于代理的范畴（《民法典》第161条：民事主体可以通过代理人实施民事法律行为）。最典型的代理行为表现为代理人以被代理人名义与相对人订立合同。

2. 狭义上的代理是显名代理，即代理人以被代理人的名义实施法律行为。应区分代理与行纪。行纪人以自己（而非委托人）名义订立合同并直接承受合同的效果（关于行纪的定义，参见《民法典》第951条）。

3. <u>应区分代理与代表</u>。法人的法定代表人是法人的机关，其行为直接视为法人的行为。举例而言，作为法定代表人的公司董事长以公司名义订立合同的，为代表；而公司业务员根据职务授权以公司名义订立合同的，为代理（职务代理）。

4. 应区分代理与中介。代理人直接实施意思表示（参与缔约），而中介人仅仅介绍缔约机会，为他人缔约提供媒介服务。

5. 无权代理是无代理权而以他人名义行为，应将其与冒名顶替相区分，后者系冒充身份，不构成任何意义上的代理（不过，在法律适用方面可类推适用有关无权代理的规定）。

关于代理的构成与识别，可从正反两面图示如下：

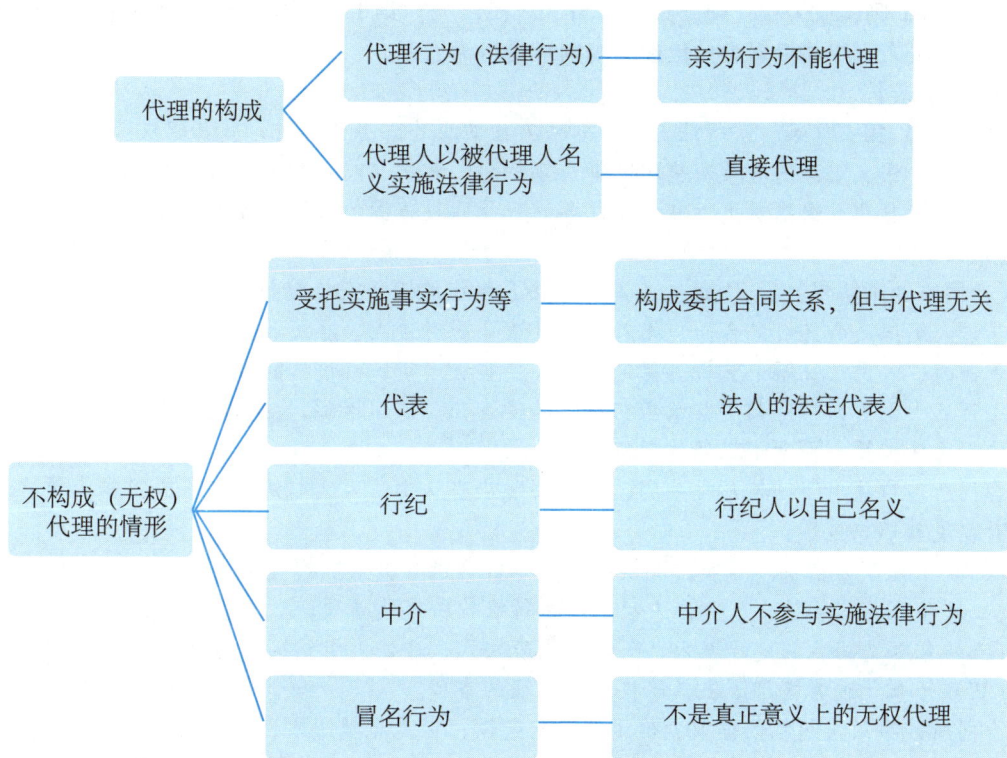

```
                    ┌── 代理行为（法律行为）──── 亲为行为不能代理
      代理的构成 ──┤
                    └── 代理人以被代理人名    ──── 直接代理
                        义实施法律行为

                        ┌── 受托实施事实行为等 ──── 构成委托合同关系，但与代理无关
                        │
                        ├── 代表          ──── 法人的法定代表人
   不构成（无权）      │
     代理的情形  ──────┼── 行纪          ──── 行纪人以自己名义
                        │
                        ├── 中介          ──── 中介人不参与实施法律行为
                        │
                        └── 冒名行为      ──── 不是真正意义上的无权代理
```

【真题解读】

（2009 年单选题）下列哪一情形构成无权代理？[1]

A. 甲冒用乙的姓名从某杂志社领取乙的论文稿酬据为己有

B. 某公司董事长超越权限以本公司名义为他人提供担保

C. 刘某受同学周某之托冒充丁某参加求职面试

D. 关某代收某推销员谎称关某的邻居李某订购的保健品并代为付款

二、代理的类型

考试大纲列有数种代理的分类。代理最基本的类型，是根据代理权的来源区分为委托代理（意定代理，含《民法典》第170条规定的职务代理）和法定代理。应理解，职务代理属于委托代理的一个类型，但其基础关系不是委托合同，而是代理人与用人单位之间的劳动关系。

《民法典》第170条规定的职务代理具有重要的意义。若职务代理人在职权范围内以法人或非法人组织名义订立合同，则未加盖公章并不影响代理行为的效力（参见《合同编通则解

---

[1]【解析】正确选项为 D。无权代理属于代理的下位概念，冒用姓名在外部不表现为代理人以被代理人名义行为，不构成无权代理；董事长的越权为无权代表；参加求职本身不属于法律行为；未经授权而以邻居名义代为付款（法律行为）构成无权代理。

释》第22条)。

若法人或非法人组织对其工作人员的职权做出了特别限制，则此种限制不能对抗善意相对人。这就意味着，即便职务代理人超越了法人或非法人组织所做的特别授权范围，只要其行为仍在其一般的职权范围内，则善意相对人仍可主张由法人或非法人组织承受代理行为的后果。相反，若工作人员超越了法律上的权限（例如，公司业务经理以公司名义为他人提供担保而订立担保合同），则构成无权代理，只有在满足《民法典》第172条构成要件时，作为被代理人的法人或非法人组织才根据表见代理的规则承受行为后果。

【重点法条】

《民法典》第170条　执行法人或者非法人组织工作任务的人员，就其职权范围内的事项，以法人或者非法人组织的名义实施的民事法律行为，对法人或者非法人组织发生效力。

法人或者非法人组织对执行其工作任务的人员职权范围的限制，不得对抗善意相对人。

【相关法条】

《合同编通则解释》第21条　法人、非法人组织的工作人员就超越其**职权范围**的事项以法人、非法人组织的名义订立合同，相对人主张该合同对法人、非法人组织发生效力并由其承担违约责任的，人民法院不予支持。但是，法人、非法人组织有过错的，人民法院可以参照民法典第一百五十七条的规定判决其承担相应的赔偿责任。前述情形，构成表见代理的，人民法院应当依据民法典**第一百七十二条**的规定处理。

合同所涉事项有下列情形之一的，人民法院应当认定法人、非法人组织的工作人员在订立合同时超越其职权范围：

（一）依法应当由法人、非法人组织的权力机构或者决策机构决议的事项；

（二）依法应当由法人、非法人组织的执行机构决定的事项；

（三）依法应当由法定代表人、负责人代表法人、非法人组织实施的事项；

（四）不属于通常情形下依其职权可以处理的事项。

合同所涉事项未超越依据前款确定的职权范围，但是超越法人、非法人组织对工作人员职权范围的限制，相对人主张该合同对法人、非法人组织发生效力并由其承担违约责任的，人民法院应予支持。但是，法人、非法人组织举证证明相对人知道或者应当知道该限制的除外。

法人、非法人组织承担民事责任后，向**故意或者有重大过失**的工作人员追偿的，人民法院依法予以支持。

第二节　代 理 权

一、代理权的取得 **

判断代理为有权代理或无权代理，其关键在于考查代理人是否享有代理权。

代理的类型不同，代理权的来源亦有所不同：

1. 在法定代理，代理权直接来自法律的授权，凡具有监护人身份的，即对被监护人享有法定代理权。

2. 《民法典》所称"委托代理"具有一定误导性，使用"意定代理"更为准确，因为在此种代理类型中，代理权来自于被代理人的授权。至于代理人与被代理人之间的基础关系，可以是委托合同，也可以是其他关系（最典型者是劳动关系，如业务员与企业之间的劳动合同关系）。须注意的是，作为单方行为的代理权授予，其效力与其基础关系是分离的。《民法典》

并未使用"意定代理"这一表述，而是仍沿用了"委托代理"这个概念。不过，应注意的是，《民法典》在规定委托代理时，还是强调了这一类型代理的代理权产生于被代理人的授权。该法典第165条规定："委托代理授权采用书面形式的，授权委托书应当载明代理人的姓名或者名称、代理事项、权限和期间，并由被代理人签名或者盖章"。同时，《民法典》第170条也将所谓职务代理纳入"委托代理"。一言以蔽之，所谓委托代理，代理权来自于被代理人的授权（单方行为）。

关于代理权取得，可列表如下：

代理的类型	代理权发生原因
法定代理	监护人身份的取得
委托代理（意定代理）	被代理人的授权（民法典第165条、170条）

二、代理权滥用＊＊

就法考的试题而言，只要题面给定代理人有代理权的事实，则原则上代理人所实施的代理行为即为有效（被代理人承受行为效果），除非构成代理权滥用。存在代理权滥用时，代理行为不对被代理人发生效力。

代理权滥用包括两种情形：（1）自己代理，即代理人同时充当相对人；（2）双方代理，即同时充当双方的代理人。在这两种情形，代理人陷入利益冲突，其实施的行为应界定为效力待定的行为，仅在被代理人（自己代理情形）或被代理的双方同意或追认时，才发生效力。

广义的代理权滥用，还包括代理人与相对人恶意串通，损害被代理人利益的情形。《民法典》第164条第2款规定，"代理人和相对人恶意串通，损害被代理人合法权益的，代理人和相对人应当承担连带责任。"该条款未对代理行为本身的效力作出明确规定，依法理及《合同编通则解释》的界定，该代理行为对被代理人不发生效力。

【特别提示】《民法典》其实并未将滥用代理权的行为直接规定为无效的行为，而是采用了相当于"效力待定"的处理：经同意或追认，代理行为可以有效。

【重点法条】

《民法典》第168条　代理人不得以被代理人的名义与自己实施民事法律行为，但是被代理人同意或者追认的除外。

代理人不得以被代理人的名义与自己同时代理的其他人实施民事法律行为，但是被代理的双方同意或者追认的除外。

《合同编通则解释》第23条　法定代表人、负责人或者代理人与相对人恶意串通，以法人、非法人组织的名义订立合同，损害法人、非法人组织的合法权益，法人、非法人组织主张不承担民事责任的，人民法院应予支持。法人、非法人组织请求法定代表人、负责人或者代理人与相对人对因此受到的损失承担连带赔偿责任的，人民法院应予支持。

根据法人、非法人组织的举证，综合考虑当事人之间的交易习惯、合同在订立时是否显失公平、相关人员是否获取了不正当利益、合同的履行情况等因素，人民法院能够认定法定代表人、负责人或者代理人与相对人存在恶意串通的高度可能性的，可以要求前述人员就合同订立、履行的过程等相关事实作出陈述或者提供相应的证据。其无正当理由拒绝作出陈述，或者所作陈述不具合理性又不能提供相应证据的，人民法院可以认定恶意串通的事实成立。

1. （2015年单选）甲公司与15周岁的网络奇才陈某签订委托合同，授权陈某为甲公司购买价值不超过50万元的软件。陈某的父母知道后，明确表示反对。关于委托合同和代理权授予的效力，下列哪一表述是正确的？[1]

A. 均无效，因陈某的父母拒绝追认

B. 均有效，因委托合同仅需简单智力投入，不会损害陈某的利益，其父母是否追认并不重要

C. 是否有效，需确认陈某的真实意思，其父母拒绝追认，甲公司可向法院起诉请求确认委托合同的效力

D. 委托合同因陈某的父母不追认而无效，但代理权授予是单方法律行为，无需追认即有效

2. （2021年多选）潘某将一块价值500万元的红木委托钟某卖出。刘某出价600万，辛某则答应给钟某50万回扣，出350万购买。钟某将红木卖给了辛某，并欺骗潘某说红木价格大跌，同时隐瞒了刘某的报价。后潘某得知真相后认为合同无效。对此，下列哪些说法是正确的？[2]

A. 该合同有效

B. 钟某构成无权代理

C. 钟某与辛某对潘某的损害承担连带责任

D. 该合同无效

第三节　无权代理

一、基本思路＊＊＊

无权代理是代理一章最重要的考点。

对于以代理为考查对象的题目，应遵循以下思路：

（1）首先考虑代理人是否有代理权；有代理权的，按有权代理处理。自己代理、双方代理与代理人和相对人恶意串通，也应在有权代理框架下根据《民法典》第164条、第168条界定其效力。

（2）如代理人无代理权（缺乏代理授权、超越代理权、代理权消灭后实施代理行为），则进一步考虑题面给定的事实是否构成表见代理。

（3）无权代理构成表见代理的，应根据《民法典》第172条认定代理行为有效（被代理人须承受代理行为后果）。

（4）属于无权代理但不构成表见代理的，则成立狭义无权代理，按《民法典》第171条确定法律效果。

---

[1]【解析】正确选项为D。此题考核民法中代理权授予与其基础关系分离的理论。依据该理论，代理权授予系单方行为，被授权的代理人无须为意思表示，故其无须具备完全行为能力。委托合同系双方法律行为，如受托人为限制行为能力人，其订立的合同需经法定代理人追认始能生效

[2]【解析】正确选项为CD。代理人钟某与相对人辛某恶意串通，钟某有代理权，并非无权代理，选项B错误。恶意串通的代理行为无效，选项D正确，A错误。根据《民法典》第164条，选项C正确。

二、表见代理 * * * *

【重点法条】

《民法典》第172条　行为人没有代理权、超越代理权或者代理权终止后，仍然实施代理行为，相对人有理由相信行为人有代理权的，代理行为有效。

《总则编解释》第28条　同时符合下列条件的，人民法院可以认定为民法典第一百七十二条规定的相对人有理由相信行为人有代理权：

（一）存在代理权的外观；

（二）相对人不知道行为人行为时没有代理权，且无过失。

因是否构成表见代理发生争议的，相对人应当就无权代理符合前款第一项规定的条件承担举证责任；被代理人应当就相对人不符合前款第二项规定的条件承担举证责任。

表见代理是无权代理的一个特殊类型。有权代理不存在表见的问题。

代理人无代理权，但相对人基于客观情况有理由相信代理人有代理权的，构成表见代理。典型的事例如，业务员与客户熟识，离职后，公司未通知客户且未收回授权文书或其他表明业务员代理人身份的文件，导致前业务员以公司名义与信赖其代理人身份的客户缔约。

关于被代理人是否应具备主观上的可归咎性问题，尽管《民法典》第172条未明确要求，但民法理论通常认为，仅有相对人对代理权的信赖，仍不足以成立表见代理，只有同时具备被代理人主观上的可归咎性时，方可成立表见代理。例如，如果甲伪造A公司公章，并利用该伪造公章制作授权委托书，谎称为A公司业务员而与B公司缔约，而A公司对于甲之行为完全不知晓，也不存在控制不当的问题，则即便B公司善意信赖，亦不能成立表见代理。《总则编解释》通过确立相对人无过失的要件，实际上也间接承认了被代理人的可归咎性，因为，被代理人无可归咎性的情形，往往可以认定相对人有过失（对代理权是否真实存在未做必要的审查）。另外，需适当注意《总则编解释》第28条关于举证责任的规定。

表见代理的效果视同有权代理，即被代理人须承受表见代理人行为的后果。

【真题解读】

1. （2004年单选）甲公司经常派业务员乙与丙公司订立合同。乙调离后，又持盖有甲公司公章的合同书与尚不知其已调离的丙公司订立一份合同，并按照通常做法提走货款，后逃匿。对此甲公司并不知情。丙公司要求甲公司履行合同，甲公司认为该合同与己无关，予以拒绝。下列选项哪一个是正确的？[1]

A. 甲公司不承担责任　　　　　　　　B. 甲公司应与丙公司分担损失

C. 甲公司应负主要责任　　　　　　　D. 甲公司应当承担签约后果

2. （2007年单选）甲公司业务经理乙长期在丙餐厅签单招待客户，餐费由公司按月结清。后乙因故辞职，月底餐厅前去结账时，甲公司认为，乙当月的几次用餐都是招待私人朋友，因而拒付乙所签单的餐费。下列哪一选项是正确的？[2]

A. 甲公司应当付款　　　　　　　　　B. 甲公司应当付款，乙承担连带责任

C. 甲公司有权拒绝付款　　　　　　　D. 甲公司应当承担补充责任

---

　　[1]【解析】正确选项为D。乙基于劳动关系对甲公司享有代理权，而一旦调离，此种授权代理关系即结束，乙继续以甲公司名义订立合同构成无权代理。从题面给定的事实看，丙公司有理由继续相信乙有代理权，故构成表见代理。须注意，乙的行为构成刑事犯罪这一点并不影响合同的民事效力。

　　[2]【解析】正确选项为A。本题考点是表见代理。所谓签单，其实就是代理权。乙先前有代理权，辞职后代理权终止。甲公司本应及时通知丙餐厅，由于未通知导致丙餐厅不知情，有理由信赖乙仍有代理权，故成立表见代理。

三、狭义无权代理 * * * *

【重点法条】

《民法典》第171条 行为人没有代理权、超越代理权或者代理权终止后，仍然实施代理行为，未经被代理人追认的，对被代理人不发生效力。

相对人可以催告被代理人自收到通知之日起三十日内予以追认。被代理人未作表示的，视为拒绝追认。行为人实施的行为被追认前，善意相对人有撤销的权利。撤销应当以通知的方式作出。

行为人实施的行为未被追认的，善意相对人有权请求行为人履行债务或者就其受到的损害请求无权代理人赔偿，但是，赔偿的范围不得超过被代理人追认时相对人所能获得的利益。

相对人知道或者应当知道行为人无权代理的，相对人和行为人按照各自的过错承担责任。

1. 狭义无权代理的成立：代理人无代理权而为代理行为；不成立表见代理。

2. 狭义无权代理的法律后果为代理行为效力未定，具体产生以下后果：（1）本人的追认权；（2）相对人的催告权；（3）善意相对人的撤销权；（4）未获追认时，善意相对人有权要求无权代理人履行债务或赔偿损失。

关于狭义无权代理的具体法律效果，可图示如下：

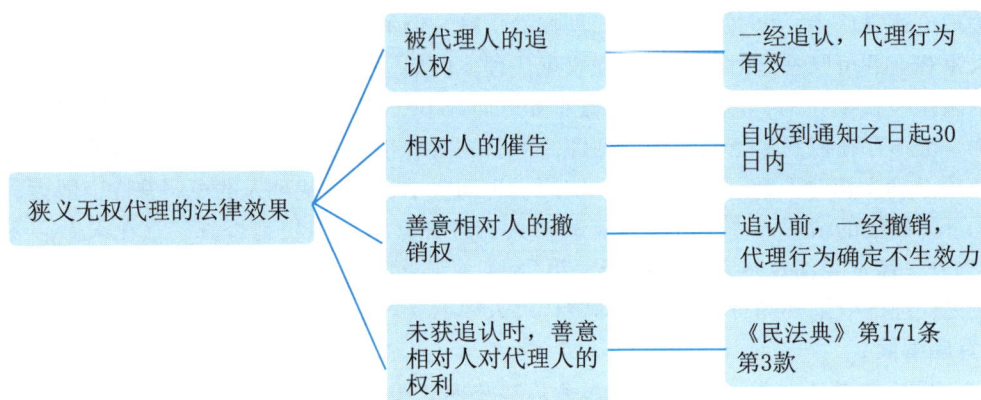

【真题解读】

1.（2005年多选）甲委托乙前往丙厂采购男装，乙觉得丙生产的女装市场看好，便自作主张以甲的名义向丙订购。丙未问乙的代理权限，便与之订立了买卖合同。对此，下列哪些说法是正确的？[1]

A. 甲有追认权　　　　　　　　B. 丙有催告权

C. 丙有撤销权　　　　　　　　D. 构成表见代理

2.（2012年多选）甲委托乙采购一批电脑，乙受丙诱骗高价采购了一批劣质手机。丙一直以销售劣质手机为业，甲对此知情。关于手机买卖合同，下列哪些表述是正确的？[2]

---

〔1〕【解析】正确选项为ABC。乙构成越权型无权代理，且相对人无信赖代理人有代理权的理由，故构成狭义无权代理。根据《民法典》第171条的规定，可选出答案。

〔2〕【解析】正确选项为ABC。本题同时考查两个考点（无权代理与受欺诈行为），且有结合，难度很大。甲对乙的授权不包含采购手机，乙越权代理，甲有权追认，故A选项正确。合同当事人为甲，且丙实施了欺诈，尽管甲对丙的欺诈知情，但代理人乙并不知情，而代理行为的意思瑕疵应依代理人判断，故甲可依《民法典》第148条行使撤销权。乙为甲的代理人且撤销对甲有利，可认定撤销在甲的授权范围内，故乙有权以甲的名义撤销。最后，丙为欺诈人，无权撤销合同，同时，就无权代理方面观察，丙也非善意相对人，从而也不得依《民法典》第171条行使撤销权。

A. 甲有权追认   B. 甲有权撤销

C. 乙有权以甲的名义撤销   D. 丙有权撤销

3.（2013 年单选题）甲用伪造的乙公司公章，以乙公司名义与不知情的丙公司签订食用油买卖合同，以次充好，将劣质食用油卖给丙公司。合同没有约定仲裁条款。关于该合同，下列哪一表述是正确的？[1]

A. 如乙公司追认，则丙公司有权通知乙公司撤销

B. 如乙公司追认，则丙公司有权请求法院撤销

C. 无论乙公司是否追认，丙公司均有权通知乙公司撤销

D. 无论乙公司是否追认，丙公司均有权要求乙公司履行

4.（2020 年单选）丙系甲香烟制造公司的市场专员，因舞弊被开除后，寻思着捞一票并报复甲公司。后伪造甲公司公章后，以甲公司的名义与不知情的乙公司于 4 月 20 日订立合同，约定："甲公司向乙公司出售熊猫牌香烟 50 箱，价款 500 万元"。5 月 1 日，因丙请求乙公司将价款打入其指定的账户，乙公司经询问才得知丙已被开除。同时，甲公司对乙公司表示，是否接受该合同须考虑几天再做决定。5 月 10 日，甲公司通知乙公司，不接受丙订立的合同。对此，下列哪一表述是错误的？[2]

A. 5 月 1 日后至 5 月 10 日前，乙公司有权通知甲公司撤销合同

B. 5 月 10 日后，乙公司有权请求甲公司履行合同义务

C. 5 月 10 日后，乙公司有权选择请求丙履行交付义务

D. 5 月 10 日后，乙公司有权选择请求丙赔偿转卖香烟可能获得的利润损失

【主观题点睛】

代理是法考主观题一个比较重要的出题点。主观题的考查基本会局限在表见代理和狭义无权代理方面，其基本解题思路如下：一旦依给定的案件事实，判断出代理人无代理权，则应首先判断是否构成表见代理（《民法典》第 172 条）；构成表见代理的，代理行为有效，被代理人须承受其效果；如果不构成表见代理，则为狭义无权代理，须按《民法典》第 171 条分析，尤其需要重视该条第 3 款规定的责任。

---

〔1〕【解析】正确选项为 B。本题同样考查可撤销合同与无权代理的结合。因受欺诈而行使撤销权，必须以向人民法院起诉方式作出，故选项 A 与 C 均错误。甲伪造乙公司公章，这一事实本身不足使丙公司完全信赖甲享有代理权，且乙公司无主观上的可归咎性，故不构成表见代理，D 选项不正确。作为被代理人，乙公司有权对甲实施的无权代理行为予以追认，一经追认，甲与丙之间发生合同关系，而丙即可以受欺诈为由请求法院撤销。

〔2〕【解析】正确选项为 B。丙被除名后以甲公司名义订立合同，构成无权代理。由于涉及伪造公章，尽管丙系甲的前工作人员，但案情并未将乙公司设置为甲公司的老客户，甲公司对于丙的无权代理没有主观上的可归咎性。依题意，丙以甲的名义订立合同，应属于狭义无权代理，不过，乙属于善意的相对人。选项 A、C、D 均按构成狭义无权代理设计，表述正确，不当选。选项 B 按照表见代理设计，表述错误，当选。

第六章 诉讼时效与期间

> **【复习提要】**

本章考核点在诉讼时效，期间无考点，故对考试大纲上本章的第二节略过。

有关诉讼时效的规范依据，在2017年之前，除《民法通则》及其司法解释外，主要还包括2008年《最高人民法院关于审理民事案件适用诉讼时效制度若干问题的规定》（以下简称《诉讼时效解释》）。随着《民法典》的颁行，之前法律渊源中与《民法典》规定不一致的，均以《民法典》的规定为准。2020年12月最高人民法院修订了《诉讼时效解释》，该解释成为民法典时代有关诉讼时效的重要法律渊源。

本章主要涉及的考点包括：诉讼时效的适用范围；诉讼时效的起算；援引诉讼时效的规则；诉讼时效的中止与中断；诉讼时效期间届满的法律效果等。

诉讼时效的主要知识点，可图示如下：

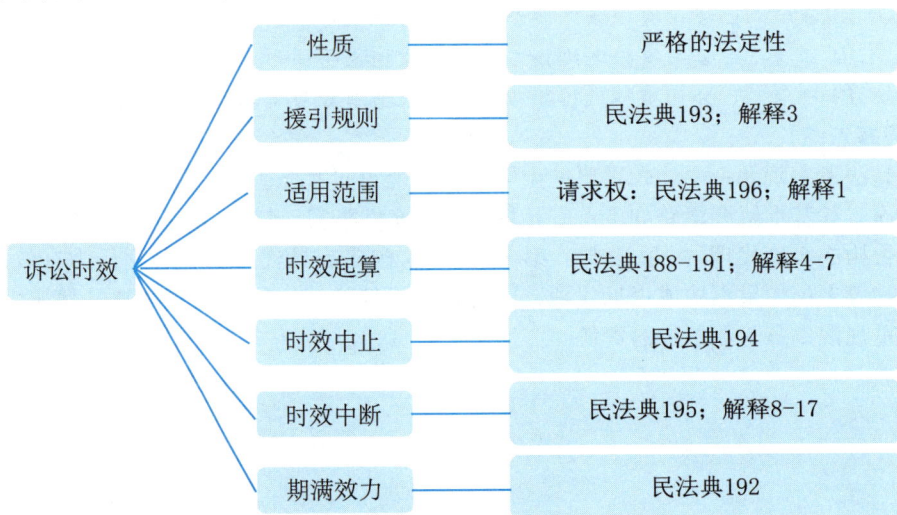

	性质	严格的法定性
	援引规则	民法典193；解释3
	适用范围	请求权：民法典196；解释1
诉讼时效	时效起算	民法典188-191；解释4-7
	时效中止	民法典194
	时效中断	民法典195；解释8-17
	期满效力	民法典192

第一节 诉讼时效

一、诉讼时效规范的强行法性质 ＊＊

【重点法条】

《民法典》第197条 诉讼时效的期间、计算方法以及中止、中断的事由由法律规定，当事人约定无效。

当事人对诉讼时效利益的预先放弃无效。

时效期间具有法定性，当事人不可以约定改变。以约定延长、缩短或预先抛弃时效抗辩利益的，该约定均无效，仍适用《民法典》关于诉讼时效的一般规定。

二、诉讼时效期间的援引规则 ＊＊

【重点法条】

《民法典》第 193 条　<u>人民法院不得主动适用诉讼时效的规定。</u>

《诉讼时效解释》第 2 条　当事人未提出诉讼时效抗辩，人民法院不应对诉讼时效问题进行释明。

1. 诉讼时效期间届满的法律效果是债务人产生抗辩权，此种抗辩权必须由债务人援引以对抗债权人的请求权，<u>人民法院不得主动适用诉讼时效条款，也不得就时效问题进行释明。</u>

2. 原则上，债务人应在一审中提出时效期间届满的抗辩，如一审未主张此抗辩，债务人不得在二审中提出。这一规则仅有一项例外，即二审中基于新的证据提出时效抗辩。

【相关法条】

《诉讼时效解释》第 3 条　当事人在一审期间未提出诉讼时效抗辩，在二审期间提出的，人民法院不予支持，但其基于新的证据能够证明对方当事人的请求权已过诉讼时效期间的情形除外。

当事人未按照前款规定提出诉讼时效抗辩，以诉讼时效期间届满为由申请再审或者提出再审抗辩的，人民法院不予支持。

三、诉讼时效的适用范围 ＊＊＊

【重点法条】

《民法典》第 196 条　下列请求权不适用诉讼时效的规定：

（一）请求停止侵害、排除妨碍、消除危险；

（二）不动产物权和登记的动产物权的权利人请求返还财产；

（三）请求支付抚养费、赡养费或者扶养费；

（四）依法不适用诉讼时效的其他请求权。

《诉讼时效解释》第 1 条　当事人可以对债权请求权提出诉讼时效抗辩，但对下列债权请求权提出诉讼时效抗辩的，人民法院不予支持：

（一）支付存款本金及利息请求权；

（二）兑付国债、金融债券以及向不特定对象发行的企业债券本息请求权；

（三）基于投资关系产生的缴付出资请求权；

（四）其他依法不适用诉讼时效规定的债权请求权。

1. 在支配权、请求权、形成权、抗辩权四种权利中，<u>只有请求权适用诉讼时效。</u>形成权适用除斥期间。

2. 在请求权体系中，<u>原则上债权请求权须适用诉讼时效期间，</u>但《诉讼时效解释》第 1 条所列情形不适用诉讼时效。《民法典》第 196 条进一步确定了请求支付抚养费、赡养费或者抚养费的债权请求权不适用诉讼时效。考生须知，"<u>债权请求权均须适用诉讼时效"的判断为错。</u>

3. 关于物权请求权是否适用诉讼时效，理论上有一定争议。根据《民法典》的规定，请求排除妨碍、消除危险（《民法典》第 236 条）的请求权不适用诉讼时效。至于《民法典》第 235 条规定的返还原物，则应区分其是否为不动产物权、登记的动产物权及一般动产物权：<u>不动产物权及登记的动产物权人请求返还财产的，不适用诉讼时效。</u>这也就意味着，<u>无须登记的一般动产物权人要求返还原物的，应适用诉讼时效。</u>

以上从债权请求权与物权请求权视角观察诉讼时效适用的范围，可图示如下：

4. 关于时效的适用范围，从整个《民法典》出发观察，尚有以下几点须关注：

（1）根据《民法典》第995条之规定，<u>人格权受到侵害的，受害人要求停止侵害、排除妨碍、赔礼道歉等请求权不适用诉讼时效的规定</u>。相反，因人格权遭受侵害而主张损害赔偿（包括精神损害赔偿）的，该请求权行使受诉讼时效期间限制。

（2）根据《民法典》第419条，抵押权未在主债权诉讼时效期间内行使的，人民法院不予保护。这就意味着，抵押权虽非请求权，但由于其从权利的属性，其行使也间接地适用诉讼时效（更具体的规则，参见后文担保物权部分）。

（3）根据法理及最高人民法院指导性案例的裁判要旨，<u>业主大会请求业主缴纳公共维修基金的请求权不受诉讼时效期间的限制</u>。

【相关法条】

《民法典》第995条　人格权受到侵害的，受害人有权依照本法和其他法律的规定请求行为人承担民事责任。受害人的停止侵害、排除妨碍、消除危险、消除影响、恢复名誉、赔礼道歉请求权，不适用诉讼时效的规定。

《民法典》第419条　抵押权人应当在主债权诉讼时效期间行使抵押权；未行使的，人民法院不予保护。

【真题解读】

1.（2014年多选）下列哪些请求不适用诉讼时效？[1]

A. 当事人请求撤销合同　　　　　　　B. 当事人请求确认合同无效

C. 业主大会请求业主缴付公共维修基金　D. 按份共有人请求分割共有物

2.（2018年多选）在下列哪些情形下请求权不适用诉讼时效的规定？[2]

A. 孟某与王某的房屋相邻，王某装修房屋将大量建筑垃圾堆放在门前妨碍孟某的通行，孟某有请求王某排除妨碍的权利

B. 孟某将自己的房屋出租给曹某居住，租期届满后，孟某基于所有权人的身份有请求曹某搬离房屋的权利

C. 孟某的宝马轿车被涂某强行开走，孟某基于所有权人的身份有请求涂某返还宝马轿车的权利

D. 孟某与妻子刘某离婚，法院判决婚生子小孟（6岁）与刘某共同生活，孟某按月给付抚养费，小孟有请求孟某给付抚养费的权利

3.（2019年多选）甲乙是夫妻，育有一子丙（4岁）。后甲乙因感情不和协议离婚，双方约定儿子丙归甲抚养。后甲沉迷赌博，时常殴打丙，并将甲母赠与丙的两块玉佩卖掉做赌资。

---

〔1〕【解析】正确选项为ABCD。撤销合同属于形成权行使，应适用《民法典》第152条规定的除斥期间。合同无效为当然无效，确认请求权不受时效期间限制。公共维修基金请求权不受时效期间限制。按份共有人请求分割共有物实为形成权，不受诉讼时效期间限制。

〔2〕【解析】正确选项为ABCD。答题依据是《民法典》第196条。根据该条，选项A中涉及的排除妨碍请求权、选项B中涉及的不动产权利人返还财产请求权、选项C中涉及的登记动产的返还请求权及选项D中涉及的抚养费请求权，均不适用诉讼时效期间。

对此，下列哪些说法是正确的？[1]

    A. 乙可以申请法院撤销甲的监护权

    B. 丙可请求甲承担损害赔偿责任

    C. 丙对甲殴打致损的赔偿请求权不受诉讼时效的限制

    D. 丙对甲卖掉玉佩的赔偿请求权诉讼时效期间为自丙知情之日起3年

    4. （2020年多选）甲与乙系邻居。某日，甲将用于工作的大型油罐车停在乙的院子里，并将院子里乙未上锁的自行车骑走，乙当晚即发现是甲所为。三年后，甲对乙的下列哪些请求权可以主张诉讼时效抗辩？[2]

    A. 停止侵害   B. 损害赔偿   C. 消除危险   D. 返还财产

四、诉讼时效的起算 ＊＊＊

关于诉讼时效起算的主要考点，可首先图示如下：

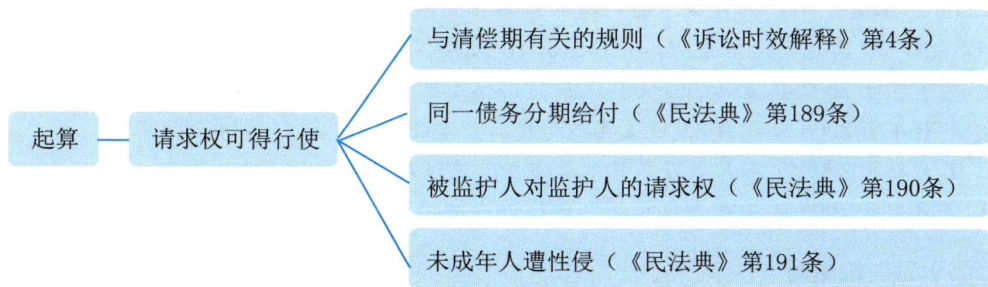

起算 —— 请求权可得行使
- 与清偿期有关的规则（《诉讼时效解释》第4条）
- 同一债务分期给付（《民法典》第189条）
- 被监护人对监护人的请求权（《民法典》第190条）
- 未成年人遭性侵（《民法典》第191条）

【重点法条】

《民法典》第189条 当事人约定同一债务分期履行的，诉讼时效期间自最后一期履行期限届满之日起计算。

《民法典》第190条 无民事行为能力人或者限制民事行为能力人对其法定代理人的请求权的诉讼时效期间，自该法定代理终止之日起计算。

《民法典》第191条 未成年人遭受性侵害的损害赔偿请求权的诉讼时效期间，自受害人年满十八周岁之日起计算。

1. 诉讼时效期间起算的一般规则。《民法通则》第137条确立的时效起算点为"知道或者应当知道权利被侵害时"。《民法典》第188条基本沿用了这一标准，确立了以下规则：诉讼时效期间自权利人知道或者应当知道权利受到损害以及义务人之日起开始起算。结合各种债权请求权具体的诉讼时效起算方法，该一般标准应理解为：当事人知道或应当知道债权请求权存在；请求权已具备行使条件（可得行使）。

2. 债务有清偿期的，自清偿期届满起开始计算；不能确定履行期限的，诉讼时效期间从债权人要求债务人履行义务的宽限期届满之日起计算，但债务人在债权人第一次向其主张权利之时明确表示不履行义务的，诉讼时效期间从债务人明确表示不履行义务之日起计算。（《诉

---

[1]【解析】正确选项为AB。根据《民法典》第36条之规定，甲实施严重侵害被监护人身心健康的行为，具有监护资格的乙可以申请法院撤销甲的监护资格，选项A正确。甲故意侵害丙的人身权与财产权，丙对其有损害赔偿请求权，选项B正确。甲殴打丙导致人身损害，丙的侵权损害赔偿请求权不在《民法典》第995条规定的不受时效期间限制的人格权请求权之列，应适用诉讼时效期间，选项C错误。根据《民法典》第190条，被监护人对监护人的请求权诉讼时效期间自法定代理关系终止之日起算，选项D错误。

[2]【解析】正确选项为BD。根据《民法典》第196条，停止侵害与消除危险不适用诉讼时效。自行车属于普通动产，其返还请求应适用诉讼时效。

讼时效解释》第 4 条）

3. 当事人约定同一债务分期履行的，诉讼时效期间从最后一期履行期限届满之日起计算（《民法典》第 189 条）。同一债务分期履行的典型事例为分期付款买卖：尽管约定了分期支付价款的各时间点，但由于总的价款支付义务来自于一项买卖合同，故属于"同一债务分期履行"的情形。承租人按约定的期限（如按月或按季度）支付租金的债务不应理解为同一债务的分期履行，故每一笔租金到期即应开始诉讼时效期间的计算。

4. 无民事行为能力人或者限制民事行为能力人与其法定代理人之间的请求权的诉讼时效，自该法定代理关系终止之日起开始计算。（《民法典》第 190 条）。"该法定代理关系终止"的情形既包括因被代理人成年等终止监护，也包括依法撤销原监护人而指定新监护人的情形。

5. 未成年人遭受性侵害的损害赔偿请求权的诉讼时效期间，自受害人年满十八周岁之日起计算。（《民法典》第 191 条）。

【真题解读】

（2006 年单选）2001 年 4 月 1 日，范某从曹某处借款 2 万元，双方没有约定还款期。2003 年 3 月 22 日，曹某通知范某还款，并留给其 10 天准备时间。下列哪种说法是正确的？[1]

A. 若曹某于 2003 年 4 月 2 日或其之后起诉，法院应裁定不予受理

B. 若曹某于 2005 年 3 月 22 日或其之后起诉，法院应判决驳回其诉讼请求

C. 若曹某于 2005 年 4 月 2 日或其之后起诉，法院应裁定驳回其起诉

D. 若曹某于 2005 年 4 月 2 日或其之后起诉，法院应判决驳回其诉讼请求

五、诉讼时效期间 *

1. 《民法通则》规定普通诉讼时效期间为 2 年，《民法典》将这一期间延长为 3 年。

2. 特别法还规定了一些特殊诉讼时效期间。根据法考的考核规律，考生不必整理和记忆这些特殊期间。

3. 最长诉讼时效期间为 20 年，但该时效期间自权利受到损害（民法典 188 条）之日起算。有特殊情况的，人民法院可予以延长。

六、诉讼时效的中止 * *

【重点法条】

《民法典》第 194 条 在诉讼时效期间的最后六个月内，因下列障碍，不能行使请求权的，诉讼时效中止：

（一）不可抗力；

（二）无民事行为能力人或者限制民事行为能力人没有法定代理人，或者法定代理人死亡、丧失民事行为能力、丧失代理权；

（三）继承开始后未确定继承人或者遗产管理人；

（四）权利人被义务人或者其他人控制；

（五）其他导致权利人不能行使请求权的障碍。

自中止时效的原因消除之日起满六个月，诉讼时效期间届满。

1. 只有在诉讼时效期间的最后 6 个月内，才发生时效中止问题。如引起中止的事项发生在最后 6 个月之前，则仅在该事项延续至最后六个月期间时，才发生诉讼时效中止的效力。

---

〔1〕【解析】正确选项为 D。本题考核无清偿期债权的诉讼时效起算规则，答题依据为《诉讼时效解释》第 4 条。须了解的是，本题测试时适用的是《民法通则》，该法规定的诉讼时效期间为 2 年。若依现行法，该期间为 3 年。

2. 中止事由是出现了权利行使的客观障碍，即权利人无法行使请求权的情形，例如，因自然灾害引起交通、通讯中断；权利被侵害的无民事行为能力人、限制民事行为能力人没有法定代理人，或者法定代理人死亡、丧失代理权、丧失行为能力；继承开始后未确定继承人或者遗产管理人；权利人被义务人或者其他人控制无法主张权利等。

3. 诉讼时效中止的效果是暂停时效的计算，自导致时效中止的原因消除之日起满6个月的，时效期间届满。这就意味着，在时效期间恢复计算时，即便原先未完成的时效期间已经少于6个月的，权利人亦可享受补足6个月的待遇。

七、诉讼时效的中断 ＊＊

【重点法条】

《民法典》第195条 有下列情形之一的，诉讼时效中断，从中断、有关程序终结时起，诉讼时效期间重新计算：

（一）权利人向义务人提出履行请求；

（二）义务人同意履行义务；

（三）权利人提起诉讼或者申请仲裁；

（四）与提起诉讼或者申请仲裁具有同等效力的其他情形。

1. 诉讼时效中断是法考的一个重要考点，《诉讼时效解释》也确立了许多具体规则（第8条至第17条），这些规定相当细致、复杂，可通过理解中断的基本原理加以识记。

2. 导致时效中断的一般标准是债权人向债务人主张权利，或债务人针对债权人作出债务自认。一切具有权利行使或债务自认意义的事实，皆可导致诉讼时效中断。其基本原理在于，在此类情形，债权的存在得到了重申，故结束了"权利不行使"的状态，诉讼时效期间因此应重新计算。

3. 具体而言，须掌握以下导致时效中断的事由：债权人在诉讼外向债务人主张债权；当事人一方下落不明，对方当事人在国家级或者下落不明的当事人一方住所地的省级有影响的媒体上刊登具有主张权利内容的公告；债权人提起诉讼或以其他方式向债务人主张权利（与诉讼相关的申请支付令、申请执行等；请求调解；向公安机关等控告请求保护民事权利）；债务人作出分期履行、部分履行、提供担保、请求延期履行等承诺或者行为。

4. 债权人提起代位权诉讼的，应当认定对债权人的债权和债务人的债权均发生诉讼时效中断的效力（《诉讼时效解释》第16条）。

5. 关于债权转让和债务承担中的时效中断问题是一个识记上的难点：债权转让的，应当认定诉讼时效从债权转让通知到达债务人之日起中断。债务承担情形下，构成原债务人对债务承认的，应当认定诉讼时效从债务承担意思表示到达债权人之日起中断（《诉讼时效解释》第17条）。理解该条的关键在于，无论是确认债权还是自认债务，都必须在债权人与债务人之间进行。例如，债权人甲向丙转让其债权的，并不引起时效中断，仅在通知债务人时，才构成对后者的权利确认，故应在通知到达债务人之日中断。

【真题解读】

（2020年单选）甲向乙借款900万元，约定乙一次性支付借款，而甲分三次偿还，即2015年12月1日返还300万元；2016年6月1日返还300万元；2016年12月1日返还300万元。后借款到期，甲未履行还款义务，并且为逃避债务隐匿起来，乙于2019年9月1日经公告向甲要求返还借款。甲于2020年5月现身，主张债权均已过诉讼时效。对此，下列哪一说法是正确的?[1]

    A. 第一笔、第二笔借款诉讼时效已过，第三笔诉讼时效没过

    B. 900 万元债权均已过诉讼时效

    C. 因甲隐匿导致乙无法索债，相关诉讼时效发生中止

    D. 900 万元债权因 2019 年 9 月 1 日公告发生诉讼时效中断

八、诉讼时效期间届满的法律效果 ＊＊＊

1. 诉讼时效期间届满后，债务人可提出时效期间届满的抗辩。债务人主张此抗辩的，人民法院应判决驳回原告诉讼请求。法院不能依职权适用及释明。

2. 债务人自愿履行已过诉讼时效之债务，发生清偿的效果，债权人不构成不当得利，不得要求返还。

3. 时效期间届满后，债务人又向债权人表示同意继续履行的，视为放弃时效抗辩。

【重点法条】

《民法典》第 192 条　诉讼时效期间届满的，义务人可以提出不履行义务的抗辩。

诉讼时效期间届满后，义务人同意履行的，不得以诉讼时效期间届满为由抗辩；义务人已经自愿履行的，不得请求返还。

【相关法条】

《诉讼时效解释》第 19 条　诉讼时效期间届满，当事人一方向对方当事人作出同意履行义务的意思表示或者自愿履行义务后，又以诉讼时效期间届满为由进行抗辩的，人民法院不予支持。

当事人双方就原债务达成新的协议，债权人主张义务人放弃诉讼时效抗辩权的，人民法院应予支持。

超过诉讼时效期间，贷款人向借款人发出催收到期贷款通知单，债务人在通知单上签字或者盖章，能够认定借款人同意履行诉讼时效期间已经届满的义务的，对于贷款人关于借款人放弃诉讼时效抗辩权的主张，人民法院应予支持。

【真题解读】

（2017 年单选）甲公司开发的系列楼盘由乙公司负责安装电梯设备。乙公司完工并验收合格投入使用后，甲公司一直未支付工程款，乙公司也未催要。诉讼时效期间届满后，乙公司组织工人到甲公司讨要。因高级管理人员均不在，甲公司新录用的法务小王，擅自以公司名义签署了同意履行付款义务的承诺函，工人们才散去。其后，乙公司提起诉讼。关于本案的诉讼时效，下列哪一说法是正确的?[2]

    A. 甲公司仍可主张诉讼时效抗辩

    B. 因乙公司提起诉讼，诉讼时效中断

    C. 法院可主动适用诉讼时效的规定

    D. 因甲公司同意履行债务，其不能再主张诉讼时效抗辩

---

    [1]　【解析】正确选项为 D。当事人约定同一债务分期履行的，诉讼时效期间自最后一期履行期限届满之日起计算，选项 A 错误。债务人隐匿并不属于法律规定的客观障碍，事实上债权人可以公告追债，故本题不符合"诉讼时效中止"的适用条件，选项 C 错误。乙于 2019 年 9 月公告主张权利时，900 万元债权的诉讼时效期间均未届满（全部自 2016 年 12 月 1 日起算），且因此权利主张发生中断，选项 D 正确，B 错误。

    [2]　【解析】正确选项为 A。依题意，法务小王对甲公司并无代理权，其擅自签署同意履行付款义务承诺函的行为不能约束甲公司。据此，并无《民法典》第 192 条第 2 款的适用，甲公司仍可主张时效期间届满的抗辩。

有关时效期间届满的效果，可图示如下：

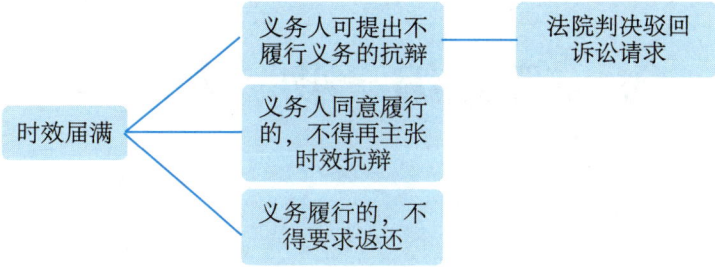

时效届满
├── 义务人可提出不履行义务的抗辩 ── 法院判决驳回诉讼请求
├── 义务人同意履行的，不得再主张时效抗辩
└── 义务履行的，不得要求返还

第二编　物　权

《民法典》出台，《物权法》被民法典物权编所取代，但除增设"居住权"及对动产抵押制度做出较大修正等少数情形外，物权编对《物权法》的改动并不算太大。当然，无论增设，还是修改，物权编之"新"，均须引起注意。

2021年1月1日起，《最高人民法院关于适用〈中华人民共和国民法典〉物权编的解释（一）》（以下简称"《物权编解释（一）》"）施行，该司法解释系在原《物权法解释（一）》基础上略加修订而成，其重要规定也纳入本编讨论。另外，《建筑物区分所有权司法解释》也已经最高人民法院修正，与《民法典》配套实施（不过，该解释在法考上不重要）。

于2021年1月1日起施行的《最高人民法院关于适用〈中华人民共和国民法典〉有关担保制度的解释》（以下简称《担保制度解释》）对于法考而言是一个极其重要的司法解释，应予以足够的重视。

第七章　物权概述

> 【复习提要】

本章系物权法模块的第一章，实际上构成"物权总论"的内容。

考生应在掌握物权基本概念的基础上，理解物权的支配性、排他性、优先性等规则。这些抽象规则是理解物权法模块众多知识的重要基础，故本章详述之。

本章包含重要的考点，尤其是有关物权变动的规则，对应物权编第二章的内容。考生应认真掌握不动产物权变动中登记的法律意义，理解更正登记、异议登记、预告登记的意义，全面掌握物权编第二章第二节有关动产交付的规则，并对非基于法律行为的物权变动认真把握。另外，考生还应具备将合同效力与物权变动相结合的重要能力。

在物权的保护中，还应学会识别物权的保护手段（物权请求权）与债权的保护手段。

考试大纲第 7~12 章系物权法模块，其重点知识结构如下：

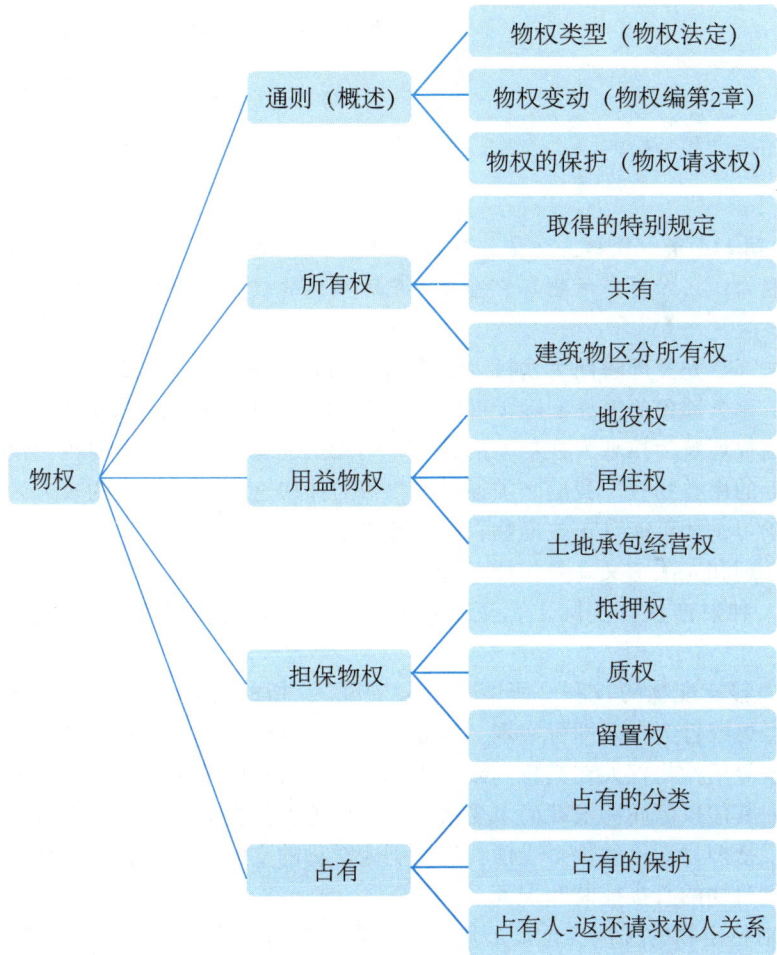

物权
- 通则（概述）
  - 物权类型（物权法定）
  - 物权变动（物权编第2章）
  - 物权的保护（物权请求权）
- 所有权
  - 取得的特别规定
  - 共有
  - 建筑物区分所有权
- 用益物权
  - 地役权
  - 居住权
  - 土地承包经营权
- 担保物权
  - 抵押权
  - 质权
  - 留置权
- 占有
  - 占有的分类
  - 占有的保护
  - 占有人-返还请求权人关系

而第七章的主要知识结构也可图示如下：

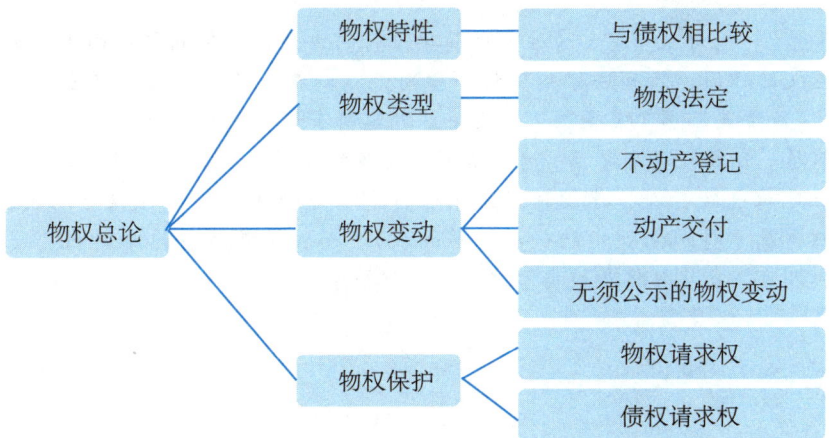

物权总论
- 物权特性
  - 与债权相比较
- 物权类型
  - 物权法定
- 物权变动
  - 不动产登记
  - 动产交付
  - 无须公示的物权变动
- 物权保护
  - 物权请求权
  - 债权请求权

第一节　物权的概念和效力

一、物权的概念和特征 *

【重点法条】

《民法典》第114条　民事主体依法享有物权。

物权是权利人依法对特定的物享有直接支配和排他的权利，包括所有权、用益物权和担保物权。

学习物权法，首先需理解何为物权。尽管《民法典》第114条第2款对物权给出了一个立法定义，但是，一个抽象的概念实际上并无助于我们真正理解物权这个法律范畴。举例来说，如果简单地将物权理解为权利人在物上的权利，则无法解释何以承租人的权利仅是一项债权而非在他人之物上的用益物权。我们必须通过对物权与债权这两种财产权的效力区别以及物权法定主义原则的学习，才可能真正找准物权的法律定位。

对物权的学理和立法定义，可作如下分析：

1. 物权是一种财产权。实际上，正是物权与债权这两种财产权的区分构成了财产法的基础。

2. 物权为直接支配物的权利。所谓"直接支配"，指的是物权人对于标的物的支配和控制，无须他人意思或行为介入即可实现。例如，物的所有人可以完全自由地使用其标的物；土地承包经营权人等用益物权人在其权利限度内亦可直接对标的物进行利用；抵押权人即使不占有标的物，但在其债权已届清偿期而未受清偿时，也无须抵押人的介入，即可直接申请法院拍卖抵押物，并以抵押物卖得的价金受偿。当权利人对物的支配受到妨害时，物权人可请求法律救济，从而恢复对物的直接控制和支配。

3. 物权是对特定物的直接支配。原则上，物权的客体必须是特定的有体物。在例外情形下，物权也可以权利为其客体，如权利质权。

4. 权利人对物权的享有，其目的在于享受物的利益。

【特别提示】就考试而言，考生有一简单可行的方法来识别物权：由于下文将述及的物权法定主义的作用，只有法律明确将一项财产权归属于物权，该权利才具有物权的属性。因此，《民法典》第114条第2款有关"包括所有权、用益物权和担保物权"的表述实际上有穷尽一切物权类型之意。考生需牢记，物权除所有权这种最典型的物权外，用益物权包括土地承包经营权、建设用地使用权、宅基地使用权、居住权和地役权（另外，海域使用权也属于特别法规定的一种用益物权），而担保物权包括抵押权、质权与留置权。如此，即可将前述具体物权类型以外的权利排除出物权的范畴。

二、物权的效力 * *

【注意】

该部分内容虽具有一定理论性，但却是理解以下众多考点的基础，因此作者详述之，希望考生能认真阅读，掌握相关原理，以便为其他考点打下基础。

一项权利之所以需要被界定为物权，主要是因为，它具有物权的效力。理解和掌握物权的效力，是学习物权法律制度的关键所在，因此，下文将详尽地阐明物权的效力。

在物债二分的框架下，欲理解物权的效力，最好的办法是通过与债权的效力相比较。就法考而言，这一点尤为重要，因为，一方面，只有真正理解排他性、优先性等效力的法律原理，才能做对灵活多变的实例题；另一方面，债权的非排他性、平等性等恰恰也是法考的重点考点，故此等对照学习的方法，可以起到事半功倍的效果。

对物权与债权的区分，从客体到具体效力，可简单列表如下：

	客体	排他性	优先性	追及性（对抗性）
物权	物（例外：权利）	有	有	有
债权	行为（作为、不作为）	无	无（平等性）	无（相对性）

在此，我们主要须结合法考的特点，学习掌握物权的排他效力、优先效力与追及效力等效力。

（一）排他效力

物权的排他效力，是指在同一标的物上不能同时成立两个或两个以上内容互不相容的物权。具体而言，物权的排他效力表现在：

1. 在同一标的物上，不能同时成立两个以上的所有权。所有权的排他性意味着，只要发生了所有权的取得（如因买卖或赠与取得所有权、善意取得等），则标的物上先前的所有权就必然归于消灭。

2. 他物权是在特定范围内对他人之物进行支配的物权，由于不同的权利类型有不同的支配范围，因此，只要物权内容并非不相容，一物之上可以存在数个不同的他物权。而且，某些类型的物权本身就不具有相斥性，因此一物之上甚至可以存在数个相同的他物权。他物权的排他性仅表现在一物之上不能同时并存两个内容互不相容的定限物权。例如，由于权利内容不相容，一物之上不能存在两个土地承包经营权、建设用地使用权或居住权。

须特别注意的是，物权的排他效力，并非意味着一物之上不能同时存在两个以上的物权。事实上，以下情形并不违反物权的排他效力：（1）所有权与任何他物权并存。他物权本身就是在他人之物上成立的物权，构成了对他人所有权的限制，因此二者不会发生冲突。他物权存在时，所有权人享有的所有权的相关权能暂时受限。（2）用益物权与担保物权并存，二者分别指向物的使用价值和交换价值，因此可以并存。举例来说，同一块土地上，在设定地役权等用益物权后，仍可继续设定抵押权，反之亦然。（3）数个用益物权内容不同或即使内容相同但互不排斥，可以并存于一物之上。例如，数个具有不同内容（通行、取水等）的地役权并存，或数个以不作为为内容的地役权的并存。（4）数个担保物权存在于一物之上。担保物权指向物的交换价值，而非以对物的现实占有支配为权利内容；一个物上设定数个担保物权，只需要建立起效力的优先规则（如设立在先，效力优先），就不会发生权利的冲突。例如，一个物上能够设立多个抵押权，如果数个抵押权均办理了抵押登记，则登记在先的抵押权优先于登记在后的抵押权。

与物权的排他效力不同，债权不具有排他性。针对同一标的物，可以成立两个以上内容完全相同的债权，如同一房屋可以先后出卖于两个买受人，而由该二人分别取得对出卖人要求交付标的物并移转标的物所有权的债权。关于多重买卖合同的效力及其中涉及的物权变动问题，历来是法考最为重要的问题之一，对此将在下文中设专题加以讨论。

（二）优先效力

当一物之上存在两个以上的物权，或者同一物既是某物权的客体，同时又是债权给付的标的物，并且在权利行使方面，可能发生数个权利的冲突之时，需要有相应的规则来界定并存权利的效力等级。在物权法原理上，通常认为，物权的优先效力包括两个方面，一为物权相互间的优先效力，一为物权对于债权的优先效力。

1. 物权相互间的优先效力

根据物权的排他效力，内容互不相容的物权不能并存于同一标的物之上，当事人如果在同一标的物上设定两个内容互不相容的物权，则第二个物权设定行为无效。例如，如果某集体经济组织就某块耕地为甲设立了土地承包经营权后，又在同一地块上为乙设立土地承包经营权，则第二个设权行为无效，乙根本无从取得土地承包经营权。既如此，此种情形不发生优先性的问题，只需依物权的排他效力即可解决问题。另外，如果两个物权虽并存于同一物之上，但各有其支配范围，在任何情况下都不可能发生权利的冲突（例如，甲乙二人分别在丙所有的土地上各自设定以通行为内容的地役权与以取水为内容的地役权），那么也不发生权利的优先性问题。因此，所谓物权相互间的优先效力，所要解决的是并存且潜在地可能发生权利冲突的若干个物权间的优先性问题。

具体而言，物权相互间的优先效力表现在：

（1）在所有权与他物权之间，他物权是在特定范围内支配物的权利，构成对所有权的限制和负担。当物上不存在他物权时，所有权表现为占有、使用、收益、处分的完满的权利状态，但是，一旦他人之物权存在于物上，则所有权人相应的对物支配需要让位于该他人的权利；只有在该他物权消灭后，所有权才恢复到先前的圆满状态。因此，在存续期间，他物权在其权利范围内当然优先于所有权。例如，土地承包经营权人可以优先于土地所有人使用土地；房屋之上设立居住权的，居住权人在权利存续期间可以排斥所有权人占有、使用房屋的权利。

（2）数个担保物权并存于同一标的物之上时，原则上，时间在先的担保物权，顺位在先，其权利人可以优先于后成立的担保物权人受偿（参见《民法典》第414、415条）。但是，该原则有若干例外。以《民法典》物权编的规定为例，与"**时间在先，权利在先**"规则不同的优先规则包括：①民法典承认动产抵押，同时对于动产抵押主要采登记对抗主义，因此，先成立的动产抵押权如未经登记，其效力将落后于后成立但经过登记的抵押权，此规则可称为"登记优先规则"。②法律规定抵押权因抵押合同之生效而设立的（所谓"登记对抗主义"，仍指动产抵押），如在一物之上设立的数个抵押权均未办理登记，则数个抵押权平等，各债权人按债权比例受偿。③当同一动产上同时存在未登记（法律不要求必须登记）的抵押权和质权时，即使质权设立在后，也具有优先于设立在先的抵押权的效力，这主要是由于，相对于抵押权人而言，质权人具有现实占有标的物的优势，此规则可称之为"占有优先规则"。④如果某一动产之上既有抵押权和质权，又有法定的留置权，则留置权即使发生在后，也具有优先于质权和抵押权的效力，此规则可称之为"法定担保权优先规则"。前述事例所涉及的具体规则，我们还将在下文中具体阐明。

（3）用益物权与担保物权并存时，成立在先者，也具有优先效力。例如，不动产权利人在其不动产上设定抵押权后，再为他人设定地役权、居住权或其他用益物权时，抵押权不受影响，也就是说，抵押权人在实现抵押权时，可以无视其后设定的用益物权的存在，抵押物的价值不因用益物权的设定而减损。举例来说，假定甲对 A 块土地拥有建设用地使用权，价值1000 万元；甲向乙银行借款 800 万元，并以 A 块土地的使用权作为抵押担保；抵押权存续期间，甲又在 A 块土地之上为丙的 B 块土地的利益设立了一项不得加盖高层建筑的地役权；如果乙的债权到期而未得到清偿，则乙可以主张抵押权的实现，而且，由于该抵押权设定在先，乙在对 A 块土地使用权变现时，可无视在后设立的地役权的存在，也就是说，如果该土地使用权的市场价格没有变化，则乙仍能将该土地使用权变价为 1000 万元的现金，并就其本金和利息优先受偿。相反，如果不动产权利人先设定地役权并依法登记，而后又就同一不动产设定抵押权，则地役权不受抵押权行使的影响，也就是说，因抵押权实现而取得抵押物所有权之人须继续承受地役权负担。举例来说，原值 1000 万元的建设用地使用权，在为他人设立一项地役权后，其价值会发生减损；如果土地使用权人又为他人设立了一项抵押权，则在抵押权行使的条件具备时（债权到期未得到清偿），抵押权人仍可以行使抵押权，从而将此项建设用地使用权变价处分；此时，由于建设用地使用权上已经承载了他人的一项地役权，而该项地役权并不会因为抵押权的行使而消灭；这也就意味着，在抵押权人就此项建设用地使用权变价时，由于需要承受其上的地役权，受让人不可能出价 1000 万元（假定土地使用权市场价格不发生波动），而是会在 1000 万元以下（如 600 万元）成交。

物权间的优先效力与债权的平等性形成鲜明的对比。债权不具有排他性，而是具有平等性，当数个债权均以某特定物为其给付标的物时，无论其发生原因为何，发生时间先后顺序如何，各债权均处在完全平等的地位之上。

2. 物权对债权的优先效力

当物权和债权可能发生权利冲突时，无论成立之先后顺序如何，物权原则上具有优先于债权的效力。就法考的特点而言，理解这一方面甚至比理解前一方面更为重要，这是因为，这里讨论的问题对理解多重买卖等重要考点具有至关重要的作用。

物权对债权的优先效力有两种具体形态：

（1）如果债权以某特定物为给付之标的物，而该物上又有物权存在，则无论该物权是否成立于债权之先，均具有优先于该债权的效力。在"一物二卖"的场合，所有权的优先性表现得十分突出。例如，甲将某动产先出卖给乙，尚未交付，后又出卖给丙，并立即交付了该标的物，丙通过受领交付成为标的物的所有权人，而此时乙仅仅是买卖合同上的债权人。依物权的优先性规则，乙不得以其债权发生在前为理由，而主张优先获得标的物，乙不得依其债权向丙提出任何权利主张，而只能向甲主张承担违约责任。另外，担保物权的优先性表现得也很明显。担保物权人在债权期限届满而未受清偿时，对其标的物有直接申请法院予以拍卖变卖的权利，如果该担保物权的客体同时也构成了一项债权给付的标的物（如因抵押人出租抵押物而需要向承租人交付），那么担保物权具有优先的效力，其行使可以不必考虑对该项债权的影响。

（2）物权优先于一般债权。物权对一般债权的优先性，在债务人破产的情形表现得尤为明显。债务人被宣告破产后，其所有财产都应纳入破产财产，作为按比例清偿债务的责任财产。但是，例外的情形有：如果破产人占有属于他人所有之物（例如，破产人因租赁关系而占有属于他人所有的租赁物），那么该物的所有人可以要求取回该物，而无须参加破产还债程序，此为破产法上的取回权；如果破产人所有的某物已经为某债权人设定了抵押权，则该抵押权人在抵押人破产的情况下仍可以行使抵押权（破产法上的别除权），就该抵押物优先于一般债权人受偿。

物权优先于债权的效力也有个别例外。有时，出于某种立法政策上的考虑，法律赋予某些债权以特殊的效力，使其在某些方面甚至优先于物权。这方面典型的例子就是"买卖不破租赁"的规则。《民法典》第 725 条规定："租赁物在承租人按照租赁合同占有期限内发生所有权变动的，不影响租赁合同的效力"。这就意味着，租赁物的受让人即使成为标的物的所有权人，仍然不得以其所有权对抗作为债权人的承租人，在此效力范围内，债权取得了优先于物权的特殊效力。另外，《民法典》第 221 条所确立的预告登记制度也表现了经特别登记之债权的优先性。关于预告登记与"买卖不破租赁"，下文均有具体阐明。

（三）追及效力（对世效力）

物权的追及效力，是指物权一经成立，其标的物无论辗转于何人之手，物权人均可以追及物的所在，而直接支配其物的效力。物权的追及效力是由其绝对性所决定的，这是因为，物权既然是可用以对抗不特定主体的对世权，那么，它的义务主体当然不限于与物权人有直接交易关系的特定人。物权从来都是以作为其权利客体的特定物作为其权利关系的纽带，因此，它具有对物的追及效力。

追及效力是物权的一项一般效力，不仅所有权具有该效力，而且它也是定限物权（尽管它往往产生于某特定交易关系）所具有的效力。关于物权的追及效力，具体而言：

1. 所有权的追及效力。所有权是对物进行完整支配的权利，所有权人首先有权占有标的物，如果所有权人对标的物的占有被某人不法侵夺，则所有人可以要求该侵占人返还占有。即便该不法侵占人将该物转交给第三人，而该第三人与物的所有人之间并不存在任何直接的法律关联，原则上，所有权人也同样可以追及物的所在，向该第三人要求物的返还，该返还请求权的行使不以第三人具有任何过失为必要条件。例如，甲不慎遗失其物，为乙所拾得，由于甲并不因遗失而丧失对其物的所有权，因此，不仅甲可向乙直接要求所有物的返还，而且，在乙将该物赠与丙时，丙也不能因此获得所有权，而相对于所有权人甲而言，丙的占有仍属无权占有，故甲也可向丙直接主张物的返还。只有在第三人依法（如依动产善意取得之规定）取得该标的物所有权的情形下，原所有人才因为物权的丧失而无法再要求物的返还。就此情形而言，并非所有权失去了追及效力，而是原所有权人的所有权本身发生了消灭。

2. 用益物权的追及效力。用益物权是以对他人之物加以用益为内容的物权。对他人之物的利用需要，除设定用益物权外，还可通过取得债权性的用益权来加以实现。例如，通过订立租赁合同，取得对他人土地的利用权，以满足建造房屋的需要，此与建设用地使用权的设定具有类似的功能。但是，基于债权的相对性，债权性的用益权不足以对抗不特定的第三人，权利人仅能对债务人主张其债权。相反，用益物权则具有追及效力，其效力不仅作用于物的所有人（构成对其所有权的负担和限制），而且也及于不特定之人。因此，在设定用益物权后，即使所有人出让所有权于第三人，该用益物权仍不受影响，用益物权人仍可追及其标的物，向新所有人主张权利，这是债权性的用益权所不具有的效力。举例来说，假定 A 幅土地的使用权人甲与 B 幅土地的使用权人乙订立了一份地役权合同，双方约定为 B 幅土地的利益不在 A 幅土地上加盖高层建筑，并办理了地役权登记；后甲将其对 A 幅土地的使用权转让给丙；则作为受让人的丙仍须承受不在 A 幅土地上加盖高层建筑的义务，也就是说，乙对 A 幅土地所享有的地役权不因土地使用权的转让而受影响。另外，在《民法典》增设居住权之后，如果甲为乙设立了 A 房屋的居住权，则无论是因甲死亡而由丙取得房屋所有权，抑或是因甲将房屋出售给丁而由后者取得所有权，乙均可对丙、丁继续主张居住权。之所以如此，盖因用益物权是物上权利，是对世权，而非对特定人的权利。

3. 担保物权的追及效力。担保物权以变价权和优先受偿权为其内容，该种类型的物权一经设定，即成为担保物权人对特定担保物的支配权，而不是仅仅针对物的所有人的相对性权利。如债权届期未受清偿，则担保物权人可以追及担保物，向法院申请予以拍卖、变卖并就其价金优先受偿，而无须考虑该担保物现实的归属状况。例如，所有人甲在其不动产上为其债权人乙设定抵押权后，又将该不动产让与第三人丙，依法理，该让与行为有效，丙可以因此取得标的物所有权；但是，乙的抵押权并不受此转让行为的影响（也就是说，丙所取得的是一个具有乙的抵押权负担的所有权），在其债权届期未受清偿时，乙仍能追及该不动产而实现其抵押权。《民法典》出台前，原《物权法》第 191 条偏离担保物权的对抗性，设置了不合法理的规则。《民法典》第 406 条彻底修正《物权法》第 191 条，规定"抵押财产转让的，抵押权不受影响"，从而承认了抵押权的追及效力。

关于物权的效力，理论上通常还述及"物权请求权"的效力。根据法考考试大纲，我们将此涉及的考点置于本章第四节"物权的保护"部分讨论。

第二节　物权的类型

【说明】 ＊＊

尽管考试大纲在本节下列有数种物权的分类，但自应试角度看，这些具体分类并不重要。相反，在"物权的类型"这个表达的背后，物权法定原则起着决定物权法体系的关键作用，因此，本节仅阐明物权法定原则。

【重点法条】

《民法典》第116条　物权的种类和内容，由法律规定。

物权法定主义，是物权法的一项基本原则，它是指物权的类型和内容应以法律规定为限，不允许当事人任意创设。

该原则的内容主要包括以下两项：

1. <u>物权类型法定</u>。类型法定意味着，在某一国法域内，凡称为物权的，必须由该国法律预先规定此权利类型；对于法律未规定的物权类型，当事人不得自由创设；如创设的，创设行为无效。例如，我国法律仅承认抵押权、动产质权、权利质权、留置权等几种担保物权，如果当事人自行创设所谓不动产质权（即约定以不动产的交付作为担保物权的设立方式），则该创设行为无效，在不动产上不产生质权。

> **【特别提示】** 就考试而言，考生应注意，我国目前法律所承认的物权类型仅有：所有权、5种用益物权（土地承包经营权、建设用地使用权、宅基地使用权、居住权和地役权）和3种担保物权（抵押权、质权和留置权）。如相关试题中当事人希望创设一种《民法典》物权编规定以外的权利，则该行为不能产生创设物权的效力。

2. <u>物权内容法定</u>。法律对各种物权类型作出规定时，会明确各种物权类型的基本要素，这些基本要素具有强制性，当事人不得创设与法定的物权内容相异的物权。物权内容法定实际上是类型法定所要求的，因为如果当事人可以在某个法定的物权类型下任意变更其内容，那么法定的物权类型可能会变得面目全非、名实不符，类型法定主义也就要名存实亡了。例如，《民法典》上的居住权具有不可转让、不可继承的性质（参见《民法典》第369条），若当事人以合同创设可以自由转让的居住权，则该设权行为无效。

第三节　物权的变动

> **【特别提示】** 本节内容极其重要，考生应紧密结合《民法典》物权编第二章的三节内容，对本节内容作重点把握。另外，考虑到法考考点结合的特点，我们也将在本节中设专题讨论多重买卖等相关问题。这将使本节之下的内容，成为整个法考民法科目最重要的内容之一。

一、引起物权变动的法律事实 *

引起物权变动的有法律行为与法律行为以外的事实。

1. 法律行为。在因法律行为而发生的物权变动中，当事人有意识地追求特定物权发生、变更或消灭的法律效果，并将此效果意思表示出来，法律即依其意思使之发生物权变动的法律效果。例如，当事人通过合意移转标的物的所有权，或者通过抛弃所有权的意思而使所有权归于消灭，又或者是通过订立抵押合同设定抵押权等。

2. 法律行为以外的事实。例如，因对无主物的先占而依法取得其所有权；因建造的房屋完工而取得其所有权等。没有人的意志参与的客观现象，如标的物的自然灭失，或天然孳息的产生与分离，也可能引起物权的变动。事实行为和人之行为以外的事实所引起的物权变动，均系直接基于法律的规定。

> 【特别提示】我国《民法典》物权编实际上遵循了以上区分。如前所述，该法第二章"物权的设立、变更、转让和消灭"系关于物权变动的基本规范，而该章第一节"不动产登记"与第二节"动产交付"实际上规范的是因法律行为而发生的物权变动，第三节"其他规定"则是对几种因法律行为以外的原因而发生的物权变动。由于不动产登记与动产交付均为公示手段，因此，物权变动中的公示要求仅针对依法律行为引起物权变动的情形，在非依法律行为引起变动的情形（第三节"其他规定"），无需考虑公示对物权变动的影响。

二、不动产登记 * * * *

《民法典》物权编第二章第一节规定的"不动产登记"，对法考而言，相当重要。其主要考点可先图示如下：

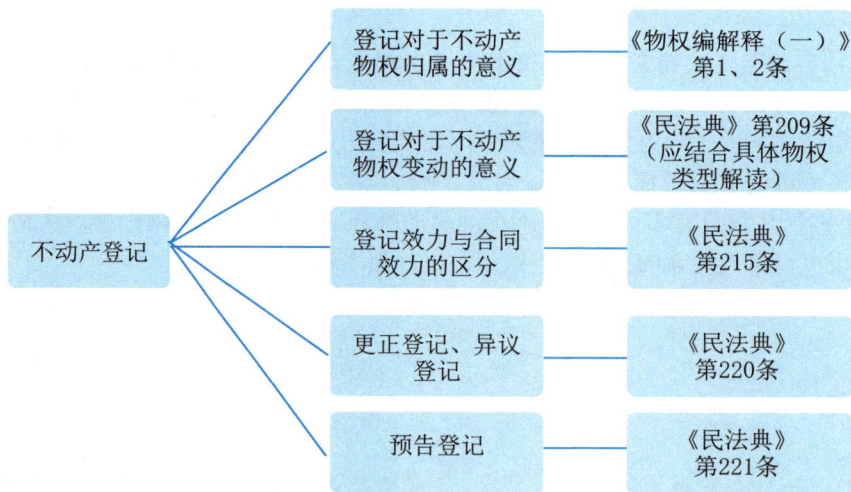

（一）不动产登记对于不动产物权归属的意义

【重点法条】

《物权编解释（一）》第2条 当事人有证据证明不动产登记簿的记载与真实权利状态不符、其为该不动产物权的真实权利人，请求确认其享有物权的，应予支持。

《民法典》第216条第1款规定，"不动产登记簿是物权归属和内容的根据"。该条规定应如何理解呢？可否认为，有关不动产物权的归属与内容，一律以登记簿的记载为准？答案是否定的。实际上，该条所称"根据"，仅表明登记簿的记载是认定物权归属与内容的表面证据，即在无相反证据存在的情况下，应认定不动产登记簿上记载的权利人是物权人；质言之，不动产登记簿的记载具有权利推定的效力。

登记簿的记载并非物权归属的"标准"，这一点在以下两种情形表现得尤为明显：（1）《民法典》第220条规定了更正登记，这表明，登记簿的记载的确可能存在错误；如果说，登记簿的记载是确认物权归属的唯一标准的话，在逻辑上，就不会存在登记错误的问题了；可见，一定还存在着登记簿记载以外的真正的物权归属的认定方法；（2）《民法典》物权编第二章第三节中规定了一些无须经过登记即可发生物权变动的情形。例如，甲生前拥有的房屋，在其死亡的那一刻，其所有权就立刻转移至其继承人手中；而在变更登记之前，已死亡的甲仍然会是登记簿上记载的权利人；显然，此时登记簿上记载的权利人已经不可能再是真正的房屋所有权人了。又如，夫妻婚后购置的不动产，即使登记于一方名下，但根据婚姻家庭编关于夫妻共同财产的规定，该房产实际上归夫妻共同共有，而非登记一方单独所有。

就借用他人名义买房并将房屋登记在他人名下的情形，理论与实务对于应如何认定所有权的归属存在很大争议。就法考而言，尤其是在不涉及违反法律强制性规范或违背公序良俗的情形，可基本按照前述司法解释精神，将实际出资并占有房产者确定为所有权人。

在发生不动产实际权属与登记不一致的情形，应不受登记影响而认定权属。但是，在错误登记情形，登记仍具有对外的公信力，因此，凡第三人信赖此登记而有偿受让不动产的，可适用善意取得的规定（见后）。

【特别提示】《物权编解释（一）》第2条支持了此种"实事求是"的立场。同时，该司法解释也明确了不动产权属纠纷可通过民事确权之诉加以解决的立场。该解释第1条规定："因不动产物权的归属，以及作为不动产物权登记基础的买卖、赠与、抵押等产生争议，当事人提起民事诉讼的，应当依法受理。当事人已经在行政诉讼中申请一并解决上述民事争议，且人民法院一并审理的除外。"

【真题解读】

1.（2012年单选）甲在乙寺院出家修行，立下遗嘱，将下列财产分配给女儿丙：乙寺院出资购买并登记在甲名下的房产；甲以僧人身份注册的微博账号；甲撰写《金刚经解说》的发表权；甲的个人存款。甲死后，在遗产分割上乙寺院与丙之间发生争议。下列哪一说法是正确的？[1]

A. 房产虽然登记在甲名下，但甲并非事实上所有权人，其房产应归寺院所有

B. 甲以僧人身份注册的微博账号，目的是为推广佛法理念，其微博账号应归寺院所有

C. 甲撰写的《金刚经解说》属于职务作品，为保护寺院的利益，其发表权应归寺院所有

D. 甲既已出家，四大皆空，个人存款应属寺院财产，为维护宗教事业发展，其个人存款应归寺院所有

2.（2014年多选）刘某借用张某的名义购买房屋后，将房屋登记在张某名下。双方约定该房屋归刘某所有，房屋由刘某使用，产权证由刘某保存。后刘某、张某因房屋所有权归属发

---

[1] 【解析】正确选项为A。房产虽登记在甲名下，但既然题面已经给定了寺院出资的事实，综合题意，应判定房屋所有权归寺院所有。

生争议。关于刘某的权利主张，下列哪些表述是正确的？[1]

    A. 可直接向登记机构申请更正登记

    B. 可向登记机构申请异议登记

    C. 可向法院请求确认其为所有权人

    D. 可依据法院确认其为所有权人的判决请求登记机关变更登记

（二）登记对于不动产物权变动的意义

【重点法条】

《民法典》第209条第1款　不动产物权的设立、变更、转让和消灭，经依法登记，发生效力；未经登记，不发生效力，但法律另有规定的除外。

不动产以登记作为其公示手段。当事人要想通过法律行为设立、变更、转让或消灭不动产物权，原则上必须登记，不登记不能产生物权变动的效力。例如，当事人之间买卖房屋，即使已订立买卖合同且已交付房屋，在双方办理所有权转移登记之前，房屋所有权并不发生转移，出卖人仍是房屋的所有权人。买受人即使已经支付了全部价款，亦是如此。又如，抵押权以不动产为客体的，当事人之间订立抵押合同，并不能够使抵押权得以设立，需要办理抵押登记后，抵押权设定的物权效果才能够发生。除上述事例所涉及的房屋所有权移转效果及不动产抵押权设立效果外，《民法典》物权编对属于用益物权中的建设用地使用权和居住权也采登记设立主义。

上述原则存在例外，即"法律另有规定的除外"。由于我国实行土地公有制及不动产登记制度本身的不完善，法律规定的例外情形较多，具体而言，包括：（1）土地承包经营权自土地承包经营权合同生效时设立，登记不是土地承包经营权设立的要件；（2）宅基地使用权的物权变动不以登记为其要件；（3）地役权自地役权合同生效时设立，登记是对抗要件（未登记不得对抗善意第三人），而非生效要件。关于上述几种不动产物权的变动的具体规则，我们将在后文中阐明。

> **【特别提示】**非基于法律行为的不动产物权变动（如法定继承、事实行为等），无须以登记为权利变动的要件。

（三）物权效力与债权（合同）效力的区分

【重点法条】

《民法典》第215条　当事人之间订立有关设立、变更、转让和消灭不动产物权的合同，除法律另有规定或者当事人另有约定外，自合同成立时生效；未办理物权登记的，不影响合同效力。

物权的设立、变更、转让和消灭，在许多情况下是通过当事人之间订立相关合同来实现的。以房屋买卖为例（法考在涉及这个考点时，通常都考核房屋买卖合同的效力），自买受人方面而言，其订立房屋买卖合同的目的在于获得房屋的所有权；而根据《民法典》第209条的规定，他必须与出卖人完成所有权的转移登记手续才能获得房屋的所有权。这样就容易使人产生一个误解：房屋买卖合同必须自买卖双方办理了所有权登记时才发生效力。为彻底消除这种误解，《民法典》第215条对合同的生效与物权变动的效力明确加以了区分。

---

    [1]　**【解析】**正确选项为BCD。因权属错误申请更正登记，应有名义权利人的书面同意，既然二人对归属有争议，不能直接进行更正登记，选项A错误。根据《民法典》第220条，权利人不同意更正登记的，可以申请异议登记，选项B正确。根据《物权法解释（一）》第2条及《民法典》第234条，选项C正确。法院判决房屋归刘某后，后者当然能够据此要求登记机关变更登记，选项D正确。

房屋买卖合同的生效并不需要登记。自当事人双方订立书面房屋买卖合同之时起，如不存在其他影响合同生效的因素，则该合同立刻发生效力。当然，此时买卖合同的效力仅限于产生债权债务的效力——买受人有权请求出卖人交付房屋并转移房屋所有权，出卖人有权请求买受人支付价款。在订立买卖合同之后，如果出卖人不协助买受人办理房屋登记，则买受人有权依据生效的买卖合同要求出卖人协助完成登记。

> **【特别提示】** 理解该问题的关键在于，房屋买卖合同，就其所产生的效力而言，属于所谓"债权合同"，而不动产登记实际上是物权变动的要件。在物债二分的情况下，物权变动的要件并非债权发生的要件。
>
> 对房屋买卖这一债权合同而言，无论是出卖人的处分权，还是不动产移转登记，均非其生效的要件。原则上，仅需买卖当事人对标的物和价款达成一致，买卖合同即可成立并生效。相反，就买受人取得受让之房屋的所有权这一物权效力而言，一般认为我国民法通说在物权变动模式上采债权形式主义，则物权变动需要以下三个要件同时具备：有效的房屋买卖合同、出卖人享有处分权、办理房屋所有权移转登记。

除因房屋买卖引起所有权变动的情形外，《民法典》第215条的规则主要还适用于以下情形：（1）当事人之间订立建设用地使用权出让或转让合同的，尽管建设用地使用权转让的物权效力自完成不动产登记之时始发生，但该出让或转让合同自订立之时发生效力；（2）以不动产作抵押的，抵押权自办理抵押登记时设立，但抵押合同仍自订立时生效。

【真题解读】

（2007年单选）乙买甲一套房屋，已经支付1/3价款，双方约定余款待过户手续办理完毕后付清。后甲反悔，要求解除合同，乙不同意，起诉要求甲继续履行合同，转移房屋所有权。下列哪一选项是正确的？[1]

A. 合同尚未生效，甲应返还所受领的价款并承担缔约过失责任

B. 合同无效，甲应返还所受领的价款

C. 合同有效，甲应继续履行合同

D. 合同有效，法院应当判决解除合同、甲赔偿乙的损失

（四）更正登记

【重点法条】

《民法典》第220条第1款 权利人、利害关系人认为不动产登记簿记载的事项错误的，可以申请更正登记。不动产登记簿记载的权利人书面同意更正或者有证据证明登记确有错误的，登记机构应当予以更正。

根据该条规定，并结合目前有关不动产登记的规范，可知：

（1）权利人发现登记簿关于不动产的自然状况记载错误（如房屋面积记载错误），并在申请更正登记时提供证据加以证实的，不动产登记机构应予以更正。此种错误不涉及权属纠纷。

（2）如系登记簿记载的权利人以外的利害关系人（例如，主张自己才是不动产真正的所有权人之人）提出更正登记，则只有在不动产登记簿记载的权利人书面同意之时，登记机构才能予以更正。法律之所以作如此规定，其理由在于：如果登记簿记载的权利人不同意更正，则

---

[1]【解析】正确选项为C。房屋买卖合同订立后，立刻发生效力，故A、B选项错误。既然买卖合同有效，就应该对双方产生约束力。由于尚未办理登记，出卖人在订立合同反悔时，其仍是房屋的所有权人，但是，房屋买卖合同的效力恰恰在于使出卖人负担交付房屋并转移其所有权的债务。此题中，出卖人甲并不拥有合同解除权，反之，买受人乙并不存在《民法典》第580条规定的不得主张实际履行的情形，故乙可要求甲实际履行。

说明在当事人间存在有关不动产权利归属的争议，而此争议属于司法管辖的范围；登记机构并非司法机关，不宜直接对争议作出裁决从而自行决定是否进行更正。

（五）异议登记

【重点法条】

《民法典》第 220 条第 2 款　不动产登记簿记载的权利人不同意更正的，利害关系人可以申请异议登记。登记机构予以异议登记，申请人自异议登记之日起十五日内不提起诉讼的，异议登记失效。异议登记不当，造成权利人损害的，权利人可以向申请人请求损害赔偿。

该条系关于异议登记的条文，但却未明确规定异议登记的效力。依法理，异议登记将使记载于登记簿上的物权失去公信力，从而使第三人无从主张根据登记的公信力善意取得不动产物权。

例如，甲生前留有遗嘱，表明要将其所有的房屋 A 留给自己的幼子乙。甲死亡，乙因疫情滞留国外。甲的长子丙伪造遗嘱，并骗取了不动产登记，成了房屋登记簿上记载的权利人。乙归国了解情况后提出更正登记，而丙拒绝同意。于是，乙提出异议登记申请，而登记机关将此项异议载入登记簿。其后，在乙、丙进行诉讼期间，丙将房屋出售于丁。丁在查阅不动产登记簿时未留意乙的异议登记。在丙、丁办理房屋过户登记时，登记机关向丁作出了房屋上存在异议登记的风险提示，丁仍要求办理过户，于是登记机关在丁出具风险自担的说明后将房屋登记于丁名下。后乙在诉讼中胜诉，法院判决争讼房屋根据甲的有效遗嘱应归乙所有。

在前例中，登记簿上记载的名义权利人丙实际上对房屋并无处分权，其与第三人丁之间处分房屋的行为构成无权处分行为。而对于丁而言，在此情形下，其并不能主张根据《民法典》第 311 条有关善意取得的规定取得房屋的所有权，因为异议登记的存在使其难以主张善意。根据《物权编解释（一）》第 15 条之规定，登记簿上存在有效的异议登记时，应当认定不动产受让人知道转让人无处分权。因此，乙取得胜诉判决后，可以要求丁搬离房屋。如果乙未提出异议登记而径直进行诉讼，则登记簿上不存在异议登记，丁可主张善意取得。

异议登记是一种临时性保护措施。登记机构在进行异议登记之后，申请人应在异议登记之日起 15 日内向人民法院提起诉讼，要求确认自己在不动产上的物权。逾期不起诉的，异议登记失去效力。如异议登记申请人在此期间内提起了诉讼，则异议登记继续保持其效力，直至法院作出生效的判决：如果异议申请人败诉，则申请人或登记簿记载的权利人可申请注销异议登记，权利人因此遭受损失的（如因异议登记丧失了交易机会），可以向异议申请人要求损害赔偿；如果异议申请人胜诉，即法院判决申请人是真正的不动产权利人，则登记机构可根据生效的司法文书或协助执行通知书等进行更正登记，异议登记同样失去效力。

（六）预告登记

【重点法条】

《民法典》第 221 条　当事人签订买卖房屋的协议或者签订其他不动产物权的协议，为保障将来实现物权，按照约定可以向登记机构申请预告登记。预告登记后，未经预告登记的权利人同意，处分该不动产的，不发生物权效力。

预告登记后，债权消灭或者自能够进行不动产登记之日起九十日内未申请登记的，预告登记失效。

当事人订立房屋买卖合同后，买卖合同即可发生效力。但是，买卖合同的生效并不意味着买受人取得房屋所有权。只有在完成房屋的所有权转移登记手续后，买受人才能取得所有权。但是，在期房买卖中，由于房屋尚未建成，未进行过所有权的首次登记，因此，买受人也无法于订立买卖合同时要求出卖人为其办理所有权转移登记。在这种情况下，房屋买受人将面临一项风险：在获得登记前，买受人享有的仅是债权，而债权不具有排他性；如果出卖人将同一房屋再次出卖给第三人，则前买受人并不能取得较之后者更为优越的法律地位；如果出卖人在房屋建成后将其登记转移于后买受人，则前买受人最终将无法获得该房屋的所有权。《民法典》规定预告登记制度，其目的就是为只有在将来才能取得物权的当事人提供特别的保护。就法考而言，了解预告登记制度的规范目的同样是重要的，因为出题点正在于此。

房屋买卖合同成立后获得所有权转移登记前，买受人对出卖人享有登记请求权，这一请求权仅具有债权的性质，其本身不足以对抗第三人。预告登记就是将此登记请求权予以登记，表明权利人在将来（如期房建成后）有权获得所有权。这一登记的实际效果是，买受人原本仅具有债权性质的权利具有了一定物权的效力：在进行预告登记后，未经登记权利人的同意，房屋出卖人不得另行处分该房屋；实施处分行为的，该处分不发生物权的效力。例如，房地产开发企业甲将期房一套出卖给乙，乙办理了所有权预告登记；后甲又与丙订立合同，将同一套房屋出卖给丙。此时，由于预告登记的存在，后买受人丙无法取得房屋的所有权（根据《不动产登记暂行条例实施细则》的规定，此种情形，登记机关将不予办理甲、丙之间的所有权转移登记），乙因此能确定地获得其所购买房屋的所有权。另外，考虑到法考的出题特点，甲、丙之间的关系也应予以关注：尽管因为预告登记的存在丙不能取得所有权，但甲丙之间的买卖合同仍是有效的合同，丙可以追究甲的违约责任。

关于《民法典》第221条第1款中所称"处分"究竟包括哪些情形之问题，《物权编解释（一）》予以了明确。该解释第4条规定"未经预告登记的权利人同意，转移不动产所有权，或者设定建设用地使用权、居住权、地役权、抵押权等其他物权的，应当依照民法典第二百二十一条第一款的规定，认定其不发生物权效力"。

> **【特别提示】** 经由预告登记，一项未来取得不动产的债权具有了某些物权的效力，预告登记的权利人可以对抗第三人。但是，须特别注意的是，预告登记后，处分不动产的，只是不发生物权变动的效力，而并非导致相关债权合同的不生效力。根据《民法典》第597条之规定，即便是完全出卖他人之物，买卖合同亦属有效，更何况仅仅是发生了预告登记。《物权编解释（一）》第4条将《民法典》第221条上的"处分"解释为"转移不动产所有权""设立抵押权"等发生物权效力的行为，再次体现了我国法律区分物权变动效力与（买卖等）债权合同效力的立场。

另需注意的是，以上对预告登记效力的理解以所有权预告登记为原型。所有权以外的其他物权的取得，尤其是抵押权的取得，预告登记也可以发挥作用。举例来说，房地产开发企业甲公司以300万元价格向乙出售期房A，乙首付100万元，余款通过向丙银行申请按揭贷款方式支付。乙以预购的房产A做抵押。由于房屋尚未进行首次登记，丙银行无法立刻进行抵押登记。此时，丙银行可以在乙预购的A房产上做抵押权预告登记。待房屋因进行了首次登记并具备抵押权登记条件时，丙银行可将抵押权预告登记转为抵押权本登记。根据《担保制度解释》第52条之规定，在债权人办理了抵押权预告登记且预告登记未失效之情形，只要抵押财产已经办理了首次登记，则即使债权人尚未将预告登记转化为抵押登记，也应认定抵押权自办理预告登记之日起即已设立。

【相关法条】

《担保制度解释》第52条 当事人办理抵押预告登记后，预告登记权利人请求就抵押财产优先受偿，经审查存在尚未办理建筑物所有权首次登记、预告登记的财产与办理建筑物所有权首次登记时的财产不一致、抵押预告登记已经失效等情形，导致不具备办理抵押登记条件的，人民法院不予支持；经审查已经办理建筑物所有权首次登记，且不存在预告登记失效等情形的，人民法院应予支持，并应当认定抵押权自预告登记之日起设立。

当事人办理了抵押预告登记，抵押人破产，经审查抵押财产属于破产财产，预告登记权利人主张就抵押财产优先受偿的，人民法院应当在受理破产申请时抵押财产的价值范围内予以支持，但是在人民法院受理破产申请前一年内，债务人对没有财产担保的债务设立抵押预告登记的除外。

【真题解读】

（2009 年单选）甲公司开发写字楼一幢，于 2008 年 5 月 5 日将其中一层卖给乙公司，约定半年后交房，乙公司于 2008 年 5 月 6 日申请办理了预告登记. 2008 年 6 月 2 日甲公司因资金周转困难，在乙公司不知情的情况下，以该层楼向银行抵押借款并登记。现因甲公司不能清偿欠款，银行要求实现抵押权。下列哪一判断是正确的?[1]

A. 抵押合同有效，抵押权设立　　　　B. 抵押合同无效，但抵押权设立

C. 抵押合同有效，但抵押权不设立　　D. 抵押合同无效，抵押权不设立

【主观题点睛】

物权效力与合同效力的区分、不动产物权归属与登记的关系、异议登记与预告登记均具有主观题出题的可能。一旦出现这些考点，可援引《民法典》第 215 条、第 220 条、第 221 条及《物权编解释（一）》第 2 条等规范予以作答。

就预告登记而言，抵押权预告登记比所有权预告登记更为重要。出现抵押权预告登记的考点，应以《担保制度解释》第 52 条为依据作答。

三、动产交付 ＊＊＊＊

有关动产物权变动中动产交付的规则，规定在《民法典》物权编第二章第二节中。此部分知识要点可图示如下：

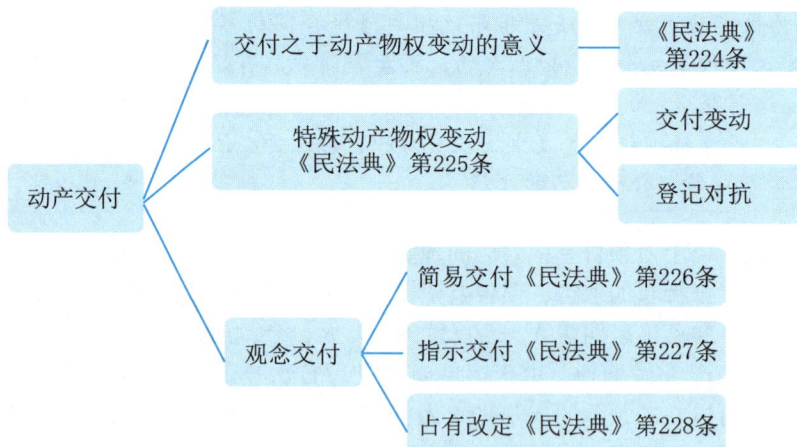

（一）交付作为动产物权变动的生效要件

【重点法条】

《民法典》第 224 条　动产物权的设立和转让，自交付时发生效力，但是法律另有规定的除外。

《民法典》第 224 条确立了我国动产物权变动的交付生效规则，结合法考的考点，对该条

---

〔1〕【解析】正确选项 C。由于乙公司的权利经过了预告登记，因此，甲公司再行抵押时，抵押不发生物权效力，即抵押权不设立。但是，抵押合同却发生效力。

的理解应着重以下几点：

1. 所谓"动产物权的设立和转让"，包括两种具体情形：（1）动产所有权转移，即普通动产依法律行为而转移所有权的，自出让人交付动产于受让人时发生移转的效果；（2）质权设立（参见《民法典》第429条），即通过质权合同创立质权的，该质权自出质人交付质物于质权人时发生效力。

2. 交付是动产物权变动的必要条件，而非充分条件。动产交付本身并不能产生物权变动的效力，交付总是需要与有效且旨在引起物权变动的法律行为相结合，才能引起动产物权的变动。该法律行为必须有效，而且转让人还须有处分权。

3. 交付意味着占有的移转。关于交付的法律性质存在理论上的争议。就法考而言，考生需了解，交付系出让人自愿将动产的占有让渡给受让人的情形，当事人双方让与占有的意志是交付的主观要件，不可或缺。举例来说，在当事人就某标的物达成买卖合同后，如非基于出卖人转移占有的意思，而系由于其他原因标的物被买受人占有（例如，在出卖人不愿交付时，买受人暴力夺取并占有了买卖标的物），则不能认为该物所有权已因交付而被买受人所取得。

> **【特别提示】** 在动产物权依买卖而发生变动的情形，除非有所有权保留约定的出现，否则，买受人是否支付价款这一点并不影响标的物所有权转移的物权效力：即便买受人已付清了价款，但如果当事人间并未完成交付（包括观念交付），则所有权仍保留在出卖人手中；如果标的物已交付给买受人但其并未支付任何价款，则所有权仍因交付的完成而转移至买受人手中。

【真题解读】

1. （2008年单选）甲将自己收藏的一幅名画卖给乙，乙当场付款，约定5天后取画。丙听说后，表示愿出比乙高的价格购买此画，甲当即决定卖给丙，约定第二天交货。乙得知此事，诱使甲8岁的儿子从家中取出此画给自己。该画在由乙占有期间，被丁盗走。此时该名画的所有权属于下列哪个人？[1]

A. 甲   B. 乙   C. 丙   D. 丁

2. （2012年单选）甲将其1辆汽车出卖给乙，约定价款30万元。乙先付了20万元，余款在6个月内分期支付。在分期付款期间，甲先将汽车交付给乙，但明确约定付清全款后甲才将汽车的所有权移转给乙。嗣后，甲又将该汽车以20万元的价格卖给不知情的丙，并以指示交付的方式完成交付。下列哪一表述是正确的？[2]

A. 在乙分期付款期间，汽车已经交付给乙，乙即取得汽车的所有权

B. 在乙分期付款期间，汽车虽然已经交付给乙，但甲保留了汽车的所有权，故乙不能取得汽车的所有权

C. 丙对甲、乙之间的交易不知情，可以依据善意取得制度取得汽车所有权

D. 丙不能依甲的指示交付取得汽车所有权

---

[1] **【解析】**正确选项A。此题的答题思路：在甲乙之间，尽管买卖合同有效，且乙已付清款项，但双方并未完成交付，故所有权仍在甲手中；在甲丙之间，买卖合同仍有效，因一物两卖本身并不影响买卖合同的效力，但丙终究因未获得交付而未取得名画所有权；乙最终虽获得了名画的占有，但却并非基于甲之交付而获取，故乙仍不能取得所有权；丁的窃取行为无疑不能改变名画的法律归属。综上，所有权仍在甲的手中。

[2] **【解析】**本题正确选项为B。本题主要考核的知识点是：当事人间所有权保留的约定有效，买受人未付清款项的，不能取得所有权。根据此点，A选项错误，B选项正确。由于甲仍然是所有权人，故其与丙实施的处分行为不构成无权处分，无善意取得的适用余地，故选项C错误。尽管D选项存在一定争议（所谓指示交付指返还请求权让与，此时甲对乙一般并不享有返还请求权，除非因乙不支付款项甲解除了买卖合同），但选项B确定无疑。

（二）简易交付

【重点法条】

《民法典》第226条 动产物权设立和转让前，权利人已经占有该动产的，物权自民事法律行为生效时发生效力。

《民法典》第226条是有关简易交付的规定，它与指示交付（第227条）、占有改定（第228条）一并被称为"观念交付"。在所有这三种情形，动产物权的变动并不需要实际交付标的物，但是，人们在观念上还是认为交付已完成，从而物权也就发生了变动。

简易交付的原理其实很简单：在当事人实施动产物权变动行为之前，权利的受让人已经由于某种原因占有了该动产，此时，当然就不再需要实际交付。例如，甲将手机借给乙使用，借用期间，乙提出愿意出价1000元购买甲的手机，甲当即表示同意。此时，因买受人乙已经占有手机，故不再需要实际交付，在双方达成买卖协议之时，乙立刻取得手机所有权。

就法考而言，除涉及对所有权转移时点的判断外，还可能要求判断标的物灭失风险的承担，此时，所适用的是所有权人承担风险的规则，因此考点实际上仍是所有权转移时间的判断。

第226条也可适用于动产质权的设立。如甲将收藏的一幅字画出借给乙鉴赏；其后，甲向乙提出借款5万元；乙表示，若能以该字画质押则同意借款；在获得甲的同意后，乙向甲提供了借款。在该例中，由于债权人先行占有了质物，在双方就质押合同形成合意时，质权即已设立。

（三）指示交付（返还请求权让与）

【重点法条】

《民法典》第227条 动产物权设立和转让前，第三人占有该动产的，负有交付义务的人可以通过转让请求第三人返还原物的权利代替交付。

动产物权的出让人本应将动产实际交付给受让人，但有时该动产会为第三人所占有，如需首先由第三人处请求返还然后再实际交付给受让人，势必将颇费周折。此种情况下，出让人可将请求第三人返还原物的权利一并转移给受让人，从而使受让人取得直接针对第三人要求返还"自己之物"的权利。

举例：甲将一头耕牛出借给乙，在借用期间，丙向甲提出以5000元购买该牛，甲表示同意；由于耕牛在乙的手中，于是，甲丙双方又达成合意，甲将向乙请求返还耕牛的权利转让给丙以替代实际交付，此时，尽管丙尚未实际占有耕牛，但其已经取得了耕牛的所有权。

当事人也可以通过返还请求权让与方式设立质权。例如，甲公司在乙公司储油设施中存放了1000吨汽油；甲公司向丙银行申请贷款，并提出以该1000吨汽油做质押，丙银行表示同意。关于质物的交付，双方同意，甲公司将对乙公司的返还请求权（提货权）转让给丙银行。随后，甲公司就此质押事项通知了乙公司。丙银行虽未实际占有汽油，但已经通过受让返还请求权方式取得了该1000吨汽油的质权。

【提示】

与《民法典》第226、228条明确规定物权变动的时间不同，第227条并未给出指示交付自何时引起物权变动的效果。根据原《担保法解释》第88条规定的精神，以指示交付方式设立动产质权的，自书面通知送达占有人时设立。但是，没有理由以有关设立质权的一项具体规定解释指示交付的一般效力。依法理及《民法典》第227条的文义解释，应认定在当事人双方就返还请求权的让与达成一致时，即发生动产所有权转移的效力。关于此问题，法律并不清晰，存在一定争议，法考应该不会就此争议点出题。

（四）占有改定

【重点法条】

《民法典》第228条 动产物权转让时，当事人又约定由出让人继续占有该动产的，物权自该约定生效时发生效力。

所谓占有改定，是指通过改变占有类型的方式（将自主占有改变为他主、直接占有）完成动产物权的变动。

动产转让行为发生时，出让人仍占有标的物（这与简易交付与指示交付均不同），故本应通过实际交付来完成物权变动的效果。但是，如出让人在转让动产后还希望继续占有该动产，则不必先实际交付后再重新获得占有，当事人可以通过约定改变占有的基础来实现物权的变动。举例来说，甲将耕牛出卖给乙，乙要求甲交付，甲则提出，自己还需要使用该耕牛2个月，愿以每月500元价格承租，乙表示同意。此例中，当甲乙达成第二个合同（即租赁合同）时，耕牛所有权转移于乙；甲继续占有耕牛，不过其占有已经由先前的自主占有转变成了他主占有（为乙占有）、直接占有（乙为间接占有人）。

"当事人又约定由出让人继续占有该动产的"，此处的<u>约定本身应该构成一个独立的合同</u>（如前例中的租赁合同），故应将此约定与当事人间单纯的延期交付的约定相区分，后者并不具有占有改定的意义。例如，甲出卖电脑于乙，乙要求交付，甲提出自己还需要使用几天，乙遂同意甲一周后再交付。在此例中，并不存在任何占有改定，电脑所有权须待甲实际向乙交付时才发生转移。

【真题解读】

1.（2009年不定项）甲有一块价值一万元的玉石。甲与乙订立了买卖该玉石的合同，约定价金11000元。由于乙没有带钱，甲未将该玉石交付与乙，约定三日后乙到甲的住处付钱取玉石。随后甲又向乙提出，再借用玉石把玩几天，乙表示同意。隔天，知情的丙找到甲，提出愿以12000元购买该玉石，甲同意并当场将玉石交给丙。丙在回家路上遇到债主丁，向丙催要9000元欠款甚急，丙无奈，将玉石交付与丁抵偿债务。后丁将玉石丢失被戊拾得，戊将其转卖给己。关于乙对该玉石所有权的取得和交付的表述，下列选项正确的是？[1]

A. 甲、乙的买卖合同生效时，乙直接取得该玉石的所有权

B. 甲、乙的借用约定生效时，乙取得该玉石的所有权

C. 由于甲未将玉石交付给乙，所以乙一直未取得该玉石的所有权

D. 甲通过占有改定的方式将玉石交付给了乙

2.（2017年单选）庞某有1辆名牌自行车，在借给黄某使用期间，达成转让协议，黄某以8000元的价格购买该自行车。次日，黄某又将该自行车以9000元的价格转卖给了洪某，但约定由黄某继续使用1个月。关于该自行车的归属，下列哪一选项是正确的？[2]

A. 庞某未完成交付，该自行车仍归庞某所有

B. 黄某构成无权处分，洪某不能取得自行车所有权

C. 洪某在黄某继续使用1个月后，取得该自行车所有权

---

[1]【解析】正确选项为BD。本题考核占有改定。甲乙订立合同后，并未实施现实交付行为，故甲仍为玉石所有权人。在甲仍占有玉石情况下，甲向乙提出"借用玉石把玩几天"，乙同意，在二者之间又成立了借用合同关系。据此，当事人间发生占有改定，借用合同生效时，买受人乙即取得所有权。

[2]【解析】正确选项为D。本题同涉及"观念交付"的两种形态，即简易交付与占有改定。黄某已因借用关系占有自行车，根据《民法典》第226条之规定，在庞某与黄某之间达成买卖合意时，黄某取得自行车所有权。黄某在与洪某订立买卖合同后，又约定黄某继续占有使用（可认定为黄某借用洪某的自行车），根据《民法典》第228条的规定，自该借用关系成立时，洪某取得车辆所有权。

D. 庞某既不能向黄某，也不能向洪某主张原物返还请求权

（五）机动车等特殊动产的物权变动

【重点法条】

《民法典》第225条　船舶、航空器和机动车等的物权的设立、变更、转让和消灭，未经登记，不得对抗善意第三人。

船舶、航空器和机动车等交通运载工具在法律属性上属于动产，因为它们都具有可移动性。但是，由于它们都有相对成熟的登记制度（船舶登记、机动车登记等），而登记又是适用于不动产的典型制度，于是这些交通运载工具也有"准不动产"之称。这就导致了它们在物权变动的规则方面与一般动产之间存在差异。

在船舶、航空器和机动车的物权变动方面，《民法典》第225条采用了登记对抗主义。对此，须注意以下几点：

（1）作为动产，<u>这些交通运载工具首先也应适用《民法典》第224条的交付规则</u>，即交付标的物是物权变动的必要条件。

（2）<u>在当事人之间，标的物的交付仍可导致物权的变动，是否登记并不影响当事人间物权变动的效果</u>。例如，甲将汽车出卖给乙并为交付，尽管双方未及时办理机动车所有权转移登记，但买受人乙同样可因受领交付而成为汽车所有权人。

（3）如未经登记，则物权变动的效果不得对抗善意第三人。例如，买受人乙占有的汽车失窃，而公安机关在侦破案件后按机动车登记情况将其发还给原所有权人甲，而后甲又将该车出卖给善意的丙，则法律将优先保护丙，并承认丙取得了车辆所有权，乙不得要求丙返还，而只能向甲主张损害赔偿综上，特殊动产的物权变动规则可归结为"交付变动、登记对抗"。

关于本条所称"未经登记，不得对抗善意第三人"中"第三人"的范围，通说认为应仅限于后手的交易当事人（如前例中购买车辆的丙）。只有在交易场合，才有"善意""非善意"区分的可能。也就是说，若特殊动产交易当事人已经完成了交付或观念交付，仅未办理过户登记，则原则<u>上仅有后续对该特殊动产有直接交易利益的交易关系中的第三人</u>（如买受人）才可主张"未经登记不可对抗"。如果特殊动产已经出卖并交付给买受人，且后者已经向出卖人支付了价款，则即使双方未办理登记，买受人也取得了特殊动产的所有权，出卖人（登记上的名义权利人）的债权人不得主张对该特殊动产的强制执行。此点得到了《物权编解释（一）》第6条的支持。

【相关法条】

《物权编解释（一）》第6条　转让人转移船舶、航空器和机动车等所有权，受让人已经支付合理价款并取得占有，虽未经登记，但转让人的债权人主张其为民法典第二百二十五条所称的"善意第三人"的，不予支持，法律另有规定的除外。

> **【特别提示】**《买卖合同解释》第7条（见后）也体现了以下基本思想：尽管存在登记问题，但就机动车等特殊动产的物权变动而言，仍然是交付占据更为重要的地位。

【真题解读】

（2023年单选题）甲将自己名下一辆车以10万元价格出售于乙。甲立即交付了车辆，乙也付清了价款，但是双方未完成车辆过户登记。后，甲的债权人丙向法院起诉要求甲还9万元及利息，丙胜诉后，要求强制执行仍登记于甲名下的这辆车。法院遂扣押了该车。以下选项

中，正确的是？[1]

A. 乙自始未取得车的所有权　　　　B. 乙的所有权不可以对抗丙

C. 甲对车仍享有完整的所有权　　　　D. 乙已取得车辆所有权，有权提出执行异议

四、无须公示即可发生物权变动的情形 ＊＊＊

（一）概说

本标题之下的知识点，可图示如下：

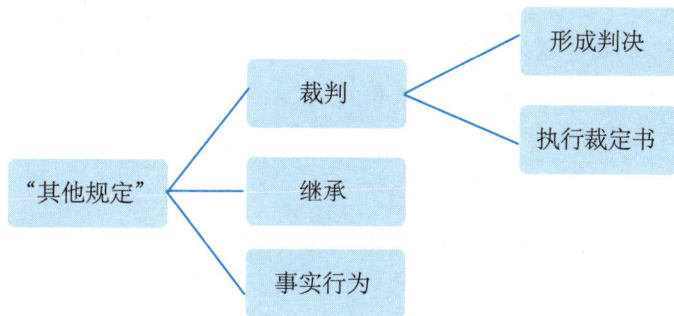

《民法典》物权编第二章第三节的节名为"其他规定"，与第一节"不动产登记"以及第二节"动产交付"相对应。考查其下第229、230、231条等条文发现，之所以构成"其他规定"，主要是因为，在该节所规范的几种情形下，不动产物权变动无需登记，而动产物权变动也无需交付，即可发生物权变动的效力。

"不动产物权变动需要登记，动产物权变动需要交付"，这是许多考生对物权变动基本规则的印象。但上述规则是片面的，需要以登记或交付作为物权变动要件的，实际上仅限于基于法律行为（合同等）发生变动的情形。《民法典》第229、230、231条三个条文的共同之处在于：在这些情形下，物权变动均非基于法律行为而发生，故其物权变动效果的发生无须登记或交付。当然，就不动产而言，如果不将此类物权变动的情形通过登记予以公示，则物权取得人无法处分此项权利，此即为第232条所规定的内容。

（二）依裁判文书等发生物权变动

【重点法条】

《民法典》第229条　因人民法院、仲裁机构的法律文书或者人民政府的征收决定等，导致物权设立、变更、转让或者消灭的，自法律文书或者征收决定等生效时发生效力。

《物权编解释（一）》第7条　人民法院、仲裁机构在分割共有不动产或者动产等案件中作出并依法生效的改变原有物权关系的判决书、裁决书、调解书，以及人民法院在执行程序中作出的拍卖成交裁定书、变卖成交裁定书、以物抵债裁定书，应当认定为民法典第二百二十九条所称导致物权设立、变更、转让或者消灭的人民法院、仲裁机构的法律文书。

如物权变动是由法院、仲裁机构的法律文书或政府征收决定引起，则在这些法律文书或决定生效时，直接发生物权变动的效果。理解《民法典》第229条的关键在于，因司法裁判等原因引起物权变动的，并不属于当事人依法律行为旨在发生物权变动的情形，故不动产无需登记动产无需交付，在相关法律文书发生效力时，即刻引起物权变动的结果。如果当事人因不动产

---

〔1〕【解析】正确选项为D。车辆出卖后已交付，乙取得车辆所有权。根据《物权编解释（一）》第6条，出卖人的债权人丙并非《民法典》第225条意义上的"善意第三人"，因此，不存在乙不得对抗甲之问题。

买卖发生纠纷而提起诉讼要求办理过户登记，或者人民法院根据当事人在诉讼中达成的以物抵债合意制发调解书（可参见《合同编通则解释》第 27 条第 3 款），则此类诉讼的性质属于给付之诉，法院的判决并不直接引起物权变动的结果，故此类判决文书并不属于第 229 条意义上的法律文书。

> **【特别提示】**本条所称因法院、仲裁机构法律文书导致物权设立、变更、转让和消灭的，应仅限于直接针对物权归属的判决（即所谓"形成判决"），而不应包括判令被告完成不动产登记的判决（例如，要求被告出卖人在限定期间内为原告买受人办理所有权转移登记）。在后者，仍须遵循不动产物权变动的一般规则，即在办理不动产登记时才发生物权变动的效力。关于此点，《物权编解释（一）》第 7 条予以明确将法律文书限定在直接改变原有物权关系的分割共有物等的判决、裁定。

【相关法条】

《合同编通则解释》第 27 条第 3 款 前款规定的以物抵债协议经人民法院确认或者人民法院根据当事人达成的以物抵债协议制作成调解书，债权人主张财产权利自确认书、调解书生效时发生变动或者具有对抗善意第三人效力的，人民法院不予支持。

【真题解读】

1.（2011 年多选）吴某和李某共有一套房屋，所有权登记在吴某名下。2010 年 2 月 1 日，法院判决吴某和李某离婚，并且判决房屋归李某所有，但是并未办理房屋所有权变更登记。3 月 1 日，李某将该房屋出卖给张某，张某基于对判决书的信赖支付了 50 万元价款，并入住了该房屋。4 月 1 日，吴某又就该房屋和王某签订了买卖合同，王某在查阅了房屋登记簿确认房屋仍归吴某所有后，支付了 50 万元价款，并于 5 月 10 日办理了所有权变更登记手续。下列哪些选项是正确的？[1]

A. 5 月 10 日前，吴某是房屋所有权人

B. 2 月 1 日至 5 月 10 日，李某是房屋所有权人

C. 3 月 1 日至 5 月 10 日，张某是房屋所有权人

D. 5 月 10 日后，王某是房屋所有权人

2.（2013 年单选）甲、乙和丙于 2012 年 3 月签订了散伙协议，约定登记在丙名下的合伙房屋归甲、乙共有。后丙未履行协议。同年 8 月，法院判决丙办理该房屋过户手续，丙仍未办理。9 月，丙死亡，丁为其唯一继承人。12 月，丁将房屋赠给女友戊，并对赠与合同作了公证。下列哪一表述是正确的？[2]

A. 2012 年 3 月，甲、乙按份共有房屋　　B. 2012 年 8 月，甲、乙按份共有房屋

---

[1]【解析】正确选项为 BD。该题充分体现了法考的特点：尽管涉及若干个考点，但只要有清晰的解题思路，并能够理解出题人在设定案情时的意思，即可顺利解题。此题的解题思路如下：吴某与李某离婚前，虽然房屋登记在吴某一方名下，但实际上为双方共有财产；2 月 1 日，法院判决生效后，根据《民法典》第 229 条的规定，房屋已归李某所有，未办理变更登记，不影响此效力；李某取得房屋所有权后，其与张某之间的买卖合同当然有效，但二者之间系依法律行为转移房屋所有权，由于双方未办理所有权转移登记，买受人张某并未取得房屋所有权；由于李某依法院判决取得房屋所有权后未办理登记，登记簿上仍显示吴某为所有权人，故此，王某构成善意取得，自 5 月 10 日完成登记后，王某取得该房屋所有权。综上，选项 B 和 D 正确。

[2]【解析】正确选项为 C。本题解题关键在于，不能将"法院判决丙办理该房屋过户手续"理解为《民法典》第 229 条意义上的法院判决。由于在法院判决后，丙仍未办理房屋过户登记，房屋所有权未发生移转。因丙死亡，根据《民法典》第 230 条之规定，丁依法定继承立刻取得房屋所有权。丁戊之间的赠与合同，在公证之后只不过产生了丁不得任意撤销的效力，由于丁尚未为戊办理过户登记，故所有权仍归属于丁。

C. 2012 年 9 月，丁为房屋所有人　　　　　D. 2012 年 12 月，戊为房屋所有人

（三）因继承发生物权变动

【重点法条】

《民法典》第 230 条　因继承取得物权的，自继承开始时发生效力。

在因继承引起物权变动的情形，无论是法定继承还是遗嘱继承，物权变动的效果均自继承开始之时（即被继承人死亡之时）发生。被继承人死亡时，其主体资格消灭从而也就丧失了其生前所享有的物权，此时，应在这一时点上确认继承人取得物权，否则将会产生财产无主的问题。

关于因受遗赠而取得遗赠物所有权的时点问题，理论上存在争议。作者认为，由于《民法典》第 1124 条第 2 款（"受遗赠人应当在知道受遗赠后六十日内，作出接受或者放弃受遗赠的表示；到期没有表示的，视为放弃受遗赠"）规定之存在，受遗赠人取得遗产涉及遗赠接受的问题。在解释上，应以如下理解为宜：只要受遗赠人在法定期间内接受了遗赠，则遗赠物所有权仍自继承开始时由受遗赠人取得；若受遗赠人未在法定期间内明确接受遗赠，则遗赠物所有权自继承开始时归属于法定继承人。

【真题解读】

1. （2011 年多选）张某李某系夫妻，生有一子张甲和一女张乙。张甲于 2007 年意外去世，有一女丙。张某在 2010 年死亡，生前拥有个人房产一套，遗嘱将该房产处分给李某。关于该房产的继承，下列哪些表述是正确的？[1]

A. 李某可以通过张某的遗嘱继承该房产

B. 丙可以通过代位继承要求对该房产进行遗产分割

C. 继承人自张某死亡时取得该房产所有权

D. 继承人自该房产变更登记后取得所有权

2. （2016 年单选）蔡永父母在共同遗嘱中表示，二人共有的某处房产由蔡永继承。蔡永父母去世前，该房由蔡永之姐蔡花借用，借用期未明确。2012 年上半年，蔡永父母先后去世，蔡永一直未办理该房屋所有权变更登记，也未要求蔡花腾退。2015 年下半年，蔡永因结婚要求蔡花腾退，蔡花拒绝搬出。对此，下列哪一选项是正确的？[2]

A. 因未办理房屋所有权变更登记，蔡永无权要求蔡花搬出

B. 因诉讼时效期间届满，蔡永的房屋腾退请求不受法律保护

C. 蔡花系合法占有，蔡永无权要求其搬出

D. 蔡永对该房屋享有物权请求权

（四）因事实行为而发生物权变动

【重点法条】

《民法典》第 231 条　因合法建造、拆除房屋等事实行为设立或者消灭物权的，自事实行为成就时发生效力。

因事实行为取得物权的典型事例是合法建造房屋。房屋一旦建成，就应该立刻确认权利人。如果只有等到房屋完成初始登记才承认所有权取得的效果，那么，在房屋建成后进行登记前，相关权利人将难以保护自己的权利。同样，在房屋被拆除时，由于客体的灭失，房屋所有

---

〔1〕**【解析】**正确选项为 AC。根据张某所立遗嘱，应由李某取得房屋所有权，而且，根据《民法典》第 230 条之规定，李某自被继承人张某死亡时即可取得房屋所有权，故 A、C 正确，D 错误。由于属于遗嘱继承，不存在代位继承的问题，B 选项亦错误。

〔2〕**【解析】**正确选项为 D。因继承发生不动产物权变动的，自继承开始时，继承人取得不动产所有权。不动产权利人要求返还财产的，不适用诉讼时效期间。

权当然亦发生消灭，不存在需要注销登记才消灭所有权的问题。

【真题解读】

（2008年单选）中州公司依法取得某块土地建设用地使用权并办理报建审批手续后，开始了房屋建设并已经完成了外装修。对此，下列哪一选项是正确的？[1]

A. 中州公司因为享有建设用地使用权而取得了房屋所有权

B. 中州公司因为事实行为而取得了房屋所有权

C. 中州公司因为法律行为而取得了房屋所有权

D. 中州公司尚未进行房屋登记，因此未取得房屋所有权

（五）后续登记的问题

【重点法条】

《民法典》第232条 处分依照本节规定享有的不动产物权，依照法律规定需要办理登记的，未经登记，不发生物权效力。

根据《民法典》第229、230、231条规定取得不动产物权的，可直接确认相关当事人的物权人地位，已如前述。但是，一旦该权利人要通过法律行为将其所取得的物权转让给他人，则势必又会产生公示的需要，从而应适用《民法典》第209条关于不动产物权变动的一般规则。如果出让人不首先通过后续登记使自己成为不动产登记簿上的权利人，则其无法为受让人办理物权登记。

例如，甲去世，其子乙因继承取得甲遗留的房屋一套，如乙不转让该房屋，则其并不需要去办理所有权的转移登记（即便不动产登记簿上仍记载甲为所有权人），其所有权人的地位会得到法律承认。但是，在乙要将该房屋转让给丙时，由于必须办理转移登记才能使后者取得所有权，这就意味着乙必须首先完成因继承而发生的所有权登记。

【真题解读】

（2007年不定项）2007年4月2日，王某与丁某约定：王某将一栋房屋出售给丁某，房价20万元。丁某支付房屋价款后，王某交付了房屋，但没有办理产权移转登记。丁某接收房屋作了装修，于2007年5月20日出租给叶某，租期为2年。2007年5月29日，王某因病去世，全部遗产由其子小王继承。小王于2007年6月将该房屋卖给杜某，并办理了所有权移转登记。关于小王和杜某间的房屋买卖，下列选项正确的是？[2]

A. 交付标的物是房屋买卖合同的有效要件

B. 小王须将所继承的房屋登记在自己的名下，才能将其所有权转移给杜某

C. 房屋所有权转移自记载于不动产登记簿时发生效力

D. 该房屋的利害关系人可以申请查询该房屋登记资料

五、多重买卖中的物权变动 ＊＊＊＊

在发生多重买卖的情形下，数个买卖合同的效力及其中所涉及的所有权转移问题，历来是法考中重要的考点。该考点跨越物权与债权两个领域，以债权的非排他性与平等性为骨架，以物权变动的基本规则为脉络，同时涉及违约责任，可以说是最能体现民法特点的一个问题。

---

[1] 【解析】正确选项为B。根据《民法典》第231条的规定，合法建造房屋的，自建造这一事实行为完成时，相关权利人即可取得房屋所有权。本题中，房屋已开始外装修，应视为事实行为已完成，故发生所有权取得的效果。

[2] 【解析】本题正确选项为BCD。房屋买卖合同自双方当事人订立之时即发生效力，交付绝非该合同的生效要件，故选项A错误。根据《民法典》第232条的规定可知，因继承关系而取得房屋所有权的，须先将房屋转移登记在自己名下才能为受让人办理转移登记，故选项B正确。根据《民法典》第209条可知，选项C正确。根据《民法典》第218条可知，选项D正确。

（一）多重买卖所体现的债权非排他性

原《合同法解释（二）》第15条曾规定："出卖人就同一标的物订立多重买卖合同，合同均不具有合同法第五十二条规定的无效情形，买受人因不能按照合同约定取得标的物所有权，请求追究出卖人违约责任的，人民法院应予支持"。《民法典》生效后，尽管合同法解释被废止，但该条符合民法原理，仍具有参考价值。另外，后文论及的《买卖合同解释》第6条、第7条也明确了数个买卖合同均有效的立场。

发生针对一物的多重买卖（为行文方便，下文多以"一物两卖"的双重买卖加以说明）时，先后数个买卖合同都有效。欲理解这个看似违背"常识"的规则，其关键在于如何界定买卖合同的效力。经济意义上的买卖，既指向金钱与商品的交换关系本身，也当然包括这种交换的结果，即卖方得到金钱而买方得到商品的结果。反之，在民法学上，由于物权和债权的二分关系，<u>当我们说到"买卖合同生效"这一判断时，显然仅指买卖合同发生债权债务的效力而言，即，因买卖合同的生效，买受人有权请求出卖人交付标的物并移转标的物所有权，而出卖人则有权请求买受人支付价款</u>。在这个意义上，买卖合同系民法学上有关法律行为"负担行为与处分行为"这一分类中的负担行为。<u>买卖合同生效，仅指其产生债之效力而言</u>，这一点已经清晰地体现在了前文讨论过的《民法典》第215条之中。

质言之，理解多重买卖的法律构造问题，首先需要区分买卖合同的债权效力与借助该合同的履行所要实现的物权变动的效力。人们之所以会凭直觉认为"一物两卖，两个合同都有效"违背常理，恰恰是因为他们在观念上将买卖所要实现的交换结果也包含进了买卖的效力之中。

在一物两卖的情形，所谓两个买卖合同都有效，当然仅指发生债权债务关系的效力：<u>前后两个买受人均可向出卖人请求交付标的物并转移所有权</u>。当然，正如《合同法解释（二）》第15条曾规定，如果合同本身存在效力上的瑕疵（例如，第二个买卖合同的当事人双方之间恶意串通损害第一买受人的利益），则该合同不能发生效力。

关于第二个买受人是否须为善意的问题，司法考试真题曾经采取过肯定的立场，即，如果第二买受人明知他人购买在先的事实，则在后的买卖合同无效。但是，这种立场并无充分的法理依据。根据民法原理及《民法典》第597条之规定，即使是出卖他人之物的合同，均能确定地发生债权债务的效力，因此，<u>二次出卖的合同效力应无须考虑买受人的主观状态</u>。事实上，法考频繁地测试"一物两卖"这个知识点，而仅有一个年份的试题采取了前述要求第二买受人须不知情的立场。市场经济鼓励竞争，即使知晓存在其他买受人，仍加入竞争，并不违反商业伦理，<u>除非出现第二买受人与出卖人恶意串通的情形</u>，否则该合同也没有无效的理由。

在先后两个合同均有效的情况下，第一买受人相对于第二买受人，虽然成交时间在先，但原则上并不拥有法律上的优越地位，这是债权平等性的体现。在出卖人对两个买受人均负有相同的给付义务的情况下，应由其决定向谁履行买卖合同：出卖人向某一买受人履行合同的，该买受人的债权因受清偿而消灭，其合同目的直接实现；在此情形，出卖人势必无法对另一买受人履行合同债务，则后者有权主张解除合同，并要求出卖人承担违约责任。

> 【特别提示】考生在学习掌握多重买卖这个极其重要知识点的时候，应坚持"（债权）合同的归合同，物权的归物权"的思维方法，严格区分债权合同与物权变动的效力：在涉及买卖合同等债权合同的问题时，遵循《民法典》关于合同效力、履行及违约责任的规则；而在被要求回答所有权转移等问题时，须回到《民法典》物权编第二章有关物权变动的规则上作答。

因不动产与动产的物权变动规则不同，多重买卖合同与物权变动效力之间的关系，如区分不动产多重买卖与动产多重买卖，则逻辑将更加清晰。本书对此图示如下：

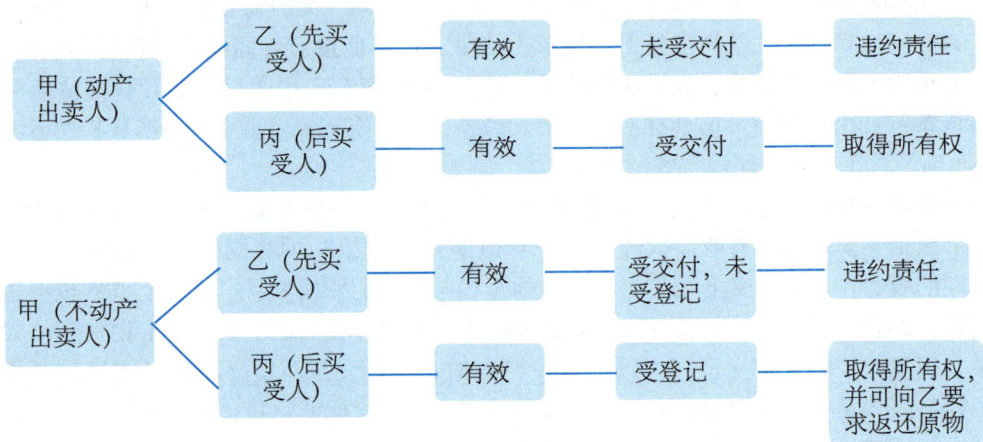

```
甲（动产      ┌── 乙（先买受人）── 有效 ── 未受交付 ── 违约责任
出卖人）──────┤
             └── 丙（后买受人）── 有效 ── 受交付 ── 取得所有权


甲（不动产    ┌── 乙（先买受人）── 有效 ── 受交付，未受登记 ── 违约责任
出卖人）──────┤
             └── 丙（后买受人）── 有效 ── 受登记 ── 取得所有权，并可向乙要求返还原物
```

【真题解读】

（2002年多选题）甲与乙签订房屋买卖合同，将一幢房屋卖与乙。双方同时约定，一方违约应支付购房款35%的违约金。但在交房前甲又与丙签订合同，将该房卖给丙，并与丙办理了过户登记手续。下列说法中哪些是正确的？[1]

A. 乙可以自己与甲签订的合同在先，主张甲与丙签订的合同无效

B. 乙有权要求甲收回房屋，实际履行合同

C. 乙不能要求甲实际交付该房屋，但可要求甲承担违约责任

D. 若乙要求甲支付约定的违约金，甲可以请求法院或仲裁机构予以适当减少

（二）《买卖合同解释》关于履行请求优先顺序规定的解读

1. 普通动产一物数卖的履行顺序问题

【重点法条】

《买卖合同解释》第6条 出卖人就同一普通动产订立多重买卖合同，在买卖合同均有效的情况下，买受人均要求实际履行合同的，应当按照以下情形分别处理：

（一）先行受领交付的买受人请求确认所有权已经转移的，人民法院应予支持；

（二）均未受领交付，先行支付价款的买受人请求出卖人履行交付标的物等合同义务的，人民法院应予支持；

（三）均未受领交付，也未支付价款，依法成立在先合同的买受人请求出卖人履行交付标的物等合同义务的，人民法院应予支持。

沿用原《合同法解释（二）》第15条的精神，该条首先承认，在发生多重买卖时，数个买卖合同均有效。数个买卖合同均有效，就意味着，数个买受人均可要求出卖人交付标的物并转移其所有权。由于买受人的请求权都同时指向同一个标的物的交付，故有必要通过确立履约请求的优先性规则解决数买受人均要求出卖人实际履行的难题。

在合同均有效的情况下，该条所规定的第一项规则是，先行受领交付的买受人请求确认所

---

[1]【解析】正确选项为CD。本题考核两个知识点：一物两卖及违约金。甲先后与乙、丙二人订立的买卖合同均为有效；基于债权平等的原则，在出卖人已经选择向丙履约的情况下，丙取得房屋所有权；既然房屋已为丙取得，乙在主张甲承担违约责任时，自然无从再要求实际履行，而只能要求其承担赔偿损失、支付违约金等违约责任。根据《民法典》第585条第2款之规定，如违约金过分高于实际损失，则违约一方可请求法院或仲裁机构予以适当减少。综上，应选CD。

有权已经转移的，人民法院应予支持。这一规则很容易理解（甚至有多余的嫌疑）。如果买卖合同有效，且出卖人对标的物有处分权，则不论受领交付的买受人处在哪个成交顺序上，根据《民法典》第224条的规则，该买受人已取得所有权。在此情形，即便是成交在先的买受人，也只能向出卖人要求违约责任的承担。

真正的难题出现在以下情形：两个以上的买卖合同都成立，出卖人尚未将标的物交付任一买受人，且在多个买受人均要求实际履行时，出卖人未选择向某一买受人做出交付。在此情形，根据债权平等性原则，买受人相互间没有优先性。为打破此僵局，该条创设了两个优先请求履行之顺序的规定：（1）如果某一买受人已经支付了价款，则基于公平和便利诉讼的考虑，该买受人将可优先请求出卖人交付标的物，完成对待给付；须注意的是，《买卖合同解释》第6条并未要求买受人支付全部价款，因此，支付部分价款即可取得优先请求给付的权利。（2）如果买受人均未支付价款，则只能回到成交顺序的考虑，赋予成交在先的买受人优先请求出卖人履行合同义务。

在上述两种情形，未获得标的物交付的其他买受人当然能够要求出卖人承担违约责任。

【特别提示】考生须注意，该条规定的优先性规则有其层次性：首先，考虑的是买受人是否受领交付，在已交付的情形，根本无须考虑是否支付价款及成交时间顺序；其次，在无交付的情形，才需要考虑是否有买受人支付了价款，在价款支付的情形，无须考虑成交时间顺序；最后，只有在既未交付亦未支付价款的情形，才依成交顺序确定优先请求履约的买受人。

普通动产多重买卖的履行请求规则，可图示如下：

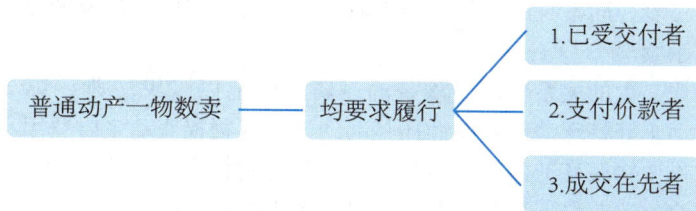

```
                                    ┌─ 1.已受交付者
普通动产一物数卖 ── 均要求履行 ──┼─ 2.支付价款者
                                    └─ 3.成交在先者
```

【真题解读】

1.（2013年单选）甲有件玉器，欲转让，与乙签订合同，约好10日后交货付款；第二天，丙见该玉器，愿以更高的价格购买，甲遂与丙签订合同，丙当即支付了80%的价款，约好3天后交货；第三天，甲又与丁订立合同，将该玉器卖给丁，并当场交付，但丁仅支付了30%的价款。后乙、丙均要求甲履行合同，诉至法院。下列哪一表述是正确的？[1]

A. 应认定丁取得了玉器的所有权　　　　　B. 应支持丙要求甲交付玉器的请求

C. 应支持乙要求甲交付玉器的请求　　　　D. 第一份合同有效，第二、三份合同均无效

2.（2016年单选）甲为出售一台挖掘机分别与乙、丙、丁、戊签订买卖合同，具体情形如下：2016年3月1日，甲胁迫乙订立合同，约定货到付款；4月1日，甲与丙签订合同，丙支付20%的货款；5月1日，甲与丁签订合同，丁支付全部货款；6月1日，甲与戊签订合同，甲将挖掘机交付给戊。上述买受人均要求实际履行合同，就履行顺序产生争议。关于履行顺

---

〔1〕【解析】正确选项为A。此题涉及一物三卖。三个买卖合同均有效，丁虽然是第三买受人，但由于已经受领了交付，故其已取得标的物的所有权。

序，下列哪一选项是正确的？[1]

A. 戊、丙、丁、乙

B. 戊、丁、丙、乙

C. 乙、丁、丙、戊

D. 丁、戊、乙、丙

2. 特殊动产一物数卖的履行顺序问题

【重点法条】

《买卖合同解释》第7条 出卖人就同一船舶、航空器、机动车等特殊动产订立多重买卖合同，在买卖合同均有效的情况下，买受人均要求实际履行合同的，应当按照以下情形分别处理：

（一）先行受领交付的买受人请求出卖人履行办理所有权转移登记手续等合同义务的，人民法院应予支持；

（二）均未受领交付，先行办理所有权转移登记手续的买受人请求出卖人履行交付标的物等合同义务的，人民法院应予支持；

（三）均未受领交付，也未办理所有权转移登记手续，依法成立在先合同的买受人请求出卖人履行交付标的物和办理所有权转移登记手续等合同义务的，人民法院应予支持；

（四）出卖人将标的物交付给买受人之一，又为其他买受人办理所有权转移登记，已受领交付的买受人请求将标的物所有权登记在自己名下的，人民法院应予支持。

本条调整船舶、航空器、机动车等特殊动产多重买卖中履约请求权的优先顺序问题。与普通动产的多重买卖相比，特殊动产存在双重公示手段：既有动产的交付，同时又有登记的问题。正因为存在交付与登记的双重问题，履行请求权的优先性问题就变得更为复杂。

在针对同一特殊动产的多重买卖合同均有效的情况下，任一买受人均有权要求出卖人履行合同。从特殊动产买卖合同本身的债权效力上看，出卖人不仅应交付标的物，而且还应协助买受人办理过户登记手续。

至于交付与登记二者的关系问题，该条的逻辑实际上以《民法典》第225条的规定为基础。如前所述，机动车等特殊动产的属性还是动产，故其物权变动主要适用动产物权变动的一般规则，即以交付作为物权变动的生效要件。登记只是物权变动对抗善意第三人的要件。简单地说，**特殊动产的交付比其登记更为重要**，这是理解本条规定的关键所在。

根据该条，买受人履约请求权的优先性规则实际上存在三个层面：

首先，如果多重买卖的出卖人均未向任何一个买受人履行合同（既未交付标的物，也未办理过户手续），则直接适用"成交在先，请求在先"的规则，法院支持成立在先的买受人的实际履行请求权。这就是该条第三项规定的内容。须注意的是，与普通动产的多重买卖不同，该条并未承认已支付价款的买受人的优先请求权。

其次，如果出卖人向某一买受人做出了部分履行，即，或者是交付了标的物但未办理登记，或者是办理了登记但未交付标的物，则已经获得部分履行的买受人将获得要求补正履行（继续履行）的优先权利。也就是说，已经受领交付的可以进一步要求过户，而已经获得过户的，可进一步要求交付。此即为该条第一、二项规定的内容。

最后，也是最为复杂的是，如果在两个买受人中，一人受领了交付，而另一人则获得了过户，则履约请求权的冲突势必更加明显。就此种情形而言，考生仅需以前述"交付比登记更为重要"的理解为基础，即可理解该条第四项的规定，即已经受领交付的一方可请求出卖人办理

---

[1]【解析】正确选项为A。此题考核《买卖合同解释》第6条。戊虽然成交在最后，但已先行受领交付，其在受偿顺序上排第一；丙、丁都支付了价款，尽管丁支付了全部而丙仅支付了20%，但法律规则并未赋予全部支付价款的一方优于部分支付的一方，故在丙、丁之间应适用支付时间在先的优先规则。据此，选项A正确。

登记。

【特别提示】虽然该条使用了"所有权转移登记"这一表述，但是，与房屋所有权非经登记不发生转移不同，实际上，机动车所有权在完成交付时，已转归买受人所有。这一点是理解该条（尤其是第四项）的关键。如果涉及房屋的一物两卖，且发生某一买受人已受领房屋的交付而另一买受人已获得了过户登记的情形，毫无疑问，后者将获得优先性的保护。

以上关于特殊动产多重买卖的履行请求规则，可图示如下：

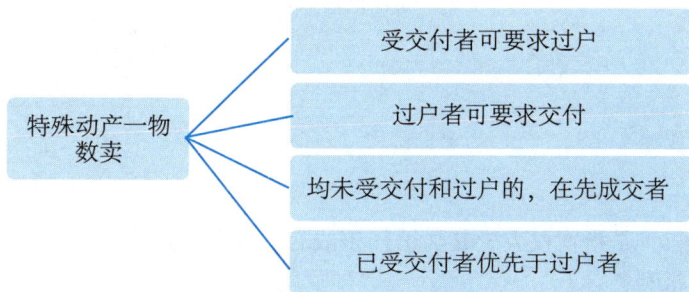

```
                        ┌─────────────────────────┐
                        │     受交付者可要求过户      │
                        └─────────────────────────┘
                        ┌─────────────────────────┐
   ┌──────────┐         │     过户者可要求交付        │
   │ 特殊动产一物 │────────└─────────────────────────┘
   │   数卖    │         ┌─────────────────────────┐
   └──────────┘         │  均未受交付和过户的，在先成交者 │
                        └─────────────────────────┘
                        ┌─────────────────────────┐
                        │   已受交付者优先于过户者     │
                        └─────────────────────────┘
```

【主观题点睛】

多重买卖是典型的主观题命题点，曾多次出现在以往考试中。凡出现多重买卖的案情，除非存在恶意串通的特殊情节，应按各买卖合同均有效作答。在说理时，可按"买卖合同属于债权合同，而债权不具有排他性"等方式作答。

第四节　物权的保护

一、概说 *

《民法典》物权编第三章为"物权的保护"。该章共 7 条规定，自第 233 条至第 239 条，分别规定了物权纠纷的解决方法（第 233 条）、确权请求权（第 234 条）、返还原物请求权（第 235 条）、排除妨害与消除危险请求权（第 236 条）、恢复原状请求权（第 237 条）、赔偿损失请求权（第 238 条）以及有关物权保护方式单独适用与合并适用的规则（第 239 条）。

就法考而言，考生首先需要理解，《民法典》物权编第三章系将物权所有的保护方法统一做了规定，但需要将其中涉及请求权行使的规范（第 235 条至第 238 条）加以类型区分，即区分为物权请求权与债权请求权。

物权保护方法中的物权请求权与债权请求权之区分具有重要的法律意义。首先，二者在构成要件方面存在差异，只有准确界定了请求权的基础后，才能根据这种请求权发生的要件做出请求权是否存在的判断，例如，根据《民法典》第 238 条要求赔偿损失的，由于其实质上属于侵权损害赔偿请求权这种债权请求权，因此，必须结合《民法典》侵权责任编的相关规定才能行使此项请求权。其次，根据民法原理及相关司法解释的精神，物权请求权原则上不适用诉讼时效的规定，而债权请求权原则上均适用。

《民法典》物权编第三章规定的"物权保护"体系，可图示如下：

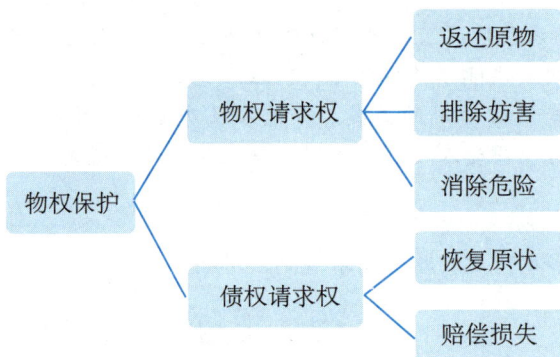

```
                                        ┌─── 返还原物
                        ┌── 物权请求权 ──┼─── 排除妨害
                        │               └─── 消除危险
物权保护 ──────────────┤
                        │               ┌─── 恢复原状
                        └── 债权请求权 ──┴─── 赔偿损失
```

二、物权请求权 ＊＊＊

（一）概述

所谓物权请求权，是指物权人于其物被侵害或有被侵害之危险时，可以请求回复物权圆满状态或防止侵害的权利。

物权请求权是各种物权所具有的共同效力，也就是说，凡为物权，都能产生出物权请求权的效力，以作为该物权最直接的保护手段。物权的此项效力来自于其绝对权的法律属性，因为，物权既然是可以对抗不特定当事人的权利，那么它就应该具备排除来自任何人之干涉或侵害的效力。他人的行为只要对物权构成了妨碍，无论该行为人主观上是否有过失，均不得对抗物权人要求其排除妨害的请求。

关于物权请求权，在理论上需加以说明的是：

（1）物权请求权是物权的效力，当然以物权之享有为前提。如物权因物毁损灭失等原因而消灭，则当然无物权请求权存在之余地。

（2）物权请求权虽是物权效力的一种体现，但物权请求权并不是物权这种支配权本身，而是一种请求权。

（3）虽性质为请求权，但物权请求权不能与物权相分离而单独存在。

（4）一切请求权原则上均可适用或参照适用债权的有关规定。一般而言，这种纯理论界定并非法考关注的重点，但往年真题也曾考查过物权请求权的特征，考生应略加注意。

【真题解读】

（2011年单选题）物权人在其权利的实现上遇有某种妨害时，有权请求造成妨害事由发生的人排除此等妨害，称为物权请求权。关于物权请求权，下列哪一表述是错误的？[1]

A. 是独立于物权的一种行为请求权　　B. 可以适用债权的有关规定

C. 不能与物权分离而单独存在　　　　D. 须依诉讼的方式进行

（二）原物返还请求权（占有回复请求权）

【重点法条】

《民法典》第235条　无权占有不动产或者动产的，权利人可以请求返还原物。

所有权人以及拥有占有权能的他物权人（如质权人、土地承包经营权人、宅基地使用权人、居住权人等），对于无权占有其物之人，可以请求占有的返还。对此项物权请求权，我国

─────────────────

〔1〕**【解析】**本题正确选项为D。如正文所述，A、B、C三个选项的表述符合民法理论。请求权皆可在诉讼外行使，物权请求权亦是如此，故选项D表述错误。

《民法典》第235条明确做出了规定。对该条规定，分析如下：

1. 享有原物返还请求权之人为"权利人"，该权利人指的是动产或不动产的所有权人以及其他拥有占有权能的用益物权人或担保物权人。在相关诉讼中，行使此种请求权的权利人须举证证明自己对标的物享有所有权或其他拥有占有权能的他物权。就法考而言，考生应注意，此处所称权利人，不仅包括所有权人，而且典型地还包括质权人、居住权人等；由于抵押权人并不占有抵押财产，故抵押权人不属于该条所称"权利人"。

2. 该请求权针对的是无权占有人，即现在占有其物但缺乏占有本权的人，包括直接占有人和间接占有人。例如，甲的手机被乙所盗，丙明知系赃物而从乙处购买，并出借于丁，此时，甲的返还请求权既可以向直接占有其物的丁提出，也可以向间接占有其物的丙提出，但不得向窃取其物的乙提出，因为后者已不占有该物。

> **【特别提示】** 物权人（如所有权人）不得请求有权占有人返还原物，理解这一点十分重要。兹举两例加以说明：（1）甲将房屋出卖于乙，已交付但未办理过户，此时，乙对房屋的占有属于有权占有，甲不得以仍享有所有权为由要求乙返还房屋；相反，若出卖人拒绝为买受人办理过户，则买受人可诉请办理过户。（2）甲将汽车出租于乙，租期为两个月，半月后，甲自己有用车需要，遂向乙表示，"车是我的，要求返还；至于对租赁合同的违反，愿意承担金钱赔偿责任"，甲的主张不应得到支持，盖因乙此时为有权占有人。
>
> 占有人的占有本权是一项物权（如质权、居住权）时，由于此本权本身具有对世性，占有人得以此有权占有对抗任何物上的返还请求权。如果占有人的占有本权是一项合同债权，由于债权本身有相对性，则其不得以此有权占有对抗合同关系以外之人的物上返还请求权，除非有法律的特别规定。例如，在前文所举一房二卖例子中，第一买受人受领房屋的交付后，固然可以有权占有对抗主张返还的出卖人，但是，一旦房屋被第二买受人取得（因完成登记），则对于新所有权人的返还请求，占有房屋的第一买受人不得主张有权占有。

【真题解读】

（2007年多选）甲向乙借款5000元，并将自己的一台笔记本电脑出质给乙，乙在出质期间将电脑无偿借给丙使用。丁因丙欠钱不还，趁丙不注意时拿走电脑并向丙声称要以其抵债。下列哪些选项是正确的？[1]

A. 甲有权基于其所有权请求丁返还电脑

B. 乙有权基于其质权请求丁返还电脑

C. 丙有权基于其占有被侵害请求丁返还电脑

D. 丁有权主张以电脑抵偿丙对自己的债务

（三）排除妨害请求权

【重点法条】

《民法典》第236条 妨害物权或者可能妨害物权的，权利人可以请求排除妨害或者消除

---

[1]【解析】正确选项为ABC。本题考查原物返还请求权，集中了所有权人、质权人以及占有人的原物返还请求权于一题。《民法典》第235条规定的原物返还请求权是物权人对无权占有人享有的权利。本题中，甲是电脑的所有权人，乙是质权人，而丁是无权占有人，故甲、乙二人都可主张物权人的返还原物请求权。丙虽非物权人，但却是电脑的占有人，对于直接侵占其占有的丁，丙可以根据《民法典》第462条的规定要求占有的返还。丁虽对丙享有债权，但其不能以自力救济的方式拿走电脑。综上，选项ABC正确。

危险。

所谓妨害，指的是以占有以外的方法不法地阻碍或侵害物权人对物的支配，包括但不限于：（1）对物的实体的侵害，如未经同意在他人土地之上施工；（2）无权使用他人之物，如在他人建筑的外墙上悬挂户外广告；（3）直接影响他人权利的行使，如停车于他人车库；（4）对物的有形侵入，如丢弃垃圾于他人的庭院等。

物权人对于其标的物的支配，因他人行为之妨碍而受影响时，可直接依物权的效力，请求妨害之排除。例如，甲对一块土地拥有承包经营权，邻近土地的承包经营权人乙越界在甲承包的土地上砌墙，甲有权依其物权要求乙拆除墙体，排除妨害。

<u>排除妨害请求权，不受诉讼时效期间的限制。</u>

（四）消除危险请求权

消除危险请求权，也称"妨害预防请求权"。对物权人而言，排除已发生的妨害固然重要，但是，在对物的支配有被妨害的现实威胁时，也应赋予物权人以一定请求权，使其能够预防妨害的发生。

例如，甲所有的祖传老宅年久失修，随时有坍塌的危险，而一旦坍塌，其邻居乙的住宅必将受损，在此情况下，乙可以请求甲加固或拆除房屋，以消除存在的危险，从而保全自己的住宅。

<u>消除危险请求权，不受诉讼时效期间的限制。</u>

三、债权性质的请求权 *

《民法典》物权编第三章全面规定了物权的保护手段，其中不乏债权性质的请求权（尽管其规定在物权编中）。

具有此种债权性质请求权的，首先是《民法典》第238条的规定。该条规定："侵害物权，造成权利人损害的，权利人可以依法请求损害赔偿，也可以依法请求承担其他民事责任。"该条所称"损害赔偿"，其性质属于债权请求权，具体而言，属于基于侵权行为之债的损害赔偿请求权。

《民法典》第237条规定："造成不动产或者动产毁损的，权利人可以依法请求修理、重作、更换或者恢复原状"。有观点认为，此种恢复原状请求权类似第235条规定的返还原物请求权，故其性质为物权请求权。但是，作者认为，权利人在主张第237条的请求权时，也需要满足侵权行为之债的构成要件，故其性质属于债权请求权。相对于原《物权法》第36条，《民法典》第237条增加"依法"二字，表明立法者认可该请求权的债权请求权属性。

【真题解读】

（2010年多选）小贝购得一只世界杯指定用球后兴奋不已，一脚踢出，恰好落入邻居老马家门前的水井中，正在井边清洗花瓶的老马受到惊吓，手中花瓶落地摔碎。老马从井中捞出足球后，小贝央求老马归还，老马则要求小贝赔偿花瓶损失。对此，下列哪些选项是正确的？[1]

    A. 小贝对老马享有物权请求权

    B. 老马对小贝享有物权请求权

    C. 老马对小贝享有债权请求权

---

    [1]【解析】本题正确选项为AC。老马对足球的占有没有本权，属于无权占有，小贝对老马享有《民法典》第235条意义上的原物返还请求权，A正确。老马的花瓶已摔碎，所有权已消灭，故老马已不享有物权请求权，B错误。老马基于小贝之侵权行为而主张的损害赔偿系债权请求权，C正确。留置权须满足合法占有和同一法律关系的要件，本题中缺乏该要件，故D错误。

D. 如小贝拒绝赔偿，老马可对足球行使留置权

【主观题点睛】

《民法典》第 235 条涉及物权的保护，可与《民法典》第 462 条关于占有保护的规定相结合，出现在主观题考试中。以甲之物被乙以暴力手段侵占为例，甲既可依第 235 条以所有权为依据要求乙返还原物，也可依第 462 条以占有被侵夺为由要求乙返还原物。

第八章　所有权

【复习提要】

从考试大纲上看，所有权一章内容很多，但真正重要的考点其实不多。考生尤其应重视第六节"所有权取得的特别方法"，特别是善意取得制度。第一节、第二节基本无考点，建筑物区分所有权和相邻关系也仅须适当关注即可，"共有"一节须重点把握按份共有人的共有份额优先购买权等。

《民法典》出台后，"所有权"出现在第二编物权编的第二分编，其内容总体上相对《物权法》的规定变化不大。

本章主要知识结构，可图示如下：

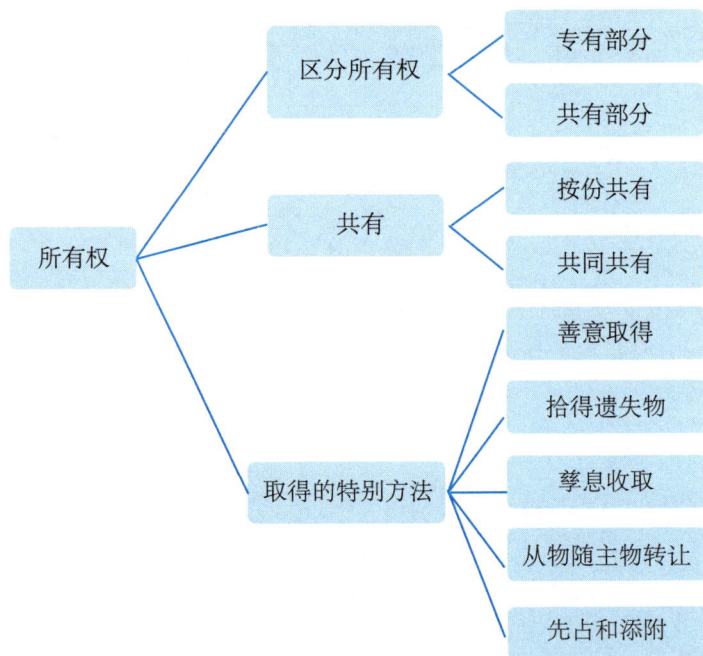

第一节　所有权概述

【说明】

本节内容旨在对所有权作基础性、理论性描述，就法考而言，没有直接的考点。但是，由于所有权实为物权制度的核心，考生应准确理解所有权的整体性、弹力性等特性，才能对整个物权法体系有较深入的理解。

所有权是在法律限制的范围内，对物为全面支配的权利。所有权是一个浑然一体的权利，它并不是由数种权能简单相加而得出的一种权利。所有权具有整体性，因此其内容可自由伸缩。在所有物上设定他物权，并不影响所有权的属性，只是使所有权人相应的对物利用权暂时受限（为他人设立居住权者，当然不能再主张对房屋的居住），待他物权消灭时，所有权自动回复圆满的状态。所有权属于典型的无期限物权，不能给所有权附加到期日。

第二节 国家所有权、集体所有权、私人所有权与其他所有权

【说明】 ∗

本节基本无直接考点。考生可着重了解公有制下财产专属的问题，尤其是土地只能归国家所有和集体所有的制度安排。农村土地归农民集体所有，由此可以理解农地上的土地承包经营权以及宅基地使用权。国有土地利用的基本权利表现为建设用地使用权。

第三节 业主的建筑物区分所有权

一、建筑物区分所有权的概念 ∗

所谓建筑物区分所有，指数人区分一建筑物而各有其一部分的情形。对于专用部分，各区分所有权人（以下称"业主"）享有单独的所有权，建筑物的公共部分则由各业主共有并共同加以管理。

建筑物区分所有关系不仅表现为物权法上的权利义务关系，而且还涉及业主所组成的共同体（业主大会、业主委员会），所以有必要由法律为其构建一套专门的规范体系。我国《民法典》物权编第六章规定了"业主的建筑物区分所有权"，对建筑物区分所有权做出了基本的规范。另外，《最高人民法院关于审理建筑物区分所有权纠纷案件适用法律若干问题的解释》（以下简称"《建筑物区分所有权解释》"）也对相关问题作出了规定。

【提示】

就考试而言，考生首先应有能力识别试题中是否涉及区分所有权的问题。建筑物区分所有权实际上包括了横向切割的区分所有（如一座三层小楼，每户各有一层）、纵向切割的区分所有（如所谓联排别墅）以及综合性的区分所有（多层多单元式建筑）。凡试题出现此种建筑的，一般均有区分所有权的问题。

二、建筑物区分所有权的内容 ∗ ∗

建筑物区分所有权并非一种单一的所有权形态。从我国《民法典》物权编的相关规定看，建筑物区分所有权包括三个层次的内容：

1. 对专有部分的所有权。在区分所有权关系中，一个建筑物被区分为许多属于不同所有权人所有的部分，这些部分归业主单独享有，具有与通常的单独所有权完全相同的性质，也就是说，对于专有部分，所有权人能够自由地加以支配并排除任何人的不法干预。

2. 对共有部分的共有。建筑物中除可区分出属于各业主所有的专有部分外，还存在一些共用的部分，如电梯、走廊、屋顶、外墙、地下室等。这些共用部分，在法律上属于各业主共有。共有部分的范围多大，共有人如何对其加以管理，这些问题都相当的复杂。共有部分是建筑物区分所有的核心问题。

3. 基于业主间共有关系的共同体。现代大型建筑造就了人数众多的业主，对于建筑物区分所有权中的共有部分，很难依关于共有的一般规定加以规范。为有效地对共有部分加以管理，需要建立以各业主为成员的共同体，并借助此共同体的组织方式实现对共有部分以及其他公共事务的管理。就此，我国《民法典》物权编对业主大会与业主委员会做出了原则性的规定。

三、专有部分与共有部分的识别 ＊＊

（一）专有部分

【重点法条】

《建筑物区分所有权解释》第2条　建筑区划内符合下列条件的房屋，以及车位、摊位等特定空间，应当认定为民法典第二编第六章所称的专有部分：

（一）具有构造上的独立性，能够明确区分；

（二）具有利用上的独立性，可以排他使用；

（三）能够登记成为特定业主所有权的客体。

规划上专属于特定房屋，且建设单位销售时已经根据规划列入该特定房屋买卖合同中的露台等，应当认定为前款所称专有部分的组成部分。

本条第一款所称房屋，包括整栋建筑物。

专有部分可为所有权人直接支配并享有其利益，因此须在结构上和利用上均具有独立性。所谓结构上的独立性，指专有部分在建筑构造上须与建筑物的其他部分相隔离，如通过墙体、地板、天花板等与他人的专有部分及公共部分相隔离。所谓使用上的独立性，指专有部分须满足单独使用及具有独立的经济效用的要求。于是，原则上，在一套住宅内的一间房屋往往不能成为一个独立所有权的对象（专有部分），因为它不具有使用上的独立性。专有部分所具有的独立性还表现在它可成为独立的登记对象。业主对专有部分的所有权须满足物权法上一般的公示要求，而只有在具备结构上和使用上的独立性后才能成为独立的登记对象。

（二）共有部分

【重点法条】

《建筑物区分所有权解释》第3条　除法律、行政法规规定的共有部分外，建筑区划内的以下部分，也应当认定为民法典第二编第六章所称的共有部分：

（一）建筑物的基础、承重结构、外墙、屋顶等基本结构部分，通道、楼梯、大堂等公共通行部分，消防、公共照明等附属设施、设备，避难层、设备层或者设备间等结构部分；

（二）其他不属于业主专有部分，也不属于市政公用部分或者其他权利人所有的场所及设施等。

建筑区划内的土地，依法由业主共同享有建设用地使用权，但属于业主专有的整栋建筑物的规划占地或者城镇公共道路、绿地占地除外。

区分所有的建筑物，除归属各区分所有人单独所有的专有部分外，还有共有部分。这些共有包括：（1）建筑物中专有部分以外的其他部分，如电梯、楼梯、走廊、屋顶、地下室等；（2）不属于专有的建筑物的附属物以及附属设备，如给排水设施、消防设施、天井、水塔、停车场、绿地等。

依《民法典》的具体规定，业主共有的部分包括：建筑物本体中不属于专有部分的各部分；建筑区划内不属于市政公共道路的道路；建筑区划内不属于市政公共绿地或者明示属于个人的绿地；建筑区划内的其他公共场所、公用设施和物业服务用房等。

关于建筑区划内规划用于停放汽车的车位、车库的归属，《民法典》第275条、276条做出了三项规定：（1）由当事人通过出售、附赠或者出租等方式约定。此处所指的"当事人"，应为房屋买卖合同的双方当事人，因此，在车位、车库的归属问题上，《民法典》采取了允许当事人自治的做法。（2）占用业主共有的道路或者其他场地用于停放汽车的车位，属于业主共有。（3）首先满足业主的需要，也就是说，业主在承租、承买、无偿使用等方面具有优先于其他人的权利。

【真题解读】

（2006年多选）甲、乙、丙、丁分别购买了某住宅楼（共四层）的一至四层住宅，并各自办理了房产证。下列哪些说法是正确的？[1]

A. 甲、乙、丙、丁有权分享该住宅楼的外墙广告收入

B. 一层住户甲对三、四层间楼板不享有民事权利

C. 若甲出卖其住宅，乙、丙、丁享有优先购买权

D. 如四层住户丁欲在楼顶建一花圃，须得到甲、乙、丙同意

四、管理组织 *

如前所述，就建筑物区分所有权的法律内涵而言，除包括各业主对其专有部分的单独所有权以及他们对共有部分的共有权外，还涉及对共有部分及社区生活加以管理的组织形式。

《民法典》确立了两个管理组织：业主大会和业主委员会。

业主大会由全体区分所有权人组成，有权就《民法典》第278条所列事项做出决定。业主委员会是经业主大会选举其成员而组成的管理社区公共事务的公共机构，可视为业主大会的常设性执行机构。关于业主共同事项的决议规则，《民法典》第278条有十分具体的规定，此非法考重点，不必特别识记。

根据《民法典》第284条的规定，业主可以自行管理建筑物及其附属设施，也可以委托物业服务企业或者其他管理人管理。对建设单位聘请的物业服务企业或者其他管理人，业主有权依法更换。2020年了修正的《最高人民法院关于审理物业服务纠纷案件适用法律若干问题的解释》，而《民法典》更是在合同编第二分编将"物业服务合同"增列为新的典型合同（见后）。

业主大会或者业主委员会的决定，对业主具有约束力。业主大会或者业主委员会作出的决定侵害业主合法权益的，受侵害的业主可以请求人民法院予以撤销。

【提示】

就客观题考试而言，《民法典》第279条的规定具有一定重要性。该条规定："业主不得违反法律、法规以及管理规约，将住宅改变为经营性用房。业主将住宅改变为经营性用房的，除遵守法律、法规以及管理规约外，应当经有利害关系的业主一致同意"。

---

[1]【解析】正确选项ABD。本题考核建筑物区分所有权中的共有部分问题。由于外墙属于所有业主均享有共有权的部分，故外墙广告收入应由该住宅楼全体业主享有，选项A正确。在建筑部分的功能上，三、四层间的楼板仅对三、四层的住宅具有意义，故应认定其仅为此两层住宅业主所共有，选项B正确。建筑物区分所有权中对共有部分的共有权与通常的共有不同，而且，甲出卖的恰恰是属于其专有部分的住宅，故该楼其他业主均不享有优先购买权，选项C错误。楼顶属于该住宅楼全体业主共有的部分，故其利用方式应征得全体业主的同意，选项D正确。

第四节　相邻关系

一、概述 *

所谓不动产相邻关系，指的是法律为调和相邻不动产的利用，而在其所有人或其他权利人之间所设定的权利义务关系。

相邻关系涉及相邻不动产权利人之间的权利义务关系。尽管人们常常使用"相邻权"来指称相关当事人因不动产相邻而对邻人拥有的权利，但是，所谓相邻权其实并非一种独立的权利，相邻关系中所包含的权利内容只是不动产权利的必要限制或扩张。

在《民法典》物权编上，与相邻关系在内容上看似十分接近的一项权利是地役权。实际上，二者之间存在着本质的区别：在发生机制上，地役权是当事人间通过订立地役权合同，以意定的方式设定，充分体现当事人双方的意思自治，而相邻关系则是由法律直接规定的，无需以当事人的合意为基础；在效力上，地役权只有经过登记，才能产生对抗第三人的效力，而相邻关系由于并非独立的权利，当然也不存在登记的问题，但作为法定的不动产权利义务关系，其仍具有对抗第三人的效力。

【注意】

就法考而言，考生应有能力区分相邻关系与地役权。

二、几种主要的相邻关系 *

（一）邻地的利用

1. 邻地通行。《民法典》第 291 条规定，"不动产权利人对相邻权利人因通行等必须利用其土地的，应当提供必要的便利"。该条所称"因通行等必须利用"指的应该是这样一种状况：由于土地的坐落状况，其四周不通公路（民法理论形象地将此类土地称为"袋地"），或者存在虽可通过公共道路进入但对不动产权利人极为不便的情形（"准袋地"）。由于进入土地是对其加以利用的基本前提，因此，在前述情形下，相邻土地权利人不得以排除妨害为由禁止通行。如果并不存在"袋地"或"准袋地"的情形，而仅仅是为了方便起见（如穿行邻地能大大缩短进入自己不动产的时间），则不能成立法定相邻关系意义的"通行权"。如欲取得通行的权利，须与需要被通行之土地的权利人订立以通行为内容的地役权合同。另外，在相邻关系上，不动产权利人的通行还须遵循两条基本规则：（1）应尽量避免对邻地造成损害；（2）对因通行所造成的损害，应向邻地权利人支付赔偿金。

2. 管线铺设。《民法典》第 292 条规定，"不动产权利人因建造、修缮建筑物以及铺设电线、电缆、水管、暖气和燃气管线等必须利用相邻土地、建筑物的，该土地、建筑物的权利人应当提供必要的便利"。此条所指的"必须"应作如下解释：如不通过邻地，则根本无从铺设管线或所需的花费将过巨以至于无法承受。同样，管线的铺设人也应遵循最小损害方式（例如，凡能在地下铺设的，就不应在地上铺设）及支付补偿金的规则。

3. 因建造原因的利用。因营造建筑物，有时需要对相邻土地加以一定利用，如临时堆放建筑材料等。《民法典》第 292 条肯定了因此目的而对邻地加以利用的权利。

（二）排水及用水关系

《民法典》第 290 条规定，"不动产权利人应当为相邻权利人用水、排水提供必要的便利。对自然流水的利用，应当在不动产的相邻权利人之间合理分配。对自然流水的排放，应当尊重自然流向"。

（三）建筑相邻关系

《民法典》第 293 条规定，"建造建筑物，不得违反国家有关工程建设标准，不得妨碍相邻建筑物的通风、采光和日照"。就建筑物之所有人而言，获得适当的通风、光线和日照是其在不动产上的重要利益。如果邻近的土地权利人因建筑等原因严重影响其建筑物的通风、采光和日照，则其有权要求予以禁止。当然，为充分利用稀缺的土地资源，建筑物所有人获得通风、采光和日照的权利也仅仅被局限在必要的限度内。如建筑物所有人需要获得更佳的居住条件，可以与邻近不动产权利人订立地役权合同，设立以通风、采光或日照等为内容的地役权。

（四）固体污染物、气响等侵入的防止

《民法典》第 294 条规定，"不动产权利人不得违反国家规定弃置固体废物，排放大气污染物、水污染物、土壤污染物、噪声、光辐射、电磁辐射等有害物质"。固体废弃物、污水、噪声、电磁辐射等对人的健康及生活的品质会造成不利的影响，不动产权利人有权要求排除这些气响的侵入。

但是，如果气响等的侵入轻微，或依不动产的坐落情况等符合习惯的，则不动产权利人有容忍的义务。所谓轻微，指未造成严重损害，例如邻居在白天演奏乐器发出声响。所谓依不动产坐落情况符合习惯的情形，典型的事例是，不动产位于高速公路之旁，故其权利人不得不容忍一定的噪声、废气等。

（五）邻地损害的防免

《民法典》第 295 条规定，"不动产权利人挖掘土地、建造建筑物、铺设管线以及安装设备等，不得危及相邻不动产的安全"。在土地上施工可能会对相邻的不动产造成损害，例如，挖掘土地可能会造成邻近建筑物地基的动摇，从而危及其安全。不动产权利人在进行施工时，应注意避免对相邻不动产造成损害，因施工造成相邻不动产损害的，相邻不动产的权利人可请求施工人停止施工。

另外，如果建筑物或其他工作物有倾倒的危险从而对邻近的不动产造成潜在的威胁，则不论该危险是由人为原因造成，还是由地震等自然原因造成，邻近不动产权利人都有权要求危险不动产的权利人通过加固或拆除等方式消除此危险。

第五节　共　有

共有一节的知识结构，可图示如下：

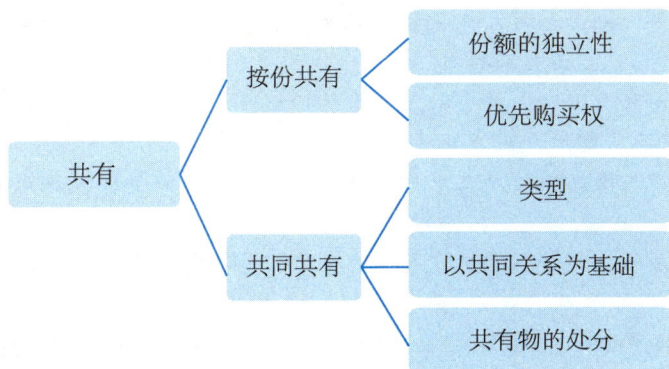

一、共有的概念 *

【重点法条】

《民法典》第 297 条 不动产或者动产可以由两个以上组织、个人共有。共有包括按份共有和共同共有。

共有指两个或两个以上民事主体共同拥有一物的所有权。所有权具有排他性，一物之上不能并存两个所有权。共有并不违反这一原则，因为共有只是数个共有人共享一个所有权。在社团法人的情形，尽管法人是由多数自然人构成，但由于法人团体具有独立人格，故法人的财产属于法人单独所有，而非构成法人的成员共有。

共有可区分为按份共有和共同共有。以下将阐明二者的识别标准。

二、共有的类型识别 * *

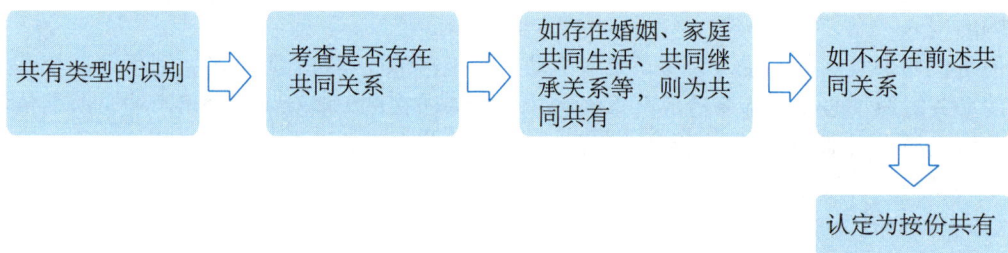

共有类型的识别 ⇒ 考查是否存在共同关系 ⇒ 如存在婚姻、家庭共同生活、共同继承关系等，则为共同共有 ⇒ 如不存在前述共同关系 ⇒ 认定为按份共有

【重点法条】

《民法典》第 308 条 共有人对共有的不动产或者动产没有约定为按份共有或者共同共有，或者约定不明确的，除共有人具有家庭关系等外，视为按份共有。

该条实际上确立了共有类型界定上"以按份共有为原则，以共同共有为例外"的规则。所谓"除共有人具有家庭关系等外"，主要指夫妻婚后财产共有关系、家庭财产共有关系、共同继承关系及合伙关系等。在这几种情形下，共有的类型为共同共有（具体见后）。

【特别提示】回答有关共有的题目，往往首先需要界定共有的类型。考生应按前述原则与例外的关系，首先考虑题中所涉及的共有是否落入特定的共同共有类型之中，如否，则可判断其为按份共有，并据此答题。

【真题解读】

（2011 年多选）关于共有，下列哪些表述是正确的？[1]

A. 对于共有财产，部分共有人主张按份共有，部分共有人主张共同共有，如不能证明财产是按份共有的，应当认定为共同共有

B. 按份共有人对共有不动产或者动产享有的份额，没有约定或者约定不明确的，按照出资额确定；不能确定出资额的，视为等额享有

C. 夫或妻在处理夫妻共同财产上权利平等，因日常生活需要而处理夫妻共同财产的，任何一方均有权决定

D. 对共有物的分割，当事人没有约定或者约定不明确的，按份共有人可以随时请求分割，

---

[1]【解析】正确选项 BCD。A 选项错误，相反的观点是正确的，即不能证明是共同共有的，应认定为按份共有。B 选项是关于份额确定的规则，系《民法典》第 309 条规定的内容，正确。C 选项正确，夫妻在家事范围内需要处分共有财产的，任何一方均有权决定。D 选项正确，符合共有物分割的规定。

共同共有人在共有的基础丧失或者有重大理由需要分割时可以请求分割

三、按份共有 ＊ ＊ ＊

（一）意义

所谓按份共有，指的是数人依其份额享有所有权的形态。《民法典》第298条所给出的界定是：按份共有人对共有的不动产或者动产按照其份额享有所有权。

按份共有不仅表现出了所有权主体的多数性及客体的同一性，而且其最显著的特征是各共有人按照其份额享有所有权，按份共有人对其份额有独立处分的能力。

（二）共有份额

1. 份额的意义

共有份额，指各共有人对其所有权在量上应享有的部分。份额的对象是所有权而非实物，也就是说，份额抽象地存在于共有物上，而不是具体特定于其某个部分。例如，说甲、乙二人对某一房屋各拥有50%的份额，意指的是，二人各享有该屋所有权的50%，而非指二人对该屋的不同部分享有权利。

2. 份额的确定

各共有人在按份共有中所享有的份额比例，依该共有关系发生的原因而定。

基于当事人意思发生的按份共有，各共有人的共有份额依当事人的意思而定。《民法典》第309条规定，"按份共有人对共有的不动产或者动产享有的份额，没有约定或者约定不明确的，按照出资额确定；不能确定出资额的，视为等额享有"。基于法律规定而直接发生的按份共有，则依法定的标准确定各共有人的应有份额。如依上述方法仍无法确定份额的，应推定各共有人均等地享有份额。

3. 份额的处分及优先购买权

【重点法条】

《民法典》第305条 按份共有人可以转让其享有的共有的不动产或者动产份额。其他共有人在同等条件下享有优先购买的权利。

《民法典》第306条 按份共有人转让其享有的共有的不动产或者动产份额的，应当将转让条件及时通知其他共有人。其他共有人应当在合理期限内行使优先购买权。

两个以上其他共有人主张行使优先购买权的，协商确定各自的购买比例；协商不成的，按照转让时各自的共有份额比例行使优先购买权。

按份共有人可以自由地转让其共有份额，而无须征得其他共有人的同意。既已区分为共有人所享有，共有份额自可受其共有人自由支配，包括将其转让。另外按份共有人对份额的处分，还包括将其抵押。对此，可参考原《担保法解释》第54条第1款的规定，"按份共有人以其共有财产中享有的份额设定抵押的，抵押有效"（尽管改解释已废止，但此规则符合法理）。

在共有人之一转让其份额时，其他共有人虽然无权表示反对，但却可依法主张同等条件下的优先购买权。因优先购买权的存在，出让份额的共有人应及时将其与第三人的交易条件通知其他共有人。关于按份共有人的优先购买权，《民法典》及《物权编解释（一）》确立了以下重要规则：

（1）共有份额的权利主体因继承、遗赠等原因发生变化时，其他按份共有人不得主张优先购买。之所以如此，是因为这些情形下不存在优先购买权行使的"同等条件"。

（2）关于优先购买权的行使期间，有约定的依约定，无约定或约定不明的，依出让人对其他按份共有人的通知中载明的时间而定；通知未载明或载明的时间短于十五日的，为接到通知之日起的十五日；转让人未通知的，为其他按份共有人知道或者应当知道最终确定的同等条件之日起十五日；转让人未通知，且无法确定其他按份共有人知道或者应当知道最终确定的同等条件的，为共有份额权属转移之日起六个月（说明：此处的期限规定来自《物权编解释（一）》，比较复杂。作者判断，此非法考关注点，无需强记）。

（3）按份共有人以其优先购买权受到侵害为由，仅请求撤销共有份额转让合同或者认定该合同无效（而不行使优先购买权受让份额的），人民法院不予支持。这就意味着，若其他共有人有意行使优先购买权，则可以主张对外转让的效力不发生。

（4）按份共有人之间转让共有份额的，除非当事人另有约定，其他共有人不享有优先购买权。

（5）两个以上按份共有人主张优先购买且协商不成时，当事人可请求按照转让时各自份额比例行使优先购买权。

以上知识点，可图示如下：

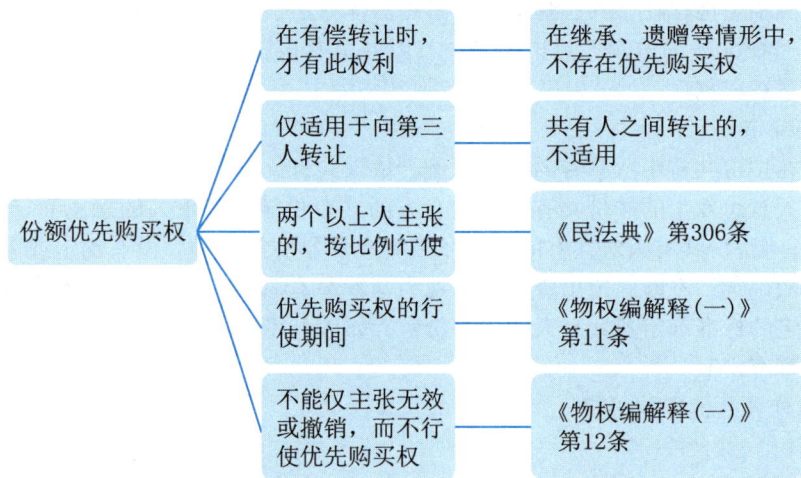

```
                                    ┌─ 在有偿转让时，        ── 在继承、遗赠等情形中，
                                    │  才有此权利            不存在优先购买权
                                    │
                                    ├─ 仅适用于向第三       ── 共有人之间转让的，
                                    │  人转让               不适用
                                    │
                  份额优先购买权 ───┼─ 两个以上人主张       ── 《民法典》第306条
                                    │  的，按比例行使
                                    │
                                    ├─ 优先购买权的行       ── 《物权编解释（一）》
                                    │  使期间               第11条
                                    │
                                    └─ 不能仅主张无效       ── 《物权编解释（一）》
                                       或撤销，而不行       第12条
                                       使优先购买权
```

【特别提示】考试常将共有人的优先购买权与承租人的优先购买权这两个考点一并加以考核。在遇到类似题目时，考生应采取的立场是：按份共有人和承租人均享有优先购买权，但前者的优先购买权更为优越，是第一位的，而后者是第二位的。尽管理论上对此有争议，但《民法典》第726条实际上进一步强化了这一规则，故可据此答题。

【真题解读】

1.（2002年单选）甲、乙各以20%与80%的份额共有一间房屋，出租给丙。现甲欲将自己的份额转让，请问下列表述中哪一说法是正确的？[1]

A. 乙有优先购买权，丙没有优先购买权

B. 丙有优先购买权，乙没有优先购买权

C. 乙、丙都有优先购买权，两人处于平等地位

D. 乙、丙都有优先购买权，乙的优先购买权优于丙的优先购买权

2.（2016年多选）甲、乙、丙、丁按份共有一艘货船，份额分别为10%、20%、30%、

---

〔1〕【解析】正确选项为D。本题考核共有人优先购买权与承租人优先购买权的适用问题。法考不止一次测试过这个考点。按份共有人甲在转让其份额时，作为共有人的乙显然享有优先购买权。至于承租人丙是否享有优先购买权的问题，法考立场还是承认承租人对于共有租赁物份额的转让也享有优先购买权。当然，由于共有人的优先购买权直接指向共有份额，因此应认为该优先购买权更为优先。如此，则选项D正确。

40%。甲欲将其共有份额转让，戊愿意以50万元的价格购买，价款一次付清。关于甲的共有份额转让，下列哪些选项是错误的？[1]

A. 甲向戊转让其共有份额，须经乙、丙、丁同意

B. 如乙、丙、丁均以同等条件主张优先购买权，则丁的主张应得到支持

C. 如丙在法定期限内以50万元分期付款的方式要求购买该共有份额，应予支持

D. 如甲改由向乙转让其共有份额，丙、丁在同等条件下享有优先购买权

3. （2017年多选）甲、乙、丙、丁按份共有某商铺，各自份额均为25%。因经营理念发生分歧，甲与丙商定将其份额以100万元转让给丙，通知了乙、丁；乙与第三人戊约定将其份额以120万元转让给戊，未通知甲、丙、丁。下列哪些选项是正确的？[2]

A. 乙、丁对甲的份额享有优先购买权

B. 甲、丙、丁对乙的份额享有优先购买权

C. 如甲、丙均对乙的份额主张优先购买权，双方可协商确定各自购买的份额

D. 丙、丁可仅请求认定乙与戊之间的份额转让合同无效

（三）共有物的处分

【重点法条】

《民法典》第301条 处分共有的不动产或者动产以及对共有的不动产或者动产作重大修缮、变更性质或者用途的，应当经占份额三分之二以上的按份共有人或者全体共同共有人同意，但是共有人之间另有约定的除外。

在按份共有物的处分及重大修缮方面，须注意以下几个问题：

第一，我国《民法典》确立的是"多数决"的原则，即<u>共有物的处分和重大修缮无须征得所有共有人的同意，而仅需占份额三分之二以上的共有人同意即可</u>。但是，在解释上，应将此"多数决"规则适用的"处分"局限于有偿的出让，而不应该包括以赠与为原因的出让，而且，少数共有人当然也有权要求按其所占份额分割有偿出让共有物所获得的价款。另一方面，因对共有物进行重大修缮而支出费用的，应由各共有人依其所占份额予以承担。

第二，如共有物的转让未获占份额三分之二以上共有人的同意，则共有物的处分行为应属效力待定，须经至少占份额三分之二以上共有人的同意才能发生效力。但是，如果受让人善意不知物为共有物，则其可依善意取得的规定取得标的物的所有权。

第三，《民法典》第301条的规范在性质上属于任意规范，可由共有人之间的特别约定予以排除。当事人既可约定共有物的处分和重大修缮须经全体共有人同意，从而维护每一共有人的利益，同时也可降低多数决的标准（如约定处分或重大修缮只需占份额二分之一以上的共有人同意），从而便利物的利用与处分。

第四，《民法典》仅就共有物的处分和重大修缮做出了规定，而未明确规定共有物的简易修缮等行为应适用的规则。依法理，简易修缮（如疏通下水管道、更换破碎的门窗玻璃等），可由各共有人单独为之，不必征得其他共有人的同意。

【真题解读】

1. （2010年单选）红光、金辉、绿叶和彩虹公司分别出资50万、20万、20万、10万元

---

[1] **【解析】**正确选项为ABCD。共有人对其份额有独立的处分权，其处分无须征得其他共有人的同意。两个以上共有人均主张优先购买的，可根据共有比例行使优先购买权。分期付款对转让人不利，不构成"同等条件"。按份共有人之间转让共有份额的，如无特别约定其他共有人不享有优先购买权。

[2] **【解析】**正确选项为BC。共有人之间转让份额的，其他共有人不享有优先购买权。两个以上共有人主张优先购买权的，可首先协商，协商不成的，按比例行使优先购买权。共有人对外转让共有份额，未通知其他共有人的，其他共有人不得仅请求确认份额转让无效而不行使优先购买权。

建造一栋楼房，约定建成后按投资比例使用，但对楼房管理和所有权归属未作约定。对此，下列哪一说法是错误的？[1]

  A. 该楼发生的管理费用应按投资比例承担

  B. 该楼所有权为按份共有

  C. 红光公司投资占50%，有权决定该楼的重大修缮事宜

  D. 彩虹公司对其享有的份额有权转让

  2. （2012年单选）甲、乙、丙、丁共有1套房屋，各占1/4，对共有房屋的管理没有进行约定。甲、乙、丙未经丁同意，以全体共有人的名义将该房屋出租给戊。关于甲、乙、丙上述行为对丁的效力的依据，下列哪一表述是正确的？[2]

  A. 有效，出租属于对共有物的管理，各共有人都有管理的权利

  B. 有效，对共有物的处分应当经占共有份额2/3以上的共有人的同意，出租行为较处分为轻，当然可以为之

  C. 无效，对共有物的出租属于处分，应当经全体共有人的同意

  D. 有效，出租是以利用的方法增加物的收益，可以视为改良行为，经占共有份额2/3以上的共有人的同意即可

  3. （2021年单选）甲、乙、丙三人按照7：2：1比例合资购买哈士奇一只，约定轮流饲养。甲在养狗期间，将该狗以1万元的价格转让给丁。对此，下列说法正确的是？[3]

  A. 丁构成善意取得   B. 乙有优先购买权

  C. 甲转让的是共有份额   D. 甲与丁之间的买卖合同有效

四、共同共有＊＊

（一）概念与特征

  共同共有，指数人不分份额地共同享有一物所有权的共有形态。我国《民法典》物权编对共同共有的基本界定是：共同共有人对共有的不动产或者动产共同享有所有权。

  共同共有具有以下法律特征：

  （1）就主体而言，共有人须为两人或两人以上。

  （2）就客体而言，共同共有往往指向集合物（如夫妻婚后所得财产、未分割的遗产、合伙财产等）。

  （3）共同共有的发生，以共有人之间存在共同关系为其基础。所谓共同关系，指构成共同共有基础的法律关系，如婚姻关系、家庭共同生活关系、共同继承关系、合伙关系等。共同关系的存在与否，也是判断共有关系究竟为按份共有还是共同共有的一个标准。

  （4）共有人的共有不区分份额。与按份共有不同，共同共有并不在共有人之间区分份额，

---

  〔1〕【解析】本题正确选项为C。根据《民法典》之规定，当事人对共有类型未约定的，除家庭共有等外，应视为按份共有，且依出资比例确定共有份额；按份共有的份额可自由转让；按份共有人按份额享有对共有物的权利，同时也应依其份额承担费用。重大修缮须经占三分之二以上份额共有人的同意。综上，A、B、D三选项正确，C选项错误。

  〔2〕【解析】本题正确答案为B。依《民法典》第301条之规定，共有物的处分或重大修缮须经三分之二以上共有人同意。本题需要判断的是，将共有房屋出租给他人，应如何获得共有人的同意。选项B正确地运用了"举重以明轻"的法律推理规则，即，既然征得三分之二以上份额持有者同意之后，可将共有物出让，那么，更可以在此情形决定将其用于出租。

  〔3〕【解析】正确选项为D。甲对共有物的份额超过了三分之二，根据《民法典》第301条，甲有权单独决定共有物的处分。甲出卖狗于丁，其转让的并非份额，而是共有物，也不存在优先购买之问题，故选项B和C错误。既然甲有权处分，丁的取得不是善意取得，选项A错误。甲与丁之间买卖合同有效，不言而喻。

各共同共有人不分份额地、平等地对共有物享有权利并承担相应义务。

(二) 共同共有的类型

由于共有系以按份共有为原则以共同共有为例外，因此，应穷尽共同共有的类型。共同共有的类型包括：

1. 夫妻共同共有。因婚姻关系而产生的婚姻共同财产制，是包括我国婚姻法在内的许多国家法律承认的制度。根据《民法典》婚姻家庭编的规定，在婚姻关系存续期间，夫妻双方或一方的劳动所得、接受继承或遗赠的财产以及其他并非依法归一方所有的财产，均归夫妻双方共同所有。婚姻关系期间，对于夫妻共有的财产，夫妻双方平等地享有权利。原则上，非经对方的同意，任何一方不得单独地处置夫妻共有财产，但为日常生活需要处置共有财产的除外。

2. 家庭共同共有。依我国传统，儿女即便在成年获得独立收入来源后，仍有可能与父母及其他家庭成员居住在一起。基于此家庭共同生活关系，有必要确认一定范围内的家庭财产归家庭成员共同所有。对于此家庭共有财产，享有共有权的家庭成员应平等地加以利用。在分家析产时，家庭共有关系终结，家庭成员可要求对共有财产进行分割。须注意的是，这种家庭共有系因共同生活关系所生，如仅具亲属关系而无共同生活关系（如成年后各自组建家庭的兄弟姐妹之间），则无家庭共有可言。

3. 遗产的共同共有。根据我国继承法，继承开始后，遗产立刻转归继承人所有。如果同一顺序的继承人为多人，则应由数人共同继承遗产。就法定继承而言，遗产以集合物的形式发生此种权利变动，在多个继承人分割遗产之前，并不能确定各个继承人所继承的具体财产是哪些。因此，在遗产继承开始之后、遗产分割之前，各继承人共同享有遗产的所有权。这种共有形态是一种典型的共同共有。

4. 合伙共同共有。因合伙合同的缔结，在合伙人之间产生合伙关系。民事合伙不产生独立人格，其财产由全体合伙人共同共有，由合伙所产生的债务由全体合伙人承担连带清偿责任。关于合伙共有究竟属于共同共有还是按份共有，理论上有争议，法考应该不会测试。

(三) 共同共有物的处分

根据前引《民法典》第301条的规定，共同共有人处分共有物或对共有物作重大修缮的，须经全体共有人一致同意。部分共有人未经其他共有人同意擅自处分共有物的，其处分行为效力待定，只有在获得其他共有人的追认后才能发生效力。共有物的受让人善意不知部分共有人无权处分的，可依善意取得之规定取得所有权。

五、共有物的分割 ＊＊

【重点法条】

《民法典》第303条　共有人约定不得分割共有的不动产或者动产，以维持共有关系的，应当按照约定，但是共有人有重大理由需要分割的，可以请求分割；没有约定或者约定不明确的，按份共有人可以随时请求分割，共同共有人在共有的基础丧失或者有重大理由需要分割时可以请求分割。因分割造成其他共有人损害的，应当给予赔偿。

按份共有不以共有人之间具有某种共同关系为基础，因此，民法对按份共有采分割自由的原则，即各共有人均有权随时要求终止共有关系，并分割共有物。当然，根据契约自由的原则，各共有人也可以约定不对共有物进行分割，从而维护共有关系。不过，即便在此情形下，根据《民法典》第303条的规定，在具有重大理由时，共有人仍有权要求分割。此条中所称"重大理由"，应指继续维持共有状态可能会对共有人造成严重不公平结果的情形，例如，共有人间在共有物的管理、利用方法方面产生了重大分歧无法达成一致等。

共同共有以共同关系为基础。原则上，在共同关系存续期间，共有人不得要求分割共有物。依《民法典》第303条规定，在共有基础丧失（如夫妻离婚）或者有重大理由（如《民法典》第1066条）需要分割时，共有人可请求分割共有物。

关于共有物的分割方式，由各共有人协商确定。在无法达成协议时，如共有物为可分物的，应采取实物分割的方式；如共有物为不可分物，则应当首先就共有物进行折价或者拍卖、变卖，然后对所取得的价款予以分割。

《民法典》第304条第2款还规定，"共有人分割所得的不动产或者动产有瑕疵的，其他共有人应当分担损失"。该条实际上确认了共有人对共有物分割的瑕疵担保责任，即各共有人担保其他共有人所分得之物上不存在瑕疵。共有人应担保其他共有人所分得的共有物的部分在分割之前不存在隐蔽的瑕疵，其他共有人所分得之物上存在隐蔽瑕疵而使其有所损失的，共有人应按其先前所享有的共有份额分担此损失。

【相关法条】

《民法典》第1066条　婚姻关系存续期间，有下列情形之一的，夫妻一方可以向人民法院请求分割共同财产：

（一）一方有隐藏、转移、变卖、毁损、挥霍夫妻共同财产或者伪造夫妻共同债务等严重损害夫妻共同财产利益的行为；

（二）一方负有法定扶养义务的人患重大疾病需要医治，另一方不同意支付相关医疗费用。

六、因共有物产生的债务关系＊＊

【重点法条】

《民法典》第307条　因共有的不动产或者动产产生的债权债务，在对外关系上，共有人享有连带债权、承担连带债务，但法律另有规定或者第三人知道共有人不具有连带债权债务关系的除外；在共有人内部关系上，除共有人另有约定外，按份共有人按照份额享有债权、承担债务，共同共有人共同享有债权、承担债务。偿还债务超过自己应当承担份额的按份共有人，有权向其他共有人追偿。

因对物的共有关系可能引发多数人之间的债权债务关系。例如，共有的建筑物致人损害的，各共有人须对受害人承担赔偿责任。此时，需要界定此类多数人之债的对外效力与对内效力。

原则上，在对外关系上，共有人对因共有物而产生的债权债务关系享有连带债权、承担连带债务。也就是说，它构成连带之债。在对内关系上，按份共有人原则上依其份额享有债权或承担债务；不区分份额的各共有人则共同享有债权或承担债务。另外，连带之债中的求偿权也适用于此，因此，偿还债务超过自己应承担份额的按份共有人，有权向其他共有人追偿。

【真题解读】

（2009年多选题）甲、乙、丙按不同的比例共有一套房屋，约定轮流使用。在甲居住期间，房屋廊檐脱落砸伤行人丁。下列哪些选项是正确的?[1]

A. 甲、乙、丙如不能证明自己没有过错，应对丁承担连带赔偿责任

---

　[1]【解析】正确选项为ABCD。根据《民法典》第1253条的规定，建筑物致人损害的特殊侵权行为实行过错推定，而过错推定实际属于过错责任的一个特殊类型，由此，D项正确。另外，根据《民法典》第307条之规定，共有的房屋致人损害的，共有人对外承担连带责任，对内则按份额分担，并因此产生求偿权，据此，A、B、C三个选项都正确。

B. 丁有权请求甲承担侵权责任

C. 如甲承担了侵权责任，则乙、丙应按各自份额分担损失

D. 本案侵权责任适用过错责任原则

第六节　所有权的特别取得方法

一、概述 *

《民法典》物权编第九章为"所有权取得的特别规定"，其下分别规定了善意取得、拾得遗失物、从物随主物转让、孳息取得、添附等几种所有权取得的方式。实际上，所谓"特别"，主要指的是，这些所有权取得的方式都属于所谓"原始取得"的方式。

以权利取得是否须以前权利人之所有权为前提作为标准，所有权的取得可区分为原始取得和继受取得。继受取得主要是基于法律行为的取得，也就是说，所有权取得的效果系由前所有权人实施法律行为所产生的。相反，原始取得则是不以前权利人的所有权为前提而依法直接取得所有权的情形。除《民法典》物权编第九章列明的方式外，原始取得方式还包括先占。

【真题解读】

（2008 年单选）下列哪一选项属于所有权的继受取得？[1]

A. 甲通过遗嘱继承其兄房屋一间　　　B. 乙的 3 万元存款得利息 1000 元

C. 丙购来木材后制成椅子一把　　　D. 丁拾得他人搬家时丢弃的旧电扇一台

二、善意取得 * * * *

（一）概念

所谓善意取得，是指出让人与受让人间，以转移标的物所有权为目的而为不动产的移转登记或动产的交付，即便出让人无转移所有权的权利，在受让人为善意且满足其他要件（以合理价格受让）时，仍可由其取得标的物所有权的制度。

例如，甲将其笔记本电脑出借给乙而由后者占有之；乙将该电脑以市价出售给不知情的丙，并向其交付；甲知晓后以所有人身份向丙要求返还。在此例中，乙与丙之间实施的处分行为显然属于无权处分，本应属效力待定的行为，丙不能因此处分行为而当然地获得标的物所有权，只有在甲表示追认或乙事后取得所有权的情况下，丙才能作为受让人取得电脑所有权。但是，由于丙的善意，再加上其已现实占有标的物的事实，法律认可其直接取得标的物的所有权，从而使甲丧失了所有权。此时，甲不得向丙提出任何权利主张，而仅能向借用人（无权处分人）主张不当得利返还、侵权损害赔偿等债法上的请求权。

（二）善意取得的构成要件

【重点法条】

《民法典》第 311 条　无处分权人将不动产或者动产转让给受让人的，所有权人有权追回；除法律另有规定外，符合下列情形的，受让人取得该不动产或者动产的所有权：

（一）受让人受让该不动产或者动产时是善意；

（二）以合理的价格转让；

---

〔1〕【解析】正确选项为 A。通过遗嘱继承取得遗产，属于典型的继受取得。B 选项中的获得利息，系取得法定孳息，属于原始取得。C 选项中的事实系生产加工，属于原始取得。D 选项为先占取得，也属于原始取得。

（三）转让的不动产或者动产依照法律规定应当登记的已经登记，不需要登记的已经交付给受让人。

受让人依照前款规定取得不动产或者动产的所有权的，原所有权人有权向无处分权人请求损害赔偿。

当事人善意取得其他物权的，参照适用前两款规定。

《民法典》物权编将动产与不动产一体纳入善意取得制度中加以规范。实际上，不动产善意取得和动产善意取得，二者不仅在须完成登记或交付等方面存在差异，而且在善意的判断标准等方面也适用不同的规则。另外，《民法典》第 312 条、第 313 条也与不动产善意取得无关。在理解善意取得制度时，宜将不动产善意取得与动产善意取得分开思考。

根据《民法典》第 311 条及《物权编解释（一）》的相关规定，善意取得须满足如下要件：

1. 出让人须是无处分权人

所谓无处分权人，指非所有权人或在法律上欠缺处分权的其他人。一方面，非所有权人有时也有处分权，如经授权对标的物进行处分的代理人、行纪人等，故此类人实施的处分行为并非无权处分，无善意取得适用的余地；另一方面，在特定情形下，所有权人也可能暂时丧失处分权，例如，当债务人的财产被法院查封后，债务人即失去了对被查封财产的自由处分权。若处分人具有处分权，则处分行为可直接发生效力，而无须善意取得制度的作用。

2. 转让合同（买卖合同）不存在效力瑕疵

善意取得作用的对象乃是出让人与受让人之间实施的以转移标的物所有权为目的的物权法律行为。善意取得制度是对无权处分行为效力的弥补，它以处分行为的存在为前提。而且，此处分行为系双方法律行为，即当事人间存在移转标的物所有权的合意。如不存在当事人间以变动物权为内容的双方法律行为，则无善意取得的适用，例如，甲死亡，其法定继承人乙误认为甲借自丙的 A 物为甲所有而对其占有，此时，并不发生善意取得的问题。另外，出让人与受让人之间的转让合同（买卖合同）应该有效，如该合同因存在违反效力性强制性规范等情形而无效，或属于可撤销的情形，则即便其他要件均具备，亦不能发生善意取得的效果。此点得到了《物权编解释（一）》的确认。该解释第 20 条规定："具有下列情形之一，受让人主张依据民法典第三百一十一条规定取得所有权的，不予支持：（一）转让合同被认定无效；（二）转让合同被撤销"。

3. 受让人须为善意

所谓受让人的善意，是指受让人在受让所有权时不知出让人无处分权的事实且对此不知无重大过失。具体而言，对于受让人"善意"的认定，应区分动产与不动产判断。就动产而言，信赖出让人之占有可以作为善意的基础，但在特定情况下，也要求受让人尽最起码的审查义务，如购买二手机动车应审查出卖人是否为车辆行驶证上记载的车主。而对于不动产而言，则不能依据对不动产的占有状态主张善意，因为不动产以登记而非占有为公示手段，只有受让人信赖不动产登记簿上的权利记载时，其善意才能成立。例如，甲将其所有的房屋出租给乙，乙伪称自己为房屋所有权人而将其出卖给丙，并将房屋的占有转移给后者，此时，丙不得以自己信赖出让人乙对房屋的占有为由主张善意取得。这就意味着，凡发生不动产善意取得的情形，一定意味着不动产权属登记不准确，即登记簿上的名义权利人并非真实权利人，但是，登记却又提供了受让人善意信赖的充分基础。

关于受让人"善意"的判断，《物权编解释（一）》确立了以下规则：（1）受让人不知出让人无处分权且无重大过失的，应认定受让人为善意；真实权利人主张受让人不构成善意的，应当承担举证证明责任（第 14 条）。（2）"善意"的判断时点是依法完成不动产物权转移登记或者动产交付之时。

4. 所有权移转需要登记的，已完成登记；无须登记的，已完成交付

不动产所有权的变动，须以登记为要件，如登记未完成，则不发生所有权变动的结果。有权处分行为尚且要求登记，无权处分行为要发生物权变动的效果，即便有善意来弥补无处分权的缺陷，移转登记当然也不可或缺。动产所有权的变动，原则上无须登记，但须由出让人将标的物的占有移转于受让人，即须完成交付。需注意的是，根据民法原理及《物权编解释（一）》第17条之规定，<u>动产善意取得中所要求的"交付"，可以是现实交付，也可以是简易交付和指示交付</u>，并且要求在相应的法律行为生效时受让人须为善意。相反，<u>如受让人仅与无权处分人达成占有改定安排，则在受让人取得现实占有之前，不发生善意取得</u>。

如果无权处分之动产尚未交付，或无权处分的不动产尚未完成转移登记，则即便在订立相关合同时受让人系出于善意，他仍尚未取得标的物所有权。如果此时处分权人发现了无权处分的事实，则其可依其对物的所有权向无权处分人或物的其他占有人要求原物的返还。受让人此时不得以其善意对抗处分权人，而只能向无权处分人主张损害赔偿。

关于机动车的善意取得，应适用已完成登记还是已交付给受让人之规则的问题，《物权编解释（一）》第19条规定，<u>"转让人将民法典第二百二十五条规定的船舶、航空器和机动车等交付给受让人的，应当认定符合民法典第三百一十一条第一款第三项规定的善意取得的条件。"</u>

5. 受让人须以合理的价格有偿受让

根据《民法典》第311条的规定，<u>只有在标的物"以合理的价格转让"时，受让人才能依善意取得所有权</u>。也就是说，受让人只有在支付合理对价的情形下才可主张善意取得。这就意味着，在受让人因受赠而取得动产的占有或不动产的登记时，并不发生善意取得的问题，原权利人可依其所有权直接要求受让人返还原物。至于何为"合理的价格"，则须以一般人所具备的交易经验为判断。对此，《物权编解释（一）》第18条规定，"民法典第三百一十一条第一款第二项所称'合理的价格'，应当根据转让标的物的性质、数量以及付款方式等具体情况，参考转让时交易地市场价格以及交易习惯等因素综合认定。"

【特别提示】《民法典》第311条第1款第2项规定的是"以合理的价格转让"，但并未要求该价款已被支付。质言之，就该要件的满足而言，仅需当事人约定了合理的价格即可，无须被实际支付。

以上善意取得构成要件，可区分不动产与动产，图示如下：

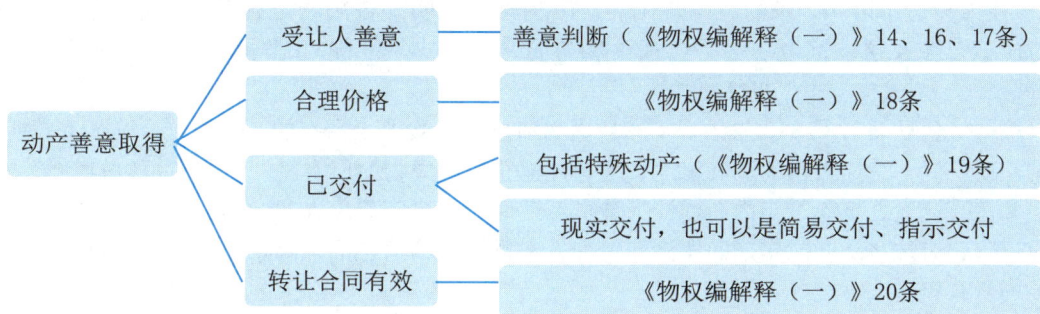

动产善意取得	受让人善意	善意判断（《物权编解释（一）》14、16、17条）
	合理价格	《物权编解释（一）》18条
	已交付	包括特殊动产（《物权编解释（一）》19条）
		现实交付，也可以是简易交付、指示交付
	转让合同有效	《物权编解释（一）》20条

不动产善意取得:
- 受让人善意 —— 信赖错误的登记簿(《物权编解释(一)》15条)
- 合理价格 —— 同动产
- 已登记 —— 需完成所有权转移登记
- 转让合同有效 —— 同动产

【真题解读】

(2021年多选)柳某将自己的一块名表借给谷某,借期3个月。在谷某使用过程中,该表被翁某看中,谷某将该表借给翁某,借期一周。在翁某使用过程中,该表又被汤某看中,汤某提出以10万元购买该表,翁某告知汤某该表为谷某所有。最终在翁某的撮合下,谷某决定以10万元将该表卖给汤某,约定汤某先支付10万元,等翁某使用结束后直接交付。对此,下列哪些说法是正确的?[1]

A. 翁某构成无权处分　　　　B. 谷某构成无权处分

C. 汤某构成善意占有　　　　D. 汤某构成善意取得

(三)善意取得的扩张

《民法典》第311条最后一款规定:"当事人善意取得其他物权的,参照适用前两款规定"。依善意取得所有权以外的物权,其最典型(也是法考最可能涉及)的情形是<u>质权的善意取得</u>。动产的出质人应对该动产享有处分权,但是,如出质人以他人之物出质而债权人对此不知情的,后者可善意取得质权。不动产登记簿上的名义权利人为债权人设立抵押权的,若后者为善意且已做抵押登记,则可善意取得抵押权。

(四)遗失物善意取得的特殊规则

【重点法条】

《民法典》第312条　所有权人或者其他权利人有权追回遗失物。该遗失物通过转让被他人占有的,权利人有权向无处分权人请求损害赔偿,或者自知道或者应当知道受让人之日起二年内向受让人请求返还原物;但是,受让人通过拍卖或者向具有经营资格的经营者购得该遗失物的,权利人请求返还原物时应当支付受让人所付的费用。权利人向受让人支付所付费用后,有权向无处分权人追偿。

《民法典》第311条所规定的善意取得制度不适用于遗失物、盗赃物等所谓"<u>占有脱离物</u>"。遗失物适用第312条的特殊规则。《民法典》未明确盗赃物是否适用善意取得的问题,法考应不会涉及这一问题。另外,<u>遗失物善意取得的规则,亦可类推适用于埋藏物、漂流物等</u>。

根据《民法典》第312条的规定,遗失物通过转让被他人占有的,即便符合第311条所规定的三项条件,受让人也不能确定地、终局性地获得遗失物的所有权。遗失人可以自知道或者应当知道受让人之日起二年内向受让人请求返还原物,对于遗失人的此项返还请求权,受让人不得以善意对抗之。此二年期间届满而遗失人未提出原物返还的,善意受让人可确定地取得遗失物的所有权。

---

〔1〕**【解析】**正确选项为BD。翁某仅是撮合了交易,并未实施处分行为,谷某无处分权而实施处分行为,构成无权处分。选项A错,B对。汤某善意不知谷某无处分,约定了合理价格,其以返还请求权让与的方式取得了表的间接占有,依《民法典》第311条发生善意取得的效果,D选项正确。善意占有是无权占有的一个类型,汤某既然已经善意取得所有权,其占有属于有权占有,选项C错误。

但是，如果受让人系通过拍卖或者向具有经营资格的经营者购得该遗失物，则此种情形下的受让人也应获得相当程度的保护。如果一味地维护所有人的利益而允许其无条件地向受让人要求返还其物，则人们即便在公开市场上善意地进行交易都可能遭受严重损失。有鉴于此，《民法典》针对此种情形又强化了对受让人的特别保护——善意受让人尽管仍不能确定地取得遗失物的所有权，但是，所有权人等权利人在向其请求返还原物时应当支付其在受让标的物时所付的费用。举例来说，如果甲遗失的价值约 8000 元的笔记本电脑为乙所拾得，乙委托一经营二手电脑的商店代售，丙在该商店以 7000 元购得该电脑，则甲虽然仍有权在知道电脑为丙所购得之日起两年内请求后者返还，但丙也有权要求甲偿付自己所付出的 7000 元价款，如此可保障善意受让人丙不遭受经济上的损失。

【真题解读】

（2015 年单选）甲将一套房屋转让给乙，乙再转让给丙，相继办理了房屋过户登记。丙翻建房屋时在地下挖出一瓷瓶，经查为甲的祖父埋藏，甲是其祖父唯一继承人。丙将该瓷瓶以市价卖给不知情的丁，双方钱物交割完毕。现甲、乙均向丙和丁主张权利。下列哪一选项是正确的？[1]

A. 甲有权向丙请求损害赔偿

B. 乙有权向丙请求损害赔偿

C. 甲、乙有权主张丙、丁买卖无效

D. 丁善意取得瓷瓶的所有权

（五）善意取得的法律效果

【重点法条】

《民法典》第 313 条　善意受让人取得动产后，该动产上的原有权利消灭。但是，善意受让人在受让时知道或者应当知道该权利的除外。

符合善意取得构成要件时，受让人将取得所有权，原权利人的所有权相应地消灭。

善意取得在性质上属于原始取得，因此受让人无须像继受取得人那样，在因出让人的意思获得所有权的同时，也须承受标的物上原有的权利负担。原始取得是一种不负负担的取得，因该所有权取得的效果，不仅原所有人的所有权消灭，而且他人在物上的其他权利也将消灭。举例来说，甲因向乙借款，将其所有的 A 物出质于乙，乙因此取得质权；乙将 A 物交丙保管，而丙将该物出售给了善意的丁，并完成了交付；此时，丁可依善意取得之规定取得 A 物的所有权，前所有人甲的所有权消灭；同时，由于丁同样不了解 A 物上有乙的质权，因此，乙的质权也消灭。须注意的是，《民法典》第 313 条针对的仅是动产。

原所有权人因他人善意取得而遭受损失，因其所有权的丧失系无权处分人的转让行为所致，故原所有人可以向无权处分人主张权利。依二者之间的关系，原权利人可向无权处分者主张侵权责任、违约责任或不当得利返还。

【主观题点睛】

善意取得是主观题典型考点。主观题测试善意取得，一般相对简单，可依前述不动产或动产善意取得的构成，判断是否发生善意取得的效果。

三、拾得遗失物 ＊＊＊

所有权人并不因遗失而丧失所有权，因此，他可以要求拾得人返还原物。对此，《民法典》第 314 条前句规定，"拾得遗失物，应当返还权利人"。

拾得人或负责处理遗失物的有关部门对遗失物负有妥善保管的义务，不过，此时应适用有

---

〔1〕【解析】正确选项为 A。甲因继承取得瓷瓶所有权。因适用遗失物规则，丁不能直接善意取得瓷瓶所有权。丙无权处分他人财产，甲可据此向其主张损害赔偿。

关无偿保管的规定，即保管人仅在故意或有重大过失时才对遗失物的毁损、灭失负赔偿责任（《民法典》第 316 条）。如果拾得人有侵占的意思，并导致遗失物毁损、灭失，则需依侵权法的一般规则承担责任。

依我国法律，拾得人不得向失主要求报酬，但可要求后者承担其所支出的保管费等必要费用（《民法典》第 317 条第 1 款）。须注意的是，这里所称的"必要费用"必须是拾得人实际所支出的费用，而不能理解为类似有偿保管的保管费。

遗失物返还问题常与悬赏广告相联系。如失主为寻找遗失物而发布悬赏广告的，则悬赏广告发生独立的效力：一旦拾得人返还了遗失物，失主应按照广告中的承诺支付约定的报酬。不过，如果拾得人侵占遗失物的，则无权请求保管遗失物等支出的费用，也无权请求权利人按照承诺履行义务（《民法典》第 317 条第 2、3 款）。

根据《民法典》第 318 条的规定，遗失物自发布招领公告之日起 1 年内无人认领的，归国家所有。

以上拾得遗失物的规则，可图示如下：

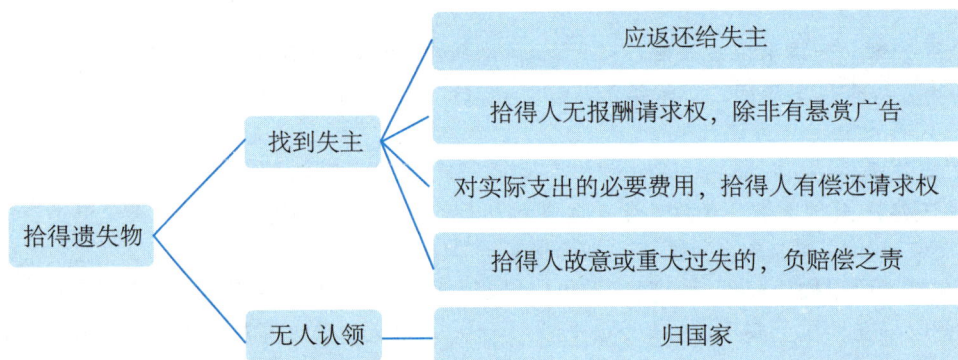

【真题解读】

1.（2004 年单选）甲有天然奇石一块，不慎丢失。乙误以为无主物捡回家，配以基座，陈列于客厅。乙的朋友丙十分喜欢，乙遂以之相赠。后甲发现，向丙追索。下列选项哪一个是正确的？[1]

A. 奇石属遗失物，乙应返还给甲　　　　B. 奇石属无主物，乙取得其所有权

C. 乙因加工行为取得奇石的所有权　　　D. 丙可以取得奇石的所有权

2.（2013 年单选）方某将一行李遗忘在出租车上，立即发布寻物启事，言明愿以 2000 元现金酬谢返还行李者。出租车司机李某发现该行李及获悉寻物启事后即与方某联系。现方某拒绝支付 2000 元给李某。下列哪一表述是正确的？[2]

A. 方某享有所有物返还请求权，李某有义务返还该行李，故方某可不支付 2000 元酬金

B. 如果方某不支付 2000 元酬金，李某可行使留置权拒绝返还该行李

C. 如果方某未曾发布寻物启事，则其可不支付任何报酬或费用

D. 既然方某发布了寻物启事，则其必须支付酬金

---

〔1〕【解析】正确选项为 A。甲不慎丢失奇石，属于遗失，拾得人乙有义务返还，故选项 A 正确。遗失并不会使甲丧失所有权，该奇石不因此成为无主物。简单配以基座并不构成加工行为。既然乙不能获得所有权，作为受赠人的丙也不能取得所有权。

〔2〕【解析】正确选项为 D。悬赏广告具有独立的效力，李某完成了指定工作，可要求悬赏广告声明的酬金，D 选项正确，A 错误。李某对行李的占有并不属于"合法"占有，故不发生法定留置权，B 错。即便未发布悬赏广告，如李某支出了保管费等必要费用，也应偿付这些费用，C 错。

3. （2017年单选）甲遗失手链1条，被乙拾得。为找回手链，甲张贴了悬赏500元的寻物告示。后经人指证手链为乙拾得，甲要求乙返还，乙索要500元报酬，甲不同意，双方数次交涉无果。后乙在桥边玩耍时手链掉入河中被冲走。下列哪一选项是正确的？[1]

A. 乙应承担赔偿责任，但有权要求甲支付500元

B. 乙应承担赔偿责任，无权要求甲支付500元

C. 乙不应承担赔偿责任，也无权要求甲支付500元

D. 乙不应承担赔偿责任，有权要求甲支付500元

4. （2021年多选）杨某遗失了一只手表，公开悬赏收集线索。马某拾得该表，且为维修手表支付了费用。对此，下列说法正确的是？[2]

A. 马某构成善意取得

B. 杨某可以请求返还手表

C. 杨某应当支付修理费用

D. 马某可以请求杨某支付悬赏报酬

四、无主物的先占取得 *

所谓先占，指的是以据为己有的意思，占有无主的动产而取得该动产所有权的法律事实。我国《民法典》对于先占这种所有权取得方式未作规定，但习惯法规则及学理事实上均承认先占的所有权取得效力。法考也时常会涉及这个考点。

先占须具备以下几个要件：必须是动产；须为无主物，包括自始无主物及因他人抛弃而成为无主之物；以所有的意思为占有；无法律上禁止性规定或他人享有先占权的情形。

具备上述诸要件的，发生先占取得的效果，即先占人取得其先占之无主物的所有权。该所有权取得的效果系基于法律的直接规定，而非基于他人既存的权利，故为原始取得。

【真题解读】

1. （2003年多选）私营企业主王某办公用的一台电脑损坏，遂嘱秘书张某扔到垃圾站。张某将电脑搬到垃圾站后想，与其扔了不如拿回家给儿子用，便将电脑搬回家，经修理后又能正常使用。王某得知电脑能够正常使用后，要求张某返还。下列哪些说法是错误的？[3]

A. 张某违反委托合同，不能取得电脑的所有权

B. 张某基于先占取得电脑的所有权

C. 王某有权要回电脑，但应当向张某予以补偿

D. 因抛弃行为尚未完成，王某可以撤回其意思表示，收回对电脑的所有权

2. （2011年单选）潘某与刘某相约出游，潘某在长江边拾得一块奇石，爱不释手，拟带回家。刘某说，《物权法》规定河流属于国家所有，这一行为可能属于侵占国家财产。关于潘某能否取得奇石的所有权，下列哪一说法是正确的？[4]

A. 不能，因为石头是河流的成分，长江属于国家所有，石头从河流中分离后仍然属于国家财产

B. 可以，因为即使长江属于国家所有，但石头是独立物，经有关部门许可即可以取得其

---

〔1〕【解析】正确选项为B。甲虽发布悬赏广告，但乙因侵占遗失物而无权利要求支付报酬。乙在拒绝归还的情况下导致遗失物的毁损，应承担赔偿责任。

〔2〕【解析】正确选项为BCD。遗失物不能直接适用善意取得，选项A错误。杨某为失主，可要求拾得人返还，选项B正确。拾得人可以就其实际支出的必要费用提出偿还，并要求按照悬赏广告的允诺支付报酬，选项C、D正确。

〔3〕【解析】正确选项为ACD。王某的行为构成对电脑的抛弃，张某系因对无主物先占而取得其所有权，且此种取得具有终局性，王某无权要求返还。

〔4〕【解析】正确选项为D。长江边的石头当然是无主物，可适用先占取得。对无主物先占取得的，无须获得相关部门的许可。

所有权

C. 不能，因为即使石头是独立物，但长江属于国家所有，石头也属于国家财产

D. 可以，因为即使长江属于国家所有，但石头是独立物、无主物，依先占的习惯可以取得其所有权

3.（2018 年单选）某地因地理位置得天独厚经常有陨石掉落，当地人多以陨石买卖为业且收入颇丰。某日，一块陨石从天而降，落入乙家的某地里。邻居甲看到后将其捡到。关于陨石的所有权归属，下列哪一说法是正确的?[1]

A. 归甲所有

B. 归乙所有

C. 归甲、乙共同共有

D. 归国家所有

五、添附 *

【重点法条】

《民法典》第 322 条 因加工、附合、混合而产生的物的归属，有约定的，按照约定；没有约定或者约定不明确的，依照法律规定；法律没有规定的，按照充分发挥物的效用以及保护无过错当事人的原则确定。因一方当事人的过错或者确定物的归属造成另一方当事人损害的，应当给予赔偿或者补偿。

添附是传统民法上原始取得的重要方式，但《民法典》之前的民事立法未见规定，而《民法典》也仅给出了一条原则性的规定。理论上，添附包括附合、混合和加工。其中，附合与混合涉及两个以上的属于不同人所有之物相互结合而成为一个新物的情形，加工则涉及原材料与一定劳动的结合，即原材料经过加工后成为一个新物。

所谓附合，指的是两个以上的物相互结合，而形成社会经济观念上一个"新物"的法律事实。发生结合的物可能是动产，也可能是不动产。

所谓混合，指的是属于不同人所有的两个以上的动产相互混合，以至于不能识别或识别需花费过巨的法律事实。

所谓加工，是指在他人动产上劳作，使其成为新物的法律事实。

我国法律虽未对添附做出明确、具体规定，但某些规则依法理是确定的，例如，动产对不动产的附合，由不动产所有人取得所有权（同时，因此而丧失物权者，可向对方主张不当得利或侵权等债权请求权）。

【真题解读】

（2021 年单选）甲在修建自家房屋时需要使用邻居乙的水泥砌墙，由于一时联系不上乙，于是甲先取用，等乙回来再付钱。乙回家后表示不同意，但发现水泥已经全部使用。对此，下列哪一说法是正确的?[2]

A. 乙享有返还原物请求权

B. 乙对其水泥仍享有所有权

C. 甲构成无因管理

D. 甲构成不当得利

---

〔1〕【解析】正确选项为 A。陨石为无主物，应依先占取得之规则确定所有权。甲以据为己有的意思先行占有，取得其所有权。本题需要甄别的一点是，该陨石是否因法律直接规定归国家所有而不适用先占取得规则? 依我国相关法律规定，仅具有特定科研、考古等价值之自然物，才归国家所有。依本题题意（"当地人多以陨石买卖为业"），该陨石应不属于国家所有之物。

〔2〕【解析】正确选项为 D。水泥在被使用前，系乙所有的动产。一旦被用于砌墙，水泥成为墙体不可分的部分，根据添附规则，甲取得添附物的所有权，故选项 A、B 错误。甲无为他人管理的意思，不构成无因管理，选项 C 错误。甲取得水泥无法律上的原因，构成不当得利，选项 D 正确。

第九章　用益物权

▶【复习提要】

本章共六节，传统上最为重要的是第六节地役权，尤其是地役权的从属性以及地役权登记对抗这两个知识点。宅基地使用权无考点，建设用地使用权也仅需关注该节之下列出的少数知识点即可。《民法典》增设"居住权"这一考点，其重要性慢慢凸显出来。《民法典》基于"三权分置"改革而对土地承包经营权所做的新规定也应引起必要重视。

第一节　用益物权的概念和特征

一、用益物权的概念 * *

【重点法条】

《民法典》第323条　用益物权人对他人所有的不动产或者动产，依法享有占有、使用和收益的权利。

对他人之物合法地加以利用，存在两种典型的方式：（1）债权式的利用，即利用人通过与所有权人订立债权合同的方式取得对物加以利用的许可，如甲租用或借用乙之物品加以使用；（2）物权式的利用，即由利用人在他人之物上取得一项以物的利用为内容的物权。在后一种情形，所涉及的就是用益物权。

所谓用益物权，指的是在他人之物上享有占有、使用和收益等权能的物权。在物权法定主义之下，我国《民法典》确立了土地承包经营权、建设用地使用权、宅基地使用权、居住权和地役权五种用益物权。土地承包经营权是设置在农村集体土地之上的、以农业生产为内容的用益物权。建设用地使用权与宅基地使用权都是为了营造住宅等建筑物而创设的用益物权，其中，前者主要设立在国有土地之上，其用途也不限于建造住宅，后者设立在集体土地之上。居住权是设立在他人房屋之上的居住、使用房屋的权利。地役权则是为了便利自己不动产的利用而对他人不动产取得用益的权利。

【特别提示】　考生不能简单地将一切在他人之物上以使用收益为内容的权利均作为用益物权，因为具有此种权利内容的某些权利的性质属于债权，如租赁权。问题的关键在于，物权的类型和内容是法定的，因此，仅须牢记五种用益物权的类型（还应增加《民法典》第328条提及的"海域使用权"），其余均非用益物权。

二、用益物权的特征 *

1. 就《民法典》具体规定的五种用益物权而言，其标的物仅以不动产为限。

2. 用益物权以物的利用为内容，原则上同一标的物上不能同时设定多个用益物权（如两个土地承包经营权，两个建设用地使用权等），但如两个或两个以上用益物权的内容不相排斥

（如具有不同利用内容的地役权），则它们可以并存于一个标的物上。

3. 用益物权设定于不动产之上，其变动须遵循不动产物权变动的一般规则。在登记对于不动产物权变动的效力影响方面，我国《民法典》同时采用了登记生效主义（建设用地使用权、居住权）与登记对抗主义（如地役权），而对于宅基地使用权，则未有登记的明确要求。

4. 用益物权的设定有的为无偿，有的为有偿，依当事人约定或设定的目的而定。例如，根据法律有关土地用途的相关规定，可以依无偿划拨的方式设立建设用地使用权；而通常情况下为商业、居住等目的设定建设用地使用权，均为有偿，建设用地使用权人须缴纳出让金。地役权的设定是否为有偿，由当事人决定。

第二节 土地承包经营权

一、土地承包经营权的概念与特征 *

土地承包经营权，指农业经营者通过签订承包经营合同在集体所有的农用地上享有的从事耕作、养殖或放牧等利用并获得收益的权利。

根据我国法律的规定，土地承包经营权具有如下重要特征：

1. 承包经营权的客体为农用地。

2. 权利主体的限定性。在我国，集体土地所有权由集体经济组织行使，因此法律将集体经济组织或村民委员会等确定为发包人，而享有承包经营资格的也仅限于集体经济组织的成员。其他民事主体不能享有承包经营权。

3. 权利的内容为在集体的农用地上从事耕作、养殖、放牧等农业生产，其中包括对土地的占有、使用和收益并排除他人的不法干预。

4. 原则上具有无偿分配性。

5. 有期限性。根据我国法律的规定，承包经营权均设有期限。承包期届满，由土地承包经营权人按照国家有关规定继续承包。

二、土地承包经营权的取得 * *

【重点法条】

《民法典》第333条 土地承包经营权自土地承包经营权合同生效时设立。

登记机构应当向土地承包经营权人发放土地承包经营权证、林权证、草原使用权证，并登记造册，确认土地承包经营权。

物权的变动历来是法考的重点所在，承包经营权部分的考点基本也在于此。

土地承包经营权属于意定物权，当然首先要有承包经营合同的订立。而且，该合同本身必须是有效的。

问题是，土地承包经营权属于不动产物权，是否须按《民法典》第209条的原则，以登记作为物权效力的依据？对此，民法典第333条明确作出了否定的回答。依该条规范，土地承包经营权自承包合同生效时即已设立，不登记不影响该权利设立的效果。

《民法典》第333条第2款也提到了登记机构的登记造册，但其仅具有确认土地承包经营权的意义。也就是说，所谓登记造册对于土地承包经营权的设立并不具有意义。

【提示】

《民法典》第333条针对土地承包经营权的设立，虽然也提及了"登记造册"，但并未做

"未经登记,不得对抗善意第三人"的规定。客观题考试中,如出现包含此内容的选项,应判定为错误。

【真题解读】

(2017年单选)村民胡某承包了一块农民集体所有的耕地,订立了土地承包经营权合同,未办理确权登记。胡某因常年在外,便与同村村民周某订立土地承包经营权转让合同,将地交周某耕种,未办理变更登记。关于该土地承包经营权,下列哪一说法是正确的?[1]

A. 未经登记不得处分
B. 自土地承包经营权合同生效时设立
C. 其转让合同自完成变更登记时起生效
D. 其转让未经登记不发生效力

三、登记对于土地承包经营权转移的法律意义 **

【重点法条】

《民法典》第335条 土地承包经营权互换、转让的,当事人可以要求向登记机构申请土地承包经营权变更登记;未经登记,不得对抗善意第三人。

在我国的农地利用制度中,土地承包经营权的流转还有不少法律与现实的障碍。但是,《物权法》(已随民法典施行而废止)和相关法律并未真正禁止该权利的转让,《民法典》当然更朝着便利土地流转的方向推进。考虑到土地公有制及农村土地登记的实际情况,在发生土地承包经营权的互换、转让时(仅能发生于同一集体经济组织的成员之间),登记仍然不是物权变动的要件,也就是说,只要当事人间订立转移土地承包经营权的有效合同,该用益物权即可实现转移,但是,《民法典》第335条在此环节上创设了一个"登记对抗"的规则,即未经登记,不得对抗善意第三人。举例来说,甲取得承包经营权,并经登记机构登记;甲乙之间订立承包经营权转让合同,乙支付了对价,但双方未办理转移登记;后,甲又将承包经营权转让给丙,并为丙办理了转移登记,此时,乙不得以受让在先对抗丙,应认可丙最终取得承包经营权。

【真题解读】

(2010年多选)关于土地承包经营权的设立,下列哪些表述是正确的?[2]

A. 自土地承包经营合同成立时设立
B. 自土地承包经营权合同生效时设立
C. 县级以上地方政府在土地承包经营权设立时应当发放土地承包经营权证
D. 县级以上地方政府应当对土地承包经营权登记造册,未经登记造册的,不得对抗善意第三人

四、土地经营权 **

【重点法条】

《民法典》第339条 土地承包经营权人可以自主决定依法采取出租、入股或者其他方式向他人流转土地经营权。

《民法典》第340条 土地经营权人有权在合同约定的期限内占有农村土地,自主开展农

---

[1]【解析】正确选项为B。作为单选题,本题难度极低,因《民法典》第333条明文规定,土地承包经营权自土地承包经营合同生效时设立。未经登记的土地承包经营权也可处分,只不过,对土地承包经营权的处分,未经登记的,不得对抗善意第三人。

[2]【解析】正确选项为BC。土地承包经营权固然无须以登记为设立要件,但承包经营合同本身当然需要有效,故A错,B对。C选项符合《物权法》第127条第2项,正确。D选项错误,因对抗第三人的问题,仅针对土地承包经营权互换、转让的情形,并非在设权时就具有该种对抗效力。

业生产经营并取得收益。

《民法典》第341条　流转期限为五年以上的土地经营权，自流转合同生效时设立。当事人可以向登记机构申请土地经营权登记；未经登记，不得对抗善意第三人。

民法典的这三个法条是对《农村土地承包法》修改成果的继受，而后者是近年来农村土地制度"三权分置"改革思想的产物。关于土地经营权，可注意以下几点：

1. 《民法典》并未将土地经营权明确规定为一项独立的用益物权，而是将其包含在土地承包经营权之中加以规定。

2. 土地承包经营权具有身份要求，承包人必须是集体经济组织成员，且不能向本集体经济组织以外之人转让承包经营权，但是，承包人可将其所享有的承包经营权中的土地经营权分离出来并将其让渡给本集体经济组织以外之人。土地经营权人在约定期限内享有占有、使用土地的权利。

3. 土地经营权流转期限较短的（短于5年），可将其视为租赁等债权合同安排。流转期限5年以上的，可将土地经营权视为一项用益物权，且适用"登记对抗"的规则：自流转合同生效时，土地经营权设立；未经登记，不得对抗善意第三人。

4. 与土地承包经营权的身份要求不同，土地经营权没有身份属性，可以自由转让、抵押。

以上关于土地承包经营权的主要知识点，可图示如下：

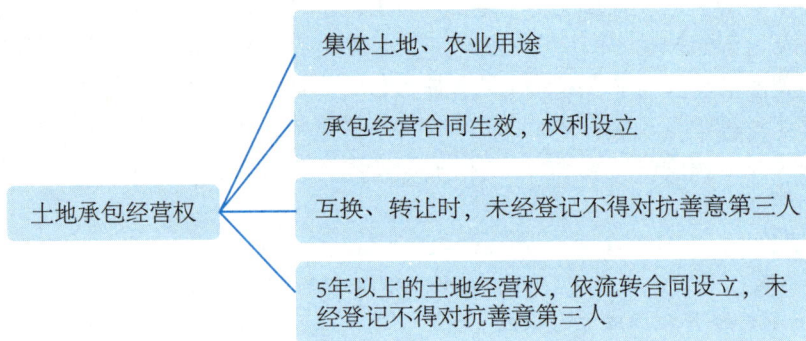

集体土地、农业用途

承包经营合同生效，权利设立

土地承包经营权　互换、转让时，未经登记不得对抗善意第三人

5年以上的土地经营权，依流转合同设立，未经登记不得对抗善意第三人

第三节　建设用地使用权

一、建设用地使用权的概念与法律特征 *

【重点法条】

《民法典》第344条　建设用地使用权人依法对国家所有的土地享有占有、使用和收益的权利，有权利用该土地建造建筑物、构筑物及其附属设施。

建设用地使用权，指权利人依法在国有土地上建造建筑物、构筑物及其附属设施的权利。我国实行土地公有制，任何自然人和法人均不得拥有土地的所有权，而在土地之上营造建筑物或构筑物又需要获得对土地的使用权。对于从事建筑并因此拥有建筑物所有权的自然人或法人而言，其在土地之上的权利必然是设定于"他人"（国家或集体）土地之上，而该权利又以使用和收益作为其权利内容，因此，《民法典》物权编第十二章明确地将建设用地使用权规定为一种用益物权。

我国法律所确立的建设用地使用权具有如下特征：

1. 建设用地使用权的客体为国有土地。《民法典》第344条将建设用地使用权的客体界定为"国家所有的土地"，同时该法第361条又规定，"集体所有的土地作为建设用地的，应当依照土地管理的法律规定办理"。这就意味着，在集体土地上设立建设用地使用权的，其设立方式、效力等与国有土地上的建设用地使用权均有所不同。可以忽略集体土地建设用地使用权。

2. 建设用地使用权的内容为根据设定的用途利用土地建造建筑物、构筑物及其附属设施，并依法享有地上建筑物的所有权。

3. 建设用地使用权的多层次性。现代建筑技术可以支持对地表、地下（如建地下商业街）和地上（如建造高架道路）的多层次利用，《民法典》第345条对此做出了明确规定，"建设用地使用权可以在土地的地表、地上或者地下分别设立"。

4. 建设用地使用权的设立原则上须为有偿，但国家机关用地、军事用地等也可通过无偿划拨的方式取得。

5. 有期限性。建设用地使用权属于有期限的物权，依其用途的不同，我国法律确定了不同的使用权期间。

二、建设用地使用权的设立 * *

（一）出让与划拨

《民法典》规定了两种建设用地使用权的设定方式，即出让和划拨。原则上，建设用地使用权应采用有偿出让的方式设定，只有在符合法律规定的特定范围内，才可采用无偿划拨的方式。《民法典》第347条第3款规定，"严格限制以划拨方式设立建设用地使用权。"

采用出让方式设立建设用地使用权的，当事人应当采取书面形式订立建设用地使用权出让合同。工业、商业、旅游、娱乐和商品住宅等经营性用地以及同一土地上有两个以上意向用地者的，还应采取招标、拍卖等公开竞价的方式出让。

（二）登记

【重点法条】

《民法典》第349条 设立建设用地使用权的，应当向登记机构申请建设用地使用权登记。建设用地使用权自登记时设立。登记机构应当向建设用地使用权人发放权属证书。

对于建设用地使用权的设立，《民法典》采取了登记设立主义，从而与第209条所确立的不动产物权变动的一般规则相吻合。

以上关于建设用地使用权的主要知识点，可图示如下：

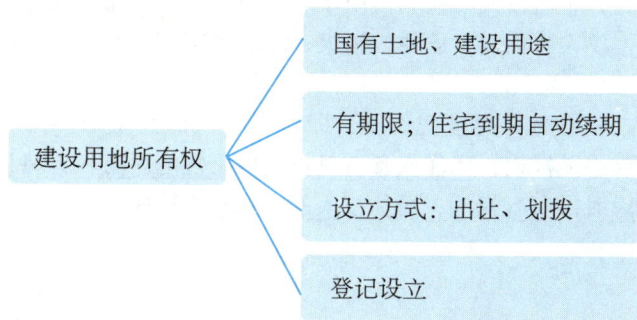

建设用地所有权
- 国有土地、建设用途
- 有期限；住宅到期自动续期
- 设立方式：出让、划拨
- 登记设立

第四节　宅基地使用权

【说明】*

本节无考点，考生仅须了解：宅基地使用权，系集体经济组织成员依法得在集体所有的土地上建造住宅及其附属设施的权利；该权利被《民法典》确立为一项用益物权；宅基地使用权不得转让，也不得抵押。

第五节　居住权

【特别提示】居住权是《民法典》物权编新增的一个用益物权类型。考生应准确掌握其基本概念及物权变动的基本规则。

一、居住权的概念与特征 * *

【重点法条】

《民法典》第366条　居住权人有权按照合同约定，对他人的住宅享有占有、使用的用益物权，以满足生活居住的需要。

《民法典》所规定的居住权，脱胎于罗马法的"人役权"（仅为特定之人创设的物的利用权），是一个有着特定内涵的用益物权。了解"居住权"，最关键之处在于，不能将一切居住房屋的权利安排均理解为居住权。透过以下对居住权法律特征的描述，可以准确把握这个民法典全新引入的法律范畴。

1. 居住权是一项独立的用益物权。基于房屋租赁合同，承租人有权对出租人的房屋加以居住使用，但该项权利并非居住权。只有遵循设立的相关规则，才有作为用益物权的居住权的发生。

2. 居住权是意定用益物权，主要依房屋所有权人与居住权人之间订立的合同发生，也可由房屋所有权人通过遗嘱加以设立。《民法典》并未承认法定居住权。夫妻在婚后对对方婚前所有的住宅有居住使用的权利，这一权利并非独立的居住权。

3. 居住权的人役权性质决定了以下两点：第一，居住权原则上无偿设立，其设立的目的主要是扶贫济困；第二，居住权人的权利仅限于个人（及家庭成员）居住，居住权不得转让；居住权不得继承，居住权人死亡的，居住权消灭；除非当事人另有约定，居住权人也不得将房屋出租。

4. 作为一项物权，居住权一经登记设立，即具有物权的完整效力。例如，居住权设立在先的，优先于设立在后的抵押权；居住权具有对抗效力，住宅所有权人将住宅所有权转让给他人或他人因继承的原因取得所有权的，居住权人的权利不受影响。

二、居住权的设立与消灭 * * *

（一）居住权的设立

【重点法条】

《民法典》第368条　居住权无偿设立，但是当事人另有约定的除外。设立居住权的，应当向登记机构申请居住权登记。居住权自登记时设立。

根据《民法典》第367条的规定，居住权一般以当事人订立书面居住权合同的方式设立。居住权合同应在房屋所有权人与居住权人之间订立，而且必须采用书面形式。

当事人仅订立居住权合同的，居住权尚未设立。当事人须向房屋登记机构申请居住权登记，居住权自登记时设立。由此可见，《民法典》对于居住权的设立，采的是与该法典第209条所确立的"登记生效"规则相一致的规则。

根据《民法典》第371条的规定，居住权也可以遗嘱的方式设立。不过，《民法典》对于以遗嘱方式设立居住权的物权变动规则未加以明确，解释上存在争议。作者认为，应根据《民法典》第230条之规定，认定居住权自继承开始时即由遗嘱确定的居住权人取得。

（二）居住权的消灭

根据《民法典》第370条之规定，居住权因以下两种原因消灭：（1）居住权期限届满。居住权期限由居住权合同确定。（2）居住权人死亡。居住权期限即便尚未届满，但居住权人一旦死亡，由于该权利不得继承，故居住权也立刻消灭。

第六节 地役权

一、地役权的概念 *

【重点法条】

《民法典》第372条 地役权人有权按照合同约定，利用他人的不动产，以提高自己的不动产的效益。

前款所称他人的不动产为供役地，自己的不动产为需役地。

所谓地役权，指的是为自己土地之利益而使用他人土地的权利。其中，为自己土地提供便利的他人土地称为"供役地"，而利用他人土地获得便利的土地称为"需役地"。关于地役权的概念，应说明以下几点：

1. 地役权存在于"他人土地"之上。地役权的设定，须涉及两笔土地，即供役地和需役地。地役权存在于供役地之上，而对于地役权人（即需役地的权利人）而言，该供役地系属于"他人"的土地。尽管需役地与供役地通常为毗邻的土地，但却不以毗邻为必要，例如，眺望地役权或通行地役权均可以在相互不毗邻的土地上设立。

2. 所谓"自己""他人"，均不限于土地的所有权人。实际上，考虑到土地公有制以及地役权系土地实际利用方面之权利的现实，我国的地役权恰恰主要发生在非所有权人之间，例如，土地承包经营权人之间、建设用地使用权人之间、宅基地使用权人之间等。当然，也不排除地役权设定合同的一方当事人为土地所有权人（国家或集体）的可能性。

3. 设定地役权的目的是提高需役地的效益。对供役地的利用，其目的在于使需役地获得利益，这种利益既包括经济、财产上的利益（如通行、取水等），也包括精神、审美上的利益（如采光、眺望）。为使需役地的权利人获得各种可能的便利与效益，《民法典》并未限定地役权的具体内容，因此，当事人享有充分的意思自治。

4. 地役权服务于特定的需役地，而非为特定人的利益而存在。这就意味着，需役地转让的，受让人可以继续享有地役权。

5. 地役权的设定可为有偿，也可为无偿。《民法典》第373条尽管将"费用及其支付方式"列为地役权合同的一般条款，但是，在当事人自治的前提之下，地役权的设定实际上并不以有偿为限。例如，A块土地的承包经营权人甲为邻近的B块土地无偿设定通行地役权，则B块土地权利人乙可在A块土地上通行且无须支付代价。

二、地役权的从属性 * * *

【重点法条】

《民法典》第380条　地役权不得单独转让。土地经营权、建设用地使用权等转让的，地役权一并转让，但合同另有约定的除外。

地役权的从属性，指的是地役权从属于需役地的所有权或其他权利（土地经营权、建设用地使用权等）而存在，并与该主权利同其命运。

在功能上，地役权因为需役地利用之便利而存在，因此地役权不能脱离权利人对需役地之权利而独立创设和存续。在创设地役权后，该权利也不得与其所附属的主权利分离而让与，或成为其他权利的标的物。另一方面，由于地役权具有从属性，在主权利发生移转时，即便当事人未就地役权是否移转做出约定，也应认为地役权当然随其主权利移转于受让人。

例如，房地产开发企业甲公司为其开发的A块土地的利益，与邻近之B块土地的权利人订立一项地役权合同，约定后者不得在其拥有使用权的B块土地上从事高层建筑；后甲公司在A块土地之上建成了住宅若干，并将这些商品住宅全部出售给他人；住宅所有权的转移，也同时导致其所占有之土地的建设用地使用权的转移，而该建设用地使用权的转移，也将导致作为其从权利的B块土地之上的地役权的转移；这就意味着，购买A块土地之上住宅的建筑物区分所有权人将取得对B块土地的"不得从事高层建筑"的地役权。

> **【特别提示】** 地役权的从属性是一个重要的考点。考生须理解，地役权是从权利，从属于权利人对需役地的权利。在考核方式上，常会涉及"主权利转让的，从权利随之转让"的规则。

【真题解读】

（2007年单选）甲公司与乙公司约定：为满足甲公司开发住宅小区观景的需要，甲公司向乙公司支付100万元，乙公司在20年内不在自己厂区建造6米以上的建筑。甲公司将全部房屋售出后不久，乙公司在自己的厂区建造了一栋8米高的厂房。下列哪一选项是正确的？[1]

A. 小区业主有权请求乙公司拆除超过6米的建筑

B. 甲公司有权请求乙公司拆除超过6米的建筑

C. 甲公司和小区业主均有权请求乙公司拆除超过6米的建筑

D. 甲公司和小区业主均无权请求乙公司拆除超过6米的建筑

三、地役权的设立 * * *

【重点法条】

《民法典》第374条　地役权自地役权合同生效时设立。当事人要求登记的，可以向登记机构申请地役权登记；未经登记，不得对抗善意第三人。

---

[1]　【解析】正确选项为A。本题看似考查建筑物区分所有权，实际测试的却是地役权的从属性。甲、乙公司之间的合同使甲公司取得了对乙公司土地的地役权。甲公司对需役地的权利是建设用地使用权，而建设用地使用权与地上建筑的所有权之间不可分。随着甲公司将全部房屋售出，甲公司先前享有的建设用地使用权也随之转移至小区业主的手中，而具有从属性的地役权也转移至业主手中。因此，选项A正确。

（一）地役权合同

我国《民法典》上的地役权属于意定物权，须当事人间通过订立地役权合同加以设立。根据《民法典》第373条之规定，该地役权合同属于要式合同，须采用书面形式加以订立。地役权虽然是不动产物权，但是，《民法典》第374条采登记对抗主义。因此，在地役权合同生效时，即发生地役权设立的物权变动效果。

另外，地役权须以合同订立，这一点实际上也构成了地役权与相邻关系的一个重要区分，因为后者是法定的，不存在以合同创设的问题。

【真题解读】

（2010年单选）某郊区小学校为方便乘坐地铁，与相邻研究院约定，学校人员有权借研究院道路通行，每年支付一万元。据此，学校享有的是下列哪一项权利？[1]

A. 相邻权　　　　　　　　　　　B. 地役权

C. 建设用地使用权　　　　　　　D. 宅基地使用权

（二）地役权登记

《民法典》第374条采用的是登记对抗主义。也就是说，地役权合同自生效之时起地役权即设立，但是，作为一项不动产用益物权，地役权登记仍具有重要意义，此即为所谓"对抗"效力。

未经登记的地役权并不具有物权的完整效力，地役权人不得以其权利对抗善意的第三人。举例来说，A块土地（需役地）之建设用地使用权人甲与B块土地（供役地）建设用地使用权人乙订立眺望地役权合同，约定乙不得在其土地上从事高层建筑，该合同一经订立即可使需役地权利人甲取得对B块土地的眺望地役权；但是，如果不经登记，甲对B块土地的此项地役权不能对抗善意第三人；于是，如果乙后来将其建设用地使用权转让给丙，而丙在受让使用权时并不知道B块土地上存在甲的眺望地役权，那么，甲就不能以其从乙处取得的地役权对抗丙；这就意味着，丙仍可在B块土地上从事高层建筑，而甲只能依具有债权效力的地役权合同向乙主张违约责任。

【真题解读】

（2013年多选）2013年2月，A地块使用权人甲公司与B地块使用权人乙公司约定，由甲公司在B地块上修路。同年4月，甲公司将A地块过户给丙公司，6月，乙公司将B地块过户给不知上述情形的丁公司。下列哪些表述是正确的？[2]

A. 2013年2月，甲公司对乙公司的B地块享有地役权

B. 2013年4月，丙公司对乙公司的B地块享有地役权

C. 2013年6月，甲公司对丁公司的B地块享有地役权

D. 2013年6月，丙公司对丁公司的B地块享有地役权

---

〔1〕【解析】正确选项为B。本题所涉及的权利表现为在他人土地之上通行的权利，在权利内容上即可排除C、D选项。尽管相邻关系上也有通行的内容，但以合同创设的通行权，其性质是地役权，故选A。

〔2〕【解析】本题正确答案应为AB。供役地为B地块，需役地为A地块，甲乙之间地役权的内容是，甲可在B地块上修路。地役权的设立采登记对抗主义，地役权自地役权合同生效时即发生设立的效力，因此A选项正确。由于地役权具有从属性，当甲公司于4月份将需役地上的权利过户给丙公司时，丙公司不仅取得A地块上的权利，也同时取得了其附属的B地块上的地役权，故选项B正确。题面未透露地役权登记的信息，应理解为未登记。在地役权未登记情况下，不得对抗善意第三人，因此，随着B地块转让给不知情的丁，无论是甲还是丙都不得对丁主张地役权，故C、D选项均错误。

第十章　担保物权

▶【复习提要】

　　相对于前一章用益物权而言，本章关于担保物权的内容要重要得多。在概述部分（考试大纲没有"概述"一节，为阐明担保物权的一般概念及物上代位性等重要考点，本书特增设该节），应着重掌握担保物权的物上代位性等特性，并重点把握人保与物保并存及其他复合担保的规则。抵押权是本章最重要的一节，考点包括抵押权的设立、动产抵押的特殊规则、一物多押、抵押与租赁、抵押物转让、浮动抵押等。质权部分重点掌握动产质权设立等考点。留置权则关注留置权的特性及其构成要件等。

　　本章知识结构可图示如下：

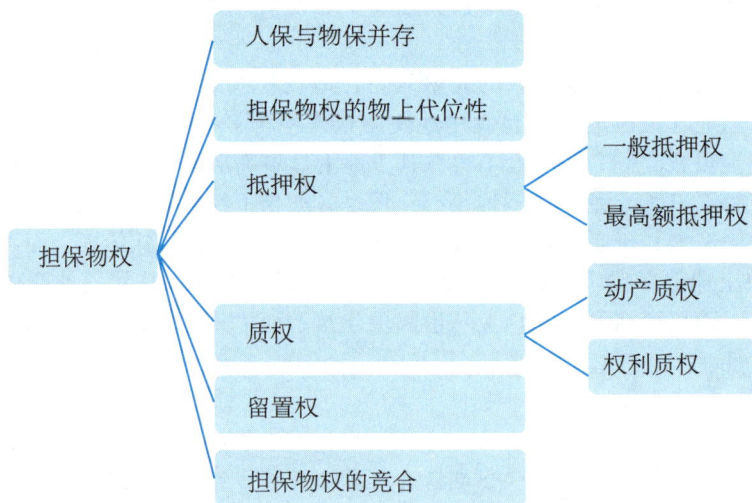

```
                              ┌── 人保与物保并存
                              │
                              ├── 担保物权的物上代位性
                              │                          ┌── 一般抵押权
                              ├── 抵押权 ─────────────────┤
                              │                          └── 最高额抵押权
        担保物权 ─────────────┤
                              │                          ┌── 动产质权
                              ├── 质权 ───────────────────┤
                              │                          └── 权利质权
                              ├── 留置权
                              │
                              └── 担保物权的竞合
```

第一节　概　　述

一、担保物权的概念及类型 ＊＊

（一）担保物权的概念

　　担保物权，是指以担保债务清偿为目的，在债务人或第三人所有之物或权利上所设定的以变价权和优先受偿权为内容的他物权。我国《民法典》物权编确立了抵押权、质权与留置权这三种担保物权。

　　由担保物权的定义出发，可对担保物权的意义作如下解析：

　　1. 担保物权以担保债务之清偿为其目的。担保物权为价值权，以优先支配标的物的交换价值为其内容，担保物权人在具备条件时有权将标的物变价为金钱并就其债权为优先受偿。

　　2. 担保物权是在债务人或第三人之物或权利上所成立的权利。担保物权的客体通常为债务人之物或权利，但抵押权、质权为意定担保物权，第三人当然也可基于自愿而提供物或权利为担保他人（债务人）履行债务而设立担保物权。担保物权的客体通常为物，包括动产和不动产。抵押权和质权这两种担保物权也可以权利为其客体，例如，在建设用地使用权、土地经营权上设立抵押权或在股权上设立权利质权。

（二）担保物权的类型

【重点法条】

《民法典》第388条 设立担保物权，应当依照本法和其他法律的规定订立担保合同。担保合同包括抵押合同、质押合同和其他具有担保功能的合同。担保合同是主债权债务合同的从合同。主债权债务合同无效的，担保合同无效，但是法律另有规定的除外。

担保合同被确认无效后，债务人、担保人、债权人有过错的，应当根据其过错各自承担相应的民事责任。

《民法典》物权编仅规定了抵押权、质权与留置权三种担保物权。但是，就在物上设定具有担保功能的权利而言，《民法典》在合同编规定的所有权保留买卖、融资租赁与保理同样系在特定担保财产上设定的担保权。《民法典》第388条所称"其他担保功能的合同"所指的就是所有权保留买卖、融资租赁和有追索权的保理等。《民法典》表面上仍采形式主义，区分作为典型担保物权的抵押权、质权、留置权与其他具有担保功能的合同，但实质上有采功能主义的倾向，针对担保物权与合同编中规定的其他担保权采相同的规则。例如，同样作为动产上的担保权，《民法典》第641条、第745条均采与第403条动产抵押相同的规定，即"未经登记，不得对抗善意第三人"。

【提示】

《担保制度解释》进一步采功能主义的立场，将所有权保留买卖中出卖人在标的物上的担保权利、融资租赁中出租人对租赁物的担保权利以及保理人在受让的应收账款上的担保权利，均视为担保物权，并将动产抵押权的规则适用于这些担保权利。

【相关法条】

《民法典》第641条 当事人可以在买卖合同中约定买受人未履行支付价款或者其他义务的，标的物的所有权属于出卖人。

出卖人对标的物保留的所有权，未经登记，不得对抗善意第三人。

《民法典》第745条 出租人对租赁物享有的所有权，未经登记，不得对抗善意第三人。

《担保制度解释（一）》第1条 因抵押、质押、留置、保证等担保发生的纠纷，适用本解释。所有权保留买卖、融资租赁、保理等涉及担保功能发生的纠纷，适用本解释的有关规定。

二、担保物权的特征 * *

1. 从属性

担保债权实现的功能决定了担保物权的从属性——从属于其所担保的主债权，其成立以债权成立为前提，并因债权之移转而移转，因债权之消灭而消灭。

担保物权（以及保证及其他担保合同产生的担保权）的从属性也有例外，此即所谓"独立担保"。根据最高人民法院的司法解释，银行或非银行金融机构开立的独立保函具有效力。就法考而言，基本不会涉及独立保函这种独立担保方式，故可将从属性作为担保权的一般属性加以对待。

2. 不可分性

在其所担保的债权未受全部清偿前，担保物权人可以就担保物的全部行使权利，这就是担保物权的不可分性。也就是说，担保的债权即便发生部分让与、部分清偿或消灭，担保物权仍为担保所有各部分债权或余存的债权而存在。担保物权存续期间，即便担保物被分割或部分灭失，分割后的各部分或余存的部分仍为担保全部债权而存在。

3. 权利行使的附条件性

担保物权即便发生效力，对物权人而言，也只是获得了在将来行使变价权和优先受偿权的潜在可能性。只有在债务人到期不清偿债务时，担保物权人才有必要且才能实际行使留置、变价和优先受偿等权利。如果到期债务人正常清偿了债务，则担保物权因主债权的消灭而消灭。

4. 物上代位性

【重点法条】

《民法典》第390条　担保期间，担保财产毁损、灭失或者被征收等，担保物权人可以就获得的保险金、赔偿金或者补偿金等优先受偿。被担保债权的履行期未届满的，也可以提存该保险金、赔偿金或者补偿金等。

《担保制度解释》第42条　抵押权依法设立后，抵押财产毁损、灭失或者被征收等，抵押权人请求按照原抵押权的顺位就保险金、赔偿金或者补偿金等优先受偿的，人民法院应予支持。

给付义务人已经向抵押人给付了保险金、赔偿金或者补偿金，抵押权人请求给付义务人向其给付保险金、赔偿金或者补偿金的，人民法院不予支持，但是给付义务人接到抵押权人要求向其给付的通知后仍然向抵押人给付的除外。

抵押权人请求给付义务人向其给付保险金、赔偿金或者补偿金的，人民法院可以通知抵押人作为第三人参加诉讼。

担保物权以特定物为其权利客体，依物权法的一般原理，作为物权客体的特定物灭失的，物权也应消灭。但是，担保物权着重的并非客体的物质实体，而是其交换价值；为强化担保物权的功能，法律规定，在担保物因灭失、毁损等而受有赔偿金、保险金等替代物时，基于担保物权之价值权的属性，担保物权人可以就该替代物行使优先受偿的权利，这就是担保物权的物上代位性。

抵押权依法设立后，抵押财产发生毁损、灭失或者被征收等事实，抵押权人请求给付义务人按照原抵押权的顺位就保险金、赔偿金或者补偿金等优先受偿的，人民法院应予支持。

给付义务人已经向抵押人给付了保险金、赔偿金或者补偿金，抵押权人请求给付义务人向其给付保险金、赔偿金或者补偿金的，人民法院不予支持，但是抵押权人书面通知给付义务人向其给付后，给付义务人仍然向抵押人给付的除外。《担保制度解释》第42条第2款实际上将物上代位性的对象确定为担保人对保险人等享有的保险金债权等（而非保险金、赔偿金、补偿金本身），并类推适用债权转让未经通知对债务人不发生效力的原理作出了设计，以避免使给付义务人遭遇双重给付的风险。在涉及民事诉讼程序方面，抵押权人根据《民法典》第390条向给付义务人请求保险金等，法院可以通知抵押人作为第三人参加诉讼。

担保物权的物上代位性，可图示如下：

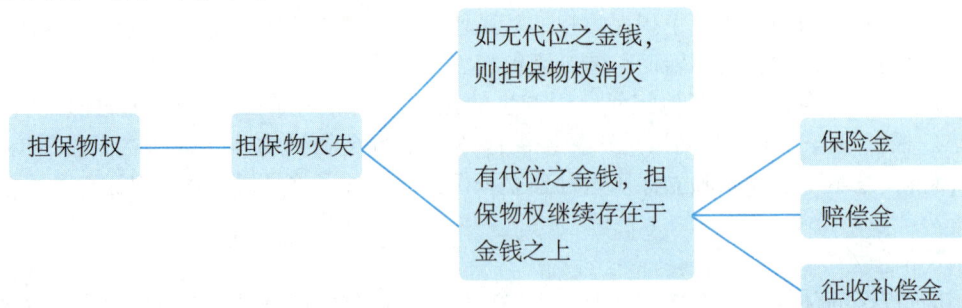

担保物权 —— 担保物灭失
- 如无代位之金钱，则担保物权消灭
- 有代位之金钱，担保物权继续存在于金钱之上
  - 保险金
  - 赔偿金
  - 征收补偿金

三、混合担保（人保与物保的并存）＊＊＊＊

【重点法条】

《**民法典**》**第392条**　被担保的债权既有物的担保又有人的担保的，债务人不履行到期债务或者发生当事人约定的实现担保物权的情形，债权人应当按照约定实现债权；没有约定或者约定不明确，债务人自己提供物的担保的，债权人应当先就该物的担保实现债权；第三人提供物的担保的，债权人可以就物的担保实现债权，也可以要求保证人承担保证责任。提供担保的第三人承担担保责任后，有权向债务人追偿。

《民法典》第392条中所称"物的担保"，指当事人为担保债务的履行而设立的抵押权或质权。而"人的担保"，指第三人所提供的保证。在物保和人保并存时，被担保之债的债权人受有双重保障，但却涉及如何实现担保的问题。

理解这一复杂的问题，应有一个知识准备：凡保证，皆为第三人提供；而物的担保，则可能有两种情形，以抵押为例，抵押人可能是债务人本人，也可能是债务人以外的第三人。如果物的担保来自债务人本人，则债权人置该针对债务人财产的担保手段于不顾而率先向作为第三人的保证人主张保证债权，是不公平的。

> **【特别提示】** 物保与人保并存是法考一个特别重要的考点。凡试题涉及该考点的，存在一个"题眼"，即，关键要看物的担保来自于何方，是债务人自行担保还是第三人提供物以供担保：（1）债务人自己提供物的担保的（题中只会出现甲乙丙三方当事人），债权人应当先就该物的担保实现债权。如果债权因此而实现，保证人的保证债务也就消灭了；如果行使担保物权未充分实现债权，则就未实现的债权部分，可进一步向保证人主张保证债权。（2）如果物的担保也是由第三人提供的（题中会出现甲乙丙丁四个当事人），则此时债权人行使担保上的权利没有顺序要求，可以首先针对第三人提供之物行使担保物权，也可以直接要求保证人承担保证责任。

以上知识要点，可分两图表示如下：

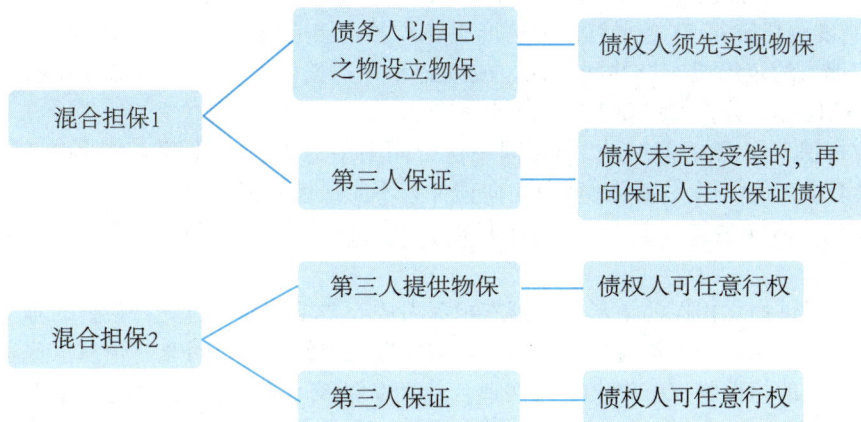

混合担保1 ── 债务人以自己之物设立物保 ── 债权人须先实现物保

混合担保1 ── 第三人保证 ── 债权未完全受偿的，再向保证人主张保证债权

混合担保2 ── 第三人提供物保 ── 债权人可任意行权

混合担保2 ── 第三人保证 ── 债权人可任意行权

在物保由债务人提供而第三人提供人保的情形，对第三人（保证人）的保护不仅体现在《民法典》第392条所设计的补充责任方面，而且，即便是此补充责任，保证人在承担后，仍可向（恢复了全部或部分清偿能力的）债务人追偿。

需要特别指出的是，在债务人提供物保，而第三人提供保证的情形，后者为一般保证或连带保证，均不影响债权人应首先实现针对债务人的担保物权的结论。举例来说，甲借款于乙，乙在其 A 房产上为甲设立担保，同时丙也向甲提供了连带保证责任；若乙到期未履行债务，则甲仍应首先实现 A 房产上的抵押权；若就 A 房产变价所得不足以清偿甲的全部债权，则甲可以就差额立刻要求丙承担连带保证责任（如果甲、丙之间是一般保证合同，则即使是就此差额，丙仍可主张先诉抗辩权，要求甲先对乙的其他资产进行强制执行后再承担保证责任）。

《民法典》第 392 条仅调整物保和人保并存的情形，实际上，该条所确立的规则可以扩张适用于所有类型的多重担保，如一项债权同时受两个以上的物保担保，或两个以上的保证担保。在所有多重担保组合中，均应坚持以下立场：在多重担保手段中，凡有债务人以自己的财产提供物的担保的，债权人均应首先实现此担保物权，不足的再针对第三人实现其他担保权利。例如，甲借款于乙，乙以 A 物为甲设立抵押权，同时丙以其 B 物也为甲设立了抵押权；若乙到期不清偿债务，则甲仍应首先实现 A 物的抵押权。

【多个第三担保人之间的分担问题】

《担保制度解释》第 13 条 同一债务有两个以上第三人提供担保，担保人之间约定相互追偿及分担份额，承担了担保责任的担保人请求其他担保人按照约定分担份额的，人民法院应予支持；担保人之间约定承担连带共同担保，或者约定相互追偿但是未约定分担份额的，各担保人按照比例分担向债务人不能追偿的部分。

同一债务有两个以上第三人提供担保，担保人之间未对相互追偿作出约定且未约定承担连带共同担保，但是各担保人在同一份合同书上签字、盖章或者按指印，承担了担保责任的担保人请求其他担保人按照比例分担向债务人不能追偿部分的，人民法院应予支持。

除前两款规定的情形外，承担了担保责任的担保人请求其他担保人分担向债务人不能追偿部分的，人民法院不予支持。

在物保和人保均由第三人提供的情况下，在物保人或保证人承担了担保责任后，当然可向债务人追偿。但是，其是否可要求其他共同担保人分担，《民法典》第 392 条（该条完全继承了《物权法》第 176 条的规定）并未给出答案。该问题一直以来在理论上和实务上都争论不休。2019 年 11 月发布的《九民纪要》（之 56）对此问题持"承担了担保责任的担保人向其他担保人追偿的，人民法院不予支持，但担保人在担保合同中约定可以相互追偿的除外"的立场。《担保制度解释》第 13 条最终区分情形明确了"不能追偿为原则"的规则，具体如下：

（1）担保人约定承担连带共同担保，或约定相互追偿的，承担了担保责任的担保人就向债务人不能追偿的部分，可以要求其他担保人分担；

（2）数担保人间无前述约定，但在同一份合同书中为担保的表示，则承担了担保责任的担保人可以请求其他担保人按照比例分担向债务人不能追偿的部分；

（3）其他情形（主要指多个第三人各自提供担保的情形），担保人之间不能要求分担。

【延伸问题】

在债务人提供物之担保的情形，若第三担保人放弃要求债权人首先行使针对债务人的担保物权的抗辩，而首先承担了担保责任，则其在向债务人追偿时，可否享有债权人先前享有的在债务人之财产上的担保物权？根据《民法典》第 700 条及《担保制度解释》第 18 条，答案是肯定的。

【相关法条】

《担保制度解释》第 18 条 承担了担保责任或者赔偿责任的担保人，在其承担责任的范围内向债务人追偿的，人民法院应予支持。

同一债权既有债务人自己提供的物的担保，又有第三人提供的担保，承担了担保责任或者赔偿责任的第三人，主张行使债权人对债务人享有的担保物权的，人民法院应予支持。

四、非典型担保：让与担保 ＊＊＊

担保，可分为典型担保与非典型担保。就物的担保而言，《民法典》规定了抵押权、质权和留置权三种担保物权。根据物权法定的原理，只有抵押权、质权和留置权构成担保物权。但是，司法实践中还是发展出了让与担保、所有权保留、融资租赁等非典型担保方式。关于所有权保留、融资租赁等，《民法典》一方面于合同编中加以规范，同时又通过第388将它们视为具有担保功能的合同。除此之外其他非典型担保方式，尤其是让与担保的问题，司法实践与法考均有所涉及。《担保制度解释》在《九民纪要》规定的基础上，明确了让与担保的规则。

所谓让与担保，与在自己物上为他人设立具有他物权性质的担保物权有所不同，该种担保系在形式上将用于担保之权利转让于被担保之债权人来实现的。例如，若以设立传统担保物权的方式以一项房产提供担保，则其手段为设立不动产抵押权，而若采让与担保，则担保人（不动产所有人）须将不动产所有权转让于债权人。当然，此种转让与以买卖、赠与等为原因的转让有本质区别，其是为担保目的进行的转让，其实际效果为：若债务人到期清偿了债务，则债权人有义务将此不动产所有权转回担保人；若债务人到期不清偿债务，则债权人也仅能就形式上归其所有的让与担保财产取偿（在让与担保已经采取了变动权利所要求的公式手段的情况下，债权人可参照担保物权的规定主张优先受偿）；这也就意味着，若用于让与担保的财产变价后的金额超过债权，则债权人需将超过债权部分的变价款退还担保人。一言以蔽之，让与担保实际上与抵押权、质权等担保物权具有相似的法律效力。

在实践中，让与担保常以股权为对象。若债权人仅系为接受担保的目的而"受让"股权，其并非实质意义上的股东，因此，在股权为出资不到位的瑕疵股权之情形，接受股权让与担保的债权人不应承担责任。

【重点法条】

《担保制度解释》第68条 债务人或者第三人与债权人约定将财产形式上转移至债权人名下，债务人不履行到期债务，债权人有权对财产折价或者以拍卖、变卖该财产所得价款偿还债务的，人民法院应当认定该约定有效。<u>当事人已经完成财产权利变动的公示</u>，债务人不履行到期债务，债权人请求参照民法典关于担保物权的有关规定就该财产<u>优先受偿</u>的，人民法院应予支持。

债务人或者第三人与债权人约定将财产形式上转移至债权人名下，债务人不履行到期债务，<u>财产归债权人所有的，人民法院应当认定该约定无效</u>，但是不影响当事人有关提供担保的意思表示的效力。当事人已经完成财产权利变动的公示，债务人不履行到期债务，债权人请求对该财产享有所有权的，人民法院不予支持；债权人请求参照民法典关于担保物权的规定对财产折价或者以拍卖、变卖该财产所得的价款优先受偿的，人民法院应予支持；债务人履行债务后请求返还财产，或者请求对财产折价或者以拍卖、变卖所得的价款清偿债务的，人民法院应予支持。

<u>债务人与债权人约定将财产转移至债权人名下，在一定期间后再由债务人或者其指定的第三人以交易本金加上溢价款回购，债务人到期不履行回购义务，财产归债权人所有的，人民法院应当参照第二款规定处理。回购对象自始不存在的，人民法院应当依照民法典第一百四十六条第二款的规定，按照其实际构成的法律关系处理。</u>

《担保制度解释》第69条 股东以将其股权转移至债权人名下的方式为债务履行提供担保，公司或者公司的债权人以股东未履行或者未全面履行出资义务、抽逃出资等为由，请求作为名义股东的债权人与股东承担连带责任的，人民法院不予支持。

第二节　抵押权

一、抵押权的概念 *

【重点法条】

《民法典》第394条　为担保债务的履行，债务人或者第三人不转移财产的占有，将该财产抵押给债权人的，债务人不履行到期债务或者发生当事人约定的实现抵押权的情形，债权人有权就该财产优先受偿。

前款规定的债务人或者第三人为抵押人，债权人为抵押权人，提供担保的财产为抵押财产。

抵押权，是指债务人或第三人不转移物的占有而向债权人提供一定财产以担保债务的履行，在债务人不履行债务时，债权人得就抵押财产折价或就其卖得的价金优先受偿的权利。

抵押权的上述定义，包含以下要点：

1. 抵押权为担保物权。抵押权是以支配抵押物的交换价值以确保债权之清偿的权利，属于担保物权的一种。

2. 抵押权设立于债务人或第三人所提供的不动产、动产或权利之上。依客体的不同，抵押权有不同的设立规则。

3. 抵押权是不移转标的物占有的担保物权。抵押权人并不取得抵押物的占有，抵押权设立后，抵押物继续由抵押人占有、使用。

4. 抵押权是就抵押物卖得的价金优先受偿的权利。

二、抵押财产 * *

（一）抵押财产的范围

关于可抵押财产的范围，《民法典》第395条做出了规定，包括：建筑物和其他土地附着物；建设用地使用权；海域使用权；生产设备、原材料、半成品、产品；正在建造的建筑物、船舶、航空器；交通运输工具；法律、行政法规未禁止抵押的其他财产。

由该条规定可知，我国物权法规定的抵押权标的范围十分广泛，它不仅包括不动产（但是土地所有权由于不具有流通性而不得作为抵押标的），而且也包括一般动产以及建设用地使用权、海域使用权等不动产上的用益物权。总体来看，抵押财产可一分为二：不动产或不动产权利；动产。这一区分对于抵押权的设立及效力具有重要意义（见后）。

《民法典》第399条还明确规定了不得抵押的财产，其中重要的包括：土地所有权；宅基地等集体土地的使用权；学校、幼儿园、医院等以公益为目的的事业单位、社会团体的教育设施、医疗卫生设施和其他社会公益设施；依法被查封、扣押、监管的财产等。

（二）"地随房走""房随地走"规则

【重点法条】

《民法典》第397条　以建筑物抵押的，该建筑物占用范围内的建设用地使用权一并抵押。以建设用地使用权抵押的，该土地上的建筑物一并抵押。

抵押人未依照前款规定一并抵押的，未抵押的财产视为一并抵押。

《民法典》第417条　建设用地使用权抵押后，该土地上新增的建筑物不属于抵押财产。该建设用地使用权实现抵押权时，应当将该土地上新增的建筑物与建设用地使用权一并处分，但新增建筑物所得的价款，抵押权人无权优先受偿。

土地与其地上建筑物之间具有密切的关系。依我国法律，土地所有权与地上建筑物的所有权可以发生分离，而归属于不同的法律主体。但是，地上建筑物的所有权以对该土地的建设用地使用权为基础，原则上二者不可分割。因此，根据《民法典》的规定，以建筑物抵押的，该建筑物占用范围内的建设用地使用权一并抵押（"地随房走"）；以建设用地使用权抵押的，该土地上的建筑物一并抵押（"房随地走"）。

但是，该法同时也规定，建设用地使用权抵押后，该土地上新增的建筑物不属于抵押财产，因为抵押财产的范围应以设立抵押权时确定。实现抵押权时，应当将该土地上新增的建筑物与建设用地使用权一并处分，但新增建筑物所得的价款，抵押权人无权优先受偿。

以上"房地一体抵押"规则，可图示如下：

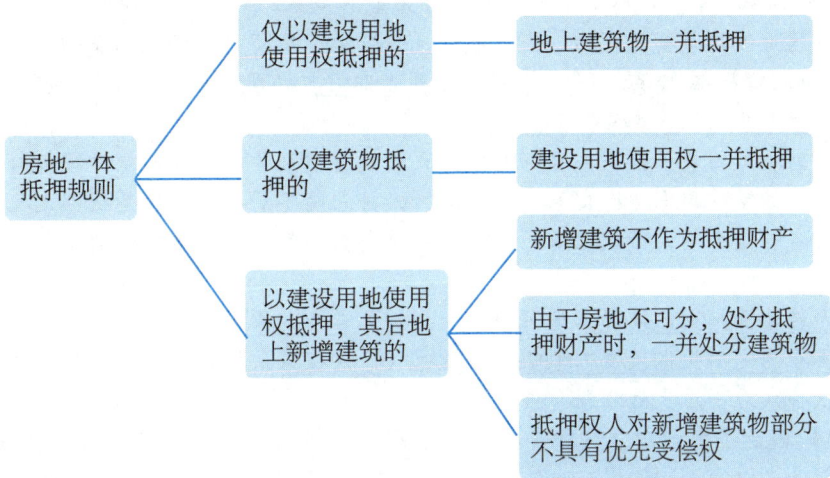

三、抵押权的设立 ＊＊＊＊

抵押财产不同，抵押权的设立规则也不同，可图示如下：

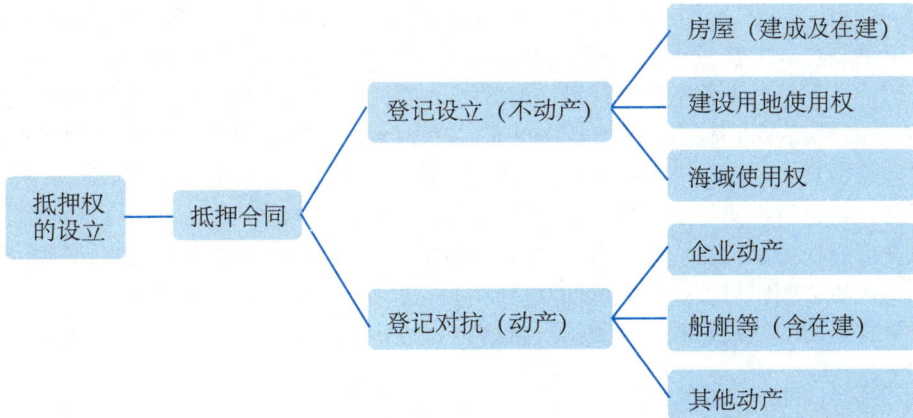

（一）抵押合同

抵押权属于意定担保物权，欲设立抵押权，首先需要抵押人与债权人订立抵押合同。根据《民法典》第400条之规定，抵押合同应以书面形式订立。

【专题】关于"流押"条款的效力

《物权法》第186条规定:"抵押权人在债务履行期届满前,不得与抵押人约定债务人不履行到期债务时抵押财产归债权人所有"。抵押权人与抵押人在债务履行期限届满前约定债务人不履行到期债务时抵押财产归债权人所有的,称为"流押"。《物权法》禁止流押,而《民法典》似有软化的意思。《民法典》第401条规定,"抵押权人在债务履行期限届满前,与抵押人约定债务人不履行到期债务时抵押财产归债权人所有的,只能依法就抵押财产优先受偿"。根据该条,债权人不得根据流押条款主张抵押权的所有权,而是只能按抵押权实现的通常情形主张优先受偿。

(二) 登记设立的不动产抵押权

【重点法条】

《民法典》第402条 以本法第三百九十五条第一款第一项至第三项规定的财产或者第五项规定的正在建造的建筑物抵押的,应当办理抵押登记。抵押权自登记时设立。

《担保制度解释》第46条 不动产抵押合同生效后未办理抵押登记手续,债权人请求抵押人办理抵押登记手续的,人民法院应予支持。

抵押财产因不可归责于抵押人自身的原因灭失或者被征收等导致不能办理抵押登记,债权人请求抵押人在约定的担保范围内承担责任的,人民法院不予支持;但是抵押人已经获得保险金、赔偿金或者补偿金等,债权人请求抵押人在其所获金额范围内承担赔偿责任的,人民法院依法予以支持。

因抵押人转让抵押财产或者其他可归责于抵押人自身的原因导致不能办理抵押登记,债权人请求抵押人在约定的担保范围内承担责任的,人民法院依法予以支持,但是不得超过抵押权能够设立时抵押人应当承担的责任范围。

《民法典》确定了登记设立(第402条)和登记对抗(第403条)两种抵押权设立方法。不同的抵押财产,对应不同的设立方法。实际上,需要登记设立的都是不动产或不动产上的权利,包括:建筑物和其他土地附着物;建设用地使用权;海域使用权;正在建造的建筑物。以动产作为抵押财产的,均实行登记对抗主义。

与《担保法》相比,《物权法》第187条在对抵押权的登记设立做出规定时改变了表述方法:将《担保法》上"抵押合同自登记之日起生效"的描述改为了"抵押权自登记时设立"。《民法典》第402条继续沿用《物权法》的表达。结合《民法典》第215条的规定,我们应该可以得出以下结论:即便对于必须登记才能设立的抵押权而言,抵押合同也于订立时发生效力,不登记的,只是尚未发生抵押权设立的效果,抵押合同仍有效。抵押合同有效就意味着,抵押人不按照约定为抵押权人办理登记的,后者有权根据生效的抵押合同要求前者办理登记。例如,甲向乙借贷10万元并以自有房产一套作为抵押财产与乙订立抵押合同;合同订立后,乙将金钱交付甲;后乙要求甲协助其办理抵押登记,甲拒绝办理;此时,乙可直接要求甲办理登记从而使抵押权得以设立。如果因抵押人的原因导致抵押权无法办理登记的,则抵押人应在抵押财产的价值范围内对债权人负赔偿之责(具体见《担保制度解释》第46条)。

关于抵押合同的债权合同属性及其与抵押权设立的关系,包括抵押合同的违约责任问题,可图示如下:

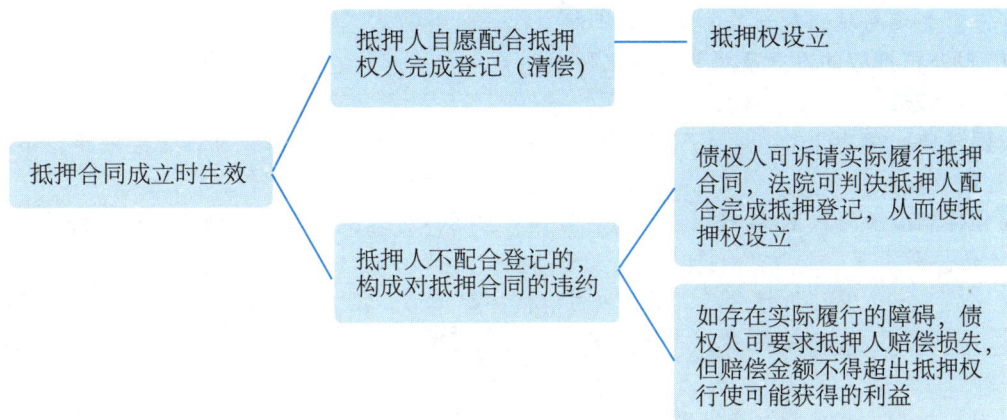

```
           ┌─── 抵押人自愿配合抵押      ─── 抵押权设立
           │    权人完成登记（清偿）
抵押合同成立时生效                          ┌─ 债权人可诉请实际履行抵押
           │                              │  合同，法院可判决抵押人配
           │                              │  合完成抵押登记，从而使抵
           │                              │  押权设立
           └─── 抵押人不配合登记的，──────┤
                构成对抵押合同的违约        │  如存在实际履行的障碍，债
                                         └─ 权人可要求抵押人赔偿损失，
                                            但赔偿金额不得超出抵押权
                                            行使可能获得的利益
```

【真题解读】

1.（2013年多选）甲向乙借款，丙与乙约定以自有房屋担保该笔借款。丙仅将房本交给乙，未按约定办理抵押登记。借款到期后甲无力清偿，丙的房屋被法院另行查封。下列哪些表述是正确的？[1]

　　A. 乙有权要求丙继续履行担保合同，办理房屋抵押登记

　　B. 乙有权要求丙以自身全部财产承担担保义务

　　C. 乙有权要求丙以房屋价值为限承担担保义务

　　D. 乙有权要求丙承担损害赔偿责任

2.（2010年多选）某房屋登记簿上所有权人为甲，但乙认为该房屋应当归己所有，遂申请仲裁。仲裁裁决争议房屋归乙所有，但裁决书生效后甲、乙未办理变更登记手续。一月后，乙将该房屋抵押给丙银行，签订了书面合同，但未办理抵押登记。对此，下列哪些说法是正确的？[2]

　　A. 房屋应归甲所有　　　　　　　　B. 房屋应归乙所有

　　C. 抵押合同有效　　　　　　　　　D. 抵押权未成立

3.（2015年多选）甲向某银行贷款，甲、乙和银行三方签订抵押协议，由乙提供房产抵押担保。乙把房本交给银行，因登记部门原因导致银行无法办理抵押物登记。乙向登记部门申请挂失房本后换得新房本，将房屋卖给知情的丙并办理了过户手续。甲届期未还款，关于贷款、房屋抵押和买卖，下列哪些说法是正确的？[3]

　　A. 乙应向银行承担违约责任

　　B. 丙应代为向银行还款

　　C. 如丙代为向银行还款，可向甲主张相应款项

　　D. 因登记部门原因未办理抵押登记，但银行占有房本，故取得抵押权

---

〔1〕【解析】正确选项为CD。本题中，丙乙之间抵押合同已成立并生效，但抵押权由于未办理登记而未设立。原本乙可要求丙实际履行抵押合同，通过完成登记设立抵押权，但是，由于房屋已被法院查封，此类财产已不得设立抵押权，故A选项错误。在抵押权由于抵押人的原因未设立的情况下，抵押权人应可向抵押人主张损害赔偿，但此项担保不应超出房屋的价值，据此，C、D选项正确，B错误。

〔2〕【解析】正确答案为BCD。根据法院的确权判决，乙系讼争房屋的所有权人。房屋抵押权虽须登记始能设立，但抵押合同本身可直接生效。综上，A选项错误，B、C、D三选项正确。

〔3〕【解析】正确选项为AC。抵押合同有效，乙有义务使甲取得抵押权，其后续行为构成违约。由于并未办理登记，故银行尚未取得抵押权。丙可以但并非必须行使涤除权，通过向银行还款消灭其抵押权；一旦丙代为还款，可对债务人甲追偿。

（三）登记对抗的动产抵押权及其效力

1. 动产抵押权的设立及"登记对抗"

【重点法条】

《民法典》第403条　以动产抵押的，抵押权自抵押合同生效时设立；未经登记，不得对抗善意第三人。

《担保制度解释》第54条　动产抵押合同订立后未办理抵押登记，动产抵押权的效力按照下列情形分别处理：

（一）抵押人转让抵押财产，受让人占有抵押财产后，抵押权人向受让人请求行使抵押权的，人民法院不予支持，但是抵押权人能够举证证明受让人知道或者应当知道已经订立抵押合同的除外；

（二）抵押人将抵押财产出租给他人并移转占有，抵押权人行使抵押权的，租赁关系不受影响，但是抵押权人能够举证证明承租人知道或者应当知道已经订立抵押合同的除外；

（三）抵押人的其他债权人向人民法院申请保全或者执行抵押财产，人民法院已经作出财产保全裁定或者采取执行措施，抵押权人主张对抵押财产优先受偿的，人民法院不予支持；

（四）抵押人破产，抵押权人主张对抵押财产优先受偿的，人民法院不予支持。

根据《民法典》第395条之规定，抵押人可以生产设备、原材料、半成品、产品、交通运输工具、正在建造的船舶、航空器抵押以及其他动产抵押。根据第403条的规定，抵押权自抵押合同生效时设立，但是，抵押权未经登记的，不得对抗善意第三人。

关于此条规定所确立的登记对抗主义，应注意以下几方面问题：

（1）由于抵押权的设立不转移标的物的占有，同时此类抵押权又无需以登记为其要件，因此，抵押合同一经有效订立，即可发生抵押权设定的效果。

（2）未办理抵押登记的，尽管不影响抵押权在当事人之间的存在，但是，抵押权人不得以抵押权对抗善意第三人，例如，抵押人甲就其所有的汽车为其债权人乙设定抵押，双方订立书面抵押合同后未办理抵押登记；在乙对甲的债权到期之前，甲将汽车出售于不知情的第三人丙；由于乙的抵押权未经登记，丙也无从知晓其购买的汽车上有他人的抵押权，故丙可取得没有抵押权负担的汽车所有权，债权人乙不得向丙主张实现抵押权。

《担保制度解释》第54条对《民法典》第403条"未经登记，不得对抗善意第三人"之规定做出了重要的解释。根据该条解释，动产抵押合同签订后未办理抵押登记的，抵押权人不仅不能对抗交易中的善意第三人（抵押物的买受人或承租人）。而且，抵押人的其他债权人向人民法院申请保全或者执行抵押财产，而法院已经采取了相关措施的，抵押权人主张对该动产优先受偿的，人民法院不予支持。动产抵押合同签订后未办理抵押登记，抵押人破产，债权人主张对该动产优先受偿的，人民法院不予支持。

2."正常经营活动中的买受人规则"

【重点法条】

《民法典》第404条　以动产抵押的，不得对抗正常经营活动中已支付合理价款并取得抵押财产的买受人。

《民法典》第404条是《民法典》针对动产抵押设置的新规则。根据该条的规定，动产抵押即使经过登记，仍不得对抗该条中规定的抵押财产的买受人。该条中抵押权人不能对抗之人必须同时满足以下几项条件：（1）必须是抵押财产的买受人。（2）该买受人必须是在正常经营活动购买抵押财产，例如，汽车经销商将其经销的机动车抵押给银行后，又进行售卖，而买车人在4S店内购买了车辆。该项规定的立法理由在于，对于在正常经营活动中的买受人而言，法律不要求其审查标的物是否已被抵押。（3）买受人已支付价款。（4）买受人已经取得抵押财产的占有和所有权。

所谓"不得对抗"，意味着：即使动产上已经设定了抵押权，并经过登记，对于满足本条规定条件的买受人而言，该抵押权视为不存在，后者仍可取得无权利负担的动产所有权，抵押权人不得向抵押财产的买受人主张抵押权。

《担保制度解释》第 56 条对《民法典》第 404 条做出了重要的解释，其要点如下：（1）出卖人正常经营活动，是指出卖人的经营活动属于其营业执照明确记载的经营范围，且出卖人持续销售同类商品；（2）基于动产担保的功能主义立场，第 404 条关于动产抵押的规定，可类推适用于所有权保留买卖与融资租赁；（3）解释第 56 条规定了几种不能归入出卖人"正常经营活动"的几种情形，需加以理解识记。以第二项"购买出卖人的生产设备"为例，由于出售生产设备，属于固定资产的处置，显然已经超出"正常经营活动"的范畴，买受人应通过查询登记，了解其购置的二手设备上是否存在他人抵押权；若设备上抵押权已经登记，而买受人因未查询而不知晓，则抵押权人仍可根据《民法典》第 406 条主张其抵押权不受影响，即，该抵押权在买受人所有之抵押财产上继续存续。

【相关法条】

《担保制度》第 56 条 买受人在出卖人正常经营活动中通过支付合理对价取得已被设立担保物权的动产，担保物权人请求就该动产优先受偿的，人民法院不予支持，但是有下列情形之一的除外：

（一）购买商品的数量明显超过一般买受人；

（二）购买出卖人的生产设备；

（三）订立买卖合同的目的在于担保出卖人或者第三人履行债务；

（四）买受人与出卖人存在直接或者间接的控制关系；

（五）买受人应当查询抵押登记而未查询的其他情形。

前款所称出卖人正常经营活动，是指出卖人的经营活动属于其营业执照明确记载的经营范围，且出卖人持续销售同类商品。前款所称担保物权人，是指已经办理登记的抵押权人、所有权保留买卖的出卖人、融资租赁合同的出租人。

【真题解读】

1. （2013 年多选）甲向乙借款，欲以轿车作担保。关于担保，下列哪些选项是正确的?[1]

A. 甲可就该轿车设立质权   B. 甲可就该轿车设立抵押权

C. 就该轿车的质权自登记时设立   D. 就该轿车的抵押权自登记时设立

2. （2018 年单选）甲向乙借款 100 万元，借期 2 年，甲以自己的 A 房作担保，双方于 2018 年 6 月 1 日签订了 A 房抵押合同，乙一直催促甲办理 A 房抵押登记，但甲因故未办理。一个月后，乙要求甲以自己的 B 车提供担保，双方于 2018 年 7 月 1 日签订了 B 车担保合同，但甲一直未将汽车交付乙。现因甲不能清偿到期借款，乙要求实现担保物权。对此，下列哪一选项是错误的?[2]

A. 甲乙之间的 A 房抵押合同由于一直没有办理抵押登记而无效

---

〔1〕【解析】正确选项为 AB。轿车为动产，依《物权法》之规定，动产之上既可设立动产质权，又可设立动产抵押权。设立质权的，在交付动产时发生物权效力；设立抵押权的，由于采登记对抗主义，故抵押权自合同生效时即设立。综上，A、B 正确。

〔2〕【解析】正确选项为 A。房屋抵押权虽因未进行抵押登记而尚未设立，但抵押合同于成立时即发生效力，A 选项错误，当选，B 选项正确。车辆之上既可设立抵押权，也可设立质权，未交付车辆的，质权不设立，选项 C 表述正确。乙可取得车辆的动产抵押权，故选项 D 表述正确。

B. 甲乙之间的 A 房抵押合同于 2018 年 6 月 1 日成立并生效，但 A 房抵押权未设立

C. 由于没有交付，乙对 B 车不享有质权

D. 乙有权请求将 B 车拍卖，并就所得价款优先清偿其借款

四、一物多押及抵押权的顺位 ＊ ＊ ＊ ＊

（一）一物之上设立多个抵押权

抵押物上设定抵押权后，抵押人仍有权就同一抵押物为他人另行设定抵押权。依《担保法》第 35 条的规定，抵押人仅能在抵押物的价值大于其所担保之债权的余额内再次抵押。这一限制其实是不必要的，抵押权的顺位规则可以解决多个抵押权担保之总债权额超过抵押物价值的问题。《物权法》取消了这一限制，抵押人可将一物为他人设立数个抵押权，而不必考虑抵押物的价值与其所担保的数个债权的债权总额。《民法典》继受了《物权法》的立场，即一物之上可任意设置多项抵押权。

（二）多个抵押权并存时的清偿顺序（优先顺位）

【重点法条】

《民法典》第 414 条　同一财产向两个以上债权人抵押的，拍卖、变卖抵押财产所得的价款依照下列规定清偿：

（一）抵押权已登记的，按照登记的时间先后顺序清偿；

（二）抵押权已登记的先于未登记的受偿；

（三）抵押权未登记的，按照债权比例清偿。

其他可以登记的担保物权，清偿顺序参照适用前款规定

如前所述，一物之上能够先后设立多个抵押权，这虽然不违背物权排他的规则，但是在实现这些抵押权时，需要为它们排列优先受偿的顺序。结合抵押权设立的规则，对《民法典》第 414 条的解释适用实际上仍然需要区分两种情形：

1. 根据《民法典》第 402 条之规定，以不动产抵押的，只有进行抵押登记后，抵押权才能设立。因此，在此类财产上设立多个抵押权的，实际上仅适用第 414 条第一项的规则：按登记的先后顺序清偿。如果有抵押合同的订立但未办理登记，那么不是受偿顺序在后的问题，而是该抵押权根本不成立。举例来说，甲以房屋为乙设立抵押权，未办理抵押登记；后甲又以同一房屋为丙设立抵押权，并办理了登记；此时，如果说丙的抵押权优先于乙的抵押权，则这个判断错误（因还不存在"乙的抵押权"），属于出题者设计的一个陷阱。

2. 根据《民法典》第 403 条之规定，以动产抵押的，抵押权自抵押合同生效时设立，同时实行登记对抗的规则。针对动产抵押，可能出现《民法典》第 414 条所列出的所有三种情形。此时，应遵循该条的规则处理优先顺序的问题。须特别注意最后一个层次，即，在均未登记的情形，并不按照"时间在先，效力优先"的规则处理，而是将数个抵押权视为同一顺位的抵押权，在抵押物变价后不足以清偿所担保的数项债权时，各债权人按债权比例平等受偿。需特别强调的是，为凸显登记公示的重要性，<u>动产抵押的优先顺位仅依第 414 条所确立的三项规则确定，而与相关债权人是否知晓存在在先的动产抵押合同这一事实无关</u>。例如，甲将 A 物抵押给乙，未办理登记；后甲又将此物抵押给知晓前一抵押合同的丙，后者办理了登记；此种情形，仍适用第 414 条第 1 款第 2 项，丙的抵押权仍优先于乙的抵押权。

3. 相对于《物权法》第 199 条，《民法典》第 414 条增设第 2 款，规定"其他可以登记的担保物权，清偿顺序参照适用前款规定"。这主要指权利质权的情形，即以知识产权、股权、应收账款债权等多次质押的，清偿顺序参照本条第一款的规定。另外，透过《民法典》第 388 条所称"其他具有担保功能的合同"及统一的动产与权利登记平台的建立，一动产上存在动

产抵押、所有权保留买卖、融资租赁等不同担保权益的，也可参照第414条第1款确定的清偿顺序。

以上规则，可图示如下：

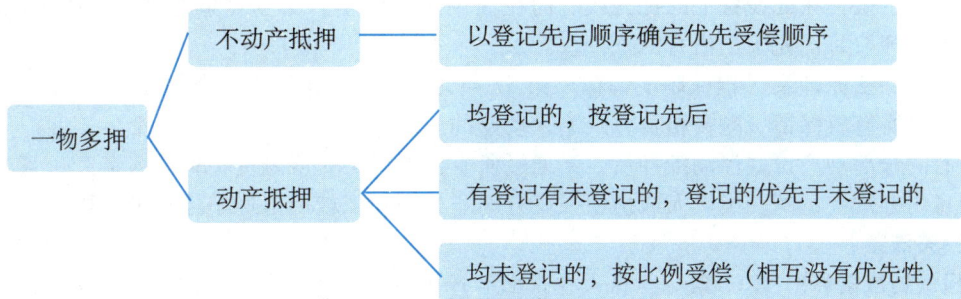

【真题解读】

（2022年多选）甲公司有一台价值200万的车床，因经营需要，分别于5月7日、6月7日、7月7日向乙丙丁银行借款100万、60万、40万，用车床设立抵押，乙银行未办理登记，丙银行6月9日办理抵押登记，对乙银行的抵押知情，丁银行于7.9办理抵押登记，对乙银行的抵押不知情，顺位正确的有？[1]

A. 丙银行顺位先于未登记的乙
B. 丁银行顺位先于未登记的乙
C. 乙银行顺位先于恶意的丙
D. 丙银行顺位先于后登记的丁

（三）超级优先权规则

【重点法条】

《民法典》第416条　动产抵押担保的主债权是抵押物的价款，标的物交付后十日内办理抵押登记的，该抵押权人优先于抵押物买受人的其他担保物权人受偿，但是留置权人除外。

第416条也是《民法典》新增的规范，该条未见于《物权法》及其他司法解释中。该条所包含的法律原理比较复杂，做解读如下：

1. 以动产作为抵押财产时，抵押人可与债权人自由约定抵押权所担保的债权。在一般情况下，此种抵押权的设立及效力适用《民法典》第403、404条的规定。而在第416条，动产抵押所担保的主债权恰恰是抵押物的价款。例如，甲以赊销方式将挖掘机以50万元出卖给乙，为担保价款债权，双方约定，乙以该挖掘机为甲设立抵押权。此种情形即属于"动产抵押担保的主债权是抵押物的价款"

2. 前述抵押权要想具有超级优先的效力，尚需确保在交付后十日内完成抵押登记。未在交付后十日内完成登记的，不具有本条规定的特别优先效力。

3. 前述动产抵押权在交付后十日内登记的，优先于除留置权以外的针对买受人所有该动产之上的其他担保物权。

《民法典》第416条实际上主要针对的是抵押人先前已在自己所有的动产上设立浮动抵押的情形，其立法目的是为此类抵押人创造再融资的可能。例如，甲公司以现有和将有的动产为乙银行设立浮动抵押，并办理了抵押登记。抵押期间，甲公司向丙公司购置重要设备，为支付

---

[1]【解析】正确选项为ABD。本题的关键在于，在《民法典》第414条所确立的抵押权顺位规则中，并不考虑相关当事人对于在先设立的未登记动产抵押是否知情（善意）的问题，而是一体地遵循已登记的优于未登记的、先登记的优于后登记的规则。据此，已登记的丙银行与丁银行抵押权优先于未登记的乙银行抵押权，选项A、B正确；登记在先的丙银行抵押权优先于丁银行的抵押权，选项D也正确。

20 万价款，向丁银行申请专款专用的贷款；丁银行要求以该设备作为抵押物，担保其 20 万贷款债权，双方签订抵押合同；丙公司向甲公司交付设备的三日后，丁银行完成了设备的动产抵押登记。在此例中，如无第 416 条的特别规定，则根据第 414 条，乙银行的浮动抵押权因登记在先优先于丁银行在此设备上的优先权。而在《民法典》引入第 416 条超级优先权之规定后，丁银行的抵押权将优先于乙银行的抵押权。

根据担保法原理及《担保制度解释》第 57 条之规定，《民法典》第 416 条也可类推适用于当事人以所有权保留、融资租赁方式购入动产的情形。也就是说，企业、个体工商户等以现有或将有的全部动产设立浮动抵押后，又通过所有权保留买卖或融资租赁购入动产，且在接受交付十日内办理登记的，出卖人或出租人享有的非典型担保权利也优于浮动抵押权。

【相关法条】

《担保制度解释》第 57 条　担保人在设立动产浮动抵押并办理抵押登记后又购入或者以融资租赁方式承租新的动产，下列权利人为担保价款债权或者租金的实现而订立担保合同，并在该动产交付后十日内办理登记，主张其权利优先于在先设立的浮动抵押权的，人民法院应予支持：

（一）在该动产上设立抵押权或者保留所有权的出卖人；

（二）为价款支付提供融资而在该动产上设立抵押权的债权人；

（三）以融资租赁方式出租该动产的出租人。

买受人取得动产但未付清价款或者承租人以融资租赁方式占有租赁物但是未付清全部租金，又以标的物为他人设立担保物权，前款所列权利人为担保价款债权或者租金的实现而订立担保合同，并在该动产交付后十日内办理登记，主张其权利优先于买受人为他人设立的担保物权的，人民法院应予支持。

同一动产上存在多个价款优先权的，人民法院应当按照登记的时间先后确定清偿顺序。

（四）抵押权的顺位放弃与变更

【重点法条】

《民法典》第 409 条　抵押权人可以放弃抵押权或者抵押权的顺位。抵押权人与抵押人可以协议变更抵押权顺位以及被担保的债权数额等内容，但抵押权的变更，未经其他抵押权人书面同意，不得对其他抵押权人产生不利影响。

债务人以自己的财产设定抵押，抵押权人放弃该抵押权、抵押权顺位或者变更抵押权的，其他担保人在抵押权人丧失优先受偿权益的范围内免除担保责任，但其他担保人承诺仍然提供担保的除外。

1. 抵押权的放弃

抵押权既为民事权利，当然可由抵押权人放弃。就此而言，值得注意的是《民法典》第 409 条第 2 款的规定。如一项债权受有两项以上的担保，而其中一项系由债务人本人提供抵押，此种情形，如抵押权人放弃抵押权，则其他担保人在抵押权人丧失优先受偿权范围内免责。

2. 抵押权的顺位变更

对《民法典》第 409 条有关抵押权顺位变更的规定，可作解析如下：（1）所谓协议变更顺位，指的是在同一物上享有抵押权的数个抵押权人将其抵押权顺位相互交换。例如，甲在其房屋之上先后为乙、丙、丁各自的 30 万、50 万和 80 万债权设立抵押，乙为第一顺位抵押权人，丁为第三顺位抵押权人；若乙、丁之间协议交换抵押权顺位，欲使丁的抵押权成为第一顺位而使乙的抵押权处于第三顺位，这一安排即为顺位变更。（2）当事人变更抵押权顺位的，应作抵押权变更登记，不登记不生效力。（3）若抵押物上还存在其他抵押权人，根据该条规定，顺位变更虽然无须征得其他抵押权人的同意，但未经同意，这一顺位变更不得对其他抵押权人造成不利影响。在前例中，倘若抵押物卖得100万价款，则在不变更抵押权顺位的情形下，乙的30万债权和丙的50万债权均可完全得到清偿，而丁则仅得受偿20万元；如允许乙、丁自由交换顺位而完全无视丙的利益，则丁的80万债权可得到完全清偿，而丙则只能受偿20万；依《民法典》第409条的规定，乙丁之间变更抵押权顺位的，不得损害丙的利益，这就意味着，即便乙丁之间交换了顺位，丁的80万债权也仅能受偿50万，这是因为丙的50万债权必须确保受偿。

【真题解读】

（2008年单选）黄河公司以其房屋作抵押，先后向甲银行借款100万元，乙银行借款300万元，丙银行借款500万元，并依次办理了抵押登记。后丙银行与甲银行商定交换各自抵押权的顺位，并办理了变更登记，但乙银行并不知情。因黄河公司无力偿还三家银行的到期债务，银行拍卖其房屋，仅得价款600万元。关于三家银行对该价款的分配，下列哪一选项是正确的？[1]

A. 甲银行100万元、乙银行300万元、丙银行200万元
B. 甲银行得不到清偿、乙银行100万元、丙银行500万元
C. 甲银行得不到清偿、乙银行300万元、丙银行300万元
D. 甲银行100万元、乙银行200万元、丙银行300万元

五、共同抵押（同一债权受两个以上抵押权担保） ＊＊＊

关于同一债权受两个以上抵押权担保之问题，原《担保法解释》第75条设有如下规定："同一债权有两个以上抵押人的，债权人放弃债务人提供的抵押担保的，其他抵押人可以请求人民法院减轻或者免除其应当承担的担保责任。同一债权有两个以上抵押人的，当事人对其提供的抵押财产所担保的债权份额或者顺序没有约定或者约定不明的，抵押权人可以就其中任一或者各个财产行使抵押权。抵押人承担担保责任后，可以向债务人追偿，也可以要求其他抵押人清偿其应当承担的份额"。

前述《民法典》第409条第2款之规定实际上是继承了现已被废止的《担保法解释》第75条第1款的规定。因此，对该条第1款不赘述。

《担保法解释》第75条第2款的规定应指同一债权受两个以上抵押权担保，且抵押人均为债务人以外之第三人的情形。在此情形，如数个抵押人对于担保份额和顺序没有明确约定的，抵押权人可就任一抵押财产行使抵押权，抵押人不得提出份额抗辩，因此，各抵押人之间承担一种类似连带债务性质的担保责任；各抵押人内部关于承担担保责任的约定，不得对抗抵押权人。抵押人在承担担保责任后，既可向债务人追偿，也可向其他抵押人要求其应承担的份额。如果共同抵押中有债务人自己提供的抵押，则在债务人不履行债务时，债权人应首先就债务人提供的抵押物实现抵押权。

【注意】

原《担保法解释》第75条第2款有漏洞：未区分抵押是来自债务人本人，还是来自第三人。应采与《民法典》第392条相同的立场，即，如有一个抵押来自债务人本人，则债权人应首先就该抵押物实现抵押权，该抵押权的实现不足以清偿债务的，则债权人可以就第三人提供

---

[1]【解析】正确选项为C。在甲、丙交换顺位之前，排在第二顺位的乙的300万债权能够获得充分的保障，因为第一顺位的甲仅享有100万债权。如完全按照交换结果将丙的500万债权排在第一顺位，则乙仅能获得100万的清偿。根据第194条的规定，在未获得乙银行同意的情况下，此顺位交换的结果不应对乙产生不利影响，这就意味着需要确保乙的300万债权得到完全的清偿。因此，丙银行即便顺位提前，也只能获得300万的清偿，而顺位落在第三的甲不能得到清偿。选项C正确。

的抵押物实现抵押权。

【真题解读】

1.（2003年多选）甲向乙借款20万元，甲的朋友丙、丁二人先后以自己的轿车为乙的债权设定抵押担保并依法办理了抵押登记，但都未与乙约定所担保的债权份额及顺序，两辆轿车价值均为15万元。若甲到期未履行债务，下列哪些表述是正确的？[1]

A. 乙应先就丙的轿车行使抵押权，再就丁的轿车行使抵押权弥补不足

B. 乙应同时就两辆轿车行使抵押权，各实现50%债权

C. 乙可以就任一轿车行使抵押权，再就另一轿车行使抵押权弥补不足

D. 乙可同时就两辆轿车行使抵押权，各实现任意比例债权

2.（2016年多选）甲对乙享有债权500万元，先后在丙和丁的房屋上设定了抵押权，均办理了登记，且均未限定抵押物的担保金额。其后，甲将其中200万元债权转让给戊，并通知了乙。乙到期清偿了对甲的300万元债务，但未能清偿对戊的200万元债务。对此，下列哪些选项是错误的？[2]

A. 戊可同时就丙和丁的房屋行使抵押权，但对每个房屋价款优先受偿权的金额不得超过100万元

B. 戊可同时就丙和丁的房屋行使抵押权，对每个房屋价款优先受偿权的金额依房屋价值的比例确定

C. 戊须先后就丙和丁的房屋行使抵押权，对每个房屋价款优先受偿权的金额由戊自主决定

D. 戊只能在丙的房屋价款不足以使其债权得到全部清偿时就丁的房屋行使抵押权

3.（2017年不定项）甲服装公司与乙银行订立合同，约定甲公司向乙银行借款300万元，用于购买进口面料。同时，双方订立抵押合同，约定甲公司以其现有的以及将有的生产设备、原材料、产品为前述借款设立抵押。借款合同和抵押合同订立后，乙银行向甲公司发放了贷款，但未办理抵押登记。之后，根据乙银行要求，丙为此项贷款提供连带责任保证，丁以一台大型挖掘机作质押并交付。如甲公司未按期还款，乙银行欲行使担保权利，当事人未约定行使担保权利顺序，下列选项正确的是？[3]

A. 乙银行应先就甲公司的抵押实现债权

B. 乙银行应先就丁的质押实现债权

C. 乙银行可选择就甲公司的抵押或丙的保证实现债权

D. 乙银行可选择就甲公司的抵押或丁的质押实现债权

六、抵押与租赁 ＊＊＊

【重点法条】

《民法典》第405条　抵押权设立前抵押财产已出租并转移占有的，原租赁关系不受该抵押权的影响。

---

〔1〕【解析】正确选项为CD。同一债权有两个以上抵押人的，当事人对其提供的抵押财产所担保的债权份额或者顺序没有约定或者约定不明的，抵押权人可以就其中任一或者各个财产行使抵押权。据此，选项A和B错误，而选项C和D正确。

〔2〕【解析】正确选项为ABCD。戊在受让200万债权时，也取得了抵押权。丙、丁的抵押权均属于第三人提供的抵押，抵押权人可以自由行使该两项抵押权，而不受份额、顺序的限制。据此可知，四个选项均错误。

〔3〕【解析】正确选项为A。乙银行享有的浮动抵押权也是抵押权的一个类型。由于浮动抵押系由债务人自己提供，而其余担保手段皆由第三人提供，因此，乙银行应首先行使对甲公司的浮动抵押权。

承租人的权利虽然属于债权，但因《民法典》第725条确立的"买卖不破租赁"规则，承租权具有一定的对抗效力，因此才需要由本条来调整承租权与抵押权的冲突问题。

承租权与抵押权的冲突调整，适用的是物权优先性的基本规则：权利在先，效力优先。具体而言：

1. 承租权在先的（抵押权设立时承租人已取得抵押财产的承租权），原租赁关系不受抵押权的影响。关于该规则，须注意的是：（1）这里的租赁关系应指定期租赁关系，所谓不受影响指的是租赁合同仍可继续履行，直至租期届满；（2）抵押权的设立并不需要将抵押财产转移给抵押权人占有，因此，在抵押权实现前，租赁合同关系自然不会受影响；而在抵押权实现时，该规则将对承租人构成特别保护：租赁合同在有效期内将对抵押物的受让人继续有效。这是《民法典》第725条所确立的"买卖不破租赁"规则的具体表现。须注意的是，相对于《物权法》第190条的规定，《民法典》第405条增加了承租人已占有租赁物的要求。

2. 如果抵押权设立在先而租赁合同订立在后，则承租人不得以此租赁关系对抗已登记的抵押权。不得对抗意味着，如因抵押权的实现而使抵押物为他人取得的，承租人不得向新所有权人要求在租期届满前继续履行抵押合同。不过，此时承租人可要求出租人承担违约责任。

以上抵押与租赁的关系，可图示如下：

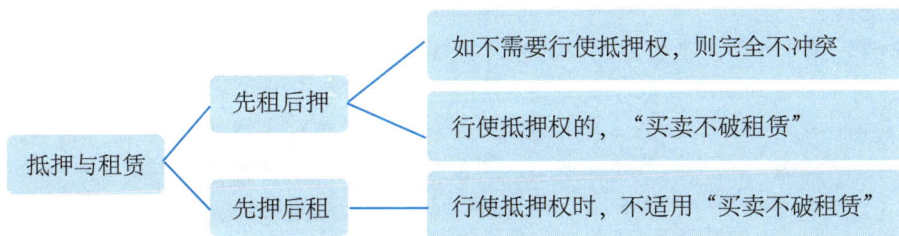

【相关法条】

《民法典》第725条 租赁物在承租人依据租赁合同占有期间发生所有权变动的，不影响租赁合同的效力。

《城镇房屋租赁合同解释》第14条 租赁房屋在承租人按照租赁合同占有期限内发生所有权变动，承租人请求房屋受让人继续履行原租赁合同的，人民法院应予支持。但租赁房屋具有下列情形或者当事人另有约定的除外：

（一）房屋在出租前已设立抵押权，因抵押权人实现抵押权发生所有权变动的；

（二）房屋在出租前已被人民法院依法查封的。

【真题解读】

（2017年单选）甲以某商铺作抵押向乙银行借款，抵押权已登记，借款到期后甲未偿还。甲提前得知乙银行将起诉自己，在乙银行起诉前将该商铺出租给不知情的丙，预收了1年租金。半年后经乙银行请求，该商铺被法院委托拍卖，由丁竞买取得。下列哪一选项是正确的？[1]

A. 甲与丙之间的租赁合同无效

B. 丁有权请求丙腾退商铺，丙有权要求丁退还剩余租金

C. 丁有权请求丙腾退商铺，丙无权要求丁退还剩余租金

D. 丙有权要求丁继续履行租赁合同

---

[1] 【解析】正确选项为C。乙银行的抵押权设立在先，且已登记，优先于丙的承租权。丁受让商铺后，不适用"买卖不破租赁"，可要求承租人丙腾退商铺。丙可向出租人乙要求退还租金、赔偿损失，但对丁无请求权。

七、抵押权的保全 *

【重点法条】

《民法典》第408条　抵押人的行为足以使抵押财产价值减少的，抵押权人有权要求抵押人停止其行为；抵押财产价值减少的，抵押权人有权要求恢复抵押财产的价值，或者提供与减少的价值相应的担保。抵押人不恢复抵押财产的价值也不提供担保的，抵押权人有权要求债务人提前清偿债务。

抵押期间，如果非由于抵押人的原因（如因不可抗力）而导致抵押物毁损、灭失或财产价值减损，且未受有保险金、赔偿金等的，抵押权人不得向抵押人主张《民法典》第408条的权利。

面对抵押人减少抵押财产价值的行为，抵押权人可在多个层次上保全抵押权：首先要求停止行为；其次可要求恢复价值（如修缮）或另行提供补充性担保；最后，在上述措施无效的情况下，可在债权到期之前要求债务人提前清偿。

八、抵押物的转让 * * *

【重点法条】

《民法典》第406条　抵押期间，抵押人可以转让抵押财产。当事人另有约定的，按照其约定。抵押财产转让的，抵押权不受影响。

抵押人转让抵押财产的，应当及时通知抵押权人。抵押权人能够证明抵押财产转让可能损害抵押权的，可以请求抵押人将转让所得的价款向抵押权人提前清偿债务或者提存。转让的价款超过债权数额的部分归抵押人所有，不足部分由债务人清偿。

《担保制度解释》第43条　当事人约定禁止或者限制转让抵押财产但是未将约定登记，抵押人违反约定转让抵押财产，抵押权人请求确认转让合同无效的，人民法院不予支持；抵押财产已经交付或者登记，抵押权人请求确认转让不发生物权效力的，人民法院不予支持，但是抵押权人有证据证明受让人知道的除外；抵押权人请求抵押人承担违约责任的，人民法院依法予以支持。

当事人约定禁止或者限制转让抵押财产且已经将约定登记，抵押人违反约定转让抵押财产，抵押权人请求确认转让合同无效的，人民法院不予支持；抵押财产已经交付或者登记，抵押权人主张转让不发生物权效力的，人民法院应予支持，但是因受让人代替债务人清偿债务导致抵押权消灭的除外。

《民法典》第406条修改了《物权法》第191条的规定，以"抵押物自由转让，抵押权不受影响"的规则取代了"未经抵押权人同意，抵押人不得转让抵押物的规则"。这一修法符合抵押权作为一项物权所具有的对世性的原理，值得赞同。

举例说明《民法典》第406条的规定。甲向乙银行借款100万元，借款期5年，并将其自有的某房产抵押给乙银行，双方办理了抵押登记。抵押期间，甲与丙订立该房产的买卖合同，问：该房产上有银行的抵押权，甲出售房产是否需经银行同意？未经同意的话，买卖合同效力如何？丙能否取得房产的所有权，取得什么权利状态的所有权？

抵押人虽为他人设立抵押权，但仍是抵押物的所有权人，从而继续保有抵押物的处分权。根据《民法典》第406条的规定，抵押期间，抵押人可以转让抵押财产，只要无特别约定，无需征得抵押权人的同意。在前例中，不仅甲丙之间的买卖合同有效，而且，因抵押人甲有处分权，故丙也能取得抵押物的所有权。《民法典》废弃了《物权法》上抵押权人的同意权，并不会损害抵押权人的利益，因为"抵押权不受影响"。抵押权是在抵押物上的权利，抵押物所有权的变动，并不会影响抵押权。这就意味着，乙银行原先在甲所有之房产上享有抵押权，在甲、丙之间的交易完成后，乙银行继续在现在归丙所有的房产上享有抵押权。

通过和抵押人甲之间的交易，<u>丙取得了抵押物的所有权，但是其取得的是一个有第三人权利负担的所有权</u>。只要债务人到期不清偿抵押权所担保的债权，抵押权人乙银行仍可就丙所有之抵押物实现抵押权。如此，涉及到抵押物受让人丙的保护问题。在《民法典》承认抵押权追及效力之后，对于抵押物受让人的保护机制体现在：（1）前例中的抵押权是不动产抵押权，只有经过登记公示才能设立；既然经过登记，抵押物受让人理应知晓其受让之物上有他人抵押权。（2）如果转让的抵押物是未经登记的动产，则应适用《民法典》第 403 条"未经登记，不得对抗善意第三人"的规则，即受让人只要是善意不知其受让之物上有他人未经登记的抵押权，就可以取得无权利瑕疵的所有权。另外，如前所述，在符合《民法典》第 404 条规定的正常经营买受人规则的情况下，买受人也取得无抵押权负担的所有权。（3）抵押物的买受人取得有他人抵押权的所有权的，可以根据《民法典》第 612 条向出卖人主张权利瑕疵担保责任，包括拒付价款、要求除去权利瑕疵，乃至于解除合同要求赔偿损失等。（4）在因债务人不履行到期债务而面临抵押权人实现抵押权之时，抵押物的受让人可根据《民法典》第 524 条之规定，代债务人清偿债务，以消灭其物上的抵押权，并可因此取得债权人对债务人的债权。

针对《民法典》第 406 条"当事人另有约定的，依照其约定"之规定，<u>《担保制度解释》第 43 条</u>根据该转让限制是否登记，确定了解释规则，其要点如下：（1）禁止或限制转让约定无论是否登记，转让合同（抵押物买卖合同）的效力均不受影响。（2）如禁止或限制转让约定未登记，且受让人已完成不动产登记或动产交付，则转让发生物权效力，即受让人取得所有权。此时，就登记抵押权而言，应适用《民法典》第 406 条第 1 款，抵押权继续存在于受让人所有之物上；如果转让的抵押物系动产，且动产抵押权未登记，则适用《民法典》第 403 条之规定。依前述规则，抵押物转让发生物权变动的，抵押权人可要求抵押人承担违约（违反不转让抵押物之约定）的违约责任。（3）如禁止或限制转让的约定经登记，则未经抵押权人同意，抵押物转让不发生物权效力，除非受让人代为清偿以消灭抵押权。

【相关法条】

《民法典》第 524 条 债务人不履行债务，第三人对履行该债务具有合法利益的，第三人有权向债权人代为履行；但是，根据债务性质、按照当事人约定或者依照法律规定只能由债务人履行的除外。

债权人接受第三人履行后，其对债务人的债权转让给第三人，但是债务人和第三人另有约定的除外。

【真题解读】

（2019 年单选题）甲向乙借款，以自己房屋提供抵押担保，已办理抵押登记；后又向丙借款，以该套房屋再次提供抵押（乙不知情），也办理了抵押登记。其后在房屋的抵押期间，甲将该房屋出卖给丙。对此，下列哪一说法是正确的？[1]

A. 乙的抵押权消灭　　　　　　　　B. 丙的抵押权消灭

C. 乙、丙的抵押权均不消灭　　　　D. 房屋买卖合同无效

---

[1]【解析】正确选项为 B。一物之上设立的两项抵押权均已登记而有效设立，根据《民法典》第 414 条确立的顺位规则，乙的抵押权顺位优先。甲将房屋转让给第二顺位抵押权人丙，不应影响第一顺位抵押权人乙的抵押权，而丙的抵押权则因为其成为所有权人而消灭（权利混同），据此，选项 B 正确。可以补充说明的是，如果甲将房屋转让给第一顺位抵押权人乙，则为保障乙的顺位利益，乙、丙的抵押权均不消灭。

九、抵押权行使期间＊＊

【重点法条】

《民法典》第419条 抵押权人应当在主债权诉讼时效期间行使抵押权；未行使的，人民法院不予保护。

抵押权虽具有支配权的性质，但是，由于其具有从权利的性质，其效力要受到其依附的主权利效力的制约。根据《民法典》第419条的规定，抵押权实际上也受行使期间的限制。抵押权行使的期间即为其所担保债权的诉讼时效期间，该诉讼时效期间届满的，法院不再保护抵押权的行使。

《物权法》和《民法典》对抵押权行使期间届满后的法律效力均未明确指明（仅规定"法院不再保护"），而《九民纪要》之59【主债权诉讼时效届满的法律后果】则明确认为"抵押权人应当在主债权的诉讼时效期间内行使抵押权。抵押权人在主债权诉讼时效届满前未行使抵押权，抵押人在主债权诉讼时效届满后请求涂销抵押权登记的，人民法院依法予以支持"。可见，最高法院认为，抵押权所担保的主债权时效期间届满的，抵押权已消灭，故此抵押人可以请求涂销抵押权登记。

《民法典》第419条虽针对抵押权行使的时间要求做出了规定，但该法典对于动产质权、权利质权及留置权等的行使期间均未作出规定，《担保制度解释》第44条弥补了该缺陷。要特别注意的是，《担保制度解释》第44条在界定债权时效期间届满的事实对担保物权的影响时，区分了具有不同公示方法的担保物权类型：就抵押权及其他以登记为公示手段的担保物权而言，债权时效期间届满，担保物权消灭；而就动产质权、留置权等以占有标的物为公示方法的担保物权而言，债权时效期间届满的，担保物权并不消灭，在债务得到清偿前，担保物所有人不得要求质权人等返还担保物，而仅能主张担保权人及时行使权利。

【相关法条】

《担保制度解释》第44条 主债权诉讼时效期间届满后，抵押权人主张行使抵押权的，人民法院不予支持；抵押人以主债权诉讼时效期间届满为由，主张不承担担保责任的，人民法院应予支持。主债权诉讼时效期间届满前，债权人仅对债务人提起诉讼，经人民法院判决或者调解后未在民事诉讼法规定的申请执行时效期间内对债务人申请强制执行，其向抵押人主张行使抵押权的，人民法院不予支持。

主债权诉讼时效期间届满后，财产被留置的债务人或者对留置财产享有所有权的第三人请求债权人返还留置财产的，人民法院不予支持；债务人或者第三人请求拍卖、变卖留置财产并以所得价款清偿债务的，人民法院应予支持。

主债权诉讼时效期间届满的法律后果，以登记作为公示方式的权利质权，参照适用第一款的规定；动产质权、以交付权利凭证作为公示方式的权利质权，参照适用第二款的规定。

十、特殊抵押权＊＊

（一）浮动抵押权

【重点法条】

《民法典》第396条 企业、个体工商户、农业生产经营者可以将现有的以及将有的生产设备、原材料、半成品、产品抵押，债务人不履行到期债务或者发生当事人约定的实现抵押权的情形，债权人有权就抵押财产确定时的动产优先受偿。

《民法典》第411条 依据本法第三百九十六条规定设定抵押的，抵押财产自下列情形之一发生时确定：

（一）债务履行期限届满，债权未实现；

（二）抵押人被宣告破产或者解散清算；

（三）当事人约定的实现抵押权的情形；

（四）严重影响债权实现的其他情形。

浮动抵押是《物权法》引进的抵押制度，《民法典》将其与一般的动产抵押做出整合后重新作出了规定。所谓浮动抵押，指的是作为经营者的抵押人与债权人约定，以其现有的和将有的所有经营性动产作为一个集合客体并在其上设立抵押权，在债务人不履行到期债务时，债权人有权对实现抵押权时确定的所有抵押财产行使变价和优先受偿的权利。

依我国《民法典》的规定，浮动抵押权具有如下特征：

1. 能够作为抵押人在自己的财产上设立浮动抵押权的必须是企业、个体工商户、农业生产经营者等经营者，非经营者不得为他人设立浮动抵押权。

2. 抵押权的客体是抵押人现有的以及将有的生产设备、原材料、半成品、产品等动产，其具体构成处在不断的变化之中。设立抵押权后，抵押财产在正常经营活动中为已支付价款的他人所取得的，该财产退出浮动抵押的范围；设立抵押后行使抵押权前，抵押人新取得的原材料等动产则自动成为浮动抵押的客体。根据《民法典》第411条的规定，处在变动中的抵押财产的范围自下列情形之一发生时确定：债务履行期届满，债权未实现；抵押人被宣告破产或者解散清算；当事人约定的实现抵押权的情形；严重影响债权实现的其他情形。

3. 根据《民法典》，浮动抵押的设立方法与以单一动产为客体设立抵押权的通常情形一致，即由抵押人与债权人签订书面抵押合同，抵押权自抵押合同生效时设立，但是，未经登记的，该抵押权不得对抗善意第三人。

【真题解读】

（2008年单选）个体工商户甲将其现有的以及将有的生产设备、原材料、半成品、产品一并抵押给乙银行，但未办理抵押登记。抵押期间，甲未经乙同意以合理价格将一台生产设备出卖给丙。后甲不能向乙履行到期债务。对此，下列哪一选项是正确的？[1]

A. 该抵押权因抵押物不特定而不能成立

B. 该抵押权因未办理抵押登记而不能成立

C. 该抵押权虽已成立但不能对抗善意第三人

D. 乙有权对丙从甲处购买的生产设备行使抵押权

（二）最高额抵押权

【重点法条】

《民法典》第420条　为担保债务的履行，债务人或者第三人对一定期间内将要连续发生的债权提供担保财产的，债务人不履行到期债务或者发生当事人约定的实现抵押权的情形，抵押权人有权在最高债权额限度内就该担保财产优先受偿。

最高额抵押权设立前已经存在的债权，经当事人同意，可以转入最高额抵押担保的债权范围。

《民法典》第421条　最高额抵押担保的债权确定前，部分债权转让的，最高额抵押权不得转让，但是当事人另有约定的除外。

最高额抵押，是指抵押人与抵押权人约定，在一最高债权限额内，以抵押物的价值对一定

---

[1]【解析】正确选项为C。本题考核的是浮动抵押的基本规则。浮动抵押的特别之处就在于抵押物无须特定，故选项A错误。根据《物权法》第189条的规定，浮动抵押采登记对抗主义，故选项B错误，选项C正确。根据该条第2款的规定，D选项错误。

期间内连续发生的债权作担保而设立抵押。

与一般抵押权一样，最高额抵押权也设立于特定的抵押物之上，体现了物权客体特定的原则。然而，与一般抵押权不同，在设立最高额抵押权时，该抵押权所担保的债权范围并不具体确定，而只是确定了一个不得超出的最高限额以及确定债权额的相应期间，而在此期间究竟将发生多少债权尚不确定。因此，最高额抵押所担保之债权额的确定问题构成了此种抵押方式的核心问题。

依《民法典》第423条的规定，有下列情形之一的，最高额抵押权人的债权（即该抵押权所担保的债权）确定：约定的债权确定期间届满；没有约定债权确定期间或者约定不明确，抵押权人或者抵押人自最高额抵押权设立之日起满二年后请求确定债权；新的债权不可能发生；抵押权人知道或者应当知道抵押财产被查封、扣押；债务人、抵押人被宣告破产或者解散。

最高额抵押权的功能也在于保障其所担保的债权的实现，但是，由于此类抵押权并不担保一个确定的债权，因此最高额抵押权的从属性特征并不像一般抵押权那么明显，而具有相对的独立性。例如，由于一般抵押权具有从属性，在其所担保的主债权移转时，抵押权也随之移转；而根据《民法典》第421条的规定，<u>最高额抵押担保的债权确定前，部分债权转让的，最高额抵押权不得转让</u>。第421条是最高额抵押最重要的一个考点。

在最高额抵押权的设立、行使等方面，法律未做出专门规定的，应适用有关一般抵押权的规定。例如，在最高额抵押权是否需要登记的问题上，应区分标的物的类型而分别适用登记生效主义或登记对抗主义。

第三节　质　权

一、质权的概念 ∗

质权，是指债权人为担保债权，而占有由债务人或第三人移交的动产或可转让的财产权，在债权届清偿期而未受清偿时，能够就该动产或权利折价或以其卖得的价款优先受偿的权利。

对以上质权的概念，可作如下几点说明：

1. 质权为担保物权的一种，具有担保物权的一般功能与属性。

2. 质权是以动产或可转让的财产权为客体的担保物权。质权依其客体的不同，可分为动产质权与权利质权。

3. 质权是移转质押财产占有的担保物权。此点主要就动产质权而言。以动产出质的，质权自出质人将质物交付于质权人占有之时设立。由于我国民法也广泛承认动产抵押，因此，是否移转担保物的占有就成了区分动产质权和动产抵押权的关键要素。以可转让的财产权作质押的，如存在权利凭证，则出质人也需将权利凭证交付给质权人。

二、动产质权 ∗ ∗ ∗

（一）动产质权的取得

1. 质押合同的订立

质权为意定担保物权。<u>当事人须采取书面形式订立质押合同</u>，以设立质权。关于质押合同中的"流质条款"，《民法典》第428条也采用了更为缓和的立场，该条规定："质权人在债务履行期限届满前，与出质人约定债务人不履行到期债务时质押财产归债权人所有的，只能依法就质押财产优先受偿。"

2. 质物的交付

【重点法条】

《民法典》第429条　质权自出质人交付质押财产时设立。

《民法典》第429条规定，质权自出质人交付质押财产时设立。《民法典》的这一条款改变了《担保法》第64条关于"质押合同自质物移交于质权人占有时生效"的规定。也就是说，质权合同不必以动产的交付为生效条件，而是直接在成立时发生效力，不过此效力并非质权设立的物权效力，而仅仅是具有债权性质的效力——据此，债权人有权请求出质人依约定的时间交付质物，从而使质权发生。

设立动产质权，须由出质人向质权人交付质物，移转质物的占有。质物的交付通常为现实交付，简易交付和指示交付亦可替代现实交付，但是，为了确保质权的留置作用，不得以占有改定的方式设立动产质权。《民法典》第228条对占有改定的规定中仅涉及了"动产物权转让"，而不包括"设立"，体现的正是这一立法立场。

3. 动产质权可善意取得

设立质权属于处分行为，要求出质人对质物享有处分权。但是，在出质人无处分权时，债权人亦可依善意取得之规定，取得质权。例如，甲将A物借给乙使用，乙向丙借款1万元，丙要求乙提供担保；乙隐瞒A物为甲所有的事实，将该物出质于丙并交付；后乙不归还欠款，丙可主张善意取得质权并实现之。

【真题解读】

（2002年多选）甲借用朋友乙的自行车数月。期间，甲因急需用钱，向同事丙借200元，并就自行车设定质押，但丙不知此自行车非甲所有。后甲逾期未偿还债务，丙即变卖该自行车实现债权。现问下列哪些表述是正确的？[1]

A. 因丙不知甲无处分权，故适用善意取得，质权设定有效

B. 因甲对自行车无处分权，且质权不适用善意取得，故该质权设定无效

C. 甲、丙应共同赔偿乙的损失

D. 应由甲单独赔偿乙的损失

（二）动产质权的效力

动产质权设立后，质权人享有质权，但同时也须承受一定的义务。针对法考的考点，择其要点，表述如下。

1. 质权人的权利

（1）质物孳息的收取权。动产质权须移转标的物的占有，故质物的孳息由作为占有人的质权人收取更为便利。《民法典》第430条规定，除质权合同另有约定外，质权人有权收取质物所产生的孳息。不过，此孳息并不由质权人无偿取得，而是应先充抵收取孳息的费用（《民法典》第430条第2款），然后再充抵原债权的利息，最后充抵原债权（可见，孳息的实际利益还是归属于其所有权人，即出质人）。

【真题解读】

（2017年多选）2016年3月3日，甲向乙借款10万元，约定还款日期为2017年3月3日。借款当日，甲将自己饲养的市值5万元的名贵宠物鹦鹉质押交付给乙，作为债务到期不履行的

---

[1]　【解析】正确选项为AD。质权也适用善意取得的规定。债权人丙不知出质人非处分权人，能够取得自行车的质权，故选项A正确，选项B错误。既然丙享有质权，其变卖自行车实现债权属于质权的行使行为，并无不妥，无须对乙承担责任，应由出质人甲单独对乙承担赔偿责任，故选项C错误，而选项D正确。

担保；另外，第三人丙提供了连带责任保证。关于乙的质权，下列哪些说法是正确的？[1]

    A. 2016 年 5 月 5 日，鹦鹉产蛋一枚，市值 2000 元，应交由甲处置

    B. 因乙照管不善，2016 年 10 月 1 日鹦鹉死亡，乙需承担赔偿责任

    C. 2017 年 4 月 4 日，甲未偿还借款，乙未实现质权，则甲可请求乙及时行使质权

    D. 乙可放弃该质权，丙可在乙丧失质权的范围内免除相应的保证责任

    （2）保全质权的权利。根据《民法典》第 433 条的规定："因不能归责于质权人的事由可能使质押财产毁损或者价值明显减少，足以危害质权人权利的，质权人有权要求出质人提供相应的担保；出质人不提供的，质权人可以拍卖、变卖质押财产，并与出质人通过协议将拍卖、变卖所得的价款提前清偿债务或者提存"。

    （3）物上请求权。质权系以占有为基础的物权，<u>在质权受第三人侵害时，质权人可以行使原物返还、妨害排除或消除危险等物上请求权</u>。例如，甲为担保自己的债务而将某动产出质于乙，乙不慎遗失该物，为丙所拾得；此时，乙可直接依质权的效力要求丙将该动产返还于自己，而不必请求甲行使所有权人的返还请求权。

    2. 质权人的义务

    质权人主要负有以下两方面的义务：

    （1）妥善保管质物。质权人应以善良管理人的注意妥善保管质物，因其过失导致质物毁损、灭失的，质权人对出质人承担损害赔偿责任。未经出质人同意，质权人不得使用质物。

    （2）返还质物。债务人清偿到期债务的，债权消灭，质权也随之消灭，此时质权人对质物的占有即丧失了权利基础，而应向出质人返还。

    【专题 1：财产处于第三方监管的质押】

    《担保制度解释》第 55 条 债权人、出质人与监管人订立三方协议，出质人以通过一定数量、品种等概括描述能够确定范围的货物为债务的履行提供担保，<u>当事人有证据证明监管人系受债权人的委托监管并实际控制该货物的，人民法院应当认定质权于监管人实际控制货物之日起设立</u>。监管人违反约定向出质人或者其他人放货、因保管不善导致货物毁损灭失，债权人请求监管人承担违约责任的，人民法院依法予以支持。

    在前款规定情形下，当事人有证据证明监管人系受出质人委托监管该货物，或者虽然受债权人委托但是未实际履行监管职责，导致货物仍由出质人实际控制的，人民法院应当认定质权未设立。债权人可以基于质押合同的约定请求出质人承担违约责任，但是不得超过质权有效设立时出质人应当承担的责任范围。监管人未履行监管职责，债权人请求监管人承担责任的，人民法院依法予以支持。

    【专题 2：保证金账户担保】

    原《担保法解释》曾将保证金账户担保置于动产（金钱）质押的框架下解释，《担保制度解释》将其作为一种非典型担保方式加以处理。

    《担保制度解释》第 70 条 债务人或者第三人为担保债务的履行，设立专门的保证金账户并由债权人实际控制，或者将其资金存入债权人设立的保证金账户，<u>债权人主张就账户内的款项优先受偿的，人民法院应予支持</u>。当事人以保证金账户内的款项浮动为由，主张实际控制该账户的债权人对账户内的款项不享有优先受偿权的，人民法院不予支持。

    在银行账户下设立的保证金分户，参照前款规定处理。

---

    〔1〕【解析】正确选项为 BCD。根据《民法典》第 430 条，质押期间，应由质权人收取孳息，选项 A 错误。质权人有妥善保管质物的义务，选项 B 正确。根据《民法典》第 437 条，出质人有权请求质权人及时行使质权，选项 C 正确。质物由债务人提供，债权人乙放弃质权的，保证人丙可相应免责，选项 D 正确。

当事人约定的保证金并非为担保债务的履行设立，或者不符合前两款规定的情形，债权人主张就保证金优先受偿的，人民法院不予支持，但是不影响当事人依照法律的规定或者按照当事人的约定主张权利。

三、权利质权 ＊＊

（一）权利质权的概念

权利质权，是指以可转让的财产权为标的而设立的质权。例如，甲持有一张金额为 100 万元的远期汇票，乙为汇票的承兑人和付款义务人；现甲向丙借贷 80 万元，为担保丙的债权，甲以对乙的票据债权为丙设定权利质权；如甲到期不能清偿贷款本息，则丙可以就甲对乙的票据权利优先受偿。

权利质权的标的须为具有可转让性的财产权。根据《民法典》第 440 条的规定，债务人或第三人有权处分的下列权利可以出质：（1）汇票、支票、本票；（2）债券、存款单；（3）仓单、提单；（4）可以转让的基金份额、股权；（5）可以转让的注册商标专用权、专利权、著作权等知识产权中的财产权；（6）现有的以及将来的应收账款；（7）法律、行政法规规定可以出质的其他财产权利。

【特别提示】就法考而言，权利质权这个考点，考生着重掌握两个问题：哪些权利可以成为权利质权的客体；这些权利质权如何设立。

（二）权利质权的设立

与动产质权一样，权利质权也属于意定物权，其设立须经出质人与质权人的合意。根据《民法典》的规定，无论以何种权利作为标的物设立权利质权，均须当事人订立书面质押合同。

质权人取得权利质权，除须与有处分权的债务人或第三人订立质权合同外，还需践行一定的权利公示方法。依权利类型的不同，权利质权的设立须践行的公示方法如下：

1. 以汇票、支票、本票、债券、存款单、仓单、提单出质的，质权自权利凭证交付质权人时设立；没有权利凭证的，质权自办理出质登记时设立。对于汇票质押，《担保制度解释》第 58 条增加了必须做"质押"背书记载的要求。

2. 以《民法典》第 440 条规定的其他财产权出质的，均自办理质押登记时设立权利质权。2021 年 1 月 1 日起，统一的动产与权利担保登记平台上线运行，权利质押即在此平台登记。

【相关法条】

《担保制度解释》第 58 条　以汇票出质，当事人以背书记载"质押"字样并在汇票上签章，汇票已经交付质权人的，人民法院应当认定质权自汇票交付质权人时设立。

《担保制度解释》第 59 条　存货人或者仓单持有人在仓单上以背书记载"质押"字样，并经保管人签章，仓单已经交付质权人的，人民法院应当认定质权自仓单交付质权人时设立。没有权利凭证的仓单，依法可以办理出质登记的，仓单质权自办理出质登记时设立。

出质人既以仓单出质，又以仓储物设立担保，按照公示的先后确定清偿顺序；难以确定先后的，按照债权比例清偿。

保管人为同一货物签发多份仓单，出质人在多份仓单上设多个质权，按照公示的先后确定清偿顺序；难以确定先后的，按照债权比例受偿。

存在第二款、第三款规定的情形，债权人举证证明其损失系由出质人与保管人的共同行为所致，请求出质人与保管人承担连带赔偿责任的，人民法院应予支持。

【提示】

《民法典》规定了应收账款质押，可将企业间的营业债权质押均纳入应收账款质押的范畴。不过，《民法典》未就一般债权（如自然人享有的债权）的出质做出规定，但司法考试时代有多次涉及。根据民法理论，以债权出质的，可以类推适用债权转让的规则（如《民法典》第546条，未经通知，质权对债务人不发生效力）。

第四节 留置权

一、留置权的概念及特征 ∗

【重点法条】

《民法典》第447条 债务人不履行到期债务，债权人可以留置已经合法占有的债务人的动产，并有权就该动产优先受偿。

前款规定的债权人为留置权人，占有的动产为留置财产。

留置权，是指债权人占有其债务人的动产而具备法定条件的，在其债权未受清偿前，得留置该动产的法定担保物权。例如，甲的电脑发生故障，送乙处维修；修好后，乙有权请求甲支付维修费，如甲无正当理由拒绝支付维修费而要求电脑的返还，则乙可以留置该电脑。在此留置权关系中，乙是留置权人，甲是债务人，电脑是留置财产。

对留置权的上述定义，可作分析如下：

1. 留置权为担保物权。留置权的基本功能，在于以被留置物的交换价值，担保债权的实现。

2. 留置权的客体为债权人合法占有的动产。

3. 留置权是于债权得到清偿前留置债务人动产的担保物权。

4. 留置权在性质上属于法定担保物权。留置权的法定性意味着，只要法定的留置权发生条件具备，无须考虑债务人的意思即可直接成立留置权。

二、留置权的构成要件 ∗∗∗

【重点法条】

《民法典》第448条 债权人留置的动产，应当与债权属于同一法律关系，但企业之间留置的除外。

留置权既为法定担保物权，其成立无须基于当事人设立物权的合意，而应根据法定的构成要件加以判断。留置权的法定构成要件包括：

1. 须债权人合法占有属于债务人的动产

如前所述，留置权的客体必须是属于债务人的动产，而且，为发生留置的效力，留置权的发生必须以债权人已占有留置物为前提。例如，承揽人因加工承揽合同的订立和履行而占有了属于定作人的物。债权人须合法地获得动产的占有，不得以侵权的方式获得占有。

关于留置的财产是否必须属于债务人所有的问题，《民法典》第447条似乎给出了肯定的回答。但是，根据民法原理与司法解释，应将"债务人的动产"解释为"债务人移交的动产"，质言之，在具备同一法律关系要件情形下，在不属于债务人所有的动产之上，也可以成立留置权。《担保制度解释》第62条明确了这一规则。

【相关法条】

《担保制度解释》第 62 条　债务人不履行到期债务，<u>债权人因同一法律关系留置合法占有</u><u>的第三人的动产，并主张就该留置财产优先受偿的，人民法院应予支持。</u>第三人以该留置财产并非债务人的财产为由请求返还的，人民法院不予支持。

企业之间留置的动产与债权并非同一法律关系，债务人以该债权不属于<u>企业持续经营中发</u><u>生的债权</u>为由请求债权人返还留置财产的，人民法院应予支持。

企业之间留置的动产与债权并非同一法律关系，债权人留置第三人的财产，第三人请求债权人返还留置财产的，人民法院应予支持。

2. 须留置物与其担保的债权属于同一法律关系

依《民法典》第 448 条的规定，债权人留置的动产，应当与债权属于"同一法律关系"。所谓动产与债权属于同一法律关系，准确而言，指的是债务人所享有的动产返还请求权与债权同属于一个法律关系。例如，定作人对承揽物的返还请求权与承揽人的报酬债权同属于加工承揽合同关系，寄存人的保管物返还请求权与保管人的保管费债权同属于有偿保管合同关系，收货人的货物返还请求权与承运人的运费债权同属于货物运输合同关系。

对于留置物与债权须属于同一法律关系的一般规则，《民法典》第 448 条设有一个例外规定，即企业之间留置的无须要求留置物与债权属于同一法律关系。此乃《民法典》对于<u>商事</u><u>留置权</u>的特别规定。考虑到商业交往所要求的便捷、安全的需要，法律对于企业之间留置权的发生设有宽松的条件，即只要债权人合法地占有债务人的动产，就可以动产的留置担保其债权的实现，即便债权与该动产之间并无牵连关系。根据《担保制度解释》第 62 条第 2 款，<u>企业</u><u>之间留置的动产与债权如果不属于同一法律关系，则要求该债权必须是企业持续经营中发生的</u><u>债权</u>。而且，<u>企业之间的留置，在不具备同一法律关系的情形，要求留置物必须归属于债</u><u>务人</u>。

3. 须债权已届清偿期，且债务人不履行债务

作为法定担保物权，留置权的基本功能在于担保债权的实现，而债权的实现以权利已届清偿期为条件，因此，留置权的成立也应以其所担保的债权已届清偿期为条件。如果允许债权人在债权未届清偿期时即行使留置权，则等于迫使债务人提前清偿未到期的债务，对于债务人过于不公。《民法典》第 447 条即以债务人不履行到期债务作为留置权发生和行使的条件。

4. 不存在法律不允许留置的情形。如承运人不得主张对其运送的抢险救灾物资进行留置。

【真题解读】

1.（2015 年多选）下列哪些情形下权利人可以行使留置权？[1]

A. 张某为王某送货，约定货物送到后一周内支付运费。张某在货物运到后立刻要求王某支付运费被拒绝，张某可留置部分货物

B. 刘某把房屋租给方某，方某退租搬离时尚有部分租金未付，刘某可留置方某部分家具

C. 何某将丁某的行李存放在火车站小件寄存处，后丁某取行李时认为寄存费过高而拒绝支付，寄存处可留置该行李

D. 甲公司加工乙公司的机器零件，约定先付费后加工。付费和加工均已完成，但乙公司

---

〔1〕【解析】当年正确选项为 CD，按新规应该为单选，正确答案为 C。本题考核留置权的构成。A 选项中债权尚未到期，承运人不得留置货物。选项 B 中，租赁物为房屋，而非承租人的家具，因此，租金债权与占有家具并不属于同一法律关系。如果出租人要占有并扣留家具，其行为构成的是自助行为，而非留置权行使行为。选项 C 中，寄存人何某并非留置物所有权人的事实并不影响留置权的发生。选项 D 中，当事人均为企业，债权人行使留置权不需要满足"同一法律关系"的要求，《担保制度解释》出台前，可以认定成立留置权。但是，根据该解释第 62 条第 2 款，借款不是营业债权，故不能成立留置权，D 选项错误。

尚欠甲公司借款，甲公司可留置机器零件

2. （2018年单选）涂某是甲公司总经理，甲公司为其配备了一辆轿车供上下班使用。后涂某辞职，甲公司尚欠其10万元工资。涂某与甲公司多次交涉无果，欲对轿车行使留置权。关于本案下列哪一说法是正确的？[1]

    A. 涂某可以行使留置权

    B. 涂某不可以行使留置权

    C. 涂某向甲公司主张10万元工资的债权请求权不受诉讼时效限制

    D. 涂某向甲公司主张10万元工资的债权请求权受2年诉讼时效期间的限制

三、留置权的效力＊＊

【重点法条】

《民法典》第453条　留置权人与债务人应当约定留置财产后的债务履行期间；没有约定或者约定不明确的，留置权人应当给债务人六十日以上履行债务的期间，但鲜活易腐等不易保管的动产除外。债务人逾期未履行的，留置权人可以与债务人协议以留置财产折价，也可以就拍卖、变卖留置财产所得的价款优先受偿。

对留置权人而言，留置权主要有以下几方面的效力：

1. 留置标的物。债务人不履行到期债务的，债权人可留置标的物，即扣留标的物而不返还于债务人。作为所有权人，债务人原本对留置物享有返还请求权，但是，留置权的发生使得债权人得以该权利对抗债务人的返还请求权。

2. 收取留置物的孳息。留置权人有权收取留置物产生的天然孳息与法定孳息。对于其所收取的孳息，留置权人首先应以其充抵收取孳息的费用，其次再充抵所担保债权的利息，最后充抵原债权本身。

3. 变价处分和优先受偿权。留置权的效力首先表现在留置标的物之上，并以此留置效果促使债务人为取回留置物而履行债务。与抵押权人或质权人在发生债务人不履行到期债务时即可行使变价权和优先受偿权不同，留置权人在留置标的物后，还不能立刻行使变价权。根据《民法典》的规定，标的物被留置后，留置权人应与债务人就债务履行的宽限期达成一致，当事人未就此达成一致或约定不明确的，除非留置物为鲜活易腐等不易保管的动产，否则债权人须给债务人<u>不少于六十日的履行宽限期</u>。债务人于此期间内仍未履行债务的，留置权人才可以与债务人协议以留置财产折价，或者就拍卖、变卖留置财产所得的价款优先受偿。

> **【特别提示】** 留置权有两次效力，第一次效力是留置，第二次效力才是变价与优先受偿。须注意的是，发生留置后，至少需要间隔六十日，才可以发生第二次效力。

---

〔1〕【解析】正确选项为B。本题的关键是识别工资债权与轿车是否属于同一法律关系。表面上看，配备轿车与给付工资都是徐某和甲公司劳动合同中的权利义务内容，但是，徐某对甲公司工资请求权的发生实际上与轿车之间没有任何牵连关系（请对比汽车修理合同中维修人因修车产生修车费债权的情形），故不应成立轿车上的留置权。法律对于工资债权并无不适用诉讼时效期间的特别规定，且在《民法总则》生效后，该时效期间为3年。

第五节　担保物权的竞合

【说明】

法考大纲专设"担保物权的竞合"一节，解决一物之上先后出现多种担保物权的问题。考虑到不动产仅能作为抵押权的客体，故一物之上出现多种担保物权的情形仅可能针对动产发生。在一物之上依法成立数个不同类型的担保物权时，法律上的问题表现为该数个担保物权相互之间的优先性问题，故下文仅讨论此优先性问题。又由于前文已讨论了《民法典》第414条，故一物之上设立多个抵押权的情形也无需在此讨论。

【专题】抵押权、质权、留置权的优先顺序 ＊＊＊

【重点法条】

《民法典》第456条　同一动产上已设立抵押权或者质权，该动产又被留置的，留置权人优先受偿。

《民法典》第415条　同一财产既设立抵押权又设立质权的，拍卖、变卖该财产所得的价款按照登记、交付的时间先后确定清偿顺序。

在《民法典》物权编确立的担保物权体系中，不动产仅能成为抵押权的客体，而在动产之上，既可以成立抵押权，亦可成立动产质权，同时法定留置权也以动产为客体。因此，在理解所谓担保物权竞合问题时，首先需要认识以下这一点：凡涉及一物之上并存两种以上担保物权且需要确定优先顺序的，必然发生在动产之上。

就同一动产上发生两项以上担保物权的优先顺序问题，可分以下几个层次说明：

1. 凡发生留置权的，按事理及《民法典》第456条之规定，留置权发生时间在后，而抵押权和（或）质权发生在前，即便如此，由于留置权的法定担保物权的性质以及留置权人实际占有标的物的事实，留置权人先于其他担保物权人（抵押权人或质权人）受偿。

2. 如果一物之上先后设立了抵押权和质权，则通常的情形是，先设立不转移占有的抵押权，然后抵押人利用物尚在自己手中的事实，再行在其上为他人设置质权并为交付。在此种情形，抵押权与质权何者优先，须取决于另一事实，即，在先设立的抵押权是否经过登记：（1）如该抵押权经过登记的，由于登记使抵押权具有了对抗效力，故设立在先的抵押权当然优先于设立在后的质权；（2）如该抵押权未经登记，则一方面，未经登记的抵押权不得对抗善意第三人，另一方面，此时物在质权人的占有之下，因此，后设立的质权优先于先设立的抵押权。如果抵押权设立时未经登记，然后设立了质权并交付了物，再然后当事人进行了抵押登记，则仍以交付在先的质权为优先。

3. 如果试题中出现质权设立在先而抵押权设立在后的情形（此种情况在现实中相对少见），则由于质权设立在先，则无论在后的抵押权是否登记，仍须承认在先设立的质权具有优先受偿的效力。

【真题解读】

1.（2003年多选）甲向乙借款5万元，并以一台机器作抵押，办理了抵押登记。随后，甲又将该机器质押给丙。丙在占有该机器期间，将其交给丁修理，因拖欠修理费而被丁留置。下列哪些说法是正确的？[1]

---

〔1〕【解析】正确选项为AC。丁的留置权虽然发生在最后，但优先效力最强；甲的抵押权最先发生，且经过了登记，故排在第二位的优先顺序上；丙的质权最后发生，排在优先序列的最后。据此，应选A、C两项。

A. 乙优先于丙受偿　　　　　　　　B. 丙优先于丁受偿

C. 丁优先于乙受偿　　　　　　　　D. 丙优先于乙受偿

2. （2013年多选）甲公司以其机器设备为乙公司设立了质权。10日后，丙公司向银行贷款100万元，甲公司将机器设备又抵押给银行，担保其中40万元贷款，但未办理抵押登记。同时，丙公司将自有房产抵押给银行，担保其余60万元贷款，办理了抵押登记。20日后，甲将机器设备再抵押给丁公司，办理了抵押登记。丙公司届期不能清偿银行贷款。下列哪一表述是正确的？[1]

A. 如银行主张全部债权，应先拍卖房产实现抵押权

B. 如银行主张全部债权，可选择拍卖房产或者机器设备实现抵押权

C. 乙公司的质权优先于银行对机器设备的抵押权

D. 丁公司对机器设备的抵押权优先于乙公司的质权

【主观题点睛】

整个担保物权部分均是主观题重要考点。担保物权法理性强，切不可死记硬背，需吃透原理，如此方可应对主观题的出题方式。

---

〔1〕【解析】正确选项为C。本题有一定难度。首先，银行的债权受到了甲公司的机器设备及丙公司自己房产的共同抵押，但各方约定了担保的范围，因此并不适用首先实现债务人提供之担保的规则，故A错误，B错误。由于乙取得质权在先，且银行对机器设备的抵押权未经登记，故乙公司的质权优先于银行的抵押权，据此，选项C正确。丁公司的抵押权虽经登记，但设立在乙的质权之后，仍以乙的质权优先，故D选项错误。

第十一章 占 有

【复习提要】

物权法上的占有制度比较抽象，有一定的难度。就法考而言，考试应在理解占有系对物的实际管领控制的基础上掌握以下考点：占有的几个重要分类；占有的效力及保护；占有人与返还请求权人的关系等。

第一节　占有概述

一、占有的概念和性质 *

占有，指人对物的事实上的管领与控制。其中，对物进行管领和控制的人，称为占有人；被管领和控制之物，称为占有物。

"占有"这一术语常常在多重意义上被人们所使用。例如，在描述所有权的内容时，"占有"为所有权的一项权能，其本身并不具有独立的意义。作为物权法上与各种物权类型并列的一项制度，占有的独特性在于：占有本身并不是一项权利，而仅仅是一种法律事实，即占有人实际管领控制占有物的事实，此时占有的基础为何（即占有人是否有权占有标的物）在所不问。于是，即便是窃贼对其所盗窃之物的事实控制也属于一种占有，而产生其在物权法上的效力。窃贼对其所窃取之物当然不能享有法律上的权利，但其事实上控制和支配着盗窃物，而这一事实本身也应产生相应的法律效果（虽然这并不意味着窃贼就取得了某种实体上的权利），而这正是独立的占有制度所关注的。至于借用人、保管人、承租人等对物的占有，尽管不表现为一项物权，但其占有本身具有合法性，当然会产生占有保护的效力。

二、占有的类型 * *

依不同的标准，可将占有区分为不同的类型。在占有的效力方面，占有的分类具有重要的意义，例如，善意占有和恶意占有具有不同的效力等。以下说明与法考相关度高的几个分类。

（一）自主占有与他主占有

以占有人是否具有所有的意思，可将占有区分为自主占有与他主占有。自主占有，指占有人主观上以所有的意思而为的占有，如拾得人以据为己有的意思占有遗失物。他主占有，指占有人主观上不以所有的意思而为的占有，如质权人的占有、承租人的占有等。

（二）直接占有与间接占有

以在占有媒介关系中的占有人是否直接占有其物为标准，可将占有区分为直接占有与间接占有。直接占有，指对占有物有事实上管领力的占有，如质权人、承租人、借用人、保管人等基于物权关系或合同关系而直接管领、控制他人之物的占有。间接占有，指自己不直接占有其物，而基于一定法律关系（所谓"占有媒介关系"）对于直接占有人有返还请求权，从而对其物有间接管领力的占有，如出质人、出租人、出借人等的占有。

（三）有权占有与无权占有

依占有人之占有是否具有本权为标准，可将占有区分为有权占有与无权占有。有权占有，又称有权源占有，是指基于本权即法律上之原因的占有，例如基于所有权、建设用地使用权、质权等物权的占有以及基于租赁、借用等合同关系的占有等。无权占有，又称无权源占有，是指非基于本权或欠缺法律上原因的占有，如窃贼对赃物的占有、拾得人对遗失物的占有以及自侵占人手中继受取得的占有等。

区分有权占有与无权占有的主要意义在于：有权占有人因权源的存在，可持续地保持占有状态，他人请求其交付占有物时，有权占有人可予以拒绝。例如，承租人因租赁合同占有租赁物，在租期届满之前，承租人可继续占有租赁物，出租人要求返还的，可予以拒绝。相反，无权占有人对于正当的返还请求权人无拒绝的权利，例如，遗失物的拾得人不得拒绝失主的返还请求权。

（四）善意占有与恶意占有

这是对无权占有的进一步分类，有权占有无所谓善意、恶意可言。根据无权占有人是否有理由相信其有占有权源为标准，可将无权占有区分为善意占有与恶意占有。善意占有，指无权占有人无占有的权源但有理由相信存在此种权源的占有，例如，误以为他人遗失之物为抛弃物而以所有的意思占有的，占有人误以为自己先占取得成为所有权人，从而相信其占有为有权占有。恶意占有，指占有人明知无占有权源，或者对是否存在占有权源有足够怀疑而为的占有，例如，窃贼占有窃得的物品，或以极低的价格从他人处购买物并对该物是否为赃物有怀疑之人的占有等。

区分善意占有与恶意占有具有重要的意义：（1）动产的善意取得，须以受让人取得占有时为善意为要件；（2）在行使返还请求权的所有权人与占有人的关系上，在占有人是否可获得孳息、是否可就必要费用向所有权人求偿等方面，善意占有人与恶意占有人的权利义务有所不同。立法的基本思想是：须宽待善意占有人。

> 【特别提示】善意占有与恶意占有是对无权占有的再分类。另外，善意占有容易转化为恶意占有：先前为善意占有，但事后一旦知晓其占有无本权的，该占有立刻转化为恶意占有。

以上关于占有的重要分类，可图示如下：

是否有据为己有的意思	占有人是否直接占有物	有无本权
• 自主占有 • 他主占有	• 直接占有 • 承租人、借用人、 保管人、质权人 • 间接占有 • 出租人、出借人、 寄存人、出质人	• 有权占有 • 无权占有 • 善意占有 • 恶意占有

【真题解读】

1. （2005 年单选）甲遗失一部相机，乙拾得后放在办公桌抽屉内，并张贴了招领启事。

丙盗走该相机，卖给了不知情的丁，丁出质于戊。对此，下列哪一种说法不正确？[1]

    A. 乙对相机的占有属于无权占有   B. 丙对相机的占有属于他主占有

    C. 丁对相机的占有属于自主占有   D. 戊对相机的占有属于直接占有

    2.（2015年多选）甲拾得乙的手机，以市价卖给不知情的丙并交付。丙把手机交给丁维修。修好后丙拒付部分维修费，丁将手机扣下。关于手机的占有状态，下列哪些选项是正确的？[2]

    A. 乙丢失手机后，由直接占有变为间接占有

    B. 甲为无权占有、自主占有

    C. 丙为无权占有、善意占有

    D. 丁为有权占有、他主占有

第二节　占有的效力和保护

一、占有的效力 ＊＊

（一）占有的权利推定效力

占有的权利推定效力，是指如占有人在占有物上行使权利，则推定其合法地享有此项权利。

根据占有的权利推定效力，在无相反证据的情况下，即推定占有人享有其行使的物权或债权等。举例来说，如果某人以所有权人的名义占有物，则应推定其为所有权人。如果他人对该物的权利归属有异议，要否认其为所有权人，则应由该他人负举证责任，证明该物并非归占有人所有（如证明为占有人盗窃等）。

（二）占有的保护效力

【重点法条】

《民法典》第462条　占有的不动产或者动产被侵占的，占有人有权请求返还原物；对妨害占有的行为，占有人有权请求排除妨害或者消除危险；因侵占或者妨害造成损害的，占有人有权依法请求损害赔偿。

占有人返还原物的请求权，自侵占发生之日起一年内未行使的，该请求权消灭。

作为一项法律事实，占有本身就具备保护的效力。《民法典》第462条规定了原物返还、排除妨碍与消除危险三种占有保护的请求权，其中，最为重要的是原物返还请求权（"占有回复请求权"）。关于该项请求权的行使，可作分析说明如下：

1. 请求权的主体为因他人实施侵占行为而丧失占有的前占有人。此项请求权，只有占有人能够行使。而只要是占有人，无论其占有为直接占有还是间接占有，为自主占有还是他主占有，为有权占有还是无权占有，为善意占有还是恶意占有，均有权主张此项请求权。

2. 此项请求权所针对的是侵夺占有的行为，即违反占有人的意志以积极的不法行为剥夺

---

    [1]【解析】正确选项为B。本题考核占有的分类。乙拾得他人遗失的相机，这并不使其取得对相机的权利，故其占有为无权占有。丙盗窃相机，其占有当然属于无权占有，但由于盗窃的目的是将相机据为己有，故其占有为自主占有。丁购买相机，当然是为了能够享有其所有权，故其占有也为自主占有。在质权关系中，直接控制支配质物的质权人为直接占有人，出质人为间接占有人。综上，选项B说法不正确，其他各项均正确。

    [2]【解析】正确选项为BCD。乙遗失手机即丧失了占有。甲将拾得的手机据为己有，系无权占有、自主占有；丙不能善意取得遗失物，故为善意的无权占有人；丁享有留置权，为有权的他主占有人。

占有人对占有物管领的行为，如窃取行为、抢夺行为等。如侵占人死亡，则被侵夺占有之人可向其继承人（所谓"占有的概括承受人"）主张占有回复。如侵占人将占有移转给第三人，且该第三人知晓前手的占有瑕疵（所谓"恶意特定承受人"），则被侵夺占有之人亦可向其主张占有回复。质言之，被侵夺占有之人可向以下人主张第462条规定的原物返还请求权：侵占人、侵占人的继承人、恶意的受让人。

3. 该请求权应向物的现占有人提出。该请求权以回复对物的占有为其行使的目的，故应向物的现在占有人提出。

4. 该请求权应自侵占发生之日起1年内行使，该期间具有除斥期间的性质，期满请求权即告消灭。

【提示】

《民法典》第462条与第235条均系对"返还原物"请求权的规定。试举例说明二者的区别。甲出借电动车于乙，因乙对丙负债不还，丙暴力夺取乙手中的电动车。此种情形，乙可以根据第462条向丙要求返还原物，但不能主张第235条的权利（因乙仅是借用人，而非物权人）。甲作为电动车的所有人，可根据第235条向丙主张原物返还。如自丙侵占之日起1年内，乙未主张占有保护，则乙的请求权消灭，但甲仍可继续向丙主张所有权保护。

关于占有的保护，可图示如下：

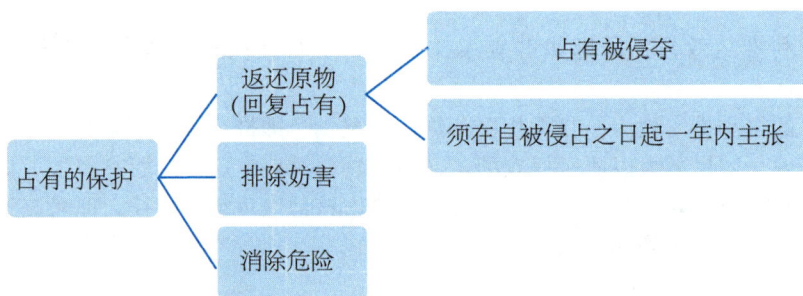

【真题解读】

1. （2007年多选）甲向乙借款5000元，并将自己的一台笔记本电脑出质给乙，乙在出质期间将电脑无偿借给丙使用。丁因丙欠钱不还，趁丙不注意时拿走电脑并向丙声称要以其抵债。下列哪些选项是正确的？[1]

A. 甲有权基于其所有权请求丁返还电脑

B. 乙有权基于其质权请求丁返还电脑

C. 丙有权基于其占有被侵害请求丁返还电脑

D. 丁有权主张以电脑抵偿丙对自己的债务

2. （2020年多选）张三在路边捡到一块玉，准备交到失物招领处，途中遇见李四，向其炫耀一番，并说该玉为自己所有，由于李四想把玩几天，遂暂借给李四。次日，玉被王二盗走，王二准备在二手市场交易，被失主赵五恰巧碰到。对此，下列说法正确的是？[2]

A. 张三是无权占有　　　　　　　　　B. 李四可请求王二返还原物

---

[1]【解析】正确选项为ABC。之前在"物权保护"部分，已对该题做过解读。这里强调的是C选项。丙虽非物权人，但却是电脑的占有人，对于直接侵占其占有的丁，丙可以根据《民法典》第462条的规定要求占有的返还。

[2]【解析】正确选项为ABD。张三拾得遗失物，无占有的本权，其占有为无权占有，选项A正确。王二通过盗窃手段侵占玉，被侵占人李四可根据《民法典》第462条要求返还原物，选项B正确。李四不知其借用之物为遗失物，其占有为善意占有，选项C错误。赵五为所有权人，可根据《民法典》第235条要求王二返还原物。

C. 李四是恶意占有　　　　　　　　　　　D. 赵五可请求王二返还原物

二、占有人与返还请求权人的关系 * *

（一）问题界定

所谓返还请求权人，指依其对物的权利可以向占有人要求物之返还的人。如果占有人与返还请求权人之间存在租赁合同关系、借用合同关系或质权关系等法律关系，则可依该法律关系界定二者间的权利义务关系。但是，如果无权占有人与返还请求权人之间不具有此种法律关系，则应如何解决当事人间在物的孳息与收益归属、占有物毁损灭失的损害赔偿责任以及所支出费用的求偿权等问题呢？如果法律在占有的相关制度上不作专门的规定，则大致可依民法的一般规则处理上述问题：物的孳息与收益问题，可适用不当得利之规定；占有物毁损灭失的赔偿责任，可适用侵权行为法的规定；占有人对于占有物所支出的费用，可依不当得利或无因管理的规定处理。

然而，民法上这些一般制度，往往并未区分占有人的善意和恶意。如果不设特别规则，有可能产生不公平的后果。举例来说，根据侵权法的一般规则，行为人因故意或过失造成他人之物毁损的，应负完全的赔偿责任。然而，如果占有人善意地相信自己是所有权人（如善意购买盗赃物的占有人），而疏于保管主观上认为是自己的占有物从而造成毁损、灭失，此时，似乎应对此善意占有人给予特殊照顾，免除其损害赔偿责任。

有鉴于此，我国《民法典》也在第459条至第461条对占有人与返还请求权人之间的法律关系做出了专门的规定。现就《民法典》的上述规定，结合民法学原理，说明如下：

（二）占有物的使用收益

【重点法条】

《民法典》第459条　　占有人因使用占有的不动产或者动产，致使该不动产或者动产受到损害的，恶意占有人应当承担赔偿责任。

占有人在占有物期间而使用占有物，乃常有之事。若占有物因使用而发生损耗，则返还请求权人在请求返还物的同时，能否同时主张损害赔偿？根据《民法典》第459条，恶意占有人须负赔偿之责。这也意味着，善意占有人对其善意占有期间因使用造成的物之损害，不负损害赔偿之责。

（三）对占有物所支出费用的偿还

【重点法条】

《民法典》第460条　　不动产或者动产被占有人占有的，权利人可以请求返还原物及其孳息，但是，应当支付善意占有人因维护该不动产或者动产支出的必要费用。

占有人在占有标的物期间，可能因占有物的维护、改良等支出费用。例如，甲无权占有乙之房屋，由于暴雨冲刷导致屋顶受损漏雨，甲为修缮屋顶花费金钱若干；或者甲对该房屋进行装修，花费不菲。如所有权人乙要求占有人甲返还房屋，则对于甲所支出的费用应如何处理？

我国《民法典》在占有人的费用偿还请求权方面，仅有如下一条简单的规定：返还请求权人应当支付善意占有人因维护不动产或者动产支出的必要费用（第460条）。应该说，这一规定并不完善，但就法考而言，考生掌握此点即可。

【真题解读】

（2012年多选）丙找甲借自行车，甲的自行车与乙的很相像，均放于楼下车棚。丙错认乙车为甲车，遂把乙车骑走。甲告知丙骑错车，丙未理睬。某日，丙骑车购物，将车放在商店楼下，因墙体倒塌将车砸坏。下列哪些表述是正确的？[1]

　　A. 丙错认乙车为甲车而占有，属于无权占有人

　　B. 甲告知丙骑错车前，丙修车的必要费用，乙应当偿还

　　C. 无论丙是否知道骑错车，乙均有权对其行使占有返还请求权

　　D. 对于乙车的毁损，丙应当承担赔偿责任

（四）占有物毁损灭失的赔偿责任

【重点法条】

《民法典》第461条　　占有的不动产或者动产毁损、灭失，该不动产或者动产的权利人请求赔偿的，占有人应当将因毁损、灭失取得的保险金、赔偿金或者补偿金等返还给权利人；权利人的损害未得到足够弥补的，恶意占有人还应当赔偿损失。

　　占有人在占有期间，因过失造成占有物毁损、灭失的，如依照一般侵权行为的规定，占有人须对权利人承担完全的损害赔偿责任。但是，在占有人为善意的情况下，应减轻或免除其赔偿责任——占有人仅以因灭失或毁损所受利益为限，负赔偿之责。

　　《民法典》承认了这一对善意占有人的优待规则。根据该法第461条的规定，善意占有人仅须向权利人返还因毁损、灭失取得的保险金、赔偿金或者补偿金等，损害未因此得到完全弥补的，善意占有人不负赔偿责任；如果占有为恶意，则占有人不能获得优待，须依侵权法的一般规则，对权利人因物的毁损、灭失所遭受的损害负完全赔偿责任。

　　以上所谓"所有人－占有人关系"，紧密结合《民法典》的规定，可图示如下：

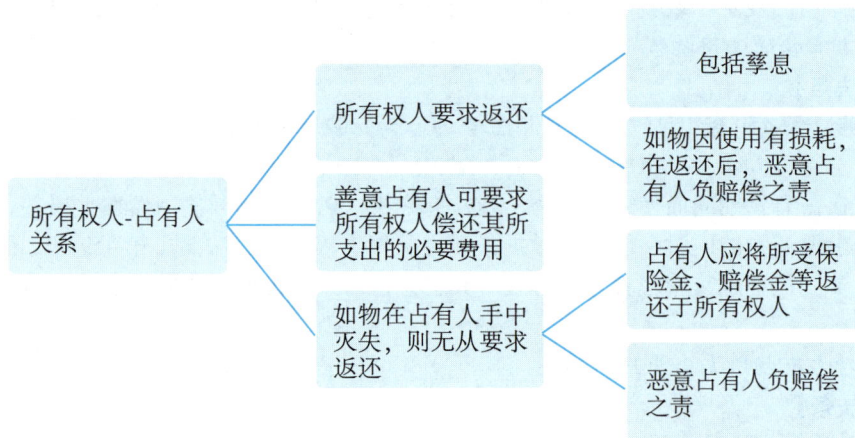

---

　　[1]【解析】正确选项为ABCD。丙尽管不知自己骑错车，但终究无占有该车的本权，其占有属无权占有，A选项正确。在甲告知丙骑错车之前，后者的占有是善意占有，根据《民法典》第460条的规定，所有权人应支付善意占有人支出的必要费用，故B选项正确。无论占有为善意还是恶意，其性质均为无权占有，所有权人均可向其要求占有返还，选项C正确。本题中，自行车的毁损发生在甲告知丙骑错车之后，故丙已构成恶意占有，根据《民法典》第461条，丙应赔偿甲的损失。

第三编 合 同

【关于债权的一般规则（债法总论）与合同体例安排的特别说明】

《民法典》未设置"债权编"，在形式上未规定"债法总则"，而是仅设置了"合同编"（《民法典》第三编）。《合同编》包含三个分编，分别是"通则"、"典型合同"与"准合同"。这个编纂体例其实是有债法总则的，表现在以下两个方面：（1）《民法典》第468条规定："非因合同产生的债权债务关系，适用有关该债权债务关系的法律规定；没有规定的，适用本编通则的有关规定，但是根据其性质不能适用的除外。"据此，合同编通则中有关类型、履行、保全、转移、消灭等规范实际上也可以适用于非因合同产生的债权债务关系，从而，合同编通则也就实际上发挥了债法通则的作用；（2）与前一点相一致，合同编通则的具体法条均淡化了"合同"意识，基本都采用了更为抽象的"债权"、"债务"等表达，从而使这些条文可以被其他法定之债直接适用。

结合法考的考点，整个"合同编"模块的知识结构可图示如下：

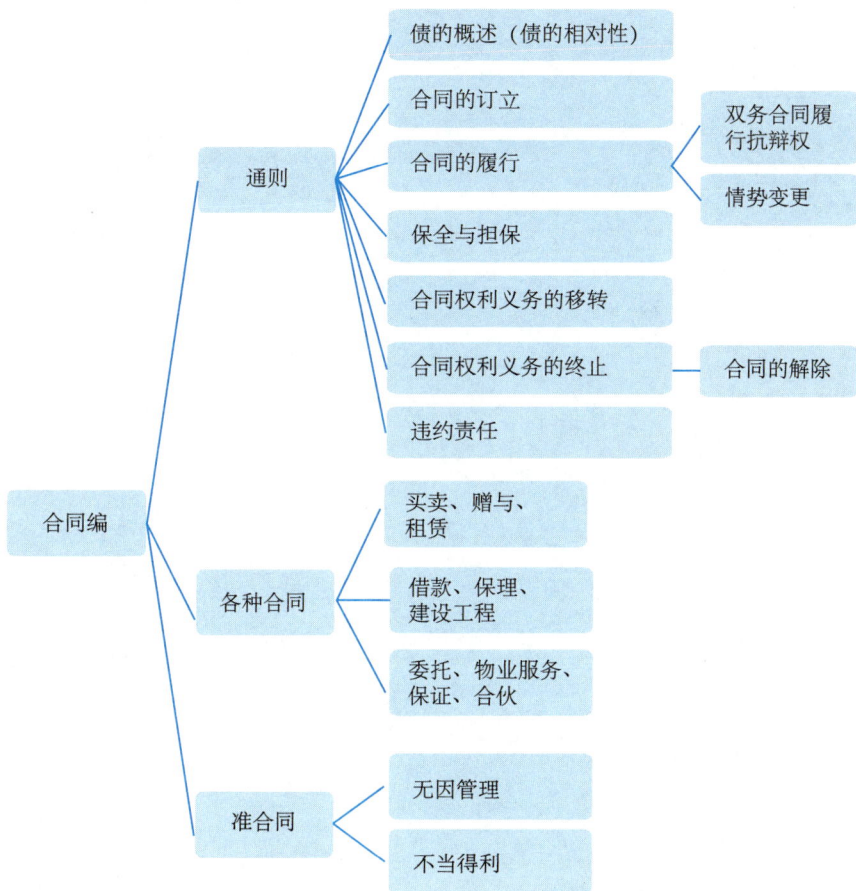

- 合同编
  - 通则
    - 债的概述（债的相对性）
    - 合同的订立
    - 合同的履行
      - 双务合同履行抗辩权
      - 情势变更
    - 保全与担保
    - 合同权利义务的移转
    - 合同权利义务的终止
      - 合同的解除
    - 违约责任
  - 各种合同
    - 买卖、赠与、租赁
    - 借款、保理、建设工程
    - 委托、物业服务、保证、合伙
  - 准合同
    - 无因管理
    - 不当得利

【关于合同法法律渊源的说明】

随着 2021 年 1 月 1 日《民法典》的生效，《合同法》失去效力。《民法典》第三编合同编成为合同法最重要的法律渊源。同时，因为名称不再妥当等原因，最高人民法院法释〔2020〕16 号司法解释废止了《合同法解释（一）》和《合同法解释（二）》。2023 年 12 月 5 日，最高人民法院《合同编通则解释》正式出台，其确立的一些重要规则须予以特别关注。

另外，《民法典》生效前，最高院也对先前存在的有关各种典型合同的司法解释，如《买卖合同解释》《城镇房屋租赁合同解释》《融资租赁合同解释》《民间借贷解释》《建设施工合同解释（一）》等做出了修订。

第十二章　债与合同概述

▶【本章复习提要】

　　本章没有重要的考点，内容多为基础概念及分类等。考虑到法考的特点，作者在第一节中增加"债的相对性"这一知识点，集合若干与相对性有关的解题思路。第二节"合同概述"，应对一些重要的合同分类有所了解。

第一节　债的概述

【注意】

　　就考试而言，考试大纲上本节的内容应无直接的考点。本节关于债的概念和特征的简要介绍，只是基于如下考虑：债的概念与特征，系理解债的一般规则与合同之债等制度和考点的基础。另外，本节增设的"债的相对性"知识点比较重要，考生应结合历年真题做正确理解。

一、债的概念和特征 *

（一）债的概念

　　债指的是特定人间可以请求为特定行为的法律关系。债的关系由债权、债务两方面构成，《民法典》第118条第2款对债权做出了如下定义："债权是因合同、侵权行为、无因管理、不当得利以及法律的其他规定，权利人请求特定义务人为或者不为一定行为的权利"。

（二）债的特征

　　1. 债为特定人之间的法律关系。无论基于何种发生原因，债的关系均将先前不具有特别法律关系的双方当事人结合在一起。在这种特定人之间的结合关系中，其中一方为权利人，可以（而且原则上也仅限于）针对对方主张债务的履行。债之关系在主体上具有特定性，这与物权关系的对物性、对世性有着明显的不同。

　　2. 债为特定人得请求特定人为特定行为的法律关系。与债的主体具有特定性相同，债的客体也具有特定性。在债的关系发生时，债的客体即应具有确定性或至少已具有了可以加以确定的标准。作为债之客体的特定行为称为"给付"，包括作为与不作为两种形态。"作为"系积极的给付，要求债务人积极地做出一定行为以满足债权人的利益；"不作为"系消极的给付，主要存在于意定之债中，例如，在雇佣合同中，基于双方的合意，受雇人承担不利用业余时间在外兼职的不作为义务。债的客体无论表现为作为，还是表现为不作为，其目的均在于以给付为媒介，使特定的债权人从特定之债务人那里获得特定的利益。

　　3. 债的内容包括债权与债务两个方面，二者具有对应性，即债权人所享有的权利即为债务人所承担的义务。因此，对于债之关系的描述，可由债权或债务任一方面着手，界定了债权也就明确了债务，反之亦然。

二、债的发生与分类

（一）债的发生

根据《民法典》第 118 条的立法定义可知，债的法律关系存在合同（意定之债）、侵权行为、无因管理、不当得利（法定之债）等典型的发生原因。另外，众多的"法律的其他规定"皆可引起债之关系，例如，《民法典》第 171 条第 3 款规定，无权代理得不到追认时无权代理人对善意相对人负有履行债务或赔偿损失的义务，该款规定即为法律特别规定的一项债的发生原因。

（二）债的分类

根据不同的标准，可以将债分成不同的类型。关于简单之债与选择之债、单数人之债与多数人之债，将于第十四章"合同履行的特殊规则"一节中再行阐明。此处仅做以下类型简要述及。

1. 意定之债与法定之债

这是依债的发生原因对债所做的分类。

意定之债，指依当事人的意思，通过实施法律行为而设立的债。意定之债，主要指合同之债而言。关于悬赏广告，若采双方行为说，则也属于合同之债的范畴；若采单方行为说，则属于所谓"单方允诺"，也是意定之债的一个类型。《民法典》虽将悬赏广告规定在合同编中，但依通说，悬赏广告属于依悬赏人单方意思表示导致债之关系发生的单方行为，不属于"合同"的范畴。

【相关法条】

《民法典》第 499 条　悬赏人以公开方式声明对完成特定行为的人支付报酬的，完成该行为的人可以请求其支付。

法定之债，指依法律规定直接产生的债。典型的法定之债包括侵权之债、无因管理之债、不当得利之债、缔约过失之债等。

2. 金钱之债与非金钱之债

依债的标的是否为金钱的给付，可分为金钱之债与非金钱之债。

金钱之债，顾名思义，以债务人对债权人负有金钱给付义务为内容。金钱之债的特殊性主要在于：金钱之债，不发生不能履行的问题；因不存在不能履行的情形，故在债务人不履行金钱之债时，债权人始终可要求实际履行。

非金钱之债，指除金钱之债以外的债之关系。根据具体的给付客体，非金钱之债还可进一步区分为以给付动产或不动产为内容的债及劳务之债等。债务人不履行非金钱之债的，债权人原则上可以要求实际履行，但是存在《民法典》第 580 条第 1 款的例外。

此外，关于金钱之债与非金钱之债区分的意义，还可关注《民法典》第 545 条第 2 款之规定。

三、债的相对性 ＊ ＊ ＊

债是债权人与债务人这两个特定主体之间的法律关系，原则上，债仅对债权人、债务人二者具有法律效力，而对债之关系以外的第三人没有法律意义，这就是所谓债的相对性。结合法考的特点，对债的相对性应把握以下几个方面：

1. 原则上，债权人只能向特定的债务人主张债权，而不得向相关第三人主张债权。无论是合同之债还是侵权行为之债，抑或是其他债的关系，债的关系一经在特定当事人之间发生，债权人就只能依法律关系的脉络向对方当事人（债务人）主张债权。

（2008年单选）大华商场委托飞达广告公司制作了一块宣传企业形象的广告牌，并由飞达公司负责安装在商场外墙。某日风大，广告牌被吹落砸伤过路人郑某。经查，广告牌的安装存在质量问题。关于郑某的损害，下列哪一选项是正确的？[1]

A. 大华商场承担赔偿责任，飞达公司承担补充赔偿责任

B. 飞达公司承担赔偿责任，大华商场承担补充赔偿责任

C. 大华商场承担赔偿责任，但其有权向飞达公司追偿

D. 飞达公司承担赔偿责任，大华商场不承担责任

2. 在合同关系中，<u>因第三人原因造成违约的，债权人的违约请求权仅能针对债务人</u>，不存在向合同以外的第三人主张违约责任的问题。当然，如第三人造成了债权人固有利益（如所有权、人格权）的损害，则债权人可以向其主张侵权损害赔偿。

【重点法条】

《民法典》第593条 当事人一方因第三人的原因造成违约的，应当依法向对方承担违约责任。当事人一方和第三人之间的纠纷，依照法律规定或者按照约定处理。

【真题解读】

（2002年单选）甲公司要运送一批货物给收货人乙公司，甲公司法定代表人丙电话联系并委托某汽车运输公司运输。汽车运输公司安排本公司司机刘某驾驶。运输过程中，因刘某的过失发生交通事故，致货物受损。乙公司因未能及时收到货物而发生损失。现问，乙公司应向谁要求承担损失？[2]

A. 甲公司   B. 丙

C. 刘某   D. 汽车运输公司

3. 合同约定既涉及当事人之间利益调整，同时又关乎第三人利益的（尤其是会损害第三人利益），则此类约定在合同当事人之间发生效力，但对第三人不生效力。其中，最典型的是，法定连带债务的多个债务人间达成了按份承担债务的约定，此项约定在数债务人间具有效力，但对债权人无意义，债权人仍可依连带之债的效果向任意债务人行使债权。

【真题解读】

（2009年单选）甲公司分立为乙丙两公司，约定由乙公司承担甲公司全部债务的清偿责任，丙公司继受甲公司全部债权。关于该协议的效力，下列哪一选项是正确的？[3]

A. 该协议仅对乙丙两公司具有约束力，对甲公司的债权人并非当然有效

B. 该协议无效，应当由乙丙两公司对甲公司的债务承担连带清偿责任

C. 该协议有效，甲公司的债权人只能请求乙公司对甲公司的债务承担清偿责任

D. 该协议效力待定，应当由甲公司的债权人选择分立后的公司清偿债务

---

〔1〕【解析】正确选项为C。如按一般观念中"最终责任"的思维，人们或许会认为，责任应归属于对安装存在质量问题负责的飞达广告公司，但是，按照债的相对性及法律关系的解题思路，本题正确的思考过程如下：郑某遭遇侵权，应纳入物件致人损害的特殊侵权法律关系，而按照该侵权关系，应由建筑物的所有人、管理人即大华商场承担责任；大华商场与飞达公司之间有承揽关系，飞达公司应对承揽合同的不完全履行负违约责任。重要的是，郑某与飞达公司之间无法构建法律关系。基于以上分析，应选C。

〔2〕【解析】正确选项为A。本题考核的是因第三人原因造成违约的责任承担问题。尽管甲公司违约（未能按约定时间将货物交付乙公司）是由第三人（汽车运输公司）原因造成的，但是，首先仍应由甲公司向乙公司承担违约责任。故选项A正确，而其他各选项均可排除。

〔3〕【解析】正确选项为A。在企业法人分立时，应由分立后的企业对分立前企业的债务负连带清偿之责。当然，这并不影响当事人在分立方案中分配债务，只不过此种关于债务分担的约定仅在分立企业之间具有效力，对债权人不具有效力。

4. 当事人在合同中所做的处分限制约定，在当事人间具有效力，有违反者应承担违约责任，但是，处分限制约定并不影响受让人取得财产权的物权效力。例如，甲将 A 物出卖并交付于乙，双方约定，乙不得再行转让给他人，后乙仍 A 物转售给丙。此种情形，应认定甲乙之间的处分限制约定不得对抗第三人丙，第三人丙仍可正常从乙的手中获得 A 物，而甲则可能向乙主张违反不得转售特约的违约责任。

【真题解读】

（2007 年单选）甲将其父去世时留下的毕业纪念册赠与其父之母校，赠与合同中约定该纪念册只能用于收藏和陈列，不得转让。但该大学在接受乙的捐款时，将该纪念册馈赠给乙。下列哪一选项是正确的？[1]

    A. 该大学对乙的赠与无效，乙不能取得纪念册的所有权

    B. 该大学对乙的赠与无效，但乙已取得纪念册的所有权

    C. 只有经甲同意后，乙才能取得纪念册的所有权

    D. 该大学对乙的赠与有效，乙已取得纪念册的所有权

5. 债的相对性在典型合同部分，突出体现在行纪合同、转租中的相对性问题，具体见后文。

【主观题点睛】

合同的相对性是主观题的一个出题点。例如，在连环买卖中，若因前手出卖人甲不履行合同导致后手出卖人乙对买受人丙构成违约的，丙不得向甲主张违约责任。此类案情设计，答题需围绕合同或债权的相对性展开。

第二节　合同概述

一、合同的概念 *

【重点法条】

《民法典》第 464 条　合同是民事主体之间设立、变更、终止民事法律关系的协议。

婚姻、收养、监护等有关身份关系的协议，适用有关该身份关系的法律规定；没有规定的，可以根据其性质参照适用本编规定。

"合同"是民法上最重要的概念之一。对该法律概念的掌握，可注意以下几点：

1. 广义的合同指"双方法律行为"（实际也包含合伙合同等多方行为），即经由两个意思表示合一而成立的法律行为。此意义上的合同，包括引起债权债务关系的债权合同，也包括旨在引起物权、知识产权、身份关系等各种法律后果的合同。《民法典》总则编第六章规定的"民事法律行为"实际上以"合同"为原型。如此可以理解，为什么关于合同效力的规范主要并不见于合同编第三章"合同的效力"，而是见于总则编第六章第三节"民事法律行为的效力"（参见《民法典》第 508 条）。

2. 狭义的合同，仅指引起债权债务关系的债权合同。《民法典》合同编实际上属于债编，

---

    〔1〕【解析】正确选项为 D。此题解题的关键在于，甲与大学之间关于不得将纪念册再行转让的约定仅是债权合同当事人之间的一项约定，具有相对性。如果大学违反此项约定，甲有权追究其违约责任。但是，此项约定并不产生物权的效力，不影响大学因接受赠与取得纪念册所有权的物权效力。事实上，大学将纪念册馈赠给乙后，乙也能取得所有权。综上，本题答案为 D。

不仅其通则的内容基本均属于债权通则，而且其第二分编的"典型合同"也均属于债权合同。理解合同的这个意义是重要的，例如，学理上常说"物债二分"或者说"合同效力与物权效力的区分"，实际上，就后者而言，准确地说是"债权合同的效力与物权变动效力的区分"。

3. 根据《民法典》第464条第2款，婚姻、监护等有关身份关系的协议，首先适用特别法的规定；特别法没有规定的。可以参照合同编的规定。

二、合同的分类 ＊＊＊

（一）有名合同与无名合同

【重点法条】

《民法典》第467条　本法或者其他法律没有明文规定的合同，适用本编通则的规定，并可以参照适用本编典型合同或者其他法律最相类似合同的规定。

与物权法定不同，合同的类型是任意的，但《民法典》合同编第二分编"典型合同"仍选择一些典型的合同类型加以具体规范。于是，按照《民法典》合同编及其他法律是否将某种特定的合同予以规范并赋予一个合同名称，可以将合同区分为有名合同与无名合同。

有名合同，即为《民法典》第二分编"典型合同"部分及其他法律中所规定的合同类型，如买卖合同、租赁合同、委托合同、保险合同、旅游合同等。无名合同，则是指未被法律专门规定的合同类型。

【特别提示】　就考试而言，这组分类涉及的主要考点是无名合同的法律适用。无名合同除可以适用合同总则的一般规定外，还可类推适用与其最相类似的有名合同的规定。在此出题方式之下，考生首先需要识别出无名合同，然后需要寻找与题中合同最相类似的有名合同是哪个，最后可能还需要将此有名合同的某条规范适用于该无名合同。例如，如题中出现"甲无偿提供住房给乙居住，乙为甲无偿做家务"的合同安排，则考生须意识到此为无名合同，但就甲提供住房给乙居住这一点而言，类似房屋租赁合同（乙以劳务冲抵租金），如果题中要求回答在居住期间设施损坏由谁负责维修的问题，则考生须遵循以下思路：根据《民法典》有关租赁合同的相关规定（第712条），在无特别约定时，应由出租人负责修缮租赁物；本题虽非租赁合同，但却与租赁最相类似，故可适用租赁合同上的规定，最终得出应由甲负责修缮的结论。

【真题解读】

（2005年多选题）甲、乙双方达成协议，约定甲将房屋无偿提供给乙居住，乙则无偿教甲的女儿学钢琴。对于该协议，下列哪些说法是正确的?[1]

A. 属于无名合同

B. 属于实践合同

C. 应适用合同法总则的规定

D. 可以参照适用合同法关于租赁合同的规定

（二）双务合同与单务合同

按照合同项下是仅有一方当事人负有给付义务，抑或是双方均对待地负有给付义务，可将

---

[1] 【解析】正确选项为ACD。本题中，甲提供住房，乙提供劳务，此类合同在《合同法》及其他法律中均未见规定，属于无名合同。该合同并非租赁，因为租赁合同中的承租人须支付以金钱为表现的租金，而非以提供劳务换取他人物的用益。但是，除此对价表现形式上的差异外，在其他方面此无名合同与租赁十分相似，故可参照适用《合同法》关于租赁合同的规定。此合同属于依约定而成立的合同，并非以当事人一方交付标的物为成立要件，故是诺成合同，而非实践合同。据此，选项ACD正确，而选项B错误。

合同区分为双务合同与单务合同。买卖、租赁、承揽等合同属于典型的双务合同，而赠与、借用、无偿保管合同等则属典型的单务合同。

就法考而言，这一区分的主要意义在于：作为重要考点的同时履行抗辩权、不安抗辩权、顺序履行抗辩权仅在双务合同中发生，单务合同中不存在这些抗辩权。

（三）诺成合同与实践性合同

根据合同的成立除当事人合意外是否尚须标的物的交付，可将合同区分为诺成合同与实践性合同。因合意即可成立的是诺成合同，在合意之外，还需标的物的交付作为特别成立要件的，是实践性合同。

诺成性是合同的一般属性，因此，对该知识点的把握遵循的思路是：首先，穷尽各种实践性合同的类型，则其余皆为诺成合同。在我国法律上，实践性合同包括：保管合同（《民法典》第890条）、自然人之间的借款合同（《民法典》第679条）、定金合同（《民法典》第586条）和借用合同。实践性合同的性质界定，意味着，该类合同当事人不因合意本身受拘束。例如，应李四的请求，张三答应借款1万元于李四；此时，双方虽然已就此金钱借贷达成合意，但借款合同并未因此成立并拘束张三；只有在张三实际向李四提供1万元款项时，借款合同才产生使李四负担还本付息义务的效力。

（四）要式合同与不要式合同

【重点法条】

《民法典》第490条第2款　法律、行政法规规定或者当事人约定采用书面形式订立合同，当事人未采用书面形式但一方已经履行主要义务，对方接受的，该合同成立。

根据合同的成立是否需要具备特定的形式，可以将合同区分为要式合同与不要式合同。合同法奉行契约自由的精神，在合同形式方面，以不要式为原则，以要式为例外。只有在法律针对特定类型合同有书面形式等特别要求时，该类合同才是要式合同。

对要式合同而言，特定形式（主要是书面形式）系合同的特别成立要件，欠缺此要件的，合同不成立，当然更无从发生效力。但是，《民法典》第490条确立了一项重要的形式缺陷弥补的规则，即实际履行可弥补形式的缺陷（所谓"履行治愈"），从而使要式合同在未践行要式的情形下，仍然能够成立并发生效力。

（五）束己合同与涉他合同

根据合同的效力是仅约束当事人双方，还是同时涉及第三人利益，可以将其区分为束己合同和涉他合同。合同当然以束己为原则，以涉他为例外。就法考而言，考生应结合《民法典》的相关规定，掌握涉他合同的效力问题。涉他合同又可分为以下两个类型：

1. 向第三人履行的合同（利他合同）

【重点法条】

《民法典》第522条　当事人约定由债务人向第三人履行债务，债务人未向第三人履行债务或者履行债务不符合约定的，应当向债权人承担违约责任。

法律规定或者当事人约定第三人可以直接请求债务人向其履行债务，第三人未在合理期限内明确拒绝，债务人未向第三人履行债务或者履行债务不符合约定的，第三人可以请求债务人承担违约责任；债务人对债权人的抗辩，可以向第三人主张。

合同法理论对利他合同区分了纯正的利他合同和非纯正的利他合同两个类型，而《合同法》第64条仅确立了第三人不产生直接请求权这一种利他合同的类型。《民法典》第522条弥补了这一缺陷，于该条第1款规定了非纯正的利他合同，第2款规定了纯正的利他合同，具体如下：

（1）非纯正的利他合同。在此种利他合同，第三人对债务人无直接的给付请求权。债务人不向第三人履行的，仍回归合同的相对性，由债务人向对方当事人（债权人）承担违约责任。例如，甲以10万元价格将设备出卖给乙，由于甲欠付丙十万元，甲与乙约定，乙将10万元价格直接支付于丙。此合同应属于非纯正利他合同，若乙未向丙支付，则后者对乙不享有请求权，而仍应由出卖人甲向乙主张违约责任的承担。

（2）纯正的利他合同。此种利他合同，或者由法律规定或者基于当事人对第三人直接请求债务人履行的权利的特别设定。在纯正的利他合同，第三人虽非合同当事人，但只要不在合理期间内明确拒绝，则对债务人有直接的给付请求权；在债务人不履行时，该第三人可直接要求债务人承担违约责任。

《合同编通则解释》对利他合同的效力作出了进一步规定，其中值得注意的是，在第522条第2款的情形，第三人虽可以直接向债务人要求履行，但其并不享有合同解除权、撤销权等权利，此类由合同关系产生的形成权仍应在合同当事人之间行使。例如，甲出售设备给乙，双方约定，由乙将价款支付于第三方丙，而且丙可直接请求乙付款；如乙未及时向丙付款，则丙可诉请乙履行付款义务，但丙不得主张解除合同，并要求乙将设备返还于自己。

【相关法条】

《合同编通则解释》第29条　民法典第五百二十二条第二款规定的第三人请求债务人向自己履行债务的，人民法院应予支持；请求行使撤销权、解除权等民事权利的，人民法院不予支持，但是法律另有规定的除外。

合同依法被撤销或者被解除，债务人请求债权人返还财产的，人民法院应予支持。

债务人按照约定向第三人履行债务，第三人拒绝受领，债权人请求债务人向自己履行债务的，人民法院应予支持，但是债务人已经采取提存等方式消灭债务的除外。第三人拒绝受领或者受领迟延，债务人请求债权人赔偿因此造成的损失的，人民法院依法予以支持。

2. 由第三人履行的合同

【重点法条】

《民法典》第523条　当事人约定由第三人向债权人履行债务的，第三人不履行债务或者履行债务不符合约定，债务人应当向债权人承担违约责任。

"不得为第三人缔约"，这一法谚的首要意思就是：未经他人同意，不得将合同义务施加于合同以外的第三人。既然当事人双方的约定无法使第三人实际负担债务，那么，违约责任就只能回到合同双方当事人之间来主张。

《民法典》第523条的规范意旨，在于强调债权人不得单纯基于与债务人的约定而对第三人产生直接的给付请求权。

【真题解读】

（2004年单选）甲、乙双方约定，由丙每月代乙向甲偿还债务500元，期限2年。丙履行5个月后，以自己并不对甲负有债务为由拒绝继续履行。甲遂向法院起诉，要求乙、丙承担违约责任。法院应如何处理？[1]

　　A. 判决乙承担违约责任　　　　　　B. 判决丙承担违约责任

　　C. 判决乙、丙连带承担违约责任　　D. 判决乙、丙分担违约责任

【专题：关于有合法利益第三人的代偿权】

【重点法条】

《民法典》第524条　债务人不履行债务，第三人对履行该债务具有合法利益的，第三人有权向债权人代为履行；但是，根据债务性质、按照当事人约定或者依照法律规定只能由债务

---

〔1〕　正确选项为A。答题依据为《民法典》第523条。

人履行的除外。

债权人接受第三人履行后，其对债务人的债权转让给第三人，但是债务人和第三人另有约定的除外。

转换一个视角，如果第三人自愿代债务人清偿，则通常债权人不得拒绝受领，尤其是第三人对于债务的履行具有利害关系的，更应该允许第三人的清偿，并因此种清偿而取得债权人对债务人的债权（法定债权转移）。针对此种情形，《民法典》增设了第524条。该条具有重要意义。例如，根据《民法典》第406条，抵押物转让的，抵押权不受影响，受让人取得有抵押权负担的所有权；如因债务人不清偿债务导致抵押权人欲实现抵押权，则受让人可根据第524条主张代为清偿，以消灭抵押权。关于第524中所称"对履行债务具有合法利益"的第三人的范围，《合同编通则解释》第30条作出了具体规范，可就其典型情形做适当识记。

【相关法条】

《合同编通则解释》第30条 下列民事主体，人民法院可以认定为民法典第五百二十四条第一款规定的对履行债务具有合法利益的第三人：

（一）保证人或者提供物的担保的第三人；

（二）担保财产的受让人、用益物权人、合法占有人；

（三）担保财产上的后顺位担保权人；

（四）对债务人的财产享有合法权益且该权益将因财产被强制执行而丧失的第三人；

（五）债务人为法人或者非法人组织的，其出资人或者设立人；

（六）债务人为自然人的，其近亲属；

（七）其他对履行债务具有合法利益的第三人。

第三人在其已经代为履行的范围内取得对债务人的债权，但是不得损害债权人的利益。

担保人代为履行债务取得债权后，向其他担保人主张担保权利的，适用《最高人民法院关于适用〈中华人民共和国民法典〉有关担保制度的解释》第十三条、第十四条、第十八条第二款等规定处理。

（六）预约合同与本约合同

【重点法条】

《民法典》第495条 当事人约定在将来一定期限内订立合同的认购书、订购书、预订书等，构成预约合同。

当事人一方不履行预约合同约定的订立合同义务的，对方可以请求其承担预约合同的违约责任。

在这一组概念中，需要着重掌握预约。

预约合同，是以未来订立本约为内容的合同。预约常表现为认购书、预订书等。如上述这些协议已经清晰地体现了当事人未来订立本约的意思，则这些协议本身即已具备合同的效力，构成预约。

预约在当事人之间产生了如下效力：双方均有义务按先前约定的交易条件订立本约（如依具有预约性质的认购书，订立房屋买卖合同），或为订立本约进行诚信磋商；当事人任何一方无正当理由不履行预约合同的，对方当事人可要求其承担违约责任。

本约合同，即根据预约订立的、以具体权利义务为内容的合同。本约是相对预约而言的，如果缔约过程中并未采用预约的方法，而是直接订立买卖、租赁等合同，则无所谓本约。

【提示】

针对当事人一方不履行预约合同所确定的缔约义务的情形，《民法典》第495条仅规定对方可请求其承担预约合同的违约责任，而未明确该违约责任的具体形态。关于预约合同当事人能否请求预约合同的实际履行（即请求本约的订立）之问题，理论上存在争议。多数意见认为，订立本约，应属于《民法典》580条第1款所称"债务的标的不适合强制履行"的情形，故仅能主张违反预约合同的损害赔偿，而不能请求继续履行。

另外，《合同编通则解释》对预约合同的认定、效力及违反预约的违约责任等作出规定，应予以重点关注。

【相关法条】

《合同编通则解释》第6条 当事人以认购书、订购书、预订书等形式约定将来一定期限内订立合同，或者为担保将来一定期限内订立合同交付了定金，能够确定将来所要订立合同的主体、标的等内容的，人民法院应当认定预约合同成立。

当事人通过签订意向书或者备忘录等方式，仅表达将来进行交易的意向，未约定在将来一定期限内订立合同，或者虽有约定但难以确定将来所要订立合同的主体和标的等内容，一方主张预约合同成立的，人民法院不予支持。

当事人订立的认购书、订购书、预订书等已就合同标的、数量、价款或者报酬等主要内容达成合意，符合本解释第三条第一款规定的合同成立条件，当事人未明确约定将来一定期限内另行订立合同，或者虽有约定但当事人一方已实施履行行为且对方接受的，人民法院应当认定本约合同成立。

《合同编通则解释》第7条 预约合同生效后，当事人一方拒绝订立本约合同或者在磋商订立本约合同时违背诚信原则导致未能订立本约合同的，人民法院应当认定该当事人不履行预约合同约定的义务。

人民法院在认定当事人一方在磋商时是否违背诚信原则时，应当综合考虑该当事人在磋商时提出的条件是否明显背离预约合同约定的内容以及是否已尽合理努力进行协商等因素。

《合同编通则解释》第8条 预约合同生效后，当事人一方不履行订立本约合同的义务，对方请求其赔偿因此造成的损失的，人民法院依法予以支持。

前款规定的损失赔偿，当事人有约定的，按照约定；没有约定的，人民法院应当综合考虑预约合同在内容上的完备程度以及订立本约合同的条件的成就程度等因素进行酌定。

【真题解读】

（2012年单选）甲公司未取得商铺预售许可证，便与李某签订了《商铺认购书》，约定李某支付认购金即可取得商铺优先认购权，商铺正式认购时甲公司应优先通知李某选购。双方还约定了认购面积和房价，但对楼号、房型未作约定。李某依约支付了认购金。甲公司取得预售许可后，未通知李某前来认购，将商铺售罄。关于《商铺认购书》，下列哪一表述是正确的？[1]

A. 无效，因甲公司未取得预售许可证即对外销售

B. 不成立，因合同内容不完整

C. 甲公司未履行通知义务，构成根本违约

D. 甲公司须承担继续履行的违约责任

---

[1]【解析】正确选项为C。本题考核预约。依题意，《商铺认购书》构成了预约，这一点尤其可由李某支付认购金这一点上得出。甲公司违反预约合同，导致李某交易目的不能实现，甲公司行为构成根本违约，可行使合同解除权。

第十三章 合同的订立与效力

《民法典》合同编通则沿用《合同法》的立法体例，从第二章"合同订立"到第八章"违约责任"展现了合同从生到死的完整生命周期。为便于大家理解合同的基本逻辑，在具体进入合同编通则知识介绍之前，特设"合同思维导图"，以供参考。

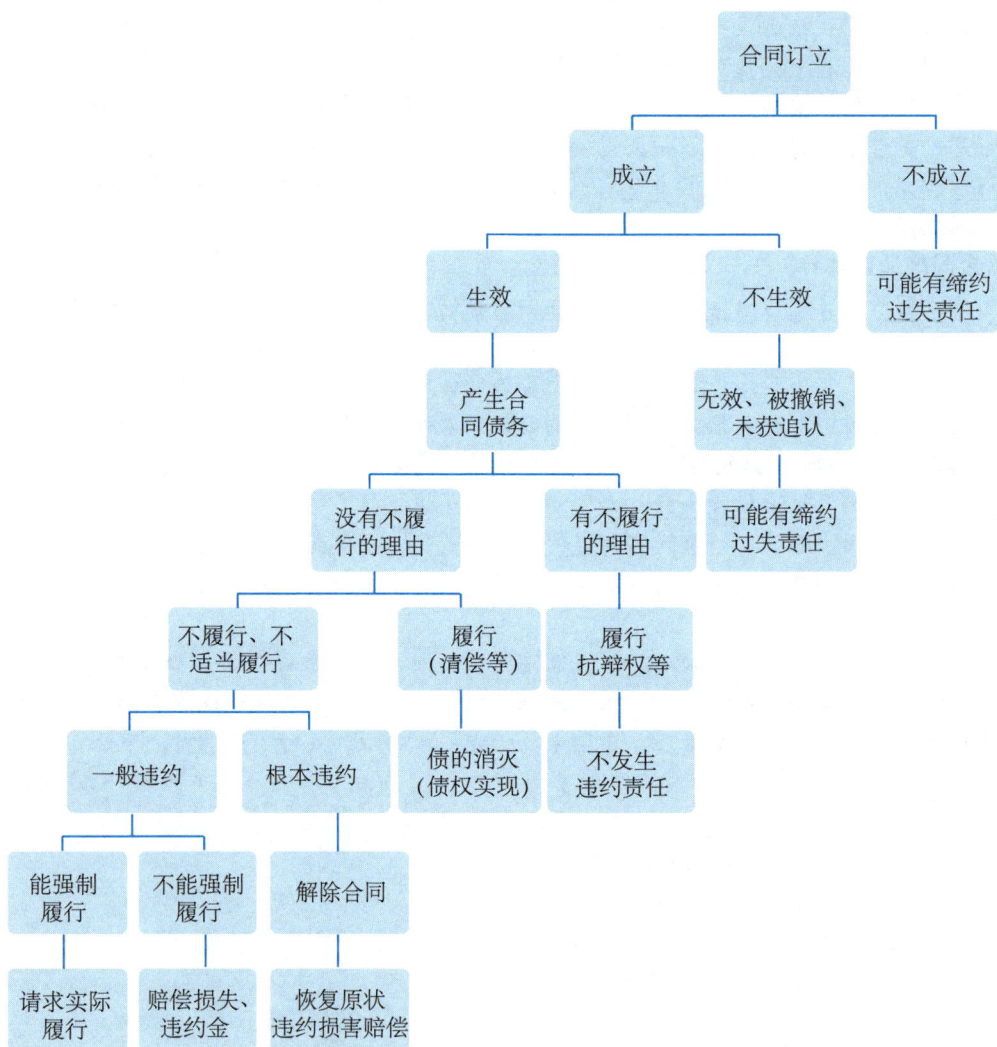

合同思维导图

```
                        合同订立
                    ┌──────┴──────┐
                   成立          不成立
              ┌─────┴─────┐         │
            生效        不生效   可能有缔约
              │           │      过失责任
          产生合      无效、被撤销、
          同债务       未获追认
        ┌───┴───┐        │
     没有不履      有不履   可能有缔约
     行的理由      行的理由  过失责任
     ┌───┴───┐      │
  不履行、不    履行    履行
  适当履行    (清偿等)  抗辩权等
   ┌──┴──┐     │       │
 一般违约 根本违约  债的消灭  不发生
         │    (债权实现) 违约责任
  ┌─┴─┐  解除合同
 能强制 不能强制
 履行  履行
  │    │     │
请求实际 赔偿损失、 恢复原状
履行   违约金   违约损害赔偿
```

▶【本章复习提要】

本章分两节，第一节的重点在于格式条款、缔约过失责任，第二节须重点关注待审批合同的效力问题（《民法典》第502条）。合同订立过程中的要约、承诺等规则比较琐碎，一般了解即可。

第一节　合同的订立

一、合同订立的方式 *

【重点法条】

《民法典》第471条　当事人订立合同，可以采取要约、承诺方式或者其他方式。

《民法典》第490条　当事人采用合同书形式订立合同的，自当事人均签字、盖章或者按指印时合同成立。在签字、盖章或者按指印之前，当事人一方已经履行主要义务，对方接受时，该合同成立。

法律、行政法规规定或者当事人约定合同应当采用书面形式订立，当事人未采用书面形式但是一方已经履行主要义务，对方接受时，该合同成立。

根据《民法典》第471条的规定，当事人订立合同，可以采取要约、承诺方式。此条是有关合同订立程序的一般规定，是无须采用特定形式订立合同时考查合同是否已成立的基本方法。而第490条规定专门针对采用合同书形式订立合同的情形，是有关合同订立的特别规范。

所谓"合同书"形式，指的并不仅仅是书面合同形式（通过书面的信函往来，经由要约、承诺订立的合同，也属于书面合同），而是指记载合同内容并由双方签字或盖章的合同文本。

采用合同书形式订立合同的，在考查合同是否已成立时，不遵循要约、承诺的思维方式，而是看双方当事人是否在正式的合同文本上签字、盖章或者按指印。在签字、盖章或者按指印之前，当事人一方已经履行主要义务，对方接受时，该合同成立。

【真题解读】

（2005年单选）甲公司于6月5日以传真方式向乙公司求购一台机床，要求"立即回复"。乙公司当日回复"收到传真"。6月10日，甲公司电话催问，乙公司表示同意按甲公司报价出售，要其于6月15日来人签订合同书。6月15日，甲公司前往签约，乙公司要求加价，未获同意，乙公司遂拒绝签约。对此，下列哪一种说法是正确的？[1]

A. 买卖合同于6月5日成立

B. 买卖合同于6月10日成立

C. 买卖合同于6月15日成立

D. 甲公司有权要求乙公司承担缔约过失责任

二、要约与要约邀请的识别 *

【重点法条】

《民法典》第472条　要约是希望和他人订立合同的意思表示，该意思表示应当符合下列

---

[1]【解析】正确选项为D。本题解题的关键在于了解以合同书订立合同与通常经要约、承诺方式订立合同的区别。甲公司6月5日的传真可以认定为要约；乙公司虽立即回复，但"收到传真"的事实描述无论如何都不能构成承诺。6月10日，甲公司的电话催问可以视为同一条件的新要约，乙公司虽表示同意按甲公司报价出售，但是此同意表示并不能被视为承诺（这构成本题的一个陷阱），因为乙公司明确表示要求以合同书的形式订约，于是，关于合同是否成立的判断就从要约、承诺的思维模式，转向了考查合同书是否经双方签字或盖章。由于最终双方并未签署合同书，因此，合同未成立。据此，A、B、C三个选项均错误。甲公司应乙公司的要求前往签约，后者却突然要求加价，导致合同未能订立。乙公司的行为构成了《民法典》第500条所规定的"有其他违背诚信原则的行为"，依该条规定乙公司应向甲公司承担缔约过失责任。因此，D选项正确。

规定：

（一）内容具体确定；

（二）表明经受要约人承诺，要约人即受该意思表示约束。

《民法典》第473条 要约邀请是希望他人向自己发出要约的表示。拍卖公告、招标公告、招股说明书、债券募集说明书、基金招募说明书、商业广告和宣传、寄送的价目表等为要约邀请。

商业广告和宣传的内容符合要约规定的，构成要约。

通常情况下，判断一个合同是否订立，需要看是否存在要约和承诺。要约是缔约的第一个环节。要约是一个意思表示，体现了要约人希望按其在要约中设定的条件缔约的意思。

并非任何缔约意向的表达都构成要约。要约首先必须在内容上具体确定，所谓内容具体确定，是指要约已经具备合同成立的全部必要条款，受要约人无需再就未来合同的内容与要约人进一步协商，而仅需要表达同意缔约的意思即可导致合同成立。

即便缔约的意向表达具备了具体明确的内容，也不一定构成要约。要约还须表现出要约人受其意思表示拘束的意思，如果仅仅是表达缔约意向并希望对方向自己表达正式的缔约意愿，那么这种意向表达就仅构成要约邀请而非要约。判断表意人主观上是否具有受要约拘束的意思，可以依据商业上的通行标准进行，例如，凡内容具体确定并为受约人规定了承诺期限的（如"请于15日内答复"等），即可认定为要约。

《民法典》第473条列举的寄送的价目表、拍卖公告、招标公告等确定地具有要约邀请的性质。至于商业广告和宣传，原则上属于要约邀请，但是，就法考而言，如给定具有具体确定内容的商业广告，且广告给出了有效期，则可认定为要约。

【提示】

关于电子商务合同订立过程中，经营者发布的商品或服务信息的性质问题（究竟是要约还是要约邀请），过去在理论上和实务上均存在争议。《民法典》第491条沿用《电子商务法》第49条，规定，"当事人一方通过互联网等信息网络发布的商品或者服务信息符合要约条件的，对方选择该商品或者服务并提交订单成功时合同成立，但是当事人另有约定的除外"。由此可见，民法典已将提供商品或服务信息的行为一般性地界定为了要约。

【真题解读】

（2023年单选题）乙在校园网上发了一个广告，表明要卖自己的山地自行车，售价1000元，先到先得。甲找到乙，表示"900块钱行不行？"，乙表示不同意。于是，甲说："那好吧，就按1100元成交"。乙向甲交付自行车后，甲给乙转账1000元。乙向甲表示："你不是答应支付1100元吗，为什么仅给我1000元？以下选项中，正确的是？[1]

A. 因为甲乙二人未达成合议，所以合同无效

B. 乙发布的广告属于要约邀请

C. 甲乙之间以1000元的价格成立买卖合同

D. 甲乙之间以1100元的价格成立买卖合同

---

[1]【解析】正确选项为C。该广告的内容符合要约的要求，应作为要约；甲、乙之间实际上已经达成了合意，这一点从当事人双方自愿履行合同也可推知。综合案情，可知，甲在还价不成后，应该是同意按乙的报价（即1000元）成交，1100元显系口误，且乙也应该知道。根据"误载不害真意"的原理，应认定当事人间以1000元价格成交。

三、要约的撤回与撤销 *

(一) 要约的撤回

【重点法条】

《民法典》第475条 要约可以撤回。要约的撤回适用本法第一百四十一条的规定。

《民法典》第141条 行为人可以撤回意思表示。撤回意思表示的通知应当在意思表示到达相对人前或者与意思表示同时到达相对人。

根据《民法典》第137条的规定，以非对话方式做出的要约自到达受要约人时生效。所谓要约的撤回，是使尚未发生效力的要约不再发生效力，即阻止要约的生效。撤回以要约尚未发生效力为前提，因此撤回通知到达受要约人的时间应该不晚于（之前或同时）要约到达的时间。

如要求要约作废的通知晚于要约到达受要约人，则此通知应被视为撤销的通知。

(二) 要约的撤销

【重点法条】

《民法典》第476条 要约可以撤销，但是有下列情形之一的除外：

（一）要约人以确定承诺期限或者其他形式明示要约不可撤销；

（二）受要约人有理由认为要约是不可撤销的，并已经为履行合同做了合理准备工作。

1. 要约原则上可以撤销

要约原则上可以撤销。撤销的效果是使已经发生效力的要约丧失效力，具体而言，要约一旦被撤销，受要约人即失去了承诺资格。

撤销要约的时间界限：撤销要约的意思表示以对话方式作出的，该意思表示的内容应当在受要约人作出承诺之前为受要约人所知道；撤销要约的意思表示以非对话方式作出的，应当在受要约人作出承诺之前到达受要约人。

2. 要约撤销的例外

要约原则上可于受要约人发出承诺通知前任意撤销，但在《民法典》第476条规定的两种情形下不得撤销。不得撤销就意味着，在要约因到达受要约人而生效后，在承诺期内，要约人须受其要约的拘束，只要受要约人在此期间做出承诺，合同即可成立。

要约不得撤销的最为明确的情形是，要约人在其要约中确定了承诺期限（如"请于15日内答复"、"有效期10日"等），这一承诺期限的存在表明，要约人愿意在此期间内受自己在要约中所提出交易条件的制约。在要约本身未附有承诺期限的情形，如果受要约人主观上有理由认为要约不可撤销，并在客观上为履行合同作了合理准备工作的，则为了保护受要约人的信赖利益，此种要约不可撤销；要约人作撤销要约表示的，不发生要约撤销的效力，受要约人仍可在合理期限内发出承诺通知，而使合同成立。

四、承诺 *

(一) 承诺的要件

1. 主体要求

承诺必须由受要约人（或其代理人）做出：要约的相对人为不特定人的（如构成要约的商业广告），任何人都具有承诺资格；要约具有特定相对人的，仅该特定相对人才具有承诺的资格，第三人对受要约人所作的所谓"承诺"仅具有要约的性质。例如，甲向乙表示愿意以3万元价格出卖二手车，乙未置可否，乙的朋友丙知情后向甲表示，"同意以3万元购买"，则丙的表示不构成承诺，而仅具有以甲为相对人的要约的性质，甲可决定是否作出承诺。

2. 内容要求

原则上，承诺的内容必须与要约一致。《民法典》第488条规定："承诺的内容应当与要约的内容一致。受要约人对要约的内容作出实质性变更的，为新要约。有关合同标的、数量、质量、价款或者报酬、履行期限、履行地点和方式、违约责任和解决争议方法等的变更，是对要约内容的实质性变更。"根据民法典第489条的规定，承诺对要约作出非实质性变更的，除要约人及时表示反对或者要约表明承诺不得对要约的内容作出任何变更的以外，该承诺有效，合同的内容以承诺的内容为准。

3. 时间要求

承诺应当在要约确定的期限内到达要约人。要约确定承诺期限的，承诺应当在此期限内到达要约人。因此，所谓承诺期限实际上由三个时间段构成：要约到达受要约人之前的在途时间；受要约人考虑是否予以承诺的期间；承诺通知到达要约人的在途时间。要约没有确定承诺期限时，要约作出的方式将影响承诺期间的判定：要约以对话方式作出的（如当面会商），除当事人另有约定外（"且容我考虑一晚"），承诺与否应由受要约人立即决定，也就是说，只要受要约人没有当即作出承诺，要约立刻失去效力；要约以信函等非对话方式作出的，承诺应在合理期限内到达要约人。

（二）承诺的迟到

1. 因迟发导致的迟到

【重点法条】

《民法典》第486条 受要约人超过承诺期限发出承诺，或者在承诺期限内发出承诺，按照通常情形不能及时到达要约人的，为新要约；但是，要约人及时通知受要约人该承诺有效的除外。

2. 未迟发而迟到（迟延）的特殊规则

【重点法条】

《民法典》第487条 受要约人在承诺期限内发出承诺，按照通常情形能够及时到达要约人，但是因其他原因致使承诺到达要约人时超过承诺期限的，除要约人及时通知受要约人因承诺超过期限不接受该承诺外，该承诺有效。

在承诺通知未迟发但因第三人原因耽搁的情形，尽管承诺未在承诺期限内到达，但是，如果此时规定承诺一律不发生效力，则对要约人不公平——其在按时发出承诺通知时，即已预期合同将成立，其对于承诺未能按期到达并不知情，并可能因此作履约准备。但如果规定此迟到的承诺直接发生效力，则对要约人不公平——毕竟承诺已超过了承诺期限，他不应受拘束，例如，要约出售特定物，因承诺期限已过，要约人可能已将此特定物出售给他人。故此，本条选择了一个折衷方案：要约人要想避免合同成立的结果，须承担及时通知受要约人承诺迟到的义务；如要约人及时通知，则其不必承受承诺迟到而合同仍成立的后果，同时，受要约人因及时接获承诺迟到的通知而可以避免因信赖合同成立可能遭受的损失。

如要约人履行了通知义务，则承诺不生效，合同因此而不成立。此时，受要约人不得向要约人提出任何主张，但如承诺迟到是由第三人的过失造成的，则受要约人可以向第三人主张损害赔偿。

以上关于合同订立的主要知识点，可图示如下：

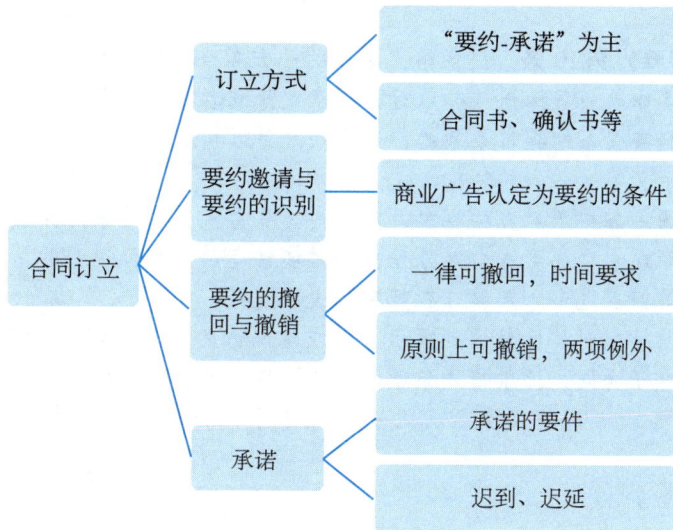

```
                          ┌─────────────────┐
                 ┌────────│  "要约-承诺" 为主  │
          ┌──────────┐    └─────────────────┘
          │  订立方式  │    ┌─────────────────┐
          └──────────┘└────│  合同书、确认书等   │
                          └─────────────────┘
          ┌──────────┐    ┌─────────────────────┐
          │ 要约邀请与 │────│  商业广告认定为要约的条件 │
          │ 要约的识别 │    └─────────────────────┘
┌──────┐  └──────────┘    ┌─────────────────────┐
│合同订立│              ┌──│  一律可撤回，时间要求    │
└──────┘  ┌──────────┐  │  └─────────────────────┘
          │ 要约的撤   │──│  ┌─────────────────────┐
          │ 回与撤销   │  └──│  原则上可撤销，两项例外  │
          └──────────┘    └─────────────────────┘
          ┌──────────┐    ┌─────────────────┐
          │   承诺    │────│   承诺的要件      │
          └──────────┘    └─────────────────┘
                          ┌─────────────────┐
                     └────│   迟到、迟延      │
                          └─────────────────┘
```

五、格式条款的法律规制 ＊＊＊

（一）格式条款订入合同的条件：使用人的提示义务等

【重点法条】

《民法典》第 496 条　格式条款是当事人为了重复使用而预先拟定，并在订立合同时未与对方协商的条款。

采用格式条款订立合同的，提供格式条款的一方应当遵循公平原则确定当事人之间的权利和义务，并采取合理的方式提示对方注意免除或者减轻其责任等与对方有重大利害关系的条款，按照对方的要求，对该条款予以说明。提供格式条款的一方未履行提示或者说明义务，致使对方没有注意或者理解与其有重大利害关系的条款的，对方可以主张该条款不成为合同的内容。

格式条款通常由使用人针对不特定相对方而使用。相对方只能选择是否缔结合同，而往往不能就合同内容与格式条款的使用者磋商，以改变其预先拟定之"标准条款"的内容。关于格式条款的认定，《合同编通则解释》第 9 条进一步明确了识别标准，应适当关注。

《民法典》第 496 条第 2 款设计的原理在于：对于那些对相对人有重大利害关系的格式条款，使用人应尽特别告知、说明、揭示的义务。格式条款的使用者须以合理的方式提请对方注意免除或者减轻其责任等与对方有重大利害关系的条款，如将此类条款以大号、黑体等字体从合同文本中突显出来。提供格式条款一方对已尽合理提示及说明义务承担举证责任。

格式条款的使用人未尽提示或说明义务，致使对方未注意或理解对其有重大利害关系条款的，即使对方当事人已对合同整体上表示同意（如签字、盖章），对方仍可主张该条款不成为合同的内容（即视为未订入合同）。

【相关法条】

《合同编通则解释》第 9 条　合同条款符合民法典第四百九十六条第一款规定的情形，当事人仅以合同系依据合同示范文本制作或者双方已经明确约定合同条款不属于格式条款为由主张该条款不是格式条款的，人民法院不予支持。

从事经营活动的当事人一方仅以未实际重复使用为由主张其预先拟定且未与对方协商的合

同条款不是格式条款的，人民法院不予支持。但是，有证据证明该条款不是为了重复使用而预先拟定的除外。

《合同编通则解释》第 10 条　提供格式条款的一方在合同订立时采用通常足以引起对方注意的文字、符号、字体等明显标识，提示对方注意免除或者减轻其责任、排除或者限制对方权利等与对方有重大利害关系的异常条款的，人民法院可以认定其已经履行民法典第四百九十六条第二款规定的提示义务。

提供格式条款的一方按照对方的要求，就与对方有重大利害关系的异常条款的概念、内容及其法律后果以书面或者口头形式向对方作出通常能够理解的解释说明的，人民法院可以认定其已经履行民法典第四百九十六条第二款规定的说明义务。

提供格式条款的一方对其已经尽到提示义务或者说明义务承担举证责任。对于通过互联网等信息网络订立的电子合同，提供格式条款的一方仅以采取了设置勾选、弹窗等方式为由主张其已经履行提示义务或者说明义务的，人民法院不予支持，但是其举证符合前两款规定的除外。

（二）格式条款的无效

【重点法条】

《民法典》第 497 条　有下列情形之一的，该格式条款无效：

（一）具有本法第一编第六章第三节和本法第五百零六条规定的无效情形；

（二）提供格式条款一方不合理地免除或者减轻其责任、加重对方责任、限制对方主要权利；

（三）提供格式条款一方排除对方主要权利。

格式条款具有一般合同无效事由的，该条款当然无效。

《民法典》第 497 条第 2、3 项属于格式条款无效的特别事由：提供格式条款一方**不合理地**免除或者减轻本方责任（如在店内张贴告示，称"本店商品，一经售出，概不退换"）、不合理地加重对方责任、不合理地限制对方主要权利的；格式条款使用人在合同中排除对方主要权利的。

此类条款无效，在性质上属于部分无效，不影响合同整体的效力，也就是说，在排除此类条款效力的情况下，剩余条款仍然有效。至于被确认无效之条款所规范的内容，则由法律的一般规定所替代，如免责条款被确认无效的，适用法律关于违约责任的一般规定。

【真题解读】

1.（2007 年单选）飞跃公司开发某杀毒软件，在安装程序中作了"本软件可能存在风险，继续安装视为同意自己承担一切风险"的声明。黄某购买正版软件，安装时同意了该声明。该软件误将操作系统视为病毒而删除，导致黄某电脑瘫痪并丢失其所有的文件。下列哪一选项是正确的？[1]

A. 因黄某同意飞跃公司的免责声明，可免除飞跃公司的赔偿责任

B. 黄某有权要求飞跃公司承担赔偿责任

---

[1]【解析】正确选项为 B。飞跃公司在安装程序中所作"本软件可能存在风险，继续安装视为同意自己承担一切风险"的声明，构成格式条款。该软件在市场上正式销售，作为软件开发商，确保软件符合其用途并不对用户造成损害是飞跃公司承担的基本义务，因此，该声明构成了《民法典》第 497 条规定的免除自身责任、排除对方主要权利的情形，据此，该免责声明应认定为无效，从而黄某有权要求飞跃公司承担赔偿责任。故 B 选项正确，而 A 选项错误。飞跃公司的软件产品虽存在缺陷，但其并不存在欺诈行为，故黄某不能根据《消费者权益保护法》要求双倍赔偿（据新《消费者权益保护法》，现已不是双倍赔偿），选项 C 错误。在存在违约责任和侵权责任的责任竞合的情况下，黄某有权提起违约之诉或侵权之诉，但不得同时提起此两种诉讼，故选项 D 错误。

C. 黄某有权依据《消费者权益保护法》获得双倍赔偿

D. 黄某可同时提起侵权之诉和违约之诉

2.（2017年单选）甲与乙公司订立美容服务协议，约定服务期为半年，服务费预收后逐次计扣。乙公司提供的协议格式条款中载明"如甲单方放弃服务，余款不退"（并注明该条款不得更改）。协议订立后，甲依约支付5万元服务费。在接受服务1个月并发生费用8000元后，甲感觉美容效果不明显，单方放弃服务并要求退款，乙公司不同意。甲起诉乙公司要求返还余款。下列哪一选项是正确的？[1]

A. 美容服务协议无效

B. "如甲单方放弃服务，余款不退"的条款无效

C. 甲单方放弃服务无须承担违约责任

D. 甲单方放弃服务应承担继续履行的违约责任

（三）格式条款的解释规则

【重点法条】

《民法典》第498条　对格式条款的理解发生争议的，应当按照通常理解予以解释。对格式条款有两种以上解释的，应当作出不利于提供格式条款一方的解释。格式条款和非格式条款不一致的，应当采用非格式条款。

格式条款也属于合同内容，首先应遵循合同解释的一般规则，如文义解释，也就是普通人对于语句的一般理解加以解释。如果按照通常理解可以得出唯一的、确定的解释，则格式条款的含义就此确定，不需要进一步的解释规则介入。

如果按照通常理解会出现两种以上的解释的，如果是一般合同条款，那么就应该按照《民法典》第142条第1款所确立的解释规则（如合同目的解释、交易习惯解释等）进一步寻求合理、正确的解释；而对于格式条款，则可以直接适用本条的解释规则，即在两种以上的解释中，选择对提供格式条款的一方相对不利的解释。可以说，《民法典》第498条构成了《民法典》第142条关于合同解释之一般规则的特别规范。

合同中可能同时存在格式条款和非格式条款（如当事人一方提供事先印刷好的标准合同文本，但应对方要求，又在空白处以手书方式添加条款），在二者发生矛盾时，由于非格式条款事先经过了协商，可认为非格式条款事实上已经取代了格式条款，因此，应采用非格式条款。

【主观题点睛】

格式条款的法律规制，也可以作为主观题的考点。主观题只要涉及格式条款的案情，则基本上会考核《民法典》第496条或第497条。考试应注意甄别考点，要严格区分第496条的"主张该条款不成为合同的内容"与第497条的"无效"。

六、缔约过失责任＊＊

（一）缔约过失责任的构成

【重点法条】

《民法典》第500条　当事人在订立合同过程中有下列情形之一，造成对方损失的，应当承担赔偿责任：

（一）假借订立合同，恶意进行磋商；

---

[1]【解析】正确选项为B。"如甲单方放弃服务，余款不退"的条款属于《民法典》第497条中"排除对方主要权利"的情形，应认定该格式条款无效。该条款的无效，不影响整个美容服务合同的效力。甲单方放弃服务，应赔偿乙公司的损失。

（二）故意隐瞒与订立合同有关的重要事实或者提供虚假情况；

（三）有其他违背诚信原则的行为。

《民法典》第500条所规定之损害赔偿责任，被称为"缔约过失责任"，其与违约责任不同：一般认为，缔约过失责任仅发生在合同不成立、被撤销或无效的情形，责任人并非违反合同义务，而是在缔约阶段未尽法律要求的义务；违约责任则以合同有效为前提，并因债务人不履行或不完全履行合同义务而发生。

所谓缔约过失，并非仅指缔约时主观上的"过失"。实际上，缔约过失指的是在缔约阶段违反所谓"先合同义务"（这一概念在2002年的考试中出现，应加以了解），即根据诚实信用原则而产生的避免给对方造成损失的诚信磋商、告知、保密等义务。其具体的行为样态，除《民法典》第500条的具体规定及第501条关于保守商业秘密的规定外，还包括：不正当地终止缔约谈判而不及时通知对方；在缔约谈判中未尽保护对方人身和财产安全的义务而导致对方受损等违背诚实信用的行为。在更广泛的意义上，因合同不成立、无效、被撤销等而产生的基于当事人过错的损害赔偿责任均可归入缔约过失责任的范畴。

人们并不因谈判缔约的开始而承受必须使合同成立的义务，因此，原则上缔约当事人在合同成立之前可中断谈判，退出交易。关键是，在此过程中，其行为必须符合诚实信用原则，不应给对方造成无谓的损失，如决定中断谈判的，应及时通知对方，以免对方发生不必要的费用。如果根本没有与对方缔结合同的真实意图，而是假借订立合同恶意进行磋商，则行为人应依据《民法典》第500条对磋商对方承担缔约过失责任。

【真题解读】

1. （2003年单选）甲公司得知乙公司正在与丙公司谈判。甲公司本来并不需要这个合同，但为排挤乙公司，就向丙公司提出了更好的条件。乙公司退出后，甲公司也借故中止谈判，给丙公司造成了损失。甲公司的行为如何定性？[1]

    A. 欺诈   B. 以合法形式掩盖非法目的

    C. 恶意磋商   D. 正常的商业竞争

2. （2007年单选）甲公司在与乙公司协商购买某种零件时提出，由于该零件的工艺要求高，只有乙公司先行制造出符合要求的样品后，才能考虑批量购买。乙公司完成样品后，甲公司因经营战略发生重大调整，遂通知乙公司：本公司已不需此种零件，终止谈判。下列哪一选项是正确的？[2]

    A. 甲公司构成违约，应当赔偿乙公司的损失

    B. 甲公司的行为构成缔约过失，应当赔偿乙公司的损失

    C. 甲公司的行为构成侵权行为，应当赔偿乙公司的损失

    D. 甲公司不应赔偿乙公司的任何损失

---

  〔1〕【解析】正确选项为C。本题难度较低，仅要求考生能够识别《民法典》第500条所列的"假借订立合同，恶意进行磋商"的情形。所谓恶意磋商，指当事人明知不可能缔约而为不正当目的与对方开始并持续地进行缔约谈判。本题中，甲的行为完全符合恶意磋商的特征，故选项C正确。

  〔2〕【解析】正确选项为D。本题有一定难度。一些考生认为，甲公司让乙公司制造样品而后却终止谈判，其行为违背诚实信用原则，应向乙公司承担缔约过失责任。但是，题面中的三个因素其实揭示了甲公司的行为并无不妥：其一，甲公司在提出让乙公司制造符合要求的样品时，仅表明其后可能"考虑批量购买"，因此，乙公司应该了解其制成样品未必会取得批量销售的合同这一事实；其二，甲公司终止谈判的原因在于其经营战略的重大调整，该事实为其终止谈判提供了正当理由；其三，甲公司在作出不缔约决定后，主动通知了乙公司，避免了乙公司因期待缔约再支出额外成本。因此，甲公司终止谈判的行为属于正常的商业行为，并不构成缔约过失，选项B不正确。由于甲乙之间的合同并未成立，甲公司并不负有合同义务，所以其行为不可能构成违约，选项A也错误。甲公司的行为并无不当，不具有违法性，因此不构成侵权行为，选项C也不正确。选项D正确。

3. （2017年单选）德凯公司拟为新三板上市造势，在无真实交易意图的情况下，短期内以业务合作为由邀请多家公司来其主要办公地点洽谈。其中，真诚公司安排授权代表往返十余次，每次都准备了详尽可操作的合作方案，德凯公司佯装感兴趣并屡次表达将签署合同的意愿，但均在最后一刻推脱拒签。期间，德凯公司还将知悉的真诚公司的部分商业秘密不当泄露。对此，下列哪一说法是正确的？[1]

A. 未缔结合同，则德凯公司就磋商事宜无需承担责任

B. 虽未缔结合同，但德凯公司构成恶意磋商，应赔偿损失

C. 未缔结合同，则商业秘密属于真诚公司自愿披露，不应禁止外泄

D. 德凯公司也付出了大量的工作成本，如被对方主张赔偿，则据此可主张抵销

【重点法条】

《民法典》第501条 当事人在订立合同过程中知悉的商业秘密或者其他应当保密的信息，无论合同是否成立，不得泄露或者不正当地使用；泄露、不正当地使用该商业秘密或者信息，造成对方损失的，应当承担赔偿责任。

商业秘密受法律保护。《民法典》第501条所规范的是因订立合同而为缔约当事人所知的商业秘密保护问题。在订立合同过程中，原本对外人保密的商业秘密有时需要向缔约对方公开（如为了说服对方订立合同），此时，根据诚实信用原则，掌握对方商业秘密的当事人应当负有不得向第三方泄漏以及不得加以不正当使用的义务；违反此义务给对方造成损失的，应负赔偿之责。

《民法典》第501条实际规定了两种泄漏或不正当使用商业秘密的情形：合同不成立情况下泄漏或不正当使用；合同成立（且有效）情况下的使用。在前者，商业秘密持有者可以要求对方承担缔约过失责任，因为对方违反了先合同义务；而在后者，则可以要求对方承担违约责任，因为保守合同对方当事人的商业秘密属于合同债务人的附随义务，而对方违反了此项合同义务。

【真题解读】

（2002年多选） 甲企业与乙企业就彩电购销协议进行洽谈，其间乙采取了保护措施的市场开发计划被甲得知，甲遂推迟与乙签约，开始有针对性地吸引乙的潜在客户，导致乙的市场份额锐减。下列说法中哪些是正确的？[2]

A. 甲的行为属于正常的商业竞争行为   B. 甲的行为违反了先合同义务

C. 甲方的行为侵犯了乙的商业秘密   D. 甲应承担缔约过失责任

（二）缔约过失责任的赔偿范围

缔约过失责任为损害赔偿责任，其在赔偿范围方面，与违约责任存在明显不同：根据《民法典》第584条的规定，违约损害赔偿指向履行利益（期待利益）的赔偿，其赔偿范围包括应得而未得的利益；而缔约过失责任则指向信赖利益的赔偿，其赔偿范围仅包括为缔结合同而支付的成本、费用等。

---

〔1〕【解析】正确选项为B。本题难度较低，所陈述的事实明显符合《民法典》第500、501条之规定，德凯公司应承担缔约过失责任。

〔2〕【解析】正确选项为BCD。本题中，乙方的市场开发计划属于其商业秘密，而甲方系在缔约洽谈中获知此计划；甲对此计划进行了不正当的利用，其行为构成了对乙的商业秘密的侵犯（故选项C正确），同时也构成了不正当竞争行为（故选项A错误）。由于甲的行为发生在合同成立之前的缔约洽谈阶段，其行为违反的是所谓先合同义务（故选项B正确），而非合同义务（因合同最终并未订立），构成《民法典》第501条规定的缔约过失行为（故选项D正确）。

基于缔约过失的损害赔偿，应指向所谓"信赖利益"。原则上，仅能要求为订立与履行合同支出的费用的赔偿；在恶意磋商和其他严重违反诚信的情形，权利人还可以就缔约机会丧失所遭到的损失要求赔偿（机会成本的赔偿）。

第二节　合同的效力

【说明】

在《民法典》的体系中，合同的效力判断规则恰恰主要不在合同编第三章"合同的效力"之下，而是在总则编第六章第三节"民事法律行为的效力"之下，已如前述。

合同编第三章"合同的效力"之下，总共仅设 7 条规范（第 502 条至第 508 条），其中，第 502 条第 2 款待审批合同的效力问题相对最为重要，而本教材已在第四章讨论了该条款。第504 条的表见代表以及第 505 条超越经营范围订立合同的效力规范也在第三章法人部分做了讨论。在此均不再赘述。可再适当关注《民法典》第 506 条的规定："合同中的下列免责条款无效：（一）造成对方人身损害的；（二）因故意或者重大过失造成对方财产损失的"。

第十四章　合同的履行

▶【复习提要】

【复习提要】

自 2020 年起，法考考试大纲第十四章"合同的履行"的内容与《民法典》合同编第四章相吻合。该章最主要的考点在于双务合同的履行抗辩权及情势变更，另外，考生也应熟悉《民法典》新增的选择之债及针对连带之债的新规定。

第一节　合同履行概述

一、履行地点、履行期限、履行费用 *

【重点法条】

《民法典》第 511 条　当事人就有关合同内容约定不明确，依据前条规定仍不能确定的，适用下列规定：

（一）质量要求不明确的，按照强制性国家标准履行；没有强制性国家标准的，按照推荐性国家标准履行；没有推荐性国家标准的，按照行业标准履行；没有国家标准、行业标准的，按照通常标准或者符合合同目的的特定标准履行。

（二）价款或者报酬不明确的，按照订立合同时履行地的市场价格履行；依法应当执行政府定价或者政府指导价的，依照规定履行。

（三）履行地点不明确，给付货币的，在接受货币一方所在地履行；交付不动产的，在不动产所在地履行；其他标的，在履行义务一方所在地履行。

（四）履行期限不明确的，债务人可以随时履行，债权人也可以随时请求履行，但是应当给对方必要的准备时间。

（五）履行方式不明确的，按照有利于实现合同目的的方式履行。

（六）履行费用的负担不明确的，由履行义务一方负担；因债权人原因增加的履行费用，由债权人负担。

债之履行，须明确一些细节问题，如何时、何地以何种方式履行等。就合同这种意定的债的发生原因而言，合同当事人当然可以通过约定明确这些问题。但是，现实中人们在订约时往往会忽略这些履行细节方面，此时，《民法典》第 511 条就成为补充当事人意思不足的重要规范。就法考而言，以下这几个方面比较重要：

1. 履行地点。当事人未确定履行地点的，应区分给付的对象确定履行地：给付货币的，在接受货币一方所在地履行；交付不动产的，在不动产所在地履行；其他标的，在履行义务一方所在地（即债务人住所地）履行。另外，《民法典》吸收《电子商务法》的规定，在第 512 条规定，通过互联网等信息网络订立的电子合同的标的为交付商品并采用快递物流方式交付的，收货人的签收时间为交付时间。这也就意味着，此类合同中交货义务的履行地为债权人所在地。

2. 履行期限。未明确约定的，视为无期限，债务人和债权人都可以随时履行或要求对方履行，但须注意的是，由于履行债务需要一定的准备工作，有时债权人也需要为受领做些准备，因此，应给对方一定的准备时间。

3. 履行费用。债务可能需要付出费用（如运费等），此费用通常由负履行义务的一方负担。如果由于债权人的原因导致履行费用增加的（如债权人临时变更送货地点），增加的费用应由债权人承担。

第二节 合同履行的特殊规则

一、选择之债（的履行）＊＊

【提示】

选择之债，在《民法典》之前，我国实证法并无任何规定，考试仅能依民法原理作答，所以历来都不是法考的重点考点。《民法典》增设了选择之债的规定，就选择之债的特定化等问题加以明确，值得注意。

【重点法条】

《民法典》第515条 标的有多项而债务人只需履行其中一项的，债务人享有选择权；但是，法律另有规定、当事人另有约定或者另有交易习惯的除外。

享有选择权的当事人在约定期限内或者履行期限届满未作选择，经催告后在合理期限内仍未选择的，选择权转移至对方。

《民法典》第516条 当事人行使选择权应当及时通知对方，通知到达对方时，标的确定。标的确定后不得变更，但是经对方同意的除外。

可选择的标的发生不能履行情形的，享有选择权的当事人不得选择不能履行的标的，但是该不能履行的情形是由对方造成的除外。

选择之债，指在数项标的（数宗给付）中，得选定其一而为给付之债的关系。选择之债与简单之债相对应，后者的标的自始确定在一宗单一的给付之上，不存在选择的余地。

选择之债主要因选择权的行使而发生特定化。选择权由当事人约定或法律规定，在无约定或规定时，应归属于债务人。选择权人怠于行使选择权的，选择权转移至对方。选择权是形成权，依选择权人单方的意思表示（通知对方当事人）即可发生改变法律关系的效力，即将选择之债变成简单之债，债之关系视为自始即在选定的给付上确定。

选择之债也因所谓"给付不能"（不能履行）而发生特定化：当备选的给付仅剩余一宗时，选择余地消失，选择之债即在余存的给付之上确定。但是，前述规则有一个例外：如果给付不能是由于对方当事人的原因造成的，则没有理由剥夺选择权人的选择权，后者仍可自由做出选择，如其选择已经不能履行的给付，则相当于选择了要求对方对此承担替代履行的损害赔偿责任。兹举一例说明前述法律原理。甲有 A、B 两瓷器，甲、乙约定，乙出价 1 万元购买其中的一件，最终购买哪件，将由乙在订立合同后的一周内通知甲；缔约次日，甲不慎摔碎瓷器 A。在本例中，选择权在买方乙，但 A 瓷器却由甲的行为导致不能被实际交付。此时，根据

《民法典》第 516 条，乙不仅可以选择余存的 B 瓷器交易，也可选择已经毁损的 A 瓷器作为买卖标的物，并要求甲承担不能履行合同的违约损害赔偿责任。相反，如果设定选择权在卖方甲，则此时买卖合同关系因 A 瓷器的毁损而自动特定化于 B 瓷器之上。

【真题解读】

（2009 年单选）甲对乙说：如果你在 3 年内考上公务员，我愿将自己的一套住房或者一辆宝马轿车相赠。乙同意。2 年后，乙考取某国家机关职位。关于甲与乙的约定，下列哪一说法是正确的？[1]

A. 属于种类之债
B. 属于选择之债
C. 属于连带之债
D. 属于劳务之债

二、多数人之债（的履行）＊＊

债之关系，依主体人数为单数或复数为标准，可以区分为单一之债和多数人之债。

单一之债是指债权人和债务人均为单数的债的关系。单一之债的法律构造简单，仅涉及一个债权人与一个债务人之间的给付关系。

多数人之债是指以同一给付为标的，债权人和债务人至少有一方为两个或两个以上复数主体的债之关系。其中，债权人为多数的，为多数债权人之债；债务人为多数的，则为多数债务人之债。在特殊情形下，债权人与债务人方面都可能是多数之人。实际上，以下按份之债与连带之债的区分是对多数人之债的再区分。另外，在学理上，多数人之债还可根据给付是否可分区分为可分之债与不可分之债。《民法典》规定，按份之债以给付可分为前提（见下文），实际上也承认了这种分类的必要性。

依多数债权人或多数债务人之间的结合方式，可以将多数人之债进一步区分为按份之债与连带之债。

（一）按份之债

【重点法条】

《民法典》第 517 条 债权人为二人以上，标的可分，按照份额各自享有债权的，为按份债权；债务人为二人以上，标的可分，按照份额各自负担债务的，为按份债务。

按份债权人或者按份债务人的份额难以确定的，视为份额相同。

按份之债，是多数债权人按份分享债权或多数债务人按份分担债务的多数人之债。既然能够析分出份额，当然应以标的可分为前提。按份之债的规则简单：在按份债务，每个债务人仅对自己负担的债务负清偿之责；在按份债权，每个债权人仅有权就自己享有的份额向债务人主张。份额不能确定的，视为份额相同，即均等分。

（二）连带之债

1. 连带债权和连带债务的外部效力

【重点法条】

《民法典》第 518 条 债权人为二人以上，部分或者全部债权人均可以请求债务人履行债务的，为连带债权；债务人为二人以上，债权人可以请求部分或者全部债务人履行全部债务的，为连带债务。

连带债权或者连带债务，由法律规定或者当事人约定。

多数人之债，在法律有规定或者当事人特别约定时，可以是连带之债。在连带债权，债权

---

〔1〕**【解析】**正确选项为 B。本题中，当事人设定的赠与合同的结构是：甲或者赠与乙一套住房，或者赠与一辆轿车。此为典型的选择之债。

人为复数，且每个债权人均可以请求债务人向其履行全部债务；在连带债务，债务人为复数，且每个债务人均有义务履行全部债务（无份额抗辩）。

2. 连带债务的内部效力：追偿和法定代位

【重点法条】

《民法典》第519条　连带债务人之间的份额难以确定的，视为份额相同。

实际承担债务超过自己份额的连带债务人，有权就超出部分在其他连带债务人未履行的份额范围内向其追偿，并相应地享有债权人的权利，但是不得损害债权人的利益。其他连带债务人对债权人的抗辩，可以向该债务人主张。

被追偿的连带债务人不能履行其应分担份额的，其他连带债务人应当在相应范围内按比例分担。

连带债务人就超过自己应承担的份额（连带债务人内部有份额）的，相当于就超出部分在为其他债务人代为清偿，因此，法律承认其就此部分履行有向其他债务人追偿的权利。同时，《民法典》第519条也采用了法定债权移转的立法技术，规定原属债权人的债权自动移转于实施了清偿行为的债务人，不过后者在代位行使债权人的权利时，不得损害债权人的利益。例如，甲、乙二人对丙负有10万元的连带债务，而甲乙内部约定各自负担5万元；若甲向丙实际清偿了8万元，则就超过自己应负担部分（5万元）的3万元，甲可以代位丙的地位向乙主张清偿；此时，丙的债权并未完全实现，丙对乙仍保留要求清偿2万元的权利，因此甲的代位求偿权不得损害丙针对乙的债权实现的机会（如乙仅有3万元资产可用于偿债，则应优先将其中的2万元支付于丙）。

3. 绝对效力事项

【重点法条】

《民法典》第520条　部分连带债务人履行、抵销债务或者提存标的物的，其他债务人对债权人的债务在相应范围内消灭；该债务人可以依据前条规定向其他债务人追偿。

部分连带债务人的债务被债权人免除的，在该连带债务人应当承担的份额范围内，其他债务人对债权人的债务消灭。

部分连带债务人的债务与债权人的债权同归于一人的，在扣除该债务人应当承担的份额后，债权人对其他债务人的债权继续存在。

债权人对部分连带债务人的给付受领迟延的，对其他连带债务人发生效力。

连带债务，除前述外部、内部效力问题外，还有另外一个层面的问题，即对债务人之一所发生的事项是否同时也对其他债务人发生相同的效力。在学理上，如结论是肯定的，则相应事项被称为"绝对效力事项"，否则称"相对效力事项"。民法以相对效力事项为原则，绝对效力事项为例外，故《民法典》第520条详细列举绝对效力事项。

【提示】

在我国民法上，往往不区分债务与责任，因此，民法上众多有关"连带责任"的规定，实际上均为连带债务，均适用《民法典》关于连带债务的前述规定。

该问题相当抽象难解，试举两例说明：（1）甲、乙对丙共同侵权，负1万元连带赔偿责任，且二人责任相当，后丙对乙表示免除赔偿责任，则该免除表示不仅使乙免责，而且也使甲的责任被限定在其自己应承担的份额之上，即5000元。（2）因买卖，甲、乙就100吨货物的交付对丙负有连带债务，清偿期届至后，甲向丙提出履行，丙无正当理由拒绝受领，之后甲未能实现交付的货物因不可抗力灭失。此时，根据《民法典》第520条第4款，丙不仅针对甲构成受领迟延，同时也对乙构成受领迟延。根据《民法典》第605条，此时标的物毁损灭失的风险转移至丙，乙也有权不再履行交付义务，并有权要求丙支付价款。

三、提前履行 ＊

【重点法条】

《民法典》第 530 条 债权人可以拒绝债务人提前履行债务，但是提前履行不损害债权人利益的除外。

债务人提前履行债务给债权人增加的费用，由债务人负担。

合同的按期履行，对债权人可能具有利益关系。例如，如果出卖人提前交货，而买受人暂时还不需要使用这些货物，则债权人可能需要负担仓储、保管等成本，因此，原则上，债权人可以拒绝债务人的提前履行，而要求其到期再履行。

如果期限利益完全是为债务人所设，提前履行实际构成债务人对期限利益的抛弃，那么，因提前履行不损害（往往是有利于）债权人的利益，因此，债权人不可拒绝。例如，无息借款且约定归还期的，如债务人提前归还，则债权人不可拒绝。

《民法典》第 530 条第 2 款与第 1 款的逻辑关系是：如果提前履行对债权人不利（因为需要给债权人增加费用，如保管费等），而债权人又无意予以拒绝的（毕竟受领后即可回避债务人不履行的风险），那么，债权人仍可以要求债务人承担增加的费用。简言之，本条针对债务人的提前履行对债权人设了双重保护：可以拒绝；不拒绝的情形下，可以要求对方承担增加的费用。

四、部分履行

【重点法条】

《民法典》第 531 条 债权人可以拒绝债务人部分履行债务，但是部分履行不损害债权人利益的除外。

债务人部分履行债务给债权人增加的费用，由债务人负担。

作为债的内容，某些给付为不可分给付，其本身不能发生部分履行的问题。即使给付是可分的，债务人多次给付可能会给债权人带来额外的困扰（例如，债权人可能需要多次受领债务人的给付），故债权人仍有权拒绝债务人方面的部分履行。

债权人有权拒绝债务人的部分履行，这主要会在两个方面产生法律效果：其一，债务人不能通过部分履行的方式实现债务的部分消灭，也就是说，原则上只有完整的履行才能达成清偿的效果；其二，就债权人方面而言，其不因拒绝部分履行而陷入债权人迟延。

债权人有权拒绝债务人的部分履行，此原则也存在一些例外。根据前引《民法典》条文的规定，在部分履行不损害债权人利益的情形，债权人不应拒绝。另外，债务人部分履行债务给债权人增加的费用，由债务人负担。

第三节　双务合同的履行抗辩权

一、几种抗辩权适用的前提：双务合同 ＊＊

合同，可区分为单务合同与双务合同。所谓双务合同，是指双方当事人均因合同而负担债务的合同。因为双方债务对待地存在，构成一种利益上的相互制约，才产生了同时履行抗辩权、顺序履行抗辩权和不安抗辩权这三种抗辩权。在单务合同中，绝不发生上述任何一种抗辩权。在双务合同中，双方互负的主要义务被称为"对待给付义务"。本节所涉及的三种履行抗辩权均须以合同为双务合同为前提，而且也只有在对待给付义务之间才能主张抗辩。

【提示】

我国《民法典》第525～527条对三项履行抗辩权的规定并未明确要求双方互负债务系一项双务合同所产生的对待给付义务，但解释上通常都附加双务合同的前提。不过，此种立法处理也为履行抗辩权的扩张适用创造了条件。如前所述（第四章），根据最高人民法院《九民纪要》的相关规定，如双务合同被认定为不成立、无效抑或是被撤销而发生双方返还的后果，则此双方的返还义务构成对待给付，有同时履行抗辩权适用之余地。《合同编通则解释》第25条第2款进一步明确了该规则。

【真题解读】

1.（2005年多选题）甲于2月3日向乙借用一台彩电，乙于2月6日向甲借用了一部手机。到期后，甲未向乙归还彩电，乙因此也拒绝向甲归还手机。关于乙的行为，下列哪些说法是错误的？[1]

A. 是行使同时履行抗辩权　　　　B. 是行使不安抗辩权

C. 是行使留置权　　　　　　　　D. 是行使抵销权

2.（2015年单选题）甲与乙公司签订的房屋买卖合同约定："乙公司收到首期房款后，向甲交付房屋和房屋使用说明书；收到二期房款后，将房屋过户给甲。"甲交纳首期房款后，乙公司交付房屋但未立即交付房屋使用说明书。甲以此为由行使先履行抗辩权而拒不支付二期房款。下列哪一表述是正确的？[2]

A. 甲的做法正确，因乙公司未完全履行义务

B. 甲不应行使先履行抗辩权，而应行使不安抗辩权，因乙公司有不能交付房屋使用说明书的可能性

C. 甲可主张解除合同，因乙公司未履行义务

D. 甲不能行使先履行抗辩权，因甲的付款义务与乙公司交付房屋使用说明书不形成主给付义务对应关系

二、同时履行抗辩权 * *

【重点法条】

《民法典》第525条　当事人互负债务，没有先后履行顺序的，应当同时履行。一方在对方履行之前有权拒绝其履行要求。一方在对方履行债务不符合约定时，有权拒绝其相应的履行要求。

在双务合同中，通常当事人都会约定履行的先后顺序（如"货到付款"或"款到发货"等），因为先履行的一方要承担对方不履行的风险。如果合同确未对履行顺序作出约定，则让任何一方先行履行都是不公平的，因此，本条创设了同时履行抗辩权。

在没有先后履行顺序的情况下，双方当事人对等地享有此同时履行抗辩权。就构成同时履行抗辩权对象的给付义务类型而言，原则上，仅有构成实质性交换的主给付义务间才发生履行

----

[1]【解析】正确选项为ABCD。正确解答本题的关键在于，同时履行抗辩权、不安抗辩权都仅发生在双务合同之中，当事人双方必须是在同一个合同关系中互负债务。而在本题中，甲、乙之间却存在两个独立的借用合同，因此，不存在同时履行抗辩权与不安抗辩权发生，选项A和B均错误。留置权的标的（甲的手机）必须与其所担保的债权（请求甲返还彩电的权利）处于同一法律关系中，因此，选项C错误。法定抵销权必须针对同一种给付，故选项D也错误。

[2]【解析】正确选项为D。交付房屋使用说明书虽为出卖人的义务，但属于从给付义务，对买受人实现合同目的的影响不大。买受人不得以出卖人未履行从给付义务为由拒绝履行支付价款这一主给付义务。

抗辩的问题（如，买卖合同中卖方的交货义务与买方的付款义务）。但是，如果合同一方不履行某项从给付义务（非主要义务）将会导致对方合同目的的不能实现，则该项义务也包含在同时履行抗辩权的效力范围之内。例如，机动车的出卖人如果不向买受人提供车辆合格证、销售发票等，将导致买受人无法上牌照，因此，在合同未约定先后履行顺序时，若出卖人不履行此类资料移交义务的，即使其已经履行了车辆交付义务，买受人仍能主张同时履行抗辩权，从而拒绝支付价款。

任何一方主动作出恰当的履行行为后，对方的同时履行抗辩权归于消灭，也应履行自己的对待给付。因此，此类抗辩权属于民法上的"一时性抗辩权"。

【提示】

第 525 条并未就诉讼中同时履行抗辩权的行使结果作出规定。在诉讼中，一方诉请他方履行合同，而后者提出同时履行抗辩的，如该抗辩成立，法院不应驳回原告诉讼请求，而应作出"同时给付判决"，即判决原告在履行了自己的给付义务后，有权要求对被告进行强制执行。关于同时履行抗辩权与诉讼的衔接，《合同编通则解释》第 31 条作出了重要规定，应予以重点关注。

【相关法条】

《合同编通则解释》第 31 条　当事人互负债务，一方以对方没有履行<u>非主要债务</u>为由拒绝履行自己的主要债务的，人民法院不予支持。但是，对方不履行非主要债务致使不能实现合同目的或者当事人另有约定的除外。

<u>当事人一方起诉请求对方履行债务，被告依据民法典第五百二十五条主张双方同时履行的抗辩且抗辩成立，被告未提起反诉的，人民法院应当判决被告在原告履行债务的同时履行自己的债务，并在判项中明确原告申请强制执行的，人民法院应当在原告履行自己的债务后对被告采取执行行为；被告提起反诉的，人民法院应当判决双方同时履行自己的债务，并在判项中明确任何一方申请强制执行的，人民法院应当在该当事人履行自己的债务后对对方采取执行行为。</u>

当事人一方起诉请求对方履行债务，被告依据民法典第五百二十六条主张原告应先履行的抗辩且抗辩成立，<u>人民法院应当驳回原告的诉讼请求</u>，但不影响原告履行债务后另行提起诉讼。

三、顺序履行抗辩权 ＊＊

【重点法条】

《民法典》第 526 条　当事人互负债务，有先后履行顺序，应当先履行债务一方未履行的，后履行一方有权拒绝其履行请求。先履行一方履行债务不符合约定的，后履行一方有权拒绝其相应的履行请求。

顺序履行抗辩权，也称"先履行抗辩权"。与同时履行抗辩权发生的情形不同，产生顺序履行抗辩权的合同存在先后履行的顺序。在合同有先后履行顺序安排的情况下，<u>顺序履行抗辩权由后履行义务的一方当事人享有</u>。

顺序履行抗辩权的具体表现是：后履行一方可以拒绝对方的履行请求（尽管他的确负有履行的义务），因为先履行一方未履行其合同义务（如约定"货到付款"，未发货而向对方要求付款）或履行义务不合约定（如交付质量不合格货物）。

先履行一方恰当地履行了其义务的，该抗辩权消灭，后履行一方也应履行其对待给付。

根据《合同编通则解释》第 31 条第 3 款之规定，当事人一方起诉请求对方履行债务，被告依据民法典第五百二十六条主张原告应先履行的抗辩且抗辩成立，人民法院应当驳回原告的诉讼请求，但不影响原告履行债务后另行提起诉讼。也就是说，顺序履行抗辩权在诉讼上的行使，不引起同时给付判决的后果。

【真题解读】

（2008年多选）某热电厂从某煤矿购煤200吨，约定交货期限为2007年9月30日，付款期限为2007年10月31日。9月底，煤矿交付200吨煤，热电厂经检验发现煤的含硫量远远超过约定标准，根据政府规定不能在该厂区燃烧。基于上述情况，热电厂的哪些主张有法律依据？[1]

A. 行使顺序履行抗辩权   B. 要求煤矿承担违约责任

C. 行使不安抗辩权   D. 解除合同

四、不安抗辩权 * * *

【重点法条】

《民法典》第527条　应当先履行债务的当事人，有确切证据证明对方有下列情形之一的，可以中止履行：

（一）经营状况严重恶化；

（二）转移财产、抽逃资金，以逃避债务；

（三）丧失商业信誉；

（四）有丧失或者可能丧失履行债务能力的其他情形。

当事人没有证据中止履行的，应当承担违约责任。

《民法典》第528条　当事人依据前条规定中止履行的，应当及时通知对方。对方提供适当担保的，应当恢复履行。中止履行后，对方在合理期限内未恢复履行能力并且未提供适当担保的，视为以自己的行为表明不履行合同主要义务，中止履行的一方可以解除合同并可以请求对方承担违约责任。

不安抗辩权发生在有先后履行顺序的双务合同中，而且，仅负有先履行义务的一方当事人才可能享有该抗辩权。

当负担后履行义务的一方有丧失或者可能丧失履行能力的情形时，先履行的一方有权中止自己的履行行为，尽管他原本负有先行履行的义务。法律赋予此项抗辩权，主要是为了保护先履行一方不至于在明知对方有极大可能不能对待履行的情况下而被迫履行自己的义务，从而遭受损失。

主张不安抗辩权的一方负举证责任，须证明对方的确存在丧失或者可能丧失履行能力的情形。如其主张不成立，即无证据证明对方的确存在此种情形，则不安抗辩权不成立，当事人因主张此不成立的抗辩权而导致其违约的（如迟延履行），须承担违约责任。

不安抗辩权的效力首先表现在负有先履行义务一方当事人的履行拒绝，同时，《民法典》又通过第528条与规范合同解除原因的第563条第1款第2项建立关联，即将对方在合理期限内未恢复履行能力并且未提供适当担保的状态视为"以自己的行为表明不履行合同主要债务"，从而构成了法定解除事由。据此，首先因行使抗辩权而中止履行自身义务的当事人可以进一步解除合同并请求对方承担违约责任。

---

[1]【解析】正确选项为ABD。本题中，依合同约定，热电厂的付款义务在后，又由于煤矿交付的煤质量不合格，因此热电厂可主张顺序履行抗辩权而拒绝付款，A选项正确。煤矿履行合同不恰当，应承担违约责任，选项B正确。不安抗辩权应由先履行的一方提出，故选项C不正确。由于煤炭根本无法燃烧，故煤矿的行为构成严重违约，热电厂可以解除合同，选项D正确。

本节履行抗辩权的主要知识点，可图示如下：

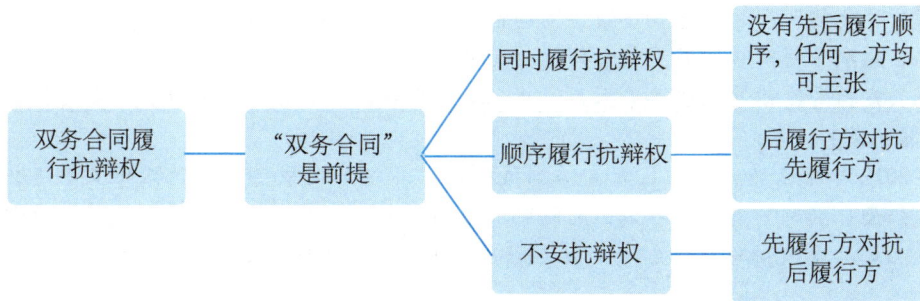

双务合同履行抗辩权 → "双务合同"是前提 →
- 同时履行抗辩权 → 没有先后履行顺序，任何一方均可主张
- 顺序履行抗辩权 → 后履行方对抗先履行方
- 不安抗辩权 → 先履行方对抗后履行方

第四节　情势变更

【重点法条】＊＊＊

《民法典》第533条　合同成立后，合同的基础条件发生了当事人在订立合同时无法预见的、不属于商业风险的重大变化，继续履行合同对于当事人一方明显不公平的，受不利影响的当事人可以与对方重新协商；在合理期限内协商不成的，当事人可以请求人民法院或者仲裁机构变更或者解除合同。

人民法院或者仲裁机构应当结合案件的实际情况，根据公平原则变更或者解除合同。

情事变更的认定应把握这样几个要素：合同基础条件的变化发生在合同订立之后；变化很大，以至于在订立合同时无法预见；变化幅度大，超出了正常商业风险的范畴（若是在商业风险范围内，则当事人须依合同约定承受商业风险，不得提出变更或解除）；在发生这种变化后，如继续严守合同，则会对一方当事人明显不公平或者不能实现合同目的。

出现符合前述标准的情形，"合同严守"的一般规则可以被破除，并产生以下后果：（1）受不利影响的一方可以要求与对方重新协商，对方有诚信磋商之义务，尽可能达成解决问题的妥协；（2）若在合理期限内协商不成，当事人请求法院或仲裁机构根据公允的标准变更合同或解除合同，法院应根据公平原则，决定变更解除合同。

【提示】

《合同编通则解释》对第533条的解释适用确立相应的解释规则（如，当事人在合同中约定排除第533条适用的，该约定无效），应予以关注。

【相关法条】

《合同编通则解释》第32条　合同成立后，因政策调整或者市场供求关系异常变动等原因导致价格发生当事人在订立合同时无法预见的、不属于商业风险的涨跌，继续履行合同对于当事人一方明显不公平的，人民法院应当认定合同的基础条件发生了民法典第五百三十三条第一款规定的重大变化。但是，合同涉及市场属性活跃、长期以来价格波动较大的大宗商品以及股票、期货等风险投资型金融产品的除外。

合同的基础条件发生了民法典第五百三十三条第一款规定的重大变化，当事人请求变更合同，人民法院不得解除合同；当事人一方请求变更合同，对方请求解除合同的，或者当事人一方请求解除合同，对方请求变更合同的，人民法院应当结合案件的实际情况，根据公平原则判决变更或者解除合同。

人民法院依据民法典第五百三十三条判决变更或者解除合同的，应当综合考虑合同基础条件发生重大变化的时间、当事人重新协商的情况以及因合同变更或者解除给当事人造成的损失等因素，在判项中明确合同变更或者解除的时间。

当事人事前约定排除民法典第五百三十三条适用的，人民法院应当认定该约定无效。

【真题解读】

1. （2012年单选题）甲与乙教育培训机构就课外辅导达成协议，约定甲交费5万元，乙保证甲在接受乙的辅导后，高考分数能达到二本线。若未达到该目标，全额退费。结果甲高考成绩仅达去年二本线，与今年高考二本线尚差20分。关于乙的承诺，下列哪一表述是正确的?[1]

A. 属于无效格式条款　　　　　　　　B. 因显失公平而可变更

C. 因情事变更而可变更　　　　　　　D. 虽违背教育规律但属有效

2. （2021年单选）甲置业公司（发包方）与乙建筑公司（总包方）签订工程承包合同，双方按照固定单价约定了工程款，且未约定任何其他价格调整条款。施工期间，受新冠疫情影响，原材料价格暴涨150%，如果工程价款不进行调整，乙公司将面临巨额亏损。乙公司请求甲公司调整工程价款，遭到甲公司的拒绝。乙公司诉至法院。关于两公司签订的工程承包合同，下列哪一说法是正确的?[2]

A. 违背自愿原则　　　　　　　　　　B. 违背公序良俗原则

C. 适用情势变更原则　　　　　　　　D. 属于正常的商业风险

【主观题点睛】

本章的情势变更与双务合同的履行抗辩，具有主观题出题的可能性。考生可适当识记相关法条，并理解其原理。

---

[1]【解析】正确选项为D。"不达标，全额退款"这样的交易条件，对提出格式条款的机构不利，故不属于《民法典》第497条规定的无效情形。教育机构自愿提出此种条款，以吸引他人与其订立合同，不符合关于显失公平的要求。高考分数在不同年份波动二十分，根本不属于"不能预见"的变化，显然不属于情势变更。综上，选项A、B、C均错，应选D。

[2]【解析】正确选项为C。甲乙双方的合同履行过程中发生了新冠疫情，该事实因素并非正常的商业风险，是双方当事人在合同订立时难以预见的，如果按照原有合同内容履行，会导致乙方巨额亏损，对乙方而言是显失公平的。因此，乙方可依据情势变更的规定主张救济。选项C正确。

第十五章　合同的保全和担保

▶【关于本章"担保"的说明】

　　1995年《担保法》包含比较完整的担保体系，其中既包括构成担保物权的抵押、质押、留置，也包括了作为人保的保证，外加"定金"。随着2007年《物权法》的生效，《担保法》中有关抵押权、质权、留置权被《物权法》所取代，但保证和定金部分继续有效。《民法典》的出台，导致《担保法》被彻底废止。除担保物权继续在物权编中调整外，保证合同被作为有名合同规定在了合同编第二分编"典型合同"之中，而定金则被简化为违约责任之下的两个条款。

　　本章设"合同的保全与担保"一章，而在第二节"合同的担保"部分仅讨论定金这种具有担保功能的合同。有关保证的内容，将根据《民法典》的体例安排，在典型合同部分讨论。

▶【复习提要】

　　本章是"合同通则"模块非常重要的一章。合同的保全，实为债的保全，分为债权人代位权和债权人撤销权两项制度，二者都是法考常规的考点，须认真把握。定金部分重点掌握定金的性质和类型。

　　第十五章"合同的保全与担保"，其内容都涉及债权实现的强化。为方便考试理解其中的法律机制，特将整个强化债权实现的体系图示如下：

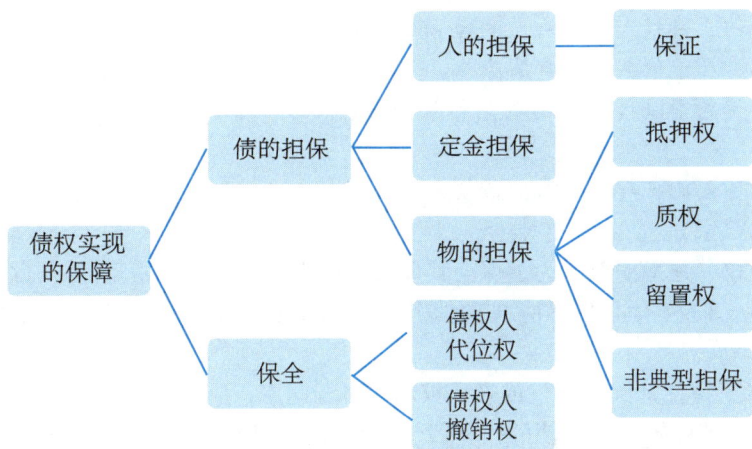

```
                                    人的担保 ———— 保证

                     债的担保 ———— 定金担保
                                                        抵押权

                                    物的担保            质权
  债权实现
  的保障                                                留置权

                                    债权人              非典型担保
                     保全           代位权

                                    债权人
                                    撤销权
```

第一节　合同的保全

一、合同的保全概述 *

　　合同的保全，实际上指的是债权的保全，亦称责任财产的保全。它是债权人为了保障债权获得清偿，而防止债务人责任财产减少的一种手段。债的保全的方式有两种：债权人代位权和债权人撤销权。

根据债的相对性原理，债权人只能向债务人请求履行，债权的效力原则上不及于第三人。但是，当债务人与第三人之间的关系危及债权人利益时，法律允许债权人对债务人与第三人的关系进行一定程度的干预，确保责任财产的完整，以排除对其债权的危害。因此，债的保全属于债的对外效力，是债的相对性的例外。

债的保全在于维持债权原本的受偿机会，而非增加扩张责任财产至他人财产（如保证）或者通过优先受偿权增加受偿机会（如担保物权）。在这一点上，债的保全区别于债的担保。

《民法典》合同编将先前规定在《合同法》第四章"合同的履行"中的保全规范（73条至75条）突出，成为合同编独立的第五章"合同的保全"。合同保全的原理与规范可以适用于合同之债的其他债之关系，因此，"债的保全"在《民法典》上的规范表现就是合同编的第五章"合同的保全"。

> **【特别提示】** 债权人代位权与债权人撤销权这两种债的保全手段，是法考的重点考点。测试的知识点主要包括：债权人代位权与撤销权的构成、法律效力，以及相关诉讼程序安排。须注意的是，有关债权人代位权及撤销权的诉讼行使等，《合同编通则解释》作出了多条解释性规定，而且，一些规则与先前《合同法》的配套解释有所不同，应重点予以关注。

二、债权人代位权 ＊＊＊

【重点法条】

《民法典》第535条 因债务人怠于行使其债权或者与该债权有关的从权利，影响债权人的到期债权实现的，债权人可以向人民法院请求以自己的名义代位行使债务人对相对人的权利，但是该权利专属于债务人自身的除外。

代位权的行使范围以债权人的到期债权为限。债权人行使代位权的必要费用，由债务人负担。

相对人对债务人的抗辩，可以向债权人主张。

（一）债权人代位权的构成要件

债权人代位权，是指债权人为了保全其债权，以自己的名义，代债务人行使权利的权利。债权具有相对性，债权人本并不能向次债务人主张债权，除非其满足了代位权以下的构成要件：

1. 债务人怠于行使其到期债权或者从权利。对于此点，应注意的是：（1）根据《民法典》第535条的规定，能够被代位行使的权利仅包括债权及该债权的从权利（如担保物权），其他财产权即便没有专属性，也不能被代位行使；（2）怠于行使权利的判断：只要不及时提起诉讼或申请仲裁就构成怠于行使。仅仅是曾经催收，只要不及时提起诉讼或申请仲裁仍可能构成怠于行使债权（《合同编通则解释》第33条）。

2. 债务人怠于行使权利对债权人造成损害，影响债权人的到期债权实现。债务人消极减少财产导致其对债权人履行的困难，此时才有必要行使代位权。由于是否造成损害涉及事实判断，就考试而言，试题只要提及债务人不行使到期债权，即可推定给其债权人造成损害。

3. 债权已届履行期。债权人须在其债权已届履行期时，才能行使代位权。未届履行期的债权，难以判断债务人的行为是否有损害债权可能。同时，由于要求具备债务人对次债务人怠于行使债权的事实，这当然就意味着债务人对次债务人的债权已经到期。

4. 根据《合同编通则解释》的界定，专属于债务人自身的债权包括：抚养费、赡养费或者扶养费请求权；人身伤害赔偿请求权；劳动报酬请求权，但是超过债务人及其所扶养家属的生活必需费用的部分除外；请求支付基本养老保险金、失业保险金、最低生活保障金等保障当事人基本生活的权利等。

【相关法条】

《合同编通则解释》第33条 债务人不履行其对债权人的到期债务，又不以诉讼或者仲裁方式向相对人主张其享有的债权或者与该债权有关的从权利，致使债权人的到期债权未能实现的，人民法院可以认定为民法典第五百三十五条规定的"债务人怠于行使其债权或者与该债权有关的从权利，影响债权人的到期债权实现"。

《合同编通则解释》第34条 下列权利，人民法院可以认定为民法典第五百三十五条第一款规定的专属于债务人自身的权利：

（一）抚养费、赡养费或者扶养费请求权；

（二）人身损害赔偿请求权；

（三）劳动报酬请求权，但是超过债务人及其所扶养家属的生活必需费用的部分除外；

（四）请求支付基本养老保险金、失业保险金、最低生活保障金等保障当事人基本生活的权利；

（五）其他专属于债务人自身的权利

以上代位权的构成要件，可图示如下：

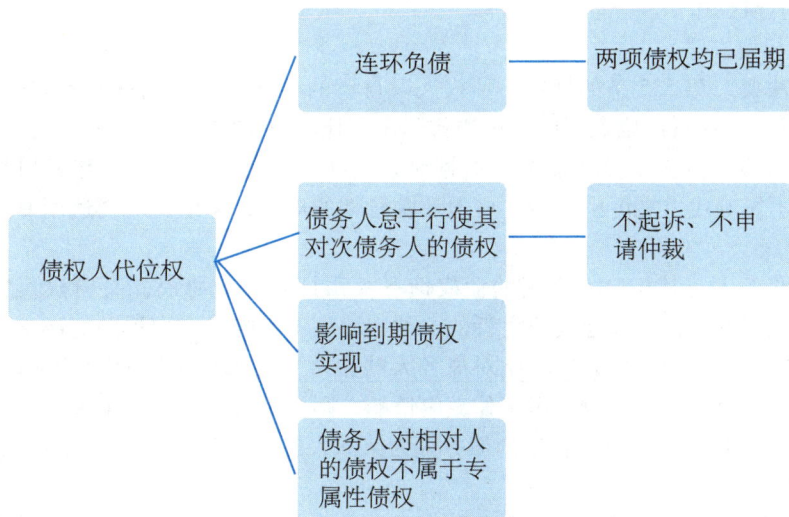

【真题解读】

（2023年单选）甲公司为乙医院提供医疗设备，乙医院欠甲公司设备费用300万满一年未予偿还。甲公司发现，丙公司欠乙医院医疗服务费500万，丙公司逾期两年未支付，乙医院一直未催促丙公司支付。现甲公司欲向丙公司行使代位权。下列说法正确的有？[1]

A. 甲公司对丙公司行使代位权，甲公司对乙医院的诉讼时效中止

_____

[1] 正确选项为C。根据《民法典》第535条第2款，代位权的行使范围以债权人享有的到期债权为限，而甲公司享有的债权为300万。根据《诉讼时效解释》第16条，代位权行使将导致两项债权的诉讼时效均发生中断，而非中止。

B. 甲公司对丙公司行使代位权，乙医院对丙公司的诉讼时效中止

C. 甲公司的代位权以300万为限

D. 甲公司的代位权以500万为限

（二）未届清偿期债权人的代位权

【重点法条】

《民法典》第536条 债权人的债权到期前，债务人的债权或者与该债权有关的从权利存在诉讼时效期间即将届满或者未及时申报破产债权等情形，影响债权人的债权实现的，债权人可以代位向债务人的相对人请求其向债务人履行、向破产管理人申报或者作出其他必要的行为。

《民法典》第536条旨在解决未届清偿期债权的特别保全需要。理解该条须注意以下三点：

（1）债权未届清偿期，故无法依照第535条行使债权人代位权。

（2）针对的主要是两种情形：第一，债务人享有的债权即将发生时效期间届满，唯有向债务人的相对人主张权利方可中断诉讼时效期间，而债务人未主张权利；第二，债务人的相对人被宣告破产，债务人未进行破产债权申报。

（3）债权人依据此条行使代位权无需向法院提出，而是直接向债务人的相对人主张或向破产管理人申报。

（三）代位权的行使与诉讼安排

1. 权利行使的范围

债权人代位行使债务人权利的范围，以保全债权为限。即行使代位权时所主张的金额，应当与所需保全的债权相当。

2. 代位权行使方法

根据《民法典》第535条的规定，债权人以自己的名义，并须以诉讼的方式行使代位权。《合同编通则解释》针对代位之诉的程序安排作出了比较系统的规定，其中，比较重要的有：

（1）代位权案件由被告（即债务人的相对人）住所地管辖，债务人与其相对人之间订有管辖协议的，不影响代位之诉由被告住所地法院管辖的规则，但依法应当适用专属管辖规定的除外。

（2）如果债务人与其相对人之间的债权债务关系订有仲裁协议，而债权人怠于对相对人申请仲裁并因此引发债权人提起代位之诉的，仲裁协议不影响代位之诉的提出（债务人与相对人之间的仲裁协议不排除债权人在法院对债务人的相对人提起代位诉讼）。不过，如果在代位诉讼开庭审理前，债务人对相对人提出仲裁申请的，则代位诉讼应中止审理。

（3）债权人以相对人为被告，未列债务人为第三人的，法院应当追加其为第三人。

【相关法条】

《合同编通则解释》第35条 债权人依据民法典第五百三十五条的规定对债务人的相对人提起代位权诉讼的，由被告住所地人民法院管辖，但是依法应当适用专属管辖规定的除外。

债务人或者相对人以双方之间的债权债务关系订有管辖协议为由提出异议的，人民法院不予支持。

《合同编通则解释》第36条 债权人提起代位权诉讼后，债务人或者相对人以双方之间的债权债务关系订有仲裁协议为由对法院主管提出异议的，人民法院不予支持。但是，债务人或者相对人在首次开庭前就债务人与相对人之间的债权债务关系申请仲裁的，人民法院可以依法中止代位权诉讼。

《合同编通则解释》第37条 债权人以债务人的相对人为被告向人民法院提起代位权诉讼，未将债务人列为第三人的，人民法院应当追加债务人为第三人。

两个以上债权人以债务人的同一相对人为被告提起代位权诉讼的，人民法院可以合并审理。债务人对相对人享有的债权不足以清偿其对两个以上债权人负担的债务的，人民法院应当按照债权人享有的债权比例确定相对人的履行份额，但是法律另有规定的除外。

3. 次债务人的抗辩

债权人以自己的名义对债务人的相对人提起诉讼的，相对人当然可以其对债务人的抗辩事由对抗债权人。《民法典》第 535 条第 3 款规定："相对人对债务人的抗辩，可以向债权人主张。"如果相对人对债务人的抗辩成立，则可以有效地阻却代位权的效力，法院应判决驳回原告的诉讼请求。另外，如债务人对债权人享有抗辩事由，则债务人的相对人也应能够援用。

【真题解读】

（2012 年多选）甲公司对乙公司享有 5 万元债权，乙公司对丙公司享有 10 万元债权。如甲公司对丙公司提起代位权诉讼，则针对甲公司，丙公司的下列哪些主张具有法律依据？[1]

A. 有权主张乙公司对甲公司的抗辩

B. 有权主张丙公司对乙公司的抗辩

C. 有权主张代位权行使中对甲公司的抗辩

D. 有权要求法院追加乙公司为共同被告

（四）代位权行使的效果

【重点法条】

《民法典》第 537 条　人民法院认定代位权成立的，由债务人的相对人向债权人履行义务，债权人接受履行后，债权人与债务人、债务人与相对人之间相应的权利义务终止。债务人对相对人的权利被采取保全、执行措施，或者债务人破产的，依照相关法律的规定处理。

与比较法上采"入库"规则的立法例不同，《民法典》第 537 条确立了债务人的相对人对债权人直接清偿的规则。当然，如果债务人对相对人的权利被采取了保全、执行措施，或者债务人被宣告破产，则须依民诉法、破产法等法律的规定处理。

三、债权人撤销权＊＊＊＊

（一）债权人撤销权的构成

【重点法条】

《民法典》第 538 条　债务人以放弃其债权、放弃债权担保、无偿转让财产等方式无偿处分财产权益，或者恶意延长其到期债权的履行期限，影响债权人的债权实现的，债权人可以请求人民法院撤销债务人的行为。

《民法典》第 539 条　债务人以明显不合理的低价转让财产、以明显不合理的高价受让他人财产或者为他人的债务提供担保，影响债权人的债权实现，债务人的相对人知道或者应当知道该情形的，债权人可以请求人民法院撤销债务人的行为。

债权人撤销权，是指债权人对于债务人积极减少责任财产损害债权的行为，有请求法院撤销该行为的权利。有关债权人撤销权的性质，争议颇多，有形成权说、请求权说、折中说等，司法考试也曾测试过债权人撤销权是否属于形成权这个考点，但其立场出现过摇摆。实际上，这很正常，因债权人撤销权的性质在学理上本就无定论。相对而言，形成权说和折中说比较合理。近年来，法考风格转化，应该不会考核债权人性质这样的问题。

---

[1] **【解析】**正确选项为 ABC。次债务人享有双重抗辩：次债务人对债务人的抗辩；债务人对债权人的抗辩。故此，选项 A 和 B 正确。甲公司行使抗辩权，以丙为被告，此时丙当然可以主张代位之诉本身可能包含的抗辩，选项 C 也正确。根据《合同编通则解释》，法院应当追加债务人为第三人，故选项 D 错误。

债权人撤销权须具备以下要件才能发生：

1. 客观要件

（1）债务人方面有减少责任财产的行为

债务人方面需实施了诈害债权的行为，即减少其财产或者增加其财产负担的行为。对于可撤销的债务人行为，《民法典》分两条表述如下：（1）第538条规定，债务人放弃债权、放弃债权担保、无偿转让财产等无偿处分财产权益，或者恶意延长其到期债权的履行期限等；（2）第539条规定，债务人以明显不合理的低价转让财产、以明显不合理的高价受让他人财产或者为他人的债务提供担保。债务人的上述行为减少了作为债权人债权一般担保的责任财产，有损害债权的可能。

根据《合同编通则解释》的界定，转让价格未达到交易时交易地的市场交易价或者指导价百分之七十的，一般应认定为"明显不合理的低价"；而受让价格高于交易时交易地的市场交易价或者指导价百分之三十的，一般可以认定为"明显不合理的高价"。

如果债务人对自身财产的处置并不会减少责任财产，或并不加重责任财产上的负担，则不应成立债权人撤销权。例如，债务人以市场价格转让财产，即使出现债务人不积极主张价金债权等情形而使债权难以受偿，也不应赋予债权人以撤销权，在此种情形，如符合债权人代位权的条件，债权人可对第三人提起代位之诉。

（2）债务人的诈害行为须损害债权

债务人的诈害行为必须危及债权的实现，才有保全责任财产的必要。如果债务人的行为虽然减少了其财产，但是并未危及债权的实现，就不存在对债权的损害。《民法典》第538、539条均包含"影响债权人的债权实现"的表述即为此意。这就意味着，在撤销权诉讼中，债务人或第三人可以提出如下抗辩：债务人虽然实施了减少责任财产的行为，但其剩余财产仍足以清偿债权，故债权未受损害，债权人的撤销权不成立。

（3）债务人的诈害行为必须发生在债权成立后

债权成立以前之债务人的行为，原则上并不会影响债权人实现债权的预期（而且，债务人也不可能在主观上有诈害的意思），因此不是撤销权撤销的对象。

【真题解读】

1.（2007年多选）甲公司欠乙公司货款20万元已有10个月，其资产已不足偿债。乙公司在追债过程中发现，甲公司在一年半之前作为保证人向某银行清偿了丙公司的贷款后一直没有向其追偿，同时还将自己对丁公司享有的30%的股权无偿转让给了丙公司。下列哪些选项是错误的？[1]

A. 乙公司可以对丙公司行使代位权

B. 若乙公司对丙公司提起代位权诉讼，法院应当追加甲公司为第三人

C. 乙公司可以请求法院确认甲、丙之间无偿转让股权的合同无效

D. 乙公司有权请求法院撤销甲、丙之间无偿转让股权的合同

2.（2012年单选）甲公司在2011年6月1日欠乙公司货款500万元，届期无力清偿。2010年12月1日，甲公司向丙公司赠送一套价值50万元的机器设备。2011年3月1日，甲公司向丁基金会捐赠50万元现金。2011年12月1日，甲公司向戊希望学校捐赠价值100万元的

---

[1]【解析】选项为CD。甲公司对丙公司享有追偿权却怠于行使，其债权人乙公司可行使代位权，A表述正确。原担保法解释确立的规则是法院"可以"追加为第三人，选项B在司考当年是错误的，但《合同编通则解释》已将"可以"修改为"应当"，故按照新规，B选项正确。股权转让合同本身并无无效事由，C选项错误。本题的关键是D选项，甲无偿转让股权，符合债权人撤销的情形，但是，考生应注意本题所涉及的时间点：该无偿转让发生在"一年半之前"，而乙公司的债权是10个月前发生的。因此，乙公司不得主张撤销股权转让合同，选项D表述也是错误的。

电脑。甲公司的 3 项赠与行为均尚未履行。下列哪一选项是正确的?[1]

A. 乙公司有权撤销甲公司对丙公司的赠与

B. 乙公司有权撤销甲公司对丁基金会的捐赠

C. 乙公司有权撤销甲公司对戊学校的捐赠

D. 甲公司有权撤销对戊学校的捐赠

2. 主观要件

我国《民法典》第 538、539 条区分两种情形而设有不同的主观要件。

对于第 538 条规定的情形,即债务人无偿减少财产及恶意延长到期债权的履行期限的,受让人(受益人)的主观因素无关紧要,其对于债务人的诈害行为是否知晓并不影响债权人的撤销权。因此,<u>当发生债务人放弃债权、无偿转让财产等无偿处分行为之时,撤销权的构成仅须考察前述客观要件是否具备,而无须就债务人和受让人的主观方面做出考察</u>,这就意味着,债务人和受让人均不得主张善意抗辩。

对于第 539 条规定的情形,即债务人实施了非对称减值行为(以明显不合理的低价转让财产或以明显不合理的高价受让他人财产)或者为他人提供担保,债权人撤销权的构成尚需具备主观要件,即"债务人的相对人知道或者应当知道"债务人之行为损害了债权人的债权。这就意味着,受让人能够以自己不知且不应知晓债务人的行为会损害债权作为抗辩事由。

> **【特别提示】** 债务人的行为只要满足了前述要件,债权人即可主张撤销权。债务人无偿转让财产,即便用于公益目的,亦不影响撤销权的发生。
>
> 另外,同一个行为,可能同时满足两个规范的要件,从而产生两个以上的效果。如果发生债务人与第三人恶意串通损害债权人利益的情形,根据《民法典》第 154 条的规定,该行为无效。同时,该行为也构成债权人撤销权行使的对象。因此,债权人既可以主张无效,也可以行使债权人撤销权。

【真题解读】

1. (2003 年单选) 周某与林某协议离婚时约定,孩子归女方林某抚养,周某每年给付 1000 元抚养费。离婚后,因林某将孩子由姓周改姓林,周某就停止给付抚养费。因这一年年景不好,周某就将卖粮仅得的 1000 元捐献给了希望工程,自己出去打工了。林某能请求法院撤销该赠与吗?[2]

A. 不能,因为赠与物已经交付

B. 不能,因为是公益性捐赠

C. 不能,因为周某处分的是自己的合法财产

D. 能,因为周某逃避法定义务进行赠与

2. (2006 年多选) 甲欠乙 20 万元到期无力偿还,其父病故后遗有价值 15 万元的住房 1 套,甲为唯一继承人。乙得知后与甲联系,希望以房抵债。甲便对好友丙说:"反正这房子我

---

[1] **【解析】**正确选项为 C。与上题选项 D 一样,甲公司对丙公司和丁基金会的捐赠时间在先,乙不得主张撤销,而对学校的捐赠发生在后,故可撤销,C 选项正确。由于对学校的赠与属于公益性赠与,赠与人不得主张任意撤销权,故 D 选项也是错误的。

[2] **【解析】**正确选项为 D。周某将 1000 元无偿捐赠给希望工程的做法,损害了孩子所享有的抚养费请求权的实现。周某是无偿转让财产,根据《民法典》关于债权人撤销权之成立的规定,并不要求相对人知道债务人有损害债权的目的,因此,作为孩子的法定代理人,林某可以孩子的名义撤销周某的赠与行为。

继承了也要拿去抵债，不如送给你算了。" 二人遂订立赠与协议。下列哪些说法是错误的?[1]

　　A. 乙对甲的行为可行使债权人撤销权

　　B. 乙可主张赠与协议无效

　　C. 乙可代位行使甲的继承权

　　D. 丙无权对因受赠房屋瑕疵造成的损失请求甲赔偿

　　3.（2019年多选）甲欠乙、丙共100万元贷款，尚未到还款期。现甲的财产只剩一套房子和一辆轿车。丙与甲的私交更好，就对甲说：反正你也只有这点财产了，你就全部抵押给我，省得被乙拿走了。甲同意，并与丙分别订立了房屋和轿车的书面抵押合同，但均未办理抵押登记。对此，下列哪些说法是错误的?[2]

　　A. 乙可以通过债的保全请求撤销抵押合同

　　B. 乙可以恶意串通为由主张抵押合同无效

　　C. 因未办理抵押登记，抵押合同不生效

　　D. 因未办理抵押登记，丙未取得抵押权

（二）债权人撤销权的行使

1. 行使方式

　　债权人之撤销权，仅在以诉的方式行使时，才能发生撤销的法律效果。债权人须以自己的名义，向法院提起撤销之诉，请求撤销债务人侵害债权的行为。

2. 行使对象

　　债权人行使债权人撤销权，<u>应以债务人及其相对人为共同被告</u>。债权人撤销权案件由债务人或相对人住所法院管辖，但依法应当适用专属管辖规定的除外。

3. 行使期间

　　《民法典》第541条规定，债权人自知道或应当知道撤销事由1年内行使撤销权；自债务人行为发生起5年内不行使的，撤销权消灭。

【真题解读】

　　（2010年多选）甲对乙享有2006年8月10日到期的六万元债权，到期后乙无力清偿。乙对丙享有五万元债权，清偿期已届满七个月，但乙未对丙采取法律措施。乙对丁还享有五万元人身损害赔偿请求权。后乙去世，无其它遗产，遗嘱中将上述十万元的债权赠与戊。对此，下列哪些选项是正确的?[3]

　　A. 甲可向法院请求撤销乙的遗赠

　　B. 在乙去世前，甲可直接向法院请求丙向自己清偿

　　C. 在乙去世前，甲可直接向法院请求丁向自己清偿

　　D. 如甲行使代位权胜诉，行使代位权的诉讼费用和其他费用都应该从乙财产中支付

---

　　[1]【解析】应选CD。甲因继承获得了房屋所有权。其无偿赠与丙的行为满足了债权人撤销权的要件，故选项A表述正确。题中甲丙之间表示明显构成恶意串通，乙可根据《民法典》第154条主张无效，故选项B表述正确。能够被代位行使的只有债权，故选项C表述错误。根据多选题的逻辑，可知D项表述也错误（该选项不清晰，错误的理由或许是，如甲明知有瑕疵而不告知，则丙仍有权要求甲承担责任）。

　　[2]【解析】正确选项为CD。丙的行为，既构成积极减少责任财产的行为，同时也构成与甲之间的恶意串通，故A、B两个选项表述正确，不应选。抵押合同自订立时生效，不登记不影响合同效力，选项C表述错误。丙之抵押权的客体是作为动产的汽车，自抵押合同生效时，抵押权设立，选项D表述错误。

　　[3]【解析】正确选项为AB。遗赠也属于债务人无偿转让财产，可撤销，A项正确。乙对丙的债权应属普通债权，乙未采取法律措施，可认定为怠于行使到期债权，其债权人甲可代位行使，选项B正确。乙对丁的债权属于人身损害赔偿请求权，具有专属性，不得代位行使，选项C错误。根据司法解释，代位权诉讼胜诉的，应由败诉的被告承担诉讼费等，故选项D错误。

【相关法条】

《合同编通则解释》第44条 债权人依据民法典第五百三十八条、第五百三十九条的规定提起撤销权诉讼的，<u>应当以债务人和债务人的相对人为共同被告</u>，由债务人或者相对人的住所地人民法院管辖，但是依法应当适用专属管辖规定的除外。

两个以上债权人就债务人的同一行为提起撤销权诉讼的，人民法院可以合并审理。

（三）撤销权行使的法律效果

债务人影响债权人的债权实现的行为被撤销的，自始没有法律约束力。

《合同编通则解释》对撤销权行使的效果增设了以下重要规定：

（1）债权人在撤销权诉讼中同时<u>请求相对人向债务人</u>承担返还财产、折价补偿、履行到期债务等法律后果的，人民法院依法予以支持。

（2）债权人依据其与债务人的诉讼、撤销权诉讼产生的生效法律文书申请强制执行的，人民法院可以就债务人对相对人享有的权利采取强制执行措施以实现债权人的债权。债权人在撤销权诉讼中，申请对相对人的财产采取保全措施的，人民法院依法予以准许。

【相关法条】

《合同编通则解释》第46条 <u>债权人在撤销权诉讼中同时请求债务人的相对人向债务人承担返还财产、折价补偿、履行到期债务等法律后果的，人民法院依法予以支持。</u>

债权人请求受理撤销权诉讼的人民法院一并审理其与债务人之间的债权债务关系，属于该人民法院管辖的，可以合并审理。不属于该人民法院管辖的，应当告知其向有管辖权的人民法院另行起诉。

债权人依据其与债务人的诉讼、撤销权诉讼产生的生效法律文书申请强制执行的，人民法院可以就债务人对相对人享有的权利采取强制执行措施以实现债权人的债权。债权人在撤销权诉讼中，申请对相对人的财产采取保全措施的，人民法院依法予以准许。

【主观题点睛】

合同的保全，尤其是债权人撤销权是主观题考试重要的考点（2019年和2020年主观题考试均涉及债权人撤销权），考生需以《民法典》第535条和第536条为中心把握债权人代位权，并根据第538条和539条把握债权人撤销权。《合同编通则解释》配套的涉及程序安排等相关规定也必须掌握。

第二节 债的担保

【说明】

债的担保手段，包括担保物权、保证、定金等。保证合同将于"典型合同"部分专节重点阐明。根据考试大纲，本节仅说明"定金"。《民法典》上，定金规定于合同编"通则"第八章"违约责任"，另外，《合同编通则解释》也对定金的类型作出了重要规定，应予关注。

一、定金的意义与识别 * *

定金，是指合同当事人一方，为确保合同的履行之目的而预先向他方给付的金钱或其他替代物。定金一般都表现为一笔金钱，基于当事人的特别约定或特定的交易惯例，也可以金钱以外的物之给付充当定金。

根据《合同编通则解释》的规定，当事人交付留置金、担保金、保证金、订约金、押金或者订金等，但是没有约定定金性质，一方主张适用定金规则的，人民法院不予支持。该规定意味着，在定金的认定上应从严把握，在有疑问时，不应认定为定金。

【真题解读】

（2003 年单选）甲欲购买乙的汽车。经协商，甲同意 3 天后签订正式的买卖合同，并先交 1000 元给乙，乙出具的收条上写明为"收到甲订金 1000 元。" 3 天后，甲了解到乙故意隐瞒了该车证照不齐的情况，故拒绝签订合同。下列哪一个说法是正确的？[1]

A. 甲有权要求乙返还 2000 元并赔偿在买车过程中受到的损失
B. 甲有权要求乙返还 1000 元并赔偿在买车过程中受到的损失
C. 甲只能要求乙赔偿在磋商买车过程中受到的损失
D. 甲有权要求乙承担违约责任

二、定金合同的成立 ＊＊

【重点法条】

《民法典》第 586 条　当事人可以约定一方向对方给付定金作为债权的担保。定金合同自实际交付定金时生效。

定金的数额由当事人约定，但是不得超过主合同标的额的百分之二十，超过部分不产生定金的效力。实际交付的定金数额多于或者少于约定数额的，视为变更约定的定金数额。

定金的成立，需要具备以下三方面的条件：

1. 需要当事人之间达成定金的合意，订立定金合同。当事人约定一方向对方支付一笔金钱，不能均认定为定金合同。在主合同订立后，由本身就负有金钱支付义务的一方（如买受人）向他方支付的一笔金钱，如无其他特别约定，应解释为预付款，而不是定金，从而在当事人一方不履行合同时，不发生定金的效力。

2. 定金应实际支付。定金合同属于实践性合同，根据《民法典》第 586 条的规定，定金合同自实际交付定金之日起成立。当事人虽就定金达成一致，但未实际给付定金的，不发生定金的效力。定金的数额，由双方约定。定金数额不得超过主债务标的额的 20%，超过部分不发生定金的效力。实际交付的定金数额多于或者少于约定数额，视为变更定金合同。

3. 主合同必须有效。定金合同属于从合同，如果其所担保的主合同无效，定金合同也无效。主合同无效而定金已实际支付的，收取定金的一方应负返还之责。

以上关于定金合同（定金的成立）的知识点，可图示如下：

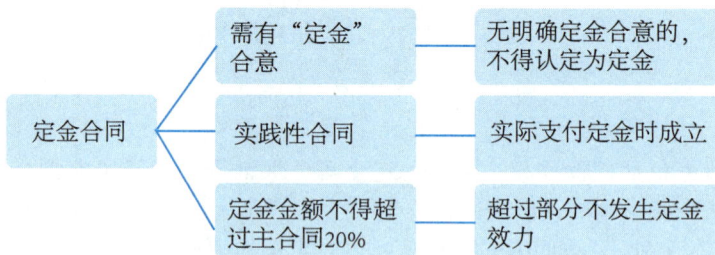

---

〔1〕【解析】正确选项为 B。本题中，汽车买卖合同并未成立，当事人之间不得要求违约责任承担，故选项 D 错误。实际上，本题考核的要点是定金的识别。甲、乙之间约定的是"订金"，而非"定金"，其不具有定金性质，接受定金的乙无需向甲双倍返还，但须将 1000 元返还给甲，故选项 A、C 错误，选项 B 正确。

三、定金的类型 ＊ ＊ ＊

【重点法条】

《合同编通则解释》第 67 条 当事人交付留置金、担保金、保证金、订约金、押金或者订金等，但是没有约定定金性质，一方主张适用民法典第五百八十七条规定的定金罚则的，人民法院不予支持。当事人约定了定金性质，但是未约定定金类型或者约定不明，一方主张为违约定金的，人民法院应予支持。

当事人约定以交付定金作为订立合同的担保，一方拒绝订立合同或者在磋商订立合同时违背诚信原则导致未能订立合同，对方主张适用民法典第五百八十七条规定的定金罚则的，人民法院应予支持。

当事人约定以交付定金作为合同成立或者生效条件，应当交付定金的一方未交付定金，但是合同主要义务已经履行完毕并为对方所接受的，人民法院应当认定合同在对方接受履行时已经成立或者生效。

当事人约定定金性质为解约定金，交付定金的一方主张以丧失定金为代价解除合同的，或者收受定金的一方主张以双倍返还定金为代价解除合同的，人民法院应予支持。

1. 违约定金

当事人约定定金，但未约定定金类型的，应认定为违约定金。违约定金的主要效力就是产生"定金罚则"。

2. 立约定金

当事人间在成立预约合同后，约定以交付定金作为订立本约的担保的，此种定金为立约定金。一方不履行订立本约的义务的，人民法院应当依据民法典第五百八十七条的规定适用定金罚则。

3. 成约定金

当事人约定以交付定金作为合同成立或者生效条件的，应尊重当事人的自治，认定合同在定金给付时才发生效力。例如，甲、乙公司订立合同，约定甲公司以 20 万元价格购买乙公司的产品，但只有在合同订立后一周内甲公司向乙公司支付 2 万元定金，甲乙之间的买卖合同才生效；若甲公司未在一周内支付定金，则不仅定金合同不生效，而且买卖合同也不生效。当事人间存在此类定金约定的，如果应当给付定金的一方未支付定金，但是合同主要义务已经履行完毕，并为对方所接受的，则应认定合同已经生效。

4. 解约定金

如果当事人约定定金性质为解约定金，则定金合同生效后，当事人双方均获得了有代价地解除合同的权利：交付定金的一方可以丧失定金为代价解除合同，而收受定金的一方可以双倍返还定金为代价解除合同。须特别注意的是，仅在当事人在订立定金合同时明确将定金性质约定为解约定金的，才能产生前述法律效果。

四、定金的效力 ＊ ＊ ＊

【重点法条】

《民法典》第 587 条 债务人履行债务的，定金应当抵作价款或者收回。给付定金的一方不履行债务或者履行债务不符合约定，致使不能实现合同目的的，无权请求返还定金；收受定金的一方不履行债务或者履行债务不符合约定，致使不能实现合同目的的，应当双倍返还定金。

1. 充抵价金和返还效力

定金之债为担保主债务履行的从债，故在主债务履行后，定金之从债务也即消灭。给付定金的当事人可以请求接受定金的一方返还定金，或者以定金充抵价金。

2. 定金罚则

定金的担保功能主要体现在《民法典》第587条：给付定金一方不履行债务的，不得请求返还定金；收受定金的一方不履行债务的，应当双倍返还定金。须注意的是，如果当事人仅是发生迟延履行或不完全履行且不影响对方合同目的实现的，不适用前述"罚则"。

3. 替代赔偿效力

定金具有替代赔偿金的效力。《民法典》第585条确认违约金有替代赔偿金的效力，而第588条又规定在既约定违约金又约定定金的情形，当事人仅得选择其一，定金具有替代违约金的效力。由此，违约金可替代赔偿金，定金又可替代违约金，则定金可替代赔偿金。也就是说，如果适用定金罚则能够填补债权人所受的损害，则债权人不得再另行主张损害赔偿。当然，如果债权人的实际损失不能完全被定金罚则所填补，则债权人还可就差额另行向债务人主张赔偿。此推理也被《民法典》第588条第2款的如下规定所认可："定金不足以弥补一方违约造成的损失的，对方可以请求赔偿超过定金数额的损失。"

第十六章　合同的变更、转让和权利义务终止

【复习提要】

合同的变更无考点，下文不展开。合同转让分为债权让与、债务承担与债权债务概括转移三种情形。关于债权让与，应掌握债权让与通知的法律意义以及债权让与的法律效果。关于债务承担，则应了解免责债务承担与并存债务承担两种不同的债务承担形式。

合同权利义务的终止部分，合同解除是一个非常重要的考点。在其他导致合同权利义务终止的原因中，应关注代为清偿与代物清偿、抵销的法定条件及提存条件等考点。

第一节　合同的变更和转让

一、合同转让概述 *

合同的转让，实际指的是债权债务的移转，后者指债的关系在保持同一性的情况下，而发生主体的变更。债之关系，属于特定人之间的权利义务关系，但此乃在某一静止的时点所作的观察。债的相对性并非要排斥债之关系在不同当事人之间移转的可能。

债的移转可能基于法律行为而发生，如债权让与、债务承担，也可能基于法律之规定而发生，如债权或债务因法定继承而由被继承人移转于继承人。又如，因所谓"买卖不破租赁"规则的确立，承租人可向租赁物的受让人主张继续租赁关系，这就意味着租赁合同关系发生了法定移转，出租人由出让人法定变更为受让人。

本节讨论的是依法律行为而发生的债权移转，包括债权让与、债务承担与债的概括承受。

二、债权让与 * * *

债权让与，是指不改变债的内容，而原债权人（让与人）以合同将债权移转于新债权人（受让人）。

（一）债权让与的限制

【重点法条】

《民法典》第545条　债权人可以将债权的全部或者部分转让给第三人，但是有下列情形之一的除外：

（一）根据债权性质不得转让；

（二）按照当事人约定不得转让；

（三）依照法律规定不得转让。

当事人约定非金钱债权不得转让的，不得对抗善意第三人。当事人约定金钱债权不得转让的，不得对抗第三人。

债权属于财产权，通常没有人身属性，故原则上可自由转让。限制转让的几种情形包含在《民法典》第545条之中，包括：根据合同性质不得转让的债权，如抚养费、赡养费债权；本可自由转让但当事人约定不得转让的债权；依照法律规定不得转让的债权。

相对于《合同法》第79条的规定，《民法典》第545条针对"按照当事人约定不得转让"的情形增设了第2款，即：（1）当事人约定非金钱债权不得转让的，不得对抗善意第三人。例如，甲在乙健身中心购买健身卡，双方约定，该卡不得转让（实际上是指持卡前往健身的权利不得转让），但是，健身卡上并未标识；后甲将该卡转让给不知情的丙，则乙不得以存在不得转让的约定为由拒绝向丙提供健身服务，因为丙为善意第三人。（2）金钱债权几乎没有约定不得转让的理由，为避免当事人任意约定限制金钱债权转让从而影响以应收账款保理获取融资等需求，根据《民法典》第545条第2款第2句，如果当事人约定金钱债权不得转让，则该约定完全不得对抗第三人，即使金钱之债的债务人证明该第三人明知此转让限制亦是如此。这就意味着，债权人仍转让债权的，或许要因违反禁止转让之约定对债务人承担违约责任，但是，受让人取得债权的效力不受影响。

【主观题点睛】

《民法典》第545条第2款适合作为主观题的考点加以设计，应熟练掌握。

（二）债权让与合同及让与通知

1. 出让人与受让人之间的债权让与合同

债权转让合同是在出让人与受让人之间订立的以转让债权为内容的合同。根据《民法典》的规定，该合同为不要式合同。同时，债权让与合同系处分行为，要求出让人对其出让的债权有处分权。债权让与合同自成立时起，在出让人与受让人之间即发生效力，债权也由出让人移转于受让人。须注意，在转让合同当事人之间，债权转让的效果并非自通知债务人时才发生，通知仅涉及转让对债务人的效力问题。

2. 债权让与的通知

【重点法条】

《民法典》第546条 债权人转让债权，未通知债务人的，该转让对债务人不发生效力。

债权转让的通知不得撤销，但是经受让人同意的除外。

《合同编通则解释》第48条 债务人在接到债权转让通知前已经向让与人履行，受让人请求债务人履行的，人民法院不予支持；债务人接到债权转让通知后仍然向让与人履行，受让人请求债务人履行的，人民法院应予支持。

让与人未通知债务人，受让人直接起诉债务人请求履行债务，人民法院经审理确认债权转让事实的，应当认定债权转让自起诉状副本送达时对债务人发生效力。债务人主张因未通知而给其增加的费用或者造成的损失从认定的债权数额中扣除的，人民法院应予支持。

债权让与合同因让与人与受让人之间的合意而发生债权移转的效果，无须征得债务人的同意。但是，对此让与事实，债务人未必知晓。为了避免债务人二次清偿的风险，法律设有保护债务人之规定。尽管债权转让已经在转让人与受让人之间发生，但对债务人而言，在其接获通知之前，如其已经向原债权人（让与人）清偿了债务，则由于债权转让对其不发生效力，故该清偿自然可以导致债务的消灭。例如，5月1日，甲丙之间达成债权转让合同，甲将其对乙的1万元债权转让给丙，但未通知乙；5月5日，乙因不知债权转让，主动向甲清偿了债务；此种情形，乙仍可主张债因清偿而消灭。

债权转让通知，一般由转让人向债务人作出，并于到达时对债务人发生效力。债务人接到债权转让通知后，仅能向受让人清偿债务。若债务人执意向转让人履行债务，则该履行构成非债清偿，并不能免除其向新债权人（受让人）再次给付的义务。

关于债权转让通知债务人的意义，有一种相当流行的观点认为，只要债务人未接到来自转让人的转让通知就可以主张债权转让对其不发生效力，从而拒绝向受让人履行。这一观点是错误的。如前所述，债权转让通知主要旨在避免债务人陷入双重给付的风险。即使转让方未通知债务人，若受让人对债务人提起诉讼要求债务的履行，则起诉的事实本身就构成了一种特殊的通知，当起诉状副本送达被告债务人时，即构成对债务人的通知。如果法院查明确有债权转让的事实，自应判决债务人向原告受让人履行债务。

【真题解读】

（2012年单选）甲将其对乙享有的10万元货款债权转让给丙，丙再转让给丁，乙均不知情。乙将债务转让给戊，得到了甲的同意。丁要求乙履行债务，乙以其不知情为由抗辩。下列哪一表述是正确的？[1]

A. 甲将债权转让给丙的行为无效

B. 丙将债权转让给丁的行为无效

C. 乙将债务转让给戊的行为无效

D. 如乙清偿10万元债务，则享有对戊的求偿权

（三）债权让与的效力

1. 让与人与受让人之间的效力

（1）债权由让与人移转于受让人。

（2）债权的从权利随同移转。《民法典》第547条规定："债权人转让权利的，受让人取得与债权有关的从权利，但该从权利专属于债权人自身的除外。受让人取得从权利不因该从权利未履行转移登记手续或者未转移占有而受到影响"。该条规定意味着，从权利自动随主权利移转。

（3）《民法典》增设了第550条的如下规定："因债权转让增加的履行费用，由让与人负担"。这意味着，如因债权让与导致履行费用增加的，债务人可以此对抗受让人，并最终由让与人负担增加的费用。

2. 在受让人与债务人之间的效力

债权让与在通知债务人后，对债务人发生效力。具体而言，在受让人与债务人之间，债权让与发生如下几方面的效力：

（1）债务人一经获得通知，债权让与即对其生效。自此以后，债务人应当向新债权人履行方可发生债务履行的效果。

（2）债务人一切得对抗原债权人的抗辩事由，均可对抗新债权人。债权让与是债权主体的变更，并不影响债权的同一性，所以，原有的抗辩仍然存在，债务人仍可对新债权人主张。对此，《民法典》第548条明确规定："债务人接到债权转让通知后，债务人对让与人的抗辩，可以向受让人主张。"

【真题解读】

（2013年单选）甲公司与乙银行签订借款合同，约定借款期限自2010年3月25日起至2011年3月24日止。乙银行未向甲公司主张过债权，直至2013年4月15日，乙银行将该笔债权转让给丙公司并通知了甲公司。2013年5月16日，丁公司通过公开竞拍购买并接管了甲

---

[1]【解析】正确选项为D。本题的答题关键在于，须区分债权转让在转让当事人之间的效力与对债务人的效力。甲对乙享有货款债权，甲将债权转让给丙，丙即取得此债权；丙再次转让给丁，丁取得债权。这两次转让均未通知债务人乙，只是对乙不生效，而不影响当事人间转让的效力。故A、B错误。由于债权转让对乙不生效，对乙而言，债权人仍是甲，据此，在征得甲同意后，债务承担可发生效力，选项C错误。债务移转完成后，乙不再是债务人，因此，如其清偿10万元债务，可向实际债务人戊求偿，选项D正确。

公司。下列哪一选项是正确的?[1]

    A. 因乙银行转让债权通知了甲公司,故甲公司不得对丙公司主张诉讼时效的抗辩

    B. 甲公司债务的诉讼时效从 2013 年 4 月 15 日起中断

    C. 丁公司债务的诉讼时效从 2013 年 5 月 16 日起中断

    D. 丁公司有权向丙公司主张诉讼时效的抗辩

    (3) 债务人可向受让人主张抵销。债权让与无须征得债务人的同意,这就意味着,债务人只能被动地面对债权人变更的局面,而这一点反而要求法律强化对债务人利益的保护,以确保其债务不被加重,其地位不被削弱。为此,《民法典》不仅规定了债务人对受让人的抗辩权(第 548 条),而且还规定了债务人对于受让人的抵销权。该法第 549 条规定:"有下列情形之一的,债务人可以向受让人主张抵销:(一)债务人接到债权转让通知时,债务人对让与人享有债权,且债务人的债权先于转让的债权到期或者同时到期;(二)债务人的债权与转让的债权是基于同一合同产生。"该条第 1 项的主动债权与被动债权到期时间顺序的要求,系基于期限利益的考虑。例如,甲对乙享有 10 万元债权,2024 年 6 月 1 日到期;同时,乙对甲享有 2025 年 1 月到期的 20 万债权;若 2024 年 7 月 1 日甲将债权转让给丙并通知了乙,则在丙向乙主张 10 万元清偿时,乙不得主张抵销,因为其对甲享有的债权尚未到期,且该到期日晚于转让债权的到期日。第二项的基于同一合同关系产生之债权的抵销问题,系民法典吸收比较法经验所设的新规,该项制度的解释适用相当复杂,法考暂时应不会涉及,在此不展开讨论。

    【真题解读】

    1. (2004 年多选)乙公司欠甲公司 30 万元,同时甲公司须在 2000 年 9 月 20 日清偿对乙公司的 20 万元货款。甲公司在同年 9 月 18 日与丙公司签订书面协议,转让其对乙公司的 30 万元债权。同年 9 月 24 日,乙公司接到甲公司关于转让债权的通知后,便主张 20 万元的抵销权。下列说法哪些是正确的?[2]

    A. 甲公司与丙公司之间的债权转让合同于 9 月 24 日生效

    B. 乙公司接到债权转让通知后,即负有向丙公司清偿 30 万元的义务

    C. 乙公司于 9 月 24 日取得 20 万元的抵销权

    D. 丙公司可以就 30 万元债务的清偿,要求甲公司和乙公司承担连带责任

    2. (2010 年多选)甲向乙借款 300 万元于 2008 年 12 月 30 日到期,丁提供保证担保,丁仅对乙承担保证责任。后乙从甲处购买价值 50 万元的货物,双方约定 2009 年 1 月 1 日付款。2008 年 10 月 1 日,乙将债权让与丙,并于同月 15 日通知甲,但未告知丁。对此,下列哪些选

---

    [1]【解析】正确选项为 D。乙银行于 2013 年 4 月 15 日转让债权时,该债权时效期间已经届满,并且届满的时效期间不存在中断的问题,选项 B、C 均错误。时效期间届满的债权并未消灭,仍具有可让与性,故乙对丙的转让有效,且在通知债务人甲之后,转让对甲发生效力。不过,根据《民法典》第 548 条的规定,债务人当然可对债权人主张时效期间届满的抗辩。丁公司接管甲公司后,承受了甲公司的债务,故丁公司可主张前述抗辩,选项 D 正确。

    [2]【解析】正确选项为 BC。甲与丙之间的债权转让合同,在双方达成协议时即可生效,通知债务人是债权转让对债务人生效的要件,而非此合同本身生效的要件,故选项 A 错误。债权转让通知债务人后,即对债务人发生效力,即债务人从此刻起开始对受让人负担债务,故选项 B 正确。本题所提供的事实(债务人对转让人享有债权;该债权于 9 月 24 日之前已经到期)符合《民法典》第 549 条规定的债务人向受让人主张抵销权的要件,故选项 C 也正确。债权转让发生效力后,转让人即退出债权债务关系,除非当事人特别约定,否则转让人并无义务确保受让人得到清偿,故选项 D 错误。

项是正确的?[1]

    A. 2008 年 10 月 1 日债权让与在乙丙之间生效

    B. 2008 年 10 月 15 日债权让与对甲生效

    C. 2008 年 10 月 15 日甲可向丙主张抵销 50 万元

    D. 2008 年 10 月 15 日后丁的保证债务继续有效

(四) 债权的表见让与

【重点法条】

《合同编通则解释》第 49 条 债务人接到债权转让通知后,让与人以债权转让合同不成立、无效、被撤销或者确定不发生效力为由请求债务人向其履行的,人民法院不予支持。但是,该债权转让通知被依法撤销的除外。

受让人基于债务人对债权真实存在的确认受让债权以后,债务人又以该债权不存在为由拒绝向受让人履行的,人民法院不予支持。但是,受让人知道或者应当知道该债权不存在的除外。

《合同编通则解释》第 49 条新增了关于债权的表见让与规则,应予以适当关注。该条的核心要旨在于:若债务人对来自受让人关于转让的债权是否真实的询问给出了肯定的回答,则受让人因此会产生信赖并与转让人订立债权转让合同;债务人或许系基于与转让人之间虚假通谋的意思(参见《民法典》第 146 条)而给出上述回答,此时,虚假通谋的表示不得对抗作为善意第三人的受让人;这就意味着,即使转让的债权确实不存在,债务人也须就其确认的金额向受让人负责。

(五) 债权的双重让与

【重点法条】

《合同编通则解释》第 50 条 让与人将同一债权转让给两个以上受让人,债务人以已经向最先通知的受让人履行为由主张其不再履行债务的,人民法院依法予以支持;债务人明知接受履行的受让人不是最先通知的受让人,最先通知的受让人请求债务人继续履行债务或者依据债权转让协议请求让与人承担违约责任的,人民法院应予支持;最先通知的受让人请求接受履行的受让人返还其接受的财产的,人民法院不予支持,但是接受履行的受让人明知该债权在其受让前已经转让给其他受让人的除外。

前款所称最先通知的受让人,是指最先到达债务人的转让通知中载明的受让人。当事人之间对通知到达时间有争议的,人民法院应当结合通知的方式等因素综合判断,而不应仅根据债务人认可的通知时间或者通知记载的时间予以认定。当事人采用邮寄、通讯电子系统等方式发出通知的,人民法院应当以邮戳时间或者通讯电子系统记载的时间等作为认定通知到达时间的依据。

如同物的买卖中存在多重买卖一样,债权也可能存在多重让与的问题。债权人先后将债权让与两个以上受让人的,相应的法律规则须确保债务人不因此陷入多重给付的风险,另一方面,也需在数个受让人中明确谁享有债权或可以保有自债务人处受领的给付利益。《合同编通则解释》第 50 条确立了相当复杂的规则。就法考应试而言,可主要识记以下规则:让与人将同一债权转让给两个以上受让人的,关键要看让与人针对哪次转让率先向债务人发出了转让通

---

[1] 【解析】正确选项为 AB。债权转让合同于成立时即在当事人间生效,但须在通知债务人时对后者生效。据此,选项 A 和 B 表述正确。甲对乙享有的债权要到 2009 年 1 月 1 日才到期,未满足《民法典》第 548 条"先于到期"的要求,故甲对受让人丙不能主张抵销,选项 C 错误。保证合同明确约定了保证人仅对特定债权人乙承担保证责任,故选项 D 错误。

知；总体而言，最先到达债务人的转让通知中载明的受让人处于优先获得保护的地位。

三、债务承担 **

(一) 债务承担的概念和类型

债务承担，是指不改变债务的同一性，而依合同将债务移转于他人承受。

【重点法条】

《民法典》第552条　第三人与债务人约定加入债务并通知债权人，或者第三人向债权人表示愿意加入债务，债权人未在合理期限内明确拒绝的，债权人可以请求第三人在其愿意承担的债务范围内和债务人承担连带债务。

债务承担可分为免责的债务承担和并存的债务承担。在前者，债务人因债务承担而免去债务，仅承担人作为债务人；在后者，债务人与承担人一起承担债务。以下先讨论并存债务承担。

并存的债务承担，也称"债务加入"。《合同法》仅规定免责的债务承担，而《民法典》第552条增设了并存的债务承担。该条规定的要点有二：（1）债务加入的合意可以存在于债务人和第三人间，该种情形，若债权人在接到通知后未在合理期间后表示拒绝，即可成立债务加入；如债务加入的意思由第三人直接向债权人表示，则只要后者未在合理期限内明确拒绝，即可成立债务加入；（2）债务加入的法律后果是，第三人在其愿意承担的范围内与债务人承担连带责任。

债务加入与提供保证具有一定的相似性，其最显著的区别是：保证的意思表示，即便是连带责任保证意思，均以主债务人不履行到期债务作为债权人向保证人主张保证债权的前提；而在债务加入，加入人有与原债务人共同承担债务的意思。根据《担保制度解释》第36条，在第三人的表示究竟构成债务加入的意思抑或是提供担保的意思存疑时，应认定为提供担保的意思。保证人的责任比债务加入人的责任轻（前者可主张先诉抗辩权及保证期间的保护等），此种认定对第三人较为公平。

关于加入债务的第三人履行债务后能否向债务人追偿的问题，《合同编通则解释》做出了规定，可适当关注该解释第51条的规定。

【相关法条】

《担保制度解释》第36条　第三人向债权人提供差额补足、流动性支持等类似承诺文件作为增信措施，具有提供担保的意思表示，债权人请求第三人承担保证责任的，人民法院应当依照保证的有关规定处理。

第三人向债权人提供的承诺文件，具有加入债务或者与债务人共同承担债务等意思表示的，人民法院应当认定为民法典第五百五十二条规定的债务加入。

前两款中第三人提供的承诺文件难以确定是保证还是债务加入的，人民法院应当将其认定为保证。

第三人向债权人提供的承诺文件不符合前三款规定的情形，债权人请求第三人承担保证责任或者连带责任的，人民法院不予支持，但是不影响其依据承诺文件请求第三人履行约定的义务或者承担相应的民事责任。

《合同编通则解释》第51条　第三人加入债务并与债务人约定了追偿权，其履行债务后主张向债务人追偿的，人民法院应予支持；没有约定追偿权，第三人依照民法典关于不当得利等的规定，在其已经向债权人履行债务的范围内请求债务人向其履行的，人民法院应予支持。但是，第三人知道或者应当知道加入债务会损害债务人利益的除外。

债务人就其对债权人享有的抗辩向加入债务的第三人主张的，人民法院依法予以支持。

【真题解读】

（2017年单选）甲经乙公司股东丙介绍购买乙公司矿粉，甲依约预付了100万元货款，乙公司仅交付部分矿粉，经结算欠甲50万元货款。乙公司与丙商议，由乙公司和丙以欠款人的身份向甲出具欠条。其后，乙公司未按期支付。关于丙在欠条上签名的行为，下列哪一选项是正确的？[1]

A. 构成第三人代为清偿　　　　　B. 构成免责的债务承担

C. 构成并存的债务承担　　　　　D. 构成无因管理

（二）（免责）债务承担合同

【重点法条】

《民法典》第551条　债务人将债务的全部或者部分转移给第三人的，应当经债权人同意。

债务人或者第三人可以催告债权人在合理期限内予以同意，债权人未作表示的，视为不同意。

《民法典》第551条调整的是债务的"转移"，也就是所谓"免责的债务承担"。

债务承担可由债权人、债务人和承担人三方达成合意，也可以以下方式缔结债务承担合同。

1. 债权人与第三人订立债务承担合同

《民法典》并未明确规定该种承担合同的订立方式。此类合同虽然没有债务人的参与，但其效果却可免除债务人的债务，是使其纯粹获得利益的合同。因此，此类合同应当有效，并可直接发生债务承担的效果。

2. 债务人与第三人订立债务承担合同

债务承担系由新债务人代替旧债务人，新债务人的责任财产和信用等因素会影响到债权人债权的实现。债务承担关系债权甚切，实际上是对债权的处分，故必须由债权人的参与。未经债权人同意，债务人与第三人之间订立的债务承担合同尚不能发生效力，可将其视为效力待定合同的一个类型。一经债权人同意，债务人与第三人间所订立的债务承担合同便溯及自债务承担合同成立之时发生效力。

【真题解读】

（2011年单选）甲公司对乙公司享有10万元债权，乙公司对丙公司享有20万元债权。甲公司将其债权转让给丁公司并通知了乙公司，丙公司未经乙公司同意，将其债务转移给戊公司。如丁公司对戊公司提起代位权诉讼，戊公司下列哪一抗辩理由能够成立？[2]

A. 甲公司转让债权未获乙公司同意

B. 丙公司转移债务未经乙公司同意

C. 乙公司已经要求戊公司偿还债务

D. 乙公司、丙公司之间的债务纠纷有仲裁条款约束

（三）债务承担的效果

《民法典》第554条规定，债务人转移债务的，新债务人应当承担与主债务有关的从债务，

---

[1]【解析】正确选项为C。第三人清偿，指债务人以外的第三人通过向债权人清偿消灭债务。本题中显然尚未有清偿行为发生，故A选项错误。尽管丙公司自愿加入债务，但债务人乙并未因此免责，故不属于免责债务承担，而属于并存的债务承担。无因管理不可能以管理人和被管理人之间合同的方式进行，D选项错误。

[2]【解析】正确选项为B。在代位权诉讼中，次债务人可以援引债务人的抗辩。甲公司转让债权根本无须乙公司同意，选项A错误。债务承担合同在债务人与第三人之间缔结的，须征得债权人同意，丙转移债务于戊，应征得乙公司同意，选项B正确，C错误。即便有仲裁条款约束，也不影响代位权行使，选项D错误。

但该债务专属于债务人自身的除外。

《民法典》第553条规定，债务人转移债务的，新债务人可以主张原债务人对债权人的抗辩。所以，新债务人可以以原债务人的抗辩（如债务未成立、债务被撤销、部分清偿等）对抗债权人。

四、债的概括承受 *

（一）概念和类型

债权债务的概括移转，是指债之关系的一方当事人，将其权利义务一并移转给第三人，而由该第三人承担其地位。

债权债务的概括移转，可以是基于法律行为而产生，也可以是基于法律规定而发生。基于法律行为而发生的，最重要的类型是合同的承受。基于法律规定而发生的称之为法定概括移转，典型的如法定继承、法人合并情形的概括移转。《民法典》主要是对合同承受做了规定。

（二）合同承受

【重点法条】

《民法典》第555条　当事人一方经对方同意，可以将自己在合同中的权利和义务一并转让给第三人。

在法律没有特别规定，当事人也未特别约定的情况下，合同当事人一方经他方同意，可以将其在合同上的全部债权和债务一并转移给第三方，此即为合同承受。

合同承受有两个要点：（1）须转让人与受让人之间达成转让合同；（2）须征得合同对方当事人的同意。未征得对方当事人同意的，概括转让合同不发生效力。

合同承受的，一方当事人在合同中的债权债务全部移转给承受方。根据《民法典》第556条的规定，涉及合同权利转让的部分，适用有关债权让与的规定，涉及合同义务转移的，则适用债务承担的有关规定。所以，有关债权让与和债务承担之法律效果的规定，如从属权利和从属义务的随同移转等，也适用于合同承受。

第二节　合同权利义务的终止

一、概述 *

合同权利义务的消灭，指合同所产生的债权债务关系归于消灭的情形。从《民法典》第557条的规定来看，清偿（履行）、抵销、提存、免除和混同五种原因不仅是所有债之消灭原因，而且也是真正地终局性地消灭债之关系的原因。相反，解除仅适用于合同之债，而且合同解除并不一定终局性地消灭合同当事人之间的债权债务关系，而仅仅是使被解除之合同原先的权利义务（所谓"原给付义务"）消灭，伴随着合同的解除，当事人之间返还财产、违约损害赔偿等新的给付义务（所谓"次给付义务"）发生。由于《民法典》将合同解除也规定在了通则第七章之下，且考试大纲亦如此，故本节按照考试大纲，将合同解除纳入。按照民法典法条编排顺序加以讨论。

依《民法典》第559条，债权消灭的，其从权利也消灭。就合同之债而言，《民法典》第558条规定了所谓"后合同义务"（债权债务终止后，当事人应当遵循诚信等原则，根据交易习惯履行通知、协助、保密、旧物回收等义务）。

二、清偿 ＊＊＊

（一）概念

清偿，指债之关系因债务人完全履行债务而导致债的消灭。

债务人履行债务的行为，只有满足全面、适时、在履行地点、以恰当的方式等的要求，从而使债权得到满足，才能构成清偿。债务人方面虽有履约行为，但履行不完全的，其履行不能消灭债的关系，债务人须对不完全履行负责。

（二）清偿的抵充

【重点法条】

《民法典》第 560 条　债务人对同一债权人负担的数项债务种类相同，债务人的给付不足以清偿全部债务的，除当事人另有约定外，由债务人在清偿时指定其履行的债务。

债务人未作指定的，应当优先履行已经到期的债务；数项债务均到期的，优先履行对债权人缺乏担保或者担保最少的债务；均无担保或者担保相等的，优先履行债务人负担较重的债务；负担相同的，按照债务到期的先后顺序履行；到期时间相同的，按照债务比例履行。

《民法典》第 561 条　债务人在履行主债务外还应当支付利息和实现债权的有关费用，其给付不足以清偿全部债务的，除当事人另有约定外，应当按照下列顺序履行：

（一）实现债权的有关费用；

（二）利息；

（三）主债务。

债务人对同一债权人负担数个种类相同的债务（一般指金钱债务），如债务人向债权人做出了一次履行，则涉及该次履行到底全部或部分清偿了何笔债务的解释，这就是所谓"清偿抵充"。

债务人在履行债务时当然处于主动的地位之上，因此债务人可以明确指定其履行旨在清偿的具体债务。若债务人未指定，则须根据《民法典》第 560 条第 2 款确定抵充的顺序：已到期的；对债权人担保最少的；债务负担最重的；到期先后顺序；按比例。

另外，如债务人对债权人负担一笔有利息和履行费用的金钱债务，而其一次给付不足以清偿全部的，则根据《民法典》第 561 条的规定按以下顺序抵充：实现债权的费用；利息；主债务（本金）。

（三）代为清偿

清偿，通常由债务人或债务人的代理人向债权人或其代理人为之。同时，对于第三人的代为清偿，法律一般均认可。这就意味着：

（1）对于一般的债权，尤其是财物之债，第三人自愿清偿的，除非债务人明确反对，债权人不得拒绝受领；如果第三人对于债务的消灭有利害关系，则即使债务人反对，债权人也不得拒绝受领（《民法典》第 524 条）

（2）债权的性质不适于第三人清偿的（劳务之债原则上均不得由第三人清偿），或当事人约定必须由债务人本人清偿的，则债权人有权拒绝第三人的清偿。

【真题解读】

（2012 年单选）甲公司对乙公司负有交付葡萄酒的合同义务。丙公司和乙公司约定，由丙公司代甲公司履行，甲公司对此全不知情。下列哪一表述是正确的？[1]

    A. 虽然甲公司不知情，丙公司的履行仍然有法律效力

    B. 因甲公司不知情，故丙公司代为履行后对甲公司不得追偿代为履行的必要费用

    C. 虽然甲公司不知情，但如丙公司履行有瑕疵的，甲公司需就此对乙公司承担违约责任

    D. 虽然甲公司不知情，但如丙公司履行有瑕疵从而承担违约责任的，丙公司可就该违约赔偿金向甲公司追偿

（四）代物清偿（以物抵债）

【重点法条】

《合同编通则解释》第27条 债务人或者第三人与债权人在债务履行期限届满后达成以物抵债协议，不存在影响合同效力情形的，<u>人民法院应当认定该协议自当事人意思表示一致时生效</u>。

债务人或者第三人履行以物抵债协议后，人民法院应当认定相应的原债务同时消灭；债务人或者第三人未按照约定履行以物抵债协议，经催告后在合理期限内仍不履行，债权人选择请求履行原债务或者以物抵债协议的，人民法院应予支持，但是法律另有规定或者当事人另有约定的除外。

前款规定的以物抵债协议经人民法院确认或者人民法院根据当事人达成的以物抵债协议制作成调解书，债权人主张财产权利自确认书、调解书生效时发生变动或者具有对抗善意第三人效力的，人民法院不予支持。

债务人或者第三人以自己不享有所有权或者处分权的财产权利订立以物抵债协议的，依据本解释第十九条的规定处理。

实际上，以物抵债并不是一个有着固定内涵的规范术语，理论和实务对其性质、效力多有争论。在所谓"以物抵债"的情形，首先应对当事人的意思进行解释，可能的解释结果包括：（1）债的更新（合意变更），即消灭旧债，产生新债；（2）新债清偿，即产生新债，但旧债在新债被清偿前不消灭。

以上简要分析实则相当复杂。<u>《合同编通则解释》第27条、28条区分履行期届满前和届满后的以物抵债，确立相关裁判规则，应予以特别关注</u>。

1. 清偿型以物抵债协议

债务人或者第三人与债权人在债务<u>履行期限届满后</u>达成以物抵债协议，如无法定无效或者未生效的情形，人民法院应当认定该协议自当事人意思表示一致时生效，也就是说，以物抵债合同是诺成性合同（过往流行的观点认为，以物抵债协议为实践性合同，应自抵债物交付时才发生效力。这一观点不正确）。

以物抵债协议生效后，债务人负有履行抵债协议的义务（"新债"），同时其原债务（"旧债"）也尚未消灭。若债务人完全履行了以物抵债确定的债务，则不仅该新债务消灭，而且旧债也消灭，债权人也相应地实现了债权。理论上此种情形构成所谓"新债清偿"。

以物抵债协议生效后，若债务人未按照约定履行以物抵债协议，则债权人可催告其履行；经催告后仍不履行的，债权人有权选择请求债务人履行原债务或者以物抵债协议。此种情形，可成立《民法典》第515条意义上的选择之债，而且选择权在债权人。

---

[1] 【解析】正确选项为A。丙公司的履行构成第三人清偿，即使债务人不知情，第三人清偿也能消灭债，选项A正确。丙公司的履行并非基于甲的授权，因此，甲不对丙自愿清偿的瑕疵向债权人负责，也不对丙因承担违约责任而遭受的损害承担偿还之责，据此，选项B和C均错误。丙代为清偿的，可依无因管理或其他关系向甲追偿，选项B错误。

2. 担保型以物抵债协议

债务人或者第三人与债权人在债务<u>履行期届满前</u>达成以物抵债协议的，应主要从提供担保的视角分析问题：

（1）就债务履行期届满之前订立的所谓以物抵债协议发生的纠纷，应被界定为原债权债务合同纠纷，而非"抵债合同"意义上的纠纷。例如，甲向乙借款 100 万元，约定 2024 年 8 月 31 日到期；2024 年 3 月 3 日，由于甲出现信用危机，在乙的要求下，甲与乙订立协议如下："甲将房产 A 转让于乙，若借款债权到期甲不能清偿本息，则房产 A 确定地归乙所有"。若 2024 年 10 月乙提起诉讼，该纠纷应在借款合同的基础上审理。

（2）当事人约定债务人到期没有清偿债务，债权人可以对抵债财产拍卖、变卖、折价以实现债权的，该约定有效。当事人约定债务人到期没有清偿债务，抵债财产归债权人所有的，此约定构成"流担保"，应当认定该约定无效，但是不影响其他部分的效力；债权人仍可以请求对抵债财产拍卖、变卖、折价以实现债权。

（3）当事人就未到期的债权订立以物抵债协议后，债务人或者第三人未将财产权利转移至债权人名下，债权人主张优先受偿的，人民法院不予支持；债务人或者第三人已将财产权利转移至债权人名下的，适用《最高人民法院关于适用〈中华人民共和国民法典〉有关担保制度的解释》第六十八条的规定处理。

【相关法条】

《合同编通则解释》第 28 条　债务人或者第三人与债权人在债务履行期限届满前达成以物抵债协议的，<u>人民法院应当在审理债权债务关系的基础上认定该协议的效力</u>。

当事人约定债务人到期没有清偿债务，债权人可以对抵债财产拍卖、变卖、折价以实现债权的，人民法院应当认定该约定有效。当事人约定债务人到期没有清偿债务，抵债财产归债权人所有的，人民法院应当认定该约定无效，但是不影响其他部分的效力；债权人请求对抵债财产拍卖、变卖、折价以实现债权的，人民法院应予支持。

当事人订立前款规定的以物抵债协议后，债务人或者第三人未将财产权利转移至债权人名下，债权人主张优先受偿的，人民法院不予支持；债务人或者第三人已将财产权利转移至债权人名下的，依据《最高人民法院关于适用〈中华人民共和国民法典〉有关担保制度的解释》第六十八条的规定处理。

【主观题点睛】

主观题考试中，可能会出现"以物抵债"的案情设计。考生应结合《合同编通则解释》的规定，先识别案情属于何种具体情形的以物抵债，然后依前述规定处理。

三、合同的解除 ＊＊＊＊

（一）合同解除的类型

合同解除首先可区分为双方解除与单方解除。

当事人双方就合同的解除达成一致的，为双方解除。双方解除无考点。

当事人一方依合同解除权单方面解除合同的，为单方解除。法考主要测试单方解除。

合同解除的知识体系，可图示如下：

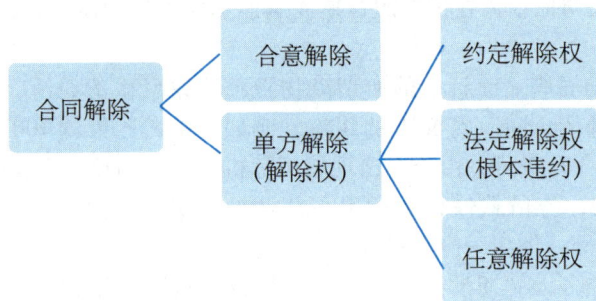

（二）解除权的发生原因

1. 约定解除权

【重点法条】

《民法典》第562条　当事人协商一致，可以解除合同。

当事人可以约定一方解除合同的事由。解除合同的事由发生时，解除权人可以解除合同。

解除权或者因法定原因而产生，或者因当事人事先在合同中专门约定的条件成就而产生。解除合同的条件成就时，合同并不自动解除，须由解除权人行使解除权后，合同才解除。这与《民法典》第158条所规定的附解除条件的合同不同，附解除条件的合同在条件成就时自动解除。

【真题解读】

（2011年单选）甲公司与乙公司签订并购协议："甲公司以1亿元收购乙公司在丙公司中51%的股权。若股权过户后，甲公司未支付收购款，则乙公司有权解除并购协议。"后乙公司依约履行，甲公司部分文未付。乙公司向甲公司发送一份经过公证的《通知》："鉴于你公司严重违约，建议双方终止协议，贵方向我方支付违约金；或者由贵方提出解决方案。"3日后，乙公司又向甲公司发送《通报》："鉴于你公司严重违约，我方现终止协议，要求你方依约支付违约金。"下列哪一选项是正确的？[1]

A. 《通知》送达后，并购协议解除

B. 《通报》送达后，并购协议解除

C. 甲公司对乙公司解除并购协议的权利不得提出异议

D. 乙公司不能既要求终止协议，又要求甲公司支付违约金

2. 法定解除权

【重点法条】

《民法典》第563条　有下列情形之一的，当事人可以解除合同：

（一）因不可抗力致使不能实现合同目的；

（二）在履行期限届满之前，当事人一方明确表示或者以自己的行为表明不履行主要债务；

（三）当事人一方迟延履行主要债务，经催告后在合理期限内仍未履行；

（四）当事人一方迟延履行债务或者有其他违约行为致使不能实现合同目的；

---

[1]【解析】正确选项为B。本题中的解除权即为约定解除权。解除条件成就后，解除权人可单方面表示解除。《通知》的措辞不构成解除的意思表示，而《通报》构成，故不选A，而选B。根据《民法典》，对于解除的表示，对方当事人可以提出异议，C错。合同解除后，不影响解除权人拥有的请求损害赔偿（包括支付违约金）的权利，D错。

（五）法律规定的其他情形。

以持续履行的债务为内容的不定期合同，当事人可以随时解除合同，但是应当在合理期限之前通知对方。

《民法典》第 563 条第 1 款所列举的解除权发生原因需要牢记，<u>尤其是以下体现当事人"不能实现合同目的"（对方根本违约）的三种情形</u>：（1）第二项构成所谓预期违约，对方当事人不仅可以主张违约责任的承担，也可以主张解除合同；（2）迟延履行主要债务，通常还不能直接导致解除权的产生，而存在催告的必要；但是，如果迟延履行导致合同目的不能实现的（例如，季节性商品，供货方迟延履行，导致零售商根本不可能售出），债权人直接产生解除权；（3）通常情形下，债务人一方违反主合同义务的，才会构成根本违约，对方才享有解除权；但是，如果从合同义务的不履行也会导致对方合同目的不实现，则对方当事人也可解除合同（参见《买卖合同司法解释》第 19 条）。

相对于《合同法》先前关于解除权的规定，《民法典》第 563 条增设了第 2 款："以持续履行的债务为内容的不定期合同，当事人在合理期限之前通知对方后可以解除"。可以说，该款规定是《合同法》第 232 条（《民法典》第 730 条）对不定期租赁合同的双方当事人可随时解除合同之规定的一般化。

【相关法条】

《买卖合同解释》第 19 条　出卖人没有履行或者不当履行从给付义务，致使买受人不能实现合同目的，买受人主张解除合同的，人民法院应当根据民法典第五百六十三条第一款第四项的规定，予以支持。

《民法典》第 730 条　当事人对租赁期限没有约定或者约定不明确，依据本法第五百一十条的规定仍不能确定的，视为不定期租赁。当事人可以随时解除合同，但是应当在合理期限之前通知对方。

【真题解读】

（2017 年多选）2016 年 8 月 8 日，玄武公司向朱雀公司订购了一辆小型客用汽车。2016 年 8 月 28 日，玄武公司按照当地政策取得本市小客车更新指标，有效期至 2017 年 2 月 28 日。2016 年底，朱雀公司依约向玄武公司交付了该小客车，但未同时交付机动车销售统一发票、合格证等有关单证资料，致使玄武公司无法办理车辆所有权登记和牌照。关于上述购车行为，下列哪些说法是正确的？[1]

A. 玄武公司已取得该小客车的所有权

B. 玄武公司有权要求朱雀公司交付有关单证资料

C. 如朱雀公司一直拒绝交付有关单证资料，玄武公司可主张购车合同解除

D. 朱雀公司未交付有关单证资料，属于从给付义务的违反，玄武公司可主张违约责任，但不得主张合同解除

3. 任意解除权

《民法典》在"典型合同"部分，出于不同原因的考虑，针对几种合同规定了一方或双方的任意解除权。所谓任意解除权，指解除权人无须出具任何理由即可单方面解除合同的权利。

《民法典》主要规定了两种合同中的任意解除权：（1）承揽合同中的定作人可以任意解除

---

〔1〕【解析】正确选项为 ABC。根据《民法典》第 225 条之规定，机动车已交付给玄武公司，后者取得车辆所有权，选项 A 正确。交付有关单证资料属于汽车出卖人的从给付义务，买受人有权请求出卖人履行，选项 B 正确。根据《买卖合同司法解释》第 19 条的规定，出卖人违反从给付义务导致买受人不能实现合同目的的，买受人可以解除买卖合同，据此，选项 C 正确，D 错误。

合同（第787条）；（2）委托合同中的委托人与受托人均可任意解除合同（第933条）。

能够任意解除合同的，并非完全没有代价。如造成对方损失的，解除一方应赔偿损失。

（三）解除权的行使

1. 行使期间

【重点法条】

《民法典》第564条　法律规定或者当事人约定解除权行使期限，期限届满当事人不行使的，该权利消灭。

法律没有规定或者当事人没有约定解除权行使期限，自解除权人知道或者应当知道解除事由之日起一年内不行使，或者经对方催告后在合理期限内不行使，该权利消灭。

解除权属于形成权，其权利行使应受除斥期间的约束。根据《民法典》第564条的规定，解除权行使期间存在以下规则：（1）当事人可以在合同中约定解除权行使期限；（2）当事人没有约定的，除斥期间为1年，自权利人知道或应当知道解除事由之日起算；（3）当事人没有约定解除期限，但对方做出催告的，除斥期间为催告后的合理期间。

在前述除斥期间内，解除权人不行使解除权的，解除权消灭。

2. 行使方式

【重点法条】

《民法典》第565条　当事人一方依法主张解除合同的，应当通知对方。合同自通知到达对方时解除；通知载明债务人在一定期限内不履行债务则合同自动解除，债务人在该期限内未履行债务的，合同自通知载明的期限届满时解除。对方对解除合同有异议的，任何一方当事人均可以请求人民法院或者仲裁机构确认解除行为的效力。

当事人一方未通知对方，直接以提起诉讼或者申请仲裁的方式依法主张解除合同，人民法院或者仲裁机构确认该主张的，合同自起诉状副本或者仲裁申请书副本送达对方时解除。

解除权在性质上属于形成权，而且不属于形成诉权，因此，仅需以通知相对人的方式即可行使该权利。解除的表示既可以直接明确作出，亦可以"最后通牒"的方式表明如果债务人在一定期限内继续不履行则合同将被自动解除。

解除权既然是形成权，自然无需取得对方的同意。对方有异议的，可请求法院确认解除合同的效力。

与可撤销合同的撤销权行使不同，解除权不需要依诉讼行使。如果解除权人未通知对方解除，而是直接诉请法院解除的，如果原告的确享有解除权，则解除的效果自起诉状副本送达对方时解除。法律的这项规定可以做如下理解：解除权人通过起诉方式行使解除权，仍存在解除通知的必要性；解除的意思体现在起诉状中，并且通过法院的送达到达对方当事人时，解除通知到达，故发生解除的效力。既然通过起诉方式行使解除权，法院当然要在后续审理中首先确定原告是否享有法定解除权，且只有在法院确认存在解除权的，才能确定解除的效力自起诉状副本送达对方时发生。正是基于此种考虑，对于原告起诉解除合同撤诉后再次起诉解除的情形，《合同编通则解释》第54条确定，若第二次起诉后法院审理中确认解除权存在的，解除的效果自第二次起诉的起诉状副本送达对方当事人时发生。

【相关法条】

《合同编通则解释》第54条　当事人一方未通知对方，直接以提起诉讼的方式主张解除合同，撤诉后再次起诉主张解除合同，人民法院经审理支持该主张的，合同自再次起诉的起诉状副本送达对方时解除。但是，当事人一方撤诉后又通知对方解除合同且该通知已经到达对方的除外。

3. 合同解除的效力

【重点法条】

《民法典》第566条　合同解除后，尚未履行的，终止履行；已经履行的，根据履行情况和合同性质，当事人可以请求恢复原状或者采取其他补救措施，并有权请求赔偿损失。

合同因违约解除的，解除权人可以请求违约方承担违约责任，但是当事人另有约定的除外。

主合同解除后，担保人对债务人应当承担的民事责任仍应当承担担保责任，但是担保合同另有约定的除外。

合同解除后，原先由该合同所产生的债权、债务均归于消灭。因此，合同没有履行的，当然也就没有再履行的问题（因已不存在债务）；而合同已经履行的，由于履行的法律基础已经丧失，合同当事人不再具有保有履行利益的法律原因，因此，应恢复原状，如将受领的财产返还给对方当事人。不具备恢复原状条件的，则可采取其他补救措施。

解除并不影响要求赔偿损失的权利，即解除与损害赔偿可以并存。《民法典》之前的规范对于合同因对方根本违约后解除权人的损害赔偿请求权的性质语焉不详，而《民法典》第566条第2款明文规定，<u>解除权人仍可请求对方承担违约责任</u>。在解释上，此处的违约责任当然不是"继续履行"和其他补正履行的修理、更换等，而是第584条规定的"赔偿损失"。第566条第3款进一步明确，合同解除的，合同关系并不消灭，故对原合同债务的履行提供担保之人仍对返还及违约损害赔偿等次给付义务承担担保责任。

我国《民法典》不区分"合同解除"与"合同终止"，故对所谓一时性合同（如买卖合同）而言，解除具有溯及既往的效力；而对于持续性合同（如租赁合同）而言，解除仅具有面向未来的效力，也就是说，不发生溯及既往的效力。

【主观题点睛】

合同解除与违约责任一样，都是守约方获得救济的重要法律手段。无论是对委托合同等的任意解除，还是在其他根本违约情形下由守约方行使法定解除权，都是主观题常规的考点。

前述合同法定解除权的主要知识点，可图示如下：

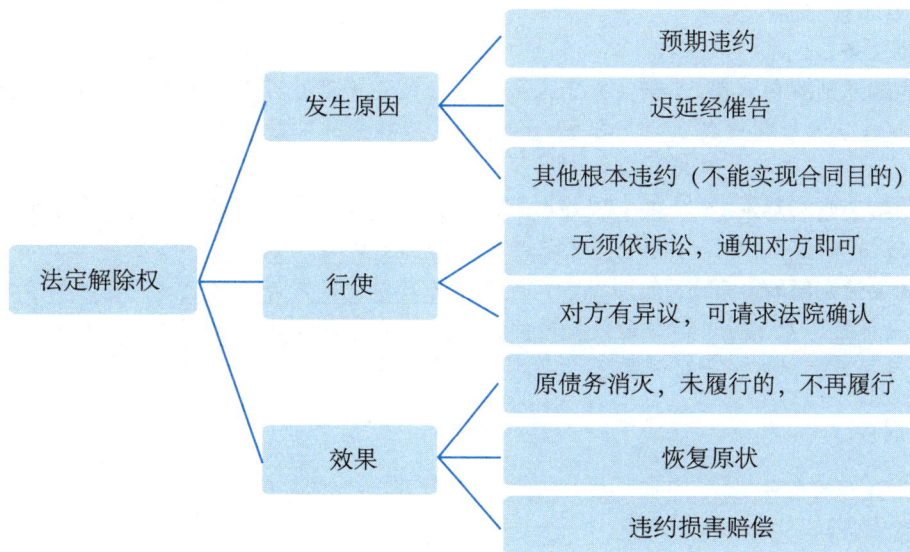

四、抵销＊＊

【重点法条】

《民法典》第 568 条 当事人互负债务，该债务的标的物种类、品质相同的，任何一方可以将自己的债务与对方的到期债务抵销；但是，根据债务性质、按照当事人约定或者依照法律规定不得抵销的除外。

当事人主张抵销的，应当通知对方。通知自到达对方时生效。抵销不得附条件或者附期限。

抵销是当事人就互负种类相同的给付，按对等数额使其相互消灭的意思表示。抵销分为双方合意抵销与单方抵销。需要掌握的是单方抵销。

单方抵销是以行使抵销权方式作出了抵销。单方抵销须具备以下几方面的条件：

（1）双方当事人互负债务；

（2）债务属于同一种类（最为常见者，均为金钱债务）；

（3）主动债权（即抵销人的债权）必须是到期债权，因为如果对方当事人的债务尚未到期，则因期限利益在对方而不能抵销。

（4）不存在根据其性质债务不得抵销的情形，如侵权行为造成人身损害，或故意或重大过失侵害财产权所产生的债务（参考《合同编通则解释》第 57 条）。

在具备抵销条件的情况下，抵销权实际上为双方当事人所享有。抵销权是形成权，只需通知对方当事人即可实现抵销，而无需对方当事人同意。作为形成权行使的一般要求，抵销不得附条件或者附期限。

根据《合同编通则解释》之规定，抵销权行使的效果是，自抵销通知到达相对方时，双方所负债务在对等金额内消灭。这就意味着，该司法解释未采溯及力说，债权对等消灭的时间即为抵销通知到达之时。

关于已发生时效期间届满的债权能否抵消的问题，理论上历来都有争论。《合同编通则解释》明确了以下规则：时效期间届满的债权可以作为被动债权被抵销，但不得作为主动债权抵销其他效力完整的债权。

【相关法条】

《合同编通则解释》第 55 条 当事人一方依据民法典第五百六十八条的规定主张抵销，人民法院经审理认为抵销权成立的，应当认定通知到达对方时双方互负的主债务、利息、违约金或者损害赔偿金等债务在同等数额内消灭。

《合同编通则解释》第 57 条 因侵害自然人人身权益，或者故意、重大过失侵害他人财产权益产生的损害赔偿债务，侵权人主张抵销的，人民法院不予支持。

《合同编通则解释》第 58 条 当事人互负债务，一方以其诉讼时效期间已经届满的债权通知对方主张抵销，对方提出诉讼时效抗辩的，人民法院对该抗辩应予支持。一方的债权诉讼时效期间已经届满，对方主张抵销的，人民法院应予支持。

五、提存＊＊

（一）提存的条件

【重点法条】

《民法典》第 570 条 有下列情形之一，难以履行债务的，债务人可以将标的物提存：

（一）债权人无正当理由拒绝受领；

（二）债权人下落不明；

（三）债权人死亡未确定继承人、遗产管理人，或者丧失民事行为能力未确定监护人；

（四）法律规定的其他情形。

标的物不适于提存或者提存费用过高的，债务人依法可以拍卖或者变卖标的物，提存所得的价款。

提存是债务人使其债务消灭的一种方式。债务到期后，债务人本可通过履行尽早摆脱债务，以免承担不必要的麻烦和风险（如出卖人未交付标的物的，需要对其加以保管），但如果由于债权人方面的原因导致债务人无法履行债务的，法律应为债务人提供一种替代清偿的方式，这就是《民法典》第570条规定的提存。

因此，提存的条件基本都属于由于债权人方面的原因而导致债务人无法履行债务的情形，考生应熟悉《民法典》第570条规定的三种情形。如标的物不适合提存，则可将其变卖后，就价款进行提存。

提存的实际意义在于：以提存机关替代债权人受领债务人的给付，并赋予其相当于清偿的法律效果，从而使债务人的债务及时消灭。我国目前仅存在公证提存，故提存机关为公证部门。

（二）提存的效力

1. 提存成立的，视为债务人已经交付了标的物。提存发生后，债务人有通知义务。

2. 提存期间的风险、孳息、费用全由债权人承担或享有。对此，《民法典》第573条设有如下规定："标的物提存后，毁损、灭失的风险由债权人承担。提存期间，标的物的孳息归债权人所有。提存费用由债权人负担。"

3. 提存期间，关于提存机关对提存物的保管，可适用保管合同的有关规定。

4. 债权人可以随时领取提存物。但是，债权人对债务人负有到期债务的，在债权人未履行债务或者提供担保之前，提存部门根据债务人的要求应当拒绝其领取提存物。债权人领取提存物的权利，自提存之日起**五年**内不行使而消灭，提存物扣除提存费用后归国家所有。但是，债权人未履行对债务人的到期债务，或者债权人向提存部门书面放弃领取提存物权利的，债务人负担提存费用后有权取回提存物。

【真题解读】

（2012年单选）乙在甲提存机构办好提存手续并通知债权人丙后，将2台专业相机、2台天文望远镜交甲提存。后乙另行向丙履行了提存之债，要求取回提存物。但甲机构工作人员在检修自来水管道时因操作不当引起大水，致乙交存的物品严重毁损。下列哪一选项是错误的？[1]

A. 甲机构构成违约行为　　　　　　　　B. 甲机构应承担赔偿责任

C. 乙有权主张赔偿财产损失　　　　　　D. 丙有权主张赔偿财产损失

六、混同 *

【重点法条】

《民法典》第576条　债权和债务同归于一人的，债权债务终止，但是损害第三人利益的除外。

债的关系，以存在双方当事人为前提。债的关系发生时，必然存在债权人和债务人双方当

---

[1] **【解析】**正确选项为D。乙将标的物提存后，又向丙履行了债务，此时，保管关系无疑存在于甲提存机构与提存人乙之间，丙既非提存物的物权人，与提存机构之间又不存在合同关系，且其债权已经因为乙的实际履行而消灭，其对提存机构当然不享有要求赔偿损失的权利。

事人，但是，由于某种原因，债权债务可能会归集到一人手中，这就是混同。例如，甲、乙是父子关系，乙向甲借1万元，在清偿之前，甲死亡，未留遗嘱，而乙是唯一的法定继承人，此时，乙因继承债权，成为以自己为债务人的债之关系的债权人，即债权债务归于其一人。除继承关系外，导致混同的另一个典型原因是企业合并。

发生混同的，通常合同权利义务关系即发生消灭。但是，如果第三人对于债权的存在有利益，则债权不因混同而消灭。例如，债权人以其债权质押的，即便发生混同，为保护质权人的利益，债权也不消灭。

第十七章　违约责任

【复习提要】

违约责任一章的主要考点包括违约形态、违约责任的承担方式，尤其是实际履行的限制以及违约金相关规则。

第一节　违约责任的成立与减免

一、违约形态 *

违约，指债务人不履行合同或履行不符合约定的情形。

学理上，依债务人不履行合同的具体样态，可将违约进一步分为不能履行、拒绝履行、迟延履行和不完全履行（包括瑕疵履行和加害履行）等。

【真题解读】

（2009 年多选）孙女士于 2004 年 5 月 1 日从某商场购买一套化妆品，使用后皮肤红肿出疹，就医不愈花费巨大。2005 年 4 月，孙女士多次交涉无果将商场诉至法院。下列哪些说法是正确的?[1]

A. 孙女士可以要求商场承担违约责任

B. 孙女士可以要求商场承担侵权责任

C. 孙女士可以要求商场承担缔约过失责任

D. 孙女士可以要求撤销合同

二、关于"预期违约" *

【重点法条】

《民法典》第 578 条　当事人一方明确表示或者以自己的行为表明不履行合同义务的，对方可以在履行期限届满之前要求其承担违约责任。

履行期限未届满，债权人尚不能要求债务人履行债务，故此时通常还不能就债务人是否违约做出判断。但是，在满足《民法典》第 578 条规定的情形下，债权人可以提前追究对方的违约责任，而不必等到期限届满之后。

引发预期违约的情形是：债务人明确表示不履行合同义务；债务人未明确表示不履行合同，但其行为已表明其将来不会履行合同，例如，特定物买卖，在双方约定的交货期间，出卖人将该特定物再次出售给他人并交付。

---

　　[1]【解析】正确选项为 AB。商场交付有质量缺陷的化妆品，构成加害给付，孙女士可要求商场承担违约责任，同时也可主张侵权责任，故 A、B 两选项正确。无事实表明，商场系故意欺诈，因此，买卖合同的效力没有瑕疵，孙女士不能主张撤销合同。合同有效，即不产生缔约过失责任。据此，选项 C、D 错误。

三、归责原则与免责事由 *

根据《民法典》第577条的规定，违约责任通常为严格责任，即只要债务人有违约行为，则原则上不问其主观上是否有过错，均须承担违约责任。但是，就此应补充说明以下三点：

（1）根据《民法典》第590条的规定，因不可抗力不能履行合同的，根据不可抗力的影响，部分或者全部免除责任，但法律另有规定的除外。当事人迟延履行后发生不可抗力的，不能免除责任。

（2）《民法典》规定了一些减轻违约责任的事由，主要包括债权人未采取减损措施（第591条）和债权人对损害发生也有过错（第592条）等情形。

（3）在《民法典》合同编"典型合同"部分，保管合同、委托合同、租赁合同等均实行过错责任。

第二节　违约责任的形式

《民法典》第577条确定了实际履行（继续履行）、赔偿损失及采取其他补救措施等违约责任形式，分述如下。

一、实际履行 * * *

【重点法条】

《民法典》第580条　当事人一方不履行非金钱债务或者履行非金钱债务不符合约定的，对方可以要求履行，但有下列情形之一的除外：

（一）法律上或者事实上不能履行；

（二）债务的标的不适于强制履行或者履行费用过高；

（三）债权人在合理期限内未要求履行。

有前款规定的除外情形之一，致使不能实现合同目的的，人民法院或者仲裁机构可以根据当事人的请求终止合同权利义务关系，但是不影响违约责任的承担。

《民法典》将实际履行作为了违约责任承担的一般方式。对于金钱之债而言，一律可要求实际履行（第579条），但是，对于非金钱之债，若存在第580条所指的几种情形之一，则债权人不得要求实际履行，而只能要求债务人承担损害赔偿等责任。

不能要求实际履行的情形包括：（1）发生了履行不能，当然不能再要求原定给付的履行。例如，在前述的一物两卖规则中，如出卖人已将标的物交付给后买受人从而导致对先买受人的不能履行，则后者在追究出卖人的违约责任时，仅能要求其赔偿损失，而不能要求实际履行；（2）债务标的不适于强制履行，例如，由于涉及人身自由，劳务债务不能被强制执行；（3）履行费用过高，债务虽仍可能履行，但如果履行的费用过高，从而不符合经济合理原则的（如债权人能从债务人的履行中获利1000元，但如要求债务人履行，债务人须支付10 000元成本），应允许违约一方以损害赔偿来替代实际履行；（4）债权人在合理期限内未要求实际履行的，如果要求债务人始终维持在未来可实际履行的状态，则可能为其带来诸多不便，并增加经济成本。

《民法典》第580条第1款完全继受了《合同法》第110条，该条第2款乃民法典新增规范。该款系第一款的延伸，根据第一款，在出现除外情形之一时，对方不得向守约方要求继续履行，但该款并未回答合同效力的后续发展。根据新增的第二款，在出现前款除外情形之一，致使不能实现合同目的时，合同任何一方（包括违约方）均可向人民法院或仲裁机构请求终止合同权利义务关系。此款新规被认为具有违约方司法解除的制度功能。《合同编通则解释》对依该款规定终止合同的时间作出了规定，可适当关注此新规。

另外，针对前述债务性质不适合强制履行的情形，《民法典》增设一条新规定（第581条）：当事人一方不履行债务或者履行债务不符合约定，根据债务的性质不得强制履行的，对方可以请求其负担由第三人替代履行的费用。

【相关法条】

《合同编通则解释》第59条　当事人一方依据民法典第五百八十条第二款的规定请求终止合同权利义务关系的，人民法院一般应当以起诉状副本送达对方的时间作为合同权利义务关系终止的时间。根据案件的具体情况，以其他时间作为合同权利义务关系终止的时间更加符合公平原则和诚信原则的，人民法院可以以该时间作为合同权利义务关系终止的时间，但是应当在裁判文书中充分说明理由。

【真题解读】

（2004年多选）合同当事人一方违约后，守约方要求其承担继续履行的违约责任，在下列哪些情况下人民法院对守约方的请求不予支持？[1]

A. 违约方所负债务为非金钱债务　　　B. 债务的标的不适于强制履行

C. 继续履行费用过高　　　　　　　　D. 违约方已支付违约金或赔偿损失

二、赔偿损失 *

【重点法条】

《民法典》第584条　当事人一方不履行合同义务或者履行合同义务不符合约定，造成对方损失的，损失赔偿额应当相当于因违约所造成的损失，包括合同履行后可以获得的利益；但是，不得超过违约一方订立合同时预见到或者应当预见到的因违约可能造成的损失。

违约损害赔偿的对象是合同履行利益（如果合同得到正常的履行，债权人将会达到的利益状态）的赔偿，而缔约过失的赔偿是信赖利益（如果未进行缔约，权利人所处的利益状态，包括缔约成本、机会成本）的赔偿。因此，违约损害赔偿包括可得利益的赔偿，例如，出卖人违反交付标的物义务的，买受人可举证证明其转卖标的物能够实现的利益，并对此提出赔偿要求。

全部赔偿原则受可预见性规则的限制，违约一方如能证明对方主张的某些损失是自己在缔约时根本不可能（同时也不应当）预见的，则其可免于赔偿这些损失。

【提示】

《合同编通则解释》对违约损害赔偿的具体计算、可预见性规则的运用等作出了规定。总体上看，此类问题非法考的重点问题，故即使属于新规，也无须特别关注。

三、补救措施 * *

《民法典》第582条规定："履行不符合约定的，应当按照当事人的约定承担违约责任。对违约责任没有约定或者约定不明确，依照本法第五百一十条的规定仍不能确定的，受损害方根据标的的性质以及损失的大小，可以合理选择要求对方承担修理、更换、重作、退货、减少

---

[1]【解析】正确选项为BC。本题的考核要点在于不能要求实际履行合同的情形。根据《民法典》第580条的规定，可知选项B、C是正确答案。选项A错误，因为并非只有金钱债务才适合强制履行。选项D也错误，因为请求实际履行的，并不影响请求支付违约金或赔偿损失（如履行迟延的损失）的权利。

价款或者报酬等违约责任。"

该条是关于瑕疵履行责任的规定。债务人履行合同不符合约定的，为瑕疵履行，债权人视情况可主张以下三种救济：（1）请求补正履行，包括修理、更换、重作等；（2）退货，相当于债权人主张解除合同；（3）主张减价。关于减价权，可参见《买卖合同解释》第17条之规定。

【相关法条】

《买卖合同解释》第17条 标的物质量不符合约定，买受人依照民法典第五百八十二条的规定要求减少价款的，人民法院应予支持。当事人主张以符合约定的标的物和实际交付的标的物按交付时的市场价值计算差价的，人民法院应予支持。

价款已经支付，买受人主张返还减价后多出部分价款的，人民法院应予支持。

关于第一节中的"违约形态"与本节中的"违约责任的形式"，再结合同样属于广义违约救济的合同解除权，可做图示如下：

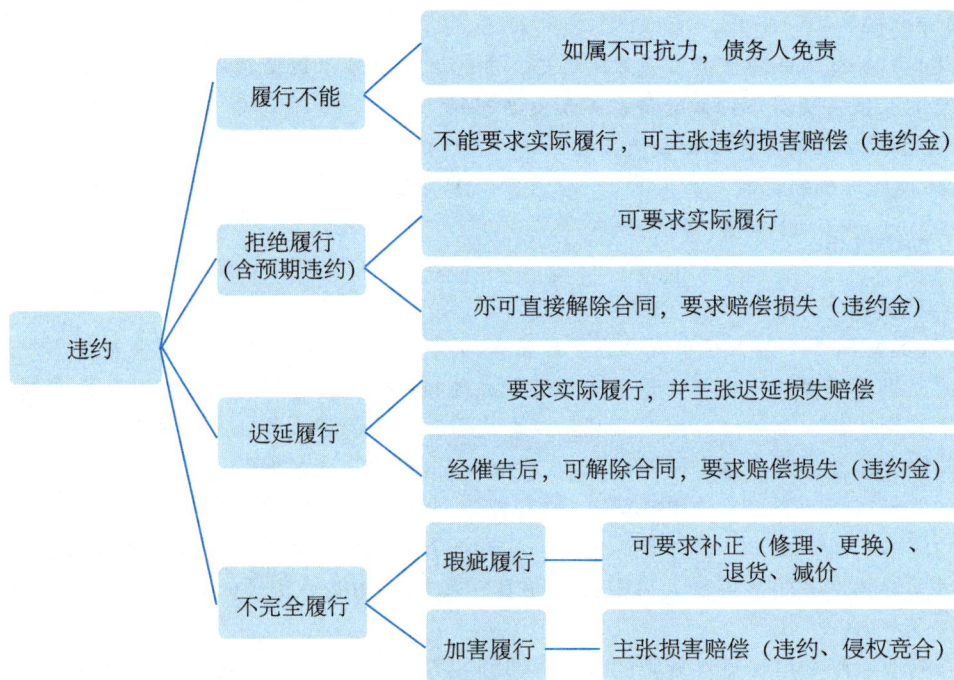

四、违约金＊＊＊

（一）违约金的调整

【重点法条】

《民法典》第585条 当事人可以约定一方违约时应当根据违约情况向对方支付一定数额的违约金，也可以约定因违约产生的损失赔偿额的计算方法。

约定的违约金低于造成的损失的，人民法院或者仲裁机构可以根据当事人的请求予以增加；约定的违约金过分高于造成的损失的，人民法院或者仲裁机构可以根据当事人的请求予以适当减少。

当事人就迟延履行约定违约金的，违约方支付违约金后，还应当履行债务。

违约金的功能是预先约定赔偿金额，以免除赔偿金计算的麻烦，因此，违约金原则上仍具有补偿的性质，但在法律规定的情况下，也具有一定的惩罚功能。

当事人可以抗辩或反诉的方式请求人民法院或者仲裁机构调整违约金，因此，违约金实际上接近实际计算的损害赔偿金。根据《合同编通则解释》的界定，在违约金高于实际损失30%以上时，违约的一方就可向人民法院或仲裁机构要求适当减少。只要违约金低于实际损失，权利人即可要求增加违约金。

迟延履行的违约金与实际履行可以并存。

违约金调整规范系法院在一方当事人请求情形下依职权取向公平结果的司法工具，具有一定强行法的特点。当事人如在合同中约定不得对违约金加以调整，则应认定这一约定无效。

另外，《合同编通则解释》还明确，恶意违约一方一般不得主张违约金的减少。

【相关法条】

《合同编通则解释》第64条　当事人一方通过反诉或者抗辩的方式，请求调整违约金的，人民法院依法予以支持。

违约方主张约定的违约金过分高于违约造成的损失请求予以适当减少的，应当承担举证责任。非违约方主张约定的违约金合理的，也应当提供相应的证据。

当事人仅以合同约定不得对违约金进行调整为由主张不予调整违约金的，人民法院不予支持。

《合同编通则解释》第65条　当事人主张约定的违约金过分高于造成的损失，请求予以适当减少的，人民法院应当以民法典第五百八十四条规定的损失为基础，兼顾合同主体、交易类型、合同的履行情况、当事人的过错程度、履约背景等因素，遵循公平原则和诚信原则进行衡量，并作出裁判。

约定的违约金超过造成损失的百分之三十的，人民法院一般可以认定为过分高于造成的损失。

恶意违约的当事人一方请求减少违约金的，人民法院一般不予支持。

（二）违约金、定金与赔偿金

【重点法条】

《民法典》第588条　当事人既约定违约金，又约定定金的，一方违约时，对方可以选择适用违约金或者定金条款。

约定的定金不足以弥补一方违约造成的损失的，对方可以请求赔偿超过定金数额的损失。

定金与违约金都具有补偿性功能，都是对损害赔偿金的替代，因此，只能选择其一适用，不能合并适用，否则会产生对违约一方不公平的结果。

另外，无论是违约金的支付，还是运用定金罚则，都能使债权人的利益得到填补。如实际损失高于违约金或定金的补偿，则债权人还可就差额主张（仅能主张差额，而不能叠加）。如违约金或定金已经弥补了债权人的损失，则后者不得再就实际损失提出赔偿请求。

"三金"关系，可图示如下：

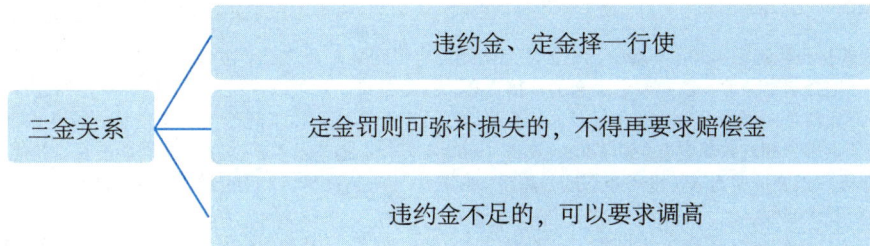

三金关系：
- 违约金、定金择一行使
- 定金罚则可弥补损失的，不得再要求赔偿金
- 违约金不足的，可以要求调高

1. （2000年单选）甲与乙订立了一份苹果购销合同，约定甲向乙交付20万公斤苹果，货款为40万元，乙向甲支付定金4万元；如任何一方不履行合同应支付违约金6万元。甲因将苹果卖给丙而无法向乙交付苹果，在乙提出的如下诉讼请求中，既能最大限度保护自己的利益，又能获得法院支持的诉讼请求是什么？[1]

A. 请求甲双倍返还定金8万元

B. 请求甲双倍返还定金8万元，同时请求甲支付违约金6万元

C. 请求甲支付违约金6万元，同时请求返还支付的定金4万元

D. 请求甲支付违约金6万元

2. （2013年单选题甲乙签订一份买卖合同，约定违约方应向对方支付18万元违约金。后甲违约，给乙造成损失15万元。下列哪一表述是正确的？[2]

A. 甲应向乙支付违约金18万元，不再支付其他费用或者赔偿损失

B. 甲应向乙赔偿损失15万元，不再支付其他费用或者赔偿损失

C. 甲应向乙赔偿损失15万元并支付违约金18万元，共计33万元

D. 甲应向乙赔偿损失15万元及其利息

五、违约责任与侵权责任的竞合 ＊＊＊

【重点法条】

《民法典》第186条 因当事人一方的违约行为，损害对方人身权益、财产权益的，受损害方有权选择请求其承担违约责任或者侵权责任。

违约行为本身也可能同时侵害对方当事人的人身与其他财产，<u>尤其是所谓加害给付</u>，例如，出卖质量不合格电器，因漏电使买受人受伤。责任竞合的典型事例还包括，在旅客运送合同中，承运人未尽保障旅客人身安全的义务导致旅客受伤等。

在发生违约责任与侵权责任竞合的情况下，当事人可选择提起违约之诉或提起侵权之诉。不过，当事人的选择有时会受到其目标的限制，例如，在违约责任与产品侵权责任竞合时，如欲以生产商为被告，则只能提起侵权之诉，因为消费者与生产商之间不存在合同关系。

【提示】

须注意的是，《民法典》修正了主张违约责任不得请求精神损害赔偿的规定（第996条："<u>因当事人一方的违约行为，损害对方人格权并造成严重精神损害，受损害方选择请求其承担违约责任的，不影响受损害方请求精神损害赔偿</u>"）。

【真题解读】

1. （2000年多选）甲购买一辆汽车，在开回的路上，因刹车失灵而翻车受伤。在此情形下，他可以请求谁承担何种责任？[3]

---

〔1〕【解析】正确选项为C。本题中，甲、乙之间既约定了定金，又约定了违约金。在甲违约时，乙只能选择其一主张权利。如选择定金条款，乙能要求定金的双倍返还，也就是说，乙可以得到4万元的利益；如选择违约金条款，则可以得到6万元利益（题面中显然并未提及违约金是否过高从而对方可要求降低的相关信息，故此点可不予考虑）。选择了违约金条款后，即意味着定金条款不发生效力，定金4万元应返还给乙。据此，选项C正确，其他选项均错误

〔2〕【解析】正确选项为A。违约金未过分高于实际损失（未超过30%），违约方不能要求降低；违约金替代赔偿金，不得另行要求赔偿金。

〔3〕【解析】正确选项为AC。本题中，甲购买质量有缺陷的汽车，同时产生两个请求权：商家的行为构成加害给付型违约，甲可向其主张违约责任；同时，甲可向厂家和商家主张侵权责任。甲只能选择一个请求权行使，因此，可直接排除选项B和D。甲与商家之间有买卖合同关系，故甲可向其主张违约责任的承担，故选项A正确。甲与厂家之间没有合同关系，只能对其主张侵权责任，故选项C正确。

A. 请求商家承担违约责任

B. 请求商家和厂家同时承担违约和侵权责任

C. 请求厂家承担侵权责任

D. 请求厂家承担侵权责任，同时请求商家承担违约责任

2. （2013年单选题）李某用100元从甲商场购买一只电热壶，使用时因漏电致李某手臂灼伤，花去医药费500元。经查该电热壶是乙厂生产的。下列哪一表述是正确的？[1]

A. 李某可直接起诉乙厂要求其赔偿500元损失

B. 根据合同相对性原理，李某只能要求甲商场赔偿500元损失

C. 如李某起诉甲商场，则甲商场的赔偿范围以100元为限

D. 李某只能要求甲商场更换电热壶，500元损失则只能要求乙厂承担

【主观题点睛】

违约责任是主观题考试比较重要的一个考点，需要关注的问题主要有：实际履行请求权的限制；违约金酌减；违约责任与侵权责任的竞合。

---

[1]【解析】正确选项为A。本题涉及侵权责任与违约责任竞合，李某可选择请求商场承担违约责任，亦可请求商场或乙厂承担产品侵权责任。

第十八章 转移财产权利的合同

　　本章包括买卖合同、赠与合同、借款合同、租赁合同、融资租赁合同五种合同类型，是合同编"典型合同"部分相对最为重要的一章。买卖合同、租赁合同、赠与合同等历来都是法考最常考核的合同类型。

　　买卖合同部分须着重掌握标的物风险负担、所有权保留买卖、分期付款买卖等考点。赠与合同应围绕任意撤销权、法定撤销权两种撤销权学习，并兼及赠与人瑕疵担保责任问题。租赁合同的考点较多，涉及租期、租赁物转让、转租、一房多租等问题。借款合同和融资租赁合同，凡本教材所讨论的考点，也须关注。

第一节 买卖合同

一、买卖合同的效力及当事人的权利义务 * *

（一）买卖合同的债权合同属性

　　"买卖合同有效"这一判断意味着什么？如前文物权法部分关于多重买卖与物权变动的专题所讨论的那样，买卖虽然是当事人借助实现物与金钱交换的手段，但其自身仅具有债权合同的性质，也就是说，买卖合同生效，意味着在买卖双方之间产生了债权债务关系，至于标的物与金钱所有权的转移，则属于物权变动的问题，须结合物权编关于交付与登记的规定作出判断。

　　正因为买卖合同是债权合同，所以，如前所述，一物数卖、出卖他人之物等合同均确定有效。如出卖人不能使买受人取得所有权，则应对买受人承担违约责任。《民法典》删除《合同法》有关标的物须为出卖人所有的规定，将其修正为"因出卖人未取得处分权致使标的物所有权不能转移的，买受人可以解除合同并请求出卖人承担违约责任。法律、行政法规禁止或者限制转让的标的物，依照其规定。"（第597条）。

（二）出卖人的义务

　　《民法典》第598条规定："出卖人应当履行向买受人交付标的物或者交付提取标的物的单证，并转移标的物所有权的义务。"据此，出卖人的主要义务有两项：交付标的物，转移标的物所有权。

　　我国《民法典》将瑕疵担保整合进了出卖人的义务中，故此：（1）出卖人当然负有权利瑕疵担保义务，须确保标的物上不存在任何第三人的权利。（2）出卖人应保障交付的物符合质量要求。当事人约定免除或减轻出卖人瑕疵担保责任，出卖人因故意或重大过失不告知买受人瑕疵的，无权主张减轻或免除责任。

　　另外，出卖人还负有交付有关单证等从给付义务和附随义务。

（三）买受人的义务

　　1. 支付价款的义务。《民法典》规定，买受人应在约定的地点及时支付价款。在出卖人多交标的物的情形，买受人对于多交的部分，有权拒绝接受，但如接受的，应支付相应的价款。

2. 及时受领标的物的义务。

3. 及时检验和通知的义务。

【重点法条】

《民法典》第621条　当事人约定检验期限的，买受人应当在检验期限内将标的物的数量或者质量不符合约定的情形通知出卖人。买受人怠于通知的，视为标的物的数量或者质量符合约定。

当事人没有约定检验期间的，买受人应当在发现或者应当发现标的物的数量或者质量不符合约定的合理期限内通知出卖人。买受人在合理期限内未通知或者自标的物收到之日起二年内未通知出卖人的，视为标的物的数量或者质量符合约定，但是，对标的物有质量保证期的，适用质量保证期，不适用该二年的规定。

出卖人知道或者应当知道提供的标的物不符合约定的，买受人不受前两款规定的通知时间的限制。

出卖人交付的标的物存在数量或质量上问题的，买受人必须在检验期内通知出卖人；在该期间内作出通知的，买受人可在其后向出卖人主张违约责任；若未在检验期内作出通知，则买受人即丧失向出卖人就质量或数量问题提出主张的权利。

检验期间可以由当事人约定，有约定的，依该约定；没有约定的，并不意味着没有检验期的限制，实际上，该检验期依以下规则确定：（1）如出卖人能证明买受人在某个时间点发现了或应当发现数量或质量问题，则自该时间点起算在合理期间经过后，视为检验期届满；（2）如无法证明前述事实，则自买受人收到标的物之时起的两年为检验期；（3）当事人约定或法律规定标的物的质量保证期的，不适用以上两年期的规定；（4）当事人约定的检验期间过短，根据标的物的性质和交易习惯，买受人在检验期间内难以完成全面检验的，该期间仅视为买受人对外观瑕疵提出异议的期间；（5）约定的检验期间或者质量保证期间短于法律、行政法规规定期间的，应当以法律、行政法规规定的期间为准。

无论当事人是否明确约定检验期，也无论标的物是否存在质量保证期，只要出卖人明知或应当知道其交付的标的物不符合约定的（故意违约），买受人就不受检验期的限制。但是，买受人行使权利仍应受诉讼时效期间的制约。

前述买受人检验义务的规则，可图示如下：

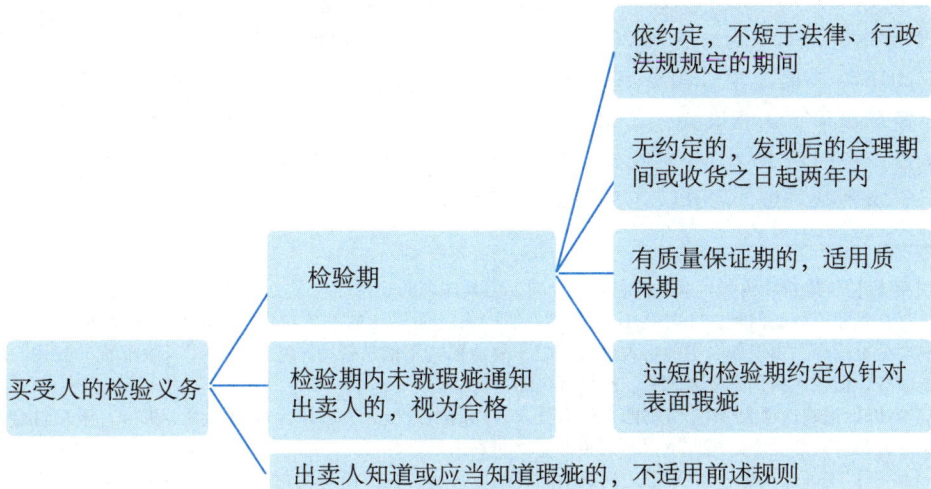

```
                                          ┌─ 依约定，不短于法律、行政
                                          │   法规规定的期间
                                          │
                                          ├─ 无约定的，发现后的合理期
                                          │   间或收货之日起两年内
                                          │
                          ┌─ 检验期 ──────┼─ 有质量保证期的，适用质
                          │               │   保期
                          │               │
                          │               └─ 过短的检验期约定仅针对
  买受人的检验义务 ────────┤                   表面瑕疵
                          │
                          ├─ 检验期内未就瑕疵通知
                          │   出卖人的，视为合格
                          │
                          └─ 出卖人知道或应当知道瑕疵的，不适用前述规则
```

二、标的物风险负担 ＊＊＊＊

（一）风险的界定与意义

1. 何谓"风险"。这里所说的风险，并不能简单地等同于标的物毁损、灭失的事实本身，而是应考虑导致标的物毁损、灭失的事由。只有在因不可归责于双方当事人（通常为不可抗力）而导致标的物灭失之时，才构成风险。如果标的物的灭失是由出卖人或买受人的原因引起（可归责于合同当事人），则不属于风险负担问题。

【真题解读】

（2008 年单选）甲、乙因合伙经商向丙借款 3 万元，甲于约定时间携带 3 万元现金前往丙家还款，丙因忘却此事而外出，甲还款未果。甲返回途中，将装有现金的布袋夹放在自行车后座，路经闹市时被人抢夺，不知所踪。下列哪一选项是正确的？[1]

A. 丙仍有权请求甲、乙偿还 3 万元借款

B. 丙丧失请求甲、乙偿还 3 万元借款的权利

C. 丙无权请求乙偿还 3 万元借款

D. 甲、乙有权要求丙承担此款被抢夺的损失

2. 标的物风险负担的实际意义。在标的物已经毁损、灭失的情况下，所谓标的物风险负担实际上指的是价款应否支付：（1）出卖人承担风险的，意味着其无权要求得到价款；（2）买受人负担风险的，意味着其仍有价款支付义务（尽管标的物已灭失）。

【真题解读】

1. （2013 年多选）甲乙约定卖方甲负责将所卖货物运送至买方乙指定的仓库。甲如约交货，乙验收收货，但甲未将产品合格证和原产地证明文件交给乙。乙已经支付 80% 的货款。交货当晚，因山洪暴发，乙仓库内的货物全部毁损。下列哪些表述是正确的？[2]

A. 乙应当支付剩余 20% 的货款

B. 甲未交付产品合格证与原产地证明，构成违约，但货物损失由乙承担

C. 乙有权要求解除合同，并要求甲返还已支付的 80% 货款

D. 甲有权要求乙支付剩余的 20% 货款，但应补交已经毁损的货物

2. （2016 年多选）甲公司借用乙公司的一套设备，在使用过程中不慎损坏一关键部件，于是甲公司提出买下该套设备，乙公司同意出售。双方还口头约定在甲公司支付价款前，乙公司保留该套设备的所有权。不料在支付价款前，甲公司生产车间失火，造成包括该套设备在内的车间所有财物被烧毁。对此，下列哪些选项是正确的？[3]

---

[1]【解析】正确选项为 A。本题虽非买卖合同，但其体现的规则却与买卖合同中风险的识别相同。本题中，债权人丙固然存在受领迟延，但是，此时并不能适用"债权人受领迟延的，风险自迟延时由债权人承担"的规则，因为，本题中现金被抢夺系由债务人甲的重大过失引起，故该损害不能被视为风险，不适用风险配置的规则。既然债务人并未清偿债务，债权人丙仍有权要求甲、乙偿还欠款。

[2]【解析】正确选项为 AB。货物已交付买受人，标的物毁损灭失的风险也转移给了买方，未交付合格证等并不影响风险的转移。既然风险由买方承担，则买方应支付剩余价款。

[3]【解析】正确选项为 AC。甲乙之间就借用物达成买卖，构成简易交付。在达成买卖合意时，交付视为已完成，因此标的物的风险已转移到买受人。买受人承担风险，就意味着买受人仍需支付价款。法律对于所有权保留约定无要式的要求。

A. 乙公司已经履行了交付义务，风险责任应由甲公司负担

B. 在设备被烧毁时，所有权属于乙公司，风险责任应由乙公司承担

C. 设备虽然已经被烧毁，但甲公司仍然需要支付原定价款

D. 双方关于该套设备所有权保留的约定应采用书面形式

（二）风险负担的规则

1. 基本规则：以交付作为风险转移的界限（也适用于不动产）。

【重点法条】

《民法典》第604条　标的物毁损、灭失的风险，在标的物交付之前由出卖人承担，交付之后由买受人承担，但是法律另有规定或者当事人另有约定的除外。

《民法典》第607条　出卖人按照约定将标的物运送至买受人指定地点并交付给承运人后，标的物毁损、灭失的风险由买受人承担。

对于"交付转移风险"这个一般规则，应细致把握以下几点：

（1）把握"交付地点"这一关键要素：交付必须在交付地点完成，才能转移风险。

（2）交付地点的确定：依约定；未约定的，依《民法典》第511条和第603条之规定确定（给付金钱以外之标的物的，在债务人即出卖人住所地履行）。

（3）这就意味着，在对交付地未作约定时，风险在出卖人所在地即转移于买受人，由此可以理解"交付第一承运人后由买方承担风险"（第607条）等规则。

（4）《民法典》第607条第2款可以理解为买卖合同当事人约定的交付承运人的地点就是履行地点，并因交付承运人而将风险移转于买受人。

2. 辅助规则

（1）《民法典》第605条：买受人受领迟延的，自受领迟延之时起，由买方承担风险。买受人受领迟延，须是买受人无正当理由不及时受领；如标的物质量不合格导致不能实现合同目的，则买受人可拒收或解除合同，此时仍由出卖人承担毁损灭失的风险。

（2）《民法典》第606条：在途货物（承运人运输）买卖的，自买卖合同成立时转移风险（须无交付地之约定）。

（3）如涉及种类物买卖，则在种类物特定化于合同项下前，标的物风险不转移于买受人（《买卖合同解释》第11条）。

（4）因标的物不符合质量要求，致使不能实现合同目的的，买受人可以拒绝接受标的物或者解除合同。买受人拒绝接受标的物或者解除合同的，标的物毁损、灭失的风险由出卖人承担（《民法典》第610条）。

【相关法条】

《买卖合同解释》第11条　当事人对风险负担没有约定，标的物为种类物，出卖人未以装运单据、加盖标记、通知买受人等可识别的方式清楚地将标的物特定于买卖合同，买受人主张不负担标的物毁损、灭失的风险的，人民法院应予支持。

【真题解读】

1.（2000年单选）甲向乙购进一批玉米，双方约定，合同履行地在乙所在城市S市。5月1日乙为甲代办托运运往M县。在运输过程中，5月3日甲与丙签订协议，将该批玉米转让给丙，在M县火车站交货。5月4日由于遇到山洪暴发，火车在运输途中出轨，玉米损失。该损

失应由谁承担？[1]

    A. 甲承担   B. 乙承担   C. 丙承担   D. 甲与丙分担

  2.（2002 年多选）在以下哪种情况下，出卖人应承担标的物毁损、灭失的风险？[2]

  A. 合同约定卖方代办托运，出卖人已将标的物发运，即将到达约定的交付地点

  B. 买受人下落不明，出卖人将标的物提存

  C. 标的物已运抵交付地点，买受人因标的物质量不合格而拒收货物

  D. 合同约定在标的物所在地交货，约定时间已过，买受人仍未前往提货

  前述买卖合同项下标的物风险负担的规则，可图示如下：

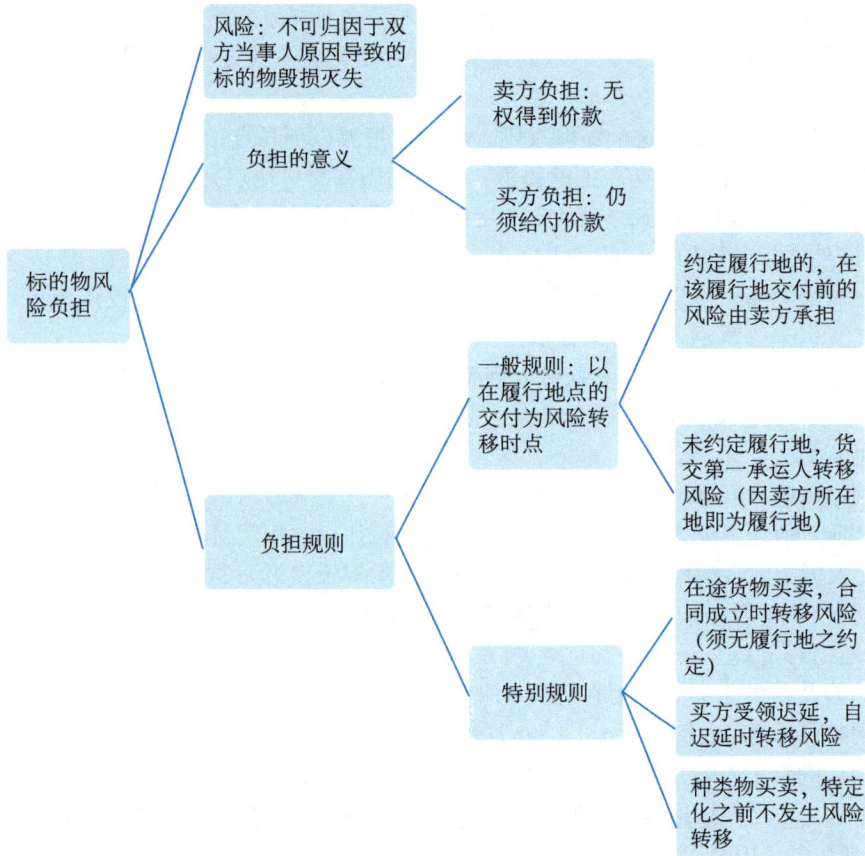

---

    [1]【解析】正确选项为 A。本题中，根据甲、乙之间的合同约定，合同履行地在乙所在城市 S 市。据此，乙为甲代办托运之后，其交付义务即已履行完毕，标的物所有权转移给甲，同时标的物的风险也转移至甲。甲将运输途中的标的物出售给丙，许多考生或许会认为，此种情形下的风险承担规则应适用《民法典》第 606 条的规定，即在合同成立之时即发生风险转移，依此思路，本题的答案应为 C。但是，上述解题方法忽略了题干部分的一个重要信息，即甲、丙约定在 M 县火车站交货。既然交货地点在运输的到达站，这当然意味着在到达之前的风险仍由出卖人承担，因此，此项约定实际上构成了第 604 条所规定的"当事人另有约定的"情形，应由甲承担货物灭失的责任。故本题的正确答案是 A。

    [2]【解析】正确选项为 AC。本题的选项 A 有一定的迷惑性。许多考生看到"代办托运"的条件后，即认为在将货物交第一承运人时风险转移至买受人，但是，该选项后半段特别指出"即将到达约定的交付地点"，据此，交付并未完成，标的物的风险责任仍由卖方承担，故选项 A 应选。提存符合法律规定的，自提存之日，标的物灭失的风险由债权人承担，故选项 B 中的风险责任应由买受人承担，此选项不当选。标的物质量不合格的，买受人有权拒收，拒收即意味着交付并未完成，仍应由出卖人承担风险，故选项 C 当选。因买受人原因使出卖人无法按时交付标的物的，自买受人违反约定之时起标的物风险转由买受人承担，故选项 D 不当选。

【主观题点睛】

标的物风险负担，是主观题考试在买卖合同部分最重要的考点。

三、特种买卖＊＊＊

（一）分期付款买卖

【重点法条】

《民法典》第634条　<u>分期付款的买受人未支付到期价款的数额达到全部价款的五分之一，</u><u>经催告后在合理期限内仍未支付到期价款的，出卖人可以请求买受人支付全部价款或者解除</u><u>合同。</u>

出卖人解除合同的，可以向买受人请求支付该标的物的使用费。

《买卖合同解释》第27条　民法典第六百三十四条第一款规定的"分期付款"，系指买受人将应付的总价款在一定期限内<u>至少分三次</u>向出卖人支付。

在分期付款买卖中，买受人分期支付价款，因此，可能出现买受人一次或累计数次未按期付款的情形。对此买受人付款迟延，债权人当然能够就其迟延部分要求实际履行。除此之外，《民法典》第634条还赋予了出卖人两项重要的权利：或者是主张解除合同，或者是要求买受人立刻支付剩余全部价款（从而使未到期的也立刻到期）。对于买受人上述权利的行使，须特别注意以下两点：（1）<u>要求买受人（一期或数期）未支付到期价款的金额达到全部价款的五分之一</u>；（2）即使买受人未付价款达到全部价款的五分之一，<u>出卖人仍须催告</u>；只有买受人在催告后合理期间仍不支付到期价款的，出卖人才可以选择行使前述两项权利之一。

由于解除合同系因买受人不及时付款所引发，因此，在解除后，出卖人有权要求使用费（与试用买卖不同）。

【真题解读】

（2018 单选）甲公司建成了一批商品房待售。2015 年 5 月 10 日，甲公司与方某签订 A 房买卖合同，约定："2016 年 5 月 10 日办理房屋过户登记手续，房屋价款分 2 次付清"。同年 6 月 10 日，甲公司将 A 房屋再次以 400 万元出卖给韩某，双方约定 2016 年 5 月 6 日交房，交房后 10 天内办理房屋过户登记手续。2016 年 5 月 10 日，甲公司未按约定与方某办理 A 房过户登记手续。方某得知甲公司已于 2016 年 5 月 6 日将 A 房交付韩某使用，遂产生纠纷。关于本案，下列哪一说法是错误的？[1]

A. 甲公司与方某签订的 A 房买卖合同系分期付款买卖合同

B. 如方某能够举证证明甲公司与韩某构成恶意串通，则可主张甲公司与韩某的购房合同无效

C. 2016 年 5 月 6 日后，A 房毁损、灭失的风险由韩某承担

D. 方某可以催告甲公司在 3 个月内办理房屋过户登记手续，如逾期不履行，方某可以解除合同

（二）凭样品买卖

【重点法条】

《民法典》第636条　凭样品买卖的买受人不知道样品有隐蔽瑕疵的，即使交付的标的物与样品相同，<u>出卖人交付的标的物的质量仍然应当符合同种物的通常标准</u>。

---

〔1〕【解析】正确选项为 A。分期付款买卖，要求价款至少分三期付清，故选项 A 错误。恶意串通，合同无效，选项 B 表述正确。房屋风险自交付时发生转移，选项 C 表述正确。选项 D 符合解除权的原理，三个月的时间要求来自《商品房买卖合同解释》第 11 条的规定，该选项表述正确。

凭样品买卖的买受人同意按照样品的品质交付标的物，因此，原则上讲，只要出卖人交付了与样品相同品质的标的物，即可认为标的物质量合格。如果样品明显存在某种瑕疵，而买受人仍同意凭样品买卖的，则可视为买受人提前放弃瑕疵担保的权利。

但是，在确定凭样品买卖时，买受人可能并未发现样品中隐藏的瑕疵，在这种情况下，认为其放弃瑕疵担保的权利并无道理，因此，出卖人仍应负有通常的瑕疵担保义务，也就是说，出卖人如果交付有隐蔽瑕疵的物品，即便其与样品具有相同的品质，他仍须承担瑕疵担保责任，买受人因此可根据《民法典》第582条的规定，合理选择要求对方承担修理、更换、重作、退货、减少价款或者报酬等违约责任。

（三）试用买卖

【重点法条】

《民法典》第638条 试用买卖的买受人在试用期内可以购买标的物，也可以拒绝购买。试用期间届满，买受人对是否购买标的物未作表示的，视为购买。

试用买卖的买受人在试用期内已经支付部分价款或者对标的物实施出卖、出租、设立担保物权等行为的，视为同意购买。

试用买卖是一种对买受人有利而对出卖人不利的买卖方式，通常系出卖人积极促销而采取的一种销售模式。当事人通常会在试用买卖合同中约定试用期。如合同未约定试用期的，应由出卖人确定，否则买受人可无限期拉长试用期，从而使出卖人完全丧失合同利益。

试用具有临时性，至迟需要在试用期届满时确定买受人是否确定购买。

试用买卖的特殊性表现在买受人在试用期未届满之前可以放弃购买。买受人在试用期届满前未明确表示拒绝购买，或者存在《民法典》第638条第2款所规定的可视为同意购买的情形的，买卖合同效力确定。买受人在试用期内表示拒绝购买的，买受人不必支付价款或可要求出卖人返还已支付的价款，同时买受人应向出卖人返还标的物；除非当事人另有约定，买受人无须支付使用费等任何费用（相反，分期付款买卖因买受人迟延付款而由出卖人解除合同的，买受人须支付使用费）。另外，尽管出卖人已将标的物交付买受人试用，但试用期内标的物毁损灭失的风险仍由出卖人承担。

【真题解读】

1. （2005年单选）某商场在促销活动期间贴出醒目告示："本商场家电一津试用20天，满意者付款。"王某从该商场搬回冰箱一台，试用期满后退回，商场要求其支付使用费100元。下列哪一种说法是正确的？[1]

　　A. 王某不应支付使用费，因为双方没有约定使用费

　　B. 王某应支付使用费，因为其行为构成了不当得利

　　C. 王某应支付按冰箱平均寿命折算的使用费

　　D. 王某应与商场分摊按冰箱平均寿命折算的使用费

2. （2021年多选）刘某从某商场购买一个新款炒菜机器人，约定了15天的试用期。对此，下列哪些说法是正确的？[2]

　　A. 若刘某在试用期间支付了部分价款，则视为同意购买

　　B. 若炒菜机器人在试用期间遭意外火灾毁损，则刘某应当支付价款

---

〔1〕【解析】正确选项为A。本题中，商场与王某之间成立试用买卖合同。在试用买卖中，如当事人之间未约定使用费，则试用期内为无偿试用。所以王某不应支付使用费，选项A正确。

〔2〕【解析】正确选项为ACD。选项A、C正确，答题依据在于《民法典》第638条第2款。试用期内，标的物风险仍有出卖人承担，故刘某无须支付价款，选项B错误。试用期满，买受人未表示拒绝购买的，视为同意购买，故选项D正确。

C. 若刘某试用期间将炒菜机器人租给张某，则视为同意购买

D. 若刘某直到试用期满后第二天才想起来归还炒菜机器人，商场有权拒绝受领

（四）所有权保留买卖

1. 所有权保留买卖的意义

【重点法条】

《民法典》第641条　当事人可以在买卖合同中约定买受人未履行支付价款或者其他义务的，标的物的所有权属于出卖人。

<u>出卖人对标的物保留的所有权，未经登记，不得对抗善意第三人。</u>

《买卖合同解释》第25条　买卖合同当事人主张民法典第六百四十一条关于标的物所有权保留的规定适用于不动产的，人民法院不予支持。

<u>所有权保留买卖仅适用于动产。</u>

买卖合同中，如出卖人先将标的物交付买受人，则在无其他特别约定情形下，会产生两个法律后果：（1）出卖人当然可向买受人主张价款；但是，由于本方的义务已经履行，出卖人失去了主张同时履行抗辩、不安抗辩等机会；（2）买卖标的物是动产的，标的物所有权因交付而被买受人取得。正是为了避免此种利益失衡状态的出现，强化价款债权的实现，才出现了"所有权保留约定"。

<u>应将"所有权保留"理解为一种担保手段。</u>据此，《民法典》在641条第2款规定，"出卖人对标的物保留的所有权，未经登记，不得对抗善意第三人"。可以看出，此一立法技术与动产抵押的登记对抗主义相同。举例来说，甲将挖掘机以20万元价格出售并交付给乙，合同约定，在乙付清价款之前挖掘机所有权保留在甲手中，但双方未做登记；后乙在未付清款项的情况下将该挖掘机转卖并交付丙，则丙可正常取得挖掘机的所有权，甲不得向丙主张自己为挖掘机所有权人。<u>关于该条中"不得对抗善意第三人"的解释，应参考《担保制度解释》第67条、第54条之规定。</u>

2. 出卖人的取回权

【重点法条】

《民法典》第642条　当事人约定出卖人保留合同标的物的所有权，在标的物所有权转移前，买受人有下列情形之一，造成出卖人损害的，除当事人另有约定外，出卖人有权取回标的物：

（一）未按照约定支付价款，经催告后在合理期限内仍未支付；

（二）未按照约定完成特定条件；

（三）将标的物出卖、出质或者作出其他不当处分。

出卖人可以与买受人协商取回标的物；协商不成的，可以参照适用担保物权的实现程序。

出卖人既然保留了标的物的所有权，则在担保权实现条件具备时，即可主张"取回"这种担保权益。《民法典》第642条第1款规定了能够导致出卖人产生取回权的几种情形。由于我国法律严格限制私力救济，根据该条第2款规定，所谓"取回"实际上仍须参照适用担保物权的实现程序。

根据《买卖合同解释》第26条的规定，<u>买受人已经支付标的物总价款百分之七十五以上的，出卖人不得主张取回。</u>

3. 买受人的回赎权

【重点法条】

《民法典》第643条　出卖人依据前条第一款的规定取回标的物后，买受人在双方约定或者出卖人指定的合理回赎期限内，消除出卖人取回标的物的事由的，可以请求回赎标的物。

买受人在回赎期限内没有回赎标的物，出卖人可以以合理价格出卖标的物给第三人，出卖所得价款扣除原买受人未支付的价款及必要费用后仍有剩余的，应当返还原买受人；不足部分由买受人清偿。

"出卖人的取回权－买受人的回赎权"，这种权利设计不太容易理解。其实，仅需将所有权保留看成一种担保手段，即可明白其中的道理：要消除债权人的担保权，债务人仅需履行主债务即可；作为担保权人，出卖人有清算义务，在买受人未完全履行价款支付义务时，可以就担保物进行变价，并实行"多退少补"的规则。

【真题解读】

（2016 年多选）周某以 6000 元的价格向吴某出售一台电脑，双方约定五个月内付清货款，每月支付 1200 元，在全部价款付清前电脑所有权不转移。合同生效后，周某将电脑交给吴某使用。期间，电脑出现故障，吴某将电脑交周某修理，但周某修好后以 6200 元的价格将该电脑出售并交付给不知情的王某。对此，下列哪些说法是正确的？[1]

A. 王某可以取得该电脑所有权

B. 在吴某无力支付最后一个月的价款时，周某可行使取回权

C. 如吴某未支付到期货款达 1800 元，周某可要求其一次性支付剩余货款

D. 如吴某未支付到期货款达 1800 元，周某可要求解除合同，并要求吴某支付一定的电脑使用费

第二节 赠与合同

一、赠与合同的特征 *

1. 赠与合同为无偿合同，受赠人纯获利益，限制行为能力人也可作为受赠人订立赠与合同。

2. 赠与合同为单务合同，仅有赠与人负担债务，受赠人不负义务。

3. 赠与合同为诺成合同，但在赠与的财产权利转移前，赠与人可任意撤销。

4. 赠与合同为不要式合同，但采取公证形式的不得任意撤销。

【真题解读】

（2004 年多选）下列关于赠与合同的表述哪些是正确的？[2]

A. 赠与合同是有名合同   B. 赠与合同是单务合同

C. 赠与合同是诺成合同   D. 赠与合同是不要式合同

二、赠与人的任意撤销权 * * *

【重点法条】

《民法典》第 658 条 赠与人在赠与财产的权利转移之前可以撤销赠与。

---

[1]【解析】正确选项为 ACD。周某无权处分电脑，但王某善意不知其无处分权且以合理价格购买，可善意取得电脑所有权，选项 A 正确。如吴某未支付到期货款达 1800，由于该金额超过了总金额的五分之一，周某可行使《民法典》第 634 条规定的两项权利，选项 C、D 正确。如吴某仅有最后一期货款 1200 元未支付，则说明其支付的价款总计超过了总价款的百分之七十五，此时，周某不得行使取回权，选项 B 错误。

[2]【解析】正确选项为 ABCD。赠与合同是《民法典》特别规定的一个合同类型，属于有名合同；赠与合同的单务性、诺成性、不要式性已如前述。

经过公证的赠与合同或者依法不得撤销的具有救灾、扶贫、助残等公益、道德义务性质的赠与合同，不适用前款规定。

在我国民法典上，赠与合同为诺成合同。<u>对赠与人的保护，主要通过任意撤销权实现</u>。赠与人的任意撤销权必须发生在赠与财产的权利转移之前：赠予动产的，在交付动产之前可撤销赠与；赠与不动产的，在进行不动产所有权转移登记之前，即便已交付不动产于受赠人，因"赠与财产的权利"尚未转移，故赠与人仍能任意撤销赠与。

<u>不允许赠与人任意撤销赠与合同的两种情形</u>：（1）赠与采用公证形式的。赠与合同是非要式合同，并不要求必须采用公证形式，但是，一旦当事人采用了公证形式，此种特殊形式即使赠与人丧失任意撤销权，从而使其丧失转移赠与财产权利的反悔机会，而受赠人则可获得切实的保障。（2）即便未采取公证形式，但如果赠与具有特定公益目标或具有道德义务性质，依法不得撤销，则同样不可由赠与人任意撤销。

不得任意撤销意味着：在《民法典》第658条第2款不能撤销的情形，赠与合同成立后，赠与人不履行的，受赠人有权要求履行，赠与人不履行赠与合同的，受赠人有权要求赠与人承担继续履行或赔偿损失等违约责任。不过，考虑到赠与的无偿性，《民法典》第660条第2款规定，仅在赠与人因故意或重大过失致赠与物在交付前毁损、灭失的，赠与人才须承担赔偿责任。

在不得任意撤销的情形，如赠与人经济状况显著恶化，严重影响其生产经营或者家庭生活的，可以不再履行赠与义务（《民法典》第666条）。

【相关法条】

《民法典》第666条 赠与人的经济状况显著恶化，严重影响其生产经营或者家庭生活的，可以不再履行赠与义务。

【真题解读】

1.（2000年多选）甲公司与某希望小学乙签订赠与合同，决定捐赠给该小学价值2万元的钢琴两台，后甲公司的法定代表人更换，不愿履行赠与合同。下列哪些说法是错误的?[1]

A. 赠与合同属于单务法律行为，故甲公司可以反悔，且不承担违约责任

B. 甲公司尚未交付设备，故可撤销赠与

C. 乙小学业有权要求甲交付钢琴

D. 若甲公司以书面形式通知乙小学不予赠与，则甲公司不再承担责任

2.（2015年多选）郭某意外死亡，其妻甲怀孕两个月。郭某父亲乙与甲签订协议："如把孩子顺利生下来，就送十根金条给孩子。"当日乙把八根金条交给了甲。孩子顺利出生后，甲不同意由乙抚养孩子，乙拒绝交付剩余的两根金条，并要求甲退回八根金条。下列哪些选项是正确的?[2]

A. 孩子为胎儿，不具备权利能力，故协议无效

B. 孩子已出生，故乙不得拒绝赠与

C. 八根金条已交付，故乙不得要求退回

---

〔1〕【解析】正确选项为ABD。根据《民法典》第658条的规定，具有社会公益性质的赠与不得由赠与人任意撤销。本题中，甲公司的赠与即具有社会公益的性质，故不得任意撤销，受赠人希望小学可要求其实际履行赠与合同。ABD三个选项中的事实都构成任意撤销，故这些说法均错误，仅有选项C的说法成立。因此，本题的正确答案为ABD。

〔2〕【解析】正确选项为BC。有关胎儿利益的，应视为其已出生，选项A错误。该题中的赠与具有附条件的性质，而条件已成就。乙是孩子的祖父，在孩子生父去世的情况下，该赠与具有履行道德义务的性质，属于不得任意撤销的赠与。对于已经交付的金条，在不具备《民法典》第663条规定条件的情况下，更谈不上退回的问题。

D. 两根金条未交付，故乙有权不交付

三、赠与人的法定撤销权 * *

【重点法条】

《民法典》第663条　受赠人有下列情形之一的，赠与人可以撤销赠与：

（一）严重侵害赠与人或者赠与人的近亲属的合法权益；

（二）对赠与人有扶养义务而不履行；

（三）不履行赠与合同约定的义务。

赠与人的撤销权，自知道或者应当知道撤销原因之日起一年内行使。

《民法典》第663条并未明确指出赠与人撤销赠与的时间，但是，依逻辑，本条所规定的撤销原则上应指赠与财产的权利转移至受赠人手中之后的撤销，因为，在此权利转移之前，赠与人完全可以根据第658条的规定任意撤销合同。当然，本条的适用还有一种可能性，即赠与为第658条第2款所规定的不得任意撤销的赠与，则无论赠与财产的权利是否转移，赠与人都可根据本条的规定撤销赠与。

赠与人法定撤销权产生的原因可归为两类：（1）受赠人方面存在所谓"忘恩负义"的行为，即第663条第一项和第二项所列明的行为；（2）在附义务的赠与中，受赠人不履行赠与所附的义务。

法定撤销权的性质为形成权，其行使须受除斥期间的限制：撤销权人为赠与人的，自知道或者应当知道撤销原因之日起一年内行使。赠与人的继承人或者法定代理人——因受赠人实施违法行为导致赠与人死亡或丧失行为能力——行使撤销权的除斥期间短于第663条赠与人本人行使该权利的期间——仅为6个月，自知道或应当知道撤销原因之日起计算。

【真题解读】

1.（2003年多选）甲曾表示将赠与乙5000元，且已实际交付乙2000元，后乙在与甲之子丙的一次纠纷中，将丙殴成重伤。下列说法哪些是正确的？[1]

A. 甲可以撤销对乙的赠与

B. 丙可以要求撤销其父对乙的赠与

C. 丙应在被殴伤6个月内行使撤销权

D. 甲有权要求乙返还已赠与的2000元

2.（2019年单选）60岁的张某和25岁的余某经人介绍准备结婚，二人在婚前约定：结婚后将张某的一套房屋过户在余某名下；但在张某成为无民事行为能力人时，余某须承担扶养义务。婚后，张某按照约定将房屋过户登记在余某名下。但不久后，余某开始打骂张某甚至将其逐出家门。据此，张某提出的下列哪一主张能够得到法院的支持？[2]

A. 撤销婚姻行为　　　　　　　　　B. 撤销婚前约定

C. 赠与协议无效　　　　　　　　　D. 婚姻行为无效

---

〔1〕【解析】正确选项为AD。本题中，对于已经实际交付的2000元，赠与人甲可以行使《民法典》第663条规定的撤销权要求返还，因为受赠人乙将赠与人甲的儿子殴打成重伤，这一事实符合"严重侵害赠与人或者赠与人的近亲属"的情形。由于赠与人甲并未死亡或丧失行为能力，故撤销权应归属于甲而非丙。据此，选项BC错误，而AD正确。

〔2〕【解析】正确选项为B。该婚前约定具有赠与合同的性质。受赠人余某对赠与人张某负有法定抚养义务而不尽此义务，且有严重侵害赠与人的行为，张某可依据《民法典》第663条之规定撤销赠与。

以上赠与人的两项撤销权（任意撤销权与法定撤销权），可图示如下：

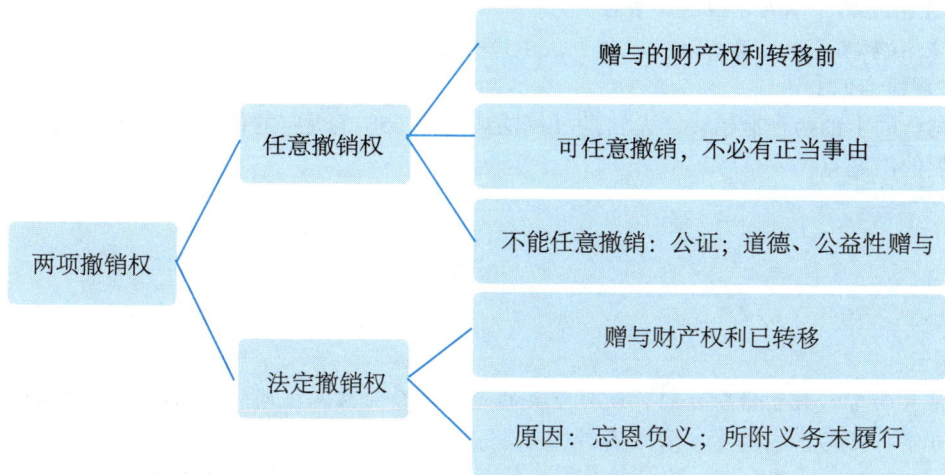

两项撤销权

任意撤销权
- 赠与的财产权利转移前
- 可任意撤销，不必有正当事由
- 不能任意撤销：公证；道德、公益性赠与

法定撤销权
- 赠与财产权利已转移
- 原因：忘恩负义；所附义务未履行

四、赠与人原则上不承担瑕疵担保责任 * *

【重点法条】

《民法典》第662条 赠与的财产有瑕疵的，赠与人不承担责任。附义务的赠与，赠与的财产有瑕疵的，赠与人在附义务的限度内承担与出卖人相同的责任。

赠与人故意不告知瑕疵或者保证无瑕疵，造成受赠人损失的，应当承担损害赔偿责任。

基于赠与合同的无偿性，与买卖合同中的出卖人不同，原则上赠与人不对受赠人承担瑕疵担保责任。例如，甲赠与乙手表一只，数日后该表因故障不能使用，此时，乙并不能向甲主张瑕疵担保。

但是，如果赠与是附义务的，且受赠人也履行了该义务，则受赠人并非完全无偿受益，故赠与人应在受赠人所附义务的限度内承担与出卖人一样的瑕疵担保责任。

如果赠与人明知赠与物有瑕疵而隐瞒，或者特别保证赠与物无瑕疵，则受赠人对赠与物的无瑕疵会产生特别的信赖，如受赠人因此而受损失，赠与人应承担损害赔偿责任。

【真题解读】

（2007年单选）赵某将一匹易受惊吓的马赠给李某，但未告知此马的习性。李某在用该马拉货的过程中，雷雨大作，马受惊狂奔，将行人王某撞伤。下列哪一选项是正确的？[1]

A. 应由赵某承担全部责任

---

[1] 【解析】正确选项为B。本题涉及两个知识点的考核，而且要求考生从法律关系的相对性的思路思考并准确作答。其一，在赵某与李某关系的层面，本题涉及赠与人对赠与物的瑕疵担保责任问题。马匹易受惊吓属于它的一种品质瑕疵，而且马匹的这个习性较容易观察；题干部分称"未告知此马的习性"，一个有争议的问题是，这一事实描述是否构成《民法典》第662条所规定的"赠与人故意不告知瑕疵"？对此，笔者持肯定的立场。赠与人明知马易受惊吓的习性，而且根据生活常识也应知道马匹受惊吓后即可能造成损害，故赠与人应当告知这一赠与物的缺陷，在主观心态上，赠与人的隐瞒应可构成"故意不告知"。因此，根据上述《民法典》第662条的规定，赠与人应对马匹给受赠人造成的损失承担赔偿责任。其二，在李某与王某关系的层面，动物致人损害的，应由动物饲养人或管理人承担赔偿责任，因此，王某应向马匹的管理人李某主张损害赔偿。基于法律关系的相对性，王某不得越过李某直接向赵某主张权利（除非符合债权人代位权的要件）。题干部分直接描述的损失是王某的受伤，故可推知各选项中的"责任"应指因王某受伤害应予赔偿的责任（这一推测的必要性，至少显示了本题在语言表述上不够清晰）。因此，本题的正确选项为B。当然李某在向王某承担损害赔偿责任后，可根据《民法典》第662条关于赠与人瑕疵担保责任的规定，向赠与人赵某求偿。

B. 应由李某承担责任

C. 应由赵某与李某承担连带责任

D. 应由李某承担主要责任，赵某也应承担一定的责任

【主观题点睛】

赠与合同上的两种撤销权，尤其是《民法典》第 658 条规定的任意撤销权，是主观题考试比较重要的出题点。

第三节　借款合同

【提示】

就法考而言，关于借款合同，最为重要的是要区分自然人之间的借款与有金融机构参与的借款，并掌握它们在成立等方面的不同规则。

《民法典》对《合同法》中借款合同的修正并不多，主要表现在借款利率方面（如《民法典》明文规定禁止高利贷）。2015 年发布的《最高人民法院关于审理民间借贷案件适用法律若干问题的规定》（以下称"《民间借贷解释》"）也是一部重要的司法解释，该司法解释经由 2020 年 6 月和 12 月两次修正后，已与《民法典》相协调。

一、自然人之间的借款＊＊

1. 自然人之间的借款合同为不要式合同，可以不采取书面形式。

2. 自然人之间的借款合同为实践性合同。《民法典》第 679 条规定："自然人之间的借款合同，自贷款人提供借款时成立。"这就意味着，贷款人还有机会反悔，可以拒绝提供借款而不承担违约责任；一旦贷款人提供借款，则借款合同生效，借款人须按合同约定的还款期限、利息等履行本金和利息的支付义务。须注意的是，"自然人之间的借款"是一个比"民间借贷"更小的概念，民间借贷只要有一方不是自然人，即应作为诺成合同对待。

3. 自然人之间的借款，未约定利息的，为无息借款；约定利息的，不得高于法定最高限额，即一年期 LPR（贷款市场报价利率）的四倍（参见《民间借贷解释》第 25 条）。

【相关法条】

《民间借贷解释》第 25 条　出借人请求借款人按照合同约定利率支付利息的，人民法院应予支持，但是双方约定的利率超过合同成立时一年期贷款市场报价利率四倍的除外。

前款所称"一年期贷款市场报价利率"，是指中国人民银行授权全国银行间同业拆借中心自 2019 年 8 月 20 日起每月发布的一年期贷款市场报价利率。

二、金融机构为一方的借款＊

此类借款合同，指以金融机构为一方（贷款人），而企业或自然人为另一方（借款人）而缔结的借款合同。

此类借款合同有以下几个特点：（1）属于要式合同，须以书面形式订立借款合同；（2）属于诺成合同，合同于当事人双方订立合同时即生效，贷款人有义务依约提供贷款；（3）贷款人有提供贷款的义务，而借款人有按期归还贷款本息的义务；（4）通常都有利息，属于有偿合同。

三、《民间借贷解释》明确的重要规则＊＊

1. 法人之间、非法人组织之间以及它们相互之间为生产、经营需要订立的民间借贷合同，

除存在民法典第一百四十六条、第一百五十三条、第一百五十四条以及本规定第十三条规定的情形外，当事人主张民间借贷合同有效的，人民法院应予支持（第10条）

2. 以下民间借贷合同无效：套取金融机构贷款转贷的；未依法取得放贷资格的出借人，以营利为目的向社会不特定对象提供借款的。（第13条）

3. 当事人以签订买卖合同作为民间借贷合同的担保，借款到期后借款人不能还款，出借人请求履行买卖合同的，人民法院应当按照民间借贷法律关系审理，当事人根据法庭审理情况变更诉讼请求的，人民法院应当准许。按照民间借贷法律关系审理作出的判决生效后，借款人不履行生效判决确定的金钱债务，出借人可以申请拍卖买卖合同标的物，以偿还债务。就拍卖所得的价款与应偿还借款本息之间的差额，借款人或者出借人有权主张返还或者补偿（第23条）。

【真题解读】

（2015年多选）自然人甲与乙签订了年利率为30%、为期1年的1000万元借款合同。后双方又签订了房屋买卖合同，约定："甲把房屋卖给乙，房款为甲的借款本息之和。甲须在一年内以该房款分6期回购房屋。如甲不回购，乙有权直接取得房屋所有权。"乙交付借款时，甲出具收到全部房款的收据。后甲未按约定回购房屋，也未把房屋过户给乙。因房屋价格上涨至3000万元，甲主张偿还借款本息。下列哪些选项是正确的？[1]

A. 甲乙之间是借贷合同关系，不是房屋买卖合同关系

B. 应在不超过银行同期贷款利率的四倍以内承认借款利息

C. 乙不能获得房屋所有权

D. 因甲未按约定偿还借款，应承担违约责任

如将《民间借贷司法解释》整合进借款合同的体系，则可将本节知识点脉络图示如下：

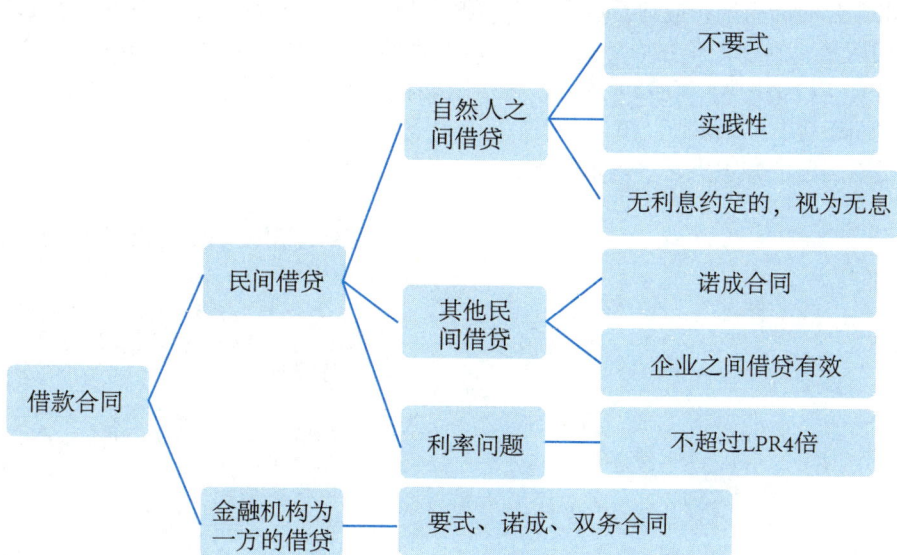

---

[1]【解析】正确选项为ACD。由《民间借贷解释》第23条可知，甲乙之间是借贷关系，不是买卖关系。前述司法解释改变了之前关于民间借贷利率不得超出银行同期贷款利率四倍的规定。由于不构成买卖，且未办理所有权转移登记，乙不能获得房屋所有权。甲迟延履行，应负违约责任。

第四节　租赁合同

【提示】

在典型合同部分，租赁合同是一个极其重要的合同类型。在规范方面，除《民法典》合同编中租赁合同一章的重要法条外，还应注意掌握《最高人民法院关于审理城镇房屋租赁合同纠纷案件具体应用法律若干问题的解释》（以下简称"《租赁合同解释》"）中的一些重要规定。为配合《民法典》的实施，最高人民法院已于 2020 年 12 月修订并公布了该司法解释。

一、租赁合同的性质 *

租赁合同具有有偿、双务、诺成、不要式的属性。

就不要式而言，即便是房屋租赁，其本身也不要求具备书面形式，不过，应注意《民法典》第 707 条的规定，"租赁期限 6 个月以上的，应当采用书面形式。当事人未采用书面形式，无法确定租赁期限的，视为不定期租赁"。

另外，与买卖合同一样，租赁合同当然属于债权合同。这就意味着，租赁合同的有效并不以出租人对租赁物有处分权为必要，出租他人之物的，租赁合同本身有效。不过，承租人不得以租赁合同对抗所有权人，后者可以要求承租人返还占有，承租人向所有权人返还后，可以向出租人主张违约损害赔偿。

二、租期 * *

关于租赁合同的租期，应注意以下三个规则：（1）最长租赁期间为 20 年，超过部分无效；（2）不定期租赁，当事人双方均可随时解除租赁合同，但出租人解除合同时应在合理期间之前通知承租人（《民法典》第 730 条）；（3）定期租赁的租期届满，当事人继续租赁关系的，转变为不定期租赁（《民法典》第 734 条）。

有关租期问题的知识点，可图示如下：

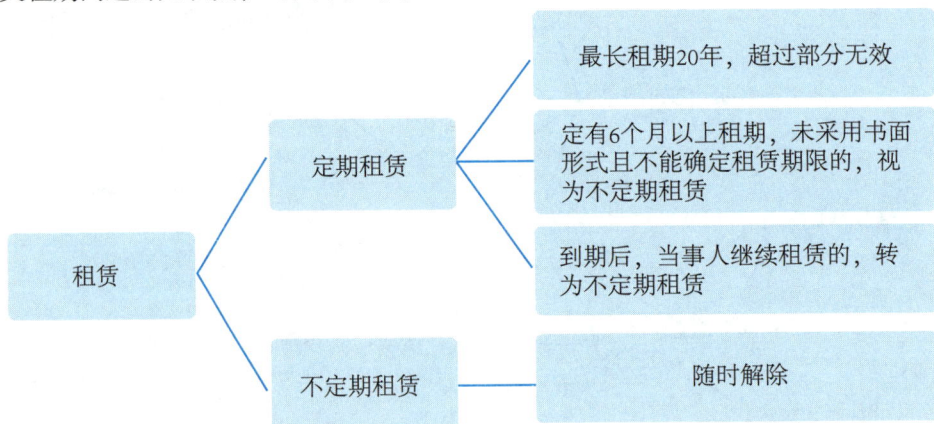

三、一房多租问题 * * *

【重点法条】

《租赁合同解释》第 5 条　出租人就同一房屋订立数份租赁合同，在合同均有效的情况下，承租人均主张履行合同的，人民法院按照下列顺序确定履行合同的承租人：

（一）已经合法占有租赁房屋的；

（二）已经办理登记备案手续的；

（三）合同成立在先的。

不能取得租赁房屋的承租人请求解除合同、赔偿损失的，依照民法典的有关规定处理。

"多个租赁合同均有效"，其原理与一物多卖情形下"多个买卖合同均有效"完全一致，即指其均产生合同上的债权债务关系。债权没有排他性，数个承租人均可要求出租人履行合同。在发生数个承租人均要求实际履行的情形，《租赁合同解释》确立了如下优先顺序：

1. 如某个承租人已经占有房屋，则其与出租人之间的合同实际上已经得到履行，故应维持其对房屋的占有。

2. 如出租人尚未向任一承租人交付房屋，而其中有承租人与出租人之间的合同经过登记备案，则该承租人可以优先要求实际履行租赁合同。需注意，租赁合同的登记备案不是租赁合同的生效要件，不登记备案的，不影响租赁合同的效力；但是，在多重租赁情况下，经过登记备案的租赁合同的承租人有优先要求实际履行合同的权利。

3. 如出租人未向任一承租人交付房屋，数个租赁合同也均未办理登记备案，则成立在先的租赁合同的承租人可以要求实际履行合同。

如出租人向其中一个承租人履行合同，则其与该承租人的关系继续受租赁合同的调整（包括承租人支付租金等），（优先顺序见前条规定），<u>其他租赁合同的承租人的交易目的不能实现，可请求解除合同并赔偿损失</u>。

该知识点可图示如下：

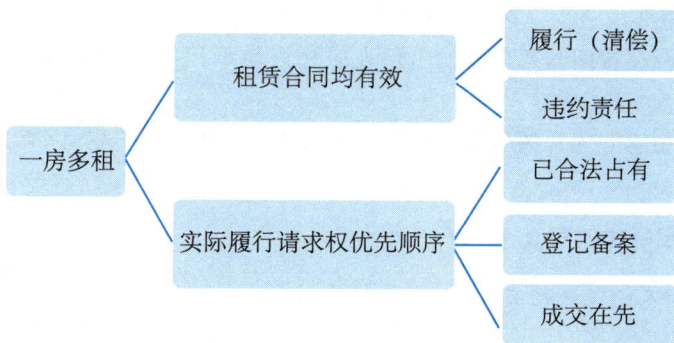

【真题解读】

1.（2019年多选）柳某有一套房，2016年6月租给郭某，签订A合同；2016年9月又租给韩某，签订B合同。郭某办理了登记备案，但韩某率先住了进去。现郭某和韩某均主张履行租赁合同。对此，下列哪些说法是正确的？[1]

A. B合同虽未办理登记备案，但与A合同同样有效

B. A合同因在先签订，其效力优先

C. 郭某办理了备案登记，应优先履行A合同

D. 韩某率先居住使用，应优先履行B合同

---

[1]【解析】正确选项为AD。房屋租赁登记备案的规定属于管理性强制性规定，未做备案的不影响租赁合同的效力，故A选项正确。一房多租均有效，其履行请求权的优先顺序依《租赁合同解释》第5条之规定，选项D正确，B、C错误。

2. （2021年单选）甲将同一套房屋先后出租给四个人，均未交付，且均收取了第一个月的租金。对此，该房应交付给下列哪一人？[1]

A. 租金最高者　　　　　　　　B. 合同签订最早者

C. 先完成备案登记者　　　　　D. 租金最早支付者

四、租赁合同的效力＊＊

（一）承租人的义务

1. 支付租金的义务。承租人无正当理由未支付或者迟延支付租金的，出租人可以要求承租人在合理期限内支付。承租人逾期不支付的，出租人可以解除合同。

2. 妥善保管和使用租赁物的义务。因保管不善造成租赁物毁损、灭失的，应当承担损害赔偿责任。承租人未按照约定的方法或者租赁物的性质使用租赁物，致使租赁物受到损失的，出租人可以解除合同并要求赔偿损失。

3. 未经出租人同意，不得转租。

4. 租赁期间届满后返还租赁物的义务。

（二）出租人的义务

1. 及时交付租赁物，并在租赁期间保持租赁物符合约定的用途。

2. 租赁物的修缮义务。承租人在租赁物需要维修时可以要求出租人在合理期限内维修。出租人未履行维修义务的，承租人可以自行维修，维修费用由出租人负担。因维修租赁物影响承租人使用的，应当相应减少租金或者延长租期。

3. 确保租赁物上无第三人的权利。因第三人主张权利，致使承租人不能对租赁物使用、收益的，承租人可以要求减少租金或者不支付租金。

4. 承租人在房屋租赁期间死亡的，出租人应允许与承租人生前共同居住的人按照原租赁合同租赁该房屋。

5. 尊重房屋承租人的优先购买权及租赁合同到期后的优先承租权（《民法典》第734条第2款）。

五、租赁期间租赁物的买卖＊＊＊

（一）房屋承租人的优先购买权

【重点法条】

《民法典》第726条　出租人出卖租赁房屋的，应当在出卖之前的合理期限内通知承租人，承租人享有以同等条件优先购买的权利；但是，房屋共有人行使优先购买权或者出租人将房屋出卖给近亲属的除外。

出租人履行通知义务后，承租人在十五日内未明确表示购买的，视为承租人放弃优先购买权。

《民法典》第728条　出租人未通知承租人或者有其他妨害承租人行使优先购买权情形的，承租人可以请求出租人承担损害赔偿责任。但是，出租人与第三人订立的房屋买卖合同的效力不受影响。

房屋租赁期间，出租人出卖租赁房屋的，承租人有优先购买权。对此优先购买权，须注意以下几点：

1.《民法典》仅在房屋租赁中规定了承租人的优先购买权，其他物的租赁无此权利设计。

---

［1］【解析】正确选项为C。答题依据就在《租赁合同解释》第5条。

2. 出租人侵害承租人优先购买权的，承租人可要求赔偿损失，但出租人与第三人之间买卖合同的效力不受影响（《民法典》第 728 条）。也就是说，出租人未尊重承租人优先购买权的，该行为仅构成对租赁合同的违反，承租人固然能够据此要求出租人赔偿损失，但不能主张出租人与第三人之间的房屋买卖合同无效，也不影响第三人通过完成过户登记取得房屋的所有权。

3. 承租人不得主张优先购买权的情形：（一）房屋共有人行使优先购买权的；（二）出租人将房屋出卖给近亲属的；（三）出租人履行通知义务后，承租人在十五日内未明确表示购买的；（四）出租人委托拍卖出租的房屋并在拍卖五日前通知承租人，承租人未参加拍卖的。

【真题解读】

1.（2013 年单选）甲与乙订立房屋租赁合同，约定租期 5 年。半年后，甲将该出租房屋出售给丙，但未通知乙。不久，乙以其房屋优先购买权受侵害为由，请求法院判决甲丙之间的房屋买卖合同无效。下列哪一表述是正确的？[1]

A. 甲出售房屋无须通知乙

B. 丙有权根据善意取得规则取得房屋所有权

C. 甲侵害了乙的优先购买权，但甲丙之间的合同有效

D. 甲出售房屋应当征得乙的同意

2.（2015 年单选）甲将房屋租给乙，在租赁期内未通知乙就把房屋出卖并过户给不知情的丙。乙得知后劝丙退出该交易，丙拒绝。关于乙可以采取的民事救济措施，下列哪一选项是正确的？[2]

A. 请求解除租赁合同，因甲出卖房屋未通知乙，构成重大违约

B. 请求法院确认买卖合同无效

C. 主张由丙承担侵权责任，因丙侵犯了乙的优先购买权

D. 主张由甲承担赔偿责任，因甲出卖房屋未通知乙而侵犯了乙的优先购买权

（二）买卖不破租赁

【重点法条】

《民法典》第 725 条 　租赁物在承租人依据租赁合同占有期间发生所有权变动的，不影响租赁合同的效力。

此条规则习惯上被称为"买卖不破租赁"，实际上，不仅是租赁物的买卖不能破除租赁，而且因其他原因（如赠与、互易、抵押权的实现等）而导致租赁物在租赁期间发生所有权变动的，都不影响在先成立的租赁合同的效力。

所谓"不影响租赁合同的效力"，指的是，租赁合同继续存在于承租人与新所有权人之间，直至租期届满。因此，该条实际上规定了一种合同权利义务的法定转移：租赁期间，发生租赁物所有权变动的，新所有权人承受原出租人的地位，负有维修租赁物等出租人的义务，并享有收取租金等出租人的权利。

以上规则的适用有一个隐含的前提，即租赁合同必须是定期合同且租期尚未届满。因为，如果租赁为不定期租赁，出租人可随时解除租赁合同，新所有权人也就不必承受出租人的合同地位了。

另外，相对于《合同法》第 229 条，《民法典》第 725 条增加了"承租人依据租赁合同占

---

〔1〕【解析】正确选项为 C。根据《民法典》第 728 条可知，尽管侵害了承租人乙的优先购买权，但甲丙之间的买卖合同仍有效。作为出租人，甲对房屋有处分权，因此，其出售房屋无须征得承租人同意，但需要就出卖事实通知承租人，以使后者决定是否行使优先购买权。甲为有权处分，故丙的取得不属于善意取得。

〔2〕【解析】正确选项为 D。答题依据是《民法典》第 728 条。

有"的要求，因此，<u>尚未占有租赁物的承租人不得主张该条的权利。</u>

【相关法条】

《租赁合同解释》第 14 条 租赁房屋在承租人按照租赁合同占有期限内发生所有权变动，承租人请求房屋受让人继续履行原租赁合同的，人民法院应予支持。但租赁房屋具有下列情形或者当事人另有约定的除外：

（一）房屋在出租前已设立抵押权，因抵押权人实现抵押权发生所有权变动的；

（二）房屋在出租前已被人民法院依法查封的。

本标题"租赁物转让"所涉及的两方面的规则，可图示如下：

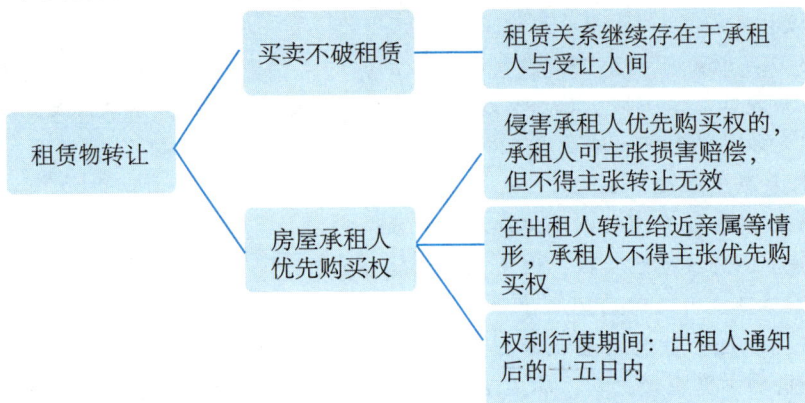

```
                          ┌─ 买卖不破租赁 ──── 租赁关系继续存在于承租
                          │                    人与受让人间
            租赁物转让 ───┤
                          │                  ┌─ 侵害承租人优先购买权的，
                          │                  │  承租人可主张损害赔偿，
                          │                  │  但不得主张转让无效
                          └─ 房屋承租人 ─────┤
                             优先购买权      ├─ 在出租人转让给近亲属等情
                                            │  形，承租人不得主张优先购
                                            │  买权
                                            │
                                            └─ 权利行使期间：出租人通知
                                               后的十五日内
```

六、转租 ＊＊＊＊

【重点法条】

《民法典》第 716 条 承租人经出租人同意，可以将租赁物转租给第三人。承租人转租的，承租人与出租人之间的租赁合同继续有效，第三人对租赁物造成损失的，承租人应当赔偿损失。

承租人未经出租人同意转租的，出租人可以解除合同。

转租，指承租人在占有租赁物期间，作为出租人就租赁物与第三人达成租赁合同关系而言。转租与合同转让有根本区别：在合同转让的情形，承租人将自己的合同地位转让给第三人，原承租人退出租赁关系，第三人作为新承租人直接与出租人形成租赁关系；而在转租的情形，原租赁关系不变，承租人并不退出原租赁关系，同时又以出租人身份构建第二个租赁关系。

依《民法典》第 716 条之规定，转租需经出租人同意。承租人未经同意转租的，出租人有权解除合同。严格来说，<u>承租人未经同意转租的，转租合同作为债权合同仍是有效的</u>，不过，一旦出租人解除合同，出租人即可向次承租人要求返还租赁物，后者不得以其与承租人之间的租赁合同对抗出租人。依《民法典》717 条之规定，<u>承租人经出租人同意转租的，转租期限如超过租赁合同剩余期限，则超过部分不约束出租人</u>。这就意味着，该租期仍约束转租合同的双方当事人，若原租赁合同到期后出租人收回租赁物，则次承租人可要求承租人（转租人）承担违约责任。

经出租人同意转租的，形成双重租赁关系，原租赁关系继续存在。这就意味着，转承租人造成租赁物损害的，出租人只能要求承租人承担违约责任。当然，如果次承租人因过错造成了租赁物的损害，则作为租赁物所有人的出租人可向次承租人主张侵权损害赔偿。

根据《民法典》第 719 条，承租人拖欠租金的，次承租人可以代承租人支付其欠付的租金和违约金，但是转租合同对出租人不具有法律约束力的除外。该条体现了《民法典》第524条的立法精神。

【相关法条】

《民法典》第717条 承租人经出租人同意将租赁物转租给第三人，转租期限超过承租人剩余租赁期限的，超过部分的约定对出租人不具有法律约束力，但是出租人与承租人另有约定的除外。

《民法典》第719条 承租人拖欠租金的，次承租人可以代承租人支付其欠付的租金和违约金，但是转租合同对出租人不具有法律约束力的除外。

次承租人代为支付的租金和违约金，可以充抵次承租人应当向承租人支付的租金；超出其应付的租金数额的，可以向承租人追偿。

转租系法考的一个重点考点，前述知识点可图示如下：

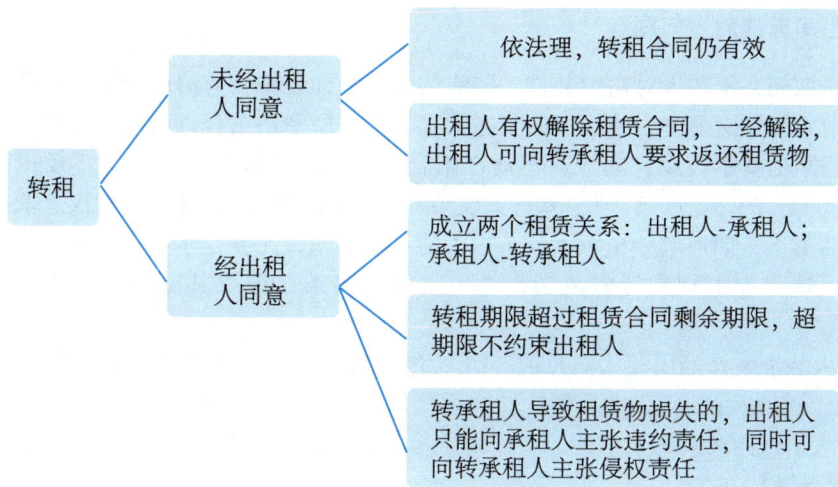

【真题解读】

1. （2009年多选）甲将自己的一套房屋租给乙住，乙又擅自将房屋租给丙住。丙是个飞镖爱好者，因练飞镖将房屋的墙面损坏。下列哪些选项是正确的？[1]

A. 甲有权要求解除与乙的租赁合同
B. 甲有权要求乙赔偿墙面损坏造成的损失
C. 甲有权要求丙搬出房屋
D. 甲有权要求丙支付租金

2. （2011年多选）丁某将其所有的房屋出租给方某，方某将该房屋转租给唐某。下列哪些表述是正确的？[2]

A. 丁某在租期内基于房屋所有权可以对方某主张返还请求权，方某可以基于其与丁某的合法的租赁关系主张抗辩权

B. 方某未经丁某同意将房屋转租，并已实际交付给唐某租用，则丁某无权请求唐某返还房屋

---

〔1〕【解析】正确选项为ABC。承租人擅自转租，出租人有权解除租赁合同，A正确。承租人有义务维护租赁物，因第三人原因导致租赁物受损的，承租人仍需负责，B正确。甲解除合同后，丙对房屋的占有为无权占有，甲可向丙要求返还房屋占有，C正确。即便甲追认转租，甲的租金债权也仅能向承租人乙主张，D错。

〔2〕【解析】正确选项为AC。丁某与方某之间存在租赁关系，丁某如向方某主张租赁物返还，方某可以有权占有作为抗辩。方某未经丁某同意转租的，丁某可解除租赁合同，租赁合同一旦解除，丁某即可向房屋占有人要求返还占有，即便方某与唐某之间的租赁合同有效，唐某也仅能对抗方某而不能对抗丁某，综上，AC正确，B和D错误。

C. 如丁某与方某的租赁合同约定，方某未经丁某同意将房屋转租，丁某有权解除租赁合同，则在合同解除后，其有权请求唐某返还房屋

D. 如丁某与方某的租赁合同约定，方某未经丁某同意将房屋转租，丁某有权解除租赁合同，则在合同解除后，在丁某向唐某请求返还房屋时，唐某可以基于与方某的租赁关系进行有效的抗辩

3.（2016年多选）居民甲将房屋出租给乙，乙经甲同意对承租房进行了装修并转租给丙。丙擅自更改房屋承重结构，导致房屋受损。对此，下列哪些选项是正确的？[1]

A. 无论有无约定，乙均有权于租赁期满时请求甲补偿装修费用

B. 甲可请求丙承担违约责任

C. 甲可请求丙承担侵权责任

D. 甲可请求乙承担违约责任

七、出租房屋的附合问题 *

房屋租赁期间，承租人对房屋装饰、装修的，如装饰装修物与房屋能够分离的，不构成添附，不产生特别问题。但是，装饰装修物通常都会与房屋密切结合以致不可分离，从而构成附合。以有关添附的基本规则，动产对不动产附合的，添附物所有权归属于不动产所有人。因此，《租赁合同解释》第7、8、9、10等条主要讨论的问题是，在房屋所有权人取得装饰装修物所有权的情形下，如何调整出租人与承租人的利益关系，尤其是承租人是否可向出租人寻求补偿的问题。这方面的规则比较复杂，考生须就上述条文识记其要点。总体而言，基本规则是：

1. 承租人装饰装修经出租人同意的：（1）合同无效时，根据过错分担现实损失；（2）合同解除时，依导致解除的归责性处理；（3）届满时，承租人无权要求补偿。

2. 承租人未经同意装饰装修的，费用由承租人负担，出租人更可要求承租人恢复原状。

【主观题点睛】

租赁合同是主观题考试特别重要的考点。买卖不破租赁、房屋承租人优先购买权、转租等最为重要。

第五节　融资租赁合同

【提示】

融资租赁合同比较复杂。1999年《合同法》将融资租赁规定为一种有名合同，2014年最高人民法院又发布了《关于审理融资租赁合同纠纷案件适用法律问题的解释》（以下简称"《融资租赁合同解释》"），《民法典》在二者基础上做出规定。2020年12月，最高人民法院为配合实施民法典对该司法解释做了小幅修正。

---

[1]【解析】正确选项为CD。根据《租赁合同解释》之规定，如无约定，期满时承租人不得要求补偿，选项A错误。转租经同意的，构成双重租赁关系，甲、丙之间没有合同关系，选项B错误。丙的行为侵害了甲的所有权，应对后者负侵权损害赔偿之责，选项C正确。甲可依据租赁合同关系要求乙承担违约责任，选项D正确。

一、基本法律关系＊＊

【重点法条】

《民法典》第735条　融资租赁合同是出租人根据承租人对出卖人、租赁物的选择，向出卖人购买租赁物，提供给承租人使用，承租人支付租金的合同。

融资租赁合同实际上是将买卖、租赁、融资担保关系相结合新型有名合同。考生可通过以下两个事例理解融资租赁合同：

1. 某航空公司需要波音飞机投入运营，但其资金不足；遂与某资产租赁公司商定，由航空公司选择飞机型号，并让资产租赁公司从波音公司购进飞机；资产租赁公司付款后，波音公司依指示，将飞机直接交付航空公司；资产租赁公司以向航空公司收取租金方式获得投资回报。在此例中，资产租赁公司为出租人（同时也是买受人），航空公司为承租人，波音公司为出卖人。此例体现的是典型的融资租赁合同关系。

2. 甲公司需要100万元资金，遂与乙公司订立融资租赁合同，交易安排如下：甲公司将一套设备以100万元价格"出卖"给乙公司，乙公司向甲公司支付100万元；甲公司立刻再以承租人身份租回该设备，并每月向乙公司支付租金（实际上是清偿融资的本息）直至合同期满；双方约定，合同期满，租赁物所有权归属于承租人。此种融资租赁是纯粹为解决融资担保而设，其与动产抵押、所有权保留等具有异曲同工之效。正因为如此，《民法典》第745条规定，"出租人对租赁物享有的所有权，未经登记，不得对抗善意第三人"。此规定与动产抵押及所有权保留的规定一致。此例构成所谓两人型融资租赁，是融资租赁的特殊形态。

【相关法条】

《融资租赁合同解释》第2条　承租人将其自有物出卖给出租人，再通过融资租赁合同将租赁物从出租人处租回的，人民法院不应仅以承租人和出卖人系同一人为由认定不构成融资租赁法律关系。

二、承租人行使索赔的权利、租金风险由承租人承担＊＊

【重点法条】

《民法典》第741条　出租人、出卖人、承租人可以约定，出卖人不履行买卖合同义务的，由承租人行使索赔的权利。承租人行使索赔权利的，出租人应当协助。

《民法典》第742条　承租人对出卖人行使索赔权利，不影响其履行支付租金的义务。但是，承租人依赖出租人的技能确定租赁物或者出租人干预选择租赁物的，承租人可以请求减免相应租金。

《民法典》第751条　承租人占有租赁物期间，租赁物毁损、灭失的，出租人有权请求承租人继续支付租金，但是法律另有规定或者当事人另有约定的除外。

出租人根据承租人对出卖人、租赁物的选择订立的买卖合同，出租人实际上是资金提供方，出卖人应当按照约定向承租人交付标的物，承租人享有与受领标的物有关的买受人的权利，出租人不应承担一般租赁合同出租人的瑕疵担保。依三方的约定，承租人可对不履行合同的出卖人直接主张权利。

在承租人决定出卖人和租赁物的情形，出租人不承担租赁物瑕疵的风险，因此，承租人向出卖人行使索赔的权利，不影响其履行支付租金的义务。

如果承租人并未自行独立选择出卖人和租赁物，而是依赖出租人的技能确定租赁物，或者出租人干预了租赁物的选择，则出租人应承受租金风险，承租人可因租赁物的不合用而要求出租人减少租金。租赁物毁损、灭失的，承租人承受租金风险，故出租人有权请求承租人继续支付租金。

【真题解读】

1.（2006 年多选）甲根据乙的选择，向丙购买了 1 台大型设备，出租给乙使用。乙在该设备安装完毕后，发现不能正常运行。下列哪些判断是正确的？[1]

A. 乙可以基于设备质量瑕疵而直接向丙索赔

B. 甲不对乙承担违约责任

C. 乙应当按照约定支付租金

D. 租赁期满后由乙取得该设备的所有权

2.（2018 年单选）乙融资租赁公司依据当事三方的书面协议，根据甲公司的指定，以 100 万元的价格向生产商丙公司购买了一台大型医疗设备，并出租给甲公司使用，租期 2 年，每月租金 5 万元，租期届满后该设备归乙公司所有。后丙公司依据乙公司的指示直接将设备交付给甲公司。对此，下列哪一说法是正确的？[2]

A. 如租期内医疗设备存在瑕疵，乙公司应减少租金

B. 如租期内医疗设备存在瑕疵，乙公司应承担维修义务

C. 租期内医疗设备毁损、灭失的风险应由乙公司承担

D. 租期内医疗设备毁损、灭失的风险应由甲公司承担

三、出租人不负瑕疵担保责任＊＊

【重点法条】

《民法典》第 747 条 租赁物不符合约定或者不符合使用目的的，出租人不承担责任，但承租人依赖出租人的技能确定租赁物或者出租人干预选择租赁物的除外。

《民法典》第 749 条 承租人占有租赁物期间，租赁物造成第三人人身伤害或者财产损害的，出租人不承担责任。

融资租赁的出租人与一般租赁合同有着本质的区别，<u>出租人除非影响租赁物的选择，否则不负瑕疵担保责任</u>。承租人占有的租赁物造成他人损害的，出租人也不对第三人负损害赔偿之责。

【提示】

理解《民法典》第 742、747 等条的关键在于，在涉及出卖人、出租人（买受人）、承租人三方的融资租赁关系中，购置租赁物存在两种情形：（1）承租人自主选择租赁物及出卖人，然后通知出租人付款购置。（2）承租人未做自主决定，而是依赖出租人的决断，或者出租人干预了承租人对租赁物的选择，质言之，系由出租人决定了租赁物及其出卖人。在前者，法律不应要求纯粹提供资金的出租人对租赁物不符合使用要求等带来的损失负责；在后者，出租人则应对租赁物不符合使用要求等对承租人负责。

---

〔1〕【解析】正确选项为 ABC。根据《民法典》第 741 条的规定，出卖人不履行买卖合同义务的，可由承租人行使索赔的权利，故选项 A 正确。根据《民法典》第 747 条的规定，租赁物不符合约定或者不符合使用目的的，出租人不承担责任，故选项 B 正确。既然甲并不存在违约，则承租人没有拒付租金的抗辩权，应按约定支付租金，故选项 C 正确。根据《民法典》第 757 条的规定，当事人对租赁物的归属没有约定或者约定不明确的，租赁物的所有权归出租人，故选项 D 错误。

〔2〕【解析】正确选项为 D。本题中，乙公司系根据甲公司指定购买设备，根据《民法典》第 742 条、第 751 条之规定，医疗设备的瑕疵不应由乙公司承担瑕疵担保责任，且不影响甲公司租金的支付，设备毁损灭失的风险也应由甲公司承担。据此，选项 D 正确。

四、融资租赁合同的解除 *

【重点法条】

《融资租赁解释》第 5 条　有下列情形之一，出租人请求解除融资租赁合同的，人民法院应予支持：

（一）承租人未按照合同约定的期限和数额支付租金，符合合同约定的解除条件，经出租人催告后在合理期限内仍不支付的；

（二）合同对于欠付租金解除合同的情形没有明确约定，但承租人欠付租金达到两期以上，或者数额达到全部租金百分之十五以上，经出租人催告后在合理期限内仍不支付的；

（三）承租人违反合同约定，致使合同目的不能实现的其他情形。

《融资租赁合同解释》第 11 条　出租人依照本解释第五条的规定请求解除融资租赁合同，同时请求收回租赁物并赔偿损失的，人民法院应予支持。

前款规定的损失赔偿范围为承租人全部未付租金及其他费用与收回租赁物价值的差额。合同约定租赁期间届满后租赁物归出租人所有的，损失赔偿范围还应包括融资租赁合同到期后租赁物的残值。

五、租期届满租赁物的归属 * *

【重点法条】

《民法典》第 757 条　出租人和承租人可以约定租赁期间届满租赁物的归属；对租赁物的归属没有约定或者约定不明确，依照本法第五百一十条的规定仍不能确定的，租赁物的所有权归出租人。

《民法典》第 759 条　当事人约定租赁期限届满，承租人仅需向出租人支付象征性价款的，视为约定的租金义务履行完毕后租赁物的所有权归承租人。

在实务中，当事人通常都约定到期租赁物归承租人所有，或者如第 759 条所示，约定承租人向出租人支付象征性价款后归属于承租人。不过，在无此约定情形，依第 757 条，租赁物所有权归出租人。

本节主要知识，可图示如下：

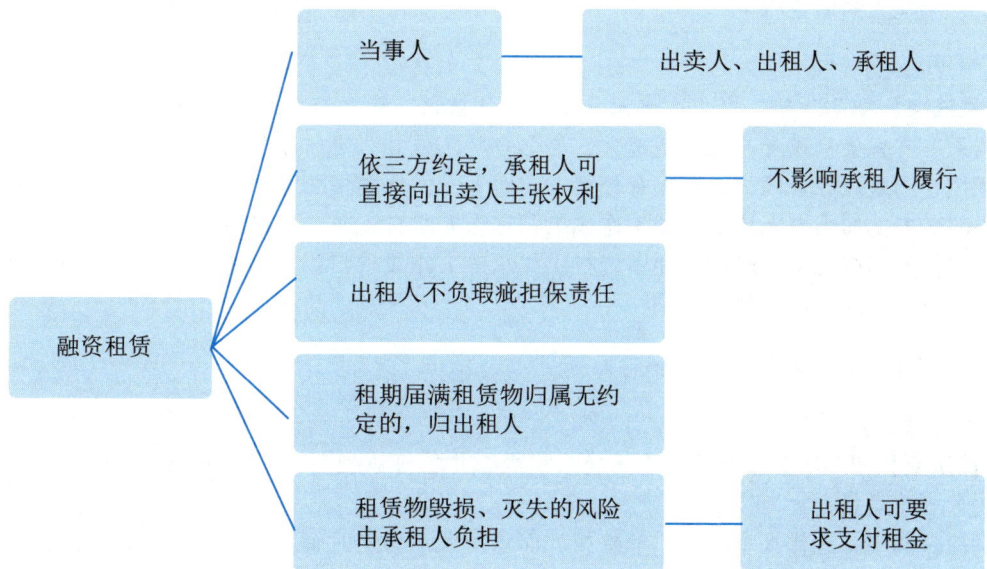

第十九章 完成工作交付成果合同

> **【复习提要】**

本章共两节，承揽合同的考点包括承揽人的亲为义务、定作人任意解除权等。建设工程合同则须关注有关转包、分包的规则以及承包人优先受偿权、无效法律后果等几个考点，并关注两个司法解释的重点条款。

第一节 承揽合同

一、承揽人亲自完成主要工作的义务 *

【重点法条】

《民法典》第772条 承揽人应当以自己的设备、技术和劳力，完成主要工作，但当事人另有约定的除外。

承揽人将其承揽的主要工作交由第三人完成的，应当就该第三人完成的工作成果向定作人负责；未经定作人同意的，定作人也可以解除合同。

承揽合同是完成工作交付工作成果的合同，是定作人对承揽人的劳动技能、知识经验等有所信任的合同，因此，除非当事人另有约定，承揽人应当亲自完成主要工作。

承揽人可将辅助工作交第三人完成，并就第三人的工作对定作人负责。经定作人同意，承揽人可以把主要工作交给第三人完成，并就该第三人的工作对定作人负责。

未经定作人同意，承揽人把主要工作交给第三人的，定作人有权解除合同。

二、承揽人的留置权 *

【重点法条】

《民法典》第783条 定作人未向承揽人支付报酬或者材料费等价款的，承揽人对完成的工作成果享有留置权或者有权拒绝交付，但是当事人另有约定的除外。

承揽合同是双务合同，承揽人有权要求定作人支付承揽报酬，但负有向定作人交付承揽工作成果的义务。如当事人约定承揽工作成果归定作人所有，或主要材料系由定作人提供，则承揽人在定作人不履行义务时可行使留置权；如承揽工作成果归属于承揽人，则可行使具有同时履行抗辩权性质的拒绝交付的权利。

三、定作人的任意解除权 * *

【重点法条】

《民法典》第787条 定作人在承揽人完成工作前可以随时解除承揽合同，造成承揽人损失的，应当赔偿损失。

承揽合同中，定作人享有任意解除权，而承揽人不得随时解除合同。定作人行使任意解除权须在承揽人完成承揽工作前。

本条授权定作人可以随时解除合同，定作人任意解除合同不构成违约行为，承揽人不得要求定作人承担违约责任。

不过，定作人任意解除权的性质与《民法典》第563条第2款所规定的合同解除权（任意解除）的性质不同，如因解除而造成承揽人损失的（例如，承揽人已进行了部分工作，耗费了一定的人力、物力），定作人须赔偿损失，这是行使任意解除权的代价。

【真题解读】

（2004年多选）何女士提供三块木料给某家具厂定制一个衣柜，开工不久何女士觉得衣柜样式不够新潮，遂要求家具厂停止制作。家具厂认为这是个无理要求，便继续使用剩下两块木料，按原定式样做好了衣柜。下列说法哪些是正确的？[1]

A. 家具厂应赔偿因此给何女士造成的损失　　B. 何女士应支付全部约定报酬
C. 何女士应支付部分报酬　　D. 何女士应支付全部约定报酬和违约金

第二节　建设工程合同

【提示】

建设工程合同属于比较重要的一类合同。建设工程合同实际上属于承揽合同的一个特别类型，但由于其事关公共安全等，法律对此类合同有很多管制性规定（如合同订立上招投标的要求、资质要求、转包分包的限制等），由此也产生了许多导致建设工程合同无效的原因。对此类合同，不仅有《民法典》合同编第十八章的规定，还有司法解释也应适当关注。2020年12月，为配合民法典的施行，最高人民法院通过对司法解释的清理，在建设施工合同领域废止了《最高人民法院关于建设工程价款优先受偿权问题的批复》《最高人民法院关于审理建设工程施工合同纠纷案件适用法律问题的解释（一）》和《建设工程施工合同解释（二）》等三项司法解释，通过并发布了新的《最高人民法院关于审理建设工程施工合同纠纷案件适用法律问题的解释（一）》（以下简称"《建设工程施工合同解释（一）》"）。

一、建设工程"阴阳合同"的效力＊＊

【重点法条】

《建设工程施工合同解释（一）》第2条　招标人和中标人另行签订的建设工程施工合同约定的工程范围、建设工期、工程质量、工程价款等实质性内容，与中标合同不一致，一方当事人请求按照中标合同确定权利义务的，人民法院应予支持。

招标人和中标人在中标合同之外就明显高于市场价格购买承建房产、无偿建设住房配套设施、让利、向建设单位捐赠财物等另行签订合同，变相降低工程价款，一方当事人以该合同背离中标合同实质性内容为由请求确认无效的，人民法院应予支持。

根据《民法典》第146条的规定，当事人双方虚伪表示订立的合同无效，而其隐藏的真实意思表示是否有效须依法判断。建设工程施工合同通过招投标方式缔结的，实务中常发生所谓"阴阳合同"的问题，即中标备案合同系发包人与承包人之间虚假的表示，当事人在中标合同

---

〔1〕【解析】正确选项为AC。《民法典》第787条规定，定作人可以随时解除承揽合同，造成承揽人损失的，应当赔偿损失。本题中，定作人何女士解除合同，并不构成违约，故选项D错误。何女士解除合同后，承揽合同的效力终止，家具厂继续制作，给何女士造成了木料的损失，应给予赔偿，故选项A正确。何女士解除合同时，家具厂已进行了部分工作，因此何女士应支付部分报酬，作为家具厂损失的补偿，故选项B错误，而选项C正确。

外另有体现真实意思的合意。如果按照《民法典》第 146 条，则中标备案合同（阳合同）似乎应无效，而"阴合同"是否有效须另行判断。

建设工程施工合同的特殊性导致在此领域适用不同于《民法典》第 146 条的特殊规则：（1）一方面，中标备案合同即便不体现当事人之间真实意思，但仍应认定依其内容发生效力；（2）另一方面，建设工程施工合同实行强制性招投标管理的，有关招投标方面的法律属于效力性强制性规定，依据《民法典》第 153 条的规定，对招投标法律的违反将会使相关合同产生无效的后果。

所以，就建设工程施工合同阳合同即便虚假也有效，阴合同即便体现真实意思也是无效的。

【真题解读】

（2019 年单选）洪某借用浩天公司资质和名义投标成功，与发包人恒达公司订立建筑工程合同。双方在中标合同备案后，又就同一项目另行订立一份在工期要求、对价、施工方案、总价款等内容不同于中标合同的施工合同。随后，洪某以实际施工人浩天公司项目部名义与具有劳务作业法定资质的银海公司订立劳务分包合同。工程全部完成后，竣工验收不合格。对此，下列哪一说法是正确的？[1]

A. 工程价款应按照另行订立的施工合同的约定结算
B. 建设工程施工合同应认定为部分无效
C. 劳务分包合同应认定为有效
D. 恒达公司只能请求浩天公司承担工程不合格的赔偿责任

二、转包的禁止与分包的限制 **

【重点法条】

《民法典》第 791 条第 2、3 款 总承包人或者勘察、设计、施工承包人经发包人同意，可以将自己承包的部分工作交由第三人完成。第三人就其完成的工作成果与总承包人或者勘察、设计、施工承包人向发包人承担连带责任。承包人不得将其承包的全部建设工程转包给第三人或者将其承包的全部建设工程支解以后以分包的名义分别转包给第三人。

禁止承包人将工程分包给不具备相应资质条件的单位。禁止分包单位将其承包的工程再分包。建设工程主体结构的施工必须由承包人自行完成。

《民法典》第 791 条确立了以下几个重要规则：

1. 禁止转包，即便征得发包人同意，也不可以。违法转包，转包合同无效。
2. 经发包人同意，可将部分工程分包给他人，但分包人需要具备相应资质。
3. 分包合法有效的，第三人与承包人对发包人承担连带责任。
4. 主体结构的施工必须由承包人完成。

三、承包人的优先受偿权 ***

【重点法条】

《民法典》第 807 条 发包人未按照约定支付价款的，承包人可以催告发包人在合理期限

---

[1] 【解析】正确选项为 C。根据《建设施工合同解释（一）》第 2 条，工程价款应按照中标备案合同结算，选项 A 错误。借用资质合同无效，不存在部分无效之问题，选项 B 错误。对于主借资质而导致工程质量不合格，发包人可要求借用方和出借方承担连带责任（《解释》第 7 条），选项 D 错误。银海公司具有劳务作业法定资质，劳务分包合同有效，选项 C 正确。

内支付价款。发包人逾期不支付的，除根据建设工程的性质不宜折价、拍卖的以外，承包人可以与发包人协议将该工程折价，也可以请求人民法院将该工程依法拍卖。建设工程的价款就该工程折价或者拍卖的价款优先受偿。

关于建设工程承包人的优先受偿权，除《民法典》第807条的规定外，《建设工程施工合同解释（一）》也进一步确立了适用规则。对该优先受偿权的理解与适用须注意以下几点：

1. 建设工程承包人的优先受偿权是一种具有法定担保物权性质的权利，无须当事人约定，只要存在发包人无正当理由迟延支付价款并在催告后仍不履行的情形，承包人即可主张该项优先受偿的权利。

2. 该优先受偿权效力强大，它不仅优先于一般债权，而且也优先于抵押权。如第三人在债务人的在建工程上设立了抵押权，则建设工程承包人的法定优先权优先于该抵押权。

3. 司法解释界定了该优先受偿权所担保的承包人债权的范围以及该项权利行使的期限，应予以注意。享有优先权的范围不包括因发包人违约所造成的损失赔偿。

4. 保护建筑工人的利益，是确立承包人对工程价款法定优先权的立法理由，因此有《建设工程施工合同解释（一）》第42条之规定。

【相关法条】

《建设工程施工合同解释（一）》

第35条 与发包人订立建设工程施工合同的承包人，依据民法典第八百零七条的规定请求其承建工程的价款就工程折价或者拍卖的价款优先受偿的，人民法院应予支持。

第36条 承包人根据民法典第八百零七条规定享有的建设工程价款优先受偿权优于抵押权和其他债权。

第37条 装饰装修工程具备折价或者拍卖条件，装饰装修工程的承包人请求工程价款就该装饰装修工程折价或者拍卖的价款优先受偿的，人民法院应予支持。

第40条 承包人建设工程价款优先受偿的范围依照国务院有关行政主管部门关于建设工程价款范围的规定确定。

承包人就逾期支付建设工程价款的利息、违约金、损害赔偿金等主张优先受偿的，人民法院不予支持。

第41条 承包人应当在合理期限内行使建设工程价款优先受偿权，但最长不得超过十八个月，自发包人应当给付建设工程价款之日起算。

第42条 发包人与承包人约定放弃或者限制建设工程价款优先受偿权，损害建筑工人利益，发包人根据该约定主张承包人不享有建设工程价款优先受偿权的，人民法院不予支持。

【真题解读】

（2017年多选题）甲公司以一地块的建设用地使用权作抵押向乙银行借款3000万元，办理了抵押登记。其后，甲公司在该地块上开发建设住宅楼，由丙公司承建。甲公司在取得预售许可后与丁订立了商品房买卖合同，丁交付了80%的购房款。现住宅楼已竣工验收，但甲公司未能按期偿还乙银行借款，并欠付丙公司工程款1500万元，乙银行和丙公司同时主张权利，法院拍卖了该住宅楼。下列哪些选项是正确的？[1]

A. 乙银行对建设用地使用权拍卖所得价款享有优先受偿权

---

[1] 【解析】正确选项为ACD。依《民法典》第417条，乙银行的抵押权以建设用地使用权为客体，地上新增的建筑不属于抵押财产。据此，选项A正确，B错误。建设工程承包人丙公司对其建成的住宅及改住宅占用的土地的建设用地使用权享有法定优先受偿权，该优先权优先于乙银行对该建设用地的抵押权，但不得对抗已经支付大部分款项的商品房买受人丁。据此，选项C、D正确。

B. 乙银行对该住宅楼拍卖所得价款享有优先受偿权

C. 丙公司对该住宅楼及其建设用地使用权的优先受偿权优先于乙银行的抵押权

D. 丙公司对该住宅楼及其建设用地使用权的优先受偿权不得对抗丁对其所购商品房的权利

四、建设施工合同的无效及其后果 ＊＊＊

【重点法条】

《建设工程施工合同解释（一）》第 1 条　建设工程施工合同具有下列情形之一的，应当依据民法典第一百五十三条第一款的规定，认定无效：

（一）承包人未取得建筑业企业资质或者超越资质等级的；

（二）没有资质的实际施工人借用有资质的建筑施工企业名义的；

（三）建设工程必须进行招标而未招标或者中标无效的。

承包人因转包、违法分包建设工程与他人签订的建设工程施工合同，应当依据民法典第一百五十三条第一款及第七百九十一条第二款、第三款的规定，认定无效。

《民法典》第 793 条　建设工程施工合同无效，但是建设工程经验收合格的，可以参照合同关于工程价款的约定折价补偿承包人。

建设工程施工合同无效，且建设工程经验收不合格的，按照以下情形处理：

（一）修复后的建设工程经验收合格的，发包人可以请求承包人承担修复费用；

（二）修复后的建设工程经验收不合格的，承包人不能请求参照合同关于工程价款的约定补偿。

发包人对因建设工程不合格造成的损失有过错的，应当承担相应的责任。

《民法典》及其他特别法、司法解释规定了许多导致建设施工合同无效的原因，包括缺资质、招标方面的缺陷、非法转包及违法分包等。

但是，无效并非意味着无任何效果。事实上，建设施工合同的无效具有非常特殊的效力。根据《民法典》第 793 条的规定，在建设施工合同被判定无效但工程已竣工的情形，应区分以下两种情况处理：

1. 建设工程施工合同无效，但建设工程经竣工验收合格，承包人可请求参照合同约定支付工程价款；

2. 建设工程施工合同无效，且建设工程经竣工验收不合格的，按照以下情形分别处理：（1）修复后的建设工程经竣工验收合格，发包人可请求承包人承担修复费用的；（2）修复后的建设工程经竣工验收不合格，承包人不得请求支付工程价款。

另外，尽管相关法律与司法解释规定承包人欠缺相应资质是导致建设工程施工合同无效的原因，但根据《建设工程施工合同解释（一）》第 7 条的规定，发包人可要求借用资质的承包人与出借资质的一方承担连带责任。

【相关法条】

《建设工程施工合同解释（一）》第 7 条　缺乏资质的单位或者个人借用有资质的建筑施工企业名义签订建设工程施工合同，发包人请求出借方与借用方对建设工程质量不合格等因出借资质造成的损失承担连带赔偿责任的，人民法院应予支持。

【真题解读】

1.（2015 年单选）甲公司与没有建筑施工资质的某施工队签订合作施工协议，由甲公司投标乙公司的办公楼建筑工程，施工队承建并向甲公司交纳管理费。中标后，甲公司与乙公司签订建筑施工合同。工程由施工队负责施工。办公楼竣工验收合格交付给乙公司。乙公司尚有部分剩余工程款未支付。下列哪一选项是正确的？[1]

    A. 合作施工协议有效　　　　　　　　B. 建筑施工合同属于效力待定

    C. 施工队有权向甲公司主张工程款　　D. 甲公司有权拒绝支付剩余工程款

2.（2016年多选）甲房地产开发公司开发一个较大的花园公寓项目，作为发包人，甲公司将该项目的主体工程发包给了乙企业，签署了建设工程施工合同。乙企业一直未取得建筑施工企业资质。现该项目主体工程已封顶完工。就相关合同效力及工程价款，下列哪些说法是正确的？[2]

    A. 该建设工程施工合同无效

    B. 因该项目主体工程已封顶完工，故该建设工程施工合同不应认定为无效

    C. 该项目主体工程经竣工验收合格，则乙企业可参照合同约定请求甲公司支付工程价款

    D. 该项目主体工程经竣工验收不合格，经修复后仍不合格的，乙企业不能主张工程价款

五、实际施工人的权利

【重点法条】

《建设工程施工合同解释（一）》第43条　实际施工人以转包人、违法分包人为被告起诉的，人民法院应当依法受理。

实际施工人以发包人为被告主张权利的，人民法院应当追加转包人或者违法分包人为本案第三人，在查明发包人欠付转包人或者违法分包人建设工程价款的数额后，判决发包人在欠付建设工程价款范围内对实际施工人承担责任。

如前所述，即使建设工程施工合同因违法转包等原因而被认定无效，竣工合格的，施工人仍可主张参照施工合同的约定要求折价补偿。在转包和违法分包的情形，如果发包方已经向承包方支付了所有工程款，则实际施工人只能向转包人或分包人要求支付工程款。若发包人尚欠付转包人或分包人工程款，则实际施工人有权直接以发包方为被告，要求发包人在欠付工程款的范围内对实际施工人承担给付责任。

【主观题点睛】

出现在主观题中的典型合同的类型不会太多，建设工程施工合同算是一个。需特别留意建设施工合同的效力问题（包括阴阳合同问题）以及建设工程承包人的优先受偿权。

---

　　[1]【解析】正确选项为C。甲的行为属于非法转包，转包合同无效。由于工程竣工后验收合格，施工队有权要求甲公司参照合同约定支付工程款。

　　[2]【解析】正确选项为ACD。乙企业无资质，建设工程施工合同因此而无效，该无效并不会因建设工程的完工而被修复。依据《建设工程施工合同解释》之规定，C、D选项皆正确。

第二十章　提供劳务合同

> 【复习提要】

　　本章共涉及保理合同、运输合同、保管合同、仓储合同、委托合同、物业服务合同、行纪合同和中介合同。总体而言，在法考中，本章有些合同类型不重要。考生仅须就下文所总结的一些知识点有所掌握即可。

第一节　保理合同

【说明】

　　保理合同是《民法典》新增的典型合同类型。保理，系通过转让应收账款债权于保理人方式进行，所以大致可归入"转移财产权利的合同"类型。

一、保理合同的概念 *

【重点法条】

　　《民法典》第761条　保理合同是应收账款债权人将现有的或者将有的应收账款转让给保理人，保理人提供资金融通、应收账款管理或者催收、应收账款债务人付款担保等服务的合同。

　　《民法典》合同编第六章规定了债权转让的相关规则。保理，可以理解为债权转让的一种原因（债权买卖、债权赠与等也属于债权转让的原因）。在保理合同之下，保理人（多为银行等金融机构）受让应收账款债权人现有或将有的应收账款债权，而保理合同则可服务于多种目的：

　　（1）资金融通，即保理人对应收账款债权人提供资金借贷，后者将对他人的应收账款债权转让给保理人作为抵偿或者担保；

　　（2）应收账款管理或者催收，即保理人与应收账款债权人之间实际上建立委托关系，保理人为债权人管理或催收账款，并收取手续费（佣金或报酬）；

　　（3）应收账款债务人付款担保，即保理人受让应收账款债权人的债权，在获得此项保障后，为债务人的付款义务提供担保。

　　在以上的保理目的中，保理人提供资金融通是最为常见和最为重要的。

　　保理与债权转让关系密切，但其担保功能也使其具有特殊性。《民法典》第763条规定，应收账款债权人与债务人虚构应收账款作为转让标的，与保理人订立保理合同的，应收账款债务人不得以应收账款不存在为由对抗保理人，但是保理人明知虚构的除外。

【相关法条】

　　《民法典》第763条　应收账款债权人与债务人虚构应收账款作为转让标的，与保理人订立保理合同的，应收账款债务人不得以应收账款不存在为由对抗保理人，但是保理人明知虚构的除外。

二、保理合同的类型 * *

【重点法条】

《民法典》第766条 当事人约定有追索权保理的，保理人可以向应收账款债权人主张返还保理融资款本息或者回购应收账款债权，也可以向应收账款债务人主张应收账款债权。保理人向应收账款债务人主张应收账款债权，在扣除保理融资款本息和相关费用后有剩余的，剩余部分应当返还给应收账款债权人。

《民法典》第767条 当事人约定无追索权保理的，保理人应当向应收账款债务人主张应收账款债权，保理人取得超过保理融资款本息和相关费用的部分，无需向应收账款债权人返还。

保理可分为有追索权的保理与无追索权的保理。

1. 有追索权的保理。此种保理的担保属性很强。保理人在受让应收账款债权后，可以有以下选择：（1）可以据此向债务人主张受让的债权，债务人接到债权转让通知后，有义务向保理人履行债务；如保理人自债务人处得到清偿，而其所得金额超过其提供的融资本息和相关费用的，保理人应将多余的部分返还给应收账款债权人；（2）保理人可以依据与应收账款债权人之间的资金融通关系（相当于借款关系），要求后者直接归还融资贷款本息或者回购应收账款债权。

2. 无追索权的保理。无追索权的保理，其实际意义更接近于债权买卖：保理人提供资金给应收账款债权人（也可理解为买卖债权的价款），作为对价，债权人将其享有的对第三人的债权转让给保理人。如果债务人不履行应收账款的付款义务，保理人不得向债权人主张权利；同理，保理人从债务人处取得的付款超过保理人融资本息的也无须向债权人返还。

三、同一应收账款订立多个保理合同 * *

【重点法条】

《民法典》第768条 应收账款债权人就同一应收账款订立多个保理合同，致使多个保理人主张权利的，已登记的先于未登记的受偿；均已登记的，按照登记的先后顺序受偿；均未登记的，由最先到达应收账款债务人的转让通知中载明的保理人受偿；既未登记也未通知的，按照保理融资款或者服务报酬的比例取得应收账款。

保理具有担保功能，已如前述。因此，以应收账款转让作为担保手段的保理与一般的物权编规定的抵押权也具有相似性。《民法典》第414条针对"一物多押"的情形，确定了登记在先的规则。同时，保理所借助的债权让与也存在通知债务人的需要。《民法典》第768条针对应收账款债权人就同一应收账款订立多个保理合同的情形，确立了以登记顺序、通知时间等确立优先顺序的规则。

【相关法条】

《担保制度解释》第66条 同一应收账款同时存在保理、应收账款质押和债权转让，当事人主张参照民法典第七百六十八条的规定确定优先顺序的，人民法院应予支持。

在有追索权的保理中，保理人以应收账款债权人或者应收账款债务人为被告提起诉讼，人民法院应予受理；保理人一并起诉应收账款债权人和应收账款债务人的，人民法院可以受理。

应收账款债权人向保理人返还保理融资款本息或者回购应收账款债权后，请求应收账款债务人向其履行应收账款债务的，人民法院应予支持。

第二节　运输合同

《民法典》合同编针对运输合同设有旅客运输合同、货运合同及多式联运合同等许多规范，但就法考而言，运输合同总体上不重要。基于此点判断，以下仅讨论很有限的几个问题。

一、承运人保障旅客人身安全的义务 *

【重点法条】

《民法典》第823条　承运人应当对运输过程中旅客的伤亡承担损害赔偿责任，但伤亡是旅客自身健康原因造成的或者承运人证明伤亡是旅客故意、重大过失造成的除外。

前款规定适用于按照规定免票、持优待票或者经承运人许可搭乘的无票旅客。

1. 承运人应保障旅客在运输过程中的人身安全，违反此义务的，承运人须承担赔偿责任。

2. 此赔偿责任为严格责任（无过失责任），仅在具备法律规定的免责事由时，承运人才能对旅客的伤亡免于承担责任。两种免责事由须牢记：（1）旅客自身健康原因，如因患急症在运输途中死亡；（2）对于伤亡的发生，旅客存在故意或重大过失；故意或重大过失的举证责任由承运人承担。只有在这两种情形下，承运人才能主张免责。即便伤亡是由不可抗力造成，承运人仍不免责。

3. 未经许可而搭乘的，可认为在承运人和旅客间不存在客运合同，如旅客发生伤亡，承运人不承担客运合同上的责任（违约责任）。

【真题解读】

（2004年多选）根据合同法的规定，承运人对运输过程中发生的下列哪些旅客伤亡事件不承担赔偿责任?[1]

A. 一旅客因制止扒窃行为被歹徒刺伤

B. 一旅客在客车正常行驶过程中突发心脏病身亡

C. 一失恋旅客在行车途中吞服安眠药过量致死

D. 一免票乘车婴儿在行车途中因急刹车受伤

二、托运人的单方变更、解除权 *

在承运人将货物交付收货人之前，托运人可以要求承运人中止运输、返还货物、变更到达地或者将货物交给其他收货人，但应当赔偿承运人因此受到的损失（《民法典》第829条）。

第三节　保管合同

一、保管合同的特征 *

1. 保管合同是实践性合同，保管合同自交付保管物时成立（《民法典》第890条）。

---

[1]【解析】正确选项为BC。根据《民法典》第823条的规定可知，只有选项B和C中所陈述的事实可以作为承运人免责的事由，故本题正确答案是BC。

2. 保管合同可为有偿合同，也可为无偿合同。根据《民法典》第889条的规定，当事人未约定保管费的，视为无偿保管。

3. 寄存人到保管人处从事购物、就餐、住宿等活动，将物品存放在指定场所的，视为保管，但是当事人另有约定或者另有交易习惯的除外（《民法典》第888条第2款）。

二、保管物毁损灭失的责任 *

【重点法条】

《民法典》第897条 保管期间，因保管人保管不善造成保管物毁损、灭失的，保管人应当承担赔偿责任。但是，无偿保管人证明自己没有故意或者重大过失的，不承担赔偿责任。

1. 保管人对保管物毁损、灭失的违约责任实行过错责任。对于有偿保管而言，如保管人证明自己已经尽到妥善保管的职责，则可认定其无过错，从而免于承担保管责任。

2. 考虑到无偿保管人并不收取保管费，保管人对一般的过失亦不负责——只有因保管人的故意或重大过失导致保管物毁损、灭失时，保管人才承担赔偿责任。一般过失是欠缺善良管理人的注意；重大过失则是欠缺一般人最起码的注意。

【真题解读】

（2004年多选）贾某因装修房屋，把一批古书交朋友王某代为保管，王某将古书置于床下。一日，王某楼上住户家水管被冻裂，水流至王某家，致贾某的古书严重受损。对此，下列说法哪一个是正确的？[1]

A. 王某具有过失，应负全部赔偿责任

B. 王某具有过失，应给予适当赔偿

C. 此事对王某而言属不可抗力，王某不应赔偿

D. 王某系无偿保管且无重大过失，不应赔偿

三、有偿保管人的留置权 *

《民法典》第903条规定："寄存人未按照约定支付保管费以及其他费用的，保管人对保管物享有留置权，但当事人另有约定的除外。"

四、可替代物保管 *

《民法典》第901条规定："保管人保管货币的，可以返还相同种类、数量的货币；保管其他可替代物的，可以按照约定返还相同种类、品质、数量的物品"。

第四节 仓储合同

【说明】 *

仓储合同无重要考点，仅须适当关注以下两点即可：

（1）仓储合同为双务、有偿合同。

---

[1] 【解析】正确选项为D。本题中，王某与贾某之间的保管合同为无偿保管。根据《民法典》第897条的规定，判断王某是否需要承担赔偿责任，关键是要看保管人王某对于保管物的毁损、灭失是否有主观上的故意或重大过失。王某楼上住户家水管被冻裂，水流至王某家，致贾某的古书严重受损。从这一事实来看，王某或许具有一般过失（善良管理人不应将古书置于床下），但无论如何其行为不能构成重大过失。据此，选项D正确。

（2）仓储合同为诺成性合同，自保管人与存货人意思表示一致时成立。

第五节　委托合同

一、委托合同的特征 *

1. 委托合同为诺成合同。
2. 委托合同为不要式合同。
3. 委托合同可为有偿合同，也可为无偿合同。但即使是无偿委托，委托人也需要偿还受托人的费用。

【真题解读】

（2015年单选）甲去购买彩票，其友乙给甲10元钱让其顺便代购彩票，同时告知购买号码，并一再嘱咐甲不要改变。甲预测乙提供的号码不能中奖，便擅自更换号码为乙购买了彩票并替乙保管。开奖时，甲为乙购买的彩票中了奖，二人为奖项归属发生纠纷。下列哪一分析是正确的？[1]

A. 甲应获得该奖项，因按乙的号码无法中奖，甲、乙之间应类推适用借贷关系，由甲偿还乙10元

B. 甲、乙应平分该奖项，因乙出了钱，而甲更换了号码

C. 甲的贡献大，应获得该奖项之大部分，同时按比例承担彩票购买款

D. 乙应获得该奖项，因乙是委托人

二、转委托 *

【重点法条】

《民法典》第923条　受托人应当亲自处理委托事务。经委托人同意，受托人可以转委托。转委托经同意或者追认的，委托人可以就委托事务直接指示转委托的第三人，受托人仅就第三人的选任及其对第三人的指示承担责任。转委托未经同意或者追认的，受托人应当对转委托的第三人的行为承担责任，但在紧急情况下受托人为维护委托人的利益需要转委托的除外。

1. 委托合同是以人身信任为基础的合同，故受托人原则上应亲自履行义务。
2. 转委托原则上须征得委托人的同意，但在紧急情况下为维护委托人的利益需要转委托的，也可不经委托人同意。转委托经同意而成立的，受托人不直接对第三人的行为负责，但如受托人在对第三人的选任或对第三人的指示方面有过错，则仍须对此负责。
3. 转委托未经同意的，受托人应当对转委托的第三人的行为承担责任。此时，委托人的违约赔偿请求权应向受托人主张，而不应向接受转委托的第三人主张。

三、所谓"间接代理" * *

【重点法条】

《民法典》第926条　受托人以<u>自己的名义</u>与第三人订立合同时，<u>第三人不知道受托人与委托人之间的代理关系的</u>，受托人因第三人的原因对委托人不履行义务，受托人应当向委托人

---

[1]　【解析】正确选项为D。甲乙之间系委托合同关系；委托合同中，受托人因处理受托事务所得的收益应归属于委托人。

披露第三人，<u>委托人因此可以行使受托人对第三人的权利</u>，但第三人与受托人订立合同时如果知道该委托人就不会订立合同的除外。

受托人因委托人的原因对第三人不履行义务，受托人应当向第三人披露委托人，<u>第三人因此可以选择受托人或者委托人作为相对人主张其权利</u>，但第三人不得变更选定的相对人。

委托人行使受托人对第三人的权利的，第三人可以向委托人主张其对受托人的抗辩。第三人选定委托人作为其相对人的，委托人可以向第三人主张其对受托人的抗辩以及受托人对第三人的抗辩。

《民法典》第 926 条系有关间接代理的一项十分特殊的规定，民法学上对该条的解释适用存在较大的争议。就法考而言，仅对该条文做适当识记即可。

【真题解读】

（2008 年多选）甲委托乙购买一套机械设备，但要求以乙的名义签订合同，乙同意，遂与丙签订了设备购买合同。后由于甲的原因，乙不能按时向丙支付设备款。在乙向丙说明了自己是受甲委托向丙购买机械设备后，关于丙的权利，下列哪一选项是正确的？[1]

A. 只能要求甲支付   B. 只能要求乙支付

C. 可选择要求甲或乙支付   D. 可要求甲和乙承担连带责任

四、受托人的责任 *

根据《民法典》第 929 条的规定，委托合同有偿的，受托人对一般过错负责；无偿的，受托人仅对故意或重大过失负责。

五、委托人或者受托人的任意解除权 * * *

【重点法条】

《民法典》第 933 条　委托人或者受托人可以随时解除委托合同。因解除合同造成对方损失的，除不可归责于该当事人的事由外，无偿委托合同的解除方应当赔偿因解除时间不当造成的直接损失，有偿委托合同的解除方应当赔偿对方的直接损失和可以获得的利益。

委托合同建立在委托人和受托人之间的信任关系上，如果信任丧失，应允许当事人解除合同。委托合同当事人任意解除合同，须向对方承担赔偿责任。《民法典》区分无偿委托与有偿委托而确定不同的赔偿责任：<u>无偿委托，仅需赔偿因解除时间不当给对方造成的直接损失，而有偿委托，则须赔偿对方的直接损失和可得利益</u>。

【真题解读】

（2002 年单选）甲委托乙为其购买木材，乙为此花去了一定的时间和精力，现甲不想要这批木材，于是电话告诉乙取消委托，乙不同意。下列哪些论述是正确的？[2]

A. 甲无权单方取消委托，否则应赔偿乙的损失

B. 甲可以单方取消委托，但必须以书面形式进行

C. 甲可以单方取消委托，但需承担乙受到的损失

D. 甲可以单方取消委托，但仍需按合同约定支付乙报酬

---

　〔1〕【解析】正确选项为 C。根据《民法典》第 926 条，可知 C 选项正确。

　〔2〕【解析】正确选项为 C。根据《民法典》第 933 条的规定，委托合同的双方当事人随时都可单方解除委托合同，故选项 A 错误。在法律对解除权行使的方式做出要求的情况下，解除权行使的行为为非要式行为，无须以书面形式进行，故选项 B 错误。委托合同既然已被解除，受托人自然就不可再按合同约定要求全部报酬，故选项 D 错误。受托人因委托人解除合同而遭到损失的，后者应赔偿前者的损失，故选项 C 项正确。

第六节　物业服务合同

一、物业服务合同的订立 * *

物业服务合同主要有两种订立方式：

1. 由建设单位（如开发商）与物业服务人订立前期物业服务合同。物业交付业主后，此类前期物业合同对业主具有约束力。

2. 业主大会依法选聘物业服务人，并由业主委员会与物业服务人订立书面物业服务合同。此类合同也对全体业主具有约束力。

在前期物业服务合同到期前，如业主或业主委员会与新物业服务人订立物业服务合同，则前期物业服务合同终止。

二、物业服务合同的效力 *

1. 物业服务人需依合同约定和物业性质提供相应物业服务，且不得将全部物业服务转委托给第三人。

2. 业主需依约缴纳物业费，不得以未接受或不需要物业服务为由拒绝支付。

三、物业服务合同的解除 * *

【重点法条】

《民法典》第946条　业主依照法定程序共同决定解聘物业服务人的，可以解除物业服务合同。决定解聘的，应当提前六十日书面通知物业服务人，但是合同对通知期限另有约定的除外。

依照前款规定解除合同造成物业服务人损失的，除不可归责于业主的事由外，业主应当赔偿损失。

物业服务合同可以由业主一方任意解除（需经业主大会决议），但需遵循两项规则：（1）决定解聘的，应当提前60日书面通知物业服务人；（2）因任意解聘给物业服务人造成损失的，业主应当赔偿损失。

第七节　行纪合同

一、行纪合同的特征 *

【重点法条】

《民法典》第951条　行纪合同是行纪人以自己的名义为委托人从事贸易活动，委托人支付报酬的合同。

1. 行纪合同是诺成、双务、有偿合同。

2. 行纪合同实际上是一种特定的委托合同，行纪人接受委托处理的事务限于贸易活动（代客户买卖）。

3. 行纪人以自己的名义与第三人订立合同，从而与代理相区别。

二、费用、报酬等 *

1. 行纪费用由行纪人承担（从报酬中列支）。

2. 行纪人低于委托人指定价格卖出或高于指定价格买入的，应经委托人同意；未经同意，行纪人补偿差价的，买卖合同对委托人生效（《民法典》第955条第1款）。

3. 行纪人高于委托人指定的价格卖出或者低于委托人指定的价格买入的，可以按照约定增加报酬。没有约定或者约定不明确的，依照本法第五百一十条的规定仍不能确定的，该利益属于委托人（《民法典》第955条第2款）。

【真题解读】

（2003年多选题）甲将自己的一块手表委托乙寄卖行以200元价格出卖。乙经与丙协商，最后以250元成交。下列哪些选项是正确的？[1]

A. 甲只能取得200元的利益　　　　　B. 甲可以取得250元的利益
C. 乙的行为属于违反合同义务的行为　　D. 乙可以按照约定增加报酬

三、行纪人的介入权 *

【重点法条】

《民法典》第956条 行纪人卖出或者买入具有市场定价的商品，除委托人有相反的意思表示的以外，行纪人自己可以作为买受人或者出卖人。

行纪人有前款规定情形的，仍然可以请求委托人支付报酬。

1. 行纪人有介入权，即自己可以作为买受人或者出卖人与委托人订立合同。这与代理中禁止自己代理的规则不同：自己代理的，构成代理权滥用，代理行为无效。

2. 行纪人行使介入权有两个条件：（1）买卖的标的物是具有市场定价的商品；（2）委托人未作相反的意思表示。

3. 行纪人自己作为买受人或出卖人的，仍构成对行纪义务的履行，其请求报酬的权利不受影响。

四、行纪人与第三人之间订立合同的相对性 * *

【重点法条】

《民法典》第958条 行纪人与第三人订立合同的，行纪人对该合同直接享有权利、承担义务。

第三人不履行义务致使委托人受到损害的，行纪人应当承担损害赔偿责任，但行纪人与委托人另有约定的除外。

1. 与有权代理直接约束被代理人不同，行纪人与第三人订立合同的，合同仅在行纪人与第三人之间发生效力；委托人不得直接向第三人主张权利，反之亦然。

2. 第三人不履行义务的，行纪人可追究第三人的违约责任；因第三人不履行义务致使委托人受到损害的，除非当事人间另有约定，行纪人应对委托人承担赔偿责任。这一规则充分体现了合同相对性的原理。

---

[1]【解析】正确选项为BD。本题中，行纪人乙以高于委托人甲所定的价格卖出寄售物，且与甲之间并无利益归属的约定。根据《民法典》第959条的规定，该利益应归委托人甲所有，故选项B正确，而选项A错误。委托人甲对价格并未作特别指示，所以乙的行为并没有违反合同义务，选项C错误。行纪人乙高于委托人甲指定的价格卖出，可以按照约定增加报酬，故选项D项也正确。

（2009年多选）甲将10吨大米委托乙商行出售。双方只约定，乙商行以自己名义对外销售，售价2元/公斤，乙商行的报酬为价款的5%。下列哪些说法是正确的？[1]

A. 甲与乙商行之间成立行纪合同关系

B. 乙商行为销售大米支出的费用应由自己负担

C. 如乙商行以2.5元/公斤的价格将大米售出，双方对多出价款的分配无法达成协议，则应平均分配

D. 如乙商行与丙食品厂订立买卖大米的合同，则乙商行对该合同直接享有权利、承担义务

第八节　中介合同

【说明】

《民法典》将原《合同法》规定的"居间合同"改成了更加通俗易懂的"中介合同"。在规范内容上，除增加"跳单"规定外，基本继承了原《合同法》的规定。

一、中介人的报酬或费用请求权 *

《民法典》第963条根据中介人是否促成合同成立，对报酬和费用问题作出了如下规定：（1）中介人促成合同成立的，委托人应当按照约定支付报酬。因中介人提供订立合同的媒介服务而促成合同成立的，由该合同的当事人平均负担中介人的报酬。中介人促成合同成立的，中介活动的费用，由中介人负担。（2）中介人未促成合同成立的，不得要求支付报酬，但可以要求委托人支付从事中介活动支出的必要费用。

【真题解读】

（2015年单选）刘某与甲房屋中介公司签订合同，委托甲公司帮助出售房屋一套。关于甲公司的权利义务，下列哪一说法是错误的？[2]

A. 如有顾客要求上门看房时，甲公司应及时通知刘某

B. 甲公司可代刘某签订房屋买卖合同

C. 如促成房屋买卖合同成立，甲公司可向刘某收取报酬

D. 如促成房屋买卖合同成立，甲公司自行承担居间活动费用

二、"跳单"规则 * *

【重点法条】

《民法典》第965条　委托人在接受中介人的服务后，利用中介人提供的交易机会或者媒介服务，绕开中介人直接订立合同的，应当向中介人支付报酬。

相对于原《合同法》，《民法典》增设了第965条的"跳单"规则：如中介人提供的中介服务本可促成合同订立，但委托人绕开中介人直接与第三人订立合同（其目的在于规避中介报酬的支付），中介人仍有权请求委托人依约支付中介报酬。

---

〔1〕【解析】正确选项为ABD。乙商行以自己的名义代客户买卖，甲乙之间构成行纪合同关系，选项A正确。行纪费用由行纪人承担，选项B正确。高出委托价卖出的，收益应归属于委托人，选项C错误。行纪人就其与第三人之间订立的合同直接享有权利、承担义务，选项D正确。

〔2〕【解析】正确选项为B。居间人仅提供缔约有关的媒介服务，并不直接参与缔约。

第二十一章　技术合同

> 【复习提要】

关于技术合同，原《合同法》继承了原《技术合同法》的规定，而《民法典》又基本继承了原《合同法》的规定。技术合同一章条文众多（另有《技术合同司法解释》的四十余条），这些规定纷繁复杂，难以识记。实际上，法考对于技术合同的考核，主要落在"技术成果归属"这个考点上，故此，比较现实的选择是，熟记《民法典》涉及该考点的几个条文，而忽略其他条文。基于这种方法，以下不展开本章讨论，也不设节，而仅讨论《民法典》的4个条文。

一、职务技术成果的认定及相关权利 *

【重点法条】

《民法典》第847条　职务技术成果的使用权、转让权属于法人或者非法人组织的，法人或者非法人组织可以就该项职务技术成果订立技术合同。法人或者非法人组织订立技术合同转让职务技术成果时，职务技术成果的完成人享有以同等条件优先受让的权利。

职务技术成果是执行法人或者非法人组织的工作任务，或者主要是利用法人或者非法人组织的物质技术条件所完成的技术成果。

1. 职务技术成果的两个识别标准：执行工作任务；利用物质技术条件。

2. 职务技术成果的使用权、转让权原则上属于法人或非法人组织，因此，就职务技术订立技术合同的权利也属于法人或其他组织。

3. 职务技术成果转让的，完成人有优先受让的权利。

二、委托开发完成的发明创造的专利申请权归属 * *

【重点法条】

《民法典》第859条　委托开发完成的发明创造，除当事人另有约定的以外，申请专利的权利属于研究开发人。研究开发人取得专利权的，委托人可以依法实施该专利。

研究开发人转让专利申请权的，委托人享有以同等条件优先受让的权利。

1. 基于意思自治的原则，在委托开发合同中，当事人可自由约定开发完成之发明创造的专利申请权归属。

2. 当事人无约定的，尽管委托人提供了经费、报酬等，但专利申请权属于研究开发人。这一点需要记忆。

3. 委托人对其支付代价委托他人开发的技术，通常具有使用的需要；如研究开发人取得专利权的，委托人可依法实施该专利。

4. 研究开发方转让专利申请权的，委托人享有优先受让的权利。须注意的是，研究开发方根据其专利申请权获得专利权后，其转让专利权的，法律并无委托方优先受让专利权的规定。

【真题解读】

（2008年多选题）　甲研究所与刘某签订了一份技术开发合同，约定由刘某为甲研究所开发一套软件。3个月后，刘某按约定交付了技术成果，甲研究所未按约定支付报酬。由于没有约定技术成果的归属，双方发生争执。下列哪些选项是正确的？[1]

A. 申请专利的权利属于刘某，但刘某无权获得报酬

B. 申请专利的权利属于刘某，且刘某有权获得约定的报酬

C. 如果刘某转让专利申请权，甲研究所享有以同等条件优先受让的权利

D. 如果刘某取得专利权，甲研究所可以免费实施该专利

三、合作开发完成发明创造的专利申请权的归属 * *

【重点法条】

《民法典》第860条 合作开发完成的发明创造，申请专利的权利属于合作开发的当事人共有。当事人一方转让其共有的专利申请权的，其他各方享有以同等条件优先受让的权利。但是，当事人另有约定的除外。

合作开发的当事人一方声明放弃其共有的专利申请权的，除当事人另有约定外。可以由另一方单独申请或者由其他各方共同申请。申请人取得专利权的，放弃专利申请权的一方可以免费实施该专利。

合作开发的当事人一方不同意申请专利的，另一方或者其他各方不得申请专利。

1. 当事人在合作开发合同中，可自由约定开发所完成技术创造的专利申请权归属。

2. 当事人未作明确约定的，该权利归合作开发各方当事人共有，合作开发各方可共同申请专利；符合专利授予条件的，专利权授予合作开发各方；但如有一方不同意申请专利的，另一方（合作者是双方时）或其他各方（合作者为三方以上时）不得申请专利。其原因在于，申请专利需要公开技术，当事人不愿意申请专利的，可能是希望通过技术保密的方式获取利益；对共同开发并归各方共同享有的技术成果的利用，应遵循一致同意的规则，故有一方不同意申请专利的，即不得申请专利。

3. 共有的专利申请权份额转让的，其他合作开发方有优先受偿的权利。

4. 专利申请获批准的，之前放弃专利申请权的研究开发方仍可免费实施该专利。

【真题解读】

（2010年多选）甲乙丙三人合作开发一项技术，合同中未约定权利归属。该项技术开发完成后，甲、丙想要申请专利，而乙主张通过商业秘密来保护。对此，下列哪些选项是错误的？[2]

A. 甲、丙不得申请专利

B. 甲、丙可申请专利，申请批准后专利权归甲、乙、丙共有

C. 甲、丙可申请专利，申请批准后专利权归甲、丙所有，乙有免费实施的权利

D. 甲、丙不得申请专利，但乙应向甲、丙支付补偿费

四、技术秘密成果的使用权、转让权归属 * *

【重点法条】

《民法典》第861条 委托开发或者合作开发完成的技术秘密成果的使用权、转让权以及

---

[1] 【解析】正确选项为BCD。技术开发合同属于有偿合同，开发人有权获得报酬，故选项A错误。根据《民法典》第859条的规定，可知选项BCD均正确。

[2] 【解析】正确选项为BCD。本题答题的依据是原《合同法》第860条，根据该款规定，只要合作开发各方中有一方不同意申请专利的，另一方或其他各方均不得申请专利，由此可知B、C、D三个选项错误。

利益的分配办法，由当事人约定。没有约定或者约定不明确，依据本法第五百一十条的规定仍不能确定的，在没有相同技术方案被授予专利前，当事人均有使用和转让的权利，但委托开发的研究开发人不得在向委托人交付研究开发成果之前，将研究开发成果转让给第三人。

1. 开发对象属于技术秘密（即当事人事先确定以保密方式加以利用的技术）的，所完成成果的相关权益归属可由当事人在合同中具体约定；当事人未作明确约定的，各方均享有使用和转让的权利。《技术合同解释》第 20 条对所谓"当事人均有使用和转让的权利"的含义作了明确解释，可资参考。

2. 如技术秘密成果是在委托开发合同履行中产生，那么，根据本条规定，研究开发人不得在向委托人交付研究开发成果之前，将研究开发成果转让给第三人。这一规定是为保护委托开发人的基本利益所设的。

第二十二章　保证合同、合伙合同

第一节　保证合同

一、保证的概念与特征＊＊

【重点法条】

《民法典》第681条　保证合同是为保障债权的实现，保证人和债权人约定，当债务人不履行到期债务或者发生当事人约定的情形时，保证人履行债务或者承担责任的合同。

保证，是指由保证人与债权人约定，当主债务人不履行债务时，由其履行债务或承担责任的人的担保方式。

保证具有以下特性：

1. 保证是人的担保方式。保证作为人的担保方式，其担保机制并非像担保物权那样通过确立优先受偿效力增强债权的效力，而是在于扩大债权的一般担保范围。债务人之外的第三人作为保证人，以其全部财产加入到债权的一般担保中来，由此保证债权的实现。因此，保证人对于主债务的清偿，实际上承担的是无限责任。而在由第三人提供抵押物或质押物而成立担保物权的情形，该第三人承担的是有限责任，即仅以担保物之价值为限承担责任。

2. 保证是第三人担保。保证系扩大债权一般担保范围的担保方式，只能由第三人作为保证人，债务人不能成为保证人。这与物的担保通常都是由债务人自己提供担保物构成鲜明的对比。

3. 保证债务具有从属性。从属性是担保制度的一般性质，保证债务的从属性表现在：主债务不成立的，保证债务亦不成立（金融机构以"独立保函"等形式提供的所谓独立担保除外）；主债务因债务人或第三人的清偿或替代清偿等其他原因消灭的，保证债务亦消灭。保证合同被确认无效后，债务人、保证人、债权人有过错的，应当根据其过错各自承担相应的民事责任。

二、保证合同的成立及效力＊＊

（一）保证人

保证人，也即保证债务的债务人。对于保证人的资格，比较重要的是消极资格。《民法典》第863条规定了两类组织不能充当保证人：

（1）机关法人不得为保证人，但是经国务院批准为使用外国政府或者国际经济组织贷款进行转贷的除外；

（2）以公益为目的的非营利法人、非法人组织不得为保证人。原则上，这些特别主体也不得以其资产设立担保物权或提供非典型担保。不过，该规则亦有例外。根据《担保制度解释》之规定，例外情形包括：为购入教育设施、医疗卫生设施和其他公益设施，以该公益设施为标的物设定的所有权保留、融资租赁等具有担保功能的担保物权；以教育设施、医疗卫生设施和其他公益设施以外的财产为自身债务设定的担保物权；以能够出质的权利为自身债务设定的质押。

不具有保证人资格的当事人订立保证合同的，保证合同无效，债权人不能据此取得保证债权。

(二) 保证合同的订立

【重点法条】

《民法典》第685条 保证合同可以是单独订立的书面合同，也可以是主债权债务合同中的保证条款。

第三人单方以书面形式向债权人作出保证，债权人接收且未提出异议的，保证合同成立。

保证属于意定的担保方式，要求当事人间就保证达成合意。根据《民法典》第685条的规定，保证人与债权人应以书面形式订立保证合同。另外，以下两种情形也可成立保证合同：(1) 在主债权债务合同中加入保证条款；(2) 第三人单方以书面形式向债权人作出保证的，债权人接收且未提出异议的。

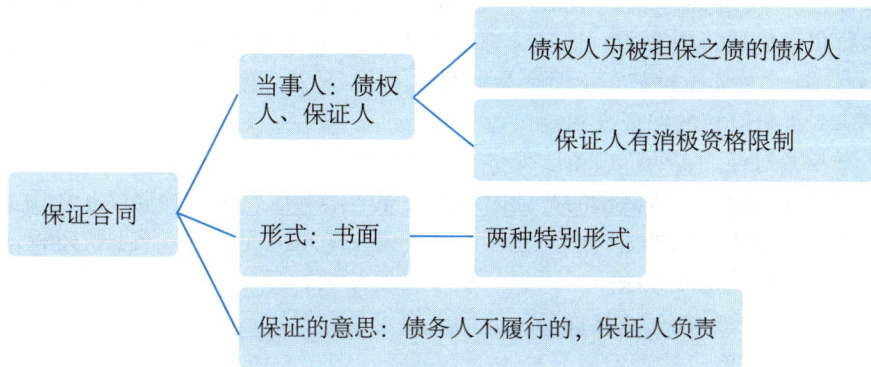

【真题解读】

1. (2008年多选) 甲向乙借款5万元，乙要求甲提供担保，甲分别找到友人丙、丁、戊、己，他们各自作出以下表示，其中哪些构成保证？[1]

A. 丙在甲向乙出具的借据上签署"保证人丙"

B. 丁向乙出具字据称"如甲到期不向乙还款，本人愿代还3万元"

C. 戊向乙出具字据称"如甲到期不向乙还款，由本人负责"

D. 己向乙出具字据称"如甲到期不向乙还款，由本人以某处私房抵债"

2. (2011年单选) 甲乙双方拟订的借款合同约定：甲向乙借款11万元，借款期限为1年。乙在签字之前，要求甲为借款合同提供担保。丙应甲要求同意担保，并在借款合同保证人一栏签字，保证期间为1年。甲将有担保签字的借款合同交给乙。乙要求从11万元中预先扣除1万元利息，同时将借款期限和保证期间均延长为2年。甲应允，双方签字，乙依约将10万元交付给甲。下列哪一表述是正确的？[2]

---

〔1〕【解析】正确选项为ABC。保证合同须具备书面形式，不过，这种书面形式可以比较灵活，只要能够体现当事人订立保证合同的意思，即可认定保证合同的存在。根据《民法典》第685条的规定可知，A、B、C三个选项都可构成保证合同。D选项中当事人的意思指向担保物权的设定（但也因未登记而不设立），故非保证。

〔2〕【解析】正确选项为B。本题中，丙就担保合同提出的担保条件包括：担保借款11万元，保证期间为1年等。丙的表示实际上构成保证合同订立过程中的要约，乙单方面改变保证期间等重要交易条件，对此实质性修改未得到保证对方当事人丙的认可，故没有承诺的发生，保证合同不成立。故应选B。

A. 丙的保证期间为 1 年 B. 丙无须承担保证责任

C. 丙应承担连带保证责任 D. 丙应对 10 万元本息承担保证责任

三、保证类型 ＊＊＊＊

《民法典》明确规定了两类保证：一般保证和连带责任保证。

（一）一般保证

【重点法条】

《民法典》第 687 条　当事人在保证合同中约定，债务人不能履行债务时，由保证人承担保证责任的，为一般保证。

一般保证的保证人在就债务人的财产依法强制执行仍不能履行债务前，有权拒绝承担保证责任，但是有下列情形之一的除外：（一）债务人下落不明，且无财产可供执行；（二）人民法院受理债务人破产案件；（三）债权人有证据证明债务人的财产不足以履行全部债务或者丧失履行债务能力；（四）保证人书面放弃本款规定的权利。

一般保证也称补充保证。在一般保证中，在主合同纠纷未经审判或仲裁，并就债务人财产依法强制执行仍不能履行债务前，保证人享有拒绝承担保证责任的抗辩权。此项抗辩权称为"先诉抗辩权"或"检索抗辩权"（理解为"先执行抗辩权"其实更为准确）。一般保证，就是保证人享有先诉抗辩权的保证方式。

先诉抗辩权系对保证人的一项重要保护，<u>该抗辩权的行使，将使保证人对主债务仅负补充责任，即在主债务人确实不能清偿的范围内承担补充清偿责任。</u>先诉抗辩权在性质上属于一时性抗辩权，一旦债权人已就主债纠纷提起诉讼或申请仲裁并执行完毕，该项抗辩权即告消灭。

先诉抗辩权之行使也受到法律的限制。根据《民法典》第 687 条第 2 款的规定的情形时，保证人不得行使先诉抗辩权（总体而言，该例外规定不重要）。

【一般保证先诉抗辩权的诉讼衔接】

《担保制度解释》第 26 条　一般保证中，债权人以债务人为被告提起诉讼的，人民法院应予受理。债权人未就主合同纠纷提起诉讼或者申请仲裁，仅起诉一般保证人的，人民法院应当驳回起诉。

<u>一般保证中，债权人一并起诉债务人和保证人的，人民法院可以受理，但是在作出判决时，除有民法典第六百八十七条第二款但书规定的情形外，应当在判决书主文中明确，保证人仅对债务人财产依法强制执行后仍不能履行的部分承担保证责任。</u>

债权人未对债务人的财产申请保全，或者保全的债务人的财产足以清偿债务，债权人申请对一般保证人的财产进行保全的，人民法院不予准许。

（二）连带责任保证

【重点法条】

《民法典》第 688 条　当事人在保证合同中约定保证人和债务人对债务承担连带责任的，为连带责任保证。

连带责任保证的债务人不履行到期债务或者发生当事人约定的情形时，债权人可以请求债务人履行债务，也可以请求保证人在其保证范围内承担保证责任。

在连带责任保证中，一旦发生主债务的不履行，保证人不享有先诉抗辩权，而是与主债务人共同向债权人承担连带清偿责任。不过，须注意的是，在保证人与主债务人间所成立的并非真正意义上的"连带之债"。就债权人可以任意要求主债务人或保证人履行全部债务这一点而言，连带保证似与通常的连带债务并无分别，但是，在保证人与主债务人间并不存在分担债务的问题，保证人就其所承担的保证责任可以全部向债务人追偿。

（三）保证类型的确定

【重点法条】

《民法典》第 686 条第 2 款 当事人在保证合同中对保证方式没有约定或者约定不明确的，按照一般保证承担保证责任。

《担保制度解释》第 25 条 当事人在保证合同中约定了保证人在债务人不能履行债务或者无力偿还债务时才承担保证责任等类似内容，具有债务人应当先承担责任的意思表示的，人民法院应当将其认定为一般保证。

当事人在保证合同中约定了保证人在债务人不履行债务或者未偿还债务时即承担保证责任、无条件承担保证责任等类似内容，不具有债务人应当先承担责任的意思表示的，人民法院应当将其认定为连带责任保证。

保证究竟为一般保证，抑或是连带责任保证，这一点关乎保证人是否享有先诉抗辩权，对保证人和债权人的利益影响甚大，因此，首先应遵循契约自治的精神，由债权人和保证人在保证合同中对保证的类型加以确定。当事人在订立保证合同时，虽未明确将保证约定为连带责任保证，但当事人在保证合同中约定了保证人在债务人不履行债务或者未偿还债务时即承担保证责任、无条件承担保证责任等类似内容，不具有债务人应当先承担责任的意思表示的，应认定为保证人提供的是连带责任保证。

如当事人对保证的类型未作约定或约定不明，根据原《担保法》第 19 条的规定，保证的类型为连带责任保证，但是，《民法典》彻底改变了这一规则：在当事人对保证方式没有约定或约定不明时，按照一般保证承担保证责任。由此可见，新规更加注重对保证人的保护，使其一般性地享有先诉抗辩权。

【提示】

保证合同的类型判定，对保证人与债权人利益都有着重要的影响。《民法典》第 686 条确立了以一般保证为保证原型的立法准则。当事人有关保证的约定，若经由意思表示解释，无法获得具有提供连带责任保证意思的，均应认定为一般保证。2023 年法考主观题考试中，出现保证人愿意提供"充分且完全的保证"这样的表达，从而引起了对该保证类型认定的争议。作者认为，"充分且完全"并不能解释出连带责任的意思，因为即使是指向补充责任的一般保证也可以是完全且充分的，故应将约定不明的保证认定为一般保证。

关于以上所述保证类型的知识点，可图示如下：

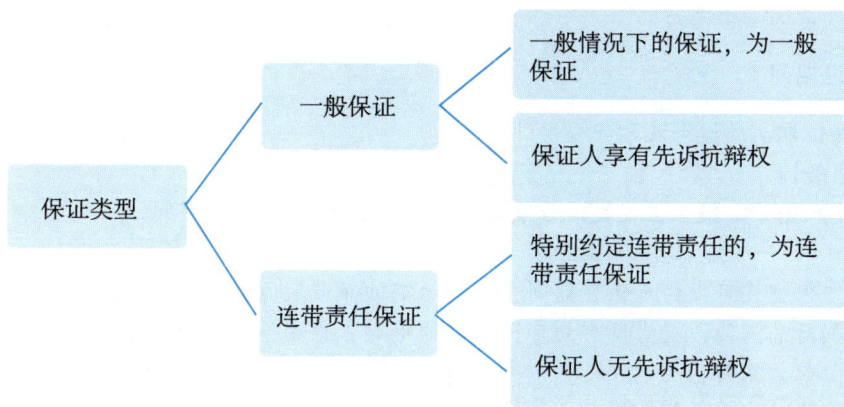

保证类型
- 一般保证
  - 一般情况下的保证，为一般保证
  - 保证人享有先诉抗辩权
- 连带责任保证
  - 特别约定连带责任的，为连带责任保证
  - 保证人无先诉抗辩权

四、共同保证 **

【重点法条】

《民法典》第 699 条　同一债务有两个以上保证人的，保证人应当按照保证合同约定的保证份额，承担保证责任；没有约定保证份额的，债权人可以请求任何一个保证人在其保证范围内承担保证责任。

两个以上保证人共同对一项债务提供保证的，可以约定各自承担一定的份额，此种情形，各个保证人在自己份额内承担责任，相互间没有关系，债权人也不得要求某保证人承担超过其约定份额的保证责任。

如两个以上保证人各自独立与债权人订立保证合同，缺乏共同保证人之间保证份额分担约定的，则根据《民法典》第 699 条的规定，债权人可以请求任一保证人在其与债权人约定的保证范围内承担保证责任。如果保证合同没有特别约定保证范围，则根据《民法典》第 691 条的规定，保证范围及于主债务的全部（包括利息、违约金等）。这就意味着，债权人行使保证债权时，保证人不得"另有其他保证人"为由，做份额的抗辩。某保证人在承担了保证责任后，可以向债务人追偿，当无疑义。至于该保证人从债务人处不能得到清偿的部分能否要求其他保证人分担的问题，《民法典》删去了原《担保法》可以要求分担（追偿）的规定。在解释上，该问题应与前文所述两个以上第三人提供混合担保的情形（《担保制度解释》）采相同的解释规则，即，除非两个以上保证人有共同提供保证的意思或约定了连带共同保证，否则，分别提供保证的数保证人之间不能相互要求分担。

【相关法条】

《担保制度解释》第 13 条　同一债务有两个以上第三人提供担保，担保人之间约定相互追偿及分担份额，承担了担保责任的担保人请求其他担保人按照约定分担份额的，人民法院应予支持；担保人之间约定承担连带共同担保，或者约定相互追偿但是未约定分担份额的，各担保人按照比例分担向债务人不能追偿的部分。

同一债务有两个以上第三人提供担保，担保人之间未对相互追偿作出约定且未约定承担连带共同担保，但是各担保人在同一份合同书上签字、盖章或者按指印，承担了担保责任的担保人请求其他担保人按照比例分担向债务人不能追偿部分的，人民法院应予支持。

除前两款规定的情形外，承担了担保责任的担保人请求其他担保人分担向债务人不能追偿部分的，人民法院不予支持。

五、保证期间 ***

（一）保证期间的概念及期间确定

【重点法条】

《民法典》第 692 条　保证期间是确定保证人承担保证责任的期间，不发生中止、中断和延长。

债权人与保证人可以约定保证期间，但是约定的保证期间早于主债务履行期限或者与主债务履行期限同时届满的，视为没有约定；没有约定或者约定不明确的，保证期间为主债务履行期限届满之日起六个月。

债权人与债务人对主债务履行期限没有约定或者约定不明确的，保证期间自债权人请求债务人履行债务的宽限期届满之日起计算。

保证期间，是指债权人可以要求保证人承担保证债务的有效期间。在约定或法定的保证期间内，如果债权人不向保证人主张保证债权或依法采取相关法律行动，则保证人于保证期间届满时免除保证责任。

关于保证期间的性质，可以确定的是，它不属于诉讼时效期间，所以《民法典》第692条明文规定其不适用时效期间中止、中断和延长的规定。保证期间是一种失权期间，保证期间届满，保证债权消灭。

保证期间由当事人在保证合同中约定，未约定或者虽然约定但早于或等于主债务履行期的（等于无约定），则保证期间适用法定期间，即自债权清偿期届满之日起的6个月内为保证期间。

被担保的债权有清偿期的，保证期间自主债务履行期届满之日起算。当事人未就主债权约定清偿期的，保证期间自债权人请求债务人履行债务的宽限期届满之日起计算。

【相关法条】

《担保制度解释》第32条　保证合同约定保证人承担保证责任直至主债务本息还清时为止等类似内容的，视为约定不明，保证期间为主债务履行期限届满之日起六个月。

（二）保证期间届满，保证人免责

【重点法条】

《民法典》第693条　一般保证的债权人未在保证期间内对债务人提起诉讼或者申请仲裁的，保证人不再承担保证责任。

连带责任保证的债权人未在保证期间对保证人主张承担保证责任的，保证人不再承担保证责任。

在一般保证中，债权人未在保证期间内对债务人提起诉讼或申请仲裁的，保证期间届满，保证人免除保证责任（《民法典》第693条第1款）。法律之所以要求债权人在保证期间内对主债务人采取法律行动，主要是因为一般保证的保证人享有先诉抗辩权。<u>债权人要想无障碍地对保证人行使保证债权，首先必须消除保证人的先诉抗辩权</u>，因此，保证期间也就成了限制债权人对主债务人采取法律行动的期间。

在连带保证中，债权人未在保证期间内要求保证人承担保证责任的，保证期间届满，保证人免除保证责任（《民法典》第693条第2款）。

保证期间届满，保证人因此免责。对保证人而言，此效果并非仅使其取得不履行保证义务的抗辩，而是保证责任的消灭。据此，根据《担保制度解释》第34条之规定，人民法院在审理保证合同纠纷时，应将保证期间是否届满等作为案件基本事实加以查明。

【相关法条】

《担保制度解释》第31条　一般保证的债权人在保证期间内对债务人提起诉讼或者申请仲裁后，又撤回起诉或者仲裁申请，债权人在保证期间届满前未再行提起诉讼或者申请仲裁，保证人主张不再承担保证责任的，人民法院应予支持。

连带责任保证的债权人在保证期间内对保证人提起诉讼或者申请仲裁后，又撤回起诉或者仲裁申请，起诉状副本或者仲裁申请书副本已经送达保证人的，人民法院应当认定债权人已经在保证期间内向保证人行使了权利。

关于保证期间的基础知识点，可图示如下：

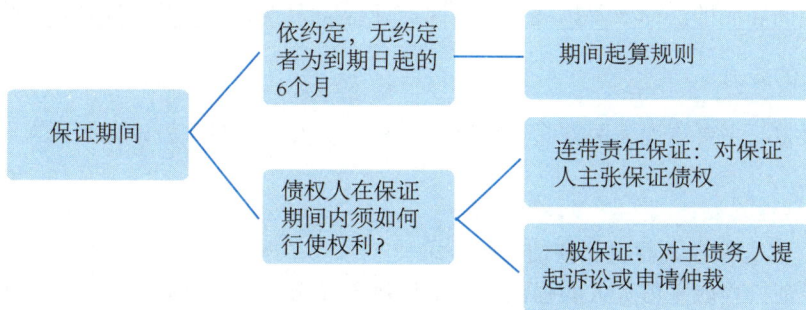

保证期间
├─ 依约定，无约定者为到期日起的6个月 ── 期间起算规则
└─ 债权人在保证期间内须如何行使权利？
　├─ 连带责任保证：对保证人主张保证债权
　└─ 一般保证：对主债务人提起诉讼或申请仲裁

（三）保证期间与保证债权诉讼时效期间的衔接

【重点法条】

《民法典》第694条 一般保证的债权人在保证期间届满前对债务人提起诉讼或者申请仲裁的，从保证人拒绝承担保证责任的权利消灭之日起，开始计算保证债务的诉讼时效。

连带责任保证的债权人在保证期间届满前请求保证人承担保证责任的，从债权人请求保证人承担保证责任之日起，开始计算保证债务的诉讼时效。

保证人如果未在保证期间内正当行使保证债权，则依《民法典》第693条的规定，保证债权终局性地消灭，当然也就无所谓保证债权诉讼时效期间起算的问题了。

如果保证人在保证期间内主张了保证债权，则并不发生保证期间中断而重新起算的问题。实际上，保证期间的使命也就结束了。关于权利行使的时间限制，既然保证债权是一项债权，接下来就由债权行使的一般时间限制即3年的诉讼时效期间来接手。

诉讼时效期间有起算问题。根据诉讼时效期间起算的一般原理，债权可得行使时，时效期间即应起算。在连带责任保证，保证人不享有先诉抗辩权，所以一旦保证期间内债权人向保证人主张保证债权，保证期间的使命即告终结，保证债权诉讼时效期间即刻起算，两个期间"无缝对接"。而在一般保证，债权人在保证期间内起诉主债务人的，保证期间的使命终结，但是，此时保证人仍享有先诉抗辩权（因先诉抗辩权在对主债务人的财产强制执行完毕前均可主张），因此，不能自起诉或申请仲裁时立刻起算时效期间，而是在"保证人拒绝承担保证责任的权利消灭之日"起算，在解释上，该权利消灭之日应指先诉抗辩权消灭之日，具体见于《担保制度解释》第28条之中。

【相关法条】

《担保制度解释》第28条 一般保证中，债权人依据生效法律文书对债务人的财产依法申请强制执行，保证债务诉讼时效的起算时间按照下列规则确定：

（一）人民法院作出终结本次执行程序裁定，或者依照民事诉讼法第二百五十七条第三项、第五项的规定作出终结执行裁定的，自裁定送达债权人之日起开始计算；

（二）人民法院自收到申请执行书之日起一年内未作出前项裁定的，自人民法院收到申请执行书满一年之日起开始计算，但是保证人有证据证明债务人仍有财产可供执行的除外。

一般保证的债权人在保证期间届满前对债务人提起诉讼或者申请仲裁，债权人举证证明存在民法典第六百八十七条第二款但书规定情形的，保证债务的诉讼时效自债权人知道或者应当知道该情形之日起开始计算。

（四）保证期间适用的拓展

【重点法条】

《担保制度解释》第33条 保证合同无效，债权人未在约定或者法定的保证期间内依法行使权利，保证人主张不承担赔偿责任的，人民法院应予支持。

保证期间，适用于债权人依保证合同向保证人主张保证债权，自不待言。《担保制度解释》将保证期间届满的法律效果拓展适用于因保证合同无效而产生的赔偿责任，应予以注意。

六、保证的效力＊＊

保证的效力，主要体现为两方面：在保证人和债权人之间的效力；在保证人和主债务人之间的效力。

（一）在保证人和债权人之间的效力

1. 债权人要求保证人履行保证债务的请求权

在一般保证，当就主债务人的强制执行未见效果或未获得完全满足时，债权人可以请求保证人承担保证责任。另外，根据《民法典》第698条的规定，"一般保证的保证人在主债务履行期限届满后，向债权人提供债务人可供执行财产的真实情况，债权人放弃或者怠于行使权利致使该财产不能被执行的，保证人在其提供可供执行财产的价值范围内不再承担保证责任"。

在连带保证，在主债务履行期届满主债务人未履行时，债权人可以直接请求保证人承担保证责任。

2. 保证人的抗辩

【重点法条】

《民法典》第701条　保证人可以主张债务人对债权人的抗辩。债务人放弃抗辩的，保证人仍有权向债权人主张抗辩。

《民法典》第702条　债务人对债权人享有抵销权或者撤销权的，保证人可以在相应范围内拒绝承担保证责任。

保证人承担的毕竟是主债务人债务的清偿责任，无论如何，保证人的法律地位不应比主债务人更弱。因此，法律规定，保证人享有主债务人对债权人的各项抗辩。主债务人抛弃抗辩的，对保证人不发生效力。除了行使主债务人对债权人的抗辩权外，一般保证的保证人还享有先诉抗辩权。

另外，根据《民法典》第702条，债务人对债权人享有抵销权或者撤销权的，保证人可以在相应范围内拒绝承担保证责任。抵销权和撤销权都是形成权，一旦行使就会使债务消灭，从而产生对抗债权的效果，在此意义上，第702条的法理与第701条相同。

（二）在保证人和主债务人之间的效力

【重点法条】

《民法典》第700条　保证人承担保证责任后，除当事人另有约定外，有权在其承担保证责任的范围内向债务人追偿，享有债权人对债务人的权利，但是不得损害债权人的利益。

保证人履行债务后，取得对主债务人的代位求偿权。此种求偿权不因保证为一般保证或连带保证而有分别，一般保证的保证人放弃先诉抗辩权的，仍享有此项代位求偿权。

保证人得以自己的名义，在其承担清偿义务的范围内，代位行使债权人的权利。通常情况下，保证人仅在履行了保证义务之后始得向主债务人行使。但在主债务人被宣告破产而债权人又未将其债权全额作为破产债权申报时，保证人得以其将来的求偿权作为破产债权向主债务人行使。

另外，根据《担保制度解释》第18条的规定：债务人自己提供物的担保，承担了担保责任或者赔偿责任的担保人，在其承担责任的范围内主张行使债权人对债务人享有的担保物权的，人民法院应予支持。

七、债的转移与保证责任 **

（一）债权转让与保证责任

【重点法条】

《民法典》第696条　债权人转让全部或者部分债权，未通知保证人的，该转让对保证人不发生效力。

保证人与债权人约定禁止债权转让，债权人未经保证人书面同意转让债权的，保证人对受让人不再承担保证责任。

保证人的保证责任是否受主债权转让的影响，首先取决于当事人在保证合同中的约定。如保证合同约定，保证人仅对特定债权人承担保证责任的，则在债权转让未经保证人书面同意时，保证人不再承担保证责任。

主债权转让并不会影响保证人的利益，因为保证人担保的是主债务人的债务。因此，除非保证合同有相反的约定，主债权转让的，保证人在原定保证范围内对债权的受让人继续承担保证责任。主债权转让，保证债权随之转让，这也是"从权利随主权利转让"规则的具体体现，因为保证债权是其所担保之债权的从权利。由于债权转让只有通知债务人才对债务人发生效力，因此，债权转让的，也只有通知保证人后，保证人才对受让人承担保证责任。

（二）债务转让与保证责任

【重点法条】

《民法典》第697条 债权人未经保证人书面同意，允许债务人转移全部或者部分债务，保证人对未经其同意转移的债务不再承担保证责任，但是债权人和保证人另有约定的除外。

第三人加入债务的，保证人的保证责任不受影响。

不同的债务人有不同的履行能力和信用，保证人所担保的是特定债务人的履约能力，而债务承担则会导致更换债务人的效果，没有理由要求保证人对其可能根本一无所知的新债务人的不履行承担责任。因此，除非征得保证人同意，否则免责的债务承担将使保证人的保证责任消灭。债务承担获得债权人同意而未征得保证人同意的，仍可发生债务转移的效力，不过，债权人不得再向保证人主张权利。

《民法典》明确规定了并存的债务承担（即第三人加入债务），由于此种债务承担并不导致债务人的退出，保证人的保证责任不受影响。

八、主合同变更时的保证责任 * *

【重点法条】

《民法典》第695条 债权人和债务人未经保证人书面同意，协商变更主债权债务合同内容，减轻债务的，保证人仍对变更后的债务承担保证责任；加重债务的，保证人对加重的部分不承担保证责任。

债权人与债务人对主债权债务合同履行期限作了变更，未经保证人书面同意的，保证期间不受影响。

债权人与债务人变更被担保之债的内容而未征得保证人书面同意的，基本的原则是：合同变更可以优化保证人的境况（按变更后条件承担保证责任），但恶化其境况的，保证人不受影响（须注意的是，并非使其保证责任消灭，而是使其继续按变更前的情形承担保证责任）。

主债当事人对履行期限做了变更（尤其是延长），未经保证人书面同意的，保证期间不受影响，即仍从主债务原来约定的清偿期届满之日起算。

【真题解读】

（2002年单选题）甲企业与乙银行签订借款合同，借款金额为10万元人民币，借款期限为1年，由丙企业作为借款保证人。合同签订3个月后，甲企业因扩大生产规模急需资金，遂与乙银行协商，将贷款金额增加到15万元，甲和银行通知了丙企业，丙企业未予答复。后甲企业到期不能偿还债务。该案中的保证责任应如何承担？[1]

  A. 丙企业不再承担保证责任，因为甲与乙变更合同条款未得到丙的同意

  B. 丙企业对10万元应承担保证责任，对增加的5万元不承担保证责任

  C. 丙企业应承担15万元的保证责任，因为丙对于甲和银行的通知未予答复，视为默认

---

  [1]【解析】正确选项为B。根据《民法典》第695条的规定，主合同当事人变更合同加重债务人责任的，如未保证人同意，保证人不对加重的部分承担保证责任。本题中，甲乙之间对合同内容的变更加重了债务人甲的责任，而丙企业对通知未予答复并不能视为默认同意，因为将沉默推定为同意必须有法律的明确规定。据此，选项B正确。

D. 丙企业不再承担保证责任，因为保证合同因甲、乙变更了合同的数额条款而致保证合同无效

以上七、八两个标题下的知识，可图示如下：

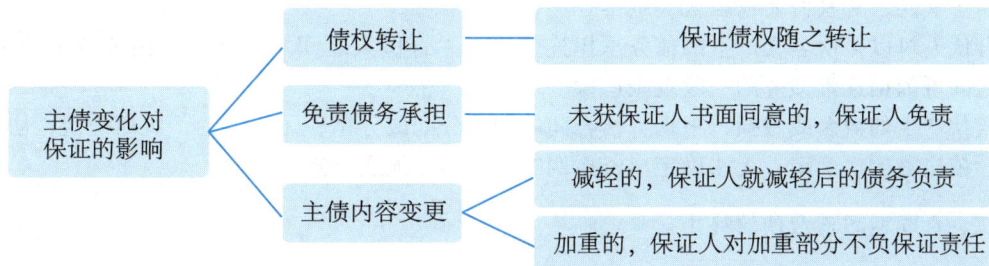

【主观题点睛】

保证合同是主观题比较重要的考点。尤其是，《担保制度解释》出台后，保证的相关规则被细化，预计主观题对保证的考核频率会有所增加。保证的主观题考点主要以保证的类型识别、一般保证人的先诉抗辩权、保证人的抗辩和追偿等为主。

第二节　合伙合同

【说明】

合伙合同是《民法典》新增的典型合同之一。《民法典》将合伙企业规定为非法人组织，而《合伙企业法》也对合伙企业做了全面的规定。理解合伙合同的一个关键在于：合同未必都以企业形态出现，合同关系可能纯粹建立在合伙人之间的合伙合同之上。相对于合同企业的商事属性，建立在合伙合同之上的合伙也被称为"民事合伙"。

一、合伙合同的概念 ＊

【重点法条】

《民法典》第 967 条　合伙合同是二个以上合伙人为了共同的事业目的，订立的共享利益、共担风险的协议。

合伙合同由两个以上合伙人订立。与利益交换型的合同不同，各合伙人有着共同的目的事业，因此也有着相同的合同权利与义务。如前所述，合伙合同不同于合伙企业组织，不应在组织体的意义上理解合伙合同，例如，合伙合同不涉及登记问题。

二、合伙事务执行与损益分配规则 ＊＊

（一）合伙事务执行

关于合伙事务执行，《民法典》第 970、971 条主要从合伙合同内部视角作出规定：（1）合伙事务由全体合伙人共同执行。合伙人就合伙事务作出决定的，除合伙合同另有约定外，应当经全体合伙人一致同意。（2）按照合伙合同的约定或者全体合伙人的决定，可以委托一个或者数个合伙人执行合伙事务；其他合伙人不再执行合伙事务，但是有权监督执行情况。（3）合伙人分别执行合伙事务的，执行事务合伙人可以对其他合伙人执行的事务提出异议；提出异议后，其他合伙人应当暂停该项事务的执行。（4）合伙人不得因执行合伙事务而请求支付报酬，但是合伙合同另有约定的除外。

（二）合伙人的责任与损益分配规则

【重点法条】

《民法典》第973条　合伙人对合伙债务承担连带责任。清偿合伙债务超过自己应当承担份额的合伙人，有权向其他合伙人追偿。

合伙人对以合伙名义产生的债务承担连带责任。合伙人之间实际上存在债务分担的份额，相互之间可依据连带债务的一般规则追偿。

合伙产生的盈余或亏损，根据合伙合同的约定分配或分担；无约定的，协商确定；协商不成的，依出资比例确定；无法确定出资比例的，均等分配或分担。

三、合同期限与合伙的终止＊＊

《民法典》第976条规定，合伙人未约定合伙期限的，视为不定期合伙。对于不定期合同合同，合伙人可随时解除，但应当在合理期间前通知其他合伙人。定期合同到期后，如合伙人继续执行合伙事务而其他合伙人无异议的，则合伙合同不终止，而是转化为不定期合伙合同。

合伙合同不像组织体一样有超越具体成员而存续的能力，因此，除合伙合同另有约定或依合伙性质不宜终止外，合伙人的死亡（或作为法人或非法人组织终止）或丧失行为能力将导致合伙合同的终止。

第二十三章　准合同

▶【复习提要】

本章涉及两个债的类型，即无因管理之债与不当得利之债。《民法典》未设"债权编"，而仅设"合同编"。为了安放具有法定之债性质的无因管理之债与不当得利之债，《民法典》于合同编设第三分编"准合同"，在其下规定此两项制度。相对于之前简单的规定，《民法典》针对无因管理与不当得利增设了一些条款，值得注意。

不当得利一节，主要掌握不当得利的构成，能够识别何为不当得利，并从返还的范围角度掌握不当得利的法律效果。在无因管理一节，主要的考点也是无因管理的构成及法律效果。

不当得利与无因管理知识点不多，但二者构成两项独立的债的发生原因，之前的司法考试常有考核，考生应对下文所列考点认真把握。

第一节　无因管理

一、无因管理的构成和类型 ＊ ＊ ＊

（一）无因管理的构成要件

【重点法条】

《民法典》第 979 条　管理人没有法定的或者约定的义务，为避免他人利益受损失而管理他人事务的，可以请求受益人偿还因管理事务而支出的必要费用；管理人因管理事务受到损失的，可以请求受益人给予适当补偿。

管理事务不符合受益人真实意思的，管理人不享有前款规定的权利，但是受益人的真实意思违背公序良俗的除外。

无因管理之债，是指没有约定或法定的义务而为他人管理事务，从而依法律规定在管理人与被管理人之间所产生的债权债务关系。无因管理并非基于双方合意而发生，但是，无因管理法律关系双方当事人之间的管理却类似委托合同。正因为如此，《民法典》不仅将其归入"准合同"，而且还于第 984 条设有如下规定：<u>管理人管理事务经受益人事后追认的，从管理事务开始时起，适用委托合同的有关规定，但是管理人另有意思表示的除外。</u>

作为法定的债的发生原因，构成无因管理须满足以下要件：

1. 有管理事务的行为。管理事务的行为既可以是法律行为（如订立合同），也可以是其他事务，如亲自动手为他人修缮房屋等。

2. <u>有为他人管理的意思</u>。无因管理须有为他人利益而管理的意思，为自己利益而管理不构成无因管理。即便是误认他人事务为自己事务而进行管理，由于缺乏利他的主观意识，仍不构成无因管理。

【特别提示】 在为他人管理这一要件的理解方面，须注意两点：（1）主观上主要是为避免自己损失，但同时也兼顾他人（如为避免延烧而扑灭邻居家发生的火灾），也可满足这一主观意思要求；（2）无因管理并不要求达到预期的管理效果，即便未达预期的管理效果（如避免被管理人的损失），只要管理行为本身得当，亦可发生无因管理的法律效果。

　　3. 管理人系无法定或约定的义务而为管理活动，如系基于法定职责（消防队员在火灾中抢救人员和财物）或为履行债务（如受托人履行委托合同的义务），则不构成无因管理。

　　【真题解读】

　　1.（2002年多选）1995年夏天，张某父子外出打工，房屋无人看管。一天，气象台预报近期将有强台风。张家的邻居刘某见张家无人，房子又年久失修，于是，就花钱请人对张家的房子进行了修缮，共花费了650元，刘某为此从银行提取未到期的定期存款先行垫付。但台风过后，张家的房子还是倒塌了。下列哪些表述是错误的？[1]

　　A. 刘某只能向张家请求返还650元

　　B. 刘某有权向张家请求返还650元及提前支取存款的利息损失

　　C. 刘某无权向张家请求返还650元及提前支取存款的利息，因为张家未实际受益

　　D. 刘某为此垫付的650元及其损失的利息由双方分摊

　　2.（2013年单选）下列哪一情形会引起无因管理之债？[2]

　　A. 甲向乙借款，丙在明知诉讼时效已过后擅自代甲向乙还本付息

　　B. 甲在自家门口扫雪，顺便将邻居乙的小轿车上的积雪清扫干净

　　C. 甲与乙结婚后，乙生育一子丙，甲抚养丙5年后才得知丙是乙和丁所生

　　D. 甲拾得乙遗失的牛，寻找失主未果后牵回暂养。因地震致屋塌牛死，甲出卖牛皮、牛肉获价款若干

　　（二）无因管理的基本类型

　　1. 适法的无因管理。管理人有为他人管理的意思，且其管理符合被管理人真实意思的，为适法的无因管理。在此种类型无因管理，管理人行为妥当，对被管理人有完整的请求权。《民法典》第979条第1款规定的管理人对受益人的费用偿还请求权等，系针对适法无因管理情形做出的规定。

　　2. 不适法无因管理。管理人虽有为他人管理的意思，但其管理活动不符合被管理人真实意思的，为不适法无因管理。但是，如果管理人行为本身合理，仅系因为被管理人有违背公序良俗的意思而发生了不符（如奋力抢救自杀者，后者抗拒抢救），则仍应将无因管理视为适法无因管理。不适法无因管理不能获得正面法律评价，因此其管理人不享有适法无因管理人所享有的权利，仅能依据《民法典》第980条之规定主张权利。例如，甲出国前委托乙照看自己的房子，后甲因疫情滞留国外；好多管闲事的乙尽管知道甲特别爱惜自己的房子，但仍觉得房屋空置可惜，遂自作主张通过中介为甲的利益将房屋租给丙，共收取了租金5万元，也支出了中介费2000元；甲回国后，对乙出租房屋导致房屋损耗不满，但仍接受了5万元租金。此种情形构成不适法的无因管理，由于享有了管理利益，甲也应偿还乙为管理事务而支出的必要

---

　　[1]【解析】正确选项为ACD。本题的关键在于，虽未达到预期效果，但刘某的行为仍构成无因管理。刘某提前支取定期存款系因管理之必要而为，被管理人应赔偿该利息损失。

　　[2]【解析】正确选项为D。D选项中的寻找失主表明甲系为乙管理事务，构成无因管理。A选项的代偿不符合甲的利益。B选项虽有管理他人事务的事实，但不产生费用求偿等债务关系。C选项不符合为他人管理事务的要件。

费用。

《民法典》第 980 条　管理人管理事务不属于前条规定的情形，但是受益人享有管理利益的，受益人应当在其获得的利益范围内向管理人承担前条第一款规定的义务。

二、无因管理的效力 ＊ ＊ ＊

《民法通则》仅有一条规范无因管理，在法律效果方面有很多法律漏洞。《民法典》主要在两个方面对无因管理的法律效果做出了完善性规定：（1）将无因管理视为类似双务合同的法律关系，从而也规定了管理人对被管理人的义务；（2）根据适法与不适法的不同类型，确定不同的法律效果。

以下结合《民法典》的新规，从管理人与被管理人义务两个角度阐明无因管理的法律效果：

1. 管理人义务：（1）以有利于受益人的方式管理的义务；（2）及时通知义务；（3）报告义务；（4）移交管理利益义务。

2. 被管理人（受益人）方面：（1）如管理人行为得当，则在管理活动中给被管理人造成的损害，不构成侵权行为，后者无权主张赔偿；（2）偿付管理人支出的费用（即便管理行为最终未使其受益）；（3）清偿管理人为实施管理活动所负的债务；（4）补偿管理人在管理活动中所受的合理损失。

以上被管理人的义务，系针对适法无因管理人负担的义务。如果是不适法无因管理，则被管理人不负担以上偿付费用和损害补偿的义务。不过，如果该无因管理仍使被管理人受益的，则被管理人应在受益范围内负费用偿还、损害补偿的义务。

管理人对被管理人无报酬请求权。

【真题解读】

1.（2011 年单选）刘某承包西瓜园，收获季节突然病故。好友刁某因联系不上刘某家人，便主动为刘某办理后事和照看西瓜园，并将西瓜卖出，获益 5 万元。其中，办理后事花费 1 万元、摘卖西瓜雇工费以及其他必要费用共 5000 元。刁某认为自己应得劳务费 5000 元。关于刁某的行为，下列哪一说法是正确的?[1]

A. 5 万元属于不当得利　　　　　　　B. 应向刘某家人给付 3 万元

C. 应向刘某家人给付 4 万元　　　　　D. 应向刘某家人给付 3.5 万元

2.（2021 年多选）老赵家在乡下的老房子年久失修，邻居老李曾多次催促老赵加固，但老赵一直未采取措施。某日大雨，老赵的房墙垮塌，砸坏了老李停在院子里的车，还没倒的那部分墙也岌岌可危。老李找人清理了倒塌的废料，修理了车。对此，下列哪些说法是正确的?[2]

A. 老李有权请求老赵支付清理废料的费用　B. 老李有权请求老赵支付修车的费用

C. 老李有权请求老赵加固还没倒塌的墙　　D. 老赵有权请求老李返还清理出来的废料

---

〔1〕【解析】正确选项为 D。刁某的行为构成无因管理。管理人刁某应将管理利益 5 万元移交被管理人刘某家人，但同时可就支出的 1.5 万元向被管理人求偿，适用抵销规则后，可向被管理人要求给付 3.5 万元。管理人对被管理人无报酬请求权。

〔2〕【解析】正确选项为 ABCD。老李清理倒塌废料，构成无因管理，据此老李有权要求老赵支付管理费用，选项 A 正确。老赵对老李车辆的损害有过错，需承担侵权损害赔偿责任，选项 B 正确。没倒塌的墙给老李制造了危险状态，老李可根据《民法典》第 236 条关于消除危险的规定要求老赵加固，选项 C 正确。清理出的废料属于管理利益，管理人老李应向受益人老赵返还，选项 D 正确。

3. （2023年单选）外卖员张某在送外卖的时候遇到李某跳江自杀，将手机交给路人王某后奋不顾身跳入十米高的江里。张某背部受伤，在救李某的过程中李某因反抗导致手臂被拉伤。王某围观太过紧张不慎将手机屏幕摔坏。以下选项中正确的是?[1]

A. 李某可对手臂受伤请求张某赔偿　　　B. 张某可因手机屏幕摔坏向王某主张赔偿

C. 张某就背部受伤向李某主张补偿　　　D. 张某可就手机屏幕摔坏向李某主张补偿

第二节　不当得利

一、不当得利的构成及类型 ＊＊＊

【重点法条】

《民法典》第985条　得利人没有法律根据取得不当利益的，受损失的人可以请求得利人返还获得的利益，但是有下列情形之一的除外：

（一）为履行道德义务进行的给付；

（二）债务到期之前的清偿；

（三）明知无给付义务而进行的债务清偿。

不当得利之债，是指没有法律上的根据（欠缺法律上的原因），一方得利，而导致另一方受损，从而在得利人与受损人之间产生的以利益返还为内容的债权债务关系。

作为法定之债，不当得利有四项构成要件：一方受损；他方受益；受损与受益之间具有因果关系；得利欠缺法律上的原因。其中，"欠缺法律上原因"是理解不当得利的关键。

民法理论将不当得利进一步区分为给付型不当得利和非给付型不当得利。在前者，得利系由于受损者向得利者为给付（有意增加对方财产的行为）所致，但该给付缺乏正当原因，主要表现为当事人误认自己为债务人而"清偿"不存在的债务。在后者，不当得利可能系自然原因引起，也可能是人之行为引起，如为他人利益而支出费用，此类型还包括所谓"侵害权利型不当得利"。

《民法典》第985条针对给付型不当得利规定了几种排除不当得利请求权的情形：（1）为履行道德义务而进行的给付，如抚养义务人以外的亲属自愿给付的抚养费；（2）债务到期之前的清偿，此种情形，可视为债务人自愿抛弃期限利益；（3）明知无给付义务而进行的债务清偿。

【真题解读】

1. （2005年单选）在下列何种情形中，乙构成不当得利?[2]

A. 甲欠乙500元，丙在甲不知情的情况下自愿代为偿还

B. 甲大学新建校区，当地居民乙的房屋大幅升值

C. 甲以拾得的100元还了欠乙的债务

D. 甲雇人耕田，雇工误耕了乙的数亩待耕之田

---

〔1〕【解析】正确选项为C。张某跳江救李某，构成适法的无因管理。根据《民法典》第979条，张某有权就自己所受损害要求李某补偿。适法无因管理构成侵权免责事由，李某不得主张赔偿。王某系无偿保管，无故意和重大过失，不负手机损害的赔偿或补偿责任。

〔2〕【解析】正确选项为D。选项A构成代为清偿，选项B无受损人，选项C中金钱的来源不影响清偿的效力，选项D基于认知错误而产生了一方受损一方得利的结果。

2. （2011 年单选题）下列哪一情形不产生不当得利之债？[1]

A. 甲向乙借款 10 万元，1 年后根据约定偿还本息 15 万元

B. 甲不知诉讼时效已过，向债权人乙清偿债务

C. 甲久别归家，误把乙的鸡当成自家的吃掉

D. 甲雇用的装修工人，误把邻居乙的装修材料用于甲的房屋装修

3. （2013 单选题）下列哪一情形产生了不当得利之债？[2]

A. 甲欠乙款超过诉讼时效后，甲向乙还款

B. 甲欠乙款，提前支付全部利息后又在借期届满前提前还款

C. 甲向乙支付因前晚打麻将输掉的 2000 元现金

D. 甲在乙银行的存款账户因银行电脑故障多出 1 万元

4. （2020 年多选）某日深夜，乙擅自将自己的轿车停放在甲的停车位上。甲驾车回来，发现车位被占用，且无法联系乙，附近也没有可用车位，遂致电拖车公司将乙的轿车拖走，并支付拖车费 300 元。对此，下列哪些说法是正确的？[3]

A. 乙侵害了甲对停车位的物权　　　　　B. 乙构成不当得利

C. 甲有权请求乙承担缔约过失责任　　　D. 甲有权请求乙返还其支付的拖车费

二、不当得利的法律效果 * *

【重点法条】

《民法典》第 986 条　得利人不知道且不应当知道获得的利益没有法律根据，获得的利益已经不存在的，不承担返还该利益的义务。

《民法典》第 987 条　得利人知道或者应当知道获得的利益没有法律根据的，受损失的人可以请求得利人返还其获得的利益并依法赔偿损失。

《民法典》第 988 条　得利人已经将取得的利益无偿转让给第三人的，受损失的人可以请求第三人在相应范围内承担返还义务。

简要言之，一旦成立不当得利之债，得利人有义务向受损人返还其所得利益。如得利表现为金钱以外的财产（如动产或不动产），则应直接返还该财产；在该财产因灭失等原因不能返还时，应返还其价额。

具体到返还利益的范围，民法理论一般区分得利人的主观状态而做不同对待，《民法典》则于第 986 条、第 987 条做出了如下规定：

1. 如得利人系善意，即不知且不应知道自己得利欠缺法律上原因，则仅负现有利益的返还义务，即对于已经丧失的得利，善意得利人不负返还之责（"得利丧失抗辩"）。

2. 如得利人系恶意，即明知或应当知道欠缺法律上原因仍受领，则对所取得的一切利益均负返还之责，受损人可就其损失要求得利人赔偿损失。

如果得利人已将其得利无偿转让给了第三人，则由于后者的无偿得利仍缺乏正当原因，故

---

[1]【解析】正确选项为 B。时效期间届满并不使债权消灭，无论债务人主观认知情况如何，对债的清偿均不构成不当得利。A 选项中利息过高，超过法律允许限度的利息构成不当得利。C 选项为典型的非给付型不当得利。D 选项构成添附，须依不当得利规定处理当事人之间的利益得失问题。

[2]【解析】正确选项为 D。清偿已过时效之债、提前清偿债务、基于不法原因的给付均排除不当得利返还请求权，D 选项则构成给付型不当得利，甲获得 1 万元无法律上原因。

[3]【解析】正确选项为 ABD。乙擅自占用甲的车位，对甲的物权构成侵害，选项 A 正确；乙从对甲的权利侵害中获得不当停车利益，构成侵害权利型不当得利，选项 B 正确；甲乙之间不存在缔约接触，不存在缔约过失责任的问题，选项 C 错误。甲支付的拖车费可认定为乙侵权行为的损失，故可要求乙返还。选项 D 正确。

受损人可以向该第三人请求返还相应的利益。

> **【特别提示】** 如得利人为恶意，则应同时返还孳息，如金钱的利息。但是，无论如何，受损人不能要求得利人返还利用金钱投资所产生的投资收益。

【真题解读】

1.（2002年单选）某甲向银行取款时，银行工作人员因点钞失误多付给1万元。甲以这1万元作本钱经商，获利5000元，其中2000元为其劳务管理费用成本。一个月后银行发现了多付款的事实，要求甲退回，甲不同意。下列有关该案的哪一表述是正确的？[1]

A. 甲无需返还，因系银行自身失误所致

B. 甲应返还银行多付的1万元

C. 甲应返还银行多付的1万元，同时还应返还1个月的利息

D. 甲应返还银行多付的1万元，同时还应返还1个月的利息及3000元利润

2.（2015年多选）甲遗失其为乙保管的迪亚手表，为偿还乙，甲窃取丙的美茄手表和4000元现金。甲将美茄手表交乙，因美茄手表比迪亚手表便宜1000元，甲又从4000元中补偿乙1000元。乙不知甲盗窃情节。乙将美茄手表赠与丁，又用该1000元的一半支付某自来水公司水费，另一半购得某商场一件衬衣。下列哪些说法是正确的？[2]

A. 丙可请求丁返还手表

B. 丙可请求甲返还3000元、请求自来水公司和商场各返还500元

C. 丙可请求乙返还1000元不当得利

D. 丙可请求甲返还4000元不当得利

---

〔1〕【解析】正确选项为C。甲对银行负有返还不当得利之责；甲为恶意，应对利息负责，但经商所得并非因果关系意义上的得利，不应返还。

〔2〕【解析】正确选项为AD。手表为丙所有，丁不能善意取得，故丙可请求丁返还手表，选项A正确。甲取得4000元现金无法律上原因，受损人丙可要求其返还4000元不当得利。至于将金钱作为支付手段付给第三人的，第三人当然不发生不当得利的问题。

第四编　人格权

【说明】

相对于之前分散的民事单行法体系，《民法典》在结构上最大的变化就是人格权独立成编。《民法典》第四编"人格权编"共设六章（一般规定；生命权、身体权、健康权；姓名权和名称权；肖像权；名誉权和荣誉权；隐私权和个人信息保护），51 条。尽管如此，从法考的视角看，人格权并非考试的重点。主要的考核方式应该是与侵害人格权的侵权行为相结合，要求考生判断何种人格权被侵害。有鉴于此，本编两章不分节，仅针对相对重要的问题和法条做简明扼要的阐述。

第二十四章　人格权概述

> 【复习提要】

理解一般人格权的概念。在人格权保护方面，重点把握《民法典》第 995 条、第 996 条等规范。

一、具体人格权与一般人格权 *

【重点法条】

《民法典》第 990 条　人格权是民事主体享有的生命权、身体权、健康权、姓名权、名称权、肖像权、名誉权、荣誉权、隐私权等权利。

除前款规定的人格权外，自然人享有基于人身自由、人格尊严产生的其他人格权益。

理解"人格权"这一概念的关键在于，人格权不仅表现为生命、姓名、名誉、肖像、隐私等包含比较稳定人格利益的具体人格权，而且还包括一般性的基于人身自由、人格尊严的权利。《民法典》第 990 条第 1 款及该编第 2 到 6 章所规定的人格权可称为"具体人格权"，相应地，第 990 条第 2 款规定的人格权可称为"一般人格权"。一般人格权的立法设计避免了人格权法定主义，增进了对人格权的法律保护。在法律适用层面上，法院如认定自然人的某种不能归入具体人格权的人格利益受到侵害，则可援引第 990 条第 2 款作为裁判依据。

根据我国法律，不仅自然人享有人格权，<u>而且法人和非法人组织也可享有名称权、名誉权和荣誉权</u>。不过，总体上，人格权主要指自然人所享有的与特定人身不可分离的权利。

自然人的人格权当然以自然人生存为前提，不过，我国法律对人格的保护也延伸到死者。根据《民法典》第 994 条的规定，死者的姓名、肖像、名誉等受到侵害的，其近亲属可以要求行为人承担民事责任。

二、人格权的保护 ＊＊＊

【重点法条】

《民法典》第 995 条　人格权受到侵害的，受害人有权依照本法和其他法律的规定请求行为人承担民事责任。受害人的停止侵害、排除妨碍、消除危险、消除影响、恢复名誉、赔礼道歉请求权，不适用诉讼时效的规定。

《民法典》第 996 条　因当事人一方的违约行为，损害对方人格权并造成严重精神损害，受损害方选择请求其承担违约责任的，不影响受损害方请求精神损害赔偿。

有关人格权的保护，需注意以下几点：

1. 人格权，除人格权编有针对性保护规定外，主要也通过侵权责任编规定加以保护。

2. 基于人格权的被侵害，权利人可提出：（1）预防、排除和回复性请求权，包括停止侵害、排除妨害、消除危险、消除影响、恢复名誉等，此类请求权不受诉讼时效期间的限制；（2）损害赔偿，不仅包括身体权、健康权等受损害而遭遇的物质损失，也包括因人格权受侵害而遭遇的精神损害。此请求权在性质上属于侵权请求权，应受诉讼时效期间的限制。

3. 根据《民法典》之前的法律规定和通说，仅在侵权案件中，受害人才可主张人格权受侵害的精神损害赔偿。《民法典》改变了这一立场，规定主张违约责任不影响请求精神损害赔偿。

4. 《民法典》规定了人格权的禁令保护。该法典第 997 条规定："民事主体有证据证明行为人正在实施或者即将实施侵害其人格权的违法行为，不及时制止将使其合法权益受到难以弥补的损害的，有权依法向人民法院申请采取责令行为人停止有关行为的措施"。

第二十五章　具体人格权

> ▶ 【复习提要】

本章涉及《民法典》人格权编第二至第六章各种具体人格权。就法考而言，相对重要的问题有身体权的概念、肖像权许可使用合同、侵害名誉权与侵害隐私权的识别等。

一、身体权、健康权 * * *

《民法典》采用了一个广义的身体权概念，该法典第 1003 条规定，"自然人享有身体权。自然人的身体完整和行动自由受法律保护。任何组织或者个人不得侵害他人的身体权"。根据该条，身体权不仅包括了传统上保持身体完整的权利，而且也包含了行动自由的权利。另外，根据《民法典》1011 条之规定，以非法拘禁等方式剥夺、限制他人的行动自由，或者非法搜查他人身体的，受害人有权依法请求行为人承担民事责任。据此，可认定非法拘禁、非法搜查他人身体，皆属于侵害身体权的行为。

身体权与健康权是两项独立的权利，保护不同的人格利益。其中，身体权保护的对象是"身体完整"与"行动自由"（《民法典》第 1003 条），而健康权保护的则是"身心健康"。据此，未经同意割除他人发辫或捆绑他人，侵害的是身体权，而故意传播疾病于他人，侵害的是健康权。

与身体权相关，《民法典》对器官捐献等也做出了规定，值得注意的要点包括：（1）捐献应当采用书面形式或者有效的遗嘱形式；（2）自然人生前未表示不同意捐献的，该自然人死亡后，其配偶、成年子女、父母可以共同决定捐献，决定捐献应当采用书面形式；（3）以任何形式买卖人体细胞、人体组织、人体器官、遗体的，买卖行为无效。

> 【相关法条】

《民法典》第 1006 条 完全民事行为能力人有权依法自主决定无偿捐献其人体细胞、人体组织、人体器官、遗体。任何组织或者个人不得强迫、欺骗、利诱其捐献。

完全民事行为能力人依据前款规定同意捐献的，应当采用书面形式，也可以订立遗嘱。

自然人生前未表示不同意捐献的，该自然人死亡后，其配偶、成年子女、父母可以共同决定捐献，决定捐献应当采用书面形式。

> 【真题解读】

（2019 年多选）彭某因车祸双腿截肢，花巨资安装了科技含量高、只能由专业人员拆卸的假肢。某日与李某发生口角，李某一怒之下将彭某的假肢打碎。下列哪些说法是正确的?[1]

A. 彭某的生命健康权受到了侵害

B. 彭某可就假肢毁损向李某主张精神损害赔偿

C. 彭某的身体权遭到了侵害

D. 彭某可基于所有权主张侵权责任

---

[1] 【解析】正确选项为 BCD。题面中"安装了科技含量高、只能由专业人员拆卸的假肢"的事实描述旨在说明，该假肢以具有类似真正肢体的性质，同时，作为高科技产品，假肢也具有物的属性。据此，李某打碎假肢，同时侵害了彭某的所有权与身体权。身体权受侵害，受害人可主张精神损害赔偿。

二、姓名权 *

自然人享有姓名权，有权依法决定、使用、变更或者许可他人使用自己的姓名。

关于姓氏的使用，《民法典》继承了之前全国人大立法解释的规定，于第1015条设有如下规定："自然人的姓氏应当随父姓或者母姓，但是有下列情形之一的，可以在父姓和母姓之外选取姓氏：（一）选取其他直系长辈血亲的姓氏；（二）因由法定扶养人以外的人扶养而选取扶养人姓氏；（三）有不违背公序良俗的其他正当理由。少数民族自然人的姓氏可以遵从本民族的文化传统和风俗习惯。"

三、肖像权 * * *

（一）肖像的概念

【重点法条】

《民法典》第1018条 自然人享有肖像权，有权依法制作、使用、公开或者许可他人使用自己的肖像。

肖像是通过影像、雕塑、绘画等方式在一定载体上所反映的特定自然人可以被识别的外部形象。

肖像，是特定自然人可以被识别的外部形象在一定载体上的反映和再现。不仅包含五官的面部影像等构成肖像，而且能够被辨识（与特定自然人相关联）的其他形象（如背影）也可构成肖像。

（二）肖像权的侵害

侵害肖像权的主要表现是：未经肖像权人同意，制作、使用、公开肖像权人的肖像。此外，利用他人肖像进行信息技术处理（P图），以达到丑化等目的，也属于侵害他人肖像权。需特别注意的是，根据《民法通则》，只有为营利目的未经许可使用他人肖像才构成肖像权侵害，《民法典》取消了营利性使用的要求。

肖像权并非像生命权、身体权一样受到绝对保护，根据《民法典》第1020条规定合理使用他人肖像的，不构成肖像权侵害。对这些合理使用的方式，可以在常识基础上略加记忆。

【相关法条】

《民法典》第1019条 任何组织或者个人不得以丑化、污损，或者利用信息技术手段伪造等方式侵害他人的肖像权。未经肖像权人同意，不得制作、使用、公开肖像权人的肖像，但是法律另有规定的除外。

未经肖像权人同意，肖像作品权利人不得以发表、复制、发行、出租、展览等方式使用或者公开肖像权人的肖像。

【真题解读】

1.（2010年多选）女青年牛某因在一档电视相亲节目中言辞犀利而受到观众关注，一时应者如云。有网民对其发动"人肉搜索"，在相关网站首次披露牛某的曾用名、儿时相片、家庭背景、恋爱史等信息，并有人在网站上捏造牛某曾与某明星有染的情节。关于网民的行为，下列哪些说法是正确的？[1]

　　A. 侵害牛某的姓名权　　　　　　　　B. 侵害牛某的肖像权

---

　[1]【解析】正确选项为CD。不存在冒用姓名等情形，不构成姓名权侵害；网民虽披露儿时照片，但并未构成未经许可的使用，该照片仍属于隐私的范畴，披露本身不构成肖像权侵害；公布事项多涉牛某个人隐私，构成隐私权侵害；捏造事实，构成名誉权侵害。

C. 侵害牛某的隐私权   D. 侵害牛某的名誉权

2.（2023年多选）周某是个厨师，他开设"周记美食"公众号在上面上传美食视频，有一期"周氏爆炒小龙虾"的视频火了。李某利用AI换脸技术，把视频中周某的脸换成自己的，其他原封不动上传至自己的公众号，也有较多的点击量。请问李某侵犯了周某的哪些权利？[1]

A. 姓名权   B. 名誉权   C. 肖像权   D. 著作权

（三）肖像权与著作权

1. 摄影、绘画、雕塑等作品中的人物享有肖像权，而作者对作品享有著作权。

2. 著作权的行使不得侵害肖像权。《民法典》第1019条第2款规定，"未经肖像权人同意，肖像作品权利人不得以发表、复制、发行、出租、展览等方式使用或者公开肖像权人的肖像。"

【真题解读】

1.（2004年多选）某影楼与甲约定："影楼为甲免费拍写真集，甲允许影楼使用其中一张照片作为影楼的橱窗广告。"后甲发现自己的照片被用在一种性药品广告上。经查，制药公司是从该影楼花500元买到该照片的。下列说法哪些是正确的？[2]

A. 某影楼侵害了甲的肖像权   B. 某影楼享有甲写真照片的版权
C. 某影楼的行为构成违约   D. 制药公司的行为侵害了甲的隐私权

2.（2011年多选）甲女委托乙公司为其拍摄一套艺术照。不久，甲女发现丙网站有其多张半裸照片，受到众人嘲讽和指责。经查，乙公司未经甲女同意将其照片上传到公司网站做宣传，丁男下载后将甲女头部移植至他人半裸照片，上传到丙网站。下列哪些说法是正确的？[3]

A. 乙公司侵犯了甲女的肖像权   B. 丁男侵犯了乙公司的著作权
C. 丁男侵犯了甲女的名誉权   D. 甲女有权主张精神损害赔偿

3.（2017年单选）摄影爱好者李某为好友丁某拍摄了一组生活照，并经丁某同意上传于某社交媒体群中。蔡某在社交媒体群中看到后，擅自将该组照片上传于某营利性摄影网站，获得报酬若干。对蔡某的行为，下列哪一说法是正确的？[4]

A. 侵害了丁某的肖像权和身体权   B. 侵害了丁某的肖像权和李某的著作权
C. 侵害了丁某的身体权和李某的著作权   D. 不构成侵权

（四）肖像权的商业利用

人格权不得放弃、转让、继承，但某些类型的人格权（肖像权、姓名权）可以加以商业利用。依一般社会观念，此类人格权的商业利用，并不会贬低人格，不发生违背公序良俗的

---

[1]【解析】正确选项为CD。李某并未冒用周某姓名，不构成姓名权侵害；李某未诋毁周某，不存在名誉侵害之问题；李某利用信息技术伪造，根据《民法典》第1019条第1款，构成对周某肖像权的侵害；周某对于其制作的视频享有著作权，李某未经许可使用，构成对周某著作权的侵害。

[2]【解析】正确选项为ABC。甲享有肖像权，而影楼享有著作权（版权）；关于肖像的许可使用，甲与影楼之间有约定，影楼的行为既构成违约，同时也构成对甲肖像权的侵害；甲允许影楼使用照片做广告，该照片不构成甲的隐私。

[3]【解析】正确选项为ABCD。甲女享有肖像权，乙公司对摄影作品享有著作权，但行使著作权不得侵害肖像权。乙公司对照片的使用具有营利目的且未经甲女同意，侵害甲女肖像权；丁男未经许可擅自使用乙公司作品并进行网络传播，侵害乙公司著作权；丁男之行为会引起甲女社会评价的降低，侵害后者名誉权。甲女可因肖像权、名誉权被侵害，要求精神损害赔偿。

[4]【解析】正确选项为B。李某享有摄影作品著作权，而作为被摄影对象的丁某享有肖像权。蔡某未经许可以营利为目的上传照片，该行为同时侵害了前述两权利。

问题。

《民法典》对肖像许可使用合同的规定中，值得注意的是：（1）当事人对肖像许可使用合同中关于肖像使用条款的理解有争议的，应当作出有利于肖像权人的解释；（2）肖像许可合同无期限的，任何一方都可在提前合理时间通知对方的情况下任意解除合同；（3）肖像许可使用合同有期限的，肖像权人有正当理由，可以提前合理期限通知对方解除合同；此种情形，除有不可归责于肖像权人的原因外，后者应赔偿对方当事人由此产生的损失。

【相关法条】

《民法典》第1021条　当事人对肖像许可使用合同中关于肖像使用条款的理解有争议的，应当作出有利于肖像权人的解释。

《民法典》第1022条　当事人对肖像许可使用期限没有约定或者约定不明确的，任何一方当事人可以随时解除肖像许可使用合同，但是应当在合理期限之前通知对方。

当事人对肖像许可使用期限有明确约定，肖像权人有正当理由的，可以解除肖像许可使用合同，但是应当在合理期限之前通知对方。因解除合同造成对方损失的，除不可归责于肖像权人的事由外，应当赔偿损失。

四、名誉权与隐私权 ＊＊

就法考而言，识别侵权行为侵害的是名誉权还是隐私权是一个比较重要的考点。

名誉是对民事主体的品德、声望、才能、信用等的社会评价（《民法典》第1024条第2款），而隐私是自然人的私人生活安宁和不愿为他人知晓的私密空间、私密活动、私密信息。

侵害隐私权与侵害名誉权明显不同：侵害隐私，系未经许可不当披露他人不愿为人知晓的真实情况；而侵害名誉则是捏造事实，造成他人社会评价下降。据此，可判断到底是侵害名誉权还是侵害隐私权。

《民法典》未规定"信用权"，而是将获得正当信用评价的利益也纳入名誉权保护之中。

关于隐私权的侵害，应结合《民法典》第1033条，通过是否侵扰他人生活安宁、私密空间、私密活动、私密部位、私密信息等加以判断 。

【相关法条】

《民法典》第1024条　民事主体享有名誉权。任何组织或者个人不得以侮辱、诽谤等方式侵害他人的名誉权。

名誉是对民事主体的品德、声望、才能、信用等的社会评价。

《民法典》第1032条　自然人享有隐私权。任何组织或者个人不得以刺探、侵扰、泄露、公开等方式侵害他人的隐私权。

隐私是自然人的私人生活安宁和不愿为他人知晓的私密空间、私密活动、私密信息。

《民法典》第1033条　除法律另有规定或者权利人明确同意外，任何组织或者个人不得实施下列行为：

（一）以电话、短信、即时通讯工具、电子邮件、传单等方式侵扰他人的私人生活安宁；

（二）进入、拍摄、窥视他人的住宅、宾馆房间等私密空间；

（三）拍摄、窥视、窃听、公开他人的私密活动；

（四）拍摄、窥视他人身体的私密部位；

（五）处理他人的私密信息；

（六）以其他方式侵害他人的隐私权。

【真题解读】

（2008年多选）张某旅游时抱着当地一小女孩拍摄了一张照片，并将照片放在自己的博客中，后来发现该照片被用在某杂志的封面，并配以"母女情深"的文字说明。张某并未结婚，朋友看到杂志后纷纷询问张某，熟人对此也议论纷纷，张某深受困扰。下列哪些说法是正确的?[1]

A. 杂志社侵害了张某的肖像权　　　B. 杂志社侵害了张某的名誉权

C. 杂志社侵害了张某的隐私权　　　D. 张某有权向杂志社要求精神损害赔偿

五、个人信息保护 *

【重点法条】

我国已通过《个人信息保护法》。对个人信息保护这个考点的把握，也应关注该法第四章关于个人在信息处理中的权利的相关规定。该章规定了个人在信息处理活动中的权利有：知情同意权；查阅、复制、转移权；更正、补充权；删除权；自然人死亡时，其近亲属有权行使前述权利。

《民法典》第 1034 条　自然人的个人信息受法律保护。

个人信息是以电子或者其他方式记录的能够单独或者与其他信息结合识别特定自然人的各种信息，包括自然人的姓名、出生日期、身份证件号码、生物识别信息、住址、电话号码、电子邮箱、健康信息、行踪信息等。

个人信息中的私密信息，适用有关隐私权的规定；没有规定的，适用有关个人信息保护的规定。

【主观题点睛】

总体而言，人格权相关知识点不是主观题重点考点，适当关注《民法典》第 995 条（人格权请求权，不适用诉讼时效期间的规定）与第 996 条（在违约诉讼中也可主张因人身利益受损的精神损害赔偿）即可。

---

〔1〕【解析】正确选项为 ABD。杂志社未经许可以营利目的使用照片，构成对张某的肖像权侵害。虚构事实，造成社会评价下降，侵害名誉权而非隐私权；人身权被侵害且造成精神痛苦，张某可主张精神损害赔偿。

第五编　婚姻家庭

　　《民法典》设"婚姻家庭"编（第五编）。该编以《婚姻法》为基础，并将《收养法》合并，且吸收了最高人民法院关于《婚姻法》的几个司法解释的一些规定。为配合民法典的施行，最高人民法院废止了婚姻法相关解释，并重新制定了《婚姻家庭编解释（一）》。2025年2月1日，最高人民法院《婚姻家庭编解释（二）》正式施行，其确立的一些新规应予以适当关注。

第二十六章　婚姻家庭概述

【说明】

　　根据考试大纲所列，本章内容包括婚姻、亲属相关概念及婚姻家庭法基本原则等。由于法考几乎不会涉及这些知识点，故对本章不做讨论。

　　《民法典》上经常使用"近亲属"这一概念，而该法典第1045条第2款规定："配偶、父母、子女、兄弟姐妹、祖父母、外祖父母、孙子女、外孙子女为近亲属。"对此，应有所了解。

第二十七章　结婚和离婚

【复习提要】

本章考点主要包括：婚姻的效力，尤其是无效婚姻与可撤销婚姻；离婚的财产分割；离婚的债务清偿规则；离婚损害赔偿等。

第一节　结　婚

一、婚姻成立的要件 ＊＊

（一）结婚实质性条件

达成结婚合意；达到法定婚龄（男22，女20）；均无配偶；非直系血亲和三代以内的旁系血亲。

（二）结婚必须登记

《民法典》第1049条规定，"要求结婚的男女双方应当亲自到婚姻登记机关申请结婚登记。符合本法规定的，予以登记，发给结婚证。完成结婚登记，即确立婚姻关系。未办理结婚登记的，应当补办登记"。司法解释明确，根据该条规定补办登记的，婚姻关系的效力从双方均符合民法典所规定的结婚的实质要件时起算（《婚姻家庭编解释（一）》第6条）。

以1994年2月1日民政部《婚姻登记管理条例》为界，在此时间后所谓"事实婚姻关系"不再获得承认。

【相关法条】

《婚姻家庭编解释（一）》第7条　未依据民法典第一千零四十九条规定办理结婚登记而以夫妻名义共同生活的男女，提起诉讼要求离婚的，应当区别对待：

（一）1994年2月1日民政部《婚姻登记管理条例》公布实施以前，男女双方已经符合结婚实质要件的，按事实婚姻处理。

（二）1994年2月1日民政部《婚姻登记管理条例》公布实施以后，男女双方符合结婚实质要件的，人民法院应当告知其补办结婚登记。未补办结婚登记的，依据本解释第三条规定处理。

《婚姻家庭编解释（一）》第3条　当事人提起诉讼仅请求解除同居关系的，人民法院不予受理；已经受理的，裁定驳回起诉。

当事人因同居期间财产分割或者子女抚养纠纷提起诉讼的，人民法院应当受理。

二、无效婚姻 ＊＊＊

（一）无效事由

【重点法条】

《民法典》第1051条　有下列情形之一的，婚姻无效：

（一）重婚的；

（二）有禁止结婚的亲属关系的；

（三）未到法定婚龄的。

《婚姻家庭编解释（一）》第10条　当事人依据民法典第一千零五十一条规定向人民法院请求确认婚姻无效，法定的无效婚姻情形在提起诉讼时已经消失的，人民法院不予支持。

作为身份行为，结婚存在特殊的效力设定，这尤其体现在《婚姻家庭解释（一）》第10条的规定之上，即法定无效情形消失的，无效婚姻可转化为有效婚姻，这主要指的是结婚时未达法定婚龄而提起诉讼时已达相应年龄要求的情形。需注意的是，重婚不仅是无效事由，也构成犯罪。婚姻因重婚而无效的，不因事后合法婚姻当事人离婚或者配偶死亡而转化成有效婚姻。

【真题解读】

1.（2003年单选）甲（男，22周岁）为达到与乙（女，19周岁）结婚的目的，故意隐瞒乙的真实年龄办理了结婚登记。两年后，因双方经常吵架，乙以办理结婚登记时未达到法定婚龄为由向法院起诉，请求宣告婚姻无效。人民法院应如何处理？[1]

A. 以办理结婚登记时未达到法定婚龄为由宣告婚姻无效

B. 对乙的请求不予支持

C. 宣告婚姻无效，确认为非法同居关系，并予以解除

D. 认定为可撤销婚姻，乙可行使撤销权

2.（2011年单选）甲与乙登记结婚3年后，乙向法院请求确认该婚姻无效。乙提出的下列哪一理由可以成立？[2]

A. 乙登记结婚的实际年龄离法定婚龄相差2年

B. 甲婚前谎称是海归博士且有车有房，乙婚后发现上当受骗

C. 甲与乙是表兄妹关系

D. 甲以揭发乙父受贿为由胁迫乙结婚

3.（2022年单选）20岁男与21岁女经相亲认识，后来结婚，婚后一年经常吵架，女方才知道男方真实年龄。以下选项中，正确的是（　）[3]：

A. 因欺诈可撤销　　　　　　　　B. 因意思瑕疵可撤销

C. 婚姻有效　　　　　　　　　　D. 婚姻无效

（二）无效婚姻的司法认定

【重点法条】

《婚姻家庭编解释（一）》第11条　人民法院受理请求确认婚姻无效案件后，原告申请撤诉的，不予准许。

<u>对婚姻效力的审理不适用调解，应当依法作出判决。</u>

涉及财产分割和子女抚养的，可以调解。调解达成协议的，另行制作调解书；未达成调解协议的，应当一并作出判决。

《婚姻家庭编解释（一）》第12条　<u>人民法院受理离婚案件后，经审理确属无效婚姻的，应当将婚姻无效的情形告知当事人，并依法作出确认婚姻无效的判决。</u>

---

〔1〕【解析】正确选项为B。答题依据为《婚姻家庭编解释（一）》第10条，未达法定最低结婚年龄的无效事由已经消失。

〔2〕【解析】正确选项为C。A选项表明主张婚姻无效时，不足法定婚龄的原因已消失。B选项欺诈不构成婚姻效力瑕疵的原因。C选项表兄弟姐妹属于禁止结婚的三代以内的旁系血亲。D选项胁迫为可撤销原因。

〔3〕【解析】正确选项为D。结婚时，男方未达法定婚龄，应为无效婚姻。一年后，男方仍未达法定婚龄（22周岁），无效事由未消失，故为无效婚姻，选项D正确。男方隐瞒真实年龄，其行为或构成欺诈，但欺诈并非婚姻效力瑕疵的事由。

《婚姻家庭编解释（二）》第1条　当事人依据民法典第一千零五十一条第一项规定请求确认重婚的婚姻无效，提起诉讼时合法婚姻当事人已经离婚或者配偶已经死亡，被告以此为由抗辩后一婚姻自以上情形发生时转为有效的，人民法院不予支持。

（三）无效婚姻的申请人

【重点法条】

《婚姻家庭编解释（一）》第9条　有权依据民法典第一千零五十一条规定向人民法院就已办理结婚登记的婚姻请求确认婚姻无效的主体，包括婚姻当事人及利害关系人。其中，利害关系人包括：

（一）以重婚为由的，为当事人的近亲属及基层组织；

（二）以未到法定婚龄为由的，为未到法定婚龄者的近亲属；

（三）以有禁止结婚的亲属关系为由的，为当事人的近亲属。

就一般意义上的无效民事行为而言，任何人均可主张无效。无效婚姻则对有权申请宣告者做出了限定。根据司法解释的规定，有权申请宣告婚姻无效的主体是婚姻当事人及利害关系人，后者主要是近亲属。

婚姻无效是本章的一个重点考点。以上知识，可图示如下：

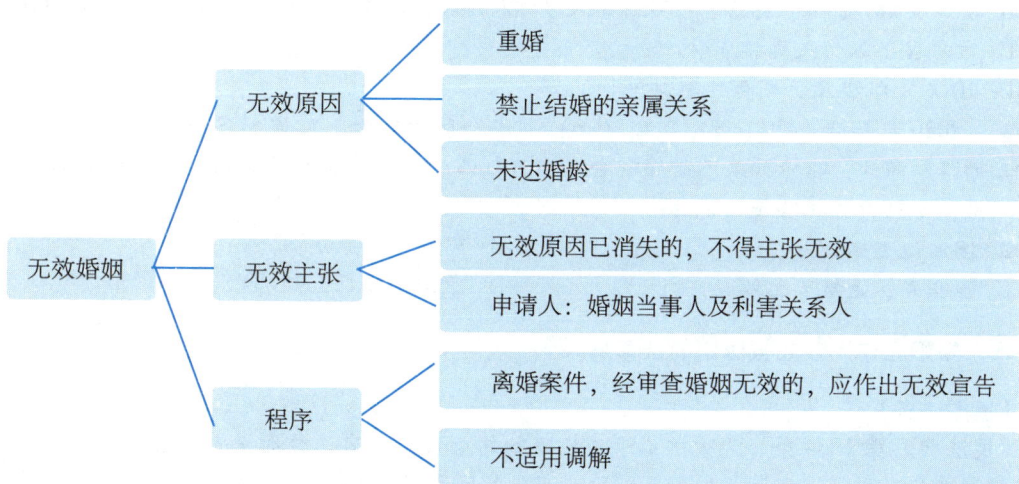

三、可撤销婚姻＊＊＊

（一）因受胁迫而可撤销

【重点法条】

《民法典》第1052条　因胁迫结婚的，受胁迫的一方可以向人民法院请求撤销婚姻。

请求撤销婚姻的，应当自胁迫行为终止之日起一年内提出。

被非法限制人身自由的当事人请求撤销婚姻的，应当自恢复人身自由之日起一年内提出。

《婚姻家庭编解释（一）》第18条　行为人以给另一方当事人或者其近亲属的生命、身体、健康、名誉、财产等方面造成损害为要挟，迫使另一方当事人违背真实意愿结婚的，可以认定为民法典第一千零五十二条所称的"胁迫"。

因受胁迫而请求撤销婚姻的，只能是受胁迫一方的婚姻关系当事人本人。

婚姻当事人一方因受胁迫而结婚的，为可撤销婚姻，受胁迫一方可以请求撤销婚姻。<u>撤销请求必须向人民法院提出。该撤销权的除斥期间为1年。</u>

（二） 因隐瞒重大疾病而可撤销

【重点法条】

《民法典》第1053条 一方患有重大疾病的，应当在结婚登记前如实告知另一方；不如实告知的，另一方可以向人民法院请求撤销婚姻。

请求撤销婚姻的，应当自知道或者应当知道撤销事由之日起一年内提出。

根据《婚姻法》的规定，患有医学上认为不应当结婚的疾病而结婚的，为无效婚姻。为贯彻婚姻自由的精神，《民法典》删除了该项婚姻无效事由规定。根据该法典第1053条，婚姻当事人一方隐瞒重大疾病的，另一方可以自知道或应当知道此事由之日起1年内向人民法院请求撤销婚姻。

【真题解读】

1.（2015年单选）胡某与黄某长期保持同性恋关系，胡某创作同性恋题材的小说发表。后胡某迫于父母压力娶陈某为妻，结婚时陈某父母赠与一套房屋，登记在陈某和胡某名下。婚后，胡某收到出版社支付的小说版税10万元。此后，陈某得知胡某在婚前和婚后一直与黄某保持同性恋关系，非常痛苦。下列哪一说法是正确的？[1]

A. 胡某隐瞒同性恋重大事实，导致陈某结婚的意思表示不真实，陈某可请求撤销该婚姻

B. 陈某受欺诈而登记结婚，导致陈某父母赠与房屋意思表示不真实，陈某父母可撤销赠与

C. 该房屋不属于夫妻共同财产

D. 10万元版税属于夫妻共同财产

2.（2020年多选）甲（男）与乙（女）同居一段时间后，乙提出分手，甲不想分手，谎称有乙的隐私照片，暗示如果不结婚就会公布。乙心生恐惧，遂与甲结婚。关于该结婚行为的法律后果，下列哪些说法是错误的？[2]

A. 因胁迫可撤销   B. 因欺诈可撤销

C. 因非真实意思而无效   D. 甲侵犯了乙的隐私权

四、婚姻宣告无效或被撤销的法律后果 * *

【重点法条】

《民法典》第1054条 无效的或者被撤销的婚姻自始没有法律约束力，当事人不具有夫妻的权利和义务。同居期间所得的财产，由当事人协议处理；协议不成的，由人民法院根据照顾无过错方的原则判决。对重婚导致的无效婚姻的财产处理，不得侵害合法婚姻当事人的财产权益。当事人所生的子女，适用本法关于父母子女的规定。

婚姻无效或者被撤销的，无过错方有权请求损害赔偿。

《婚姻家庭编解释（一）》第22条 被确认无效或者被撤销的婚姻，当事人同居期间所得的财产，除有证据证明为当事人一方所有的以外，按共同共有处理。

---

〔1〕【解析】正确选项为D。欺诈不构成可撤销婚姻。房屋登记在双方名下，应视为陈某父母对双方的赠与，属于夫妻共同财产。版税支付的时间发生在婚后，属于夫妻共同财产。

〔2〕【解析】正确选项为BCD。乙同意结婚，是由于心生恐惧，属于受胁迫的情形，而且结婚行为也不能因受欺诈而撤销，故选项A表述正确，B表述错误，当选B。C选项未具体指明非真实意思为何种类型，而且，即使受胁迫也非婚姻无效事由，表述错误。甲并未真正实施公布隐私照片的行为，选项D表述错误。

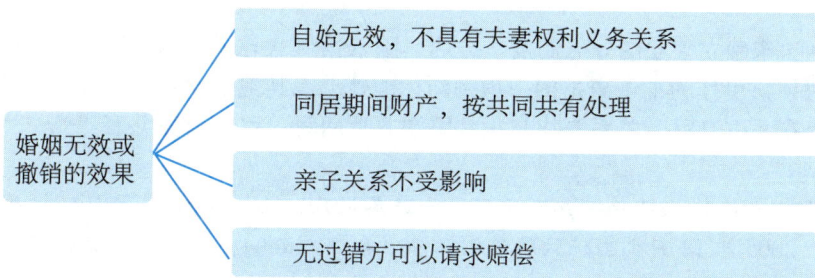

```
                    ┌─────────────────────────────────────────────┐
                    │  自始无效，不具有夫妻权利义务关系             │
                    └─────────────────────────────────────────────┘
                    ┌─────────────────────────────────────────────┐
  婚姻无效或          │  同居期间财产，按共同共有处理                 │
  撤销的效果          └─────────────────────────────────────────────┘
                    ┌─────────────────────────────────────────────┐
                    │  亲子关系不受影响                             │
                    └─────────────────────────────────────────────┘
                    ┌─────────────────────────────────────────────┐
                    │  无过错方可以请求赔偿                         │
                    └─────────────────────────────────────────────┘
```

第二节　离　婚

一、协议离婚与冷静期规定 *

【重点法条】

《民法典》第 1077 条　自婚姻登记机关<u>收到离婚登记申请之日起三十日内</u>，任何一方不愿意离婚的，可以向婚姻登记机关撤回离婚登记申请。

<u>前款规定期限届满后三十日内</u>，双方应当亲自到婚姻登记机关申请发给离婚证；未申请的，视为撤回离婚登记申请。

1. 男女双方自愿离婚的，应当订立书面离婚协议，并亲自到婚姻登记机关申请离婚登记。离婚协议应当载明双方自愿离婚的意思表示和对子女抚养、财产及债务处理等事项协商一致的意见。关于子女抚养、财产及债务处理等约定，只有在离婚登记时才发生效力；若因离婚冷静期内撤回申请等原因，未获得婚姻登记机关的离婚登记，则相应的协议不发生效力。（《民法典》第 1076 条）

2. 离婚冷静期：自婚姻登记机关收到离婚登记申请之日起三十日内，任何一方不愿意离婚的，可以向婚姻登记机关撤回离婚登记申请。前款规定期间届满后三十日内，双方应当亲自到婚姻登记机关申请发给离婚证；未申请的，视为撤回离婚登记申请。（《民法典》第 1077 条）

3. 协议离婚属于身份行为，不适用双方虚假通谋无效的规则。即使双方协议离婚属于"假离婚"，只要完成了离婚登记，仍发生离婚的效力（参见《婚姻家庭编解释（二）》第 2 条）。

二、诉讼离婚的条件及限制 * *

1. <u>法院审理离婚案件，应当进行调解</u>；如感情确已破裂，调解无效，应准予离婚。《民法典》第 1079 条列举了一些经调解无效应判决离婚的情形（离婚判断标准通常并不作为考核对象）。一方被宣告失踪，另一方提起离婚诉讼的，应当准予离婚。<u>经人民法院判决不准离婚后，双方又分居满一年，一方再次提起离婚诉讼的，应当准予离婚。</u>

2. 《民法典》对现役军人及怀孕期间、分娩后一年内或中止妊娠后六个月内的女性设有特殊保护规则，应适当识记。

【相关法条】

《民法典》第 1081 条　现役军人的配偶要求离婚，应当征得军人同意，但是军人一方有重大过错的除外。

《民法典》第 1082 条　分娩后一年内或者终止妊娠后六个月内，男方不得提出离婚；但是，女方提出离婚或者人民法院认为确有必要受理男方离婚请求的除外。

【注意】

我国婚姻法未确立独立的分居制度。分居，除依据《民法典》第 1079 条第 4 项（因感情不和分居满两年）可作为准予离婚的一项判断标准外，无其他法律意义。在事实分居期间，婚姻关系继续存在，夫妻财产关系等均与正常婚姻关系期间一致（所得共有等）。

【真题解读】

1.（2007 年多选）张某和柳某婚后开了一家美发店，由柳某经营。二人自 2005 年 6 月起分居，张某于 2005 年 12 月向当地法院起诉离婚。审理中查明，柳某曾于 2005 年 9 月向他人借款 2 万元用于美发店的经营。下列哪些选项是正确的?[1]

　　A. 该美发店属于夫妻共同财产

　　B. 该债务是夫妻共同债务，应以共同财产清偿

　　C. 该债务是夫妻共同债务，张某应承担一半的清偿责任

　　D. 该债务系二人分居之后所负，不是用于夫妻共同生活，应由柳某独自承担清偿责任

2.（2023 年多选）雷某诉讼离婚，第一次没离成。分居两年后再次起诉，宋某不同意离婚。诉讼期间雷某将自己自第三人处收取的租金所得转移到父亲账户。经查，租金来自于雷某婚前自己全款购买且登记在自己名下的房屋。以下说法中，正确的有?[2]

　　A. 租金所得是雷某个人财产　　　　　B. 房子是雷某个人财产

　　C. 应该判决离婚　　　　　　　　　　D. 雷某应当少分

有关离婚的程序和条件，可图示如下：

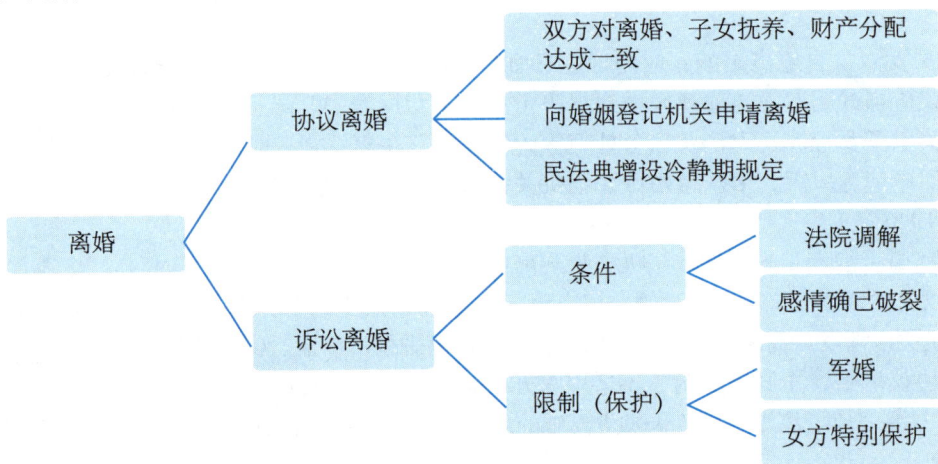

三、离婚对亲子关系的影响 ＊＊

1. 离婚不影响父母子女关系，不与子女共同生活的一方与子女之间的父母子女关系不改变。

2. 离婚后，<u>不满两周岁的子女，以由母亲直接抚养为原则</u>。不与未成年子女共同生活的一方应负担抚养费。离婚协议确定一方直接抚养而另一方不负担抚养费的（通常在离婚时以放

---

[1]【解析】正确选项为 AB。美发店系婚后所开，属夫妻共同财产。分居并不改变婚姻关系，分居期间一方为夫妻共有的美发店的经营所负债务应作夫妻共同债务对待。离婚时，夫妻共同债务应以共同财产清偿。

[2]【解析】正确选项为 BCD。房产系雷某婚前财产，应属雷某个人所有，不属于夫妻共同财产；但是，租金收入属于《民法典》第 1062 条所规定的经营收益，属于共同财产；根据《民法典》第 1079 条，判决不准离婚后分居满一年的，应判决离婚；根据 1092 条，雷某因存在转移夫妻共同财产的行为，应该少分。

弃财产分割为代价），该约定在当事人间具有拘束力。但是，如果离婚后直接抚养一方经济状况恶化导致生活水平显著下降的，未成年子女有权向另一方请求给付抚养费。抚养费支付义务人不按照约定给付抚养费的，未成年子女有权请求其给付；后者已成年且能独立生活的，直接抚养的一方有权请求另一方支付欠付的抚养费。

3. 离婚后，<u>不直接抚养子女的父或者母，有探望子女的权利</u>，另一方有协助的义务。父或者母探望子女，不利于子女身心健康的，由人民法院依法中止探望；中止的事由消失后，应当恢复探望。

4. 父母一方或者其近亲属等抢夺、藏匿未成年子女，另一方可以向人民法院申请人身安全保护令或者参照适用民法典第九百九十七条规定申请人格权侵害禁令（参见《婚姻家庭编解释（二）》第 12 条）。

【真题解读】

（2021 年多选）甲（男）与乙（女）离婚，双方约定儿子丙跟随乙生活，甲每月支付 2000 元抚养费。现丙因要上私立中学要求增加抚养费，甲则发现丙已经被改从母姓。对此，下列哪些说法是正确的？[1]

A. 如丙的姓名不改回，则甲有权拒绝支付抚养费

B. 因丙被改从母姓，甲的监护义务终止

C. 丙有权起诉向甲请求求增加抚养费

D. 乙应当为甲探望丙提供便利

四、离婚财产处理的基本规则 ＊＊

1. 离婚时，夫妻的共同财产由双方协议处理；协议不成时，由人民法院根据财产的具体情况，照顾子女、女方和无过错方权益的原则判决。夫或妻在家庭土地承包经营中享有的权益等，应当依法予以保护（《民法典》第 1087 条）。

2. 离婚时，如一方生活困难，有负担能力的另一方应当给予<u>适当帮助</u>。具体办法由双方协议；协议不成的，由人民法院判决。（《民法典》第 1090 条）。

3. 夫妻一方因抚育子女、照料老年人、协助另一方工作等负担较多义务的，离婚时有权向另一方请求补偿，另一方应当给予补偿。具体办法由双方协议；协议不成的，由人民法院判决。（《民法典》第 1088 条）

4. 夫妻一方隐藏、转移、变卖、毁损、挥霍夫妻共同财产，或者伪造夫妻共同债务企图侵占另一方财产的，在离婚分割夫妻共同财产时，对该方可以少分或者不分。离婚后，另一方发现有上述行为的，可以向人民法院提起诉讼，请求再次分割夫妻共同财产（《民法典》第 1092 条）。夫妻一方未经另一方同意，在网络直播平台用夫妻共同财产打赏，数额明显超出其家庭一般消费水平，严重损害夫妻共同财产利益的，可以认定为民法典第一千零六十六条和第一千零九十二条规定的"挥霍"。另一方请求在婚姻关系存续期间分割夫妻共同财产，或者在离婚分割夫妻共同财产时请求对打赏一方少分或者不分的，人民法院应予支持（《婚姻家庭编解释（二）》第 6 条）

5. 夫妻一方为重婚、与他人同居以及其他违反夫妻忠实义务等目的，将夫妻共同财产赠与他人或者以明显不合理的价格处分夫妻共同财产，另一方主张该民事法律行为违背公序良俗无效的，人民法院应予支持并依照民法典第一百五十七条规定处理。夫妻一方存在以上情形，

---

[1] **【解析】** 正确选项为 CD。A、B 选项于法无据，且明显违背未成年子女利益最大化原则，错误。选项 C 的依据在于《婚姻家庭编解释（一）》第 55 条，选项 D 依据在于《民法典》第 1086 条。

另一方以该方存在转移、变卖夫妻共同财产行为，严重损害夫妻共同财产利益为由，依据民法典第一千零六十六条规定请求在婚姻关系存续期间分割夫妻共同财产，或者依据民法典第一千零九十二条规定请求在离婚分割夫妻共同财产时对该方少分或者不分的，人民法院应予支持（《婚姻家庭编解释（二）》第7条）。

6. 离婚协议约定将全部或部分夫妻共同财产给予子女的，并不构成对子女的赠与，离婚后，一方不得依《民法典》第658条主张赠与人的任意撤销权。由于实质上系夫妻分割财产的约定，故在另一方同意的前提下，可以撤销。如果离婚协议中明确子女可对前述财产直接主张权利的，则可将协议解释为纯正的利他合同，子女可依照《民法典》第522条第2款主张权利（参见《婚姻家庭编解释（二）》第20条）。

【专题：关于彩礼返还】

离婚时，如当事人主张返还按习俗给付的彩礼的，在以下情形应予支持：（1）双方未办理结婚登记手续的；（2）双方办理结婚登记手续但确未共同生活的；（3）婚前给付并导致给付人生活困难的（《婚姻家庭编解释（一）》第5条）。

2024年1月，《最高人民法院关于审理涉彩礼纠纷案件适用法律若干问题的规定》出台，进一步完善了彩礼返还规则。对该解释，可适当关注以下方面：

（1）双方已办理结婚登记且共同生活，但共同生活时间较短且彩礼数额过很高的，人民法院可以根据彩礼实际使用及嫁妆情况，综合考虑彩礼数额、共同生活及孕育情况、双方过错等事实，结合当地习俗，确定是否返还以及返还的具体比例。

（2）双方未办理结婚登记但已共同生活，一方请求返还按照习俗给付的彩礼的，人民法院应当根据彩礼实际使用及嫁妆情况，综合考虑共同生活及孕育情况、双方过错等事实，结合当地习俗，确定是否返还以及返还的具体比例。

【真题解读】

1. （2004年多选）王某与周某结婚时签订书面协议，约定婚后所得财产归各自所有。周某婚后即辞去工作在家奉养公婆，照顾小孩。王某长期在外地工作，后与李某同居，周某得知后向法院起诉要求离婚。周某的下列哪些请求可以得到法院的支持？[1]

A. 由于自己为家庭生活付出较多义务，请求王某予以补偿

B. 由于自己专门为家庭生活操持，未参加工作，请求法院判决确认双方约定婚后所得归各自所有的协议显失公平，归于无效

C. 由于离婚后生活困难，请求王某给予适当帮助

D. 由于王某与他人同居导致双方离婚，请求王某给予损害赔偿

2. （2009年多选）2003年5月王某（男）与赵某结婚，双方书面约定婚后各自收入归个人所有。2005年10月王某用自己的收入购置一套房屋。2005年11月赵某下岗，负责照料女儿及王某的生活。2008年8月王某提出离婚，赵某得知王某与张某已同居多年。法院应支持赵某的下列哪些主张？[2]

A. 赵某因抚育女儿、照顾王某生活付出较多义务，王某应予以补偿

B. 离婚后赵某没有住房，应根据公平原则判决王某购买的住房属于夫妻共同财产

C. 王某与张某同居导致离婚，应对赵某进行赔偿

---

〔1〕【解析】正确选项为ACD。A选项答题依据为《民法典》第1088条；B选项不成立，而且即便按法律行为一般理论，显失公平也仅仅是可撤销而非无效事由；C选项依据是《民法典》第1090条；D选项依据是《民法典》第1091条。

〔2〕【解析】正确选项为AC。A选项依据为《民法典》第1088条；住房系王某个人所有，选项B于法无据；选项C依据是《民法典》第1090条；D选项于法无据。

D. 张某与王某同居破坏其家庭，应向赵某赔礼道歉

3.（2017年单选）刘男按当地习俗向戴女支付了结婚彩礼现金10万元及金银首饰数件，婚后不久刘男即主张离婚并要求返还彩礼。关于该彩礼的返还，下列哪一选项是正确的？[1]

A. 因双方已办理结婚登记，故不能主张返还

B. 刘男主张彩礼返还，不以双方离婚为条件

C. 已办理结婚登记，未共同生活的，可主张返还

D. 已办理结婚登记，并已共同生活的，仍可主张返还

五、离婚的债务偿还规则 ＊＊

【重点法条】

《民法典》第1089条 离婚时，夫妻共同债务应当共同偿还。共同财产不足清偿或者财产归各自所有的，由双方协议清偿；协议不成的，由人民法院判决。

1. 离婚时，对于认定为婚姻关系存续期间所负的共同债务，双方应共同偿还。

2. 所谓共同偿还，主要指以夫妻共同财产偿还。共同财产不足，协议偿还；协议不成，法院判决。双方未清偿共同债务即因离婚分割完毕共同财产的，债权人可向双方要求共同偿还，此债务应解释为连带债务。

3. 一方就共同债务承担清偿责任后，基于离婚协议或者人民法院的法律文书，可以向另一方主张追偿。

【相关法条】

《婚姻家庭编解释（一）》第35条 当事人的离婚协议或者人民法院生效判决、裁定、调解书已经对夫妻财产分割问题作出处理的，债权人仍有权就夫妻共同债务向男女双方主张权利。

一方就夫妻共同债务承担清偿责任后，主张由另一方按照离婚协议或者人民法院的法律文书承担相应债务的，人民法院应予支持。

【真题解读】

1.（2008年单选）王某以个人名义向张某独资设立的飞跃百货有限公司借款10万元，借期1年。不久，王某与李某登记结婚，将上述借款全部用于婚房的装修。婚后半年，王某与李某协议离婚，未对债务的偿还作出约定。下列哪一选项是正确的？[2]

A. 由张某向王某请求偿还

B. 由张某向王某和李某请求偿还

C. 飞跃公司只能向王某请求偿还

D. 由飞跃公司向王某和李某请求偿还

2.（2011年单选）黄某与唐某自愿达成离婚协议并约定财产平均分配，婚姻关系存续期间的债务全部由唐某偿还。经查，黄某以个人名义在婚姻存续期间向刘某借款10万元用于购买婚房。下列哪一表述是正确的？[3]

A. 刘某只能要求唐某偿还10万元

B. 刘某只能要求黄某偿还10万元

---

〔1〕【解析】正确选项为C。根据《婚姻家庭编解释一》的规定，已办理结婚登记，但未共同生活的，可主张返还彩礼，但返还须以离婚为条件。据此，选项C正确。须注意的是，新彩礼解释出台后，D选项也有可能是正确的（须满足共同生活时间较短和彩礼金额过高等条件）。

〔2〕【解析】正确选项为D。首先应明确，飞跃公司是一人有限公司，具有独立法人资格，债权人为飞跃公司。另据《民法典》第1089条，可知选项D正确。

〔3〕【解析】正确选项为C。婚姻关系中所负债务应共同偿还；黄某与唐某关于债务完全由唐某偿还的约定在二者之间具有效力，但不得对抗债权人刘某，据此，应选C。

C. 如黄某偿还了 10 万元，则有权向唐某追偿 10 万元

D. 如唐某偿还了 10 万元，则有权向黄某追偿 5 万元

六、离婚赔偿 ＊ ＊ ＊

【重点法条】

《民法典》第 1091 条　有下列情形之一，导致离婚的，无过错方有权请求损害赔偿：

（一）重婚；

（二）与他人同居；

（三）实施家庭暴力；

（四）虐待、遗弃家庭成员；

（五）有其他重大过错。

须特别主要的是，夫妻间的损害赔偿请求，以离婚为前提条件。另外，只有无过错方才享有损害赔偿请求权。

【真题解读】

1. （2007 年单选）周某与妻子庞某发生争执，周某一记耳光导致庞某右耳失聪。庞某起诉周某赔偿医药费 1000 元、精神损害赔偿费 2000 元，但未提出离婚请求。下列哪一选项是正确的？[1]

A. 周某应当赔偿医疗费和精神损害

B. 周某应当赔偿医疗费而不应赔偿精神损害

C. 周某应当赔偿精神损害而不应赔偿医疗费

D. 法院应当不予受理

2. （2016 年单选）钟某性情暴躁，常殴打妻子柳某，柳某经常找同村未婚男青年杜某诉苦排遣，日久生情。现柳某起诉离婚，关于钟、柳二人的离婚财产处理事宜，下列哪一选项是正确的？[2]

A. 针对钟某家庭暴力，柳某不能向其主张损害赔偿

B. 针对钟某家庭暴力，柳某不能向其主张精神损害赔偿

C. 如柳某婚内与杜某同居，则柳某不能向钟某主张损害赔偿

D. 如柳某婚内与杜某同居，则钟某可以向柳某主张损害赔偿

3. （2017 年多选）乙女与甲男婚后多年未生育，后甲男发现乙女因不愿生育曾数次擅自中止妊娠，为此甲男多次殴打乙女。乙女在被打住院后诉至法院要求离婚并请求损害赔偿，甲男以生育权被侵害为由提起反诉，请求乙女赔偿其精神损害。法院经调解无效，拟判决双方离婚。下列哪些选项是正确的？[3]

A. 法院应支持乙女的赔偿请求　　　　B. 乙女侵害了甲男的生育权

C. 乙女侵害了甲男的人格尊严　　　　D. 法院不应支持甲男的赔偿请求

---

〔1〕【解析】正确选项为 D。《民法典》第 1091 条规定夫妻间"实施家庭暴力"，无过错方可要求赔偿，但该赔偿请求权以离婚为前提条件，只有在离婚诉讼中判决离婚的，才能支持赔偿请求。

〔2〕【解析】正确选项为 C。基于钟某实施家庭暴力的行为，柳某可依据《民法典》第 1091 条主张赔偿。选项 A 错误。家暴行为侵害人格权，柳某的赔偿请求包括精神损害赔偿，选项 B 错误。如柳某婚内与杜某同居，则其亦有过错，离婚时不得主张赔偿，选项 C 正确，D 错误。

〔3〕【解析】正确选项为 AD。甲男对乙女实施家庭暴力，符合《民法典》第 1091 条规定的离婚赔偿条件。夫妻双方具有平等的生育权，乙女不愿意生育，并不侵害甲男的生育权。

第二十八章　家庭关系

【复习提要】

本章包括父亲关系与父母子女关系。法考的重点在夫妻财产关系，尤其是夫妻财产共有与个人所有的识别、共同财产的处置规则及共同债务的认定问题。

第一节　夫妻关系

【提示】

夫妻关系，包括人身关系与财产关系。在法考中，重要的是夫妻财产关系。人身关系基本无考点。

一、夫妻财产关系的基本框架 ＊＊

【重点法条】

《民法典》第1062条　夫妻在婚姻关系存续期间所得的下列财产，为夫妻的共同财产归夫妻共同所有：

（一）工资、奖金和其他劳务报酬；

（二）生产、经营、投资的收益；

（三）知识产权的收益；

（四）继承或赠与所得的财产，但本法第一千零六十三条第三项规定的除外；

（五）其他应当归共同所有的财产。

夫妻对共同所有的财产，有平等的处理权。

1. 婚后所得共同共有。以结婚和离婚为界限，在没有约定财产归属的情形下，原则上，婚姻期间（包括分居期间）所得均为共同财产，法律规定为个人所有的除外。《民法典》主要是在第1062条规定了共有财产的范围。

2. 男女双方可以约定婚姻关系存续期间所得的财产以及婚前财产归各自所有、共同所有或部分各自所有、部分共同所有。夫妻对婚姻关系存续期间所得的财产约定归各自所有的，夫或妻一方对外所负的债务，第三人知道该约定的，以夫或妻一方的个人财产清偿（《民法典》第1065条）。

【相关法条】

《婚姻家庭编解释（一）》第24条　民法典第一千零六十二条第一款第三项规定的"知识产权的收益"，是指婚姻关系存续期间，实际取得或者已经明确可以取得的财产性收益。

《婚姻家庭编解释（一）》第25条　婚姻关系存续期间，下列财产属于民法典第一千零六十二条规定的"其他应当归共同所有的财产"：

（一）一方以个人财产投资取得的收益；

（二）男女双方实际取得或者应当取得的住房补贴、住房公积金；

（三）男女双方实际取得或者应当取得的基本养老金、破产安置补偿费。

《婚姻家庭编解释（一）》第 26 条 夫妻一方个人财产在婚后产生的收益，除孳息和自然增值外，应认定为夫妻共同财产。

【注意】

关于归夫妻共有的知识产权收益，不仅包括婚姻期间实际取得的，还包括已经明确可以取得的（如已订立相关合同）。

二、婚姻期间所得归属于一方的情形 ＊＊

【重点法条】

《民法典》第 1063 条 下列财产为夫妻一方的个人财产：

（一）一方的婚前财产；

（二）一方因受到人身损害获得的赔偿或者补偿；

（三）遗嘱或者赠与合同中确定只归一方的财产；

（四）一方专用的生活用品；

（五）其他应当归一方的财产。

【相关法条】

《婚姻家庭编解释（一）》第 30 条 军人的伤亡保险金、伤残补助金、医药生活补助费属于个人财产。

《婚姻家庭编解释（一）》第 31 条 民法典第一千零六十三条规定为夫妻一方的个人财产，不因婚姻关系的延续而转化为夫妻共同财产。但当事人另有约定的除外。

《婚姻家庭编解释（一）》第 29 条 当事人结婚前，父母为双方购置房屋出资的，该出资应当认定为对自己子女个人的赠与，但父母明确表示赠与双方的除外。

当事人结婚后，父母为双方购置房屋出资的，依照约定处理；没有约定或者约定不明确的，按照民法典第一千零六十二条第一款第四项规定的原则处理。

《婚姻家庭编解释（二）》第 8 条 婚姻关系存续期间，夫妻购置房屋由一方父母全额出资，如果赠与合同明确约定只赠与自己子女一方的，按照约定处理；没有约定或者约定不明确的，离婚分割夫妻共同财产时，人民法院可以判决该房屋归出资人子女一方所有，并综合考虑共同生活及孕育共同子女情况、离婚过错、对家庭的贡献大小以及离婚时房屋市场价格等因素，确定是否由获得房屋一方对另一方予以补偿以及补偿的具体数额。

婚姻关系存续期间，夫妻购置房屋由一方父母部分出资或者双方父母出资，如果赠与合同明确约定相应出资只赠与自己子女一方的，按照约定处理；没有约定或者约定不明确的，离婚分割夫妻共同财产时，人民法院可以根据当事人诉讼请求，以出资来源及比例为基础，综合考虑共同生活及孕育共同子女情况、离婚过错、对家庭的贡献大小以及离婚时房屋市场价格等因素，判决房屋归其中一方所有，并由获得房屋一方对另一方予以合理补偿。

【注意】

关于夫妻一方个人财产在婚后产生的收益，原则上应属于共同财产，但《婚姻家庭编解释（一）》第 26 条列明了"孳息"和"自然增值"两项例外。其中"孳息"主要指自然孳息（如果树的果实），而所谓法定孳息（主要指利息与租金）是否也归属于个人，存在一定疑问。无论如何，孳息显然不包括利息、租金之外的其他投资收益（如经商、炒股所得）。

【真题解读】

1. （2013 年单选）甲乙夫妻的下列哪一项婚后增值或所得，属于夫妻共同财产？[1]

A. 甲婚前承包果园，婚后果树上结的果实

B. 乙婚前购买的 1 套房屋升值了 50 万元

C. 甲用婚前的 10 万元婚后投资股市，得利 5 万元

D. 乙婚前收藏的玉石升值了 10 万元

2. （2003 年多选）王某与赵某 2000 年 5 月结婚。2001 年 7 月，王某出版了一本小说，获得 20 万元的收入。2002 年 1 月，王某继承了其母亲的一处房产。2002 年 2 月，赵某在一次车祸中，造成重伤，获得 6 万元赔偿金。在赵某受伤后，有许多亲朋好友来探望，共收礼 1 万多元。对此，下列哪些表述是正确的？[2]

A. 王某出版小说所得的收入归夫妻共有

B. 王某继承的房产归夫妻共有

C. 赵某获得的 6 万元赔偿金归赵某个人所有

D. 赵某接受的礼品归赵某个人所有

3. （2002 年多选）陈某 1988 年从部队转业，半年后与李某结婚，结婚时李某购置了一套家具。1994 年陈某创作长篇小说《军人》。1999 年李某得知 1986 年陈某的姑妈去世遗留陈某一套私房，一直由陈某的父母居住。根据以上情况，陈、李二人的夫妻共同财产包括哪些？[3]

A. 陈某的转业费　　　　　　　　B. 李某所购置的家具

C. 出版小说《军人》所得的稿费　　D. 陈某姑妈遗留的房屋

4. （2018 年单选）张老汉和妻子李某居住在单位公租房内，后李某因病去世，张老汉与家中保姆何某相爱并结婚。婚后，张老汉用 10 万元养老保险金购买了该公租房并登记在自己名下。关于养老保险金和房屋的归属，下列哪一说法是正确的？[4]

A. 10 万元养老保险金属于张老汉的个人财产

B. 房屋属于张老汉和前妻李某共有

C. 房屋属于张老汉所有

D. 房屋属于张老汉和保姆何某共有

以上关于夫妻财产关系的知识点，可图示如下：

---

[1]【解析】正确选项为 C。A 选项属于自然孳息，B、D 选项属于自然增值，根据《婚姻家庭编解释（一）》第 29 条，三者均属夫妻一方个人财产。

[2]【解析】正确选项为 ABC。稿酬收入、继承财产、接受赠与均发生在婚后，为共同财产；人身损害赔偿金为个人财产。

[3]【解析】正确选项为 BC。购置的家具、稿酬收入为夫妻关系存续期间所得的财产，应当认定为夫妻共有财产，B、C 项正确。陈某转业费为个人财产，A 项错误。陈某姑妈遗留的房屋为陈某婚前所得，属于一方的婚前财产，为个人财产，D 项错误。

[4]【解析】正确选项为 D。养老保险属于夫妻共有财产，选项 A 错误。房屋系其前妻去世后，由张老汉购买，不可能由张老汉和前妻共有，选项 B 错误。根据《婚姻家庭编解释（一）》第 27 条，该公租房购买后，应属于夫妻共同财产，据此，选项 C 错误，D 正确。

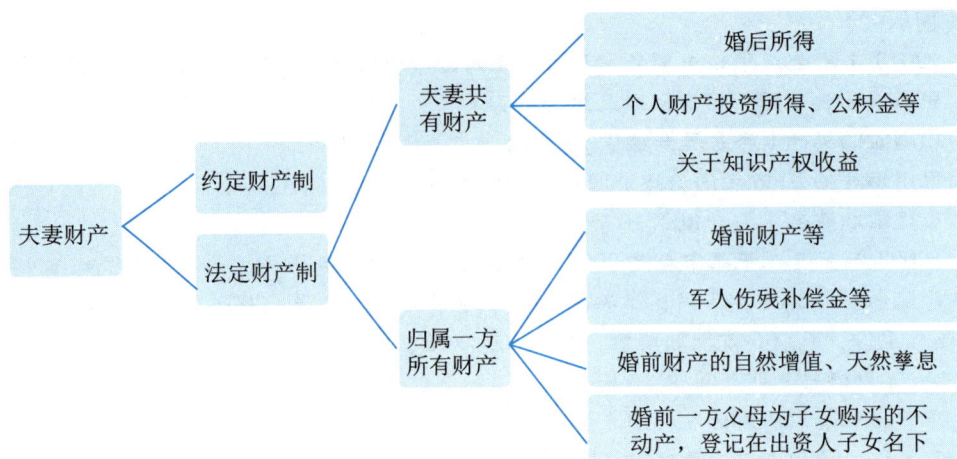

三、家事代理权、共有财产的处置 * *

【重点法条】

《民法典》第 1060 条 夫妻一方因家庭日常生活需要而实施的民事法律行为，对夫妻双方发生效力，但是夫妻一方与相对人另有约定的除外。

夫妻之间对一方可以实施的民事法律行为范围的限制，不得对抗善意相对人。

夫与妻既是两个独立的个体，同时又因结婚而缔结为一个婚姻共同体。在对外民事交往（基本限于财产领域），只要在日常生活需要的范围内，法律赋予夫或妻以法定代理权。因此，在家事（家庭日常生活需要）范围内，无论是对共同财产的处置，还是针对第三人取得债权或产生债务，一方的行为均可对双方发生效力。

如果夫妻因约定财产制或其他原因而在家事范围内也限制一方能够独立实施的民事法律行为的范围，则此种约定不得对抗善意相对人。这也就意味着，只要在家事范围内，且相对人对夫妻间的特别约定不知且不应知晓，则夫妻一方对外实施的法律行为仍约束双方。

超出家庭日常生活需要范围而处分共同财产的，需要征得夫妻双方的同意。一方擅自处分的，构成无权处分，相对人只有在满足善意取得要件或征得另一方事后追认时方能取得财产。

【相关法条】

《婚姻家庭编解释（一）》第 28 条 一方未经另一方同意出售夫妻共同共有的房屋，第三人善意购买、支付合理对价并办理不动产登记，另一方主张追回该房屋的，人民法院不予支持。

夫妻一方擅自处分共同共有的房屋造成另一方损失，离婚时另一方请求赔偿损失的，人民法院应予支持。

《婚姻家庭编解释（二）》第 9 条 夫妻一方转让用夫妻共同财产出资但登记在自己名下的有限责任公司股权，另一方以未经其同意侵害夫妻共同财产利益为由请求确认股权转让合同无效的，人民法院不予支持，但有证据证明转让人与受让人恶意串通损害另一方合法权益的除外。

四、夫妻共同债务的认定 * * *

【重点法条】

《民法典》第 1064 条 夫妻双方<u>共同签字</u>或者夫妻一方<u>事后追认</u>等共同意思表示所负的债务，以及夫妻一方在婚姻关系存续期间<u>以个人名义为家庭日常生活需要所负的债务</u>，属于夫妻共同债务。

夫妻一方在婚姻关系存续期间以个人名义超出家庭日常生活需要所负的债务，不属于夫妻共同债务；但是，债权人能够证明该债务用于夫妻共同生活、共同生产经营或者基于夫妻双方共同意思表示的除外。

根据《民法典》第1064条的规定，在婚姻关系存续期间的以下债务可认定为夫妻共同债务，债权人可要求夫妻共同清偿：（1）夫妻共同签字所负债务；（2）一方名义所负债务而另一方事后追认的；（3）一方以个人名义在家庭日常生活需要范围内所负的债务；（4）一方依个人名义超出家庭日常生活需要所负的债务，但债权人能够证明该债务用于夫妻共同生活、共同生产经营或者基于夫妻双方共同意思表示的。

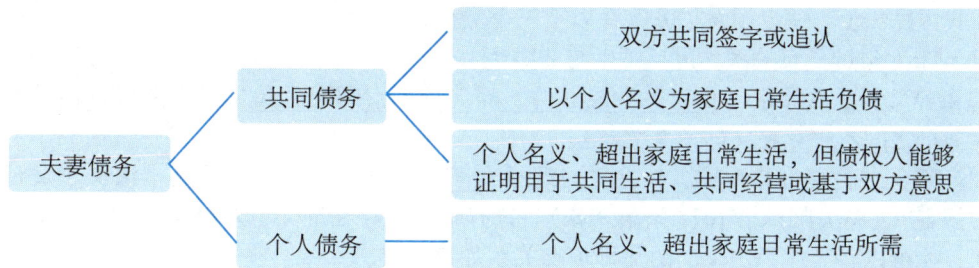

【主观题点睛】

总体而言，婚姻家庭编的内容都不是主观题考试的常规考点。而夫妻在婚姻关系期间所负债务究竟是个人债务，还是夫妻共同债务，这一问题构成主观题考试在婚姻家庭法领域中最可能的一个考点。考生应紧扣《民法典》第1064条的规定，结合主观题给定的案情加以判断，并直接将该条规定作为理由加以论证。

【真题解读】

（2021年多选）2017年韩某与赵某结婚，婚后育有一女，2018年赵某外出务工。2021年7月，赵某同事刘某找到韩某讨要其丈夫所欠的巨额赌债。此时韩某才知赵某有赌博习性，后经多方打听，得知赵某婚前就沉迷赌博。韩某多次劝说赵某戒赌，但赵某依然参与赌博，韩某遂起诉申请离婚。对此，下列哪些说法是正确的？[1]

A. 本案在审理中应当进行调解

B. 由于赵某婚前隐瞒赌博成瘾的事实，韩某有权主张撤销婚姻

C. 因为赵某有赌博习性，法院应将孩子的抚养权判给韩某

D. 对于赵某的赌债，韩某无需承担

五、不离婚情况下对共有财产的分割 *

【重点法条】

《民法典》第1066条 婚姻关系存续期间，有下列情形之一的，夫妻一方可以向人民法院请求分割共同财产：

（一）一方有隐藏、转移、变卖、毁损、挥霍夫妻共同财产或者伪造夫妻共同债务等严重损害夫妻共同财产利益的行为；

---

[1]【解析】正确选项为ACD。《民法典》第1079条第2款规定，人民法院审理离婚案件，应当进行调解，选项A正确。欺诈不是婚姻撤销的事由，选项B错误。《民法典》第1084条确立了有利于未成年子女的原则，赵某赌博成瘾，孩子应由韩某抚养，选项C正确。无论是按照《民法典》第1064条还是按照《婚姻家庭编解释（一）》第34条，赌债都是个人债务，选项D正确。

（二）一方负有法定扶养义务的人患重大疾病需要医治，另一方不同意支付相关医疗费用。

第二节　父母子女关系和其他近亲属关系

一、父母子女关系的类型 *

在我国民法上，父母子女关系存在以下三个类型：

（1）亲生父母子女关系，包括婚生与非婚生。

（2）养父母子女关系（收养关系成立的，养父母子女间发生父母子女关系，而养子女与其亲生父母之间不再存在父母子女关系）。

（3）继父或者继母和受其抚养教育的继子女间的权利义务关系，适用本法关于父母子女关系的规定（《民法典》第1072条第2款）。只有事实上存在继父母对继子女间稳定的抚养教育关系，才可以将其作为法律上的父母子女关系加以对待。

另外，根据《婚姻家庭编解释（一）》第40条之规定，婚姻关系存续期间，夫妻双方一致同意进行人工授精，所生子女应视为婚生子女，父母子女间的权利义务关系适用民法典的有关规定。

【相关法条】

《婚姻家庭编解释（二）》第18条　对民法典第一千零七十二条中继子女受继父或者继母抚养教育的事实，人民法院应当以共同生活时间长短为基础，综合考虑共同生活期间继父母是否实际进行生活照料、是否履行家庭教育职责、是否承担抚养费等因素予以认定。

《婚姻家庭编解释（二）》第19条　生父与继母或者生母与继父离婚后，当事人主张继父或者继母和曾受其抚养教育的继子女之间的权利义务关系不再适用民法典关于父母子女关系规定的，人民法院应予支持，但继父或者继母与继子女存在依法成立的收养关系或者继子女仍与继父或者继母共同生活的除外。

继父母子女关系解除后，缺乏劳动能力又缺乏生活来源的继父或者继母请求曾受其抚养教育的成年继子女给付生活费的，人民法院可以综合考虑抚养教育情况、成年继子女负担能力等因素，依法予以支持，但是继父或者继母曾存在虐待、遗弃继子女等情况的除外。

二、亲子关系的认定 *

【重点法条】

《民法典》第1073条　对亲子关系有异议且有正当理由的，父或者母可以向人民法院提起诉讼，请求确认或者否认亲子关系。

对亲子关系有异议且有正当理由的，成年子女可以向人民法院提起诉讼，请求确认亲子关系。

【相关法条】

《婚姻家庭编解释（一）》第39条　父或者母向人民法院起诉请求否认亲子关系，并已提供必要证据予以证明，另一方没有相反证据又拒绝做亲子鉴定的，人民法院可以认定否认亲子关系一方的主张成立。

父或者母以及成年子女起诉请求确认亲子关系，并提供必要证据予以证明，另一方没有相反证据又拒绝做亲子鉴定的，人民法院可以认定确认亲子关系一方的主张成立。

第二十九章 收　养

【说明】 ＊

收养不是法考常规的考点，本章不展开讨论，考生可适当关注以下几点：

1. 收养的条件。无配偶的男性收养女性的，收养人与被收养人的年龄应当相差四十周岁以上；收养三代以内同辈旁系血亲的子女可以放宽条件；收养年满八周岁以上未成年人的，应当征得被收养人的同意等。

2. 收养应当向县级以上人民政府民政部门登记。收养关系自登记之日起成立。

3. 效力：拟制血亲，在养父母、养子女之间发生全面的亲子关系效力；原亲属关系消除。

【真题解读】

（2008 年单选）吴某（女）16 岁，父母去世后无其他近亲，吴某的舅舅孙某（50 岁，离异，有一个 19 岁的儿子）提出愿将吴某收养。孙某咨询律师收养是否合法，律师的下列哪一项答复是正确的？[1]

A. 吴某已满 16 岁，不能再被收养

B. 孙某与吴某年龄相差未超过 40 岁，不能收养吴某

C. 孙某已有子女，不能收养吴某

D. 孙某可以收养吴某

【主观题点睛】

总体而言，整个婚姻家庭编模块知识点均非主观题重点考点。可适当关注夫妻个人财产与共同财产的识别及处分，重点关注夫妻个人债务和共同债务的识别。

---

〔1〕【解析】正确选项为 D。收养三代以内同辈旁系血亲的子女可放宽条件，不受被收养人不满 14 周岁的限制，吴某 16 岁，仍是未成年，可被孙某收养。

第六编　继　承

【继承模块说明】

总体而言，《民法典》继承编（第六编）沿用了《继承法》的基本结构和大多数规范，但同时在遗产管理人、遗嘱形式、继承权的丧失、代位继承等方面也做出了重要的制度增设或修正。2020年12月，最高人民法院新制定的《继承编解释（一）》公布，取代了先前的继承法意见。

关于继承法，考试大纲规定得相当细致，共有四章，每章分若干节。由于继承法在法考中并不属于重要的知识模块，而且考点有限，因此，在以下几章作者不再遵循考试大纲的章节设计，章下不再设节。

第三十章　继承概述

【本章说明】

本章内容主要为继承、继承权相关概念，具有基础性。考生可适当了解和掌握《民法典》关于死亡时间推定、继承权放弃与丧失的规定。

一、死亡时间推定＊＊

【重点法条】

《民法典》第1121条　继承从被继承人死亡时开始。

相互有继承关系的数人在同一事件中死亡，难以确定死亡时间的，推定没有其他继承人的人先死亡。都有其他继承人，辈份不同的，推定长辈先死亡；辈份相同的，推定同时死亡，相互不发生继承。

无论依何种方式继承，继承开始的时间均为被继承人死亡之时。

关于被继承人死亡时间的确定，须注意《民法典》第1121条确立的同时死亡事件中的死亡推定规则。根据该条，如果相互有继承关系的数人在同一事件中死亡，且难以确定死亡时间先后，则应首先推定没有存世继承人的人先死亡，此规定的目的系避免出现遗产最终无人继承情形的出现。如果都有其他继承人，则在辈份不同时推定长辈先死。若辈份相同，则推定同时死亡，相互不发生继承。

二、继承权的放弃＊＊

【重点法条】

《民法典》第1124条　继承开始后，继承人放弃继承的，应当在遗产处理前，以书面形式作出放弃继承的表示。没有表示的，视为接受继承。

受遗赠人应当在知道受遗赠后六十日内，作出接受或者放弃受遗赠的表示。到期没有表示的，视为放弃受遗赠。

法定继承人放弃继承的，必须以书面形式明确表示。

受遗赠人不是继承人，本无继承遗产的资格，对于"意外"获得的遗赠，法律不要求其积极做出表示。如果受遗赠人在知道受遗赠后六十日内不作表示，该特定的沉默将会发生放弃受遗赠的效力。

三、继承权的丧失 ＊ ＊ ＊

【重点法条】

《民法典》第 1125 条　继承人有下列行为之一的，丧失继承权：

（一）故意杀害被继承人；

（二）为争夺遗产而杀害其他继承人；

（三）遗弃被继承人，或者虐待被继承人情节严重；

（四）伪造、篡改、隐匿或者销毁遗嘱，情节严重；

（五）以欺诈、胁迫手段迫使或者妨碍被继承人设立、变更或者撤回遗嘱，情节严重。

继承人有前款第三项至第五项行为，确有悔改表现，被继承人表示宽恕或者事后在遗嘱中将其列为继承人的，该继承人不丧失继承权。

受遗赠人有本条第一款规定行为的，丧失受遗赠权。

相对于《继承法》先前的规定，《民法典》增设了上述第 5 种丧失继承权的情形，而且也增设了第 2 款的被继承人情感宽恕规定。根据民法理论，该情感宽恕表示在性质上属于准法律行为，将依法产生不丧失继承权的效果。对于第 1125 条第 1 款规定的前两项丧失继承权的严重情形，不存在因宽恕而重新获得继承权的问题。而对该款后三种情形，若被继承人做了宽恕表示或事后仍将实施了相关行为的继承人列为遗嘱继承人的，则该继承人不丧失继承权。

第三十一章　法定继承

> 【复习提要】

本章是继承法模块重要的一章，考点包括：法定继承人的范围与顺序；代位继承；转继承；法定继承的遗产分配原则等。

一、法定继承人的范围与顺序 ＊＊＊

【重点法条】

《民法典》第 1127 条　遗产按照下列顺序继承：

（一）第一顺序：配偶、子女、父母；

（二）第二顺序：兄弟姐妹、祖父母、外祖父母。

继承开始后，由第一顺序继承人继承，第二顺序继承人不继承。没有第一顺序继承人继承的，由第二顺序继承人继承。

本编所称子女，包括婚生子女、非婚生子女、养子女和有扶养关系的继子女。

本编所称父母，包括生父母、养父母和有扶养关系的继父母。

本编所称兄弟姐妹，包括同父母的兄弟姐妹、同父异母或者同母异父的兄弟姐妹、养兄弟姐妹、有扶养关系的继兄弟姐妹。

本条关于继承人、继承顺序的规定，清晰易懂。以下主要就养子女、继子女加以说明。另外，须注意的是，《民法典》通过将作为第二顺序继承人的兄弟姐妹的子女也纳入代位继承（见后），实际上也将被继承人的侄儿侄女、外甥外甥女纳入第二顺序继承人的范围。

（一）养子女与继子女

1. 养子女与养父母因收养而成立拟制血亲，相互间具有继承权；被收养人与其亲生父母之间的亲属关系消灭，相互间不具有继承权。

2. 继父母与继子女之间是否具有继承权，关键在于是否形成扶养关系，有扶养关系的相互间有继承权。

【相关法条】

《继承编解释（一）》第 11 条　继子女继承了继父母遗产的，不影响其继承生父母的遗产。

继父母继承了继子女遗产的，不影响其继承生子女的遗产。

【真题解读】

1.（2009 年多选）钱某与胡某婚后生有子女甲和乙，后钱某与胡某离婚，甲、乙归胡某抚养胡某与吴某结婚，当时甲已参加工作而乙尚未成年，乙跟随胡某与吴某居住，后胡某与吴某生下一女丙，吴某与前妻生有一子丁。钱某和吴某先后去世，下列哪些说法是正确的？[1]

A. 胡某、甲、乙可以继承钱某的遗产　　B. 甲和乙可以继承吴某的遗产

---

[1]【解析】正确选项为CD。胡某与钱某已离婚，不能继承钱某遗产，A 选项错误；乙系吴某养子女且形成扶养关系，可继承吴某遗产，但甲与吴某未形成扶养关系，不能继承吴某遗产，选项 B 错误；胡某以配偶、丙以子女身份继承吴某遗产，选项 C 正确；乙已形成扶养关系的继子女，丁以子女身份继承吴某遗产，选项 D 正确。

C. 胡某和丙可以继承吴某的遗产 　　　　D. 乙和丁可以继承吴某的遗产

2.（2016 年多选）熊某与杨某结婚后，杨某与前夫所生之子小强由二人一直抚养，熊某死亡，未立遗嘱。熊某去世前杨某孕有一对龙凤胎，于熊某死后生产，产出时男婴为死体，女婴为活体但旋即死亡。关于对熊某遗产的继承，下列哪些选项是正确的？[1]

A. 杨某、小强均是第一顺位的法定继承人

B. 女婴死亡后，应当发生法定的代位继承

C. 为男婴保留的遗产份额由杨某、小强继承

D. 为女婴保留的遗产份额由杨某继承

3.（2020 年单选）甲乙为夫妻，1990 年共同领养女婴丙，丙成年后未尽养女义务。2016年，甲去世，丙不履行对乙的赡养义务，打骂乙甚至将其赶出家门。乙决定将与甲共有的五间私房出卖，并与丙断绝母女关系。对此，下列哪一选项是正确的？[2]

A. 乙无权与丙断绝母子关系

B. 丙无权继承甲的 5 间私房

C. 5 间私房乙与丙各一半

D. 乙有权向丙主张抚养期间生活和学习支出的费用

（二）丧偶儿媳、丧偶女婿的继承权 *
【重点法条】

《民法典》第 1129 条　丧偶儿媳对公婆，丧偶女婿对岳父母，尽了主要赡养义务的，作为第一顺序继承人。

【真题解读】

（2010 年多选）郭大爷女儿五年前病故，留下一子甲。女婿乙一直与郭大爷共同生活，尽了主要赡养义务。郭大爷继子丙虽然与其无扶养关系，但也不时从外地回来探望。郭大爷还有一丧失劳动能力的养子丁。郭大爷病故，关于其遗产的继承，下列哪些选项是正确的？[3]

A. 甲为第一顺序继承人 　　　　B. 乙在分配财产时，可多分

C. 丙无权继承遗产 　　　　D. 分配遗产时应该对丁予以照顾

二、代位继承 ****

【重点法条】

《民法典》第 1128 条　被继承人的子女先于被继承人死亡的，由被继承人的子女的直系晚辈血亲代位继承。

被继承人的兄弟姐妹先于被继承人死亡的，由被继承人的兄弟姐妹的子女代位继承。

代位继承人一般只能继承被代位继承人有权继承的遗产份额。

原《继承法》上的代位继承制度仅有《民法典》第 1128 条第 1 款的规定，而民法典在该

---

［1］【解析】正确选项为 ACD。熊某与小强之间属于有抚养关系的继父母子女关系，小强有继承权。男婴出生时为死体，为其预留的遗产由其他法定继承人即杨某和小强继承。女婴出生后即获得其父熊某的遗产，在其死亡时，其母杨某为唯一的第一顺序法定继承人。

［2］【解析】正确选项为 D。根据《民法典》第 1115 条，乙有权解除收养关系，并根据第 1118 条要求丙返还抚养费，据此，选项 A 错误，选项 D 正确。丙系甲之养女，应作为第一顺序继承人继承，故选项 B 错误。五间私房为甲乙夫妻共同财产，仅有一半作为甲的遗产，选项 C 错误。

［3］【解析】正确选项为 ABCD。郭大爷的女儿先于郭大爷死亡，由郭大爷的女儿的儿子甲代位继承，甲同样代替其母亲的继承序位，因此，甲是第一顺序继承人；丙与郭未形成抚养关系，不是继承人；乙是享有继承权的女婿，且尽了主要扶养义务，可多分；丁缺乏劳动能力，可多分。

条增设了第二个类型的代位继承。据此，分述如下：

(一) 孙子女等的代位继承

1. 代位继承的适用条件是被继承人子女先于被继承人死亡。

2. 只有先死亡的被继承人子女的晚辈直系血亲（即被继承人的孙子女、外孙子女、曾孙子女等）能够代位继承。

例如，孙某有一子孙甲、一女孙乙；孙甲先于孙某死亡，留有孙丙、孙丁两个子女；若孙某死亡，则除孙乙作为第一顺序继承人外，孙丙和孙丁均可作为代位继承人享受第一顺序继承人待遇。当然，孙丙和孙丁二人合计仅可继承本应由其父孙甲继承的一个份额。

(二) 侄儿侄女、外甥外甥女的代位继承

1. 只有在被继承人没有享有继承权的第一顺序继承人时，才可能发生此种代位继承。因为，被继承人的兄弟姐妹本身就是第二顺序继承人。

2. 只有兄弟姐妹的子女（也就是被继承人的侄儿侄女或外甥外甥女）才能代位继承。

例如，张某祖父母、外祖父母、父母均已去世，自己未婚、未生育子女，有哥张甲、姐张乙；张甲去世，留有一子张丙和一女张丁。若张某去世，则其尚存活的继承人仅有作为第二顺序继承人的姐姐张乙，但由于《民法典》第 1128 条第 2 款的规定，张丙、张丁（即张某的侄子、侄女）可代位其父张甲获得一个继承份额。

【特别提示】代位继承是法定继承的制度，遗嘱继承不适用代位继承。如遗嘱继承人先于被继承人死亡，则遗嘱自动失去效力。

【真题解读】

1. （2003 年多选题）田某死后留下五间房屋、一批字画以及数十万存款的遗产。田某生三子一女，长子早已病故，留下一子一女。就在两个儿子和一个女儿办理完丧事协商如何处理遗产时，小儿子因交通事故身亡，其女儿刚满周岁。田某的上述亲属中哪些人可作为第一顺序继承人继承他的遗产？[1]

    A. 二儿子和女儿   B. 小儿子

    C. 小儿子之女   D. 大儿子之子女

2. （2007 年多选题）李某死后留下一套房屋和数十万存款，生前未立遗嘱。李某有三个女儿，并收养了一子。大女儿中年病故，留下一子。养子收入丰厚，却拒绝赡养李某。在两个女儿办理丧事期间，小女儿因交通事故意外身亡，留下一女。下列哪些选项是正确的？[2]

    A. 二女儿和小女儿之女均是第一顺序继承人

    B. 大女儿之子对李某遗产的继承属于代位继承

    C. 小女儿之女属于转继承人

    D. 分配遗产时，养子应当不分或少分

3. （2013 年多选题）甲自书遗嘱将所有遗产全部留给长子乙，并明确次子丙不能继承。乙与丁婚后育有一女戊、一子己。后乙、丁遇车祸，死亡先后时间不能确定。甲悲痛成疾，不

---

    [1]【解析】正确选项为 ABD。继承开始的时间是被继承人死亡之时，此时尚生存的第一顺序继承人包括二儿子、小儿子与女儿，另，大儿子子女可依代位继承作为第一顺序继承人继承遗产。小儿子之女只是转继承其父的遗产，不是田某继承人。

    [2]【解析】正确选项为 BCD。小女儿之女是转继承人，不是被继承人李某的继承人。

久去世。丁母健在。下列哪些表述是正确的？[1]

    A. 甲、戊、己有权继承乙的遗产

    B. 丁母有权转继承乙的遗产

    C. 戊、己、丁母有权继承丁的遗产

    D. 丙有权继承、戊和己有权代位继承甲的遗产

4.（2019年单选）姚某死亡后，配偶田某照顾年弱多病的姚父长达15年。3年前，田某与丁某结婚，并育有一子小丁；1年前，田某因故死亡，半年前姚父也因病死亡。关于小丁对姚父遗产的继承，下列哪一说法是正确的？[2]

    A. 可通过代位继承参与继承   B. 可通过转继承参与继承

    C. 小丁无继承权   D. 小丁可适当获得遗产

5.（2021年多选）黄某有两个孩子黄伟和黄美。黄美与前夫赵某有一个孩子赵小星，后与卢某结婚共同抚育卢某儿子卢小东至成年。黄美于2021年1月1日去世。黄某亦于2021年2月1日去世，留有三套房产。对于这三套房产，下列哪些人有权继承？[3]

    A. 卢某   B. 黄伟   C. 赵小星   D. 卢小东

三、转继承 ＊＊

【重点法条】

《民法典》第1152条　继承开始后，继承人于遗产分割前死亡，并没有放弃继承的，该继承人应当继承的遗产转给其继承人，但是遗嘱另有安排的除外。

《民法典》第1152条规定在"遗产的处理"一章，这也表明，<u>其实所谓转继承并无任何特殊之处</u>。兹举一例说明何为转继承：赵某去世，有第一顺序继承人赵甲与赵乙二人，但两继承人未分割赵某的遗产；若赵甲死亡，则赵甲遗留的遗产中应包括其对赵某遗留遗产中可以分得的部分，赵甲的继承人可以要求与赵乙分割该部分遗产。

四、同一顺序继承人的分配规则 ＊

【重点法条】

《民法典》第1130条　同一顺序继承人继承遗产的份额，一般应当均等。对生活有特殊困难的缺乏劳动能力的继承人，分配遗产时，应当予以照顾。对被继承人尽了主要扶养义务或者与被继承人共同生活的继承人，分配遗产时，可以多分。<u>有扶养能力和有扶养条件的继承人，不尽扶养义务的，分配遗产时，应当不分或者少分</u>。继承人协商同意的，也可以不均等。

---

  [1]【解析】正确选项为ACD。乙、丁推定同时死亡，相互不发生继承，故乙父甲、女戊及子己为甲的第一顺序继承人，A正确。因推定乙、丁同时死亡，故不发生丁母转继承问题，B选项错误。与A同理，C也正确。本题关键在于D选项。由于甲的遗嘱继承人乙先于甲去世，该遗嘱失去效力，丙可依法定继承方式继承甲的遗产，选项D正确。

  [2]【解析】正确选项为A。本题的基本逻辑是：田某作为对公公尽到主要赡养义务的儿媳，应作为第一顺序继承人（相当于女儿）；在田某先于被继承人姚父死亡的情形，田某儿子小丁可代位继承。这一逻辑得到了《继承编解释一》第18条的支持。

  [3]【解析】正确选项为BCD。本题考核代位继承，黄某的女儿黄美先于黄某死亡，黄某的两个外孙子女赵小星与卢小东都可代位继承黄某的遗产。黄某的另一子女黄伟当然也有权继承。卢某系黄某的女婿，没有继承权。

五、酌情分得遗产 *

【重点法条】

《民法典》第 1131 条　对继承人以外的依靠被继承人扶养的人，或者继承人以外的对被继承人扶养较多的人，可以分给适当的遗产。

《继承编解释（一）》第 10 条　被收养人对养父母尽了赡养义务，同时又对生父母扶养较多的，除可以依照民法典第一千一百二十七条的规定继承养父母的遗产外，还可以依照民法典第一千一百三十一条的规定分得生父母适当的遗产。

《民法典》第 1131 条的规定相当特别。根据该条，既不是法定继承人，也未根据遗嘱受遗赠之人，也可能在分配遗产时要求分得适当的遗产。例如，张甲 5 岁时父母双亡后虽叔叔张乙共同生活，但张乙并未收养张甲；后张乙因意外去世；根据第 1131 条，张甲可以要求适当分得张乙的部分遗产。

本章关于法定继承的主要知识点，可图示如下：

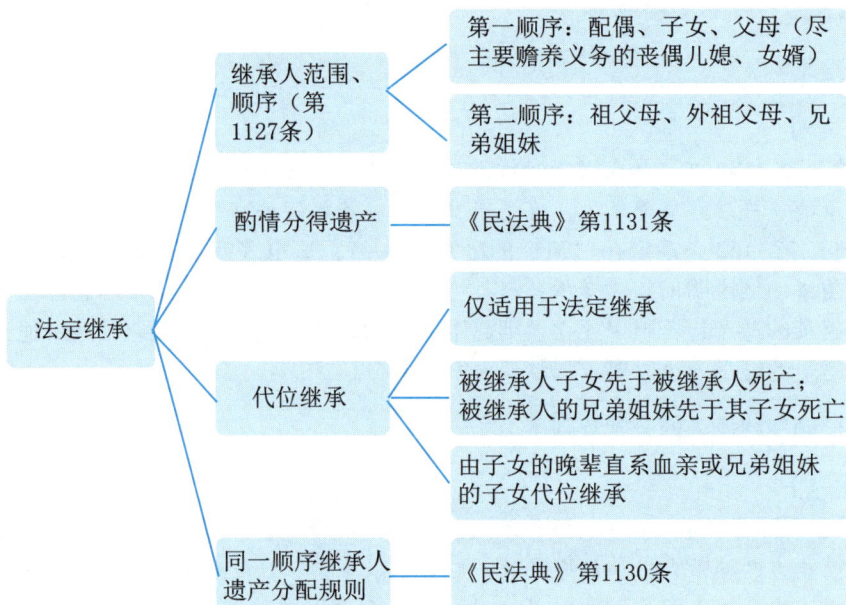

```
                      ┌── 继承人范围、 ──┬── 第一顺序：配偶、子女、父母（尽
                      │   顺序（第        │   主要赡养义务的丧偶儿媳、女婿）
                      │   1127条）        └── 第二顺序：祖父母、外祖父母、兄
                      │                       弟姐妹
                      │
                      ├── 酌情分得遗产 ───── 《民法典》第1131条
                      │
        法定继承 ──────┤                  ┌── 仅适用于法定继承
                      │                  │
                      ├── 代位继承 ───────┼── 被继承人子女先于被继承人死亡；
                      │                  │   被继承人的兄弟姐妹先于其子女死亡
                      │                  │
                      │                  └── 由子女的晚辈直系血亲或兄弟姐妹
                      │                      的子女代位继承
                      │
                      └── 同一顺序继承人 ─── 《民法典》第1130条
                          遗产分配规则
```

第三十二章　遗嘱继承、遗赠和遗赠扶养协议

▶【复习提要】

本章的主要考点包括：几种遗产取得方式的适用关系；遗嘱的形式；数份遗嘱并存时的处理规则；遗赠与遗嘱继承的区分；遗赠抚养协议的当事人等。

一、法定继承、遗嘱继承与遗赠、遗赠扶养协议的适用关系 ＊＊＊

【重点法条】

《民法典》第1154条　有下列情形之一的，遗产中的有关部分按照法定继承办理：

（一）遗嘱继承人放弃继承或者受遗赠人放弃受遗赠；

（二）遗嘱继承人丧失继承权或者受遗赠人丧失受遗赠权；

（三）遗嘱继承人、受遗赠人先于遗嘱人死亡或者终止；

（四）遗嘱无效部分所涉及的遗产；

（五）遗嘱未处分的遗产。

1. 根据《民法典》继承编的规定，取得遗产的方式包括法定继承、遗嘱继承或遗赠、遗赠抚养协议。

2. 被继承人死亡时，存在有效遗赠扶养协议的，按遗赠抚养协议处理；与遗赠抚养协议内容相悖的遗嘱无效。

3. 没有遗赠抚养协议或遗赠抚养协议无效的，如被继承人立有遗嘱且遗嘱有效，则按遗嘱办理（遗嘱继承或遗赠）。

4. 没有有效遗嘱或存在遗嘱未处理遗产，按法定继承处理。

> 【特别提示】遗嘱继承与遗赠都是依遗嘱的效力取得遗产，二者的区别仅表现在：遗嘱将遗产留给法定继承人的，为遗嘱继承；遗嘱将遗产留给法定继承人以外之人的，为遗赠。

【相关法条】

《继承编解释（一）》第3条　被继承人生前与他人订有遗赠扶养协议，同时又立有遗嘱的，继承开始后，如果遗赠扶养协议与遗嘱没有抵触，遗产分别按协议和遗嘱处理；如果有抵触，按协议处理，与协议抵触的遗嘱全部或者部分无效。

【真题解读】

1. （2010年单选）甲妻病故，膝下无子女，养子乙成年后常年在外地工作。甲与村委会签订遗赠扶养协议，约定甲的生养死葬由村委会负责，死后遗产归村委会所有。后甲又自书一份遗嘱，将其全部财产赠与侄子丙。甲死后，乙就甲的遗产与村委会以及丙发生争议。对此，下列哪一选项是正确的？[1]

A. 甲的遗产应归村委会所有

---

[1]【解析】正确选项为A。遗嘱内容与遗赠抚养协议冲突的，以遗赠抚养协议为准。

B. 甲所立遗嘱应予撤销

C. 村委会、乙和丙共同分割遗产，村委会可适当多分

D. 村委会和丙平分遗产，乙无权分得任何遗产

2. （2012年单选）甲与保姆乙约定：甲生前由乙照料，死后遗产全部归乙。乙一直细心照料甲。后甲女儿丙回国，与乙一起照料甲，半年后甲去世。丙认为自己是第一顺序继承人，且尽了义务，主张甲、乙约定无效。下列哪一表述是正确的？[1]

A. 遗赠抚养协议有效

B. 协议部分无效，丙可以继承甲的一半遗产

C. 协议无效，应按法定继承处理

D. 协议有效，应按遗嘱继承处理

二、遗嘱形式和效力 ＊＊＊

（一）遗嘱的形式

1. 继承法规定了公证遗嘱、自书遗嘱、打印遗嘱、代书遗嘱、录音遗嘱、口头遗嘱六种遗嘱形式。

2. 每种遗嘱均有形式上的要求，须注意的包括：自书遗嘱须亲笔书写并签名；打印遗嘱是《民法典》新增的遗嘱形式，须有两名见证人，且遗嘱人与见证人需要在打印遗嘱的每页上签字；代书遗嘱、录音遗嘱与口头遗嘱均要求至少两名见证人在场见证；口头遗嘱只有在危急情况下才可成立，危急情况解除而能够订立其他遗嘱的，口头遗嘱无效。

（二）数份遗嘱并存时的处理

【重点法条】

《民法典》第1142条 遗嘱人可以撤回、变更自己所立的遗嘱。

立遗嘱后，遗嘱人实施与遗嘱内容相反的民事法律行为的，视为对遗嘱相关内容的撤回。

立有数份遗嘱，内容相抵触的，以最后的遗嘱为准。

> **【特别提示】** 根据原《继承法》的规定，数份遗嘱并存时，一般应以最后遗嘱为准，但之前立有公证遗嘱而未撤销的，则应以公证遗嘱为准。《民法典》第1142条删除了以公证遗嘱为准的规定，一律以最后遗嘱为准。
>
> 当然，如果前后订立的遗嘱在内容上并不抵触（多份遗嘱均仅部分处分遗产），则数份遗嘱均可在立遗嘱人死亡时发生效力。

【真题解读】

1. （2017年多选）韩某于2017年3月病故，留有住房1套、存款50万元、名人字画10余幅及某有限责任公司股权等遗产。韩某在2014年所立第一份自书遗嘱中表示全部遗产由其长子韩大继承。在2015年所立第二份自书遗嘱中，韩某表示其死后公司股权和名人字画留给7岁的外孙女婷婷。2017年6月，韩大在未办理韩某遗留房屋所有权变更登记的情况下以自己的名义与陈卫订立了商品房买卖合同。下列哪些选项是错误的？[2]

A. 韩某的第一份遗嘱失效　　　　　B. 韩某的第二份遗嘱无效

---

〔1〕 **【解析】** 正确选项为A。甲乙之间协议的性质属于遗赠抚养协议，该协议不存在无效事由。

〔2〕 **【解析】** 正确选项为ABCD。本题解题的关键在于，韩某所立第二份遗嘱并不完全与第一份遗嘱抵触，应解释为长子韩大继承除婷婷继承以外的其他所有遗产。据此，两份遗嘱均有效。韩大已取得住房所有权，其与陈卫所订合同有效。婷婷继承了股权后，取得了有限责任公司的股东资格。

C. 韩大与陈卫订立的商品房买卖合同无效 D. 婷婷不能取得某有限责任公司股东资格

2. （2021年多选）甲立下自书遗嘱，将名下两套房子 X 房与 Y 房都给儿子，该遗嘱已公证。后来甲的女儿生活窘迫，甲将 X 房赠与女儿并办理了登记手续。甲的儿子得知此事后怀恨在心，对父亲态度大大转变，长期对父亲进行辱骂殴打。于是甲立下自书遗嘱，将剩余的 Y 房赠与侄子。甲死亡后，甲的子女与侄子为争夺房产产生争议。对此，下列哪些说法是正确的？[1]

A. 儿子没有因此丧失法定继承权　　　B. 侄子取得 Y 房的所有权

C. 儿子取得 Y 房的所有权　　　　　D. 女儿取得 X 房的所有权

（三）遗嘱的生效 *

遗嘱为死因法律行为，于立遗嘱人死亡时发生效力。因此，立遗嘱人在生前可以随时撤回、变更自己的遗嘱意思。

三、遗嘱自由的限制：必留份 * *

【重点法条】

《民法典》第1141条　遗嘱应当对缺乏劳动能力又没有生活来源的继承人保留必要的遗产份额。

《继承编解释（一）》第25条　遗嘱人未保留缺乏劳动能力又没有生活来源的继承人的遗产份额，遗产处理时，应当为该继承人留下必要的遗产，所剩余的部分，才可参照遗嘱确定的分配原则处理。

继承人是否缺乏劳动能力又没有生活来源，应当按遗嘱生效时该继承人的具体情况确定。

我国法律没有特留份制度，而仅设有对缺乏劳动能力又没有生活来源的继承人的保护制度，即所谓必留份制度。遗嘱若未给前述法定继承人保留必要的遗产份额，则发生部分无效的效果。

【真题解读】

（2004年单选）甲有二子乙、丙，甲于1996年立下遗嘱将其全部财产留给乙。甲于2004年4月死亡。经查，甲立遗嘱时乙17岁，丙14岁，现乙、丙均已工作。甲的遗产应如何处理？[2]

A. 乙、丙各得二分之一　　　　　　B. 乙得三分之二，丙得三分之一

C. 乙获得全部遗产　　　　　　　　D. 丙获得全部遗产

【相关法条】

《继承法解释（一）》第25条　遗嘱人未保留缺乏劳动能力又没有生活来源的继承人的遗产份额，遗产处理时，应当为该继承人留下必要的遗产，所剩余的部分，才可参照遗嘱确定的分配原则处理。继承人是否缺乏劳动能力又没有生活来源，应当按遗嘱生效时该继承人的具体情况确定。

---

〔1〕【解析】正确选项为BD。甲的儿子长期对其打骂，构成了情节严重的虐待，继承权应被剥夺，选项A和C错误。甲在生前就将 X 房赠与女儿，后者取得该房所有权，选项D正确。甲自主遗嘱晚于公证遗嘱，应以最后的自主遗嘱为准，故选项B正确。

〔2〕【解析】正确选项为C。甲立遗嘱时，丙没有生活来源，但遗嘱生效（甲去世）时，丙已经具备独立生活能力，故遗嘱并未违反必留份规定，遗嘱有效。

四、遗赠抚养协议的当事人 * *

【重点法条】

《民法典》第 1158 条 自然人可以与<u>继承人以外的组织或者个人</u>签订遗赠扶养协议。按照协议，该组织或者个人承担该自然人生养死葬的义务，享有受遗赠的权利。

遗赠抚养协议的当事人一方为被继承人（被抚养人），另一方为扶养人。<u>法定继承人以外的自然人</u>，与被扶养人之间不具有法定扶养权利义务关系；抚养人也可以是组织。

【特别提示】 遗赠抚养协议中的抚养人不能是被抚养人的法定继承人。

第三十三章　遗产的处理

> **【复习提要】**

本章考点主要包括：遗产管理人；遗产的认定；遗产债务的清偿。

一、遗产管理人 ＊ ＊

《继承法》未规定遗产管理人，《民法典》填补了这一立法空白。关于遗产管理人，可关注以下几个方面：

1. 遗产管理人的确定：（1）被继承人确定遗嘱执行人的，遗嘱执行人为遗产管理人；（2）无遗嘱执行人的，由继承人推选；（3）不推选的，全体继承人共同担任；（4）无人继承，由被继承人生前所在地的民政部门或村民委员会担任；（5）有争议的，利害关系人可申请法院指定。

2. 遗产管理人的职责和责任。遗产管理人应当履行下列职责：清理遗产并制作遗产清单；向继承人报告遗产情况；采取必度措施防止遗产毁损；处理被继承人的债权债务。遗产执行人因故意或重大过失造成继承人、受遗赠人或债权人损失的，应负赔偿之责。

3. 遗产执行人可以依法或依约定获取报酬。

二、遗产认定 ＊ ＊

被继承人死亡时遗留的所有财产原则上均可作为遗产。

应区分夫妻共同财产和个人财产，作为遗产的，仅是个人财产。如系在婚姻关系中死亡，应在分割夫妻共有财产后确定遗产。

> **【真题解读】**

（2013 年单选）甲与乙结婚，女儿丙三岁时，甲因医疗事故死亡，获得 60 万元赔款。甲生前留有遗书，载明其死亡后的全部财产由其母丁继承。经查，甲与乙婚后除共同购买了一套住房外，另有 20 万元存款。下列哪一说法是正确的？[1]

A. 60 万元赔款属于遗产

B. 甲的遗嘱未保留丙的遗产份额，遗嘱全部无效

C. 住房和存款的各一半属于遗产

D. 乙有权继承甲的遗产

三、遗产债务的清偿 ＊ ＊ ＊

（一）遗产债务清偿的一般规则

> **【重点法条】**

《民法典》第 1163 条　既有法定继承又有遗嘱继承、遗赠的，由法定继承人清偿被继承人依法应当缴纳的税款和债务；超过法定继承遗产实际价值部分，由遗嘱继承人和受遗赠人按比

---

[1]　**【解析】**正确选项为 C。住房和存款均为夫妻共有，只有一半属于甲的遗产。另，死亡赔偿应视为对甲遗属的赔偿，不应作为遗产处理；遗嘱未保留必要份额的，只是需要从遗产中留下必要份额，遗嘱原则上仍有效。

例以所得遗产清偿。

遗产包括积极遗产与消极遗产，后者包括被继承人生前对他人所负债务和应当缴纳的税款。继承人在继承积极遗产，取得所有权、债权等的同时，也须承继债务。具体而言，《民法典》对于遗产债务的清偿，确立了以下规则：（1）继承人有义务以其所继承的积极遗产来清偿遗产债务，但是，如果积极遗产不足，且有缺乏劳动能力又没有生活来源的继承人，则应为其保留适当的遗产；（2）如果被继承人将全部遗产遗赠给他人，则受遗赠人也有义务清偿遗产债务；（3）在既有法定继承人又有遗嘱继承人、受遗赠人时，应首先由法定继承人以其所继承的财产清偿遗产债务；法定继承人继承的遗产不足以清偿全部债务的，遗嘱继承人和受遗赠人按比例以所得遗产清偿。

（二）限定继承原则

【重点法条】

《民法典》第 1161 条　继承人以所得遗产实际价值为限清偿被继承人依法应当缴纳的税款和债务。超过遗产实际价值部分，继承人自愿偿还的不在此限。

继承人放弃继承的，对被继承人依法应当缴纳的税款和债务可以不负清偿责任。

我国继承法对遗产债务实行限定继承原则，在遗产的债务大于遗产实际价值时，债务人可以通过以下两种方法之一确保不因继承而遭致损害：（1）放弃继承；（2）主张仅以继承的积极遗产的实际价值为限清偿债务，对超出的债务不负责任。

【真题解读】

（2009 年多选）何某死后留下一间价值 6 万元的房屋和 4 万元现金. 何某立有遗嘱，4 万元现金由 4 个子女平分，房屋的归属未作处理. 何某女儿主动提出放弃对房屋的继承权，于是 3 个儿子将房屋变卖，每人分得 2 万元. 现债权人主张何某生前曾向其借款 12 万元，并有借据为证. 下列哪些说法是错误的?[1]

A. 何某已死，债权债务关系消灭

B. 4 个子女平均分担，每人偿还 4 万元

C. 4 个子女各自以继承所得用于清偿债务，剩下 2 万元由 4 人平均分担

D. 4 个子女各自以继承所得用于清偿债务，剩下 2 万元 4 人可以不予清偿

【主观题点睛】

总体来说，整个继承编知识点在主观题考试中不重要。可结合适当留意遗产的认定及遗产债务的清偿。

---

[1]【解析】正确选项为 ABC。债务也是遗产（消极遗产），债务人死亡，债务并不消灭；根据《民法典》第 1161 条关于限定继承的规则，可知 D 选项说法正确，A、B、C 说法不准确。

第七编　侵权责任

【侵权责任的法律渊源】

《民法典》第七编"侵权责任编"当然构成调整侵权责任的基本规范。同时，在该领域，还有《人身损害赔偿解释》《精神损害赔偿解释》等多项司法解释。特别需要强调的是，2024年9月27日，法释〔2024〕12号《最高人民法院关于适用〈中华人民共和国民法典〉侵权责任编解释（一）》（以下简称"《侵权责任编解释（一）》"）正式施行。该解释不仅是侵权责任领域重要的最新解释，而且也构成2025年法考民法科目上最重要的规范新增，故对其核心内容应着重加以把握。

第三十四章　侵权责任概述

【复习提要】

在考试大纲中，有关侵权责任的知识点分布在"侵权责任概述"和"特殊侵权责任"两章。总体而言，尽管在侵权法理论与实践中，诸如侵权责任的构成要件、归责原则等相当重要，但就法考而言，有关侵权的考点主要分布在"特殊侵权责任"，而"侵权责任概述"的内容更多地具有基础性、理论性，出题点较少（故此，本章不分节）。相对而言，本章最重要的一个考点是共同侵权行为。另外，归责原则也应适当关注。

一、归责原则 ＊＊

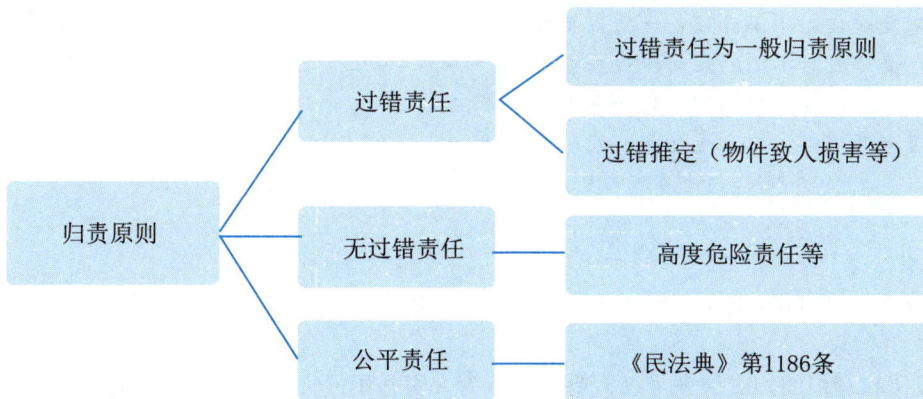

（一）过错责任

一般侵权行为以过错为要件（《民法典》第1165条）。

过错推定亦属于过错责任，具体体现在《民法典》第1199、1252、1253、1255、1257条等（主要是物件损害责任）。在法律规定适用过错推定责任的情形，行为人造成损害的，推定行为人有过错，除非其能够举证证明自己无过错，应承担侵权责任。

（二）无过错责任

依法律规定，在行为人造成他人损害时，不论行为人有无过错均应承担责任的，为无过错责任。可结合《民法典》侵权责任编第四章以下关于各种特殊侵权行为的规定识记无过错责任。

（三）公平责任

《民法典》第1186条规定，受害人和行为人对损害的发生都没有过错的，依照法律的规定由双方分担损失。此为公平责任的规定。"依照法律规定"的一个事例是《民法典》第1190条关于完全民事行为能力人对自己的行为暂时没有意识或者失去控制造成他人损害而无过错的情形。

【相关法条】

《民法典》第1190条 完全民事行为能力人对自己的行为暂时没有意识或者失去控制造成他人损害有过错的，应当承担侵权责任；没有过错的，根据行为人的经济状况对受害人适当补偿。

完全民事行为能力人因醉酒、滥用麻醉药品或者精神药品对自己的行为暂时没有意识或者失去控制造成他人损害的，应当承担侵权责任。

【真题解读】

1.（2003年多选）李某患有癫痫病。一日李某骑车行走时突然犯病，将一在路边玩耍的6岁儿童撞伤，用去医疗费200元。该案责任应如何承担？[1]

A. 李某致害，应当赔偿全部损失

B. 双方都无过错，应分担责任

C. 儿童家长未尽到监护责任，应由其承担损失

D. 应根据双方经济情况分担损失

2.（2017年单选）刘婆婆回家途中，看见邻居肖婆婆带着外孙小勇和另一家邻居的孩子小囡（均为4岁多）在小区花园中玩耍，便上前拿出几根香蕉递给小勇，随后离去。小勇接过香蕉后，递给小囡一根，小囡吞食时误入气管导致休克，经抢救无效死亡。对此，下列哪一选项是正确的？[2]

A. 刘婆婆应对小囡的死亡承担民事责任

B. 肖婆婆应对小囡的死亡承担民事责任

C. 小勇的父母应对小囡的死亡承担民事责任

D. 属意外事件，不产生相关人员的过错责任

二、侵权责任的构成 **

【重点法条】

《民法典》第1165条第1款 行为人因过错侵害他人民事权益造成损害的，应当承担侵权责任。

一般侵权责任的构成须满足以下要件：行为人实施了侵害他人民事权益的行为；该行为引

---

〔1〕【解析】正确选项为BD。解题关键是，本案应适用公平责任的规定。

〔2〕【解析】正确选项为D。从案情看，小囡死亡属于意外，各方均无过错。即便涉及公平补偿问题，也只能根据《民法典》第1186条的公平责任分担损失，选项D表述为"不产生相关人员的过错责任"，正确。

起了被侵权人的损害；行为与损害之间有因果关系；行为人主观上有过错。

《民法典》第1165条第1款规定的"民事权益"，可以进一步区分为民事权利以及受法律保护的利益。就侵权法所保护的民事权利的范围来说，民法学说一般认为包括物权、人格权、知识产权等绝对权。作为相对权的债权一般不存在侵权法保护的问题，除非第三人以悖于善良风俗的方式加以损害。

应予强调的是，《侵权责任编解释（一）》针对非法使被监护人脱离监护的侵权责任做出了规定，明确监护人可以就恢复监护关系而支出的合理费用以及精神损害等主张赔偿。

【相关法条】

《侵权责任编解释（一）》第1条 非法使被监护人脱离监护，监护人请求赔偿为恢复监护状态而支出的合理费用等财产损失的，人民法院应予支持。

《侵权责任编解释（一）》第2条 非法使被监护人脱离监护，导致父母子女关系或者其他近亲属关系受到严重损害的，应当认定为民法典第一千一百八十三条第一款规定的严重精神损害。

三、共同侵权 ＊＊＊

广义上的共同侵权，包括有意思联络的共同侵权、共同危险行为、无意思联络的共同侵权三种情形。

（一）有意思联络的共同侵权

【重点法条】

《民法典》第1168条 二人以上共同实施侵权行为，造成他人损害的，应当承担连带责任。

《民法典》第1169条 教唆、帮助他人实施侵权行为的，应当与行为人承担连带责任。教唆、帮助无民事行为能力人、限制民事行为能力人实施侵权行为的，应当承担侵权责任；该无民事行为能力人、限制民事行为能力人的监护人未尽到监护责任的，应当承担相应的责任。

《民法典》第1168条规定的是狭义的"共同侵权"，要求二人以上共同实施（即有意思联络）侵权行为，其法律后果是产生共同侵权人之间的连带责任。

须注意识记教唆帮助型共同侵权的责任分配规则。教唆、帮助无民事行为能力人或限制民事行为能力人的，由教唆帮助者就全部的损害负责；如果监护人未尽到监护责任的，监护人应承担相应的责任。关于教唆、帮助者的责任与未尽到监护职责的监护人需承担的相应责任的关系，历来存在争议，《侵权责任编解释（一）》第12条对此明确了如下规则：（1）即使监护人存在未尽到监护职责的情形，被侵权人仍可以要求教唆人、帮助人对全部损害负赔偿之责；（2）被侵权人也可以在监护人相应的责任范围内要求其与教唆人、帮助人承担共同赔偿责任，但被侵权人最终得到的赔偿以其所受损失为限。

试举一例说明《侵权责任编解释（一）》第12条的规定。甲教唆未成年人乙划了丙的车辆，造成丙2000元的损失；法院确认，乙的监护人丁对乙疏于管教、约束，应承担30%的赔偿责任；根据解释第12条，被侵权人丙可以将教唆人甲和监护人丁作为共同被告诉至法院；丙可以要求甲赔偿全部2000损失，同时要求丁在600元范围内与甲共同承担赔偿责任。丙最终得到的赔偿金额不超过2000元。若监护人丙先行支付了全部2000元赔偿金，则其可以向甲追偿1400元。

【相关法条】

《侵权责任编解释（一）》第12条 教唆、帮助无民事行为能力人、限制民事行为能力人实施侵权行为，被侵权人合并请求教唆人、帮助人以及监护人承担侵权责任的，依照民法典第一千一百六十九条第二款的规定，教唆人、帮助人承担侵权人应承担的全部责任；监护人在未尽到监护职责的范围内与教唆人、帮助人共同承担责任，但责任主体实际支付的赔偿费用总和不应超出被侵权人应受偿的损失数额。

监护人先行支付赔偿费用后，就超过自己相应责任的部分向教唆人、帮助人追偿的，人民法院应予支持。

（二）共同危险行为

【重点法条】

《民法典》第1170条　二人以上实施危及他人人身、财产安全的行为，其中一人或者数人的行为造成他人损害，能够确定具体侵权人的，由侵权人承担责任；不能确定具体侵权人的，行为人承担连带责任。

构成共同危险行为，要求二人以上均实施了危险行为且造成他人损害，但不能确定具体加害人。

共同危险行为的法律效果同有意思联络共同侵权，即数行为人承担连带责任。

如行为人能够证明，损害后果不可能是其行为引起的，则该行为人可免责。

（三）无意思联络的共同侵权

【重点法条】

《民法典》第1171条　二人以上分别实施侵权行为造成同一损害，每个人的侵权行为都足以造成全部损害的，行为人承担连带责任。

《民法典》第1172条　二人以上分别实施侵权行为造成同一损害，能够确定责任大小的，各自承担相应的责任；难以确定责任大小的，平均承担赔偿责任。

二人以上分别实施行为，当事人之间不存在意思联络，故不能适用《民法典》第1168条的规定。但多人分别实施的行为造成同一损害结果的，仍需界定各行为人应承担的责任。学理上，将此种多数人侵权责任称为"无意思联络的共同侵权"。

既然是多人分别实施侵权行为造成同一损害，原则上各行为人应根据原因力贡献及过错程度情况承担按份赔偿责任。如果难以确定具体份额，则各行为人平均负担赔偿责任。此为《民法典》第1172条的规范意旨。

根据《民法典》第1171条，无意思联络共同侵权，在一种情况下可产生连带责任的后果：每个侵权人实施的行为（不用叠加他人行为的效应）均足以造成全部损害后果。例如，甲、乙工厂在夜间相同时段向河道偷排未经处理的废水，如果能够确定，任何一股污水都足以导致下游网箱养鱼人丙的死鱼损害，则丙可以向甲和乙主张连带责任的承担。

【真题解读】

1.（2015年单选）甲、乙、丙三家公司生产三种不同的化工产品，生产场地的排污口相邻。某年，当地大旱导致河水水位大幅下降，三家公司排放的污水混合发生化学反应，产生有毒物质致使河流下游丁养殖场的鱼类大量死亡。经查明，三家公司排放的污水均分别经过处理且符合国家排放标准。后丁养殖场向三家公司索赔。下列哪一选项是正确的？[1]

A. 三家公司均无过错，不承担赔偿责任

B. 三家公司对丁养殖场的损害承担连带责任

C. 本案的诉讼时效是2年

D. 三家公司应按照污染物的种类、排放量等因素承担责任

---

[1]【解析】正确选项为D。环境污染侵权责任属于无过错责任。环境污染侵权案件的诉讼时效期间为3年。甲、乙、丙三公司的侵权构成《民法典》第1172条之情形，应以按份责任处理。

2. （2017年多选）甲、乙、丙三家毗邻而居，甲、乙分别饲养山羊各一只。某日二羊走脱，将丙辛苦栽培的珍稀药材悉数啃光。关于甲、乙的责任，下列哪些选项是正确的？[1]

A. 甲、乙可各自通过证明已尽到管理职责而免责

B. 基于共同致害行为，甲、乙应承担连带责任

C. 如能确定二羊各自啃食的数量，则甲、乙各自承担相应赔偿责任

D. 如不能确定二羊各自啃食的数量，则甲、乙平均承担赔偿责任

3. （2020年多选）甲在地铁里下天桥楼梯，边走边低头看手机，突然被地面翘起来的铁皮绊了一下，甲未受伤，但却把上楼梯的乙撞倒，造成乙重伤。关于赔偿责任主体，下列哪些说法是正确的？[2]

A. 地铁公司应承担责任   B. 甲应承担责任

C. 甲与地铁公司按份承担责任 D. 甲与地铁公司连带承担责任

有关多数人侵权的知识要点，可图示如下：

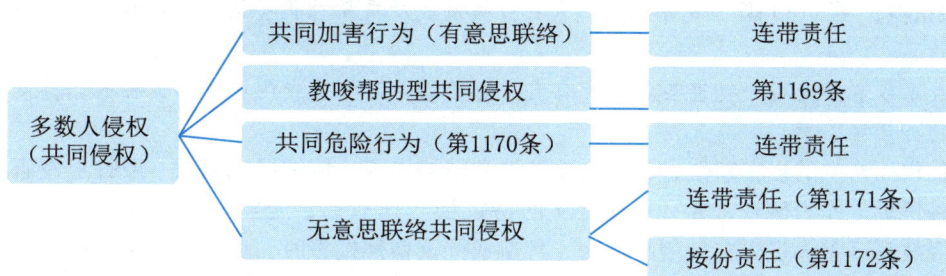

	共同加害行为（有意思联络）	连带责任
	教唆帮助型共同侵权	第1169条
多数人侵权（共同侵权）	共同危险行为（第1170条）	连带责任
	无意思联络共同侵权	连带责任（第1171条）
		按份责任（第1172条）

四、侵权责任的减轻和免责事由 ＊＊＊

【重点法条】

《民法典》第1176条 自愿参加具有一定风险的文体活动，因其他参加者的行为受到损害的，受害人不得请求其他参加者承担侵权责任，但是其他参加者对损害的发生有故意或者重大过失的除外。

活动组织者的责任适用本法第一千一百九十八条至第一千二百零一条的规定。

《民法典》第1177条 合法权益受到侵害，情况紧迫且不能及时获得国家机关保护，不立即采取措施将使其合法权益受到难以弥补的损害的，受害人可以在保护自己合法权益的必要范围内采取扣留侵权人的财物等合理措施；但是，应当立即请求有关国家机关处理。

受害人采取的措施不当造成他人损害的，应当承担侵权责任。

《民法典》侵权责任编第一章对侵权责任的减轻和免责事由做出了规定，可注意以下方面：

（1）被侵权人也有过错的，可减轻侵权人赔偿责任（混合过错、与有过失）；

（2）受害人故意造成损害的，行为人不承担责任；

（3）受害人自甘冒险的，行为人不承担责任（《民法典》第1176条）；

（4）行为人依法采取自助行为的，不承担侵权责任（《民法典》第1177条）。

---

〔1〕【解析】正确选项为CD。本题属于动物致人损害，并同时符合《民法典》第1172条按份责任之情形。动物饲养人不能通过证明已尽到管理职责而免责，而根据《民法典》第1172条之规定，选项CD正确。

〔2〕【解析】正确选项为ABC。本案案情构成无意思联络的共同侵权，且不属于一个行为就足以引起损害后果的情形，故应依《民法典》第1172条承担按份责任。

（2021年多选）张某是 A 市篮球运动员，李某和陈某是 B 市篮球运动员。某次篮球比赛中，张某正常扣篮时，李某未能及时躲闪，导致受伤。陈某认为张某系故意为之，遂拿起篮球往张某砸去，导致张某受伤。对此，下列哪些说法是正确的？[1]

A. 张某的人身伤害应由李某与陈某共同负担

B. 李某的人身伤害是自甘风险，由其自己承担

C. 张某的人身伤害应由陈某负责

D. 李某的人身伤害应由篮球比赛的组织者承担

五、精神损害赔偿和惩罚性赔偿 ＊＊＊

（一）精神损害赔偿

【重点法条】

《民法典》第 1183 条 侵害自然人人身权益造成<u>严重精神损害</u>的，被侵权人有权请求精神损害赔偿。

<u>因故意或者重大过失</u>侵害自然人具有人身意义的特定物造成严重精神损害的，被侵权人有权请求精神损害赔偿。

因侵权而产生的损害赔偿，包括物质赔偿和精神损害。精神损害赔偿一般针对侵害人身权益的各种情形。作为例外，具有人身意义的特定物（如遗物、宠物）被侵害的，被侵权人在侵权人因故意或重大过失实施侵权行为，且造成严重精神损害时，也可主张精神损害赔偿。

【真题解读】

（2020年单选）张某为唐山大地震孤儿，仅有一张与父母的合影。张某为留作纪念，将照片交给某照相馆修复，不料照相馆晚上意外发生火灾，遭受重大财产损失，张某照片也被损毁。据此，下列选项说法正确的是？[2]

A. 照相馆侵犯了张某的肖像权　　　　B. 张某可要求精神损害赔偿

C. 照相馆侵犯了张某的隐私权　　　　D. 照相馆不承担侵权责任

（二）惩罚性赔偿

【重点法条】

《民法典》第 1185 条 <u>故意侵害</u>他人知识产权，情节严重的，被侵权人有权请求相应的惩罚性赔偿。

《民法典》第 1207 条 <u>明知产品存在缺陷仍然生产、销售</u>，或者没有依据前条规定采取补救措施，造成他人死亡或者健康严重损害的，被侵权人有权请求相应的惩罚性赔偿。

《民法典》第 1232 条 侵权人违反法律规定故意污染环境、破坏生态造成严重后果的，被侵权人有权请求相应的惩罚性赔偿。

民法上的损害赔偿，着重强调对受害人的同质救济，以"填平损害"为原则。仅在法律有明确规定时，被侵权人才可以依法主张超过自身损失的惩罚性赔偿。

---

〔1〕【解析】正确选项为 BC。篮球比赛存在固有的风险，李某虽在比赛中被张某所伤，但此种情形属于李某的自甘风险，应由其自行承担损失；陈某蓄意报复，故意致李某损害，应承担侵权责任。

〔2〕【解析】正确选项为 D。毁损照片，不属于侵害肖像权，选项 A 明显错误。本案中的照片属于具有人身意义的特定物，但是，由于照相馆方面不存在故意或重大过失，故张某不能要求精神损害赔偿，选项 B 错误。本案不存在泄露张某隐私的问题，选项 C 明显错误。照相馆失火系意外，其无过错，故照相馆不承担侵权责任（张某可主张违约），选项 D 正确。

第三十五章　特殊侵权责任

> **【复习提要】**

　　本章内容对应《民法典》侵权责任编第三章"责任主体的特殊规定"以及第四章之后的几种特殊侵权行为。本章规定的内容历来都是法考在侵权责任部分主要的出题点，其中，尤其以"责任主体的特殊规定"最为重要，其下的每一种类型均应加强识记。关于产品责任等各种特殊侵权行为，则应围绕特殊侵权行为的"特殊性"，重点识记相关法律条文。对于《侵权责任编解释（一）》的新规应给予必要重视。

第一节　监护人责任 ＊＊＊

【重点法条】

　　《民法典》第1188条　无民事行为能力人、限制民事行为能力人造成他人损害的，由监护人承担侵权责任。监护人尽到监护责任的，可以减轻其侵权责任。

　　有财产的无民事行为能力人、限制民事行为能力人造成他人损害的，从本人财产中支付赔偿费用。不足部分，由监护人赔偿。

　　《民法典》第1189条　无民事行为能力人、限制民事行为能力人造成他人损害，监护人将监护职责委托给他人的，由监护人承担侵权责任；受托人有过错的，承担相应的责任。

　　被监护人致人损害的，监护人须替代承担责任。此种责任具有无过错责任的属性，监护人证明已尽到监护责任的（无过错），并不能免责，而只能要求减轻责任。具体到赔偿费用，被监护人有财产的，从其财产中支付，不足的由监护人赔偿。鉴于此种特别的立法规定，被监护人根据《民法典》第1188条提起诉讼时，应以监护人和行为人（无民事行为能力人、限制民事行为能力人）为共同被告（《侵权责任编解释（一）》第4条）

　　存在监护职责委托的情形，仍由监护人承担侵权责任；受托人有过错的，承担相应的责任。关于第1189条规定的监护人责任与受托人的相应责任，《侵权责任编解释（一）》第10条确立了以下规则：（1）即使受托人有过错，被侵权人仍有权要求监护人承担全部责任；（2）有过错的受托人在过错范围内（如就损失的20%负责）与监护人共同承担赔偿责任，但被侵权人所得的赔偿以其实际损失为限；（3）监护人与受托人之间的责任配置，应依规范委托合同中受托人责任的《民法典》第929条加以判断。这就意味着，如果委托监护为有偿，且受托人履行受托监护职责未尽善良管理人的注意义务，则应实质性承担责任，监护人（委托人）在承担全部赔偿责任后，可以在受托人应承担的相应责任范围内向其追偿；如委托合同为无偿，且受托人无重大过失或故意（仅有一般过失），则受托人不应向委托人承担违约责任，因此，其在承担了其相应的赔偿责任后，可以向监护人追偿。

【相关法条】

　　《侵权责任编解释（一）》第10条　无民事行为能力人、限制民事行为能力人造成他人损害，被侵权人合并请求监护人和受托履行监护职责的人承担侵权责任的，依照民法典第一千一百八十九条的规定，监护人承担侵权人应承担的全部责任；受托人在过错范围内与监护人共同承担责任，但责任主体实际支付的赔偿费用总和不应超出被侵权人应受偿的损失数额。

监护人承担责任后向受托人追偿的，人民法院可以参照民法典第九百二十九条的规定处理。

仅有一般过失的无偿受托人承担责任后向监护人追偿的，人民法院应予支持。

【真题解读】

1. （2007 年多选）丁某在自家后院种植了葡萄，并垒起围墙。谭某（12 岁）和马某（10 岁）爬上围墙攀摘葡萄，在争抢中谭某将马某挤下围墙，围墙上松动的石头将马某砸伤。下列哪些选项是正确的?[1]

A. 丁某应当承担赔偿责任

B. 谭某的监护人应当承担民事责任

C. 马某自己有过失，应当减轻赔偿人的赔偿责任

D. 本案应适用特殊侵权规则

2. （2015 年单选）甲的儿子乙（8 岁）因遗嘱继承了祖父遗产 10 万元。某日，乙玩耍时将另一小朋友丙的眼睛划伤。丙的监护人要求甲承担赔偿责任 2 万元。后法院查明，甲已尽到监护职责。下列哪一说法是正确的?[2]

A. 因乙的财产足以赔偿丙，故不需用甲的财产赔偿

B. 甲已尽到监护职责，无需承担侵权责任

C. 用乙的财产向丙赔偿，乙赔偿后可在甲应承担的份额内向甲追偿

D. 应由甲直接赔偿，否则会损害被监护人乙的利益

3. （2021 年单选）一儿童（5 岁）拿玩具金箍棒将三楼自家阳台的花瓶打落，砸伤了路过的快递员韩某。关于韩某人身损害的责任承担，下列哪一表述是正确的?[3]

A. 由儿童承担赔偿责任   B. 由儿童父母承担

C. 由快递公司承担   D. 由快递公司和儿童父母共同承担

第二节　用人者责任

一、用人单位的工作人员致人损害的侵权责任 ＊＊＊

【重点法条】

《民法典》第 1191 条　用人单位的工作人员因执行工作任务造成他人损害的，由用人单位承担侵权责任。用人单位承担侵权责任后，可以向有故意或者重大过失的工作人员追偿。

劳务派遣期间，被派遣的工作人员因执行工作任务造成他人损害的，由接受劳务派遣的用工单位承担侵权责任；劳务派遣单位有过错的，承担相应的责任。

1. 用人单位对其工作人员再执行工作任务中的侵权行为负责。

---

〔1〕【解析】正确选项为 BCD。本案不适用物件致人损害责任，丁某无须承担侵权责任。谭某系限制行为能力人，其所实施的侵权行为，应由其监护人承担责任；马某作为受害人亦有过失，应减轻赔偿人的赔偿责任。监护人责任规则属于特殊侵权规则。

〔2〕【解析】正确选项为 A。适用《民法典》第 1188 条第 2 款。

〔3〕【解析】正确选项为 B。本题与《民法典》第 1154 条的高空抛物无关，仅涉及无行为能力人的监护责任问题，根据《民法典》第 1188 条，选项 B 正确。

2. 《侵权责任法》未规定追偿，而《民法典》第 1191 条规定，用人单位在承担责任后可向有故意或重大过失的工作人员追偿。需注意，即使工作人员有故意和重大过失，法律也未承认被侵权人向行为人要求赔偿的权利。

3. 注意识记劳动派遣期间工作人员致人损害的责任承担规则：由接受劳务单位承担责任；派遣单位有过错的，承担相应的责任。派遣单位有过错的，被侵权人仍有权向接受劳务的一方主张全部损失的赔偿；被侵权人可以同时要求派遣单位在其应承担的责任范围内与用工单位共同承担责任。

【相关法条】

《侵权责任编解释（一）》第 16 条　劳务派遣期间，被派遣的工作人员因执行工作任务造成他人损害，被侵权人合并请求劳务派遣单位与接受劳务派遣的用工单位承担侵权责任的，依照民法典第一千一百九十一条第二款的规定，接受劳务派遣的用工单位承担侵权人应承担的全部责任；劳务派遣单位在不当选派工作人员、未依法履行培训义务等过错范围内，与接受劳务派遣的用工单位共同承担责任，但责任主体实际支付的赔偿费用总和不应超出被侵权人应受偿的损失数额。

劳务派遣单位先行支付赔偿费用后，就超过自己相应责任的部分向接受劳务派遣的用工单位追偿的，人民法院应予支持，但双方另有约定的除外。

【真题解读】

（2010 年多选）甲公司为劳务派遣单位，根据合同约定向乙公司派遣搬运工。搬运工丙脾气暴躁常与人争吵，乙公司要求甲公司更换丙或对其教育管理，甲公司不予理会。一天，乙公司安排丙为顾客丁免费搬运电视机，丙与丁发生激烈争吵故意摔坏电视机。对此，下列哪些说法是错误的？[1]

A. 甲公司和乙公司承担连带赔偿责任

B. 甲公司承担赔偿责任，乙公司承担补充责任

C. 甲公司和丙承担连带赔偿责任

D. 丙承担赔偿责任，甲公司承担补充责任

二、个人之间形成劳务关系的侵权责任 * *

【重点法条】

《民法典》第 1192 条　个人之间形成劳务关系，提供劳务一方因劳务造成他人损害的，由接受劳务一方承担侵权责任。接受劳务一方承担侵权责任后，可以向有故意或者重大过失的提供劳务一方追偿。提供劳务一方因劳务自己受到损害的，根据双方各自的过错承担相应的责任。

提供劳务期间，因第三人的行为造成提供劳务一方损害的，提供劳务一方有权请求第三人承担侵权责任，也有权请求接受劳务一方给予补偿。接受劳务一方补偿后，可以向第三人追偿。

三、定做人责任 * *

【重点法条】

《民法典》第 1193 条　承揽人在完成工作过程中造成第三人损害或者自己损害的，定作人

----

〔1〕【解析】正确选项为 ABCD。根据《民法典》第 1191 条第 2 款，应由接受劳务派遣的乙公司承担责任，甲公司有过错，应承担相应的责任。据此，四个选项均错误。

不承担侵权责任。但是，定作人对定作、指示或者选任有过错的，应当承担相应的责任。

承揽人的工作具有独立性，<u>定做人原则上不对承揽人对第三人造成的损害负责</u>。但是，在定做人在定做、指示或对承揽人的选任方面有过错的，应对受害人承担相应的责任。定做人有过错时，其承担的相应责任与承揽人的侵权责任之间的关系可参见《侵权责任编解释（一）》第18条的规定。

【相关法条】

《侵权责任编解释（一）》第18条　承揽人在完成工作过程中造成第三人损害的，人民法院依照民法典第一千一百六十五条的规定认定承揽人的民事责任。

被侵权人合并请求定作人和承揽人承担侵权责任的，依照民法典第一千一百六十五条、第一千一百九十三条的规定，造成损害的承揽人承担侵权人应承担的全部责任；定作人在定作、指示或者选任过错范围内与承揽人共同承担责任，但责任主体实际支付的赔偿费用总和不应超出被侵权人应受偿的损失数额。

定作人先行支付赔偿费用后，就超过自己相应责任的部分向承揽人追偿的，人民法院应予支持，但双方另有约定的除外。

第三节　网络侵权责任＊＊

网络用户、网络服务提供者的侵权责任

【重点法条】

《民法典》第1195条　网络用户利用网络服务实施侵权行为的，权利人有权通知网络服务提供者采取删除、屏蔽、断开链接等必要措施。通知应当包括构成侵权的初步证据及权利人的真实身份信息。

网络服务提供者接到通知后，应当及时将该通知转送相关网络用户，并根据构成侵权的初步证据和服务类型采取必要措施；未及时采取必要措施的，对损害的扩大部分与该网络用户承担连带责任。

权利人因错误通知造成网络用户或者网络服务提供者损害的，应当承担侵权责任。法律另有规定的，依照其规定。

《民法典》第1197条　网络服务提供者知道或者应当知道网络用户利用其网络服务侵害他人民事权益，未采取必要措施的，与该网络用户承担连带责任。

1. 网络用户利用网络侵害他人民事权益，通常表现为侵害他人名誉权、隐私权、肖像权等人身权益以及侵害知识产权。网络用户需对此行为承担侵权责任。

2. 网络服务提供者也可能因为自己利用网络直接侵害他人知识产权等侵权行为而承担侵权责任。

3. 网络服务提供者在以下两种情形下需要与利用网络侵害他人权益的网络用户承担连带责任：（1）网络用户侵权，权利人依法向网络服务提供商发出要求采取删除等必要措施的通知而后者未采取的，对损害的扩大部分承担连带责任；（2）网络服务提供者知道或者应当知道网络用户利用其网络服务侵害他人民事权益而未采取必要措施的。

4. 网络用户有正当使用网络的权利，如其行为并不构成侵权，则其他人及网络服务提供者不得任意要求或采取删除、屏蔽等措施，《民法典》第1195、1196条对通知和不构成侵权的声明等做出了比较详细的规定。

（2010 年单选）甲、乙是同事，因工作争执甲对乙不满，写了一份丑化乙的短文发布在丙网站。乙发现后要求丙删除，丙不予理会，致使乙遭受的损害扩大。关于扩大损害部分的责任承担，下列哪一说法是正确的？[1]

A. 甲承担全部责任   B. 丙承担全部责任

C. 甲和丙承担连带责任   D. 甲和丙承担按份责任

第四节　违反安全保障义务的侵权责任 * * *

【重点法条】

《民法典》第 1198 条　宾馆、商场、银行、车站、机场、体育场馆、娱乐场所等经营场所、公共场所的经营者、管理者或者群众性活动的组织者，未尽到安全保障义务，造成他人损害的，应当承担侵权责任。

因第三人的行为造成他人损害的，由第三人承担侵权责任；经营者、管理者或者组织者未尽到安全保障义务的，承担相应的补充责任。经营者、管理者或者组织者承担补充责任后，可以向第三人追偿。

1. 安全保障义务人：宾馆、商场、银行、车站、娱乐场所等公共场所的管理人或者群众性活动的组织者；旅游经营者、旅游辅助服务者（《旅游纠纷司法解释》）。

2. 第三人侵权的，安全保障义务人（未尽安保义务）承担相应的补充责任。安全保障义务人承担补充责任，意味着其享有先诉抗辩权，债权人只有在对直接侵权人的财产强制执行后仍不能履行的范围内，才能向有过错的安全保障义务人要求赔偿。安全保障义务人承担了补充责任后，还可以向第三人追偿。

【真题解读】

1.（2012 年多选）小偷甲在某商场窃得乙的钱包后逃跑，乙发现后急追。甲逃跑中撞上欲借用商场厕所的丙，因商场地板湿滑，丙摔成重伤。下列哪些说法是错误的？[2]

A. 小偷甲应当赔偿丙的损失   B. 商场须对丙的损失承担补充赔偿责任

C. 乙应适当补偿丙的损失   D. 甲和商场对丙的损失承担连带责任

2.（2020 年单选）爸爸邱天带邱小童（4 岁，身高 1 米）到游乐场玩。游乐场设有蹦床，标明适用 6 岁以上、1.2 米以上儿童。邱天购票后，按照游乐场的规定，送孩子进去后在场外等候。邱小童自行玩蹦床时摔倒，致肩膀摔伤。关于损害赔偿责任的承担主体，下列哪一说法是正确的？[3]

A. 由邱小童自行承担   B. 由邱小童以自己的财产自行承担

C. 由监护人邱天承担   D. 由游乐场承担

---

〔1〕【解析】正确选项为 C。本题难度低，可直接依据《民法典》第 1195 条第 2 款得出答案。

〔2〕【解析】正确选项为 CD。丙摔伤系由于甲冲撞所致，甲应承担赔偿责任。商场是安全保障义务人，须承担相应的补充赔偿责任。

〔3〕【解析】正确选项为 D。游乐场负有安全保障义务，本案中，游乐场尽管标注了年龄要求，却未尽到管理职责，应根据《民法典》第 1198 条承担责任。

第五节　教育机构的侵权责任＊＊

【重点法条】

《民法典》第1199条　<u>无民事行为能力人</u>在幼儿园、学校或者其他教育机构学习、生活期间受到人身损害的，幼儿园、学校或者其他教育机构应当承担侵权责任，<u>但是，能够证明尽到教育、管理职责的，不承担侵权责任。</u>

《民法典》第1200条　限制民事行为能力人在学校或者其他教育机构学习、生活期间受到人身损害，学校或者其他教育机构未尽到教育、管理职责的，应当承担侵权责任。

《民法典》第1201条　无民事行为能力人或者限制民事行为能力人在幼儿园、学校或者其他教育机构学习、生活期间，受到幼儿园、学校或者其他教育机构以外的第三人人身损害的，由第三人承担侵权责任；幼儿园、学校或者其他教育机构未尽到管理职责的，<u>承担相应的补充责任。</u>幼儿园、学校或者其他教育机构承担补充责任后，可以向第三人追偿。

关于无民事行为能力人、限制民事行为能力人与学校等教育机构之间的侵权损害赔偿问题，《民法典》以第1199、1200条调整，其要点是：无民事行为能力人受损害，教育机构承担推定过错责任（证明尽到职责的，无责任）；限制行为能力人受损害，教育机构承担过错责任。

第1201条针对的是教育机构以外的第三人在教育机构造成人身损害的情形。该条的责任结构与第1198条安全保障义务人的责任相同，包括追偿的规定。

【相关法条】

《侵权责任编解释（一）》第14条　无民事行为能力人或者限制民事行为能力人在幼儿园、学校或者其他教育机构学习、生活期间，受到教育机构以外的第三人人身损害，第三人、教育机构作为共同被告且依法应承担侵权责任的，人民法院应当在判决中明确，<u>教育机构在人民法院就第三人的财产依法强制执行后仍不能履行的范围内，承担与其过错相应的补充责任。</u>

被侵权人仅起诉教育机构的，人民法院应当向原告释明申请追加实施侵权行为的第三人为共同被告。

第三人不确定的，未尽到管理职责的教育机构先行承担与其过错相应的责任；教育机构承担责任后向已经确定的第三人追偿的，人民法院依照民法典第一千二百零一条的规定予以支持。

【真题解读】

（2007年单选题）小学生小杰和小涛在学校发生打斗，在场老师陈某未予制止。小杰踢中小涛腹部，致其脾脏破裂。下列哪一选项是正确的？[1]

A. 陈某未尽职责义务，应由陈某承担赔偿责任

B. 小杰父母的监护责任已转移到学校，应由学校承担赔偿责任

C. 学校和小杰父母均有过错，应由学校和小杰父母承担连带赔偿责任

D. 学校存在过错，应承担与其过错相应的补充赔偿责任

---

〔1〕**【解析】**正确选项为D。小杰致人损害，其监护人应承担责任；依据《民法典》第1201条，学校因未尽到管理职责，须承担相应的补充责任。

第六节　产品责任

一、产品责任的基本规则 ＊＊＊

【重点法条】

《民法典》第1203条　因产品存在缺陷造成损害的，被侵权人可以向产品的生产者请求赔偿，也可以向产品的销售者请求赔偿。

产品缺陷由生产者造成的，销售者赔偿后，有权向生产者追偿。因销售者的过错使产品存在缺陷的，生产者赔偿后，有权向销售者追偿。

1. 产品责任属于<u>无过错责任</u>，无论责任人对于缺陷有无过错，均须承担侵权责任。
2. 产品缺陷致人损害的，<u>被侵权人可以选择向生产者或销售者要求赔偿损失</u>。
3. 在生产者和销售者内部再根据造成缺陷的原因，决定追偿关系。
4. 缺陷由运输者、仓储者等第三人引起的，生产者、销售者仍须承担责任，赔偿后可向该第三人追偿。
5. 因产品缺陷危及他人人身、财产安全的，被侵权人有权请求生产者、销售者承担停止侵害、排除妨碍、消除危险等侵权责任。

二、产品自损责任 ＊＊＊

【重点法条】

《侵权责任编解释（一）》第19条　因产品存在缺陷造成买受人财产损害，买受人请求产品的生产者或者销售者赔偿缺陷产品<u>本身损害以及其他财产损害的</u>，人民法院依照民法典第一千二百零二条、第一千二百零三条的规定予以支持。

因产品缺陷造成他人人身、财产损害（固有利益损害）的，受害人可依有关产品的规定向生产者或者销售者要求赔偿。关于产品自身损害是否能够纳入产品责任的损害赔偿范围的问题，《产品质量法》持否定立场（必须造成产品自身以外的其他损害，才能主张产品责任），过往的学说观点也基本认为产品自身损害不能通过产品责任主张赔偿。

《合同编通则解释（一）》第19条改变了前述规则。根据该条规定，因产品缺陷造成产品自身损害以及其他财产损害的，受害人可以一并将产品自身损害纳入产品责任中，选择向生产者或者销售者主张赔偿。例如，甲公司产生的电动车，通过乙公司销售给丙；由于电动车设计缺陷，丙在骑行中发生车祸遭受人身损害，电动车也彻底报废。依据该条新规，丙不必区分人身损害和电动车自身损害而分别主张赔偿，而是可以依据产品责任的规定将电动车报废的损失与人身损害一并向甲或者乙提出赔偿。

三、惩罚性赔偿 ＊＊

【重点法条】

《民法典》第1207条　明知产品存在缺陷仍然生产、销售，或者没有依据前条规定采取补救措施，造成他人死亡或者健康严重损害的，被侵权人有权请求相应的惩罚性赔偿。

要求惩罚性赔偿须满足两个要件：（1）<u>明知产品有缺陷仍生产、销售，或者未及时采取警示、召回等措施</u>；（2）造成死亡或健康严重损害。

【真题解读】

1.（2011 年多选）甲系某品牌汽车制造商，发现已投入流通的某款车型刹车系统存在技术缺陷，即通过媒体和销售商发布召回该款车进行技术处理的通知。乙购买该车，看到通知后立即驱车前往丙销售公司，途中因刹车系统失灵撞上大树，造成伤害。下列哪些说法是正确的？[1]

A. 乙有权请求甲承担赔偿责任　　　　B. 乙有权请求丙承担赔偿责任

C. 乙有权请求惩罚性赔偿　　　　　　D. 甲的责任是无过错责任

2.（2019 年多选）甲商场举办促销活动，张奶奶购买一台榨汁机，并得到商场赠送的一罐奶粉。张奶奶回去喝奶粉后上吐下泻七日，后经检测，奶粉有严重质量问题。经调查，该批问题奶粉系乙公司生产并向甲商场供应。对此，下列说法哪些是正确的？[2]

A. 张奶奶可请求甲商场承担侵权责任

B. 张奶奶可请求甲商场承担违约责任

C. 张奶奶可向乙公司主张惩罚性赔偿

D. 甲商场可以奶粉是无偿赠送为由拒绝承担责任

【注意】

产品责任常涉及责任竞合问题。从销售者处购买缺陷产品的，销售者同时构成违约与侵权。受害人可以根据《民法典》第186条的规定，选择主张违约赔偿或者侵权赔偿。

第七节　机动车交通事故责任

一、机动车交通事故责任的确定 *

【重点法条】

《道路交通安全法》第76条　机动车发生交通事故造成人身伤亡、财产损失的，由保险公司在机动车第三者责任强制保险责任限额范围内予以赔偿。超过责任限额的部分，按照下列方式承担赔偿责任：

（一）机动车之间发生交通事故的，由有过错的一方承担责任；双方都有过错的，按照各自过错的比例分担责任。

（二）机动车与非机动车驾驶人、行人之间发生交通事故，非机动车驾驶人、行人没有过错的，由机动车一方承担赔偿责任；有证据证明非机动车驾驶人、行人有过错的，根据过错程度适当减轻机动车一方的赔偿责任；机动车一方没有过错的，承担不超过百分之十的赔偿责任。

交通事故的损失是由非机动车驾驶人、行人故意造成的，机动车一方不承担责任。

【注意】

有关机动车交通事故责任确定的基本规则并未规定在《民法典》侵权责任编中，而是规定在《道路交通安全法》第76条。尽管法考测试第76条的可能性不大，但考生仍应掌握其基

---

〔1〕【解析】正确选项为ABD。乙有权请求生产者或销售者赔偿损失；产品责任属于无过错责任；生产者和销售者并非明知有缺陷而生产、销售，乙不能请求惩罚性赔偿。

〔2〕【解析】正确选项为AB。奶粉是附赠品，实际上并非无偿赠与，应视为买卖，选项 D 错误。应适用产品责任的规定，根据《民法典》第1203条，A 项正确。商场出售缺陷商品，构成违约，B 选项正确。商场并非故意出售缺陷产品，故不成立惩罚性赔偿，选项 C 错误。

本规则，尤其是：机动车之间的侵权责任适用过错责任原则；机动车与非机动车、行人之间虽适用无过错责任，但无过错时的赔偿责任不超过百分之十。

二、出租、借用机动车的责任承担 ＊＊＊

【重点法条】

《民法典》第1209条 因租赁、借用等情形机动车所有人、管理人与使用人不是同一人时，发生交通事故造成损害，属于该机动车一方责任的，由机动车使用人承担赔偿责任；机动车所有人、管理人对损害的发生有过错的，承担相应的赔偿责任。

该条明确了实际使用规则，即应由实际驾驶机动车发生交通事故的使用人承担侵权赔偿责任；机动车所有人仅在对损害发生有过错时（例如，明知借用人无驾驶证或饮酒后而出借车辆），承担相应的赔偿责任。

机动车交通事故责任不是物主责任。《民法典》第1212条等也都体现实际使用人承担责任的立场，车主只在有过错时，承担相应的责任。

【相关法条】

《民法典》第1212条 未经允许驾驶他人机动车，发生交通事故造成损害，属于该机动车一方责任的，由机动车使用人承担赔偿责任；机动车所有人、管理人对损害的发生有过错的，承担相应的赔偿责任，但是本章另有规定的除外。

三、因买卖未过户时的责任承担 ＊＊

【重点法条】

《民法典》第1210条 当事人之间已经以买卖或者其他方式转让并交付机动车但是未办理登记，发生交通事故造成损害，属于该机动车一方责任的，由受让人承担赔偿责任。

【注意】

因买卖已交付机动车但未办理登记的，因机动车控制已转移，故侵权责任由受让人承担，出让人不承担责任。该条同样体现了实际使用人承担责任的立场。

【真题解读】

（2011年单选）周某从迅达汽车贸易公司购买了1辆车，约定周某试用10天，试用期满后3天内办理登记过户手续。试用期间，周某违反交通规则将李某撞成重伤。现周某困难，无力赔偿。关于李某受到的损害，下列哪一表述是正确的?[1]

A. 因在试用期间该车未交付，李某有权请求迅达公司赔偿

B. 因该汽车未过户，不知该汽车已经出卖，李某有权请求迅达公司赔偿

C. 李某有权请求周某赔偿，因周某是该汽车的使用人

D. 李某有权请求周某和迅达公司承担连带赔偿责任，因周某和迅达公司是共同侵权人

四、挂靠车辆致损责任 ＊

【重点法条】

《民法典》第1211条 以挂靠形式从事道路运输经营活动的机动车，发生交通事故造成损害，属于该机动车一方责任的，由挂靠人和被挂靠人承担连带责任。

---

〔1〕【解析】正确选项为C。无论依据买卖未过户的规则，还是按照借用的规则，责任均指向实际使用人。

五、拼装、报废车辆致损责任 *

【重点法条】

《民法典》第1214条 以买卖或者其他方式转让拼装或者已达到报废标准的机动车，发生交通事故造成损害的，由转让人和受让人承担连带责任。

《侵权责任编解释（一）》第20条 以买卖或者其他方式转让拼装或者已经达到报废标准的机动车，发生交通事故造成损害，转让人、受让人以其不知道且不应当知道该机动车系拼装或者已经达到报废标准为由，主张不承担侵权责任的，人民法院不予支持。

六、无偿搭载责任 * *

【重点法条】

《民法典》第1217条 非营运机动车发生交通事故造成无偿搭乘人损害，属于该机动车一方责任的，应当减轻其赔偿责任，但是机动车使用人有故意或者重大过失的除外。

无偿搭载，属于"好意施惠行为"（情谊行为）的典型情形。机动车使用人没有故意或重大过失时，应适当减轻其赔偿责任。

【真题解读】

（2021年单选）甲平日开车上下班，无偿搭载好友乙。某日下班路上，甲边驾车边玩手机，导致汽车与路边护栏相撞，致乙受伤。在不考虑保险的前提下，对于乙的人身损害，下列哪一说法是正确的？[1]

A. 甲可以适当减轻责任　　　　　　B. 甲应该承担全部责任

C. 甲不应该承担责任　　　　　　　D. 甲应承担无过错责任

第八节　医疗损害责任

一、医疗损害赔偿责任的归责原则 * *

【重点法条】

《民法典》第1222条 患者在诊疗活动中受到损害，因下列情形之一的，推定医疗机构有过错：

（一）违反法律、行政法规、规章以及其他有关诊疗规范的规定；

（二）隐匿或者拒绝提供与纠纷有关的病历资料；

（三）遗失、伪造、篡改或者违法销毁病历资料。

《民法典》第1218条的规定，患者在诊疗活动中受到损害，医疗机构或者医务人员有过错的，由医疗机构承担赔偿责任。可见，医疗损害赔偿责任是过错责任，但第1222条规定了几种推定过错的情形。

---

[1]【解析】正确选项为B。尽管甲无偿搭载乙，但其驾车有重大过失，根据《民法典》第1217条，甲的责任不减轻。

二、药品、医疗器械等缺陷的赔偿责任 ＊＊＊

【重点法条】

《民法典》第1223条 因药品、消毒产品、医疗器械的缺陷，或者输入不合格的血液造成患者损害的，患者可以向药品上市许可持有人、生产者、血液提供机构请求赔偿，也可以向医疗机构请求赔偿。患者向医疗机构请求赔偿的，医疗机构赔偿后，有权向负有责任的药品上市许可持有人、生产者、血液提供机构追偿。

【真题解读】

（2016年单选）田某突发重病神志不清，田父将其送至医院，医院使用进口医疗器械实施手术，手术失败，田某死亡。田父认为医院在诊疗过程中存在一系列违规操作，应对田某的死亡承担赔偿责任。关于本案，下列哪一选项是正确的？[1]

A. 医疗损害适用过错责任原则，由患方承担举证责任

B. 医院实施该手术，无法取得田某的同意，可自主决定

C. 如因医疗器械缺陷致损，患方只能向生产者主张赔偿

D. 医院有权拒绝提供相关病历，且不会因此承担不利后果

第九节　环境污染和破坏生态责任

一、环境污染责任的特点 ＊

1. 无过错责任，污染者即使无过错，仍须对污染损害负责。

2. 污染者即使证明污染排放符合相关环保法律、法规的标准，仍须对其排污行为造成的损害负责。

3. 破坏生态责任的责任形式包括生态环境修复及相关费用的承担。

二、举证责任倒置规则 ＊

【重点法条】

《民法典》第1230条 因污染环境、破坏生态发生纠纷，行为人应当就法律规定的不承担责任或者减轻责任的情形及其行为与损害之间不存在因果关系承担举证责任。

三、第三人原因导致污染时的责任承担 ＊＊

【重点法条】

《民法典》第1233条 因第三人的过错污染环境、破坏生态的，被侵权人可以向侵权人请求赔偿，也可以向第三人请求赔偿。侵权人赔偿后，有权向第三人追偿。

---

[1]【解析】正确选项为A。根据《民法典》第1218条，医疗损害责任适用过错责任原则，选项A正确。医院应取得田父同意，选项B错误；根据第1223条，患者也可向医疗机构要求赔偿，选项C错误；医院有提供病历的义务，选项D明显错误。

第十节　高度危险责任

一、高度危险责任的特点 *

高度危险责任为典型的无过错责任。

二、免责事由 *

虽为无过错责任，但法律对于各种高度危险责任都规定了免责和减轻责任的事由，应适当识记。

第十一节　饲养动物损害责任

一、一般规则 * * *

【重点法条】

《民法典》第 1245 条　饲养的动物造成他人损害的，动物饲养人或者管理人应当承担侵权责任；但是，能够证明损害是因被侵权人故意或者重大过失造成的，可以不承担或者减轻责任。

动物致人损害，应由动物饲养人或者管理人承担责任。该责任应为无过错责任，但是被侵权人的故意或者重大过失可以成为免责或减轻事由。

如因违反管理规定，未对动物采取安全措施造成他人损害的，则仅在能够证明损害是因被侵权人故意造成的，才可以减轻动物饲养人或者管理人的责任。

如系禁止饲养的烈性犬等危险动物造成他人损害的，动物饲养人或者管理人应当承担侵权责任。此种情形，饲养人须承担最严格的侵权责任，法律未规定任何免责和减轻事由。

【相关法条】

《民法典》第 1246 条　违反管理规定，未对动物采取安全措施造成他人损害的，动物饲养人或者管理人应当承担侵权责任；但是，能够证明损害是因被侵权人故意造成的，可以减轻责任。

《民法典》第 1247 条　禁止饲养的烈性犬等危险动物造成他人损害的，动物饲养人或者管理人应当承担侵权责任。

《侵权责任编解释（一）》第 23 条　禁止饲养的烈性犬等危险动物造成他人损害，动物饲养人或者管理人主张不承担责任或者减轻责任的，人民法院不予支持。

【真题解读】

（2017 年单选）王某因全家外出旅游，请邻居戴某代为看管其饲养的宠物狗。戴某看管期间，张某偷狗，被狗咬伤。关于张某被咬伤的损害，下列哪一选项是正确的？[1]

A. 王某应对张某所受损害承担全部责任

B. 戴某应对张某所受损害承担全部责任

---

[1]　【解析】正确选项为 D。张某偷狗被咬，属于有重大过失，符合动物致人损害责任的免责事由。

C. 王某和戴某对张某损害共同承担全部责任

D. 王某或戴某不应对张某损害承担全部责任

二、动物园动物致人损害责任＊＊

【重点法条】

《民法典》第1248条　动物园的动物造成他人损害的，动物园应当承担侵权责任；但是，能够证明尽到管理职责的，不承担侵权责任。

该责任为过错推定责任。

三、因第三人过错导致的动物致人损害＊＊

【重点法条】

《民法典》第1250条　因第三人的过错致使动物造成他人损害的，被侵权人可以向动物饲养人或者管理人请求赔偿，也可以向第三人请求赔偿。动物饲养人或者管理人赔偿后，有权向第三人追偿。

【真题解读】

（2015年多选题）关于动物致害侵权责任的说法，下列哪些选项是正确的？[1]

A. 甲8周岁的儿子翻墙进入邻居院中玩耍，被院内藏獒咬伤，邻居应承担侵权责任

B. 小学生乙和丙放学途经养狗的王平家，丙故意逗狗，狗被激怒咬伤乙，只能由丙的监护人对乙承担侵权责任

C. 丁下夜班回家途经邻居家门时，未看到邻居饲养的小猪趴在路上而绊倒摔伤，邻居应承担侵权责任

D. 戊带女儿到动物园游玩时，动物园饲养的老虎从破损的虎笼蹿出将戊女儿咬伤，动物园应承担侵权责任

第十二节　建筑物和物件损害责任

一、建筑物倒塌责任＊

【重点法条】

《民法典》第1252条　建筑物、构筑物或者其他设施倒塌造成他人损害的，由建设单位与施工单位承担连带责任，但是建设单位与施工单位能够证明不存在质量缺陷的除外。建设单位、施工单位赔偿后，有其他责任人的，有权向其他责任人追偿。

因所有人、管理人、使用人或者第三人的原因，建筑物、构筑物或者其他设施倒塌造成他人损害的，由所有人、管理人、使用人或者第三人承担侵权责任。

二、建筑物致人损害＊＊

【重点法条】

《民法典》第1253条　建筑物、构筑物或者其他设施及其搁置物、悬挂物发生脱落、坠落

---

〔1〕【解析】正确选项为ACD。受害人即便有过失，动物饲养人仍须承担责任。因第三人导致动物致人损害的，动物受害人同样可以向动物饲养人请求赔偿。动物园饲养动物致人损害的，动物园应承担侵权责任。

造成他人损害，<u>所有人、管理人或者使用人不能证明自己没有过错的，应当承担侵权责任。所有人、管理人或者使用人赔偿后，有其他责任人的，有权向其他责任人追偿。</u>

此责任为过错推定责任。

【真题解读】

（2018年多选）赵某受邻居钱某的邀请，带着于某的宠物狗去住在三楼的钱某家做客，并将宠物狗放在三楼阳台上晒太阳。钱某提醒赵某，狗有摔下去的危险。果然，狗在阳台上玩耍时摔下楼，砸伤了正常走路的杨某。对于杨某的损害赔偿主张，下列哪些说法是正确的?[1]

A. 可请求赵某承担动物管理人的侵权责任

B. 可请求钱某承担建筑物管理人的侵权责任

C. 可请求钱某承担动物管理人的侵权责任

D. 可请求于某承担动物饲养人的侵权责任

三、高空抛物的补偿责任 ＊＊＊

【重点法条】

《民法典》第1254条　禁止从建筑物中抛掷物品。从建筑物中抛掷物品或者从建筑物上坠落的物品造成他人损害的，由侵权人依法承担侵权责任；经调查难以确定具体侵权人的，除能够证明自己不是侵权人的外，由可能加害的建筑物使用人给予补偿。可能加害的建筑物使用人补偿后，有权向侵权人追偿。

物业服务企业等建筑物管理人应当采取必要的安全保障措施防止前款规定情形的发生；未采取必要的安全保障措施的，应当依法承担未履行安全保障义务的侵权责任。

发生本条第一款规定的情形的，有关机关应当依法及时调查，查清责任人。

因高空抛物造成他人损害的，如能确定行为人，则由该行为人承担侵权责任，自不待言。若物业服务企业也存在未尽安全保障义务的情形，应根据《民法典》第1198条关于安全保障义务之规定，由物业服务企业承担相应的补充责任。

高空抛物致人损害责任的真正的困难来自侵权人不明的情形。为给予被侵权人以必要的保护，避免因行为人不明而得不到任何赔偿，《民法典》第1254条及《侵权责任编解释（一）》第25条主要确立了以下规则：（1）不能确定具体侵权人的，如物业服务企业未尽安全保障义务，则由其承担与其过错相应的赔偿责任；其余损失，由可能加害的建筑物使用人给予适当的补偿；（2）如事后确定了具体侵权人，则承担了赔偿责任的物业服务企业或者建筑物的使用人可以向侵权人追偿。

【相关法条】

《侵权责任编解释（一）》第24条　物业服务企业等建筑物管理人未采取必要的安全保障措施防止从建筑物中抛掷物品或者从建筑物上坠落的物品造成他人损害，具体侵权人、物业服务企业等建筑物管理人作为共同被告的，人民法院应当依照民法典第一千一百九十八条第二款、第一千二百五十四条的规定，在判决中明确，未采取必要安全保障措施的物业服务企业等建筑物管理人在人民法院就具体侵权人的财产依法强制执行后仍不能履行的范围内，承担与其过错相应的补充责任。

---

〔1〕【解析】正确选项为AB。赵某带于某的狗去钱某家做客，并不将狗的管理职责转移给钱某，应将赵某作为宠物狗的管理人。于某虽是狗主（饲养人），但损害事实发生时赵某时管理人，应由管理人负责。据此，选项C、D错误，A正确。在本案中，宠物狗也构成了《民法典》第1253条规定的搁置物，钱某虽然提醒，但并未采取后续行动，不能证明自己无过错，故应依第1253条负责。

《侵权责任编解释（一）》第25条 物业服务企业等建筑物管理人未采取必要的安全保障措施防止从建筑物中抛掷物品或者从建筑物上坠落的物品造成他人损害，经公安等机关调查，在民事案件一审法庭辩论终结前仍难以确定具体侵权人的，未采取必要安全保障措施的物业服务企业等建筑物管理人承担与其过错相应的责任。被侵权人其余部分的损害，由可能加害的建筑物使用人给予适当补偿。

具体侵权人确定后，已经承担责任的物业服务企业等建筑物管理人、可能加害的建筑物使用人向具体侵权人追偿的，人民法院依照民法典第一千一百九十八条第二款、第一千二百五十四条第一款的规定予以支持。

【真题解读】

（2020年多选）洪某在某小区被不明业主高空抛下的物品砸伤，花费医疗费数万元，于是将二楼以上住户、小区物业公司、管区派出所告上法庭索赔。对此，下列哪些说法是正确的？[1]

A. 二楼以上住户、物业公司不承担连带责任

B. 二楼以上住户若能证明自己不在家，则不承担责任

C. 派出所承担查清案件事实的责任

D. 物业公司承担安全保障责任

四、道路遗撒等的责任 *

【重点法条】

《民法典》第1256条 在公共道路上堆放、倾倒、遗撒妨碍通行的物品造成他人损害的，由行为人承担侵权责任。公共道路管理人不能证明已经尽到清理、防护、警示等义务的，应当承担相应的责任。

五、道路施工责任 * *

【重点法条】

《民法典》第1258条 在公共场所或者道路上挖掘、修缮安装地下设施等造成他人损害，施工人不能证明已经设置明显标志和采取安全措施的，应当承担侵权责任。

窨井等地下设施造成他人损害，管理人不能证明尽到管理职责的，应当承担侵权责任。

【主观题点睛】

在侵权责任部分，主观题常会涉及一到两问。考点主要集中在：关于责任主体的特别规定（尤其是用人单位责任）、产品责任、机动车交通事故责任、动物损害责任、物件损害责任、共同侵权、精神损害赔偿等。

---

〔1〕【解析】正确选项为ABCD。《民法典》第1254条规定的责任不是连带责任，选项A正确。能够证明自己不是侵权人的，不承担责任，选项B正确。选项C和D也均有第1254条上的依据。

附录：《民法典》各编重要考点一览表

【说明】

2021年1月1日《民法典》正式实施，我国民法正式进入法典时代。就国家法律职业资格考试而言，民法科目的考点越来越呈现出以《民法典》（及相关司法解释）的解释适用为核心的特点。就本书的考试用书性质而言，作者尽量避免纯理论式的探讨，而尽可能将考试大纲上列出的问题均结合《民法典》加以阐明。作者认为，在民法典时代，民法的学习应养成以《民法典》规范为中心的习惯。有鉴于此，本书特设此附录，引导读者在《民法典》框架内把握各知识要点。

该附录共分五部分，基本按照《民法典》体系展开。考虑到人格权编、婚姻家庭编、继承编与侵权责任编考点相对较少，第四和第五部分各将两编合并。在各考点，指出《民法典》及重要司法解释的对应规范，并简要列出知识要点。可以说，表中列出的各知识点构成了法考最重要的考点。

一、总则编主要考点

考点	规范依据	要点
民法基本原则	第4~9条	诚信：权利行使、义务履行需遵循诚信原则（7、132、509）
		公序良俗：违反公序良俗的法律行为无效（8、153）
		公平：权利义务的均衡（6、151、533、1186）
胎儿利益保护	第16条《总则编解释》4	在继承、接受赠与、遭遇出生前侵权损害等涉及胎儿利益保护时，胎儿视为具有权利能力
监护	总则编第二章第二节27~38《总则编解释》7~13	对未成年人而言，父母的当然监护人地位（27），父母不得通过与他人订立协议，免除其监护义务
		遗嘱监护（29）：仅父母可通过遗嘱指定监护人（被指定人需同意）；《总则编解释》7（2）
		协议监护：具有监护资格之人可以通过协议确定监护人；应尊重被监护人意愿（30）
		指定监护：可直接或间接向法院申请指定（31、《总则编解释》10）
		成年人意定监护：33、《总则编解释》11（可任意解除）
		监护人的职责：非为被监护人利益，不得处分被监护人财产35
		监护资格的撤销与恢复：人民法院决定；撤销资格不免除抚养费等给付义务（37）；恢复仅发生于父母子女之间；构成故意犯罪的，不得恢复（38）

考点	规范依据	要点
宣告失踪与宣告死亡	总则编第二章第三节40~53；《总则编解释》14~17	宣告失踪：利害关系人申请（总则编解释14）；财产代管人直接作为原、被告参与诉讼（总则编解释15）
		宣告死亡：申请人（注意继承资格问题，总则编解释16）；死亡时间确定（48）；实际未死亡的，不影响其实施法律行为的效力（49）；撤销死亡宣告对婚姻关系、子女收养的影响（51、52）；撤销死亡宣告后的财产返还（52）
法人	总则编第三章	法人的独立责任：法人成员的有限责任（60）；法人格否认（83）
		法人的类型（营利法人、非营利法人、特别法人）；社团法人与财团法人
		法定代表人（61）；表见代表问题（504）；盖章问题（《合同编通则解释》22）
		法人的设立：登记问题；设立中的法人（75）
非法人组织	总则编第四章	类型（个人独资企业、合伙企业）；责任承担：出资人、创办人对非法人组织的财产不足以清偿部分的债务，负连带责任（104）
法律行为的识别、意思表示	129、133、134、230、1217	理解"意思表示"（构成、类型、生效）；识别不构成法律行为的情谊行为、事实行为
法律行为的效力	总则编第六章第三节143~157；《总则编解释》19~23；《合同编通则解释》第二节	无效：无行为能力（144）；双方虚假（146、《合同编通则解释》14）；违反强制性规范、违背公序良俗（153）、双方恶意串通（154）
		可撤销：重大误解（147）、受欺诈（相对人148；第三人149）；受胁迫（150）；危难被乘导致显失公平（151）；除斥期间（152）
		效力待定：限制行为能力（145）、狭义无权代理（171）
		待审批合同的效力502、《合同编通则解释》12
		不成立、无效、被撤销的结果（153、《合同编通则解释》24）：双方返还问题、缔约过失
附条件、附期限法律行为	总则编第六章第四节；《总则编解释》24	附条件：条件的不确定性；附生效条件与附解除条件；条件成就与不成就的拟制
		附期限：始期、终期
代理	总则编第七章；《总则编解释》28	代理的识别与类型161、162、170
		自己代理、双方代理（168）；代理人与相对人恶意串通（164）
		表见代理172、《总则编解释》28
		狭义无权代理171
民事责任	总则编第八章	紧急避险（182）、见义勇为（183）、紧急救助的免责（184）；自甘冒险（1176）、自助行为（1177）
		责任竞合186

考点	规范依据	要点
诉讼时效	总则编第九章；《诉讼时效解释》	时效的适用对象：196、解释 1、995、《担保制度解释》44
		时效期间的起算 189～191 等
		时效规范的强制性与援引规则（193、197）
		中止（194）、中断（195）
		期间届满的效果 192

二、物权编主要考点

考点	规范依据	要点
不动产登记	物权编第二章第一节；《物权编解释》（一）1～5	不动产登记簿与不动产物权归属；登记簿记载仅具有推定效力，可以被反证推翻（解释一 1、2）
		（债权）合同效力与物权变动效力的区分 215、402；可延伸至欠缺处分权对买卖合同效力的影响 597
		更正登记、异议登记（220）；异议登记排除善意取得（解释一 15）
		预告登记（221）：排除处分权，影响后续物权变动，但不影响债权合同效力；抵押权预告登记（《担保制度解释》52）
动产交付	物权编第二章第二节 224～228	动产物权变动，自交付时发生效力 224：所有权转让、质权设立
		特殊动产物权变动 225：交付生效、登记对抗 解释一 6
		观念交付：简易交付 226、返还请求权让与 227、占有改定 228
非依法律行为发生物权变动	物权编第二章第三节；解释一 7	依裁判文书等变动物权 229：判决限于分割共有物等形成判决（解释一 7）；以物抵债调解书不属于此种情形
		因继承 230：自继承开始时发生物权变动
		因事实行为 231　事实行为完成
		非经登记，不能处分 232
物权请求权	235、236	返还原物 235：请求权人（所有权人及其他拥有占有权能的他物权人）；指向现实的无权占有人
		排除妨害、消除危险 236
共有	物权编第八章；《物权编解释一》9～13	按份共有与共同共有的识别：以按份共有为原则 308、309
		共有份额的转让、优先购买权 305、306；解释一 9～13
		共有物的处分、重大修缮 301
		共有物致人损害 307：外部连带、内部按份

考点	规范依据	要点
善意取得	311、312、313、物权编解释一14～20	善意取得的构成要件（313、解释一14～20）：无权处分；善意（区分不动产与动产判断）；合理价格；登记或交付
		遗失物善意取得312
		善意取得的后果313；真实权利人对无权处分人的请求权
拾得遗失物	314～319	应归还；失主应偿付拾得人支出的必要费用，有悬赏广告的，需给付酬金（拾得人侵占的，无权主张前述两种权利）；拾得人对故意或重大过失负责；无人认领（1年）的，规国家所有
从物、孳息	320、321	从物的认定；从物随主物转移
		天然孳息（与原物相分离）归原物所有人，存在土地承包经营权的除外
土地承包经营权	333、335、341	承包经营合同生效，承包经营权设立；承包经营权互换、转让的，自合同生效时发生物权变动，未经登记，不得对抗第三人；三权分置中的土地经营权（341）
居住权	368～371	登记设立；不得转让、继承；因居住权人死亡而消灭
地役权	374	地役权的从属性；地役权的设立（登记对抗374）
担保物权一般规定	物权编第十六章	担保物权的从属性388，《担保制度解释》17
		具有担保功能的合同388、641、745；《担保制度解释》67（54）、57（416）；让与担保（《担保制度解释》68）
		物上代位390；《担保制度解释》42（通知给付义务人的重要性）
		混合担保392、《担保制度解释》13、18
抵押权	物权编第十七章	抵押财产：房随地走、地随房走（397）；地上新增建筑物（417）
		不动产抵押权的设立402；抵押合同的效力（《担保制度解释》）46
		动产抵押权的设立403；未经登记，不得对抗善意第三人（《担保制度解释》54）
		动产抵押"正常经营买受人"规则404、《担保制度解释》56
		抵押与租赁：先租后押405；先押后租
		抵押权的顺位414；购置款抵押权（超级优先效力416；《担保制度解释》57）
		抵押物的转让406、《担保制度解释》43
		担保物权的行使期限419、《担保制度解释》44
		浮动抵押396、414
		最高额抵押420、421（确定前，债权转让的，最高额抵押不转让）

考点	规范依据	要点
动产质权	物权编第十八章第一节	设立 429（不得以占有改定方式设立）；第三方监管方式设立（《担保制度解释》55）
		质权人收取孳息 430
		出质人请求质权人行使质权 437
权利质权	物权编第十八章第二节	质押合同 + 有价证券交付或登记；汇票质押的，须做质押背书后交付（《担保制度解释》58）
留置权	物权编第十九章；《担保制度解释》62	一般留置权：合法占有；担保具有同一法律关系的债权；不要求留置物属于债权人所有
		商事留置权：合法占有；双方均为企业；无须满足同一法律关系，但须系营业债权；留置物须为债务人所有
		留置权的二次效力
占有	物权编第二十章	占有的类型：自主、他主；直接、间接；有权、无权（善意、恶意）
		基于占有的请求权，有权是返还原物请求权 462
		占有人 - 所有人关系 459～461 善意占有人的必要费用偿还请求权等

三、合同编主要考点

考点	规范依据	要点
合同相对性	465、593	合同（债）具有相对性，债权人仅能向特定债务人主张权利；第三人原因导致违约，仍由债务人承担违约责任
无名合同	467	无名合同的判断；适用通则及最相类似典型合同的规定
预约合同	495；《合同编通则解释》6～8	预约合同的识别（认购书等）；预约合同的违反；不履行订立本约义务的，承担违约责任（损害赔偿）
合同的订立	合同编第二章	要约与要约邀请的识别（473）；以招标或拍卖方式订立合同（《合同编通则解释》4）
格式条款	496～498；《合同编通则解释》9～10	免责或限制责任等对相对方有重大利害关系之条款的说明义务（496）、霸王条款的无效（497）、对使用人不利的解释规则（498）
缔约过失责任	500、501、157	假借订立合同，恶意磋商等；违反保密义务；信赖利益的赔偿
选择之债	515、516	选择权的归属；一项标的履行不能的法律后果（516 第 2 款）
连带之债	518～520	外部效力、内部效力（追偿）、绝对效力事项（520）

考点	规范依据	要点
涉他合同	522、523	利他合同：第三人无请求权（522第1款）；第三人有直接请求权（第2款）
		由第三人给付的合同：第三人不履行时，由合同债务人承担违约责任
有合法利益第三人的代偿权	524，406、719；《合同编通则解释》30	对债务履行具有合法利益的第三人，有权代为偿还（债权人与债务人不得拒绝）；代偿人的代位（追偿）权
双务合同的履行抗辩权	525～528；《合同编通则解释》31	同时履行抗辩权525：无先后履行顺序；同时给付判决
		顺序履行（先履行）抗辩526：由后履行一方主张
		不安抗辩权527～528：先履行的一方在后履行一方出现履行困难时主张；中止履行；可要求担保的提出；视为默示预期违约
情势变更	533；《合同编通则解释》32	构成（不可预见、不属于商业风险的合同基础条件的变化，导致显示公平）；重新磋商；请求法院依公平原则变更或解除合同
		预先排除情势变更条款适用的约定无效
债权人代位权	535～537；《合同编通则解释》33～41	代位权的构成535：连环负债；债务人对相对人怠于主张权利；影响债权实现；
		未届履行期的债权人主张代位权536：时效期间即将届满；相对人被宣告破产
		代位权的行使：相对人为被告，应当追加债务人为诉讼第三人；当事人；债务人与相对人之间的仲裁协议不影响债权人代位权的行使
债权人撤销权	538～541；《合同编通则解释》42～46	无偿行为538：债务人实施无偿行为；影响债权实现
		非对称减值、为他人债务提供担保539：相对人知道或应当知道
		撤销权的行使：除斥期间541；债务人、相对人为共同被告；可一并请求相对人向债务人返还
债权让与	545～550；《合同编通则解释》47～51	约定不得让与的效力：545
		从权利（担保权）随之自动转让：547
		未通知债务人，对债务人不发生效（546、《合同编通则解释》48）；债务人接到通知时，可主张的抗辩与抵销权548、549；增加的费用由让与人承担550
		债权的多重让与（《合同编通则解释》50）
债务承担	551～552	免责债务承担551：债权人的明确同意
		并存债务承担：债务人与承担人的连带债务；债务加入与提供保证的识别（《担保制度解释》36）

考点	规范依据	要点
债的清偿	550、561；《合同编通则解释》27、28	清偿的抵充
		清偿期届满之后的以物抵债：协议的诺成性；债务人不履行时，债权人选择旧债或新债的履行请求
		清偿期届满之前的以物抵债：相当于让与担保
合同解除	562~566；《合同编通则解释》54	双方解除；解除事由的约定（单方解除：约定解除权）
		法定解除权 563：不可抗力导致合同目的不能实现；根本违约；不定期持续履行合同的任意解除权
		解除权行使的除斥期间 564（1 年）、解除权行使方式 565
		解除权行使后果 566：因违约解除的，仍可主张违约损害赔偿；担保的延续
		以赔偿损失为代价的任意解除权：定作人 787、委托人与受托人 933
其他合同权利消灭事由	568~576；《合同编通则解释》55~58	抵销 568：被抵销的债务须为到期债务；抵销无溯及力；故意侵权等不得抵销；时效期间届满债权的抵销
		提存：因债权人原因无法实现清偿
		免除、混同 575、576
违约责任	合同编第八章 577~593；《合同编通则解释》59~68	非金钱之债不能主张实际履行 580；合同僵局的破除
		违约金的调整 585；不得调整之约定无效；恶意违约者原则上不得主张酌减
		定金 586、587：实践性合同，不超过主合同 20%，罚则 定金的类型（只有约定为解约定金者，才具有解约效力）
		定金与违约金择一行使 588；定金不足以弥补损失的，可主张差额
买卖合同	合同编第九章	出卖他人之物 597：有效，买受人不能取得所有权的，可解除合同，并请求违约损害赔偿；
		多重买卖：均有效，不能取得所有权的买受人可主张解除合同，并主张出卖人承担违约责任
		风险负担（604 之下）：风险负担的意义；一般规则（无论动产不动产，在交付地完成交付即转移风险）；特别规则（买受人受领迟延，自迟延时转移风险；路货买卖，合同成立时转移风险；种类物买卖，若未发生特定化，则不转移风险）
		分期付款买卖：不少于三期；买受人迟延履行达总货款五分之一时，出卖人的权利（634）
		试用买卖：试用期无约定的，由出卖人决定；试用期满，未做放弃购买表示的，视为购买（368）
		所有权保留买卖：未经登记不得对抗善意第三人（641）；担保的实现：出卖人的取回、买受人的回赎、出卖人的变卖

考点	规范依据	要点
赠与合同	合同编第十一章	赠与人的任意撤销权 658；不能任意撤销的情形；穷困抗辩权 666
		赠与人的法定撤销权 663
		赠与人的瑕疵担保责任 662
保证合同	合同编第十三章	保证合同的从属性 682；保证人的消极资格 683；保证合同的订立 685
		保证的类型：无约定或约定不明时，为一般保证 686
		一般保证的先诉抗辩权 687，诉讼方面（《担保制度解释》26）
		保证期间：期间的确定（6个月）；对债权人的要求（693）；保证期间与保证债权诉讼时效期间的衔接 694、《担保制度解释》28
		保证人的追偿权、抗辩权等 700、701
		主债的移转（债权让与 696 或债务承担 697）的保证的影响；主债的变更对保证的影响 695
租赁合同	合同编第十四章	一房多租《租赁合同解释》5
		买卖不破租赁 725
		房屋承租人的优先购买权 726 ~ 728
		转租：未经出租人同意的，出租人可解除租赁合同；经同意的，构成双层租赁，存在合同相对性问题（次承租人导致租赁物毁损的，作为所有权人的出租人可主张侵权赔偿）；转租租期超过原租期的，不约束出租人 717
		房屋承租人的优先续租权 734
建设工程合同	合同编第十八章	阴阳施工合同的效力《施工合同解释一》2
		建设工程合同的无效及后果《解释一》1、793
		承包人工程价款的优先受偿 807 优先于建设工程上的抵押权
其他合同	合同编第二分编	自然人之间的借款属于实践性合同
		融资租赁法律关系的理解（如一般情形，"出租人"不承担风险）
		保理合同：虚构应收账款的，不得对抗保理人（763）；多重保理的优先顺位 768
		物业服务合同：前期物业合同的拘束力；任意解除权
		行纪合同：相对性；中介合同：跳单规则 965
		合伙合同：合伙人的无限责任；合伙人死亡，合伙终止

考点	规范依据	要点
无因管理	合同编第二十八章	适法无因管理（符合受益人真实意思）979：管理人的费用求偿权与损害补偿请求权
		不适法无因管理：管理人仅能在被管理人实际受益范围内主张前述权利
		受益人追认的，适用委托合同的规定
不当得利	合同编第二十九章	不当得利的构成与排除情形 985
		善意得利人与恶意得利人的返还责任 986、987
		无偿第三人的返还之责 988

四、婚姻家庭编、继承编主要考点

考点	规范依据	要点
婚姻的效力	婚姻家庭编第二章"结婚"	无效婚姻1051；（因未达法定婚龄）无效婚姻的补正；司法认定《婚姻家庭编解释一》11、12
		可撤销婚姻：受胁迫1052；隐瞒重大病情1053，向法院提出撤销，除斥期间为1年
夫妻财产关系	婚姻家庭编第三章	夫妻共同财产1062《解释一》24、25、26
		归属于一方的财产1063《解释一》29
		家事代理权1060
		共同债务与个人债务的识别1064
		不离婚而请求分割共有财产1066
离婚	婚姻家庭编第四章	协议离婚的冷静期1077
		诉讼离婚：前置调解；军人及孕期等女性保护1081、1082
		离婚后，不与子女共同生活一方的探视权
		离婚财产处理：适当帮助规定1090；负担义务较多一方请求补偿的权利1088；债务的共同偿还1089
		离婚损害赔偿1091，情形、以离婚为前提
继承概述	继承编第一章	相互具有继承关系的多人在同一事件中死亡的，推定死亡时间顺序无其他继承人、长辈、辈分相同的推定同时死亡1121
		继承的放弃1124
		继承权的丧失1125　被继承人的情感宽恕
法定继承	继承编第二章	继承人的范围及继承顺序1127，理解养子女、继子女的继承地位
		代位继承1128 两种情形
		转继承1152

考点	规范依据	要点
遗嘱继承	继承编第三章	几种取得遗产方式的适用关系：遗赠抚养协议、遗嘱继承或受遗赠、法定继承
		遗嘱的形式与效力打印遗嘱、口头遗嘱
		数份遗嘱并存1142：以最后的遗嘱为准
遗产的处理	继承编第四章	遗产管理人的确定（1145）与职责
		遗产债务的清偿：限定继承1161；法定继承人首先以取得遗产清偿遗产债务，不足的，由遗嘱继承人和受遗赠人按比例清偿1163

五、人格权编、侵权责任编

考点	规范依据	要点
人格权的保护	人格权编第一章	人格权请求权995：不适用诉讼时效的规定（侵害人格权的损害赔偿请求权须适用诉讼时效规定）
		人格权受损害的，主张违约责任，不影响请求精神损害赔偿996
		人格权的禁令保护997
生命权、身体权、健康权	人格权编第二章	身体权的内容：身体完整、行动自由，身体不受非法搜查
		健康权与身体权的区分
		遗体、器官等捐赠规则1006
肖像权	人格权编第四章	肖像权的侵害1019
		肖像权与肖像作品著作权：著作权人行使权利须尊重肖像权
		肖像（姓名）使用许可合同：有疑问时，对肖像权人做有利的解释；肖像权人的任意解除权1022
名誉权	人格权编第五章	名誉权侵害1025、1026
		信用也作为名誉权保护
隐私与个人信息保护	人格权编第六章	隐私：私密空间、私密活动、私密信息
		个人信息1034
		个人在信息处理中的权利（《个人信息保护法第四章》）：知情权、决定权；查阅、复制、转移权；更正、补充、删除权；近亲属处理死者个人信息的权利
非法使被监护人脱离监护关系的侵权责任	《侵权责任编解释（一）》1、2	非法使被监护人脱离监护的，监护人可以主张寻亲费用等赔偿；可主张精神损害赔偿

考点	规范依据	要点
共同侵权	1168~1172	有意思联络共同侵权1168，教唆帮助型共同侵权1169
		共同危险行为1170
		无意思联络的共同侵权：每一行为均足以单独引起损害后果的，连带责任1171；否则，按份责任1172
精神损害赔偿	1183	侵害人身权益；以故意或重大过失侵害具有人身意义的特定物
关于责任主体的特别规定	侵权责任编第三章；《侵权责任编解释（一）》	监护人责任1188、1189
		用人单位的责任1191（第2款为劳务派遣）；
		定作人责任1193
		网络侵权责任避风港规则、通知、红旗规则
		安全保障义务人责任：直接责任（1199第1款）；相应的补充责任（2款）
		幼儿园、教育机构的责任1200~1202
产品责任	侵权责任编第四章；《侵权责任编解释（一）》19	受害人可选择向生产者或销售者请求赔偿1203
		产品自身损害也可与其他损害一并主张
		惩罚性赔偿1207 责任人需明知有缺陷，且造成死亡或健康严重损害
机动车交通事故责任	侵权责任编第五章	借用、租赁机动车发生事故的责任承担1209；出卖未过户的情形1210；挂靠时的连带责任1211；未经驾驶肇事1212；买卖拼装车1213；好意同乘1217
动物致人损害	侵权责任编第九章	动物饲养人、管理人的无过错责任（1247条禁止饲养的动物致人损害，无免责事由）；动物园动物致人损害，过错推定责任
建筑物和物件损害责任	侵权责任编第十章；《侵权责任编解释（一）》24、25	建筑物倒塌，建设单位与施工单位的连带责任（1252）；搁置物等致人损害的，适用过错推定责任（1253）；高空抛物的责任1254

学院简介
COLLEGE INTRODUCTION

中国政法大学（简称法大）是一所以法学为特色和优势，兼有文学、历史学、哲学、经济学、管理学、教育学、理学、工学等学科的"211工程"重点建设大学。

法大的法律资格考试培训历史悠久，全国律师资格考试始于1986年，而1988年法大就开展了法律培训。2005年3月成立了中国政法大学司法考试学院，这是一所集法考研究、教学研究、辅导培训为一体的司法考试学院，2018年正式更名为中国政法大学法律职业资格考试学院。经过多年的积淀，法大法律职业资格考试学院被广大考生称为国家法律职业资格考试考前培训及法考研究、教学研究的大本营。

2025年法大法考课程体系
>>> 面授班型 <<<

班型		上课时间	标准学费（元）
主客一体面授班	面授精英A班	2025年3月-2025年10月	59800
	面授精英B班	2025年5月-2025年10月	49800
	面授集训A班	2025年6月-2025年10月	39800
	面授集训B班	2025年7月-2025年10月	32800
	面授集训冲刺班	2025年8月-2025年10月	29800
客观题面授班	面授全程班	2025年3月-2025年9月	39800
	面授冲刺班	2025年8月-2025年9月	9800
主观面授班	面授全程班	2025年9月-2025年10月	29800
	面授冲刺班	2025年9月-2025年10月	9800

想了解阶段性**课程优惠** 扫码咨询老师 ➡️

📞 010-5890-8131　　🌐 http://cuploeru.com

📍 北京市海淀区西土城路25号中国政法大学研究生院东门

法大法考容老师　　　法大法考白老师

>>> 2025年法大法考课程体系 — 网络班型 <<<

班型		上课时间	标准学费（元）
主客一体网络班	网络尊享特训班	2024年9月-2025年10月	35800
	网络VIP班	2024年9月-2026年10月	25800
	网络预热班	2024年9月-2025年10月	15800
	网络先行班	2024年9月-2025年10月	14800
	网络全程班	2025年3月-2025年10月	14800
	网络在职提升班	2024年9月-2025年10月	9800
	网络主观二战班	2025年7月-2025年10月	10800
客观题网络班	网络民刑先行班	2024年9月-2025年9月	3980
	网络基础班	2025年3月-2025年9月	8980
	网络强化班	2025年5月-2025年9月	7980
	网络提高班	2025年7月-2025年9月	5980
	网络冲刺班	2025年8月-2025年9月	4980
主观题网络班	网络全程班	2025年9月-2025年10月	8980
	网络冲刺班	2025年9月-2025年10月	4980

温馨提示：1、缴纳学费后，因个人原因不能坚持学习的，视为自动退学，学费不予退还。 2、课程有效期内，不限次回放
投诉及建议电话：吴老师17718315650

—— 优质服务 全程陪伴 ——

★ 历年真金题 ★ 在线模考题库 ★ 打卡学习 ★ 错题本 ★ 课件下载 ★ 思维导图 ★ 1V1在线答疑随时咨询

★ 有效期内不限次数回放 ★ 上课考试通知 ★ 报考指导 ★ 成绩查询 ★ 认定指导 ★ 配备专属教辅

★ 免费延期或重修1次（部分班型） ★ 专属自习室（部分班型） ★ 小组辅导

★ 个人定制化学习通关和职业发展规划 ★ 颁发法大法考结业证（部分班型） ★ 特殊服务 随时跟读